개정4판

# 국제운송론

송선욱 저

## ▌개정4판을 내면서▐

국제무역환경은 지속적으로 변화하고 있으며 그에 따라 국제운송도 변화를 거듭하고 있다. 이러한 변화 내용을 지속적으로 반영하면서 본서에 보완하고 수정할 내용을 반영하여 다시 개정판을 내게 되었다.

개정 작업에서 특히 국제운송실무 분야의 변화와 그 내용을 신속히 그리고 정확히 파악하여 반영해 나가기란 결코 쉽지 않은 과정이며 여전히 미흡한 점이 있음을 인정한다.

따라서 지속적인 보완과 수정작업을 해 나갈 것을 약속한다.

이번 개정 4판에서 반영한 주요 개정내용은 다음과 같다.

첫째, 지나치게 자세하게 기술되었던 국제물류 보안(Security) 분야를 간단하게 정리하여 필요한 내용만 숙지할 수 있도록 정리하였다.

둘째, 전자선하증권과 관련한 내용에서 전자선하증권에 관한 CMI(국제해사위원회) 규칙과 Bolero(Bills of Lading Electronic Registry Organization) 서비스 부분을 삭제하고 실제 한국· 법령하에서 사용되고 있는 전자선하증권의 내용을 간략히 정리하였다.

셋째, 심화된 해상운송분야의 경쟁에서 생존하기 위해 대형선사들 사이의 전략적 제휴가 지속적으로 이루어지고 있는 변화 상황을 반영하였다.

넷째, 기타 관련 법령의 개정사항과 통계내용을 업데이트하였다.

2016년 3월

송 선욱

## ▎개정3판을 내면서 ▎

2012년 현재를 살아가는 현대인들은 급변하는 여러 가지 상황에 신속하게 대응하여 적응하지 않으면 도태되고 뒤떨어지게 된다. 국제무역환경도 급속히 변화하고 있으며 그에 따라 이 책도 보다 짧은 기간내에 개정판이 나올 수 밖에 없는 상황에 내몰리고 있다.

이번 개정판에서는 다음과 같은 내용을 개정하였다.

첫째, 개정 2판이 나온 2009년 8월 이후에 새롭게 도입된 Incoterms 2010을 반영하였다. 즉, 제8장 제2절 해상운송과 정형무역거래조건, 제16장 제2절 복합운송과 정형무역거래조건 부분에서 Incoterms 2010을 반영하여 개정하였다.

둘째, 지난 개정판에서 미쳐 반영하지 못한 신협회적하약관 2009를 반영하였다. 즉, 제8장 제1절 해상운송과 보험 부분에서 2009년 1월부터 적용된 신협회적하약관 2009를 반영하여 개정하였다.

셋째, 기타 통계자료의 업데이트와 관련법의 개정 사항을 반영하였으며 실무적으로 필요한 사항을 보완하였다.

개정 3판이 국제운송을 공부하는 학습자들에게 보다 실제적이고 유익이 되길 희망하며 국제무역 및 국제운송 환경변화에 대응하여 지속적인 보완과 수정이 이루어지도록 노력할 것을 약속한다.

2012년 8월 안서골에서
송 선욱

## ▌개정2판을 내면서▐

처음 국제운송론 책을 내면서 지속적인 연구를 통해 부족한 부분을 수정, 보완하겠다는 약속을 항상 기억하면서 또 한 번의 개정판을 내게 되었다.

이번 개정판의 주요 개정 내용은 다음과 같다.

첫째, 복합운송주선업에 대해 규정하고 있던 화물유통촉진법이 2008년 2월 시행으로 물류정책기본법(법률 제8617호, 2007. 8. 3, 전부개정)으로 법명 변경과 함께 "복합운송주선업"이 "국제물류주선업"으로 변경된 부분을 반영하였다.

둘째, 지난 번 개정판에서 대폭 반영한 국경안전(Security) 분야는 최근 국제물류에 있어서 가장 중요한 관심사이므로 새롭게 도입된 미국의 "10+2 rule"에 대한 내용을 추가하였다.

셋째, 상법 제5편 해상편이 2007년 8월에 대폭 개정되었는데 그 내용을 반영하였다.

넷째, 기타 실무적으로 보완이 필요한 사항들을 반영하였다.

2009년 8월 안서골에서

송 선 욱

## ▌개정판을 내면서▐

최근 국제무역환경은 세계화와 블록화라는 두 가지 큰 흐름으로 움직이고 있다. 세계화는 WTO를 중심으로 다자간 협상을 통한 관세, 비관세 장벽의 완화 및 철폐와 서비스 및 인적자원의 원활한 국제간 이동 등 다양한 분야에 걸쳐 자유화를 추진하고자 노력하고 있으며 블록화는 다자간 협상의 한계를 극복하고 양자간 협상을 통한 자유무역협정(FTA)을 통한 협정국간의 교역확대를 통한 상호이익에 중심을 맞춰 추진되고 있다.

다른 측면에서 최근 국제무역에서 가장 관심이 되고 있는 두 가지 이슈는 무역원활화(Facilitation)와 국경안전(Security)이다.

무역원활화는 지속적으로 추진되어오던 문제였으나 국경안전문제는 2001년 미국의 9·11테러 사태 이후 급속도로 그 관심도가 고조된 분야이다. 미국을 중심으로 한 국제공급망 전체에 대한 안전성에 관심을 기울이기 시작하였으며 그에 상응한 제도적 장치를 마련하기 시작하였다.

본 개정판에서는 이러한 국제무역환경변화와 국제운송과의 관계를 보다 심도 있게 다루었으며 또한 국제해운환경변화와 국제항공환경변화 등 국제운송환경변화에 대한 거시적 관점을 가질 수 있도록 보완하였다. 그리고 2007년 7월부터 적용되는 신용장통일규칙 제 6차 개정(UCP 600) 내용을 반영하였다.

본 개정판의 전체적인 구성은 총 6편, 제16장으로 구성되었으며 제1편 국제운송개관, 제2편 해상운송의 기초, 제3편 국제해상운송, 제4편 국제항공운송, 제5편 국제육상운송, 제6편 국제복합운송으로 구성된다.

끝으로 무역학을 공부하는 학생들과 무역 관련 업무를 담당하는 실무자들에게 보다 효과적인 교재가 될 수 있도록 지속적인 연구를 통해 수정, 보완할 것을 약속한다.

2007년 7월 안서골에서

송 선 욱

# 머 리 말

수출 2천억불 시대에 무역은 침체해 있는 한국경제의 견인차 역할을 수행하고 있다. 천연자원이 부족한 환경속에서 한국경제의 급속한 발전의 견인차 역할을 한 무역이 지금도 한국경제의 중요한 위치를 점하고 있다는 것은 의심의 여지가 없다.

이러한 무역은 매매계약에 따른 대금 결제와 관련된 환의 흐름과 그 반대 방향으로의 물품의 흐름으로 크게 나눌 수 있다. 이 가운데 물품의 흐름을 원활하게 이루어질 수 있도록 하는 것이 국제운송이다.

국제운송은 무역에 있어서 큰 흐름 가운데 하나를 차지하고 있는 중요한 부분으로 국제운송은 해상, 항공, 육상을 통해 이루어 질수 있으나 한국의 경우 지리적, 정치적 여건상 해상과 항공운송을 통해서 수출입화물이 운송되고 있다.

따라서 해상운송과 항공운송을 통해 원활하게 수출입화물이 처리될 수 있는 방법과 절차 등을 숙지하는 것은 무역을 공부하는 학생들과 무역에 종사하는 무역인들에게 중요한 학습분야라 할 수 있다.

보다 구체적으로 국제운송론은 운송인과의 계약을 통해 선박이나 항공기의 공간을 확보하고 운임을 결정하고 그에 따른 운송서류를 발급받는 운송계약체결, 그리고 이러한 운송계약에 따른 운송인의 책임과 면책 등의 책임법리, 효과적인 운송경로선택과 운송수단결정 및 운송인의 선정 등 수출입을 수행하는 화주입장에서 국제운송과 관련하여 꼭 알아두어야 할 사항들로 채워져 있다.

이러한 중요내용에 대하여 그 동안 저자가 다년간 대학에서 강의하고 연구한 것과 짧지만 무역현장에서의 실무 경험을 토대로 무역을 공부하는 학생들과 무역과 관련된 업무를 담당하는 실무자들에게 효과적인 지침서로 본고가 사용되도록 집필하였다.

아무튼 본서가 무역과 관련된 학생들과 실무자들에 자그마한 보탬이 되기를 기대한다.

이 책을 저술할 수 있도록 기초를 제공한 선배 교수님들의 노력에 감사드리며 시간상의 제약과 저자의 짧은 연구경력과 강의경력으로 인해 미비한 점이나 오류가 많을 줄로 안다.

이에 대해서는 그동안 많은 학문적 조언을 아끼지 않은 학계의 선배님과 독자들의 가차 없는 비판과 호된 질책으로 부족한 부분은 차후 계속되는 연구를 통해 수정과 보완이 되도록 약속한다.

끝으로 지금까지 저자의 학문적 연구를 지속토록 인도해주신 은사이신 건국대학교 최의목 교수님께 감사드리며 또한 강의와 연구에 지속적인 도움을 주신 선배교수님들께 무한한 감사를 드린다.

또한 항상 사랑과 기도로 지원해주신 부모님, 특히 대학에서 후학들을 가르치시다 올해 정년을 맞아 명예롭게 퇴직하시는 아버지께 감사를 드리며 그리고 훌륭한 내조로 든든한 힘이 되어주는 나의 처와 아들 진혁에게 감사들 드린다.

마지막으로 어려운 출판환경에도 불구하고 미흡한 원고를 기꺼이 출간해 주신 도서출판 두남의 사장님과 열과 성의를 다해 교정과 편집을 해 주신 두남의 직원 여러분에게 다시 한 번 감사를 드린다.

2004년 2월

송 선 욱

차례

International Transportation

## 제1편 국제운송 개관

차례

제2편 해상운송의 기초



International Transportation

# 제3편 국제해상운송

## 제5장 해상운송과 물류흐름 • 125



## 제6장 국제해상운송계약 • 153

## 제7장 해상운송서류 • 199



## 제8장 해상운송과 무역 • 251



International Transportation

# 제4편 국제항공운송

## 제9장 국제항공운송의 기초 • 289



## 제10장 국제항공운송계약 • 317



International Transportation

## 제6편 국제복합운송

International Transportation

# 제 1 편

# 국제운송 개관

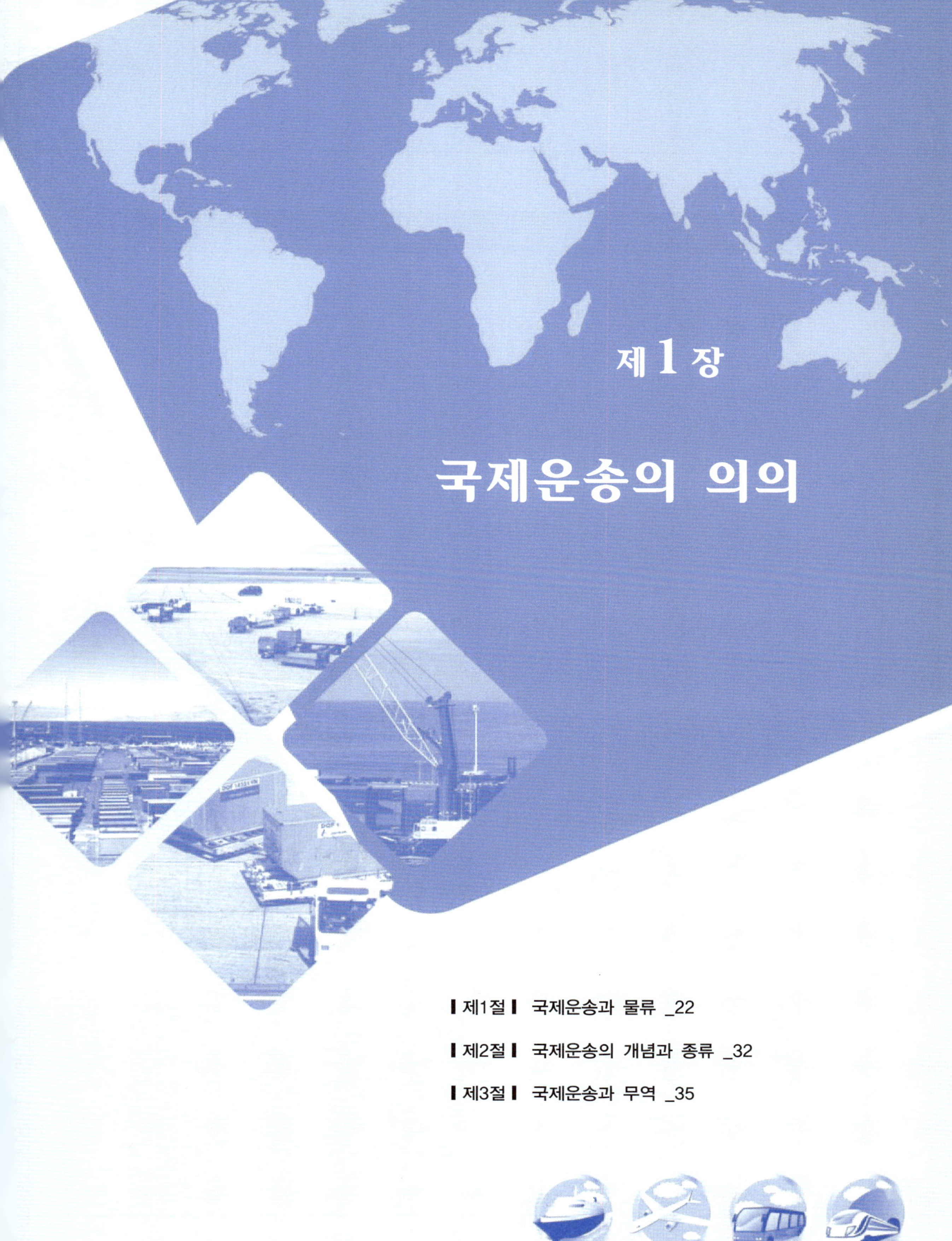

# 제1장

# 국제운송의 의의

# 제1절 국제운송과 물류

## I 물 류

### 1. 물류의 개념

물류는 물적 유통(物的流通; physical distribution)의 줄임말로 생산자로부터 소비자에게 제품·재화를 효과적으로 옮겨주는 기능 또는 활동을 총체적으로 말하는 개념이다.

일반적으로 물류는 포장, 하역, 운송, 보관 및 정보와 같은 여러 활동을 포함한 물품이동의 전체를 종합적으로 보는 것이다.

유통은 본래 '생산과 소비를 잇기 위한 기능'이며, 이에는 거래와 관련된 '상적(商的) 유통활동'과, 제품 자체를 물리적으로 이동하여 생산지로부터 소비지까지 운반하기 위한 '물적 유통활동'이 있는데, 물적유통은 유통의 일부분을 차지하고 있다.

물류의 정의는 다음과 같이 각 국가마다 각 단체마다 조금씩의 차이를 보이고 있다.

#### (1) 미국 마케팅협회(American Marketing Association; AMA)

생산의 단계에서 소비 또는 이용의 단계에 이르기까지 재화의 이용 및 취급을 관리하는 협의의 정의가 있으며, 광의의 정의로는 목표, 계획, 실행을 지원하기 위한 제자원의 요구, 설계, 공급과 유지에 관한 관리, 공학 및 기술적 활동의 기법과 과학으로 보고 있다.

#### (2) 일 본

❶ 행정관리청 통계심의회

행정관리청 통계심의회는 "물류란 물리적 및 사회적인 '물(物)의 흐름'에 관한 경제활동을 의미하며, 물자 유통활동과 정보 유통활동으로 구분하고, 물자 유통활동에는 물자활동을 구성하는 기본적 기능을 수송, 보관, 하역, 포장, 수송기초시설의 제공활동과 유통 가공활동"이라고 정의하고 있다.

❷ 통산성 물류조사위원회의 조사보고서

통산성 물류조사위원회의 조사보고서는 "물류란 제품을 물리적으로 생산자로부터 최종 수요자에게 이전하는 활동을 말하며, 구체적으로는 수송, 포장, 하역, 보관 및 통신의 제 활동"이라고 정의하고 있다.

### (3) 한 국

한국무역협회는 "유형·무형의 일체 재화에 대한 폐기와 환원을 포함해서 공급과 수요를 연결하는 공간과 시간의 극복에 관한 물리적인 경제 활동으로써 구체적으로는 수송, 보관, 포장, 하역의 물자 유통활동과 물류에 관련되는 정보활동"으로 정의하고 있다.

대한상공회의소에서는 "물류는 재화를 공급자로부터 수요자에게 이동시켜 시간적·장소적 가치를 창조하는 물리적인 경제활동이다"라고 정의하고 있다.

물류정책기본법(법률 제10303호, 2010.5.17, 타법개정) 제2조 1호에서는 물류를 "재화가 공급자로부터 조달·생산되어 수요자에게 전달되거나 소비자로부터 회수되어 폐기될 때까지 이루어지는 운송·보관·하역(荷役) 등과 이에 부가되어 가치를 창출하는 가공·조립·분류·수리·포장·상표부착·판매·정보통신 등을 말한다"라고 정의하고 있다.

## 2. 물류의 종류

일반적으로 물류는 일반화주가 운송인 등에게 운송 등을 맡기는 행위이며 좀 더 나아가 일반화주가 자신의 물류자회사를 통해 물류활동을 행하게 하는 방식으로 물류를 행하던 것이 대부분이었다. 그러나 최근 제3자 물류 나아가 제4자 물류라는 개념이 도입되어 물류서비스가 제공되고 있다.[1)]

1) 제1자 물류 – 자사에서 전적으로 물류업무를 처리하는 단계(자사물류)
제2자 물류 – 분사화를 통해 자사의 물류자회에서 물류업무를 처리하는 단계
제3자 물류 – 물류전반을 특정물류 전문업체에 위탁(아웃소싱)하는 방식의 물류
제4자 물류 – 전문물류업체(3PL)의 물류정보기술 등에 대한 한계를 극복하기 위해 이런 한계를 커버한 업체들과 제휴하여 One-Stop Total Service를 제공하는 물류

### (1) 제3자 물류(3PL)

#### ❶ 제3자 물류의 개념

제3자 물류(Third-Party Logistics)는 원재료의 조달에서 완제품의 소비에 이르는 공급망(Supply Chain)의 물류기능 전체 또는 일부분을 물류업체가 화주기업으로부터 위탁받아 대행하는 물류활동을 말한다.

상품거래의 당사자나 상품의 소유자가 아니므로 계약물류라고도 한다.

#### ❷ 제3자 물류의 제 단계

첫째, 1단계는 운송, 보관, 하역, 포장, 유통가공, 정보처리 등 일련의 공급망에서 요구되는 물류의 각 기능을 부문별로 외부 물류업체로부터 아웃소싱 하는 경우이다.

둘째, 2단계는 운송, 보관, 하역 등 여러 물류기능을 일관적으로 아웃소싱 하는 경우이다.

셋째, 3단계는 운영, 관리 측면뿐만 아니라 물류전략, 계획의 수립 부문까지 포괄하여 수행하는 단계이다.

### (2) 제4자 물류(4PL)

#### ❶ 제4자 물류의 개념

4PL(Fourth Party Logistics)이란 제조업체나 유통업체 등의 기업들로부터 아웃소싱을 받아 물류서비스를 제공하는 전문 물류업체(3PL)가 자사가 부족한 부분을 보완해 줄 수 있는 정보통신사업자, 전문컨설팅업체, 다른 물류사업자 등과 제휴를 맺고 가상조직을 형성하여 공급사슬 상의 모든 물류기능에 대한 토털 솔루션을 제공하는 것으로 최근에 들어와 물류서비스를 아웃소싱하는 기업들이 단일계약(ONE-STOP SERVICE)으로 전문 물류업체로부터 공급사슬 전체를 지원하는 통합된 물류서비스를 제공받고 싶어 하는 수요의 증가에 부응하기 위해 생겨난 새로운 조직형태이다.

한편 4PL이란 용어는 “앤더슨컨설팅사”에 의해 “전체적인 공급체인 솔루션을 제공하는 서비스 제공자와 함께 기업의 경영자원과 능력, 기술을 관리하고 결합하는 공급체인통합자”로 정의되면서 처음 사용되었으며 일부 컨설팅업체들은 4PL을 달리 LLP(Lead Logistics Provider) 등으로 지칭하기도 한다.

### ❷ 4PL의 목적과 기능

모든 영역의 물류서비스를 제공할 수는 없었던 기존 전문물류업체(3PL)의 한계를 극복하고 공급체인에 대하여 탁월하고 지속적인 개선효과를 발휘하는 것이다.

제4자 물류의 공급자의 본질적 기능은 광범위한 서플라이 체인상의 조직을 관리하고 기술, 능력, 정보기술, 자료 등을 관리하는 공급망의 통합자로서 기능하게 된다.

### ❸ 제4자 물류의 도입배경

그 동안 선진국을 중심으로 전문물류업체(3PL)의 활동영역이 지속적으로 확대되어 왔고 최근에는 개도국으로 확산되고 있다. 이와 같은 제3자 물류가 급증하게 된 이유를 먼저 설명하면 다음과 같다.

첫째, 기업들이 물류의 경쟁우위가 고객서비스에 필수임을 인식하게 되었기 때문이다. 즉, 경제활동의 세계화와 정보, 통신, 수송 분야의 기술혁신과 주요시장에서의 기업간, 국가간 경쟁심화로 물류전략의 고도화를 통한 비용절감과 고객서비스의 향상이 경쟁에서 우위를 점하는 원천임을 인식하게 되었기 때문이다. 이러한 인식하에서 기업들이 자신들의 활동에 있어 필수적인 요소이긴 하나 경쟁상 우위를 유지함에 있어 그 기반은 아니라고 인식하고 있는 자신들의 물류서비스를 전문물류업체(3PL)에게 아웃소싱하는 비율이 급증하게 되었다.

둘째, 기업자신의 핵심역량에 보다 집중하여 기업의 경쟁우위를 확보하기 위함이다. 즉, 기업은 자신들의 역량은 핵심부문에 집중하되 그 제공능력을 보유하기 위해 물류시설비, 관련 인건비 등 막대한 자본이 소요되는 물류서비스의 제공은 능력을 가진 전문물류업체(3PL)에게 맡김으로써 비용을 절감하면서도 타기업들과의 경쟁에서의 우위를 확보하기 위함이다.

그러나 기업들이 전문물류업체(3PL)를 이용하는데도 한계가 발생하게 되는데 이는 전문물류업체(3PL)가 가진 능력상의 한계에 기인한다고 볼 수 있다. 즉, 많은 전문물류업체들이 기업들로부터 아웃소싱 받은 창고, 수송, 배송관리업무 등의 물류 서비스를 제공하고 있으나 물류정보기술의 개발과 관리, 고객서비스, 수주관리 등을 포함하는 공급 체인상 모든 영역의 물류서비스를 커버할 수 있는 3PL은 거의 없는 실정이 곧 그 한계이다.

따라서 전문물류업체로부터 ONE-STOP SERVICE로 모든 물류서비스를 제공받길 원하는 기업의 요구에 부응하여 기존의 전문물류업체(3PL)의 한계를 극복하고 공급체인에 대하여 탁월하고 지속적인 개선효과를 가져오는 새로운 조직형태인 4PL(Fourth Party Logistics)이 생겨나게 되었다. 이는 현재 선진국을 중심으로 태동하였고 기존 전문물류업체보다 역할이나 기능이 한 단계 더 진일보된 새로운 물류서비스 조직형태이다.

## II 국제물류

### 1. 국제물류의 개념

국제물류(International Physical Distribution)는 생산과 소비가 2개국 이상에 걸쳐 이루어지는 경우 그 생산과 소비의 시간적, 공간적 차이를 극복하기 위한 유형·무형의 재화에 대한 물리적인 국제경제활동이라 할 수 있다. 이러한 국제물류는 국내물류보다 확대된 영역으로 원료조달, 생산가공, 제조판매활동 등이 생산지와 소비지가 동일국내가 아닌 국경을 초월하여 이루어지고 재화의 이동과 관련하여 수출입 수속 및 통관절차, 운송방법의 다양화로 인하여 물류관리가 국내물류보다 훨씬 복잡하며, 운송영역이 넓고 대량화물을 운송하여야 하기 때문에 환경적 제약을 많이 받게 된다.

국제물류의 합리화를 위해서는 운송, 재고, 포장, 하역, 정보 등 다양한 물류기능들을 적절히 통합하여 각 기능들의 상호작용이 효율적으로 이루어질 수 있는 최적 물류시스템의 구축이 필요하다. 국제물류는 물자의 시간적, 공간적인 효용의 창조가 중요함으로 각 기능들 중에서 특히 운송부분이 차지하는 비중이 크다. 따라서 각종 운송수단의 효율적인 연결과 각 운송수단의 연결점인 항만, 공항, 내륙 터미널에서 시간과 비용을 줄일 수 있도록 운송효율의 제고가 도모되어야 한다.

이러한 점에서 현재 항구에서 항구까지(port to port)의 해상운송과 항공운송의 합리화에서 나아가 문전에서 문전(door to door)까지의 복합일관운송시스템이 국제물류의 주도적 역할을 수행하고 있다.

### 2. 국제물류의 중요성

국제물류는 다음과 같은 중요한 역할을 담당하고 있다.

① 마케팅상 상적유통과 동등한 위치에서 국제물류는 국내물류의 배송시스템

과 같이 운송기간의 단축이나 조기 인도 등과 같은 물리적 고객서비스의 필요성을 제기한다.

② 국제물류는 운송기간의 단축 및 조기인도나 적기인도 등을 통하여 해외고객에 대한 서비스 활동을 향상시킴으로써 신뢰감을 높이고 판매기능을 촉진한다.

③ 국제물류는 생산과 수출뿐만 아니라 총비용이라는 경제적 측면에서 제3의 이윤창출 근원으로의 역할을 하게 된다. 국제물류는 국내물류와 달리 해외운송비의 비중이 크기 때문에 제품단가의 인하를 통한 국제경쟁력에 기여하게 된다.

④ 국제물류의 효율화를 통해 조기선적과 운송기간을 단축함으로써 상품의 재고량을 최소화 및 최적화하여 운영자금의 회전을 원활하게 하고 금융비용을 축소시킨다.

## 3. 국제물류의 기능

국제물류의 활동영역은 기본적으로 운송, 보관, 하역, 포장 및 정보의 다섯 가지 기능에 의하여 이루어진다. 이 중에서도 국제물류는 두 나라 이상에 걸쳐 수행이 되기 때문에 활동내용에 있어 운송이 주체가 되고 이것에 수반하여 운송을 기계화하는 형태로서 보관, 하역, 포장 및 정보의 제 활동이 수행되고 있다.

국제물류의 활동영역별 기능을 살펴보면 다음과 같다.

### (1) 운송기능

운송은 물자의 공간적 차이를 극복하기 위해서 장소적 이동을 통하여 물자의 장소적 효용이 창출되게 된다. 운송은 물류의 핵심적인 요소로서 실질적으로 보관, 하역, 포장, 정보 등과 밀접한 관련을 맺고 있으며, 이러한 비운송 요소는 운송과 배송을 원활히 해주는 보조적인 요소로 볼 수 있다.

국내물류의 경우에는 배송활동에 중점을 두기 때문에 화차를 이용하여 화물을 이전시키거나 자사의 유통센터나 타화물자동차업체의 운송 및 배송네트워크를 통하여 고객에게 화물을 이전시키는 경우가 많다. 그러나 국제물류의 경우에는 선사, 항공회사, 트럭운송회사, 운송주선업자 등을 통하여 화물선이나 항공기로 운송을 하거나 또는 최적운송을 위해 육·해·공을 복합하는 일관복합운송이 수행되기 때문에 국내물류는 마지막 단계의 보조운송으로서 역할을 하게 된다.

### (2) 하역기능

하역은 원래 운송과 보관 및 포장의 그 전후에 수행되는 취급 작업으로 운송과 보관의 종속적 존재로 위치해 있다. 그러나 국제물류에 있어서는 그 중요성이 높으며 하역의 합리화가 종합적인 물류합리화를 좌우하고 있는 경우도 적지 않다. 국내물류의 경우에는 유통 및 배송센터의 창고로부터 포크레인 정도의 기기를 동원하여 트럭에 상·하차 작업정도를 수행한다.

국제물류의 경우에는 공산품일 때 이를 컨테이너에 적입하는 작업과정에서부터 철도역 또는 트럭터미널 등의 내륙거점이나 공항 및 항만에서의 하역작업까지 각종 하역차량 및 포크레인을 이용하고 있다. 또한 원재료일 경우에는 기초하역시설 등 많은 하역기기가 동원되어 항만 및 공항의 창고시설과 연계되어 운영된다.

### (3) 포장기능

포장은 물류 중 화물을 안전하게 보호하고 적당한 단위로 묶어서 운송과 보관 및 하역이 용이하도록 하며, 그 이후의 물류활동과 많은 관련을 지니고 있다. 국제물류에 있어서 포장기능은 국내물류의 경우와 큰 차이는 없다. 다만 원거리 운송과 해외시장에서 판촉을 위해 상품품질이나 가치를 손상하지 않고 보호하여야 한다는 관점에서 유통과정 중 내용물을 잘 보호하고, 용기가 가벼우며 비용도 절감하는 입장으로 포장활동이 이루어져야 한다.

따라서 수출포장은 제품특성에 따라 포장재료를 적절히 선택하고 생산성, 편리성, 경제성을 염두에 두고 판매상의 효율을 제고하는 동시에 판촉을 위하여 포장되어야 한다. 이를 위해 물류과정 중에서 생산물류는 제외하더라도 조달물류에서는 포장을 모듈화 또는 간이화를 해야 하며, 판매물류에서는 여기에 기계화도 추가되어야 한다.

최근의 포장활동은 국내의 경우 팔레트를 이용하며 국제화물은 항공기를 제외하고는 공산품의 경우 대부분 컨테이너를 이용하기 때문에 포장의 내장과 외장이 간편하고 비용도 절감되는 추세에 있다. 특히 컨테이너운송의 경우 외장비용을 획기적으로 절감하는 효과를 가지고 있다.

### (4) 보관기능

보관기능은 물자의 시간적 차이를 극복함으로서 효용을 창출한다. 국내물류에서 창고기능은 화물을 시간적, 장소적으로 이전시키기 위하여 일시적으로 보관하는 기능과 유통창고나 유통센터로서 수·배송을 위한 기지로서 기능을 갖기도 한다.

국제물류에서 창고는 수출지에서 수입지까지 화물운송에 필요한 수출자의 창고 및 공장창고나 내륙거점 또는 트럭 및 기차 터미널 그리고 항구나 공항 등지의 보관기능이 우선하게 된다. 즉 화물을 집화하여 이를 조립, 포장, 분류하여 배송하는 유통창고로서의 국내물류기능보다는 보세구역이나 보세구역이외의 지역에서 화물을 일시 보관하여 운송하는 기능이 국제물류의 주된 기능이 된다.

국내물류의 경우 보관활동은 주로 생산자로부터 조달물류, 생산물류, 판매물류를 통해 생산자나 소비자에게 물품의 효율적 배송을 위한 유통센터 및 배송센터나 생산자의 창고에서의 팔레트 풀(pallet pool)을 통한 창고자동화시스템이 중요한 역할을 하게 된다. 그러나 국제물류에서는 창고자동화시스템을 통한 컨테이너 적입만 있기 때문에 항만 또는 공항의 보세창고 운영시스템의 자동화 및 개선책이 하역작업과 병행하여 중요한 역할을 담당하게 된다.

### (5) 정보기능

국제물류를 종합적으로 기능화하고 총체적인 활동을 원활히 추진하기 위해서 정보는 중요한 요소이다.

물류정보는 국내물류의 경우 대부분 국내유통에 중점을 두기 때문에 물품이 생산자로부터 중간상인 도·소매업자를 통하여 소비자로 이전됨으로 수주정보시스템, 재고정보시스템, 생산지시정보시스템, 출하정보시스템 등의 물류관리정보시스템에 의하여 그 흐름이 통제된다.

국제물류의 경우에는 운송활동의 경제화 및 복합운송의 최적화, 하역작업의 기계화 및 자동화를 통한 신속화, 보관 및 배송작업의 신속화 및 효율화, 포장작업의 표준화 및 최적화를 통하여 총비용을 절감하고 고객서비스를 향상시켜야 한다.

이를 위하여 총괄적인 국제물류 기능을 전화, 팩시밀리, 컴퓨터를 이용한 온라인 시스템(On-Line System), 지역물류를 연계시키는 근거리정보통신망(LAN; Local Area Network) 또는 전국이나 전 세계를 연결할 수 있는 부가가치통신망(VAN; Value Added Network) 등을 이용하여 중앙통제방식으로 물류정보의 지시 및 통제가 이루어지고 있다.

또한 항만과 주요 물류거점에서 RFID(Radio Frequency IDentification)를 활용하여 물류가시성(Visibility)이 확대되고 물류거점의 운영이 효율화되고 있다.

항만의 경우 RFID를 활용하여 항만의 게이트를 자동화하고 컨테이너를 추적하는 '글로벌컨테이너추적시스템(Global Container Tracking System ; GCTS)'이 구축되어 운영 중에 있다. GCTS는 해양수산부에서 RFID 또는 CSD(Container Security Device)[2)]태그가 부착된 컨테이너 차량 및 화물에 대한 위치정보를 수집하고 제공하는 시스템으로 GNSS(Global Navigation Satellite System)를 기반으로 한다. GNSS(Global Navigation Satellite System)는 미국의 GPS, 러시아의 GLONASS가 대표적이며 어느 곳에서든지 인공위성을 이용 사물의 위치 파악이 가능한 시스템이다.

### RFID(Radio Frequency IDentification)

■ 정 의

- 사물에 고유코드가 기록된 전자태그를 부착하고 무선신호를 이용하여 해당 사물의 정보를 인식·식별하는 기술
- 무선 주파수를 이용해서 가까운 거리는 물론 수십 미터까지 떨어진 사물이나 사람에 부착된 태그를 인식해 그 태그로부터 정보를 주고받을 수 있는 장비

〈한국 RFID 관련부서의 RFID 시스템 정의〉

| 구 분 | 정 의 |
|---|---|
| 舊 정보통신부 | ○ U-센서 네트워크 서비스<br>- 사물에 전자태그를 부착하고 각 사물의 정보를 수집/가공함으로써 개체간 정보교환, 측위, 원격처리, 관리 등의 서비스를 제공하는 것 |
| 舊 산업자원부 | ○ 제품에 부착된 칩의 정보를 주파수를 이용해 읽고 쓸 수 있는 무선 주파수 인식으로 사람, 상품, 차량 등을 비 접촉으로 인식하는 기술 |
| ETRI (한국전자통신연구원) | ○ 무선 주파수를 사용하는 소형 IC칩을 사용하여 비 접촉으로 사물을 인식하는 기술로서, 사물의 위치파악 및 경로추적을 통해 기업에게 실시간으로 제품의 상황에 관한 정보를 전달할 수 있는 기술 |
| IITA (정보통신연구진흥원) | ○ Micro-chip을 내장한 태그, Label, Card 등에 저장된 자료를 무선 주파수를 이용하여 리더기에서 자동 인식하는 기술 |

※ 자료 : 최종희, 김수엽, 이호춘, 항만물류 선진화를 위한 RFID 기술 도입 방안, 한국해양수산개발원, 2007.12.

---

2) CSD(Container Security Device)는 컨테이너(차량) 위치정보, 컨테이너 개폐여부, 컨테이너 내부 상태(온도, 습도, 진동)정보를 이통통신(해외 자동로밍)을 이용 수집이 가능한 장치이다.

- 사람, 자동차, 화물, 가축 등에 각 개체 식별을 위한 정보를 부가하는 시스템으로 그 부가 정보를 무선통신매체를 이용하여 비접촉방식으로 해독함으로써 종래 사람 손에 의지하고 있던 각종 어플리케이션을 자동화할 수 있게 되었음.

■ **RFID 통신 구조도**

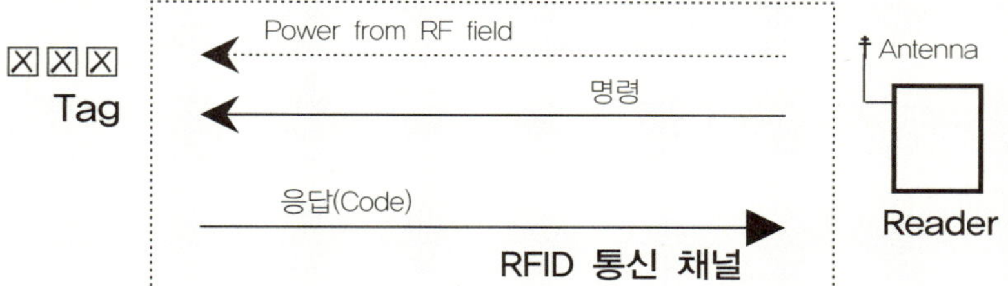


* Tag : 통합된 안테나를 갖춘 IC 칩
장비나 사물에 삽입됨(예 : handsets)
Passive(read only) and active(read/write)형
무선 주파수를 사용한 Reader에 의해 인식

* Reader : Tag의 정보를 수집/가공 또는 active tag의 경우 정보 갱신/저장

■ **RFID의 진화 단계**

1단계 – 태그를 저주파 채널을 통해 리더기가 인식해 컴퓨터로 시리얼을 통해 전송하는 방식

2단계 – 멀티 개념이 도입되면서 지역 네트워크를 통해 다수의 리더기로부터 컴퓨팅이 가능하게 되는 단계

3단계 – 분산처리개념이 도입되면서 네트워크가 지역의 범주에서 벗어나 세계적으로 확장되면서 자연스럽게 분산처리가 필요하게 되는 형태로 진화

5단계 – 인터넷 수준으로 연결됨과 동시에 태그 ID가 유니버설코드로 확장되면서 EPC(Electronic Product Code; 공급망에서 개별 상품을 식별하는 코드를 의미함)의 개념이 도입됨.

■ **차량 및 컨테이너 인식을 위한 장비**

| 구 분 | 구 성 장 비 |
|---|---|
| 차량 인식 | |
| 컨테이너 인식 | |

## III 국제물류와 국제운송

국제물류와 국제운송과의 관계는 일반적으로 국제운송은 국제물류의 일부분을 구성하는 것으로 국제물류가 보다 광의적이며 포괄적인 개념이라고 볼 수 있다.

경영학에서 주로 물류라는 개념으로 기업의 물품이동과 관련된 전반적인 활동을 대상으로 관리하는 물류관리분야에 관심을 집중하고 있는 반면, 무역학에서는 국제운송이라는 개념으로 수출입화물을 중심으로 이들 화물의 국제적 이동과 이를 위한 운송인과의 계약관계 등의 상무적, 법리적 측면이 강조되어 연구되고 있다.

최근 정보기술(IT)의 발달과 글로벌화 등의 환경변화와 아울러 국제운송정보의 공유, 운송의 일관관리 및 처리, 복합운송의 도입에 의한 문전운송의 요구증가 등의 물류환경의 변화로 인해 국제운송도 단순히 절차적, 법리적 측면을 넘어서 전체적인 물류관리측면으로 나아가고 있는 추세에 있다고 하겠다. 그러나 운송인과 화주와의 운송계약, 그에 따른 운송서류와 운송인과 화주의 책임 및 법리관계는 국제운송의 고유의 영역으로 보다 강조되어야 할 부분이다. 왜냐하면 효과적인 운송과 아울러 운송중 물품의 손상에 따른 효과적인 피해 구제를 위해 운송인의 책임과 면책 등에 대한 국제운송관련법에 대한 법리적 이해는 필수적이기 때문이다.

# 제2절 국제운송의 개념과 종류

## I 국제운송의 개념

국제운송에 있어서 운송(Transportation)의 어원은 Trans(횡단, 관통, 가로질러, 넘어)+Portation(혹은 portage; 운반, 화물), 즉 to carry across를 의미하는 것이다. 즉, 운송은 물품이 생산된 장소와 소비되는 장소 사이에 존재하는 공간적 거리를 사이에 두고 물품을 이동시키는 것으로 이 같은 공간적인 한계를 극복하여 재화와 용역의 효용가치를 증대시키는 행위를 의미한다.

따라서 국제운송이란 국가간에 상거래가 지속적으로 발전됨에 따라 재화와 용역의 공간적 효용성을 증가시키기 위한 인간이나 물자의 국가간 이전행위를 의미하게 된다.

## II 국제운송의 종류

국제상거래에서 국제운송은 일반적으로 원거리운송이며 대량화물의 운송이 대부분을 차지하고 있어 선박을 이용한 국제해상운송이 주(主)를 이루고 있으며 긴급화물과 고가품 등의 운송수요에 대응한 국제항공운송, 그리고 유럽 등과 같이 국경이 육지로 연결되어 있는 지역에서 철도나 도로를 이용한 국제육상으로 구성된다. 또한 이들 해상운송, 항공운송, 육상운송을 결합한 국제복합운송방식이 최근 개발되어 이용되고 있다.

따라서 이들 운송수단의 특징을 잘 이해하고 또한 운송물품에 적합한 운송형태를 선택하여 효과적인 운송이 이루어질 수 있도록 해야 한다.

### 1. 국제해상운송

해상운송(marine cargo transportation or sea cargo transportation)은 운송선(선박)에 의하여 해상구간을 통해 화물을 운송하는 방식으로, 주로 대량의 화물이나 긴급을 요하지 않는 화물, 또는 상품가격에 비해 고액의 운임을 부담할 수 없는 저렴한 운임으로 운송하고자 하는 화물, 원거리 운송화물의 경우에 주로 이용된다.

이 같은 특징으로 인해 국제운송물량의 대부분이 국제해상운송을 통해 이루어지고 있다.

### 2. 국제항공운송

항공운송(air cargo transportation)은 항공기에 의하여 공로를 통하여 화물을 운송하는 방식으로, 주로 화물의 판매액에 대하여 운임의 부담력이 있는 물품이나 긴급물품, 소량화물, 고부가가치제품인 전자제품, 신선도를 유지할 필요가 있는 활어, 어패류, 꽃 등의 운송에 이용되고 있다.

항공운송기술의 발달과 화물전용기의 발달 등으로 항공운송의 공급측면의 효율성이 증대되었으며 또한 고부가가치제품의 증가, 다품종 소량화물의 전자상거래 물품의 증가 등 운송수요측면에서의 증가로 인해 국제항공운송의 수요가 최근 급증하고 있다.

항공화물운송의 중요한 특징은 운송시간의 단축이며, 이외에도 긴급성에 적응할 수 있고, 안전성, 정시성(定時性)이 확보될 수 있고, 종합적인 물류비용의 절감에 기여한다는 것이다.

## 3. 국제육상운송

육상운송(land cargo transportation)은 철도나 도로를 통해 화물을 운송하는 방식으로, 문전 접근성이 높아 해상운송, 항공운송의 처음과 끝에 연결되어 운송되는 경우가 많다.

한편 국제육상운송은 국경이 육지로 연결되어 있는 유럽 등에서 많이 이용되고 있는 운송방식이다.

## 4. 국제복합운송

국제복합운송(international multimodal transportation)은 두 가지 이상의 서로 다른 운송수단이 결합되어 운송하는 방식으로, 단일의 복합운송인(multimodal transport operator; MTO)이 송하인과 복합운송계약을 체결하고 이에 따라 전 운송구간에 대한 단일책임을 인수하고 복합운송증권을 발행하는 형식의 운송을 의미한다.

국제복합운송은 다른 운송수단으로의 이적이 효과적으로 이루어져야 가능하므로 제2차 세계대전 이후에 본격적으로 국제운송에 도입된 컨테이너의 등장으로 급속하게 발전하고 있다.

# 제3절 국제운송과 무역

## I 무역과 국제운송

무역에 있어서 중요한 두 가지 흐름은 화물의 이동인 물류와 그 반대 방향으로 이루어지는 대금결제인 환의 흐름이 있다.

국제운송은 이 같은 무역의 중요한 두 가지 흐름 가운데 한 부분을 차지하고 있으며 상품무역에서는 국제간 화물이동이 반드시 수반되게 된다.

이러한 국제간 화물이동에는 국제육상운송, 국제항공운송, 국제해상운송, 그리고 이들의 결합으로 이루어지는 국제복합운송방식을 통해 이루어지고 있다.

한국의 경우 국제육상운송은 가능하지 않으며 국제해상운송, 국제항공운송, 그리고 국제복합운송을 통해 수출입화물이 이동되고 있다. 대부분의 수출입화물은 물량기준으로 보았을 때 국제해상운송을 통해 이루어지고 있으며 금액측면에서는 최근 항공운송의 비중이 급증하여 국제운송에서 차지하는 비중이 상당하게 증가된 상황에 있다.

## II 무역학에서 국제운송의 학습 분야

무역학에서 국제운송에 대한 학습 분야는 운송계약 당사자들의 지위에 따른 각 운송수단별 운송의 법리적, 상무적 접근 방법을 통해 이루어진다.

학습의 관점은 운송인 입장이 아닌 화주 입장에서 운송을 바라보는 것이며 수출입화물의 이동절차 즉, 운송절차에 대한 이해와 운송인과 화주 사이의 운송계약, 그리고 그에 따른 운송서류에 대한 검토와 아울러 운송계약에 따른 운송인과 화주의 책임·법리 관계 등이 주요 학습대상이 된다. 아울러 국제운송과 밀접한 관계를 갖고 있는 국제운송과 보험과의 관계, 그리고 국제운송과 정형거래조건, 신용장통일규칙상의 운송서류의 수리조건 등도 학습 분야에 포함된다.

# 제 2 장

# 국제운송 환경 변화

# 제1절 세계무역환경

## I 세계무역환경

세계무역환경은 글로벌화(세계화)와 블록화(지역화)의 두 가지 큰 흐름을 보이고 있다. 글로벌화는 WTO를 중심으로 관세장벽 및 비관세장벽 철폐와 지적재산권보호 및 서비스시장 개방 그리고 자유로운 인적교류 등을 목적으로 수차례의 라운드를 진행시켜왔으며 최근에서 UR(Uruguay Round) 이후 DDA(Doha Development Agenda)협상을 진행하고 있으나 일괄타결 및 다자간 협상으로 합의도출에 어려움이 있어 그 결과는 낙관적이지 못하다.

한편 이러한 일괄타결 및 다자간 협상의 한계를 극복하면서 교역확대를 통한 상호이익증대를 도모하기 위해 지역 및 국가간 자유무역협정(FTA; Free Trade Agreement)을 통한 블록화(지역화)가 최근 급증하고 있다.

이러한 글로벌화와 블록화와 함께 최근 국제무역에서 큰 이슈로 대두되고 있는 것은 무역원활화(Facilitation)와 국경안전(Security)이다.

무역원활화는 세관차원의 각종 규제 등의 표준화, 간소화를 통한 신속한 화물이동에 중점을 둔 것으로 지속적인 관심의 대상이었으나 국경안전부분은 2001년 미국의 9·11테러 이후 국제무역의 새로운 이슈로 급부상하게 되었다.

국경안전강화는 정보기술의 활용과 국경 통과시 요구되는 각종 데이터의 국제적 표준화 등의 실현을 통한 위해물품 및 테러가능성의 예방을 위한 조치를 주 관심대상으로 하고 있다.

이러한 국경안전강화와 무역원활화는 상반된 이해관계를 가지고 있는데 무역원활화에 치중하게 되면 국경안전성이 저해되고 국경안전성 강화에 중심을 두게 되면 무역원활화가 저해되는 모순이 발생하고 있다. 따라서 이러한 상호 모순된 측면을 적절히 조정하여 무역원활화와 국경안전성 강화가 균형을 이룰 수 있도록 국제기구와 선진 각국에서는 다양한 노력을 기울이고 있다.

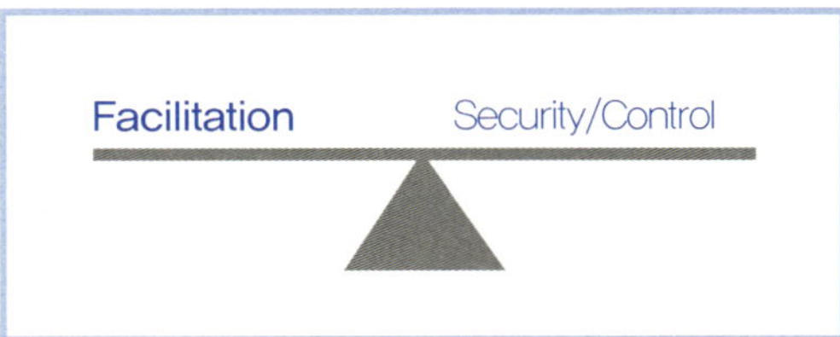

# 제2절 국제운송과 공급망 보안강화

## I Security 관련 규정 제정 배경과 현황

### 1. Security 관련 규정 제정 배경

2001년 9월 11일 미국 본토에서는 세계무역센터, 국방부, 국회의사당, 국무부 등에 대한 테러로 수많은 희생자가 발생했다. 이는 단순히 세계도처에서 빈번히 발생하고 있는 많은 테러사건 가운데 하나가 아니다. 그 희생의 규모면에서나 미국본토에서 발생하였다는 측면에서 그 파급효과는 가히 상상을 초월한 것이었다.

이에 미국은 자국영토에 대한 보안을 강화할 필요성이 절실해졌으며 그에 따른 후속조치를 마련하는데 박차를 가하고 있다.

9·11테러로 인하여 미국에서는 수십 년이 걸릴 조직개편 및 법 정비가 단시간에 이루어지고 있다. 즉, 국경보안을 위한 국가조직의 개편, 국경 보안을 위한 첨단 장비의 대거 설치, 국경을 외국으로 확대하는 조치인 미국으로 수입되는 화물의 사전 정보획득을 위한 법, 외국항만에 대한 안전평가 및 시정조치를 위한 법의 제정, 국제공급망의 보안강화를 위한 무역업계의 상호협력 등의 일련의 Security 관련 조치를 시행하여 국토안보에 만전을 기하고 있다.

### 2. 미국의 Security 관련 규정 제정 현황

9·11테러 이후 미국에서는 국토 방위 체계의 획기적인 변화가 이루어졌으며 이를 뒷받침하기 위한 Security 관련 다음과 같은 법률의 개정과 제정이 신속하게 이루어졌다.

#### (1) 국토안보부(DHS) 설치

2002년 11월 25일 부시 미대통령은 각 정부부처에 분산되어 있던 국경통제와 보안업무를 일원화하기 위하여 국토안보부(Department of Homeland Security)를 설치하는 법안에 서명하였다. 국토안보부는 380억 달러의 예산과 17만 명의 직원을 거느리는 거대조직으로 출범하였으며 미국을 안전하게 유지하기 위한 국가의 통일된 노력을 주도하며 테러공격을 방어, 예방하며 국가에 대한 위협과 위험에 대항하고 보호하는 것을 목적으로 하고 있으며 국경을 안전하게 유지하는 동시에 합법적 이민과 방문을 환영하며 자유로운 상거래를 진작하기 위해 노력을 기울이고 있다.[3)]

### (2) 컨테이너 안전협정(CSI) 도입

해상컨테이너가 테러의 도구로 사용될 위험성에 대비하여 세계무역과 국경보안에 도움을 주기 위한 CSI(Container Security Initiative)가 2002년 1월에 시작되었다. CSI는 테러와의 전쟁에서 미 관세청과 외국 정부의 중요한 약속이다.[4)]

### (3) 24-Hour Rule과 Trade act of 2002 Final Rule 시행

미국으로 수입되는 화물에 대한 정확한 정보를 사전에 미 관세청이 받을 수 있도록 하여 미국의 국경을 외국으로 확대하는 조치인 24-Hour Rule과 Trade act of 2002 Final Rule을 시행하였다. 24-Hour Rule은 2003년 2월 2일 실제 시행하였으며 Final Rule은 2004년 1월에 시행되었으나 각 운송수단별로 그 실제 시행기간을 별도로 정하고 있다.

### (4) C-TPAT 시행

국토 안보를 위해서는 전체 공급망상에 있는 모든 주체들의 도움 없이는 효과적으로 수행하는 것이 불가능하는 인식하에 업계와 세관의 상호협력 프로그램인 C-TPAT(Customs-Trade Partnership Against Terrorism)가 2002년 4월에 창설되었다.

### (5) MTSA 2002 시행

화물에 대한 보안강화 뿐만 아니라 항만과 선박에 대한 보안 강화를 위한 MTSA(Maritime Transportation Security Act of 2002)를 2002년 11월 25일에 국토안보부 설치법안과 함께 부시 미대통령이 서명하여 시행되었다. 이는 크게

---

3) DHS Organization The DHS Strategic Plan-Securing Our Homeland(http:// www.dhs.gov /dhspublic/theme_home1.jsp)

4) U.S. Customs and Border Protection, Performance and Annual Report Fiscal Year 2003, p.18.

자국의 항만 및 선박의 보안을 강화하는 내용과 미국에 화물을 수출하는 외국항만이 테러를 방지하는 데 필요한 적절한 보안조치를 시행하고 있는지 여부를 평가하고 시정을 권고하는 사항을 주요 골자로 하고 있다.5) 미국의 MTSA 2002는 IMO의 ISPS의 제정에 지대한 영향을 미치게 된다.

### (6) 항만보안법(SAFE Port Act) 시행

2006년 10월 13일 미국의 조지 W. 부시 대통령은 항만보안법(SAFE Port Act)을 공포하였다. 이에 따라 미국은 2002년에 제정된 해운보안법과 함께 해운 및 항만분야의 거의 완벽한 보안시스템을 갖추게 되었다.

항만보안법의 가장 큰 특징은 9·11테러 이후 미국이 지금까지 견지해 온 대량살상무기(WMD) 차단과 테러 예방 등 거의 모든 조치가 망라되어 있다는 점이다. 특히 컨테이너를 통해 이동하는 WMD 등 위험화물을 사전에 통제하는데 필요한 거의 모든 조치가 포함되어 있다. 구체적으로 미국 관세청(CBP)이 자발적 차원에서 시행하던 C-TPAT와 CSI 등이 입법화되었으며 외국항만에서 컨테이너화물을 100% 검색하는 데 필요한 '시범사업'은 물론 운수근로자 신원조회 및 신분증 발급제도도 들어있다.

항만보안법에는 거의 대부분이 WMD를 차단하는 조치들로 채워져 있어 미국으로 제품을 수출하는 기업뿐만 아니라 선사 등에 미치는 영향이 적지 않을 전망이다. 특히 미국 수출화물에 대한 정보제공을 강화하고 있을 뿐만 아니라 방사능 탐지기 설치 등 화물검색을 강화할 근거도 마련해 놓았으며 이 법에서 국토안보부에게 빠른 시간 내에 컨테이너 보안장비 등에 대한 기준을 설정하도록 요구하고 있어 앞으로 물류보안표준을 둘러싸고 글로벌 기업 사이의 치열한 경쟁도 예상된다.

### (7) 10+2 rule(Importer Security Filing and Additional Carrier Requirements)

24-Hour Rule만으로는 국토안보부가 위험평가를 하기 위한 충분한 정보를 입수할 수 없다고 판단하여 운송인과 수입업자에게 추가적으로 정보를 제출할 것을 법제화한 조치이다.

10+2 rule은 2008년 1월 2일 제안법률(proposed rule)로 공포된 후 60일간의

5) Maritime Transportation Security Act of 2002(Public Law 107-295), 2002.11.25.

의견수렴 과정을 거친 후 약 200개의 의견을 수집, 평가하여 수렴된 의견을 일부 반영하여 2008년 11월 25일 잠정 최종법안을 발표하였으며 2009년 1월 26일에 발효하였다.

## 3. 국제기구의 Security 관련 규정 제정 현황

### (1) IMO에 의한 Security 관련 규정

9·11테러와 2002년 10월 6일 프랑스 초대형 유조선 M/T Limburg의 피격 이후, IMO가 LNG 및 LPG를 포함한 해상화물 운송선박 및 항만시설에 대한 해상 테러 가능성을 대비하기 위하여 2002년 12월 12일 IMO의 외교회의에서 동 회의에 참가한 113개국 정부대표는 만장일치로 기존의 해상인명안전협약(the 1974 Safety of Life at Sea Convention; SOLAS) 제XI장을 제XI-1장과 제XI-2장으로 개정하고 해상보안 강화를 위한 특별조치를 규정하고 있는 제XI-2, 즉, "선박 및 항만시설 보안에 관한 규칙"(International Ships and Port Facility Security Code; ISPS Code)[6]을 채택하였다.

SOLAS 협약은 해상에서 인명의 안전증진을 위해 선박의 설비, 구조, 운항요건 등을 규정한 것인 반면 ISPS는 선박과 항만시설 종사자의 상호협조를 통해 해상보안을 저해하는 행위를 식별하여 저지하는 것을 목적으로 선박 및 항만에 적용하도록 되어 있다. 따라서 두 규칙의 입법목적 및 적용 범위가 다르므로 사실상 ISPS를 SOLAS 협약에 수용하기는 곤란하였다. 그러나 해상테러방지를 위한 미국의 강력한 규정제정 및 신속한 발효 요청에 의해 통상적으로 채택에서 발효까지 약 3~5년의 준비기간이 필요한 국제협약이 동 협약의 경우는 개정 사항에 대한 발효요건이 채택일로부터 약 1년 6개월 후에 묵시수락절차에 의해 신속히 발효될 수 있기 때문에 SOLAS 협약에 ISPS를 반영한 것이다.

SOLAS 협약 당사국 1/3이 2004년 1월까지 반대하지 않을 경우 2004년 7월 1일부로 발효되도록 되어 있으며 반대 없이 2004년 7월 1일부터 시행되고 있다.

ISPS규칙은 국제항해에 종사하는 각 선박과 관련 항만시설에 적용되며 보안을 위하여 체약당사국과 선사 및 선박이 준수해야 할 사항을 규정하고 있다.[7]

그 구체적인 내용은 선박과 관련해서는 자체보안계획을 수립하고, 기국정부의

---

6) 원명은 "International Code for the Security of Ships and of Port Facilities"이다.
7) 김영모, "ISPS Code 발효와 우리나라 대응방안", 2003.5, p.6~7.

보안심사를 받은 후 국제선박보안증서(유효기간 5년)를 비치·운항하여야 한다. 이를 위해 선박마다의 고유식별번호(IMO번호)를 선체에 영구 표시토록 강제화하고 있으며 선박이력기록부를 선내에 의무적으로 비치하도록 하고 있으며 선종별 선박보안 경보장치를 탑재하고 보안증서 미소지 선박은 입항거부 또는 출항정지 등 국제항해가 불가능하도록 하고 있다.

항만시설부문에 있어서는 항만시설보안책임자를 임명하고 항만보안평가를 실시한 후 보안계획을 수립하여 당해국 정부의 승인을 받아야 한다. 보안계획 미수립 항만에 기항한 선박 및 선적된 화물에 대하여는 외국항에서 별도 보안확인 절차 실시로 운항지체 등 피해가 발생할 우려가 있다.

각 국 정부는 자국의 선박·항만의 보안계획 승인과 보안심사, 외국선박에 대한 보안점검을 실시하고, IMO에 자국의 보안관련 사항을 보고하여야 한다. 입항거부나 출항정지 등을 위한 명백한 근거(8가지) 발견시 운항통제가 가능하도록 하고 있다.[8)]

### (2) ISO의 ISO 28000 시리즈

국제표준화기구(International Organization for Standardization; ISO)도 국제공급망 보안과 관련된 세계적 관심 고조에 맞추어 여러 가지 국제규칙을 마련하여 제시하였다. 그 대표적인 것으로 2007년 마련된 물류보안경영 표준 및 인증제도인 ISO 28000 시리즈(ISO 28000-28004), ISO 18185 컨테이너 전자봉인(Freight containers--Electronics seals) 등 국제표준 5종과 ISO 17363 화물컨테이너 RFID (Supply chain applications of RFID--Freight containers) 등을 제정하였다.

ISO 28000 시리즈는 국제공급망 보안 경영 시스템에 대한 규격 등을 제시하여 이러한 규격에 대한 인증을 받도록 하여 국제공급망 안전에 일조하기 위해서 마련되었다.

구체적으로 ISO 28000 시리즈를 살펴보면 다음과 같다.

ISO 28000:2007(Specification for security management systems for the supply chain)은 공급망을 위한 보안관리시스템의 요구사항을 제시하여 인증의 적합성 여부를 판단하는 기준을 제시하고 있다.

ISO 28001:2007(Security management systems for the supply chain -- Best

8) 해양수산부, 국제 선박 및 항만시설 보안규칙(ISPS Code)(http://www.momaf.go.kr/info/policy/d_policy_isps.asp)

practices for implementing supply chain security, assessments and plans -- Requirements and guidance)은 공급망 보안관리시스템을 수립하려는 조직이 보안 위협 및 현재의 보안수준을 파악하기 위한 보안위험평가 방법 및 절차의 개발, 보안계획서 수립 방법을 상세하게 제공하고 있다.

ISO 28002:2011(Security management systems for the supply chain -- Development of resilience in the supply chain -- Requirements with guidance for use)은 공급망에서 위기관리시스템의 요구사항에 대한 내용을 규정하고 있다.

ISO 28003:2007(Security management systems for the supply chain -- Requirements for bodies providing audit and certification of supply chain security management systems)은 공급망 보안관리시스템에 대한 심사를 수행하고 인증을 제공하는 인증기관이 갖추어야 하는 요구사항을 규정하고 있다.

ISO 28004:2007(Security management systems for the supply chain -- Guidelines for the implementation of ISO 28000)은 ISO 28000 공급망 보안관리시스템 규격을 실행할 때 각각의 요구사항에 대한 상세한 해설 및 실행지침을 규정하고 있다.

## II 미국의 공급망 안전(Security)을 위한 제도

### 1. CSI(Container Security Initiative)

#### (1) CSI의 출현배경

매년 2억 개 이상의 화물컨테이너가 세계 주요 항구간을 이동하고 있으며 또한 세계화물의 90% 이상이 컨테이너에 의해 운송되고 있다. 영국, 일본, 한국처럼 많은 국가들이 수출입화물의 90% 이상을 해상을 통해 수송하고 있다.[9)]

미국의 경우도 국제화물의 95%가 선박에 의해 운송되고 있다.[10)] 또한 금액기준으로 수입되는 화물의 거의 절반이 선박에 적재된 컨테이너에 의해 이루어지고 있으며 매년 거의 7백만 개의 화물컨테이너가 선박에 적재된 채 미국항구

---

9) U.S. Customs and Border Protection, "CSI U.S. Customs and Border Protection Response to Terrorism", CSI Powerpoint Presentation(www.customs.gov)

10) U.S. Department of Homeland Security, "Protecting America's Ports Maritime Transportation Security Act of 2002", 2003.7.1, p.3.

에 도착, 양륙되고 있다.[11)]

이 같이 컨테이너는 국제상거래에서 중요한 역할을 담당하고 있다. 그러나 컨테이너가 대량살상무기(Weapons of Mass Destruction; WMD)의 밀수에 이용되거나 테러의 수단으로 사용될 가능성이 매우 높다. 왜냐하면 컨테이너 운송의 편리성에 비해 그 내용물을 확인하는 데에는 많은 시간과 비용이 발생되므로 컨테이너 화물에 대한 검사는 필요한 최소한의 범위 내에서 제한적으로 실시되고 있으며 미국의 경우도 전체 수입되는 컨테이너 중 2%만이 검사되고 있는 실정이기 때문이다.

실제로 2002년 4월 영국의 페릭스 토우 항에서 박격포와 폭발물의 은닉처가 발견된 것으로 언론에 보도 된 바 있었고, 이탈리아 당국은 캐나다로 향하는 컨테이너 안에서 알카에다 공작원 용의자를 적발했는데, 그 안에서 침대, 욕실, 항공지도, 공항 보안통행증, 항공기 기계공 증명서 등을 발견한 바 있다.[12)]

이에 2001년 9·11 사태 이후 2002년 1월 17일 Robert C. Bonner 미 관세청장은 테러의 위협으로부터 미국 본토를 보호하기 위해서는 미국의 국경선이 국토방위의 처음이 아니라 마지막 선이 되어야 한다는 판단 하에 테러의 위험이 있는 컨테이너에 대하여 미국으로 선적되기 전에 외국항에서 검사하고 확인할 수 있도록 하는 '컨테이너 안전 협정'(Container Security Initiative; CSI)을 추진할 것을 발표하였다.

### (2) CSI의 주요내용

CSI 협정은 미국 세관 직원이 CSI 시행 항구에 파견되어 주재국의 세관직원과 합동으로 각 항구에서 미국으로 향하는 컨테이너중 위험요소가 큰 컨테이너를 선별하여 선적전에 미리 화물 검사를 시행하게 하는 것으로 컨테이너 화물에 대한 보안은 강화하되, 컨테이너 화물의 이동을 크게 지체시키지 않으면서 이것을 효율적으로 수행토록 하는 것이다.

이 같은 CSI는 4가지 요소로 구성되어 있다.[13)]

---

11) U.S. Customs and Border Protection, CSI in Brief(www.customs.gov)
12) 홍순걸, "9.11테러가 미 관세행정에 미친 영향 연구", 관세청 해외훈련결과보고서, 2003.8, p.35.
13) U.S. Customs and Border Protection, CSI in Brief(www.customs.gov)

### ❶ 테러 위험이 있는 컨테이너 확인을 위한 정·첩보 이용

테러의 위험이 있는 컨테이너를 확인하기 위하여 정·첩보를 이용한다. 이를 위해서는 먼저 미국세관에 미국으로 향하고 있는 컨테이너 화물에 대한 정보가 있어야 된다. 미국세관은 과거부터 자동적하목록시스템(Automated Manifest System; AMS)을 통해 화물이 도착하기 전에 선적화물에 대한 정보를 상당부분 받고 있었으나, 9·11테러 이후 '해상운송보안법 2002'(MTSA)의 시행으로 NVOCC를 포함한 운송인은 미리 화물에 대한 정보를 전송할 것을 의무화하고 있다.[14] 또한 선박이 해당화물을 적재하고 미국항에 입항시, 운송인(carriers)은 그 선박이 외국항에서 화물선적 24시간 전에 주요 자료를 담은 화물목록(cargo manifest)을 미국세관에 신고하도록 하는 24-Hour Rule을 2002년 12월 2일[15] 시행함에 따라 보다 체계적이고 효과적으로 위험물을 선별할 수 있게 되었다.

### ❷ 출발항에서 위험이 있는 컨테이너 사전 검사

미국 항구에 도착하기 전에 출발항에서 위험이 있는 컨테이너를 사전 검사하도록 한다. 사전 전송된 선적정보를 토대로 미 세관은 ATS(Automatic Targeting System; 자동선별시스템)를 이용한 분석을 통해 우범 컨테이너를 선별하여 선적지에 파견된 미 세관직원에 통보하며 이를 선적국 관세청에 통보하고 선적국 세관직원이 이 컨테이너를 검사하고 미국 세관직원은 이를 참관하면서 위험물의 적입여부를 확인하도록 하고 있다.[16] 이는 상호주의 원칙에 입각하여 상대방 국가의 세관직원도 미국 항구에 파견되어 동일한 역할을 수행할 수 있게 되어 있으며 현재 일본과 캐나다의 세관직원이 파견되어 있다.[17]

### ❸ 위험이 있는 컨테이너의 신속 검색을 위한 탐지기술 활용

위험성 있는 컨테이너를 신속하게 사전 검색할 수 있도록 탐지기술을 활용한다. Non-intrusive inspection(NII)장비(감마 또는 X－레이), 방사선 검색장비 등을 통해 신속하게 화물을 검색할 수 있도록 하고 있다. 이러한 장비 중 대표적인 것이 컨테이너를 차량에 적재한 채 검사할 수 있는 VACIS(Vehicle & Cargo Inspection System) 장비로서 미국은 9·11테러 이후 거의 전 항만에 이 장비의

---

14) Maritime Transportation Security Act of 2002(Public Law 107-295), SEC. 108.(b).
15) 실제시행일은 60일 유예기간 후인 2003년 2월 1일임.
16) 관세청, "한·미 관세청 간 컨테이너 안전협정(CSI) 체결", 관세청 보도자료, 2003.1.18.
17) U.S. Customs and Border Protection, Container Security Initiative(http://www.customs.gov)

보급 설치를 추진하고 있으며, 다른 나라의 세관 당국도 수입화물 컨테이너 검색에 이를 이용하고 있다.

❹ 운송도중 개봉 확인을 위한 봉인기술과 보다 안전한 컨테이너의 사용

운송도중 개봉흔적을 확인할 수 있으며 보다 안전한 컨테이너를 사용하도록 한다. 현재 기술로도 컨테이너당 몇 달러만 들이면 개봉을 막을 수 있는 봉인과 테이프를 사전 검색된 컨테이너에 부착할 수 있다. 현재 미국과 캐나다는 보다 발전된 개봉방지를 위한 전자봉인장치를 시험적으로 개발하고 있다.[18)]

이러한 CSI는 컨테이너를 통한 대량살상무기를 포함한 테러용 무기의 밀수를 미 해안에 도달하기 전에 차단할 수 있는 능력을 증가시키고 협정에 참가하고 있는 상대국의 항구 안전성도 향상되고 나아가 세계무역시스템의 안전성도 제고되는 이점이 있다.[19)] 또한 이러한 안전성 제고뿐만 아니라 국제상거래의 편리성도 도모되는데 수출품은 일반적으로 수출되기 위해서 수출부두에서 며칠 정도 대기하게 되는데 CSI는 이 기간(lag time)을 이용하여 컨테이너를 검사하는 것이기 때문에 컨테이너의 흐름에는 지장을 주지 않으면서 오히려 미국 도착이후에는 검사 없이 즉시 반출될 수 있게 해 줌으로써 CSI가 합법적인 국제상거래를 촉진시켜는 효과도 있다.

### (3) CSI의 현황

2002년 1월 CSI 시행이후 우선적으로 미국으로 향하는 컨테이너 물동량의 약 2/3를 차지하고 있는 상위 20개 주요항구를 대상으로 CSI 협정을 체결하기 위해 추진하였고 계속적으로 CSI 시행 대상국가와 항구를 확대하였다. 2014년 6월 현재 35개국 60개 항구와 협정을 체결한 상태이다.

WCO와 G8과 같은 국제기구는 전 세계에 걸쳐 있는 항구에서 CSI의 도입에 의한 안전조치의 이행을 지지하는 결의문을 채택함으로써 CSI의 확대를 지지하고 있다. 또한 2004년 4월 22일에는 EU와 미국의 국토안보부(U.S. Department of Homeland Security) 사이에 EC에서 CSI의 신속한 확대를 요청하는 협정에 서명하였다.[20)]

18) 홍순걸, 전게보고서, p.38.
19) U.S. Customs and Border Protection, “CSI U.S. Customs and Border Protection Response to Terrorism”, CSI Powerpoint Presentation(www.customs.gov)

CSI에 참여하지 않은 항구도 미국에 화물 컨테이너를 실어 보낼 수는 있으나 그 항구로부터 오는 위험성이 높은 컨테이너는 미국 도착항에서 보안검색을 받게 된다. 따라서 CSI에 참여하지 않은 항구에서 오는 화물이 미국 내에서 어느 정도 불리한 대우를 받게 될 지도 모른다.

한국의 부산항은 2003년 8월 4일에 CSI협정을 맺었으며 그에 따라 부산항에는 미국향 컨테이너의 검사를 위해 미국 세관 직원 1개 팀 5명이 한국 세관직원과 합동 근무 중이며[21] 향후 광양항 등으로 CSI협정이 확대될 전망이다.

미국으로 향하는 해상화물컨테이너의 약 80%가 CSI 항구를 통해 운송된다. 2014년 회계연도에 1,100만 개 이상의 화물컨테이너가 선박을 통해 도착하여 미국 항구에 양륙되었으며 이는 미국 수입의 거의 반(물량 기준)에 해당하는 것이다.[22]

---

20) U.S. Customs and Border Protection, Container Security Initiative(http://www.customs.gov)

21) 부산항 CSI합동사무실에서 한·미 세관직원 합동근무 실시(2003.8.4)
 − CSI 합동사무소 개소식(2003.8.13, 한·미 관세청 차장 등 참석)

22) U.S. CBP, 2014 Performance and Accountability Report.

〈표 2-1〉 CSI를 실시하고 있는 항구 현황(2014.6.26. 현재)

| 지 역 | 국 가 명 | 항 구 명 |
|---|---|---|
| Americas and Caribbean | 캐나다 | Montreal, Vancouver, Halifax |
| | 브라질 | Santos |
| | 아르헨티나 | Buenos Aires |
| | 온두라스 | Puerto Cortes |
| | 도미니카공화국 | Caucedo |
| | 자메이카 | Kingston |
| | 바하마 | Freeport |
| | 파나마 | Balboa, Colón and Manzanillo |
| | 콜롬비아 | Cartagena |
| Europe | 네덜란드 | Rotterdam |
| | 독일 | Bremerhaven, Hamburg |
| | 벨기에 | Antwerp, Zeebrugge |
| | 프랑스 | Le Havre, Marseille |
| | 스웨덴 | Gothenburg |
| | 이탈리아 | La Spezia, Genoa, Naples, Gioia Tauro, Livorno, Cagliari, Salerno |
| | 영국 | Felixstowe, Liverpool, Thamesport, Tilbury, Southampton |
| | 그리스 | Piraeus |
| | 스페인 | Algeciras, Barcelona, Valencia |
| | 포르투갈 | Sines |
| Asia and the East | 싱가포르 | Singapore |
| | 일본 | Yokohama, Tokyo, Nagoya, Kobe |
| | 홍콩 | Hong Kong |
| | 한국 | Pusan |
| | 말레이시아 | Port Klang, Tanjung Pelepas |
| | 태국 | Laem Chabang |
| | UAE | Dubai |
| | 중국 | Shenzhen, Shanghai, Chiwan |
| | 대만 | Kaohsiung, Chi-Lung |
| | 스리랑카 | Colombo |
| | 오만 | Port Salalah |
| | 요르단 | Aqaba |
| | 파키스탄 | Port Qasim |
| | 이스라엘 | Port of Ashdod, Port in Haifa |
| Africa | 남아공 | Durban |
| | 이집트 | Alexandria |

## 2. 24-Hour Rule

### (1) 24-Hour Rule의 시행 배경

24-Hour Rule은 CSI의 효과적인 수행을 위한 후속조치의 일환으로 제정된 것으로 CSI의 핵심적인 요소는 세관으로 화물적하목록에 대한 정보의 사전전송에 있다. 선적전에 적하목록정보를 분석하게 되면 보다 효과적으로 고위험 컨테이너를 확인하게 될 뿐만 아니라 저위험성화물에 대한 신속한 처리가 가능하게 된다.

따라서 CSI의 신속한 성장과 국토안보부의 핵심적 역할을 위해 세관은 가능한 한 빨리 CSI의 이행에 필수적인 사전적하목록정보의 입수가 필연적으로 뒤따라야 했으므로 24-Hour Rule이 본격적으로 시행에 들어가게 된 것이다.[23)]

### (2) 24-Hour Rule의 주요 내용

24-Hour Rule은 해상운송인(sea carrier)와 NVOCC(Non-Vessel Operating Common Carrier)[24)]로 하여금 미국으로 향하는 컨테이너가 선박에 적재되기 24시간 전에 컨테이너화물에 대한 세부정보를 미관세청에 제출하도록 규정하고 있다.

이를 통해 미세관공무원은 화물이 미국항에 도착한 후가 아니라 미국으로 향하는 컨테이너가 외국항에서 선박에 적재되기 전에 컨테이너화물에 대한 정보를 분석하여 잠재적 테러위험을 확인할 수 있게 된다.

운송인이 신고해야 할 사항은 24-Hour Rule 개정에 따라 19 CFR §4.7a[25)]에 (c)(4)가 추가되어 개정 반영되었으며 그 내용은 다음과 같다.

① 미국입항 바로 전 출발항, ② 선사 SCAC code(the unique Standard Carrier Alpha Code), ③ 항차번호, ④ 미국항 입항예정일, ⑤ 해양선하증권상의 화물의 수와 량(The numbers and quantities from the carrier's ocean bills of lading, either master or house, as applicable), ⑥ 미국에 올 화물을 적재한 처음 외국항, ⑦ 상세한 화물의 명세(또는 HTS 6단위 No), 화물중량, 또는 봉인컨테이너

23) Federal Register/Vol.67, No.153/August 8, 2002/ Proposed Rules, 51520.

24) NVOCC(Non-vessel operating common carrier)의 경우는 선박운송인에게 화물신고자료를 제공해야 하여 운송인으로 하여금 미국세관에 신고할 수 있도록 하고 있다. 단, 미국 연방해사위원회의 면허를 받았고 국제운송인본드(International Carrier Bond)를 소유하고 있는 NVOCC의 경우에는 직접 미국세관에 적하목록 정보를 전송할 수 있다. (Federal Register/Vol.67, No.153/August 8, 2002/ Proposed Rules, 51520.)

25) 19 CFR Ch. 1(4-1-04 Edition) §4.7a Inward manifest; information required; alternative forms

인 경우는 화주가 신고한 화물의 명세와 중량[그러나 일반적인 설명 즉 "FAK" ("freight of all kinds"), "general cargo", and "STC"("said to contain")과 같은 설명은 수용되지 않음], ⑧ B/L 상의 화주의 완전한 명칭과 주소, ⑨ B/L상의 수하인의 명칭과 주소 또는 identification number(미국 관세청이 배정한 번호), ⑩ 선박명, 선박국적, 선박번호(IMO에서 배정한 번호), ⑪ 선박에 화물이 실린 외국항, ⑫ 위험물질을 적재한 경우 국제적으로 인정된 위험물분류번호, ⑬ 컨테이너 번호, ⑭ 컨테이너 봉인번호, ⑮ 출발일자, ⑯ 출발시간 등이다.26)

## 3. Trade Act of 2002 Final Rule

### (1) 의의

국토안보부가 발표한 Trade Act of 2002 Final Rule은 미 관세청이 미국의 안전과 보안에 위협을 줄 수 있는 고위험선적품을 확인하는데 필요한 화물정보, 즉 해상, 항공, 철도, 트럭을 통해 수입되는 화물에 대한 상세정보를 획득할 수 있도록 하고 있다.

이전에는 해상이외의 수입화물에 대하여는 자동선별시스템에 의해 검사되지 않고 수입되어 왔으나 Final Rule을 통해 항공, 철도, 트럭운송을 통한 화물에 대한 사전정보도 입수할 수 있게 되어 합법적인 화물에 대한 흐름의 지연 없이 보다 효과적으로 테러에 대항하여 국토안보에 기여할 수 있게 되었다.27)

### (2) 주요 내용

Final Rule의 핵심내용은 미 관세청이 관세청 승인 EDI시스템을 통해 해상, 항공, 철도, 트럭 등 상업운송수단을 통해서 화물이 미국으로부터 수출되거나 미국으로 수입되기 전에 화물에 대한 정보를 받도록 규정한 것이다.

사전 전송해야 하는 화물정보는 비혼재화물의 경우 항공화물운송장번호, 항공운송인, 정확한 화물의 명세 등 17가지 정보를 제공해야 하며 혼재화물의 경우 Master B/L상의 내용뿐만 아니라 House B/L 상의 정보도 추가적으로 제공해야 한다.28)

26) 최초 2002년 8월 8일 미연방관보(Federal Register/Vol.67, No. 153(FR 51519))에 공고된 때에는 15개 사항이었으나 19 CFR Ch. 1(4-1-04 Edition)에서는 16개 사항으로 개정 반영되었다.

27) U.S. Customs and Border Protection, "Department of Homeland Security Announces Cargo Security Initiative", 2003.11.20.(http://www.customs.gov)

28) 19CFR122.48a(d)(1)Cargo information from air carrier(2)Cargo information from carrier

〈표 2-2〉 Trade Act of 2002, Section 343 관련 요약

| Mode | Data System | 전송시간 | 전송책임자 | 실제시행시기 |
|---|---|---|---|---|
| Air & Courier | Air AMS | 미국도착 4시간 전(아시아, 유럽 등) 또는 항공기 이륙전(NAFTA, 적도위의 중부 · 남아메리카 등) | 항공운송인, 수입업자 또는 그의 대리인, freight forwarder, 특송화물 취급기관, 기타 항공운송인 | 2004년 8월 13일부터 미 동부지역부터 적용, 10월 13일 중부지역, 12월 13일 서부지역으로 순차적으로 연기하여 적용*) |
| Vessel | Vessel AMS | 해외 항구선적 24시간전 | 선박 운송인, NVOCCs | 2004년 3월 4일 항해 개시 선박부터 적용 |
| Rail | Rail AMS | 미국 도착 2시간전 | Rail Carrier | 2004년 7월 14일부터 지역별로 순차적으로 시행 |
| Truck | FAST, PAPS, BRASS, AES | • FAST**) : 미국도착 30분전<br>• Non-FAST : 미국도착 1시간 전 | Truck Carrier, Importer, Customs broker | 연방관보 개시후 90일후 시행 |

※ 자료 : U.S. Customs and Border Protection, FAQ Inbound Only(All Modes)-Trade Act of 2002 Final Rule, 2004.5.25.(www.customs.gov)

*) 2004년 3월 4일 시행예정이었으나 Final Rule을 반영할 수 있는 Air AMS를 2004년 5월에 완비하고 90일간의 시험운영기간을 두고 각 지역별로 순차적으로 적용하게 됨.

**) FAST : Free And Secure Trade의 약자로서 미국과 국경을 맞대고 있는 캐나다 및 멕시코의 기업 중 CBP가 제시하는 안전조치를 시행하기로 합의한 업체를 대상으로 한 신속통관제도

## 4. C-TPAT(Customs-Trade Partnership Against Terrorism)

### (1) 출현 배경

미국세관은 국경에서 세관단독으로 마약이나 금지품을 차단하는 것이 현실적으로 어려운 일이기 때문에 운송인을 포함한 무역업계를 협력적 차원에서 세관업무에 참여시키는 업체협력 프로그램(Industry Partnership Program; IPP)을 일찍부터 개발하여 시행하여 왔다.[29]

그러나 9·11테러는 이러한 업체와의 협력 프로그램에도 변화를 초래하여 미국세관은 2001년 11월 세관무역심포지엄에서 생산공장으로부터 해외 판매자, 육로 국경과 항구에 이르기까지 전 공급망에 걸쳐서 보안을 크게 개선시켜 줄 방안을 무역업계에 제안했다.

---

or other filer(Revised as of April 1, 2004)

29) 이 프로그램에는 1984년 만들어진 '운송인 주도 프로그램'(Carrier Initiative Program; CIP), 1996년 창설된 '업계 반밀수 연합'(Business Anti-Smuggling Coalition; BASC)[1], 1998년에 CIP, BASC의 성공에 힘입어 마약 및 테러방지를 위한 보안프로그램을 확대 강화하기 위한 '미주 밀수 방지조치(Americas Counter Smuggling Initiative; ASCI)'[1], 1996년 남서국경을 통한 마약밀수 위협에 대처하기 위해 개발된 '육로국경 운송인 주도조치(Land Border Carrier Initiative; LBCI)'[1] 등의 민간협력 프로그램이 있어왔다.

그 후 2002년 4월 미국세관은 테러방지 목적만의 새로운 업체협력 프로그램을 창설하게 되는데 이것이 'C-TPAT'(Customs-Trade Partnership against Terrorism; 對테러방지 세관-기업 파트너십) 프로그램이다.

이 프로그램은 과거부터 개발하여 사용해 온 CIP, BASC, ASCI, LBCI 등 민간협력 프로그램을 모델로 하고 있는 것으로 C-TPAT의 목표는 미 관세청이 테러에 대항하여 해외판매자로부터 미국의 국경에 이르기는 전 공급망에 대한 보안을 강화하여 국경의 안전과 안보를 보장하면서 동시에 무역을 원활화하기 위해 안전한 공급망을 유지, 발전하는 것이다.[30)]

### (2) 주요 내용

C-TPAT는 전체 공급망과 국경보안을 강화하기 위한 정부와 업계의 상호협력관계로 궁극적인 공급망의 주체인 수입업자, 운송인, 관세사, 창고운영업자, 제조업자와의 밀접한 협력관계를 통해서만 미 관세청이 최고수준의 보안상태를 유지할 수 있다는 인식을 바탕으로 하고 있다.

#### ❶ C-TPAT 참가를 위한 협정서 체결

C-TPAT에 참가하기 위해서는 다음 사항을 이행하겠다는 협정서에 사인해야 한다. 즉, 산업체와 세관이 공동으로 개발한 가이드라인에 따라 공급체인의 보안을 종합적으로 자체 검증해야 하며 공급망에 대한 보안 및 안전 점검 질문서[31)]에 답하여 세관에 제출해야 한다. 그리고 C-TPAT 가이드라인에 따라 공급망을 통하여 보안을 향상시키기 위한 프로그램을 개발하고 실행해야 하며 공급망상의 서비스 제공자와 함께 C-TPAT 가이드라인을 공유하고 가이드라인에 따라 업무를 수행할 수 있도록 노력한다는 등의 내용의 협정서를 체결해야 한다.

#### ❷ C-TPAT 참가의 혜택

C-TPAT에 참여함으로 업체는 테러와의 전쟁에서 중요한 역할 수행과 그들의 공급망에 있어서 안전성을 제고하게 될 뿐만 아니라 세관으로부터 다양한 혜택

30) U.S. Customs and Border Protection, Performance and Annual Report Fiscal Year 2003, p.18.

31) 수입업자 C-TPAT 공급망 보안정보 질문서의 경우 보안계획, 보안인원, 제품공급자, 운송인 등 서비스제공자에 대한 정보 등에 대한 질문으로 구성되며 이를 가입시 제출해야 한다.

을 부여받게 된다. C-TPAT에 참가하게 됨에 따라 얻게 되는 혜택은 국경통과 지점에서 신속통로(fast lane)를 이용할 권한을 부여, 수입시 검사가 축소되고 개별회사의 업무를 전담하는 특정세관직원인 Account Manager 제도 적용, 관세의 월별 또는 2개월에 한 번씩 납부할 수 있는 자격부여, 세관에 의한 점검이 아닌 자율점검의 강화 등이다.32)

또 미국 세관 입장에서는 선별 검사할 화물의 범위가 크게 감소하여 세관이 그 인적, 물적 자원을 위험성이 높은 화물에 집중할 수 있게 되어 효과적인 화물관리가 이루어지게 된다.

#### ❸ C-TPAT 참여 현황

미 관세청의 2003년 회계연도 연감에 따르면 C-TPAT에 4,600 이상의 업체가 참여하고 있었으며 점차 증가하여, 2014년 9월 10,834개의 업체가 C-TPAT에 참여하고 있다.33)

## 5. 10+2 rule(Importer Security Filing and Additional Carrier Requirements)

### (1) 출현 배경과 주요 내용

24-Hour Rule에 따라 요구되는 사전 적하목록 정보의 사전 입수는 미국으로 향하는 선박에 화물이 적재되기 전에 해양 화물 컨테이너를 통해 대량살상무기(WMD)의 밀수에 대한 잠재적 위험 평가를 가능하게 하여 화물의 안전을 보장하고 밀수를 방지하고 고위험화물을 확인하는데 상당한 효과가 있음이 입증되었다.

그러나 기존의 24-Hour Rule에서 요구한 정보만으로는 국토안보부가 효과적인 위험평가에 충분히 만족할만한 수준이 되지 못하였다. 이에 2006년 승인된 대량살상무기(WMD) 차단과 테러예방 등 거의 모든 조치가 망라되어 있는 법인 SAFE Port Act 제203조에서는 CBP의 장관으로 역할을 하는 국토안보부(DHS) 장관이 고위험화물 표적화의 개선을 위해 외국항에서 선박에 화물이 적재되기 전에 미국으로 향하는 화물의 수입신고 자료의 적절한 보안 요소를 포함한 추가적인 정보의 전자적 전송을 요구하는 규정을 공포하도록 법제화하고 있는데34) 이 같은

32) U.S. Customs and Border Protection, C-TPAT Fact Sheet and Frequently Asked Questions,(http://www.customs.gov)

33) U.S. CBP, 2014 Performance and Accountability Report.

34) U.S. Federal Register/Vol.73, No.1/January 2, 2008/ Proposed Rules, 91.

배경과 법적 요구하에서 출현한 것이 “Importer Security Filing and Additional Carrier Requirements(10+2 rule)”이다.

10+2 rule에서 운송인은 미국으로 향하는 선박에 적재된 컨테이너와 관련된 어떤 사건에 관한 컨테이너 상태 메시지(Container Status Messages; CSMs)와 선박 적부계획(Vessel stow plan)을(10+2에서 “2”) 제출해야 하며 이 규정하에서 정의된 수입업자는 특정 데이터 요소를 담고 있는 수입업자 보안 관련 정보(10+2에서 “10”)를 전송하도록 규정하고 있다.

제 2 편

# 해상운송의 기초

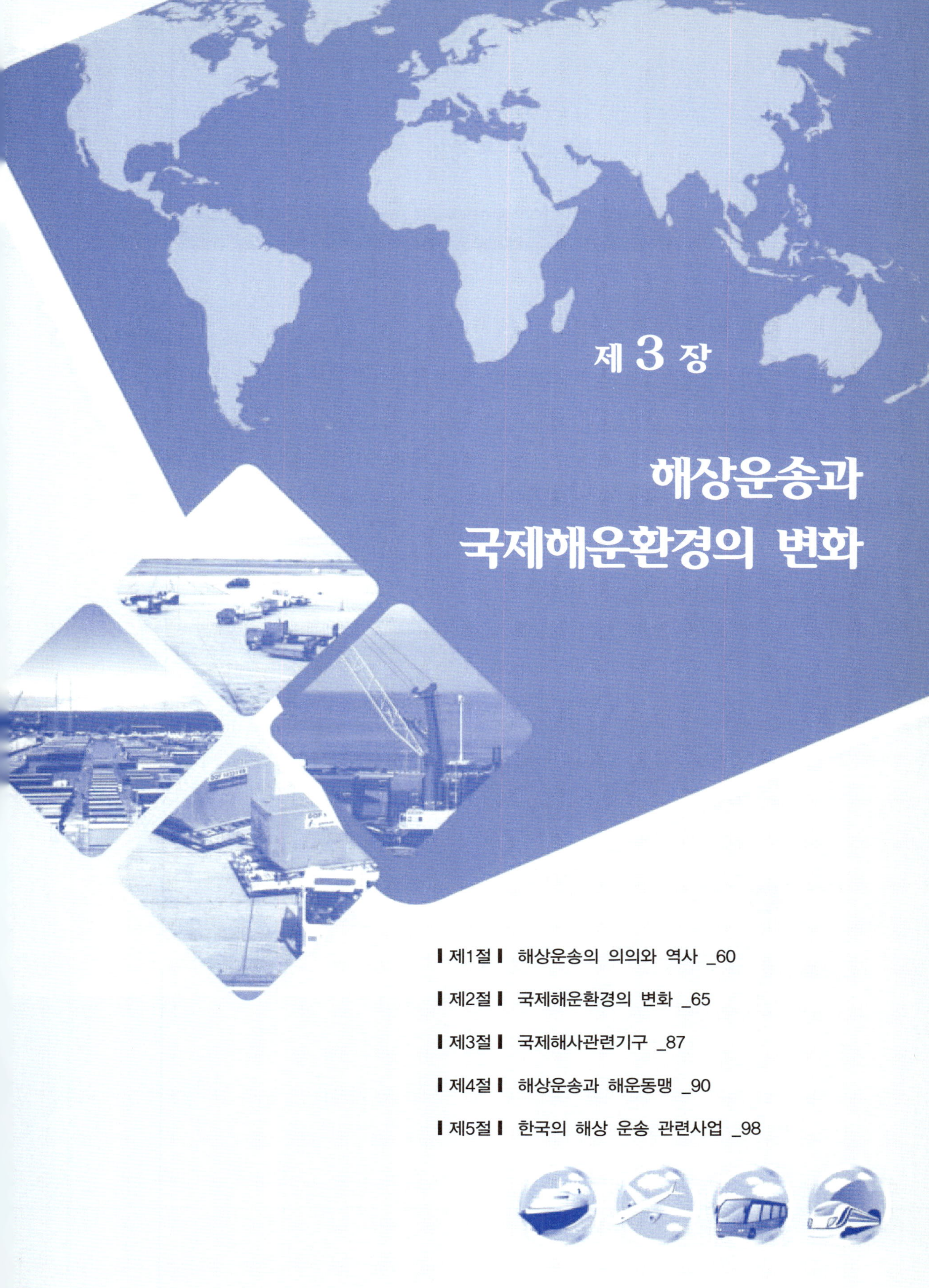

제 3 장

# 해상운송과 국제해운환경의 변화

# 제1절 해상운송의 의의와 역사

## I 해상운송의 의의

### 1. 해상운송의 개념

해상운송(marine transportation)이라 함은 일반적으로 선박을 이용하여 사람과 화물을 운송하고 그 대가로 운임을 받는 상행위를 말하지만, 국제운송론에서는 특히 상선을 이용하여 국제간 화물을 운송하고 운임을 받는 상행위로 그 의미를 제한하여 규정한다.

### 2. 해상운송 개념의 변화

국제운송은 대부분 해상운송을 통해 이루어졌기 때문에 항구와 항구간(port to port)운송이었다. 그러나 컨테이너와 같은 운송용기의 출현, 각종 운송수단의 발달, 운송기업의 효과적인 운송서비스의 개선과 운송기법의 발달로 화물운송은 단순히 항구간 운송을 넘어서 송화주의 창고에서 수화주의 창고까지(door to door, warehouse to warehouse) 운송되는 문전운송으로 해상운송의 개념이 확대, 변화하고 있다.

## II 해상운송의 특성

### 1. 대량운송

다른 운송수단에 비해 한번 운송하는 물량(1 lot)이 대량이다. 즉, 도로운송의 경우 트레일러에 컨테이너 1~2대 운송할 수 있으며 철도운송의 경우도 컨테이너 10~20량 정도 운송할 수 있는 것이 고작이다.

그러나 컨테이너 전용선의 경우 보통 1,000개 이상의 컨테이너를 수송할 수 있다. 현재 18,000 TEU급 이상의 선박이 취항하고 있다.

## 2. 원거리 운송

해상운송은 대부분 운송거리가 다른 운송수단에 비해 장거리인 경우가 대부분이다.

## 3. 저렴한 운송비

해상운송은 대량운송이 이루어지고 그에 따라 규모의 경제(economy of scale) 효과가 발생하여 단위당 운송비가 저렴하게 되는 특성을 가지고 있다.

## 4. 자유로운 운송로

철도운송의 경우 철로, 도로운송의 경우 도로가 필요하나 해상운송의 경우 물론 암초 등을 피하기 위한 해로가 있으나 다른 운송수단에 비해 운송로가 자유롭다.

## 5. 국제성

해상운송은 국내항구사이의 연안해송이 있으나 대부분의 경우 국제간운송이 차지한다. 철도, 도로운송에 비해 상대적으로 국제성을 띈다고 할 수 있다.

## 6. 저속성

다른 운송수단에 비해 속도가 느리다는 단점이 있다. 그러나 1980년대 등장하기 시작한 고속선의 취항으로 상당히 해소되었다. 최근 10,000TEU급 이상의 대형컨테이너 선박의 속도는 26kn(knots)로, 약 시속 48km의 속력으로 항진할 수 있다.

•용어정리• **Knot란?**

Knot는 선박의 속력을 나타내는 단위로, 기호는 kt 또는 kn이다. 1시간에 1해리(1,852m)의 속력이 1kn이다. 16세기경부터 항해용 단위로 쓰였으며, 그 명칭은 당시 선미(船尾)에 삼각형의 널조각을 끈에 매달아 흘려보내면서 그 끈에 28 ft(약 8.5m)마다 매듭(knot)을 짓고, 28초 동안 풀려나간 끈의 매듭을 세어 배의 속력을 재었던 데서 유래한다.

# III 해상운송의 역사

무역정책 사조(史潮)의 시대적 흐름에 따른 각 시기별 해상운송의 역사를 살펴보면 다음과 같다.

## 1. 중상주의 무역정책(15C 중~18C 중엽)

최초 해상운송은 모험상인들에 의한 자가운송인의 형태로 발전하게 된다. 이 시대는 영국, 네덜란드, 포르투갈, 스페인, 프랑스 등의 선진제국들이 식민지 쟁탈전을 통한 상권장악 등으로 해상운송이 발달하게 되는 시기이다.

해상운송수단으로는 범선(帆船)이 이용되었으며 영국이 항해조례(Navigation Act)를 실시하였던 시기이다.

## 2. 자유무역정책(18C 후반)

Adam Smith의 절대생산비설, David Ricardo의 비교생산비설의 이론적 근거로 자유무역이 주창되던 시기로 산업혁명이 이루어지는 시기이다.

이 시기에 증기기관을 이용한 기선(汽船)이 출현하게 되고 해상운송을 전문으로 담당하는 전문운송인이 등장하게 되며 지중해를 중심으로 정기선(Liner) 운송이 시작되게 되는 시기이다.

### 영국의 항해조례(Navigation Act)

1651년 10월 1일이 실시된 영국의 항해조례의 내용은 다음과 같다.

① 서인도제도로부터 생산되는 식민지산물은 영국적 선박이나 영국인이 2/3이상 승선한 선박에 의해 영국 및 속령으로만 수입되어야 하며 외국적 선박은 이들 국가의 산물을 영국으로 수입할 수 없다.

② 영국영해의 어업이나 연안무역은 영국선박을 이용하여야 하고 외국적 선박에 의해 영국에 수입될 때는 2중 관세를 부과한다.

## 3. 보호무역정책

18C 중엽 먼저 산업혁명의 이점을 향유한 영국에 비해 상대적으로 늦은 독일과 미국의 국내유치산업의 보호 필요성에 의해 보호무역주의가 대두하게 된다.

미국 A. Hamilton의 산업분화론(공업보호론)과 독일 F. List의 유치산업보호론이 주창된 시기이다.

자유무역정책시대와 거의 동일한 시기로 해상운송도 동일한 현상을 갖게 된다.

## 4. 전후(戰後) 자유무역화정책

IMF-GATT 체제(1~6차 관세인하협정, 7차 동경라운드 비관세장벽 완화)를 통한 자유무역이 주창되고 사회주의와 자본주의의 대립이 이루어지던 시기이다.

이 시기에 해상운송은 컨테이너(Container)의 본격적인 도입으로 국제복합운송체제가 확립되는 시기이다.

## 5. 신보호무역정책

18C 후반의 보호무역과는 다른 신보호무역정책의 시기로 해상운송의 가장 큰 취약점인 신속성 분야에 있어서 1980년대에 들어서면서 고속선의 출현으로 어느 정도 신속성의 향상이 이루어지는 시기이다.

〈표 3-1〉 보호무역정책과 신보호무역정책의 비교

| 구 분 | 보호무역정책 | 신보호무역정책 |
|---|---|---|
| 보호 대상 | 유치산업보호 | 사양산업보호 |
| 보호 수단 | 관세를 통한 간접적 수입억제정책 | 수출자율규제(VERs),<br>시장질서유지협정 등 비관세장벽 |
| 보호의 효과 | 특정산업의 보호 | 대다수의 지지 |

# IV 해운과 국민 경제의 관계

## 1. 국제수지의 개선

해운산업의 발달로 얻은 운임수입으로 서비스수지가 개선되어 국제수지개선에 도움을 준다.

## 2. 국민소득의 증대

해운업의 발달은 선박수출이나 운송서비스의 제공을 통한 외화수입의 증대로 국민소득이 증가한다. 해운업으로의 투자증대는 고용증대를 통하여 국민소득을 증대시킨다.

해운산업의 발달은 조선공업의 발달을 가져오고 이는 다시 선박건조에 필요한 기자재와 시설재의 수급을 통하여 관련 산업 전체의 발달을 가져온다.

운임, 배선 및 선로 등의 선택에 있어서 자국수출상이 편의를 누리기 때문에 수출 신장을 통하여 소득이 증대되고 장기적인 운임안정으로 국제운송의 유리한 고지를 점할 수 있다.

## 3. 관련 산업의 발달

해운업의 발달은 다른 산업에의 파급효과가 매우 크다. 보험, 금융, 관광, 창고업, 포장업, 하역업 등의 서비스 산업과 기차, 비행기, 자동차, 컨테이너, 기계 제작업, 부품업, 엔진제조업 및 철강 산업, 기계, 금속, 전기, 페인트, 제철, 건설, 목재 공업 등 중화학공업 및 조선공업에 파급효과가 크다. 또한 사회간접자본(SOC; Social Overhead Capital)의 확충이 이루어지도록 한다.

### 국제수지와 경상수지

**■ 국제수지**

일정기간 동안 거주자와 비거주자간에 이루어지는 모든 대외적 거래를 체계적으로 분류하여 총괄적으로 집계한 것

**■ 경상수지**

상품수지(상품의 수출, 수입), 서비스수지(서비스의 수출과 수입, 즉 운수, 여행, 통신, 보험서비스, 특허권 등), 소득수지(비거주자 노동자에게 지급되는 임금, 투자소득), 경상이전수지(개인송금, 국제기구 출연금, 무상원조 등)의 4개 세부항목으로 구분됨

### 4. 국가안보와의 관계

해운산업은 조선업의 발전에 영향을 받으며 조선업은 해군력을 뒷받침하게 되는 군함 등의 무기개발 및 생산에 영향을 미치게 됨으로 국가 안보와도 밀접한 관련이 되는 기간산업이다.

## 제2절 국제해운환경의 변화

## I 국제해운의 조류(潮流)

### 1. 세계해운의 구조적 변화

1950년에 세계 총선복량(總船腹量)은 8,400만 G/T이었으며 그 중 90%를 선진국이 차지하고 있었다. 1981년으로 넘어오면서 세계 총선복량은 4억 2,000만 G/T로 1950년에 비해 5배 가량 증가하게 되었으며 그 국가적 구성비도 선진국 50%, 편의치적국 25%, 개도국·동구권 25%를 각각 차지하게 되어 선진국 중심에서 어느 정도 그 구성의 편향이 완화되었다. 그러나 편의치적선의 대부분이 선진국에서 옮겨온 선박이므로 실제로는 크게 그 구성이 변화되었다고 볼 수는 없다.

2000년에 들어서면서 세계 총선복량은 5억 5천 8백만 G/T로 증가하게 된다.

선진국이 대부분을 차지하고 있던 해운시장에서 어느 정도 그 편중이 완화되게 된 원인은 크게 세 가지로 나누어 살펴볼 수 있다.

첫째, 선진국 해운의 선원고용문제로, 선원확보를 위해서는 임금인상이 불가피하게 되고 이는 해운업의 원가상승을 가져오게 되고 이를 회피하기 위하여 선진국에 국적을 두고 있던 선박이 선원고용이 자유롭고 저렴한 편의치적국으로 국적을 전환하게 된다.

둘째, 개도국을 중심으로 한 새로운 해운세력의 대두가 이루어진다. 이는 경제개발계획, 조선업 육성, 값싼 노동력을 이용한 선원송출 증가 등의 요인으로 인해 세계해운시장에서 개도국의 비중이 점차 증가하게 됨에 따라 해운시장의 변화요인으로 작용하게 된다.

셋째, 공산권 국가의 진출을 들 수 있다. 공산권도 개발경제체제하에서 노동집약적인 조선업 육성을 통한 경제개발에 박차를 가함으로 해운시장의 변화에 일조하게 된다.

## 2. 편의치적선(Flags of Convenience)

편의치적(便宜置籍)이란 용어는 아직 국제법상의 법률용어로 정착되지 못한 상태이나 일반적으로 소유선박을 다른 나라 국적으로 등록하여 치적국의 국기를 게양하게 하는 것을 말한다.

보다 자세히 말하면 선주가 속한 국가의 엄격한 요구조건과 의무부과를 피하기 위하여 파나마, 온두라스, 라이베리아, 코스타리카, 레바논, 싱가포르, 소말리아, 키프로스 등 조세도피국(tax heaven)[1)]의 국적을 취득한 선박을 편의치적선이라 한다.

최근에 들어와서 편의치적과 동의어로 개방등록(Open Registry)이라는 말이 자주 사용되고 있다.

편의치적선의 일반적인 특징은 다음과 같다.

- 치적국은 자국인이 아닌 사람에 의한 선박의 소유 및 관리를 인정한다.
- 선박의 등록절차가 간단하다.
- 선박의 치적이 누구에게나 개방되어 있으며 해외 영사관을 통한 치적이 가능하다.
- 해당선박에 대한 소득세나 법인세가 면제되거나 저렴하다. 통상 최초의 등록료와 매년의 톤세만을 징수한다.
- 치적국은 대부분 약소국으로 선박등록에 따른 수수료 등 부과금 수입이 치적국 경제 및 국제수지 개선에 크게 기여한다.
- 외국인 선원의 승선이 허용된다.
- 치적국은 선사에 대하여 통제력을 행사할 수 있는 능력이나 행정기구가 결여되어 있다.

편의치적할 경우 이점도 있지만 문제점도 존재한다. 편의치적선의 장단점을

1) 2000년에 MS사의 빌게이츠가 위성을 통한 광역 인터넷 접속 서비스를 제공하는 새로운 회사를 버뮤다에 설립하기로 한 것처럼 주로 국제기업들이 세금이 높은 선진국에서 세금이 거의 없는 지역으로 본사 등을 이전시켜 회계처리하여 세금을 회피하기 위한 국가

살펴보면 다음과 같다.

### (1) 편의치적의 이점

① 운항상의 융통성

② 자국선원을 승선시키지 않아도 되기 때문에 이에 따른 선원공급원 선택상의 자유재량(소유권이나 승무원에 제한이 없기 때문임.)

③ 세제상의 이점

④ 금융상의 이점 : 금융기관이 수락할 수 있을 정도의 유치권과 저당권 등의 관계법을 명확하게 규정한 해사법이 제정되어 있는 국가의 경우가 아니면 금융기관이 2 국가에 등록예정인 선박에 투자하는 것을 기피할 것이다. 즉, 편의치적국은 이러한 해사법이 존재하므로 상대적으로 금융기관이 금융을 제공하는데 어려움이 적게 된다.

⑤ 운항 및 안전기준의 이행회피를 통한 비용 절감

### (2) 편의치적의 문제점

① 편의치적국의 법적 미비와 책임감의 결여로 선박의 안전성과 선원의 기술수준의 저하

② 개발도상국의 선원이 악덕 편의치적선주의 착취 대상이 될 수 있음.

각국의 선사들은 경쟁이 치열한 해운시장에서 살아남기 위해 편의치적을 경쟁력 확보의 보편적인 방편으로 사용하고 있다.

현재 추세는 세제상의 혜택보다는 선원수급문제로 선진국의 고임금과 노동조합 때문에 편의치적국의 저임금과 노조가 없는 곳으로 편의치적하고 있다.

## 편의치적의 역사

■ **로마제국시대**

로마의 선주들이 소유선박을 그리스에 등록하였다는 기록이 있음.

■ **근세(16~17세기경)**

- 영국의 선주들이 어로 및 무역제한의 장벽을 피하기 위해 스페인이나 프랑스에 등록한 예가 있음.
- 나폴레옹 전쟁 중에는 영국 선주들이 프랑스의 해상봉쇄 장벽을 벗어나기 위해 독일에 등록한 예가 있음.
- 미국에서도 1812년 미국독립전쟁 당시 영국의 나포를 피하기 위해 포르투갈에 등록한 예가 있음.

■ **실질적인 편의치적의 시작**

① 미국선박의 파나마 치적

- 1922년 미국 선대들이 파나마 국기를 게양하기 시작한 것이 최초라 할 수 있음.
- 1920년대 미국의 선주들은 소유 여객선에서 주류판매를 금지하는 국내법을 피하기 위해 파나마로 국적을 이적하였으며 제2차 세계대전이 발발하자 미국 선주들은 자국 대외중립법(U. S. Neutrality Law)의 저촉을 회피하기 위해 소유선박들을 파나마로 이적하였음. 특히 미국과 파나마에 체결된 조약에 따라 해운소득에 대한 세금이 상호 면제되자 Standard Oil of New Jersy를 포함한 몇몇 선주들은 파나마 치적의 재정상의 이익에 많은 흥미를 갖고 편의치적을 추진했음.
- 그 후 1946년 발표된 미국 선박매각조례(U. S. Ship Sales Act)는 편의치적제도 이용의 주요 촉진제가 되었음. 이 조례에 따라 민간인에게 매각된 선박 중 150척 이상의 선박이 파나마에 이적되었음. 이러한 상황에 힘입어 1948년 파나마 선대는 이미 515척으로 성장하여 세계 선대의 3.4%를 치적하였음.

② 라이베리아의 편의치적

- 1948년 파나마와 함께 세계적 편의치적국으로 유명한 라이베리아가 편의치적제도 공여국으로 참여하게 됨.
- 라이베리아는 대출기관이 받아들일 수 있는 저당권 등기제도를 명문화한 라이베리아 해사법(Liberian Maritime Law)을 기초함으로써 편의치적제도 공여국으로 발전하는 계기를 마련하였음.

③ 편의치적제도의 일반화

- 그 후 세계 해운에서 자국등록이 비경제적인 제도로 인정되고 편의치적선의 비중이 계속 증가하자 파나마, 라이베리아에 이어 온두라스, 코스타리카, 산마리노, 바하마, 시에라리온, 레바론, 키프르스, 아이티, 소말리아, 오만 등이 편의치적 공여국의 경제적 이득을 획득하기 위해 편의치적제도 공여국으로 경쟁적으로 참여하기 시작함.

- 그러나 이들 국가 중 파나마와 라이베리아 등 몇몇 국가만이 경제적 이득을 성공적으로 획득하고 있음.
- 현재 편의치적제도를 주로 이용하는 선주 국가 : 그리스, 일본, 미국, 홍콩, 노르웨이, 영국, 독일 등
- 이와 같이 편의치적의 확대에 대응하여 해운 선진국에서는 편의치적제도에 대항하여 국제선박등록제도 등 다양한 치적제도를 도입하여 자국선대를 확충하고 있음.

※ 자료 : 편의치적제도 활용방안 연구, 강종희, 한철환, 황진회, 2001.12. 한국해양수산개발원

## 선박 등록제도와 국적

### ■ 역외등록제도

편의치적제도가 가지는 장점을 살리고 단점을 보완하는 대안으로 역외 등록제도(Offshore Register)가 있다.

역외등록제도는 선주 또는 선박운항회사가 소속된 국가의 자치령을 지정하여 선박을 등록하도록 하고 당해 선박에 대해서는 자국 국기를 게양하도록 하지만 외국인 선원의 고용을 허용하고 조세부담을 경감시킨 제도이다. 그러나 선박의 안전 등에 관한 국제조약은 대부분 자국적 선박과 동일하게 적용하는 것이므로 편의치적제도의 개량종이라 할 수 있다.

### ■ 국제 선박등록제도

1998년 4월 국제선박 등록법이 제정됐으며 2000년 12월 현재 총 대상 선박 425척 중 396척이 국제선박으로 등록되어 있다. 정부는 외항선대의 경쟁력을 키우고 국적선사의 해외 이적을 방지하기 위해 '국제 선박 등록제도'를 도입했다.

이 제도를 도입하고 정부는 취득세, 공공 시설세는 면제해주고 재산세는 50%를 감면하는 등 각종 세금의 감면혜택을 부여하고 있다. 하지만 선주단체와 선원 노조 단체간의 외국인 선원 승선 범위가 합의되지 않아 외국인의 고용이 확대되지 않고 있다. 또한 국가 필수 국제선박도 미 지정된 상태에 있다. 편의치적국에 비하면 아직도 세제혜택이 미흡하다. 일부 지방세가 감면되고 있으나 등록세, 재산세 등이 국제등록 선박이 아닌 선박과 동일하게 부과되고 있다. 국가 필수 국제선박에 대한 손실 보상금 제도가 있으나 선주를 위한 인센티브가 부족하다.

### ■ 선박의 국적(Ship's nationality)

선박의 소유자와 승무원의 국적에 따라 여러 가지 형태의 국적인정 방법이 있다. 한국의 경우 소유권의 일부가 한국인에게 속하면 한국적 선박으로 인정하는데 반해 미국은 소유권의 전부가 미국인에 속해야 하며 승무원도 일정수가 미국인이어야 하며 일본이나 영국은 소유권의 전부가 자국민에 속해야 자국선으로 인정하고 있다.

모든 선박은 관련 국제조약 및 관련법에 근거, 항해시 선수(船首)에는 목적지 나라의 국기를, 선미에는 선적국의 국기를 게양토록 하고 있다.

〈표 3-2〉 편의치적선대 현황

(True nationality of the 7 largest fleets by flag of registration, Jan.2011)

| 실질소유국 (Nationality of owner) \ 치적국 (Flag country) | | 파나마 (Panama) | | | 라이베리아 (Liberia) | | | 마샬 군도 (Marshall Islands) | | |
|---|---|---|---|---|---|---|---|---|---|---|
| | | No. | 1,000 DWT | % | No. | 1,000 DWT | % | No. | 1,000 DWT | % |
| 그리스 | Greece | 389 | 15,947 | 5.2 | 481 | 30,417 | 18.4 | 380 | 25,198 | 25.5 |
| 일본 | Japan | 2304 | 136,889 | 45.1 | 110 | 7,889 | 4.8 | 42 | 4,180 | 4.2 |
| 독일 | Germany | 23 | 3,370 | 1.1 | 1,120 | 51,875 | 31.3 | 241 | 10,939 | 11.1 |
| 중국 | China | 548 | 23,978 | 7.9 | 14 | 735 | 0.4 | 15 | 1,425 | 1.4 |
| 한국 | Korea | 359 | 26,292 | 8.7 | 4 | 513 | 0.3 | 35 | 1,682 | 1.7 |
| 노르웨이 | Norway | 99 | 3,009 | 1 | 44 | 964 | 0.6 | 92 | 4,357 | 4.4 |
| 홍콩 | Hong Kong | 129 | 6,351 | 2.1 | 64 | 4,612 | 2.8 | 4 | 50 | 0.1 |
| 미국 | U.S.A. | 159 | 5,178 | 1.7 | 61 | 2,728 | 1.6 | 214 | 16,033 | 16.2 |
| 덴마크 | Denmark | 37 | 1,323 | 0.4 | 4 | 167 | 0.1 | 7 | 376 | 0.4 |
| 대만 | Taiwan | 327 | 13,167 | 4.3 | 87 | 8,543 | 5.2 | 2 | 640 | 0.6 |
| 싱가포르 | Singapore | 103 | 3,422 | 1.1 | 24 | 2,658 | 1.6 | 29 | 2,726 | 2.8 |
| 버뮤다 | Bermuda | 28 | 4,346 | 1.4 | 4 | 915 | 0.6 | 45 | 7,209 | 7.3 |
| 이탈리아 | Italy | 27 | 932 | 0.3 | 48 | 2,942 | 1.8 | 1 | 27 | 0 |
| 인도 | India | 21 | 919 | 0.3 | 4 | 334 | 0.2 | 6 | 568 | 0.6 |
| 캐나다 | Canada | 9 | 331 | 0.1 | 5 | 353 | 0.2 | 5 | 298 | 0.3 |
| 영국 | United Kingdom | 40 | 675 | 0.2 | 336 | 1,583 | 1 | 4 | 158 | 0.2 |
| 소계 | Subtotal | 4,602 | 246,129 | 80.9 | 2,410 | 117,228 | 70.9 | 1122 | 75,866 | 76.8 |
| 기타 | Others | 1,960 | 57,649 | 19.1 | 275 | 48,429 | 29.1 | 453 | 22,877 | 23.2 |
| 합계 | Total | 6,562 | 303,778 | 100 | 2685 | 165,657 | 100 | 1575 | 98,743 | 100 |

※ Source : UNCTAD, Review of Maritime Transport 2011.

| 실질소유국 (Nationality of owner) \ 치적국 (Flag country) | | 홍콩 (Hong Kong) | | | 그리스 (Greece) | | | 바하마 (Bahamas) | | |
|---|---|---|---|---|---|---|---|---|---|---|
| | | No. | 1,000 DWT | % | No. | 1,000 DWT | % | No. | 1,000 DWT | % |
| 그리스 | Greece | 23 | 1,247 | 1.4 | 758 | 64,659 | 90.7 | 229 | 12,887 | 19.1 |
| 일본 | Japan | 83 | 3,991 | 4.4 | 0 | 0 | – | 103 | 6,587 | 9.8 |
| 독일 | Germany | 10 | 563 | 0.6 | 0 | 0 | – | 36 | 2,777 | 4.1 |
| 중국 | China | 476 | 29,812 | 32.6 | 1 | 69 | 0.1 | 4 | 242 | 0.4 |
| 한국 | Korea | 3 | 77 | 0.1 | 0 | 0 | – | 1 | 6 | 0 |
| 노르웨이 | Norway | 51 | 3,609 | 3.9 | 0 | 0 | – | 225 | 4,671 | 6.9 |
| 홍콩 | Hong Kong | 399 | 24,102 | 26.3 | 1 | 31 | 0 | 3 | 102 | 0.2 |
| 미국 | U.S.A. | 35 | 2,406 | 2.6 | 8 | 389 | 0.5 | 114 | 4,532 | 6.7 |
| 덴마크 | Denmark | 41 | 1,662 | 1.8 | 0 | 0 | – | 70 | 1,245 | 1.8 |
| 대만 | Taiwan | 26 | 1,602 | 1.8 | 0 | 0 | – | 0 | 0 | – |
| 싱가포르 | Singapore | 13 | 461 | 0.5 | 0 | 0 | – | 9 | 55 | 0.1 |
| 버뮤다 | Bermuda | 17 | 3,111 | 3.4 | 3 | 138 | 0.2 | 17 | 1,907 | 2.8 |
| 이탈리아 | Italy | 0 | 0 | – | 5 | 31 | 0 | 7 | 443 | 0.7 |
| 인도 | India | 0 | 0 | – | 0 | 0 | – | 1 | 8 | 0 |
| 캐나다 | Canada | 71 | 4,000 | 4.4 | 0 | 0 | – | 101 | 10,883 | 16.1 |
| 영국 | United Kingdom | 29 | 1,219 | 1.3 | 5 | 732 | 1 | 32 | 489 | 0.7 |
| 소계 | Subtotal | 1,277 | 77,862 | 85.1 | 781 | 66,049 | 92.5 | 952 | 46,834 | 69.4 |
| 기타 | Others | 239 | 13,656 | 14.9 | 105 | 5,209 | 7.5 | 351 | 20,557 | 30.6 |
| 합계 | Total | 1,516 | 91,518 | 100 | 886 | 71,258 | 100 | 1,303 | 67,391 | 100 |

※ Source : UNCTAD, Review of Maritime Transport 2011.

| 치적국 (Flag country) / 실질소유국 (Nationality of owner) | | 몰타 (Molta) | | | 소계 (Subtotal) | | | 합계 (Total) | | |
|---|---|---|---|---|---|---|---|---|---|---|
| | | No. | 1,000 DWT | % | No. | 1,000 DWT | % | No. | 1,000 DWT | % |
| 그리스 | Greece | 468 | 27,702 | 45.4 | 2,728 | 178,057 | 26.7 | 3,025 | 195,818 | 18.6 |
| 일본 | Japan | 5 | 200 | 0.3 | 2,647 | 159,736 | 24.0 | 3,566 | 190,640 | 18.1 |
| 독일 | Germany | 131 | 3,280 | 5.4 | 1,561 | 72,804 | 10.9 | 3,440 | 110,430 | 10.5 |
| 중국 | China | 6 | 106 | 0.2 | 1,064 | 56,367 | 8.5 | 3,157 | 104,607 | 10 |
| 한국 | Korea | 2 | 8 | 0 | 404 | 28,578 | 4.3 | 1,150 | 47,399 | 4.5 |
| 노르웨이 | Norway | 93 | 990 | 1.6 | 604 | 17,600 | 2.6 | 1,317 | 39,253 | 3.7 |
| 홍콩 | Hong Kong | 3 | 111 | 0.2 | 603 | 35,359 | 5.3 | 667 | 37,092 | 3.5 |
| 미국 | U.S.A. | 33 | 655 | 1.1 | 624 | 31,921 | 4.8 | 771 | 35,403 | 3.4 |
| 덴마크 | Denmark | 39 | 504 | 0.8 | 198 | 5,277 | 0.8 | 811 | 31,606 | 3 |
| 대만 | Taiwan | 0 | 0 | – | 442 | 23,952 | 3.6 | 543 | 29,017 | 2.8 |
| 싱가포르 | Singapore | 4 | 291 | 0.5 | 182 | 9,613 | 1.4 | 846 | 28,428 | 2.7 |
| 버뮤다 | Bermuda | 13 | 397 | 0.7 | 127 | 18,023 | 2.7 | 208 | 24,891 | 2.4 |
| 이탈리아 | Italy | 44 | 919 | 1.5 | 132 | 5,294 | 0.8 | 769 | 22,091 | 2.1 |
| 인도 | India | 3 | 249 | 0.4 | 35 | 2,078 | 0.3 | 522 | 18,207 | 1.7 |
| 캐나다 | Canada | 2 | 31 | 0.1 | 193 | 15,896 | 2.4 | 198 | 16,020 | 1.5 |
| 영국 | United Kingdom | 23 | 417 | 0.7 | 469 | 5,273 | 0.8 | 571 | 13,692 | 1.3 |
| 소계 | Subtotal | 869 | 35,860 | 58.9 | 12,013 | 665,828 | 100 | 21,561 | 944,594 | 79.9 |
| 기타 | Others | 757 | 25,224 | 41.1 | – | – | – | 6,227 | 238,101 | 20.1 |
| 합계 | Total | 1,626 | 61,084 | 100 | – | – | – | 27,788 | 1182,695 | 100 |

※ Source : UNCTAD, Review of Maritime Transport 2011.

**〈표 3-3〉 가장 많은 등록선박을 가진 상위 35개국(DWT 기준, 2015.1.1.)**

| 등록국가 | 선박 수 | 비중<br>(선박 수 기준) | 재화중량톤수<br>(1,000 DWT) | 비중<br>(DWT 기준) |
|---|---|---|---|---|
| 파나마 | 8,351 | 9.3 | 352,192 | 20.13 |
| 라이베리아 | 3,143 | 3.51 | 203,832 | 11.65 |
| 마샬군도 | 2,580 | 2.88 | 175,345 | 10.02 |
| 홍콩 | 2,425 | 2.71 | 150,801 | 8.62 |
| 싱가포르 | 3,689 | 4.12 | 115,022 | 6.58 |
| 말타 | 1,895 | 2.12 | 82,002 | 4.69 |
| 그리스 | 1,484 | 1.66 | 78,728 | 4.50 |
| 바하마 | 1,421 | 1.59 | 75,779 | 4.33 |
| 중국 | 3,941 | 4.41 | 75,676 | 4.33 |
| 사이프러스 | 1,629 | 1.82 | 33,664 | 1.92 |
| 맨섬<br>(Isle of Man)* | 1,079 | 1.21 | 23,008 | 1.32 |
| 일본 | 5,224 | 5.84 | 22,419 | 1.28 |
| 노르웨이 | 1,558 | 1.74 | 20,738 | 1.19 |
| 이탈리아 | 1,418 | 1.58 | 17,555 | 1.00 |
| 영국 | 1,865 | 2.08 | 17,103 | 0.98 |
| 한국 | 673 | 0.75 | 16,825 | 0.96 |
| 덴마크 | 7,373 | 8.24 | 16,656 | 0.95 |
| 인도네시아 | 1,604 | 1.79 | 15,741 | 0.90 |
| 인도 | 1,174 | 1.31 | 15,551 | 0.89 |
| 앤티가 바부다**<br>(Antigua and Barbuda) | 650 | 0.73 | 12,753 | 0.73 |
| 독일 | 3,561 | 3.98 | 12,693 | 0.73 |
| 미국 | 1,613 | 1.80 | 12,683 | 0.73 |
| 탄자니아 | 1,313 | 1.47 | 11,703 | 0.67 |
| 버뮤다 | 1,245 | 1.39 | 11,511 | 0.66 |
| 말레이시아 | 1,777 | 1.99 | 9,232 | 0.53 |
| 터키 | 2,471 | 2.76 | 8,820 | 0.50 |
| 네델란드 | 1,412 | 1.58 | 8,651 | 0.49 |
| 벨기에 | 756 | 0.85 | 8,609 | 0.49 |
| 베트남 | 674 | 0.75 | 7,351 | 0.42 |
| 러시아 | 963 | 1.08 | 7,221 | 0.41 |
| 프랑스 | 670 | 0.75 | 6,882 | 0.39 |
| 필리핀 | 646 | 0.72 | 6,850 | 0.39 |
| 쿠웨이트 | 765 | 0.86 | 5,440 | 0.31 |
| 태국 | 749 | 0.84 | 5,070 | 0.29 |
| 대만 | 586 | 0.66 | 4,829 | 0.28 |
| 상위 35개국 | 72,377 | 80.90 | 1,648,937 | 94.27 |
| 전 세계 | 89,464 | 100.00 | 1,749,222 | 100.00 |

* 맨섬(Isle of Man) : 영국 잉글랜드와 북아일랜드 사이의 아이리시해(海) 중앙에 있는 섬.
** 앤티가 바부다(Antigua and Barbuda) : 카리브 해 동부의 독립국
자료 : UNCTAD, Review of Maritime Transport 2015.
Note : Propelled seagoing merchant vessels of 100 GT and above, ranked by dead-weight tonnage.

국제운송론(개정4판)

<표 3-3>에서 보는 바와 같이 2015년 1월 1일 현재 파나마, 라이베이라, 마샬 군도가 가장 큰 선박 등록국가이다. 또한 이들 국가들은 세계 선박톤수의 41.8%를 차지한다. 세계 선단의 3/4이상이 개발도상국에 등록되어 있다. 여기에는 많은 수의 개방등록(open registry)이 포함되어 있는데 이것은 선주가 선박이 등록되어 있는 국가와 같은 국적을 가질 필요가 없는 등록을 의미한다. 외국선적, 즉 선주의 국적과 선박의 국적이 같지 않은 외국국적 하에서 등록된 선박톤수가 전 세계 선박톤수의 71%를 차지한다.

자료를 해석할 때에 있어서 주의해야 할 점은 몇몇 선박 등록은 그들의 활동의 중요한 부분을 아웃소싱하고 있기 때문에 선박 등록 국가에 모든 수입이 떨어지는 것은 아니다. 그럼에도 불구하고 몇몇 개발도상국에 있어서 선박 국적 등록 서비스는 중요한 수입의 원천이 되고 있다.

역사적으로 선박 등록에 있어서 처음 선주들이 1970년대나 그 이전에 외국 개방등록(foreign open registry)하에서 그들의 선박을 등록함에 따른 역외 등록(flag out)을 시작할 때 그 동기중 하나는 덜 엄격한 안전과 환경규제였었다. 현재 관련된 국제협약의 승인과 이행이 관련되어 있는 한 개방 등록과 국내 등록 사이에 일반화된 차이가 없다.2)

## 3. 해운의 남북문제

남북문제를 전담하는 UN상설기구인 UNCTAD(United Nations Conference on Trade and Development; 국제연합무역개발회의)가 1964년 12월 30일 정식 설립되어졌다.

남북문제는 해상운송분야에도 나타나게 되는데, 이러한 해운의 남북문제의 원인은 첫째, 선진국 해운업자들은 해운동맹을 결성하고 해운시장을 독점하게 됨으로써 개도국의 진입을 어렵게 하였다.

둘째, 해운관행이나 국제운송규칙이 1960년대 이전에 선주국인 선진국에 의해 제정되어 화주국인 개도국에게는 불리하게 제정되어 있었다. 1924년에 제정된 Hague Rules은 선주의 이익만을 대표하는 방향으로 제정되었으며 이는 지금도 그 영향력을 행사하고 있다. 이에 대해 개도국이 UNCTAD를 중심으로 화주의 이익을 수호하기 위해 Hamburg Rules(1978년)을 제정하게 되고 1992년 발효하게 된다.

2) UNCTAD, Review of Maritime Transport 2015.

이러한 해운의 남북문제의 궁극적인 해결 방법은 개도국이 선주국으로 부상하고 기존의 각종 불공정 관행을 철폐하고 신국제해운질서를 형성하는 일이라 할 수 있다.

## 4. 개도국의 자구방안

### (1) 자국화 자국선 주의(자국선 우선주의)

1961년에 인도, 필리핀, 인도네시아, 버마 등의 아시아 제국 등이 채택한 제도로서 자국이 수출하고 수입하는 물품은 자국선박을 이용하고 자국선이 없는 경우 외국적 선박을 이용하도록 하는 주의이다.

이는 선진국이 해운동맹을 통해 개도국의 해운시장 진입을 규제하고 있는 상황 가운데 제2차 세계대전 이후 개도국의 해운업육성정책으로 경쟁이 심화되면서 개도국의 자구노력의 일환으로 도입된 제도이다.

### (2) 공평적취

자국화 자국선주의의 일환으로 후진국을 중심으로 한 UNCTAD가 선진해운국의 해운동맹에 대한 강력한 규제와 자국화물의 적취비율을 제고하기 위해서 적취비율을 공평하게 분담하여 화물을 적취토록 한 제도이다.

기존 해운동맹의 독점적이고 배타적인 운영을 개선하기 위해서 개도국이 중심이 되어 UNCTAD에 채택된 국제협약인 "정기선 동맹의 행동규범에 관한 협약(UN Convention on a Code of Conduct for Liner Conference 1974; Liner Code)"에서 당사국간 정기선화물의 동률 적취(50:50, 제3국 개입시 40:40:20)를 제시한 이후 1983년 10월에 발효됨에 따라 공평적취원칙을 확대해 가고 있다.

### (3) 국적선불취항증명서 제도(Waiver 제도)

국적선불취항증명서제도는 모든 수출입물품은 한국국적선박을 이용하도록 하는 것이 원칙이나 국적선 배선이 없는 경우나 선박이 부족할 때 또는 선적기간이 맞지 않는 등 부득이한 경우에는 한국선주협회에서 발급하는 waiver를 받아 외국국적 선박에 선적하도록 규정한 제도이다. 세계 각국은 자국화자국선주의를 채택하여 자기나라의 수출입화물은 반드시 자기나라의 선박으로 운송하도록 하고 있으나 개방화, 국제화가 심화됨에 따라 공정경쟁의 방향으로 나아가고 있는 추세로 이러한 제도는 1999년 1월 1일부로 완전히 폐지되었다.

## II 국제해운 및 물류환경의 변화

### 1. 세계화·블록화와 해운산업

최근 세계경제는 세계화와 블럭화의 두 가지 큰 흐름으로 나타나고 있다. 이는 자본과 생산의 글로벌화, 다자간 협약제정, 지역통합의 확대, 정보 및 물류혁신 등으로 세분할 수 있다.

글로벌 스탠다드, 자유무역의 확산과 동시에 지역주의에 따른 역차별의 현상이 동시에 발생하고 있다. 이러한 지역경제블럭의 형성은 어떠한 형태로든 역내외국의 무역·투자흐름에 영향을 주며, 이에 대한 정확한 이해는 수출의존적 경제발전을 도모하는 한국경제에 매우 중요한 영향을 미치게 될 것이다. 특히 해운산업은 그 성격상 장차 21세기에 전 세계적으로 확산되고 있는 지역주의에 상당한 영향을 받을 것으로 판단된다.

### 2. 무역구조의 변화와 해운산업

고실업 등으로 선진국의 보호무역주의가 팽배하였던 1980년대 세계무역량의 증가율은 연평균 3.7%에 불과하였으나, 1990년대에는 세계 경제성장률의 둔화에도 불구하고 WTO체제의 출범, 개방화 정책, 교통통신분야의 기술발전 등으로 세계무역량이 지속적으로 증가하여 1990년에서 1998년 사이 연평균 6%의 증가율을 기록하였다. 특히 공산품의 무역증가율이 두드러졌으며, 아시아 신흥국가들의 무역의존도가 증가하는 현상을 나타냈다.

이에 교역상대국간의 물품이동의 증가는 자연스럽게 운송수요의 증가로 이어져 운송산업, 특히 해운산업의 발전으로 이어지게 된다.

<표 3-4>는 주요국의 무역의존도 추이를 나타내주고 있다.

〈표 3-4〉 주요국의 무역의존도[3] 추이

(단위 : %)

| 구 분 | 1970 | 1980 | 1990 | 1997 | 2000 * ) |
|---|---|---|---|---|---|
| 미 국 | 8.5 | 17.3 | 15 | 19.6 | 20.65 |
| 일 본 | 19.4 | 25.5 | 19.1 | 18.1 | 18.08 |
| 독 일 | 34.3 | 47.0 | 50.1 | 45.4 | 55.92 |
| 영 국 | 33.7 | 41.9 | 14.6 | 45.6 | 43.14 |
| 한 국 | 32.6 | 63.6 | 55.6 | 63.5 | 72.75 |
| 중 국 | – | 12.8 | 30.8 | 35.9 | – |
| 대 만 | – | 95.5 | 75.7 | 83.1 | – |
| 홍 콩 | – | 148.3 | 230.7 | 230.3 | – |
| 말레이시아 | – | 96.8 | 144.6 | 160.1 | – |
| 멕시코 | – | 18 | 24.7 | 35.4 | – |

※ 주 : 2007년도 주요국의 무역의존도(각국의 수출, 수입액을 GDP로 나누어서 계상)는 미국 22.97%, 일본 30.15%, 독일 71.91%, 영국 38.11%, 한국 75.09%, 중국 67.07%, 대만 121.56%, 홍콩 343.71%, 말레이시아 172.89%, 멕시코 55.60%이다.(통계청 자료)

자료 : 이재열, 세계무역의 구조변화와 우리의 대응과제, 한국은행, 1999.8.

*) 한국무역협회, 주요무역동향지표, 2001; IMF, International Financial Statistics, 2001. 11.

## 3. 물류환경의 변화

기업경쟁환경의 변화에 따라 기업에 세계화, 국제화 추세가 뚜렷이 나타나고 있는 가운데 생산측면에서는 전 세계적인 자원의 확보, 부품의 조달, 생산관리 등이 기업경영활동의 경쟁력을 결정하는 요소가 되고 있으며 판매측면에서는 전 세계적인 소비수준의 향상, 소비자의 개성화와 이에 따른 다품종 소량생산 및 적시물품공급의 필요성 증대에 따라 적절한 양과 품질의 물품을 적절한 시기에 적절한 장소로 적절하게 이동하는 효율적인 국제물류체계의 구축이 기업의 경쟁력을 결정하는 중요한 요소가 되고 있다.

이러한 생산, 판매활동의 변화에 따른 국제물류체계의 구축을 위해 전문물류업체와의 전략적 제휴가 확대되고 있다. 또 다른 한편으로는 항만과 공항의 물류거점화 현상이 두드러지고 있다.

3) 무역의존도(degree of dependence on foreign trade)
= 1년간 수출총액 + 수입총액/GNP × 100

### (1) 선사의 전략적 제휴

정기선 영업에서 대형선 투입에 따른 규모의 경제효과를 향유하기 위해서는 무엇보다도 증가된 선복의 이용률을 향상시켜야 한다. 그러나 선사의 화물집하 능력에는 어느 정도 한계가 있으므로 이러한 한계를 극복하기 위해서 선사간 전략적 제휴가 활발히 진행되었다.

1995년 2월 OOCL, MISC, Nedlloyd, APL, MOL 등의 선사들이 글로벌 네트워크 구축을 위한 전략적 제휴(Strategic Alliance)를 시작하였으며 그 이래로 2~3년을 주기로 기업의 이해관계에 따라 선사 간 제휴의 내용과 형태가 변화하여 왔다.

국제물류에서 6,000 TEU급 이상의 대형 컨테이너선은 화물적재 활용도가 79% 이하에서 경제성이 저하되는 약점을 갖고 있어, 이러한 화물집하능력의 위기를 극복하고 비용을 절감하기 위해 대형선사간의 전략적 제휴가 증가하고 있다. 최근 들어 선사간의 전략적 제휴는 선복 임대차 및 선박의 공동운항을 통한 선복 이용률의 향상뿐만 아니라 항만 및 육상 운송시설 공동이용, 기항항만의 협의 및 영업조직의 공유에 이르기까지 그 영역이 확대되고 있다.

1999년 세계 최대 컨테이너 선사인 Maersk사가 Sealand사를 인수하기 전에 먼저 전략적 제휴 관계였으며 이러한 제휴를 통해 선박 200여 척의 공동 운항으로 연간 1억 달러의 절감효과를 가져온 것으로 분석되었다.

한편 단순한 제휴만으로는 자원의 효율적 활용에 제한이 있으며 내부적으로는 여전히 선사간의 경쟁이 존재한다는 한계점이 있다. 따라서 궁극적으로 양사의 자원과 서비스망을 효과적으로 결합함으로써 보다 효율적이고 우수한 경쟁력을 확보한다는 차원에서 최근에는 컨테이너 선사간의 합병 및 인수(M&A)가 활발히 이루어지면서 정기선 해운업계에 엄청난 구조개편을 가속화하고 있다.

1위 업체인 Maersk Sealand는 2005년 5월 세계 5위 컨테이너선 업체 P&O Nedlloyd를 인수·합병했다. 2005년 9월에는 세계 4위 업체인 프랑스의 CMA CGM이 Delmas를 인수·합병하여 세계 3위권 업체로 부상했다.

이 같은 세계 1위~4위권 초대형 해운업체들을 견제하기 위해 2006년 초부터 세계 양대 전략적 제휴그룹인 The New World Alliance(TNWA)와 Grand Alliance가 공동 운항 등에 관해 전략적 제휴를 맺기로 합의했다.

현재는 New World Alliance, Grand Alliance, Maersk Sealand(P&O Nedlloyd 포함), CKYH Group, Evergreen/Hatsu/Lloyd 등 5개의 전략적 제휴그룹이 구축되어 있다.

New World Alliance는 국내 현대상선(HMM), 미국의 APL/NOL, 일본의 MOL 등이 속해 있으며, Grand Alliance는 독일의 Hapag-Lloyd, 일본의 NYK, 홍콩의 OOCL 등이 속해 있으며, Maersk Sealand는 덴마크의 Maersk Sealand, 네덜란드의 P&O Nedlloyd가 속해 있으며 CKYH Group은 국내의 한진해운, 중국의 COSCO, 일본의 K-Line, 대만의 Yang Ming 등이 속해 있으며 Evergreen/Hatsu/Lloyd에는 이탈리아의 Lloyd Triestino, 대만의 Evergreen, 영국의 Hatsu(HML)으로 구성된 해운업체들의 전략적 제휴집단이다.

현재 Maersk Sealand, CMA CGM 등 거대 선사들은 M&A를 통해 시장 점유율을 높이려는 전략을 구사하고 있고, 이러한 거대 선사들의 비율이 높아짐에 따라 NYK, Yang Ming, COSCO 등 주요 선사들은 공동운항 등에 관한 전략적 제휴관계를 돈독히 함으로써 거대선사들을 견제하는 전략을 취하고 있다.

2005년 기준 New World Alliance와 Grand Alliance는 아시아－미주 항로의 시장점유율을 각각 15%, 13.6% 차지하고 있다. 이들의 제휴로 양대 그룹은 28.6%의 시장점유율을 확보, 14.3%인 Maersk Sealand, 22.5%의 CKYH 그룹에 대항할 수 있게 됐다.

〈표 3-5〉 글로벌 4대 해운동맹체 시장 점유율

| 구 분 | | 소 속 사 | 선복량 비중(%) | 선박수 /적재능력 |
|---|---|---|---|---|
| 2M | | Maersk(덴마크, 1), MSC(스위스, 2) | 29.7% | 1,091척 /529만 TEU |
| G6 | The New World Alliance | APL(싱가포르, 9), MOL(일본, 10), HMM(한국, 15) | 18.6% | 625척 /331만TEU |
| | Grand Alliance | Hapag-Lloyd(독일, 6), NYK(일본, 13), OOCL(홍콩, 11) | | |
| CKYH Alliance | | Evergreen(대만, 4), COSCO(중국, 5), Hanjin(한국, 8), Yang Ming(대만, 14), K-Line(일본, 16) | 17.5% | 609척 /311만TEU |
| Ocean 3 | | CMA-CGM(프랑스, 3), UASC(아랍에미리트, 19), CSCL(중국, 7) | 14.6% | 629척 /259만TEU |

* 주 : ( )안은 국적과 적재능력 기준 2014년 순위
※ 자료 : 한국선주협회, 조선일보 2014.9.18.

한편 2011년 12월 20일 현대상선이 소속된 TNWA(The New World Alliance) 3개 해운선사는 GA(Grand Alliance) 소속 3개 해운선사와 통합해 세계 최대 규모의 제휴(Alliance)인 'G6'를 만들었다.

이번에 출범하는 G6 Alliance는 선복량 기준 2,811,313TEU규모로 한진해운이 속한 CKYH Alliance(1,803,408TEU)와 세계 1위 해운선사인 Maersk Sealand (2,527,060TEU)보다 규모가 크다.

선사들은 Alliance 구성을 통해 선박, 컨테이너, 노선 등 다양한 분야에서 업무공유를 할 수 있어 비용절감뿐만 아니라 고객에게 양질의 서비스를 제공할 수 있게 된다.

또한 2011년 세계 2위와 3위 해운선사인 스위스 MSC와 프랑스 CMA CGM이 상호간 협력관계를 체결했고, G6의 새로운 Alliance가 탄생하면서 세계 1위인 Maersk Sealand와의 무한경쟁이 시작되었다.

2014년 6월 세계 1, 2위 선사인 Maersk(덴마크)와 MSC(스위스)가 '2M'을 결성하였다. 또한 2014년 9월 세계 3위 해운선사인 프랑스의 CMA-CGM은 중동의 유나이티디 아랍 쉬핑(UASC), 중국의 차이나쉬핑(CSCL)과 손잡고 '오션3(Ocean 3)'를 결성하였다.

2017년 글로벌 해운동맹이 <표 3-6>에서 보는 바와 같이 다시 재편되게 된다. 여기에는 세계 7위의 해운선사인 한진해운이 2017년 2월 17일 최종 파산선고되어 제외되고 일본선사와 중국계 선사가 묶여져서 3개의 대형 제휴그룹으로 재편되었다.

〈표 3-6〉 글로벌 해운동맹 2017년 1월 재편(4월부터 서비스 시작)

| 구분 | 소속사 |
|---|---|
| 2M | Maersk(덴마크), MSC(스위스) + HMM(한국) |
| The Alliance | Hapag-Lloyd(독일) + UASC(쿠웨이트), K-Line(일본), MOL(일본), NYK(일본), Yang Ming(대만) |
| Ocean Alliance | COSCO(중국) + CSCL(중국), CMA-CGM(프랑스) + APL(싱가포르), Evergreen(대만), OOCL(홍콩) |

〈표 3-7〉 상위 20대 컨테이너 선박회사(2015년 5월 1일 기준)

| 순위 | 선박회사 | 국가 | 보유선박 수 | TEU | 비중(TEU 기준) |
|---|---|---|---|---|---|
| 1 | Maersk Line A/S | 덴마크 | 478 | 2,526,490 | 13.45% |
| 2 | MSC SA | 스위스 | 451 | 2,483,979 | 13.22% |
| 3 | CMA CGM S.A. | 프랑스 | 375 | 1,502,417 | 8.0% |
| 4 | Evergreen Line | 대만 | 204 | 954,280 | 5.08% |
| 5 | COSCON | 중국 | 158 | 854,171 | 4.55% |
| 6 | CSCL | 중국 | 136 | 751,507 | 4.0% |
| 7 | Hapag-Lloyd | 독일 | 145 | 732,656 | 3.90% |
| 8 | Hanjin | 한국 | 104 | 640,490 | 3.41% |
| 9 | MOL | 일본 | 111 | 599,772 | 3.19% |
| 10 | APL Limited | 싱가포르 | 96 | 545,850 | 2.91% |
| 11 | OOCL | 홍콩 | 103 | 520,328 | 2.77% |
| 12 | Hambrug Sud | 독일 | 104 | 498,902 | 2.66% |
| 13 | NYK | 일본 | 104 | 494,953 | 2.63% |
| 14 | Yang Ming | 대만 | 103 | 487,771 | 2.60% |
| 15 | HMM | 한국 | 65 | 399,791 | 2.13% |
| 16 | K line | 일본 | 77 | 397,623 | 2.12% |
| 17 | PIL | 싱가포르 | 139 | 374,849 | 1.99% |
| 18 | UASC | 쿠웨이트 | 53 | 372,841 | 1.98% |
| 19 | Zim | 이스라엘 | 66 | 296,554 | 1.58% |
| 20 | CSAV | 칠레 | 40 | 237,567 | 1.26% |

자료 : UNCTAD, Review of Maritime Transport 2015.
UNCTAD secretariat, based on data provided by Lloyd's List Intelligence.

참고

### 주요 선사

- Maersk : AP묄러-머스크그룹(AP Moller-Maersk Group)의 해운 부문(덴마크), 덴마크 선사(Maersk Lines)가 미국 CSX 그룹의 컨테이너 부문인 sealand를 1999년 초에 인수함으로 탄생됨. 2005년 P&O Nedlloyd(네덜란드)를 인수 · 합병함
- MSC : Mediterranean Shipping Company(스위스)
- CMA CGM : (프랑스)
- CSCL : China Shipping Container Lines Company Limited(중국)
- COSCON : COSCO Container Lines Limited (중국 국영선사 ; 중국원양운수)
- Hanjin : Hanjin Shipping Company Limited(한국)
- HMM : Hyundai Merchant Marine Co., Ltd.(한국)
- OOCL : Orient Overseas Container Line(홍콩)
- MOL : Mitsui O.S.K. lines(일본)
- NYK : Nippon Yusen Kabushiki Kaisha(일본)
- K-Line : Kawasaki Kisen Kaisha Limited(일본)
- Evergreen : Evergreen Marine Corp.(대만)
- Yang Ming : 대만 양밍(Yang Ming Marine Transport Corporation) 그룹의 양밍라인(YangMing Line)
- Hamburg Sud : Hamburg Sudamerikanische Dampfschiffahrts-Gesellschaft KG (독일)
- Hapag-Lloyd(독일)
- PIL : Pacific International Lines(Private) Limited(싱가포르)
- NOL(Neptune Oriental Lines) : 싱가포르의 국영선박회사
  최근 3자물류 사업을 강화하기 위해 미국의 APL(American President Lines)사를 사들여 3자물류 전문회사인 'APL로지스틱스'를 덤으로 얻었다.
- UASC : United Arab Shipping Company(쿠웨이트)
- Zim : Zim International Shipping Services Limited(이스라엘)
- CSAV : Compania Sud Americana de Vapores S.A.(칠레)
- Hatsu : Hatsu Marine Limited(HML)(영국)
- Lloyd Triestino(이탈리아)

### (2) 항만과 공항의 물류거점화 현상

세계화기업들의 글로벌 경영전략과 그에 따른 국제물류환경 변화에 대응하여 세계 각국은 물류주도권을 확보하기 위하여 자국의 공항과 항만에 물류거점 확보를 위해 노력하고 있다.

세계 주요 항만들은 물류와 생산활동의 지역거점으로서 국가의 부가가치 창출을 크게 높이고 있다. 네덜란드의 로테르담항의 경우 국민총생산(GNP)의 7%를

직·간접적으로 창출하고 있으며 구매력 기준으로 볼 때 국민총생산이 세계 제1위인 싱가포르의 경우 해운·항만을 중심으로 한 국제물류산업이 크게 활성화되어 있고 세계화 기업의 아시아지역 본사를 성공적으로 유치하는 모범사례국가로 꼽히고 있다.

최근 세계 주요 항만은 기업들의 국제물류관리전략에 대비해 항만기능을 다양화함으로써 종합물류기지의 기능과 역할을 확보하는 방향으로 개발되는 추세이다. 세계 주요항만들은 항만내 공간 및 시설에 고도의 물류기능을 확충하는 한편 배후에 충분한 공간을 확보하여 항만을 중심으로 대규모 종합화물유통기지를 조성하고 있다. 이러한 복합기능을 갖춘 항만은 배후공간에 항만·배후지간의 고도화된 연계수송망, 종합물류센터, 물류정보센터, 각종 편의 및 부대시설 등을 충분히 갖추고 있을 뿐만 아니라 자유무역지대를 설치하고 이를 적극적으로 활용함으로써 항만의 경쟁력을 제고시키는데 정책적인 노력을 아끼지 않고 있다. 특히 싱가포르, 홍콩, 함부르크, 로테르담 등 세계 주요 경제권의 거점항만들은 역내의 국제물류를 주도하기 위해 항만시설을 지속적으로 확충하는 한편 자유무역지대(관세자유지역) 기능을 고도화하여 세계화기업의 물류기지 유치에 주력하고 있다.

한편 공항의 물류거점화도 활발하게 추진되고 있는데 이를 위해 공항의 대규모화를 추진하고 있으며 북미, 유럽, 아·태 및 중동지역의 주요공항이 확장되면서 허브공항으로 개발을 추진하고 있는데, 동아시아지역에서는 일본 간사이공항이 1994년 개항된 이래, 홍콩 첵랍콕공항이 1998년 개항되었고, 말레이시아 스팡공항과 중국 푸동공항이 1999년 개항되었으며[4] 한국의 인천국제공항도 2001년에 개항되었다.

## III 해운자유화·개방화에 따른 시사점

### 1. 해운서비스 개방협상 경위

1986년 9월 20일 우루과이 라운드 협상이 공식적으로 개시하게 된다. 이 협상에는 기존의 관세 및 무역에 관한 일반협정(General Agreement on Tariffs and

4) 21세기 글로벌 해운물류, 한국해양수산개발원, 두남, 2001, pp.200~202.

Trade; GATT)체제의 대체안으로써 1970년대 신보호무역주의 대처와 서비스, 첨단기술 상품 등 새로운 분야의 다자간 규범정립이 필요하게 되었다. 여기에 서비스 협상의 한 분야로 해운서비스분야가 협상되기 시작하였다.

1989년부터 동 협상의 주요내용 중 하나인 해운부속서에 관한 논의가 있었으며 1992년 EU측에서 해운분야의 모델양허표[5]에 따라 자국의 양허표를 작성, 제출할 것을 제의하였다.

1993년 12월 우리나라가 GATS에 제출한 양허안에 따라 1994년 4월에 작성된 문서번호 GATS/SC/48에 의해 <표 3-8>과 같이 양허된 바 있다.

〈표 3-8〉 한국의 서비스 관련 양허표

| 구분 | | 양허 소분야 수 | | 양허업종 |
|---|---|---|---|---|
| 서비스분야 (소분야 총수) | 서비스 소분야 (sub-sector) (소분야 총수) | 소분야별 | 합계 | |
| 운송 (35) | 해운/외항(6) | 4 | 8 | 외항여객/화물운송, 선박유지수선, 해운보조 |
| | 해운/내항(6) | 0 | | |
| | 항공 (5) | 1 | | 항공운송보조서비스(컴퓨터예약 서비스 등) |
| | 우주 (1) | 0 | | |
| | 철도 (5) | 0 | | |
| | 도로 (5) | 1 | | 화물트러킹서비스 |
| | 배관 (2) | 0 | | |
| | 운송보조(4) | 1 | | 창고 |
| | 기타(1) | 1 | | 복합운송 |

1993년 12월 해운시장 접근에 대한 미국과 EU간의 의견대립으로 협상타결에 실패하여 후속협상을 개최하기로 합의하였다.

그 후 우루과이 라운드(UR)의 성립으로 서비스교역에 관한 일반협정(General Agreement on Trade in Services; GATS)이 체결되어 주요원칙과 규칙들이 해운서비스분야에 적용되며 GATS 제6부 제29조에 해상운송서비스협상에 관한 부속서가 마련되어 있다. 여기에는 해운서비스 협상 결과 발효일, 협상시한, 양허표 수정 및 철회방법 등이 명시되어 있다.

5) 모델양허표는 통일된 양식에 따라 국가들이 공통으로 자유화약속을 하도록 하기 위한 일종의 서식으로 분야, 시장접근에 대한 제한, 내국민대우에 대한 제한, 추가약속의 항목으로 되어 있다.

해운서비스 협상그룹(Negotiating Group on Maritime Transport Services; NGMTS) 주관 하에 9차례의 양허협상을 통해 협상대상국 42개국 중 23개국이 양허표를 제출하였으며 한국은 1993년 12월에 제출하였으나 미국은 국제해운부분에 대한 개방거부로 양허표를 제출하지 않았다.

기본 협상분야는 기존의 모델양허표에 있는 국제해운, 해운보조서비스, 항만시설 접근 및 이용분야이며 별도로 복합운송서비스를 제 4의 분야로 양허대상에 포함시킬 것을 미국측에서 제의하였다.[6)]

해운서비스 분야는 UR에서 타결되지 못하였고, 그 후 후속협상에서도 미국의 소극적인 태도로 인하여 결렬되었기 때문에 아직까지 WTO의 다자간 자유화 구도가 적용되지 않고 있는 분야이다.

WTO 회원국들은 지난 우루과이라운드 협상의 최종타결 당시에 농산물과 서비스분야의 합의 내용이 미흡하다고 판단하여 2000년부터 추가적인 자유화 협상을 추진하기로 약속하였다. 그러나 많은 회원국들은 공산품분야에서도 아직 상당한 무역장벽이 남아 있고, 또한 우루과이라운드의 합의 결과를 이행하는 과정에서 많은 문제점들이 나타나고 있으며, 새로운 무역환경을 반영하기 위해 다른 분야에서도 추가적인 협상을 시작할 것을 희망하였다.

이에 따라 2001년 11월에 카타르 도하에서 열린 제4차 각료회의에서 도하 개발 아젠다(DDA; Doha Development Agenda)의 출범을 선언하는 각료선언문을 채택하여 DDA가 출범하게 된다.

이에 따라 해운서비스를 포함하여 서비스 분야협상은 2002년 6월말까지 최초 request를 제출하고 그에 따라 2003년 3월말까지 최초 offer를 제출하도록 하고 있다.

DDA 협상은 2005년 1월 1일전에 협상을 종료할 수 있도록 계획되어 있었으나 농산물에 대한 수입국과 수출국의 대립, 공산품 시장개방에 대한 선진국과 개도국간의 대립 등으로 인해 아직까지도 협상이 계속되고 있다.

## 2. 해운서비스 개방 현황

1993년 이후 정부는 해운서비스시장의 대외개방을 적극 추진해 왔다. 특히 외항해운시장과 관련해서는 면허제에서 등록제로의 전환(해운법 개정−1993. 3.

6) WTO 해운서비스 후속협상 대책, 해운항만청 해운국, 1996. 1.

10. 법률 제4546호)이 조기에 실현되는 등 외국인 및 외국해운업체에 의한 국내 법인의 설립과 외항해운사업에 대한 자유로운 진출도 가능해졌다.

국내 해운서비스의 대외개방은 1995년 11월 파리에서 개최된 OECD 해운위원회의 가입조건 심사를 통과하는 등 이미 선진국 수준에 도달했으며 해운서비스 자체는 물론 해상운송부대사업, 항만사업 및 항만부대사업 등도 외국인 및 외국업체에 완전히 개방되었다.

개정해운법이 1999년 7월 발효됨에 따라 해운산업에 대한 외국인의 참여가 보다 용이해졌으며, 운임신고제도가 컴퓨터통신(인터넷)방식에 의한 공표제도로 전환됨으로써 보다 공정하고 자유로운 경쟁환경이 조성되었다.[7)]

### 3. 해운서비스 개방의 시사점

제4차 각료회의에서 중국 및 대만의 WTO 가입이 확정된 데 이어 러시아, 우크라이나, 베트남 등 WTO 회원국이 지속적으로 증가하고 있다. 또한 인도, 마그베브, 남아프리카 공화국 등 서남아시아 및 아프리카 국가군과 브라질, 아르헨티나 등 중남미 국가군 등 우리나라 해운산업 진출이 부진한 국가의 해운서비스 시장의 자유화 및 개방화가 진전될 것으로 예상된다.

DDA 협상의 일부로 들어간 서비스교역에 관한 일반 협정(GATS)은 DDA의 일괄타결방식과 달리 양자협상 방식으로 진행되고 있다. 해상운송분야가 대부분 개방된 한국은 그 동안 해운 서비스에 대한 타 회원국의 시장개방을 지속적으로 요구해 왔으며 현 단계에서 한국과 FTA를 체결하고 있지 않으면서, 상업적 이해관계가 높은 국가들에 우선순위를 두어 해운 시장개방을 지속적으로 요구해 나갈 계획이다.

---

7) 김준동, 이장영, 이한영, 김용규, 최중희, 허종, 이장원, WTO 서비스협상의 영향분석 및 대응전략, 대외경제정책연구원, 2000. 12., pp.199~200.

# 제3절 국제해사관련기구

## I CMI(국제해사법 위원회)

CMI(Comite' Maritime International)는 1897년 창설된 비정부 국제기구로 모든 면에 있어서 적절한 활동과 수단을 통해 해사법의 통일에 공헌하기 위해 설립되었다.

전 세계 55개국이 가입된 상태이며 한국도 한국해법회가 1978년 가입하였다.

## II IMO(국제해사기구)

국제해사기구는 1948년 유엔해사위원회(UN maritime conference)에서 발기하여 1958년 설립된 기구로서, 1982년부터 명칭을 IMCO에서 IMO(Inter-Governmental Maritime Consultative Organization)로 변경하였으며 영국 런던에 본부를 두고 있다.

현재 전 세계 162개국이 가입된 상태이며 한국은 1962년 가입하였다.

IMO의 설립목적은 정부간 해사기술의 상호협력, 해사안전 및 오염방지 대책, 국제간 법률문제 해결, 개도국의 해사기술협력 및 각종 회의소집과 국제해사 관련 협약의 시행 권고, 정부간 차별조치 철폐, 해운업의 불공정하고 제한적인 관행 문제의 심의 등이다.

## III UNCITRAL(국제연합 상거래법 위원회)

국제상거래법에 있어서 법질서를 세계적으로 확립, 통일하는 것을 목적으로 1968년 1월에 발족한 UN직속기관이다. 종래의 국제상거래에 관한 법질서는 정치적, 경제적 이해관계가 일치한 각국을 중심으로 설립된 국제기관에 의하여 확립된 것으로서, 전 세계의 소리를 반영한 것이 아니고 서방측 선진국의 편의에 의하여 이루어졌으므로 이에 개발도상국측의 불만에 의해서 UNCITRAL(UN Commission on International Trade Law)이 설립되었다.

이 같은 경위는 사무총장의 보고서에도 확인할 수 있는데, “신흥독립국이 국제상거래에 관한 법의 통일화, 기준화의 작업에 가담하는 일은 지금까지는 없었으나 이것을 기회로 UN의 장을 통하여 이 분야의 신질서확립의 작업에 적극적으로 참가함으로써 자국법의 정비와 근대화를 추진하여 외국과의 사이에 대등한 거래를 할 수 있도록 노력해야 할 것이다.”라고 진술하였다. 또한 UNCITRAL은 총회결의를 통해 개발도상국의 이익을 중시하는 것을 목표로 하도록 하였다.

UNCITRAL에서 작성한 대표적인 법으로는 1978년의 Hamburg Rules과 국제물품매매계약에 관한 UN협약(United Nations Convention on Contracts for the International Sale of Goods; 일명 Vienna협약)이 있다.

## IV ICS(국제해운회의소)

ICS(International Chamber of Shipping)는 1921년 영국 런던에서 설립된 국제적인 단체로 선주(船主)의 이익 증진을 목적으로 설립되었다.

1921년 국제해운동맹이라는 이름으로 설립하여 1948년 현재의 이름으로 바꾸었다. 선주의 이익 증진을 위하여 국제적인 문제에 대해 의견을 교환하고 정책을 입안하며 다른 국제단체의 심의에 참가하는 등의 일을 한다.

세계 여러 나라의 민간선주를 대표하며, 합법적으로 조직된 단체만을 회원으로 인정하고 있다. 각국의 선주협회는 회원이 될 수 있으며 일반선박회사는 회원자격이 없는 것이 원칙이다. 그러나 소속 국가협의회가 ICS 회원으로 가입한 경우는 예외로 한다. 해운에 대한 이중과세 상호면제, 국기차별대우, 국제선복안정계획 등 여러 문제를 다루었다.

이밖에 상선에 관한 기술적·법적·운영상 문제도 해결한다. 화물선, 유조선, 여객선, 컨테이너 등과 관련된 단체와도 밀접한 관계를 유지하고 있다. 국제해사기구, 세계관세협회, 국제통신연합, UN무역개발회의, 세계기상학협회 등 여러 단체와 협력하고 있다. 140개국 선주협회가 회원으로 가입되어 있으며, 본부는 영국 런던에 있다.

## V ISF(국제해운연맹)

ISF(International Shipping Federation)는 1909년에 창설된 선사를 위한 국제선주기구(the international employers' organisation for shipping companies)로 각국의 선주협회를 회원으로 하고 있다.

ISF는 국제포럼을 통해 선주의 입장을 대변하고 있다. ISF는 1919년 ILO(국제노동기구)의 창설 이후 고용문제 및 노사문제가 국제적으로 대두되자 선원노조의 세계적인 단체인 국제운수노동자연맹(International Transport-worker's Federation; ITF)의 활동에 대처하기 위하여 그 기능과 조직을 대폭 개편하였으며 선원의 모집, 자격규정, 사고방지, 노동조건 등 여러 가지 선원문제에 대하여 각국 선주의 의견을 집약하고 있다.

ISF는 ICS와 거의 대부분의 회원사들이 중복되고 있으므로, ISF는 ICS에 통합하여 ICS조직에 노동문제와 인력 훈련 위원회를 추가하도록 하여 통합하게 되었다. 즉, ISF는 ILO에서 해운 고용주를 대표할 때 ICS에 의해 사용되는 이름이며 노동문제, 인력, 선원의 복지문제에 관심을 가지고 있다.

## VI BIMCO(발틱 국제해운동맹)

BIMCO(The Baltic And International Maritime Conference)는 1905년도에 설립된 세계에서 가장 영향력 있는 해운동맹의 하나이다.

설립목적은 회원사에 대한 정보제공 및 자료발간, 선주의 단합 및 용선제도 개선, 해운업계의 친목 및 이익도모 등이다. 회원사는 세계 100여국에 걸친 선주뿐만 아니라 브로커, 보험회사, 해운조합, 조선소, 금융기관, 해사법 관계기관, 선급 등을 망라하고 있다.

# 제4절 해상운송과 해운동맹

## I 해운동맹의 정의

해운동맹(Shipping Conference, Freight Conference)은 둘 이상의 정기선 운항업자가 특정항로에서 상호간에 기업적 독립성을 존중하면서 과당 경쟁을 피하고 상호간 이익을 유지, 증진시키기 위하여 운임, 적취량, 배선, 기타 운송조건에 관하여 협정 또는 계약을 체결한 국제해운카르텔[8]을 의미한다.

## II 해운동맹의 종류

### 1. 개방식 동맹(open conference; 미국식)

희망하는 선박회사는 아무런 조건 없이 동맹에 가맹이 자유로운 형태의 동맹을 개방식 동맹이라 하며 주로 북미 항로에 취항하는 선사들이 여기에 속한다.

미 신해운법의 동맹규제법의 영향으로 가입이나 탈퇴가 자유로우며 폐쇄동맹의 횡포를 방지하기 위한 대안을 탄생한 것이다. 그러나 동맹원의 수가 수시로 증감하게 되어 동맹원간의 결속력이 약화되고 시황변동에 신속히 대응하지 못하게 되고 맹외선에 적절히 대응하지 못하는 단점을 가지고 있다.

### 2. 폐쇄식 동맹(closed conference; 영국식)

일정한 조건을 갖추지 않거나 회원의 이익을 해한다고 생각되는 경우에 가입을 제한하는 형태의 동맹을 폐쇄식 동맹이라 한다. 이는 주로 유럽항도에 취항하는 선사들이 여기에 속한다.

---

8) 카르텔(Cartel) : 기업상호간의 경쟁을 제한하거나 완화를 목적으로, 동종 또는 이와 유사한 산업분야의 기업간에 결성되는 기업담합형태 또는 시장통제를 목적으로 동일산업부문의 독립기업을 독점적으로 결합시키는 기업연합형태

# III 해운동맹의 경제성

## 1. 긍정적 측면

### (1) 정기운송의 유지

동맹은 배선협정 등을 통해 각 지역에 정기선 항로를 개설하고 있기 때문에 정기운송을 유지할 수 있도록 하고 있다.

### (2) 해상운임의 안정

해운동맹은 운임협정을 통해 운임을 결정하고 이 결정된 운임을 화주들에게 일정한 경과기간을 두어 적용함으로 화주들에게 운임상의 위험을 최소한도로 줄일 수 있게 한다.

### (3) 양질의 운송 서비스 제공

선진 선사들의 모임인 해운동맹은 각자의 선진화된 항해 능력과 서비스를 상호 교환하거나 공유함으로써 운송의 질을 향상시키게 된다. 또한 신속하고 안전한 운송으로 보험료율을 낮추는 효과도 발생시킨다.

### (4) 모든 화주에게 동일한 운임 적용

모든 화주에게 운임률표(tariff)상의 운임을 동일하게 제공함으로 중소 화주에 대한 차별대우를 시정하는 효과가 있다.

### (5) 거래채산성 예측에 용이

안정적인 운임률이 공표되어 거래상의 채산을 쉽게 세울 수 있다.

## 2. 부정적 측면

독점적 성격이 강하여 높은 운임을 부과하거나 유지하려는 측면이 있다.(독점의 폐해가 발생한다.)

## IV 해운동맹의 비동맹선사와의 경쟁수단

### 1. 내부적 결속수단

#### (1) 운임협정(Rate agreement)

가장 기본적이고 중요한 협정으로, 가맹선주는 협정된 공표운임률(Tariff Rate)을 지켜야 하며 이를 위반하면 위약금(penalty)을 지불해야 한다.

#### (2) 항해협정(Sailing Agreement)

항해수, 적취량, 발항지나 기항지 등을 제한하도록 하는 협정을 통하여 동맹선사간의 과당경쟁을 방지하고 적절한 선복공급을 통하여 상호이익을 도모하기 위한 협정을 항해협정이라 한다. 항해협정을 세부적으로 나누면 항해수를 제한하는 협정인 배선협정, 발항지 및 기항지를 제한하는 협정인 지역협정, 그리고 적취화물의 종류나 수량을 제한하는 수량협정이 있다.

#### (3) 공동계산협정(Pooling Agreement)

가맹회사가 일정기간 운임수입의 전부 또는 일부를 동맹의 Pool기금으로 적립하여 놓고 그 후에 사전에 정한 비율로 각 회사에 분배하는 방법으로 가맹회사간의 이해의 조화를 꾀함과 동시에 동맹의 구속력을 강화하기 위하여 취해진다.

구체적으로 각 선사가 특정항로에서 일정기간 동안 벌어들인 운임전체에서 소정의 항해경비 및 하역비용 등을 공제하고 나머지 순운임수입을 미리 정한 배분율(pool point)에 따라 배분하는 방식이다.

이는 운임수입을 공동재산으로 관리하기 때문에 동맹에 속한 선사가 쉽게 탈퇴하는 것을 방지하고 집화경쟁을 억제할 수 있다. 그러나 동맹선사들의 집화의욕을 감퇴시키는 방향으로 흐를 수 있다.

#### (4) 공동배선(共同 配船; Joint Service)

특정 항로에서 두 개 이상의 선박회사가 공동으로 선박스케줄을 광고하고 화물집하를 하는 서비스형태를 말한다. consortium과는 달리 이 공동서비스에는 선박이나 여타 다른 장비를 위한 공동 자본투자는 없다.

### (5) 선주 중립 감시기구(Neutral Body)

동맹선주의 tariff 위반이나 불법적인 집화경쟁을 막는 데 주목적이 있으며 동맹이 모든 규정의 준수와 회원사들의 부정행위를 방지하기 위해 설치한 감시기구이다.

## 2. 외부 견제수단(화주 유인책)

### (1) 경쟁억제선(Fighting Ship)

동맹에 가입하지 않는 맹외선(outsider)은 동맹선에 비해 저렴한 운임으로 항해를 한다. 따라서 이러한 맹외선에 대항하기 위하여 채산을 무시한 저운임으로 운항하는 선박을 취항시켜 맹외선에 대항하는 방법이다.

그러나 이는 공정경쟁을 방해하고 독점을 조장할 수 있기 때문에 각국이 법으로 금지하고 있다.

### (2) 계약운임제(Contract Rate System) 또는 이중운임제(Dual Rate System)

비동맹선과의 경쟁을 위하여 모든 화물을 동맹선에 선적할 것을 해운동맹과 계약한 화주에 대해서는 계약운임률(할인된 운임)을 적용하고 동맹선과 비동맹선 어느 것에나 선적하는 화주에 대해서는 비계약운임(일반운임)을 적용하는 제도를 계약운임제 또는 운임이 두 개 존재함으로 이중운임제라 한다.

### (3) 운임환급제도(Deferred Rebate System)

일정기간 동맹선에 선적한 화주에 대하여 그로부터 받은 운임의 일부(일반적으로 9.5~10%)를 환급하는 제도를 deferred rebate system이라 한다.

이 제도의 적용을 받기 위해서는 화주가 일정기간을 동맹선에 선적해야 하는데 이를 계산기간이라고 하고 또한 그 후 일정기간을 계속 동맹선에 선적해야 하는데 이를 유보기간이라 한다. 이 유보기간이 경과한 후에야 계산기간 동안 납부한 운임의 일정률을 환급받을 수 있다.

### (4) 성실환급제도(Fidelity Rebate System)

일정기간 자기 화물 모두를 동맹선에 선적한 화주에 대하여 징수한 운임의 일정률을 일정기간이 경과한 후 환급하는 제도로 운임환급제도와 다른 점은 계산기간만 있고 유보기간이 없다는 것이다.

# V 해운동맹의 퇴조 이유

## 1. 개도국과 동구권의 해운시장 진출

1970년대부터 막강한 위력을 발휘하던 해운동맹도 1970년대 후반부터 대만, 한국 등 아시아의 개발도상국들과 동구권의 비동맹선사들이 적극적인 공세를 취하면서 힘을 잃기 시작한다.

## 2. 미국 신해운법의 발효

1984년 6월에 미국의 신해운법(Shipping Act, 1984)[9]이 발효되는 것을 계기로 동맹의 기능이 뚜렷이 약화되었다. 신해운법 가운데 독자운임결정권과 우대운송계약이라는 규정이 특히 해운동맹의 가장 큰 결속수단인 운임협정을 와해시키는 계기를 마련하게 된다.

### 독자운임결정권과 우대운송계약

■ **독자운임결정권(Independent Action; IA)**

미국항로에 취항하는 동맹선사들에게 Tariff에 신고된 운임률이나 기타 조건에 관계없이 독자적인 운임률을 설정할 수 있도록 허용하는 것으로 공통운임제도와 상충되는 제도이다. 동맹선사는 효력 발생 10일전 까지만 FMC(미연방해사위원회; Federal Maritime Commission)에 신고하면 IA를 행사할 수 있다.

■ **우대운송계약(Service Contract)**

화주 또는 화주단체가 정기선 화물운송을 위해 운임동맹 또는 비동맹선사와 체결하는 계약으로 화주는 계약기간 중 일정화물(수량 등)을 제공할 것을 보증하며 운임동맹 또는 비동맹선사는 스페이스, 운송기간, 기항지 등과 같은 일정한 서비스뿐만 아니라 Tariff Rate상의 운임보다 저렴한 운임을 보증한다.

---

9) 미국은 컨테이너가 도입되기 이전인 1916년 제정한 'Shipping Act of 1916'가 있었으며 이 법의 현대화 필요성에 따라 개정한 법이 'The Shipping Act of 1984'이므로 이를 '신해운법'이라고 명명하는 경우가 많으므로 본서에서도 신해운법이라고 부르기로 한다. 한편 미국은 1998년에 해운업의 규제 완화 등의 목적으로 신해운법을 개정한 'The Ocean Shipping Reform Act of 1998(OSRA)'를 제정하고 1999년 5월 1일 발효하여 오늘날 미국 정기선 선적 정책의 기초로 삼고 있다(http://www.fmc.gov/about/history.aspx).

### 3. 복합운송체제 도입

컨테이너화의 급진전으로 복합운송이 활성화되면서 대부분의 선사들이 문앞에서 문앞까지(door to door)서비스를 제공함에 따라 항만에서 항만까지(port to port)의 서비스를 위주로 한 해운동맹은 경쟁력을 잃게 되었다.

## VI 해운동맹의 해체 가속화와 그 현황

### 1. 정기선사 해운동맹의 해체

2006년에 들어서면서 해운시장에 나타난 현상 중 하나는 정기선사 사이의 협력체인 해운동맹이 해체되고, 운임 교섭이나 선주와 화주 관계에서 화주들의 입김이 더욱 강화되기 시작했다는 것이다.

미국과 남부 유럽간 항로의 해운동맹(USSEC; US South Europe Conference)이 2006년 2월 13일부로 공식 해체된데 이어 120년 전에 결성된 유럽/호주/뉴질랜드 해운동맹(AELA; Australia/New Zealand to Europe Liner Association)도 2006년 3월 14일부로 운영을 중단했다. 그리고 이와 함께 유럽과 아프리카 대륙을 운영하는 선사 협력체인 유럽-남아프리카 해운동맹이 2006년 10월 31일부터 운영을 중단했다.

앞의 두 해운동맹이 해체된 것은 Maersk Sealand가 P&O Nedlloyd를 인수한 것이 가장 큰 표면적인 이유가 된다. AELA의 경우 해운동맹의 운영자금 25%를 지원해왔던 P&O Nedlloyd의 철수로 운영이 현실적으로 불가능해졌고 USSEC 역시 회원사였던 Maersk Sealand와 P&O Nedlloyd의 통합으로 해운동맹을 유지할 의미가 상실됐기 때문이다.

〈표 3-9〉 AELA와 USSEC의 현황

| 구 분 | AELA | USSEC |
|---|---|---|
| 운항 항로 | 유럽과 호주/뉴질랜드 간 남북 항로 | 미 대서양과 남부 유럽간 동서 항로 |
| 결성 연도 | 1876년 | 1997년 9월 |
| 참여 선사 | Maersk Sealand, P&O Nedlloyd, CMA-CGM, Hapag-Lloyd, CP-Ships, Hamburug-Sub 등 | Maersk Sealand, P&O Nedlloyd |

※자료 : 한국해양수산개발원

### 2. 유럽연합(EU)의 2008년부터 해운동맹 폐지 결정

해운동맹은 앞에서 지적한 바와 같이 미국의 1984년 해운법 시행 이후 기능이 크게 약화되었으며, 최근 유럽연합(EU)의 경쟁법 개정으로 존폐 위기에 처하게 되었다. 즉, 유럽연합 경쟁이사회(Competitiveness Council)는 2006년 9월 25일 그 동안 정기선사의 경쟁법 면제를 인정하던 이사회 규칙(4056/86)을 폐지하는데 동의하여, 유럽 지역의 정기선 해운동맹의 공동 운임결정 및 선박량 조절 행위가 2008년 10월부터 전면적으로 금지되게 된다.

이에 따라 150여 년 넘게 지속됐던 정기선 해운동맹 체제가 유럽지역에서 사라지게 되는 한편, 2008년 10월 이후부터는 이 지역을 운항하는 선사들은 EU 경쟁법의 적용을 받게 된다.

유럽연합의 해운동맹 폐지는 지금까지 이를 기반으로 형성됐던 해상운송질서에 상당한 영향을 미칠 것으로 예상된다. 최근 싱가포르, 호주 등 해운동맹에 대한 법적 검토를 진행한 국가들이 해운동맹의 유지를 인정하였으나 일본 등은 공정거래위원회의 폐지 방침이 설득력을 얻고 있다.

EC는 해운동맹 폐지 작업을 진행하면서 기타 국가들에게도 이 같은 내용을 적극적으로 권고할 계획이라고 밝혀 앞으로 상당한 파장이 예상된다. 이 경우 세계적으로 해운동맹에 대한 검토가 급진전 될 가능성이 더욱 커질 것으로 예상되며 나라마다 적용되는 기준이 각각 다르게 되어 해운거래에 있어서 법적인 충돌문제가 적지 않게 발생할 것으로 예상된다.

## VII 해운동맹 관련 협약

### 1. 정기선동맹의 행동규범에 관한 UN협약

#### (1) UNCTAD Liner Code의 채택과 발효

정기선동맹의 행동규범에 관한 UN협약(UN Convention on a Code of Conduct for Liner Conferences, 약칭 UNCTAD Liner Code)은 기존 해운동맹의 독점적이고 배타적인 운영을 개선하기 위해 개도국이 중심이 되어 유엔 UNCTAD에서 채택된 국제협약이다. Liner Code의 정식 명칭은 “United Nations Conference of Plenipotentiaries on A Code of Conduct for Liner Conference”이다.

이 헌장은 세계 정기선 시장의 새로운 질서 정립에 적지 않은 영향을 미친 것으로 평가되고 있으며 교역 당사국간 공평 적취와 관련해서는 주요한 기준이 되고 있다.

이 헌장은 제49조 발효 규정에 조약 당사국이 24개국 이상이어야 하며 이들 국가의 총 보유선복량이 전 세계 선복량의 최고 25%에 달한 후 6개월 경과 시부터 발효하게 되어 있다.

이에 따라 동 헌장은 1974년 4월 6일 제네바에서 채택되어 1983년 10월 6일 발효됐는데, 한국은 1979년 5월에 가입했다.

### (2) UNCTAD Liner Code의 탄생 동기

세계주요 정기항로의 해운동맹들이 선진 해운국들에 의해 독점되어 배타적으로 운영됨에 따라 개발도상국들은 화주국임에도 불구하고 불리한 대우를 감수해야 하는 사례가 허다하게 발생, 이에 자국의 무역 및 해운육성의 촉진을 도모하기 위해 기존 불합리한 운영을 개선시키는 방안의 하나로 개도국들이 제기한 것이 정기선 동맹 헌장이다.

다시 말하면 제2차 세계대전 후 개도국의 해운과 사회주의 해운의 등장, 각국의 독점금지법에 의한 규제강화 등이 계기가 되었다고 하겠다.

### (3) UNCTAD Liner Code의 주요 내용

UNCTAD Liner Code에는 다음과 같은 사항을 규정하고 있다.

① 어느 국가의 선사도 관련 동맹의 정회원이 될 수 있는 가입의 완전 자유를 부여하고 있다.
② 교역 당사국의 적취권은 50:50, 제3국 선사가 존재할 때는 40:40:20으로 공평 배분토록 하고 있다.
③ 계약운임제는 동맹과 하주단체가 협의하여 체결한다.
④ 개발도상국 상품의 수출촉진을 위해 장려운임(promotional freight) 제도를 설정하고 있다.
⑤ 하주와 선주의 협의기구에 대한 당사국 정부의 참여를 규정하고 있다.
⑥ 운임인상시 구체적인 수속과 유예기간을 설정토록 하고 있다.
⑦ 선주간 혹은 선하주간의 분쟁처리를 위해 국제중재 즉, 강제 중재제도의 도입을 규정하고 있다.

### 한국하주협의회(Korean Shippers Council)

- 한국은 1972년 한국하주협의회(Korean Shippers Council)가 발족
- 1995년 12월 해운법 개정으로 선하주사전협의제가 법제화됨
- 1996년 9월 해양수산부가 한국하주협의회를 법정하주단체로 지정함에 따라 모든 해운동맹들은 운임신고전에 운임과 부대비에 대해 하주협의회와 반드시 사전에 협의를 거치도록 하주협의회에 힘을 실어 주었다.

#### (4) UNCTAD Liner Code의 구속력 여부

일반적으로 동 헌장은 그 내용이 구체적임에도 불구하고 그 영향은 매우 추상적이라는 평가를 받고 있다. 교역 당사국이 해운협정 등을 체결할 때 동 헌장의 규정에 준한다는 상호합의가 없는 한 구속력은 없는 것으로 알려지고 있다.

## 제5절 한국의 해상 운송 관련사업

한국의 해상 운송업과 관련하여는 해운법에서 정의를 내리고 있는데 “해운업”이라 함은 해상여객운송사업·해상화물운송사업·해운중개업·해운대리점업·선박대여업 및 선박관리업을 말한다. 각각에 대하여 자세히 알아보면 다음과 같다. [해운법 (법률 제13186호, 2015.2.3., 타법개정) 제2조]

### I 해상여객운송사업

“해상여객운송사업”은 해상이나 해상과 접하여 있는 내륙수로(內陸水路)에서 여객선 또는 「선박법」 제1조의2 제1항 제1호에 따른 수면비행선박(이하 “여객선 등”이라 한다)으로 사람 또는 사람과 물건을 운송하거나 이에 따르는 업무를 처리하는 사업으로서 「항만운송사업법」 제2조 제4항에 따른 항만운송관련사업[10]

외의 것을 말한다.(해운법 제2조 제2호)

해상여객운송사업의 종류는 다음과 같다.(해운법 제3조)

## 1. 내항 정기 여객운송사업

국내항(해상이나 해상에 접하여 있는 내륙수로에 있는 장소로서 상시(常時) 선박에 사람이 타고 내리거나 물건을 싣고 내릴 수 있는 장소를 포함한다)과 국내항 사이를 일정한 항로와 일정표에 따라 운항하는 해상여객운송사업을 말한다.

## 2. 내항 부정기 여객운송사업

국내항과 국내항 사이를 일정한 일정표에 따르지 아니하고 운항하는 해상여객운송사업을 말한다.

## 3. 외항 정기 여객운송사업

국내항과 외국항 사이 또는 외국항과 외국항 사이를 일정한 항로와 일정표에 따라 운항하는 해상여객운송사업을 말한다.

## 4. 외항 부정기 여객운송사업

국내항과 외국항 사이 또는 외국항과 외국항 사이를 일정한 항로와 일정표에 따르지 아니하고 운항하는 해상여객운송사업을 말한다.

## 5. 순항(巡航)여객운송사업

해당 선박 안에 숙박시설, 식음료시설, 위락시설 등 편의시설을 갖춘 대통령령으로 정하는 규모 이상의 여객선을 이용하여 관광을 목적으로 해상을 순회하여 운항(국내외의 관광지에 기항하는 경우를 포함한다)하는 해상여객운송사업을 말한다.

10) ④ 이 법에서 "항만운송관련사업"이란 항만에서 선박에 물품이나 역무(役務)를 제공하는 항만용역업·물품공급업·선박급유업(船舶給油業) 및 컨테이너수리업을 말하며, 업종별 사업의 내용은 대통령령으로 정한다.

### 6. 복합해상여객운송사업

위의 1.에서 4. 중 어느 하나의 사업과 5.의 사업을 함께 수행하는 해상여객운송사업을 말한다.

## II 해상화물운송사업

"해상화물운송사업"은 해상 또는 해상과 접하여 있는 내륙수로에서 선박(예선(曳船)에 결합된 부선(艀船)을 포함한다)으로 물건을 운송하거나 이에 수반되는 업무(용대선을 포함한다)를 처리하는 사업(수산업자가 어장에서 자기의 어획물이나 그 제품을 운송하는 사업은 제외한다)으로서 항만운송사업법 제2조 제2항에 따른 항만운송사업[11] 외의 것을 말한다.(해운법 제2조 제3호)

여기서 용대선(傭貸船)이라 함은 해상여객운송사업이나 해상화물운송사업을 경영하는 자 사이 또는 해상여객운송사업이나 해상화물운송사업을 경영하는 자와 외국인 사이에 사람 또는 물건을 운송하기 위하여 선박의 전부 또는 일부를 용선(傭船)하거나 대선(貸船)하는 것을 말한다.(해운법 제2조 제4호)

해상화물운송사업의 종류는 다음과 같다.(해운법 제23조)

### 1. 내항 화물운송사업

국내항과 국내항 사이에서 운항하는 해상화물운송사업을 말한다.

### 2. 외항 정기 화물운송사업

국내항과 외국항 사이 또는 외국항과 외국항 사이에서 정하여진 항로에 선박을 취항하게 하여 일정한 일정표에 따라 운항하는 해상화물운송사업을 말한다.

### 3. 외항 부정기 화물운송사업

위의 1.과 2. 외의 해상화물운송사업을 말한다.

---

11) 이 법에서 "항만운송사업"이라 함은 영리를 목적으로 하는지 여부에 관계없이 항만운송을 하는 사업을 말한다.(항만운송사업법 제2조 제2항)

## III 해운중개업

"해운중개업"은 해상화물운송의 중개, 선박의 대여·용대선 또는 매매를 중개하는 사업을 말한다.(해운법 제2조 제5호)

## IV 해운대리점업

"해운대리점업"은 해상여객운송사업이나 해상화물운송사업을 경영하는 자(외국인 운송사업자를 포함한다)를 위하여 통상(通常) 그 사업에 속하는 거래를 대리(代理)하는 사업을 말한다.(해운법 제2조 제6호)

## V 선박대여업

"선박대여업"은 해상여객운송사업이나 해상화물운송사업을 경영하는 자 외의 자 본인이 소유하고 있는 선박(소유권을 이전받기로 하고 임차한 선박을 포함한다)을 다른 사람(외국인을 포함한다)에게 대여하는 사업을 말한다.(해운법 제2조 제7호)

여기서 "소유권을 이전 받기로 약정하고 임차한 선박"이란 리스에 의하여 도입된 선박, 국적 취득조건부로 임차한 선박, 기타 장래에 소유권 이전이 확실한 선박을 말한다.(해운법시행령 제2조)

## VI 선박관리업

"선박관리업"은 「선박관리산업발전법」 제2조 제1호에 규정된 국내외의 해상운송인, 선박대여업을 경영하는 자, 관공선 운항자, 조선소, 해상구조물 운영자, 그 밖의 「선원법」상의 선박소유자로부터 기술적·상업적 선박관리, 해상구조물관리 또는 선박시운전 등의 업무의 전부 또는 일부를 수탁(국외의 선박관리사업자로부터 그 업무의 전부 또는 일부를 수탁하여 행하는 사업을 포함한다)하여 관리활동을 영위하는 업(業)을 말한다.(해운법 제2조 제8호)

## VII 해운업의 등록

해운중개업·해운대리점업·선박대여업 또는 선박관리업(이하 "해운중개업등"이라 한다)을 경영하려는 자는 해양수산부령으로 정하는 바에 따라 해양수산부장관에게 등록하여야 한다. 등록사항을 변경하려는 때에도 또한 같다.

해운중개업 등을 경영하려는 자는 해양수산부령으로 정하는 시설과 경영형태를 갖추어야 한다.

해운중개업등(선박대여업은 제외한다. 이하 이 조에서 같다) 등록의 유효기간은 등록일부터 3년으로 하고, 계속하여 해운중개업 등을 경영하려면 등록의 유효기간이 끝나기 전에 해양수산부령으로 정하는 바에 따라 그 등록을 갱신하여야 한다.(해운법 제33조)

# 제 4 장

# 선박과 항만

# 제1절 선 박

## I 선박의 정의

선박이란 해상에서 사람이나 화물을 싣고 공간적 이동을 수행하는 운반수단으로, 선박의 구성요소는 부양성(浮揚性), 적재성(積載性) 및 이동성(자항능력(自航能力); self-propulsion)이라고 말할 수 있다.

각 개별법에서 선박에 대해 정의하고 있는 내용을 살펴보면 다음과 같다.

한국 상법(법률 제10696호 2011.5.23. 일부개정) 제740조에서는 선박을 상행위나 그 밖에 영리를 목적으로 항해에 사용하는 선박으로 정의하고 있다.

선박법(법률 제10799호 2011.6.15. 타법개정) 제1조의 2에서는 선박을 수상 또는 수중에서 항행용으로 사용하거나 사용될 수 있는 배 종류를 말한다고 정의하고 그 구분을 다음 세 가지로 하고 있다.

첫째, 기선(機船)으로, 기관(機關)을 사용하여 추진하는 선박(선체 밖에 기관을 붙인 선박으로서 그 기관을 선체로부터 분리할 수 있는 선박 및 기관과 돛을 모두 사용하는 경우로서 주로 기관을 사용하는 선박을 포함한다)과 수면비행선박(표면효과작용을 이용하여 수면에 근접하여 비행하는 선박을 말한다.)을 말한다.

둘째, 범선(帆船)으로, 돛을 사용하여 추진하는 선박(기관과 돛을 모두 사용하는 경우로서 주로 돛을 사용하는 것을 포함한다)을 말한다.

셋째, 부선(艀船)으로, 자력항행능력이 없어 다른 선박에 의하여 끌리거나 밀려서 항행되는 선박을 말한다.

선박안전법(법률 제13002호, 2015.1.6, 타법개정) 제2조에서는 선박을 수상(水上) 또는 수중(水中)에서 항해용으로 사용하거나 사용될 수 있는 것(선외기를 장착한 것을 포함한다)과 이동식 시추선·수상호텔 등 해양수산부령이 정하는 부유식 해상구조물로 정의하고 있다.

한편 국제법상 선박은 국가나 정부의 관리하에 있는 선박(군함, 해양경비선…)인 공선(公船)과 사적소유에 의하여 관리되는 선박으로 반드시 국적을 가진 사선(私船)으로 나누고 있다.

## II 선박의 법적 성질

선박은 이동 가능한 수단으로 동산(動産)에 해당된다. 이는 민법(법률 제9650호, 2009.5.8, 일부개정) 제99조(부동산, 동산)에서는 토지 및 그 정착물인 부동산이외의 물건을 동산이라고 정의하고 있어 선박을 동산으로 규정하고 있음으로 확인할 수 있다. 그러나 선박은 선박법 제8조 선박의 등기와 등록[12)]의 규정에서 확인할 수 있는 것처럼 부동산적 측면을 가지고 있다.

## III 선박의 종류

### 1. 용도에 의한 분류

**(1) 일반화물선(General Cargo Ship)**

컨테이너선과 대조되는 개념의 선박으로 재래선(traditional or conventional vessel)으로 불리고 있다.

**(2) 컨테이너선(Container Ship)**

컨테이너만을 전문적으로 적재하여 대량의 컨테이너를 운송할 수 있도록 제작된 선박을 말한다.

**(3) 전용선(Specialized Vessel)**

특정화물만을 적재하여 운송의 효율성을 제고할 수 있도록 선박구조, 하역장비, 보관시설 등을 특별히 설계한 선박을 말한다. 여기에는 석탄전용선, 광석전용선, 자동차전용선, 목재전용선, 곡물전용선 등이 있다.

**(4) 겸용선(Combination Carrier)**

공선(空船)항해비율을 줄이기 위하여 한 척의 선박에 복수의 화물을 적재할 수 있도록 설계한 선박을 말한다.

---

12) 한국선박의 소유자는 선적항을 관할하는 지방해양항만청장에게 국토해양부령으로 정하는 바에 따라 그 선박의 등록을 신청하여야 한다. 이 경우 「선박등기법」 제2조에 해당하는 선박은 선박의 등기를 한 후에 선박의 등록을 신청하여야 한다.(선박법 제8조 1항)

### (5) 특수선

특수화물의 적재에 적합하도록 설계된 선박이다. 여기에는 선박의 선측이나 선미의 출구에 경사판(ramp)을 이용하여 하역할 수 있도록 설계된 로로선(roll-on-roll-off), 육류·어류·과일 등 냉동화물의 운송에 적합하도록 냉동장치가 설비되어 있는 냉동선(refrigerated carrier), 중량화물의 운송에 적합하도록 설계된 중량물 운반선(heavy cargo carrier), 부선(浮船; lighter; barge)에 화물을 적재한 채로 본선에 적입 및 운송하는 LASH선(lighter aboard ship), 살아있는 동물의 운송에 적합하도록 설계된 동물운반선 등이 있다.

### (6) 탱커선(Tanker)

원유, 가스, 화공약품 등의 액화 또는 기화된 화물의 운송에 적합하도록 제작된 선박을 말한다. 여기에는 정제도가 낮은 원유 등을 운송하는 원유유조선(dirty tanker), 정제도가 높은 휘발유나 석유 등을 운송하는 정제유조선(clean tanker) 등의 유조선(oil tanker)이 있다. 또한 석유, 원유 이외의 액체화물, 즉 액화석유가스(liquefied petroleum gas)를 운송하는 LPG Tanker, 액화천연가스(liquefied natural gas)를 운송하는 LNG Tanker 이외에도 화학약품운반선(chemical tanker), 당밀운반선(molasses tanker) 등의 특수액체운반선이 있다.

**〈그림 4-1〉 선박의 종류**

컨테이너 전용선 ❶

컨테이너 전용선 ❷

유조선 ❶

유조선 ❷

자동차 전용선

RO-RO선

LNG 선박 ❶

LNG 선박 ❷

LNG 선박 ❸

LNG 선박 ❹

LPG 선박

화학제품 운반선

시멘트 운반선 ❶

시멘트 운반선 ❷

살물선 ❶

살물선 ❷

자동차 운반선 ❶

자동차 운반선 ❷

냉동선 ❶

냉동선 ❷

〈표 4-1〉 선박의 종류

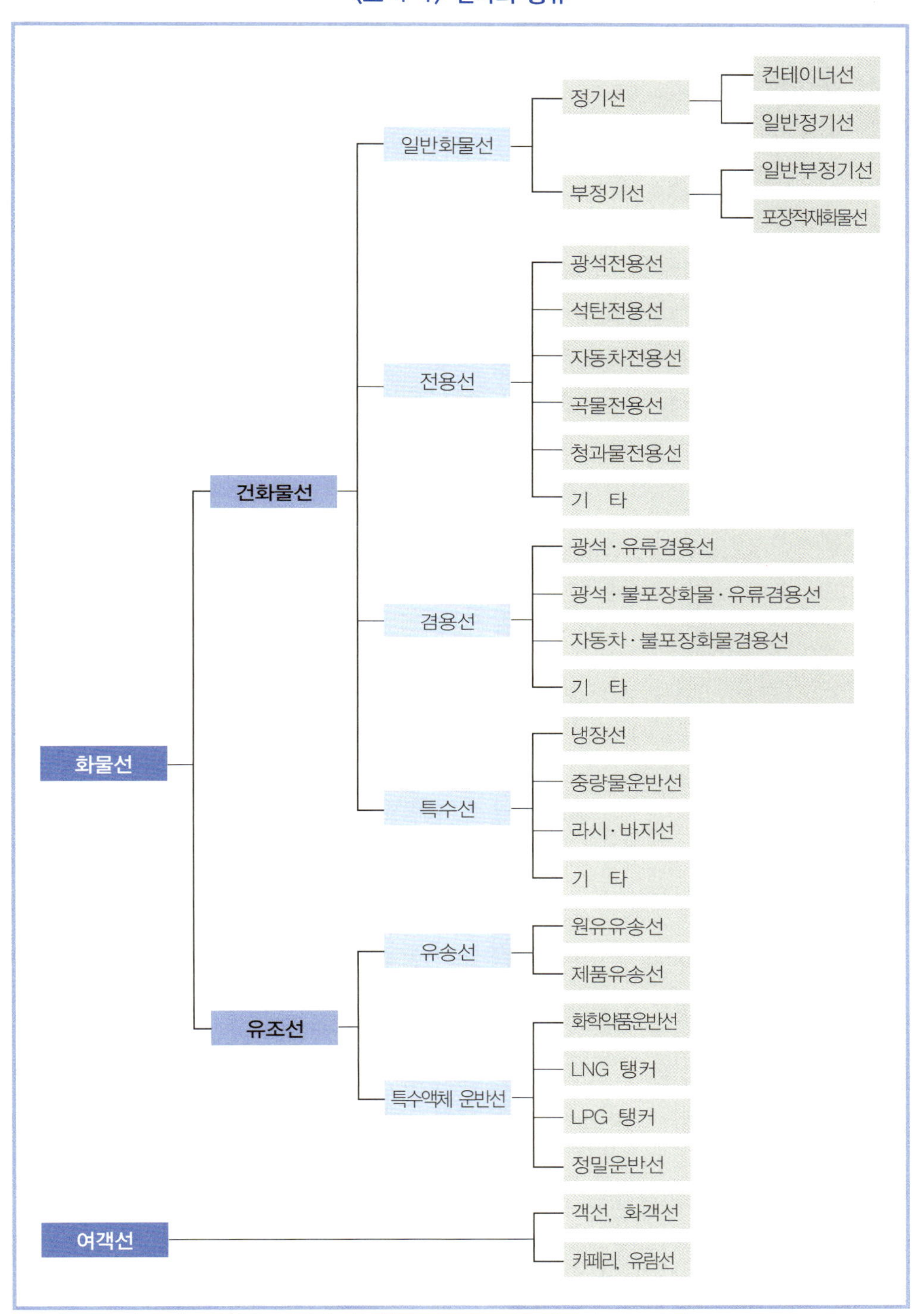
화물선
건화물선
일반화물선
정기선
컨테이너선
일반정기선
부정기선
일반부정기선
포장적재화물선
전용선
광석전용선
석탄전용선
자동차전용선
곡물전용선
청과물전용선
기 타
겸용선
광석·유류겸용선
광석·불포장화물·유류겸용선
자동차·불포장화물겸용선
기 타
특수선
냉장선
중량물운반선
라시·바지선
기 타
유조선
유송선
원유유송선
제품유송선
특수액체 운반선
화학약품운반선
LNG 탱커
LPG 탱커
정밀운반선
여객선
객선, 화객선
카페리, 유람선

# IV 선박의 톤수

## 1. 용적톤수

### (1) 총톤수(Gross Tonnage; G/T)

선박 내부의 총용적으로 상갑판하의 적량과 상갑판상의 밀폐된 정도의 적량을 합한 것으로 100cft[13])를 1톤으로 계산하고, 선박의 안전과 위생항해 등에 이용되는 장소는 제외된다. 즉, 기관실, 조타실, 통풍, 채광을 요하는 장소, 취사실, 출입구실 등의 장소를 제외한다.

각국의 해운력의 비교 자료가 되며 각종 통계를 비롯하여 관세, 등록세, 도선료, 계선료 등의 과세 또는 수수료의 산출기준이 된다.

참고

**■ 도선료(導船料, pilotage)**

선박이 안전하게 접안하기 위해 도선사에게 도선을 의뢰했을 경우 지불하는 요금. 보통은 각 항만에 있는 도선사조합에 이 요금을 납부한다. 영국에서는 선박의 흘수를 기준으로, 미국에서는 선박의 총톤수를 기준으로 도선료를 책정한다.

**■ 도선사(導船士, pilot)**

항만에 입·출항하는 선박에 탑승하거나 도선보트를 이용하여 당해 선박이 안전하게 수로로 이동하거나 이·접안하도록 안내하는 자.(도선업무경력에 따라 '1종 도선사'와 '2종 도선사'로 구분됨. 해양수산부장관의 면허를 받아야 하며, 2004년 8월 현재 206명의 도선사가 활동하고 있음.)

**■ 계선료(繫船料) (계선, anchoring-선박을 육지에 매어 두는 일)**

선박이 계선장을 사용한 대가로 지불하는 요금. 항만시설사용료의 하나로서, 각 지방해양수산청장이 지정한 계선장이 징수대상시설이 됨.

**■ 항만시설 사용료**

선박이나 화물이 항만시설을 사용하는 대가로 납부하게 되는 사용료. 선박입항료, 접안료, 계선료, 화물입항료, 화물장치료, 여객터미널 사용료, 수역점용료 등으로 구분된다.

---

13) 1 cft = 0.02831CBM, 1 CBM = 35.3165cft, 1cft = 1CBM/35.3165
inch × inch × inch × 0.00016 = (　　　) CBM

(2) **순톤수**(Net Tonnage; N/T)

총톤수에서 기관실, 선원실 및 해도실 등의 선박의 운항과 관련된 장소의 용적을 제외한 것으로 순수하게 여객이나 화물의 수송에 사용되는 용적을 표시한다.

항세, 톤세, 운하통과료, 등대사용료, 항만시설사용료 등의 제세금과 수수료의 산출기준이 된다.

## 2. 중량톤수

(1) **배수(排水)톤수**(displacement tonnage)

선박의 무게는 선체의 수면하의 부분인 배수용적에 상당하는 물의 중량과 같다. 이때 이 물의 중량을 배수톤수라 한다.

순양함, 전함의 경우 사용되는 톤수이다.

(2) **재화중량(載貨重量)톤수**(Dead Weight Tonnage; DWT)

화물선의 최대 적재능력을 표시하는 톤수로 만재배수톤수와 경화배수톤수의 차이로 계산한다. 국제관습상 long ton이 사용된다. 선박의 매매 및 용선료의 산출기준이 된다.

원래 DWT는 적재화물 이외에도 항해에 필요한 연료, 청수 등이 포함되어 있어 이러한 요소들을 제외한 것을 순재화중량(net dead weight) 또는 수송능력(carrying capacity)이라고 한다.

※ 일반화물선에서 총톤수를 100으로 할 때 보통 순톤수는 62, 배수톤수는 210, 재화중량톤수는 150이 된다.

## 3. Panamax Type Vessel

파나마 운하를 통과해서 운항할 수 있는 최대의 크기를 가진 선박을 의미하는 것으로 Panamax는 Panama Canal과 Maximum을 합성한 단어이다. 즉, 보통 폭이 32.3미터, 흘수가 12미터, 그리고 65,000DWT 급의 선박이다

Post Panamax Type Vessel는 파나마운하를 통행할 수 없는 초대형선을 의미한다. 보통 65,000DWT급 이상의 선박이 이에 해당된다.

## 배수량(排水量; displacement)

**배가 물에 떠 있을 때 배제(排除)된 물의 중량.**

물체가 액체 속에 떠 있을 경우, 물체는 아르키메데스의 원리에 의해 물체가 배제하는 액체의 중량과 같은 크기의 부양력(浮揚力)을 받는다. 배가 물에 뜬다는 것은 배가 배제한 물의 중량에 맞먹는 부양력과 배 자체의 중량이 균형을 이루는 것이 된다. 배제된 물의 중량을 배수량이라고 하며, 이것을 톤으로 나타내면 배의 중량으로 배수톤수라고 한다. 배의 중량을 저울로 달수는 없으나, 배제한 물의 중량을 계산하면 된다.
선체의 수면 밑 부분의 용적, 즉 배수용적에 상당하는 물의 중량을 배수량 또는 배수톤수라고 한다. 배수용적은 $m^3$로 표시하고, 이것에 1.025(바닷물의 비중)를 곱하면 배수톤수가 얻어진다.

**※ 아르키메데스의 원리(Archimedes' principle)**

유체(流體) 속의 물체가 받게 되는 부력에 대한 법칙.

## 컨테이너선의 극초대형화 추세

세계 최대 컨테이너 선사인 머스트 라인은 2006년 6월 11일 1만1,000 TEU 급 극초대형 컨테이너선 엠마 머스크 호(Emma Maersk) 진수식을 가지고 9월 7일부터 유럽–극동항로 서비스에 정식으로 투입했다. 다른 대형 선사들도 극초대형 컨테이너선 선박발주를 하고 있는 추세이다.

## 조선 용어

**■ 흘수(吃水; draft, draught)**

배의 깊이의 중앙지점에서, base line부터 만재흘수선까지의 수직거리를 말하는 것으로, 만재흘수 혹은 형흘수(型吃水)라고 하기도 한다. 즉 수면 밑으로 가라앉는 선박의 깊이를 의미하며, 이 깊이는 선박의 건조형태에 따라 가지각색으로 달라지며 또한 선박자체 무게, 선박이 적재된 화물, ballast, 연료 그리고 예비부품 등을 포함한 모든 것의 무게에 따라 깊이가 달라질 수 있을 뿐만 아니라 선박에 적재된 물의 비중에 따라서도 달라진다. 항구나 특정지점의 수면깊이를 표시하는 데에도 이 용어는 광범위하게 사용된다.
어떤 선박이 화물을 만재했을 경우 선박 정중앙부의 수면이 닿는 위치에서 배의 가장 밑바닥 부분까지의 수직거리.

**■ 건현(freeboard)**

해면 이상에 부출되어 있는 선박의 선측.

### 한국 선박법에서 규정하고 있는 선박의 톤수

한국 선박법(법률 제13266호, 2015.3.27, 일부개정) 제3조 제1항에서 규정하고 있는 선박의 톤수는 다음과 같다.

1. 국제총톤수 : 「1969년 선박톤수 측정에 관한 국제협약」(이하 "협약"이라 한다) 및 협약의 부속서(附屬書)에 따라 주로 국제항해에 종사하는 선박에 대하여 그 크기를 나타내기 위하여 사용되는 지표를 말한다.
2. 총톤수 : 우리나라의 해사에 관한 법령을 적용할 때 선박의 크기를 나타내기 위하여 사용되는 지표를 말한다.
3. 순톤수 : 협약 및 협약의 부속서에 따라 여객 또는 화물의 운송용으로 제공되는 선박안에 있는 장소의 크기를 나타내기 위하여 사용되는 지표를 말한다.
4. 재화중량톤수 : 항행의 안전을 확보할 수 있는 한도에서 선박의 여객 및 화물 등의 최대적재량을 나타내기 위하여 사용되는 지표를 말한다.

위의 선박톤수의 측정기준은 "선박톤수의 측정에 관한 규칙(해양수산부령 제1호, 2013.3.24., 타법개정)"에서 정하고 있다.(동법 제3조 제2항)

## 제2절 항 만

### I 항만의 개념과 기본 구비사항

해륙운송의 중계지로서 육송된 화물의 선적과 원활하게 양륙할 수 있는 시설을 갖추고 산업활동이 이루어지는 장소이다. 이와 같은 항만은 기본적으로 선박이 입출항하고 하역을 하기 위하여 선박의 안전정박을 위한 충분한 수심, 넓은 접안시설, 하역장비 및 창고, 화물장치장, 육상교통과의 연계, 입출항에 필요한 세관 및 검역시설과 기타 간접시설을 갖추고 있어야 한다.

한국 항만법(법률 제13186호, 2015.2.3., 타법개정) 제2조에 따른 항만의 정의는 "선박의 출입, 사람의 승선·하선, 화물의 하역·보관 및 처리, 해양친수활동 등을 위한 시설과 화물의 조립·가공·포장·제조 등 부가가치 창출을 위한 시설이 갖추어진 곳을 말한다."라고 규정하고 있으며 동법 제3조에서 항만을 "무역항"과 "연안항"으로 구분하여 지정하고 있다.

여기서 "무역항"이란 국민경제와 공공의 이해(利害)에 밀접한 관계가 있고 주로 외항선이 입항·출항하는 항만으로서 항만법 제3조 제1항에 따라 지정된 항만을 말하며 "연안항"이란 주로 국내항 간을 운항하는 선박이 입항·출항하는 항만으로서 항만법 제3조 제1항에 따라 지정된 항만을 말한다.

〈표 4-1〉 항만의 구분

| 구분 | 항명 |
|---|---|
| 무역항<br>(31개) | 경인항, 인천항, 서울항, 평택 · 당진항, 대산항, 태안항, 보령항, 장항항, 군산항, 목포항, 완도항, 여수항, 광양항, 하동항, 삼천포항, 통영항, 장승포항, 옥포항, 고현항, 마산항, 진해항, 부산항, 울산항, 포항항, 호산항, 삼척항, 동해 · 묵호항, 옥계항, 속초항, 제주항, 서귀포항 |
| 연안항<br>(29개) | 용기포항, 연평도항, 대천항, 비인항, 상왕등도항, 송공항, 홍도항, 흑산도항, 가거리항, 진도항, 땅끝항, 화흥포항, 신마항, 녹동신항, 거문도항, 나로도항, 극도항, 중화항, 부산남항, 구룡포항, 강구항, 후포항, 울릉항, 주문진항, 추자항, 애월항, 한림항, 화순항, 성산포항 |

자료 : 항만법 시행령 [대통령령 제26928호, 2016.1.22., 타법개정] 제2조(항만의 명칭 등) 제1항

무역항은 해양수산부장관이 체계적이고 효율적으로 관리·운영하기 위하여 수출입 화물량, 개발계획 및 지역균형발전 등을 고려하여 국가관리무역항과 지방관리무역항으로 대통령령으로 세분할 수 있다.

"국가관리무역항"은 국내외 육·해상운송망의 거점으로서 광역권의 배후화물을 처리하거나 주요 기간산업 지원 등으로 국가의 이해에 중대한 관계를 가지는 항만을 말하며 "지방관리무역항"은 지역별 육·해상운송망의 거점으로서 지역산업에 필요한 화물처리를 주목적으로 하는 항만을 말한다.(항만법 제3조 제2항)

〈표 4-2〉 국가관리무역항과 지방관리무역항 구분

| 구분 | 항명 |
|---|---|
| 국가관리무역항<br>(14개) | 경인항, 인천항, 평택 · 당진항, 대산항, 장항항, 군산항, 목포항, 여수항, 광양항, 마산항, 부산항, 울산항, 포항항, 동해 · 묵호항 |
| 지방관리무역항<br>(17개) | 서울항, 태안항, 보령항, 완도항, 하동항, 삼천포항, 통영항, 장승포항, 옥포항, 고현항, 진해항, 호산항, 삼척항, 옥계항, 속초항, 제주항, 서귀포항 |

자료 : 항만법 시행령[대통령령 제26928호, 2016.1.22., 타법개정] 제2조(항만의 명칭 등) 제2항

## II 항만의 기능

항만은 해상운송의 기종점이며 항공, 철도, 주로 해상항로 등 교통수단을 이용하여 각 항만, 도시, 공장 등과 화물의 흐름을 연결해 주는 연결점으로서 다음과 같은 주요 기능을 수행한다.

첫째, 승객 및 무역량 수송을 위한 해상, 육상 연결지점으로의 역할을 수행한다.

둘째, 자원의 세계적 배분을 위한 국제간 연결교차지점으로의 역할을 수행한다.

셋째, 교역 증대, 교통, 분배, 고용창출, 무역창출, 국방, 도시개발, 공업생산증대, 정치적 기능, 서비스 산업증진(창고, 금융, 보험 등), 통관 등의 기능을 수행한다.

## III 항만의 구조

### 1. 선석(Berth)

선박을 계류(breast in)시키는 설비가 상설되어 있는 정박장소로서의 일정수역을 말한다.

### 2. 안벽(Pier)

선박이 접안하여 하역작업이 이루어질 수 있도록 구축된 구조물을 말한다. 한편 계선안벽 위에 설치된 장치장인 안벽 장치장(pier shed)이 있는데 이는 부두에 닿은 본선이 접안하여 하역할 수 있으므로 접안장치장이라고도 하며 선적화물의 대기에 이용되기 때문에 선대장치장이라고도 한다.

안벽 길이는 접안선박에 따라서 다르나 대체적으로 300~350m 정도이며 선박대형화의 영향으로 신설항만의 경우 400m로 건설하고 있다.

터미널의 효율성은 상당 부분 안벽에서 컨테이너를 빠르고 효율적으로 처리하는 능력에 의해 결정되며 '기역(ㄱ)'자 형태보다는 '일(ㅡ)'자 형태가 유리하다.

### 3. Apron

하역작업을 위한 공간으로 Gantry Crane이 설치되어 컨테이너의 양하 및 적하가 이루어지는 장소를 말한다. 이곳에는 크레인 레일(crane rail)이 설치되어 있다.

## 4. Marshalling Yard

방금 하역하였거나 적재할 컨테이너를 정열해 두는 넓은 장소를 말한다. 마샬링야드는 CY의 상당부분을 차지하며 운영방법에 따라 규모는 다르지만 컨테이너 터미널의 효율성에 직접적으로 영향을 미치는 중요한 부분이다. 보통 마샬링야드에는 컨테이너 크기에 맞추어 미리 지반에 백색 또는 황색의 구획선을 그어 두는데, 이를 슬롯(slot)이라고 한다.

## 5. Storage Yard

선적을 기다리거나 양륙되어 수하인에게 전달되기 전에 컨테이너를 장치해 두는 장소를 말한다.

## 6. Container Freight Station(CFS)

LCL(Less than Container Load Cargo)화물을 FCL(Full Container Load Cargo)로 바꾸어 주거나 FCL화물을 LCL화물로 분배하는 장소를 말한다.

즉, 한 개의 컨테이너를 채울 수 없는 양의 화물(LCL)을 여러 하주로부터 인수하여 목적항별로 선별하여 컨테이너를 적재하거나 한 컨테이너로부터 반출된 여러 하주의 화물을 각 하주에게 인도해주는 장소를 말한다. 이때 컨테이너에 화물을 채우는 작업은 vanning, stuffing이라 표현하고 반대로 꺼내는 작업은 devanning, destuffing, stripping이라 부른다.

## 7. Container Yard(CY)

일반적으로 CY는 위의 (1)~(6)번 모두가 있는 장소로 해수면에 접해 있는 장소를 말하며 이를 On Dock CY라고 하며 CFS와 Storage Yard(일반적으로 CY라고도 한다)로 구성된 내륙에 있는 CY를 ODCY(Off Dock CY)라고 한다.

## 8. Control Tower

컨트롤 타워는 본선의 하역작업이나 CY내의 컨테이너배치가 본부의 계획이나 지시대로 이루어지도록 통제, 감독하는 기능을 수행하는 곳이다. 컨테이너부두의 전경이 잘 보이는 장소에 건설되며 현대화된 터미널 내에서는 컴퓨터 등을 사용하여 중앙통제기능을 신속하고 합리적으로 수행한다.

## 9. Gate

컨테이너 부두에서 보안상의 경계인 외곽에서의 출입구 외에 터미널 내부쪽 장치장 근처에 별도의 점검장치를 갖춘 문처럼 생긴 구조물을 게이트라 한다. 터미널 내외로 컨테이너의 반출입이 이루어지는 장소로서 내륙 운송업자와 컨테이너 부두 관리자 사이에 컨테이너에 대한 관리책임이 전환되는 장소이기도 하다. 컨테이너 인수 및 인도에 관한 서류를 상호교환하고 컨테이너의 이상 유무를 점검하고 견인차량의 장치장내 진입방향을 지시한다.

컨테이너 수송차량의 증가로 인한 게이트의 혼잡을 해소하기 위해 게이트에 자동화된 컨테이너 인식시스템을 설치, 운영하고 있다.

〈그림 4-2〉 컨테이너 터미널의 구조

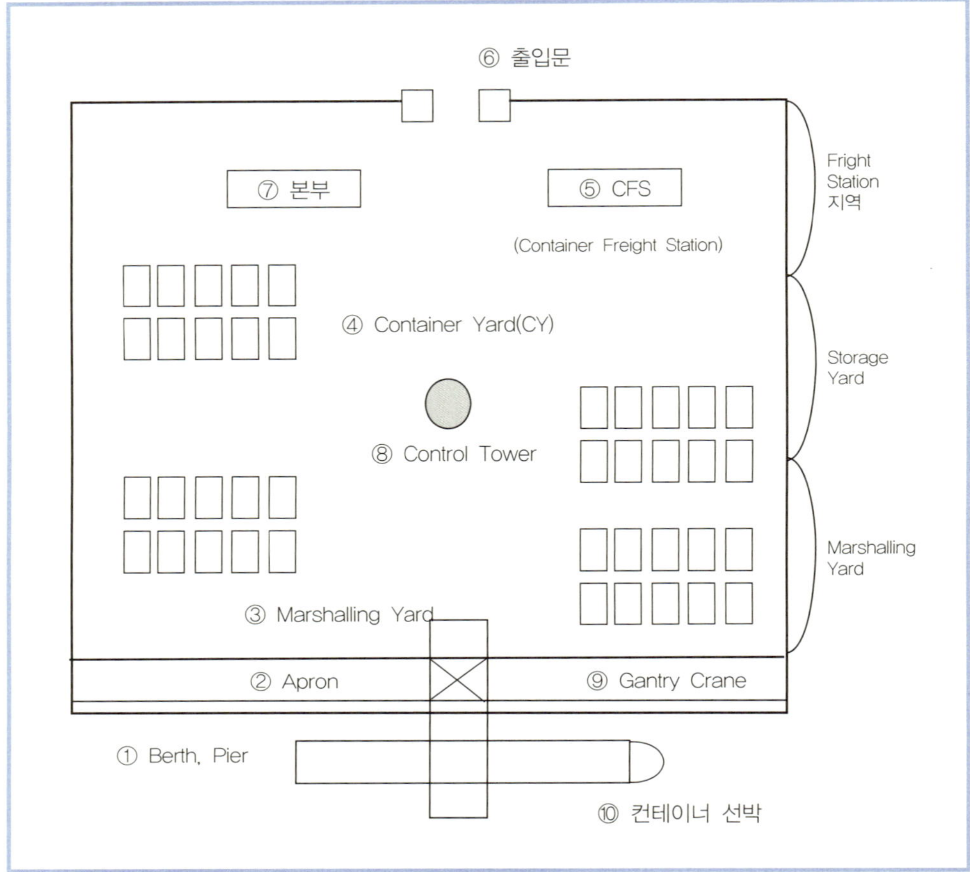


## IV 항만 하역장비

### 1. 컨테이너 크레인(Container Crane)

부두의 안벽 위에 설치되어 선박으로부터 컨테이너를 하역하거나 부두에 있는 컨테이너를 선박에 선적하는 장비이다. Q/C(Quay Crane) 또는 G/C(Gantry Crane)이라고도 불린다.

보다 구체적으로 설명하면 받침장치의 양 끝에 다리가 달려 있어서 지상의 레일 위를 달리는 크레인이며 실외, 특히 컨테이너 터미널에서 컨테이너선으로부터 컨테이너를 양하하거나 적하하는데 사용되는 기중기로서 35톤 정도의 능력이 있다.

## 2. 트랜스퍼 크레인(Transfer Crane; T/C)

트랜스퍼 크레인은 컨테이너를 야드에 장치하거나, 장치된 컨테이너를 샤시에 실어주는 작업을 하는 컨테이너 이동장비이다. TRANSFER CRANE라는 명칭은 1960년에 미국의 PACECO사가 처음으로 개발하여 이름을 TRANSTAINER라는 고유명칭을 사용하였으나, 현재는 동 명칭을 잘 사용하지 않는다. 일반적으로 많은 양의 컨테이너를 적재할 수 있어 컨테이너 야드의 활용도가 높은 장비이며, 방식에 따라 RMGC(Rail Mounted Gantry Crane), RTGC (Rubber Tired Gantry Crane) 두 종류가 있다. 우리나라 주요 컨테이너부두에서는 RTGC가 많이 사용하고 있다.

RTGC는 고무바퀴가 장착된 야드크레인으로 스팬이 6개의 컨테이너열과 1개의 트럭차선에 이르며 4단 혹은 5단 장치작업이 가능한 크레인이다.

기동성이 뛰어나 적재장소가 산재해 있을 경우 이용하기 적당하며, 물동량 증가에 따라 추가 투입이 가능하다. 최근 RTGC의 자동주행 및 컨테이너 위치확인 시스템이 개발됨으로써 자동화가 가능해졌다.

RMGC는 레일위에 고정되어 있어 컨테이너의 적재블럭을 자유로이 바꿀 수가 없기 때문에 RTGC에 비해 작업의 탄력성이 떨어진다. 그러나 주행 및 정지를 정확하게 할 수 있고 고속으로 인한 높은 생산성, 그리고 레일 폭이 넓어서 컨테이너 적재량을 증대시킬 수 있는 가능성이 매우 큰 크레인이다. 장비가격이 RTGC의 약 2배로 화물을 많이 처리하지 않을 경우 비효율적일 수 있다.

### 〈그림 4-3〉 컨테이너 하역장비

Tractor

Yard Chassis

folklift truck

empty container handler

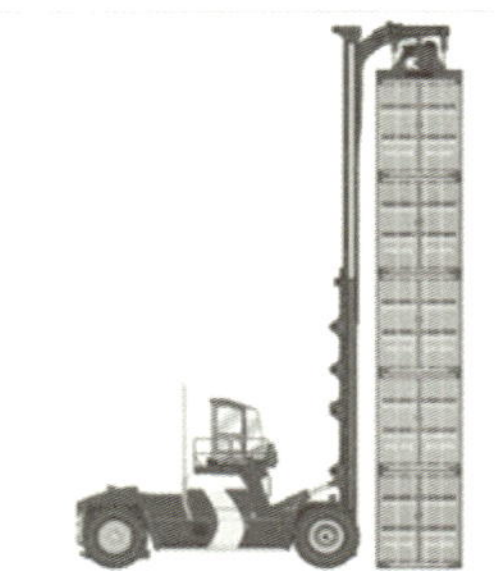
loaded container handler

log tracker

reachstacker

straddle carrier

Rubber Tyred Gantry Crane(RTGC)

Rail Mounted Gantry Crane(RMGC)

Container Crane

### 3. 야드 트렉트(Yard Tracter)

Yard Chassis를 견인하여, 에이프런과 Stacking Area사이에서 컨테이너를 운반하는 운송장비이다.

컨테이너 야드내에서 야드용 샤시를 견인하는 차량으로 주행속도가 30km/h로 제한되어 있었으나 최근 50km/h로 빨라지는 추세이다.

### 4. 야드 샤시(Yard Chassis)

밴 트레일러(van trailer)의 컨테이너를 싣는 부분을 말한다. bogie와 frame으로 구성되고 bogie에는 차축, 차륜, 날개장치 등 동력장치 이외에 주행에 필요한 장치를 갖추고 있다. Chassis에는 semitrailer식의 샤시와 full trailer식 샤시가 있다.

### 5. 리치스테커(Reachstacker)

항만이나 물류터미널 등지에서 대형컨테이너의 이동 및 적재작업에 사용되는 장비로서 잦은 주행이 가능한 오베헤드크레인 구조의 스트레들캐리어(Straddle Carrier)가 장착되어 있다.

### 6. 스트래들 캐리어(Straddle Carrier; S/C)

터미널에서 컨테이너 운반에 사용되는 장비로 컨테이너를 마샬링야드로부터 에이프런 또는 CY지역으로 운반 및 적재하며 샤시 위에 이적하는데도 사용되는 하역장비다. 컨테이너의 취출성(selectivity)은 뛰어나지만 이송속도가 느려 적재(lifting & stacking) 작업에 적합하다.

# 제3편

# 국제해상운송

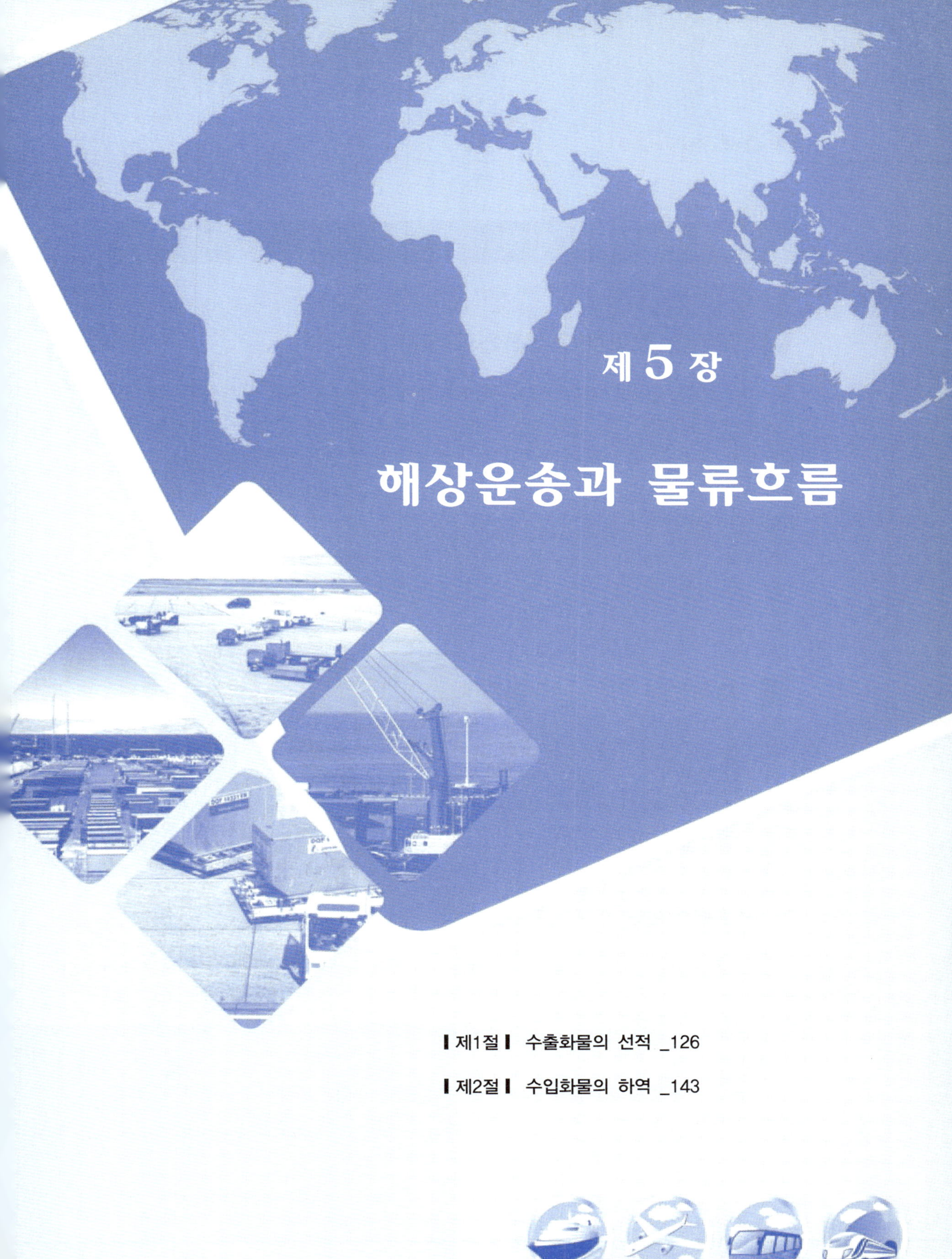

# 제 5 장

# 해상운송과 물류흐름

# 제1절 수출화물의 선적

## I 무역에 있어서 해상운송의 위치

무역에 있어서 축을 이루는 3대 계약은 매매계약, 운송계약, 보험계약이다.

매매계약은 실제 수출입을 위한 기본 계약이며 매매계약을 근거로 당해 매매계약상의 물품을 일정한 장소에서 일정한 장소까지 운송하기 위한 운송계약이 체결되고 이러한 운송과정상에 존재하는 위험을 커버하기 위한 보험계약이 수반된다.

따라서 무역에 있어서 운송은 매매계약 화물을 수출업자에게서 수입업자로 이동시키기 위한 것으로 무역의 중요한 부분을 차지하고 있다.

## II 재래선에 의한 선적절차

현재는 대부분의 화물이 컨테이너를 이용하여 운송되기 때문에 컨테이너선에 의한 선적절차가 중요하나 재래선에 의한 선적절차를 먼저 살펴보는 것이 컨테이너에 의한 선적절차를 이해하는데 도움이 됨으로 먼저 재래선에 의한 선적절차를 살펴보도록 하겠다.

### 1. 수출업자(하주)가 선박회사에 S/R을 제출

수출화물을 싣기 위한 공간, 즉 선복(船腹; ship's space)을 확보하기 위하여 선박회사에 상품에 관한 명세와 선적지, 양륙지 등을 기재한 S/R(shipping request; 船腹申請書, 선적의뢰서)을 선박회사에 제출하여 당해 화물을 실을 수 있는 공간을 확보한다.

이 경우 포장명세서(Packing List)에 선적품의 중량, 용적 등이 상세히 적혀 있기 때문에 보통 S/R을 송부할 때 Packing List와 함께 송부한다.

## 수출통관절차

수출신고는 P/L(Paperless)통관이 이루어지고 있기 때문에 일반적으로 보세구역 등에 화물을 반입한 후 세관검사 등의 절차를 거쳐 수출신고가 수리되는 것이 아니라 EDI(Electronic Data Interchange)나 인터넷을 통해 관세청 통관시스템에 전자문서를 전송하는 방식으로 자유롭게 신고가 가능하다. 간단히 수출신고절차를 살펴보면 다음과 같다.

① 세관장에게 수출신고(EDI나 인터넷을 통해 관세청 통관시스템에 수출신고 자료 전송)
② 수출신고물품의 검사(현품과의 동일성 검사로 원칙적으로 생략)
③ 신고의 형식적 요건 심사후 수출신고수리(수출신고필증 교부)

■ **수출신고인**

수출물품의 화주(완제품공급자 포함), 관세사, 관세법인, 통관취급법인이 신고할 수 있다.

■ **수출요건의 구비**

- 수출하고자 하는 물품이 법령에서 정하는 바에 따라 허가, 승인, 표시 기타 조건의 구비를 요하는 물품인 경우 등 필요한 조건을 구비하여 한다.
- 관세법 제226조의 규정에 의한 세관장확인 대상물품은 통관시 세관장에게 구비요건을 증명해야 한다.

* 관세법 제226조에 따른 의한 세관장 확인물품 및 확인방법 지정 고시
(2015. 7. 31. 관세청고시 제2015- 27호) 제7조 1항
【별표1】 세관장확인대상 수출물품

가. 대상법령 및 물품의 범위와 구비요건

| 대상법령 및 물품의 범위 | 구비요건 |
|---|---|
| (1) 「마약류관리에 관한 법률」 해당물품 | ○ 식품의약품안전처장의 수출승인(요건확인)서 |
| (2) (삭제) | |
| (3) 「폐기물의 국가간 이동 및 그 처리에 관한 법률」 해당물품 | ○ 유역(지방)환경청장의 폐기물 수출허가확인서 |
| (4) 외국환거래법 해당물품 | ○ 세관장의 지급수단 등의 수출신고필증<br>○ 한국은행총재 또는 외국환은행장의 지급 등의 방법(변경)신고서 또는 외국환신고(확인)필증 |
| (5) 총포·도검·화약류 등 단속법 해당물품<br>(가) 권총·소총·기관총·포, 화약·폭약<br>(나) 그외의 총 및 그 부분품, 도검, 화공품, 분사기, 전자충격기, 석궁 | ○ 경찰청장의 수출허가증<br>○ 지방경찰청장의 수출허가증 |
| (6) 야생생물보호 및 관리에 관한 법률<br>(가) 야생동물<br>(나) 멸종위기에 처한 야생동·식물(국제적 멸종위기종 포함)<br>(다) 국외반출승인대상 야생동·식물 | ○ 시장·군수·구청장의 야생동물 수출허가증<br>○ 유역(지방)환경청장의 멸종위기 야생동·식물(국제적 멸종위기종) 수출허가서<br>○ 유역(지방)환경청장의 생물자원 국외반출승인서 |
| (7) 문화재보호법 해당물품 | ○ 문화재청장의 문화재 국외반출 허가서 또는 비문화재확인서 |

| | |
|---|---|
| (8) 「남북교류협력에 관한 법률」 해당물품 | ○ 통일부장관의 반출승인서 |
| (9) 원자력안전법 해당물품<br>(가)핵물질<br>(나)방사성동위원소 및 방사선발생장치 | ○ 원자력안전위원회의 수출요건확인서<br>○ 한국방사선안전재단의 수출요건확인서 |
| (10) 가축전염병예방법 해당물품 | ○ 농림축산검역본부장의 검역증명서 |
| (11) 폐기물관리법 해당물품 | ○ 유역(지방)환경청장의 폐기물 수출신고확인서 |
| (12) 농수산생명자원의 보존 · 관리 및 이용에 관한 법률상 인삼종자 | ○ 농촌진흥청장의 수출승인서 |
| (13) 방위사업법 해당물품 중 군용 총포, 도검, 화약류 | ○ 방위사업청장의 수출허가서 |

나. 물품별 수출요건

(1) HSK 10단위로 연계되지 아니하는 물품의 수출요건

㉮ 「남북교류협력에 관한 법률」에 의한 남북교역물품 중 컴퓨터 및 「대북전략물자의 반출승인절차에 관한 고시」(통일부) 제2조에 해당하는 전략물자는 통일부장관의 반출승인서

㉯ 문화재 또는 문화재일 가능성이 있는 물품은 문화재보호법에 의한 문화재청장의 문화재국외반출허가서 또는 비문화재확인서

**■ 수출신고시기**

수출물품이 확보된 후 적재하기 전까지 수출물품이 장치된 물품소재지를 관할하는 세관장에게 신고하여야 한다.

**■ 서류제출신고**

수출신고건이 서류제출대상인 경우에는 신고서 2부와 해당 첨부서류를 세관에 제출해야 한다.

**■ 수출신고 수리물품의 적재기간**

수출신고가 수리된 날로부터 30일 이내에 우리나라와 외국간을 왕래하는 운송수단에 선(기)적하여야 한다. 다만, 일정변경 등 부득이한 사유가 있는 경우에는 적재기간 연장승인을 받을 수 있다.

**※ 관세청 전자통관시스템(UNI-PASS)**

관세청 전자통관시스템의 새로운 브랜드 명으로서 세계 최초 100% 전자 수출입통관, 관세환급, 선박·항공기 입출항 및 출입국 여행자 관리 등은 물론 보세화물 추적관리와 수출입에 필요한 요건확인까지도 세관신고로 통합(Uni)하여 원스톱 처리(Pass)가 가능한 전자통관포탈시스템이다.

## 2. 선박회사의 인수확약서 교부

선박회사가 S/R을 승낙 또는 인수하면 인수확약서(引受確約書; booking note)를 교부하여 운송계약을 성립시킨다.

즉, 당해 수출화물을 운송할 선박명과 항차번호, 선적항 등을 기재한 인수확약서를 교부한다. 일반적으로 S/R상에 선박명과 항차번호를 기재하여 전송하는 경우가 많다.

개품운송계약은 별도로 운송계약서가 작성되지 않으며 선하증권이 발행되면 이것이 운송계약의 추정적 증거서류로서의 역할을 하게 된다.

## 3. 본선에 수출화물 선적

수출화물과 함께 선박회사로부터 본선의 선장 앞으로 보내는 당해 화물의 선적을 지시하는 서류인 선적지시서(S/O; Shipping Order) 그리고 수출신고서류의 수리에 따른 수출신고필증을 본선의 승선세관원에게 제시하여 승선세관원이 수출신고필증과 현품과의 대조확인 후 적재 승인을 받아 적재하고 선적이 끝나면 승선세관원은 수출신고필증에 선적확인에 대한 배서(선적 완료, 船積畢)를 하여 화주에게 준다. 이러한 절차는 일반적으로 생략된다.

반면 화물의 수령자인 본선에서는 S/O대로 선적되었는지 확인하기 위해 검수인(Tallyman; 항구에 있는 검수인협회에 연락하여 검수인을 확보)의 입회하에 화물의 수량과 상태를 조사하여 검수표(Tally Sheet; Check List)를 작성토록 하여 일등항해사에게 보고하게 된다.

선장을 대신하여 일등항해사(Chief Mate)가 S/O와 검수인이 작성한 검수표를 상호대조하여 이상이 없을 경우 M/R(Mate's Receipt; 本船受取證)을 수출업자에게 발행하게 된다.

M/R은 본선에서 당해 화물을 수령하였다는 영수증으로 본선의 일등항해사가 선장을 대신하여 화주에게 발행하는 서류이다.

한편 선적시 수량, 포장 상태 등에 이상이 있을 경우 M/R의 Remark란에 그 사항을 기재하게 되는데 이러한 M/R을 foul Mate's Receipt(dirty Mate's Receipt)라고 하며 이 경우 선사에서 화주에게 발행하는 B/L에도 당해 하자 사항이 기재되어 B/L이 발행되는데 이러한 B/L을 foul B/L(dirty B/L)이라 한다.

통상 신용장에서 무고장부 선하증권(clean B/L)을 요구하기 때문에 화환취결시

문제가 발생함으로 송하인은 선박회사와 교섭하여 파손화물보상장(L/I; Letter of Indemnity)을 제공하여 무고장부 선하증권을 교부받아야 한다.

### 4. 선박회사로부터 B/L 발급

화주는 M/R을 선박회사에 제시하여 B/L을 발급받는다.

실무상에는 화주에게 M/R이 발행되지 않고 전산으로 본선과 선박회사간의 정보교환을 통해 당해 수출화물의 인수를 확인할 수 있게 됨으로 화주는 M/R없이 선박회사에서 B/L을 발급 받을 수 있다.

•용어정리• S/R, S/O, L/I

- S/R(shipping request; 船腹申請書, 선적의뢰서)
  화주가 선박회사에 제출하는 운송의뢰서로서 선적을 의뢰하는 선박명, 품명, 수량, 목적항 등을 기재하여 당해 화물을 선적할 수 있는 선박의 공간을 확보하기 위한 서류이다.
- S/O(Shipping Order; 船積指示書)
  화주의 선복신청서(S/R)에 따라서 선박회사가 운송할 선박의 선적책임자(일등항해사) 앞으로 발행되는 화물적재 지시서이다. 선적책임자는 수화한 화물을 S/O별로 shipping order list를 작성하여 본선 적하계획 선적작업준비용으로 쓰며, 이것에 의하여 본선적재를 하고 본선수취증(M/R)을 작성 하주에게 교부한다.
- L/I(Letter of Indemnity; 破損貨物補償狀)
  화주(수출업자)가 선박회사를 향해 발행하는 서류로 화물이 후일 문제가 되더라도 선박회사에 책임을 전가시키지 않는다는 취지의 각서

■ **검수사(檢數士,tallyman)**

선적화물(船積貨物)을 싣거나 내릴 때 그 화물의 개수를 계산하거나 그 화물의 인도·인수를 증명하는 일(검수(檢數))에 종사하는 자

■ **검량사(檢量士, measurer)**

선적화물을 싣거나 내릴 때 그 화물의 용적 또는 중량을 계산하거나 증명하는 일(검량(檢量))에 종사하는 자

■ **감정사(鑑定士, surveyor)**

선적화물 및 선박(부선을 포함한다)에 관련된 증명·조사·감정을 하는 일(감정(鑑定))에 종사하는 자

■ **검수사등의 자격 및 등록**

검수사·감정사 또는 검량사(이하 "검사수 등"이라 한다.)가 되려는 자는 해양수산부장관이 실시하는 자격시험에 합격한 후 해양수산부령으로 정하는 바에 따라 해양수산부장관에게 등록하여야 한다.

***근거*** : *항만운송사업법[시행 2014.9.25.] [법률 제12546호, 2014.3.24., 일부개정]제2조(정의) 제5항, 제7조(검사수등의 자격 및 등록) 제1항*

■ **바다의 검사, 검수·검정사(조선일보 2010.11.5.)**

검수사는 화물 수량, 종류, 상태 등을 확인한 뒤 선박회사와 화주측에 보고서를 제출하고 이상이 있을 경우 세관에 신고한다. 검정사는 화물에 이상이 있거나 파손됐으면 원인을 분석한 보고서를 만들어 화주, 선박회사에 보낸다.
검수사들에게 필요한 것은 스피드와 체력이다. 배가 입항하거나 출항하면 바로 현장으로 출동한다. 검수물향이 많아 출항 20분이 지나서까지 배안에서 일을 마치고 구명보트를 타고 부랴부랴 항구로 돌아오는 경우도 있다고 한다.
검정사들은 품목별로 검정요령이 있다고 했다. 바나나 같은 열대 과일은 운송도중 상하는 것을 막기 위해 어느 정도 익었는지부터 살피고, 물엿 같은 액체는 샘플을 뽑아 성분검사를 한다. "한번은 소100마리를 수입한 선박을 검사하는데 운송 도중 한 마리가 새끼를 낳아 101마리가 있는 경우도 있었다"고 한다.
한국 검수검정협회에 따르면 인천항을 비롯해 전국에서 일하는 검수·검정사는 1,700여명이다. 보통 업체에서 1년간 일한 뒤 국가에서 주관하는 자격증 시험을 봐야 한다.

### 〈서식 5-1〉 S/R(shipping Request)

<table>
<tr><td colspan="3">Shipper<br>KANG NAM TRADING CO., LTD.<br>SEOUL, KOREA</td><td colspan="3" rowspan="3">Nedlloyd Lines</td></tr>
<tr><td colspan="3">Consignee<br>TO ORDER.</td></tr>
<tr><td colspan="3" rowspan="2">Notify Party<br>NIRU AMERICAN CORP.<br>95 MONTGOMERY STREET,<br>SAN FRANCISCO95 CA 54420</td></tr>
<tr><td colspan="2">S/O No.<br>25</td><td>B/L No.</td></tr>
<tr><td colspan="2">Vessel<br>"N. KAT"</td><td colspan="2">Voyage No.<br>V- 58</td><td colspan="2">B/L No.</td></tr>
<tr><td colspan="2">Port of Loading<br>PUSAN KOREA</td><td colspan="2">Port of Discharge<br>VALPARAISO</td><td colspan="2">Shipment expiring date on L/C</td></tr>
<tr><td colspan="2">B/L to be issued at</td><td colspan="4">Bill of lading required: original Copy FULL SET</td></tr>
<tr><td>Marks and Numbers<br><br>C. A. A TUMAN<br>PEDIDO I. D 129<br>VALPARAISO,<br>CHILE<br>REEL NO. : 1-8<br>MADE IN KOREA</td><td>No. & Kind of Pkgs<br><br>8 REELS</td><td colspan="2">Description of Goods<br><br>SAID TO BE<br>8 REELS OF<br>UNGALV. STEEL<br>WIRE ROPE<br>CIF VALPARAISO<br>L/C NO. : 02-305</td><td>Gross Weight<br><br>8,256 KGS</td><td>Measurement<br><br>27.081CBM</td></tr>
<tr><td>Freight & Charges</td><td>Revenue tons<br>27.081CBM</td><td colspan="2">Rate Per</td><td>Prepaid</td><td>Collect</td></tr>
<tr><td colspan="3" rowspan="2">Accepted<br><br>2008. 12. 30.<br><br>EASTERN SHIPPING CO., LTD<br><br>By :</td><td colspan="3">Please arrange to ship cargoes as described above :<br><br>Applicant<br>Add : (Tel)<br>Name :</td></tr>
<tr><td colspan="3">Forwarder at the port of loading<br>Add : (Tel)<br>Name :</td></tr>
</table>

〈서식 5-2〉 S/O(Shipping Order)

| | |
|---|---|
| Shipper<br>KANG NAM TRADING CO., LTD.<br>SEOUL, KOREA | No. B-24 |
| Consignee<br>TO ORDER | **Nedlloyd Lines** |
| Notify address<br>NIRU AMERICAN CORP.<br>95 MONTGOMERY STREET,<br>SAN FRANCISCO CA 54420 | |
| ////////////////////////////////////////////////////////////////// | To Chief Officer,<br>Please receive on board under-mentioned cargo and sign attached mate's receipt upon completion of loading. |

| (Ocean)vessel | Port of loading |
|---|---|
| "N. KAT" V-58 | PUSAN, KOREA |

| Port of discharge | Final port of destination (if carriage) | Freight payable at | Number of original B/L |
|---|---|---|---|
| VALPARAISO, CHILE | CHILE | SEOUL, KOREA | THREE |

| Marks & Nos. | Number and kind of packages : | Description of goods | Gross weight | Measurement |
|---|---|---|---|---|
| C. A. A TUMAN<br>PEDIDO I. D 129<br>VALPARAISO,<br>CHILE<br>REEL NO. : 1-8<br>MADE IN KOREA | 8 REELS | SAID TO BE: 8<br>REELS OF UNGALV.<br>STEEL WIRE ROPE<br>CIF<br>VALPARAISO<br><br>L/C NO. : 02-305 | 8,256KGS | |

Total number of packages②

……………………………………( EIGHT REELS ONLY )……………………………………

Please mention whether packed in bags, cases, bales, crates, cartons, etc.
The world packages is not allowed by Customs Authorities at port of destination.
Measurement and weight must be stated for each item separately.
The Company not to be held responsible for cargo shut out.

B/L No.…………Signed by………………
Full set original bills of lading received by ………………………………………

AGENTS COPY

## 〈서식 5-3〉 M/R(Mate's Receipt)

| | |
|---|---|
| **Shipper**<br>KANG NAM TRADING CO., LTD.<br>SEOUL, KOREA | No.…………… |
| **Consignee**<br>TO ORDER | |
| **Notify address**<br>NIRU AMERICAN CORP.<br>95 MONTGOMERY STREET,<br>SAN FRANCISCO CA 54420 | **Nedlloyd Lines** |
| ////////////////////////////////// | Received on board, unless otherwise stated the under-mentioned cargo in apparent good order and condition, subject to the conditions of Company 's bill of lading. |

| (Ocean) vessel | Port of loadings |
|---|---|
| "N. KAT" V-58 | PUSAN, KOREA |

| Port of discharge | Final port of destination (if carriage) | Freight payable at | Number of original B/L |
|---|---|---|---|
| VALPARAISO, CHILE | CHILE | SEOUL, KOREA | THREE |

| Marks & Nos. | Number and kind of packages : | Description of goods | Gross weight | Measurement |
|---|---|---|---|---|
| C. A. A TUMAN<br>PEDIDO I. D 129<br>VALPARAISO,<br>CHILE<br>REEL NO. : 1-8<br>MADE IN KOREA | 8 REELS | SAID TO BE: 8<br>REELS OF<br>UNGALV. STEEL<br>WIRE ROPE CIF<br>VALPARAISO<br><br>L/C NO. : 02-305 | 8,256KGS | |

Total number of packages② ……………………………( EIGHT REELS ONLY )……………………………

| | |
|---|---|
| Please mention whether packed in bags, cases, bales, crates, cartons, etc.<br>The world packages is not allowed by Customs Authorities at port of destination.<br>Measurement and weight must be stated for each item separately.<br>The Company not to be held responsible for cargo shut out. | Stowed in Hold No. TH 3-2<br>……………………<br><br>Received ……………package(in figures)<br><br>(in letters)……………………………………<br>……………………………………<br><br>…………………… ……………………<br>(Checker) (Chief Officer) |
| B/L No.…………Signed by………………<br>Full set original bills of lading received by ……………………………………… | |
| AGENTS COPY | |

〈서식 5-4〉 L/I(Letter of Indemnity)

## Letter of Indemnity

____ 20_____

To The _______ Lines, Ltd.

Dear Sir,

In consideration of your issuing us (me) clean Bills of Lading for the undermentioned goods, for which exceptions have been inserted in the relative Mate's Receipt as indicated below, we (I), the undersigned, hereby undertake and agree to pay, on demand, any claims that may arise on the goods made by the consignee, or by any person to whom the documents are endorsed, and also to indemnify you against all consequences arising therefrom.

We (I) consent to this Letter of Indemnity being disclosed to underwriters on application.

Yours faithfully,

______________________________

| The Ship " " Voy. No. Sailing on | |
|---|---|
| Port of Loading | Port of Discharge |
| B/L No. | Shippers |
| Mark & Nos. | |
| Description of Goods | |
| Numbers of Packages | |
| Weight or Measurement | |
| Exceptions inserted in the M/R | |

# III 컨테이너선에 의한 선적절차

컨테이너선에 의한 선적절차의 경우는 FCL화물과 LCL화물로 나누어 살펴보면 다음과 같다.

## 1. FCL(Full Container Load) 화물의 경우

### (1) 선박수배

CIF 조건의 경우 수출업자가 수출물품의 선적을 위해 선박을 수배하게 된다. 선적 스케줄을 선사 및 대리점을 통해 확인하고 적절한 선박을 수배하게 된다. 선적 스케줄을 확인할 때 선박 입출항일 및 시간, 운송기일(transit time), 직항 또한 환적항 기항 여부, 선박 출항예정시간(ETD; estimated time of departure), 선박 도착예정시간(ETA; estimated time of arrival), CY 화물인 경우 화물수취 마감시간(closing time)을 확인하여 선박을 수배하게 된다.

### (2) 선적예약(Booking)

하주는 선사에 S/R을 발송하고 선적을 예약(booking)하게 된다.

### (3) 공(空)컨테이너(Empty Container) Door Order 요청

화주가 CY Operator(CY 운영업자; 선사나 이와 계약관계에 있는 운송회사)에게 수출화물이 있는 화주의 공장이나 창고로 화물을 싣기 위해 공컨테이너의 반입을 요청한다. 대부분 운송회사 컨테이너를 사용하기 때문에 물품을 적입하기 위하여 공컨테이너가 야적되어 있는 CY에 공컨테이너 반입을 요청하게 된다.

### (4) 생산 공장 또는 보세창고로 공 컨테이너 반입

컨테이너 Tractor 기사를 통해 공 컨테이너와 함께 기기수도증(器機受渡證; EIR; Equipment Interchange Receipt)과 선사 봉인(船社封印; Carrier's Seal)을 전달받는다. 화주는 공 컨테이너 확인후 EIR 상에 인수 서명 후 Tractor 기사에게 전달, Tractor 기사는 공컨테이너를 반입하고 CY로 돌아오게 된다.

EIR은 용도에 따라 5부로 구성되는데 기사가 화주에게 전달하는 Original과 Local Office copy, Loading CY/CFS, Discharging Port CY/CFS, Office File용

으로 구성된다.

한편 선사는 공 컨테이너 No를 입수하여 Booking List에 기록하여 전산입력하고 본선적부계획 수립시 활용한다.

### (5) 컨테이너에 화물 적입 및 봉인

반입된 공컨테이너에 화물을 적입하고 선사봉인을 하게 된다.

봉인을 하게 되는 이유는 일반적으로 컨테이너 화물의 경우 물품이 적입되어 봉인된 후에는 양륙지에 도착할 때까지 컨테이너가 개장되지 않기 때문에 이동 중 컨테이너의 개폐상태를 확인할 수 있도록 하기 위해 봉인을 하게 된다. 봉인이 훼손되었다면 컨테이너에 이상이 있는 것을 즉각적으로 확인할 수 있게 된다.

일반적으로 선사봉인을 하게 되나 불성실한 업체의 경우, 신용장상에 문제가 있는 경우 등 세관에서 당해 수출화물을 직접 조사할 필요가 있는 경우에는 컨테이너에 화물을 적입하는 장소를 세관장으로부터 지정받아 세관원의 파출을 요청하여 그 입회하에 적입하고 세관봉인을 하게 된다.

화물을 컨테이너에 적입하게 될 때 CLP(Container Load Plan; 컨테이너내의 화물의 적치표)를 작성하게 된다.

•용어정리• **CLP(Container Load Plan; 컨테이너내의 화물의 적치표)**

FCL 화물의 경우 송하인이 작성하고 LCL 화물의 경우 CFS 운영업자가 작성하는 서류이다. 이는 컨테이너내의 화물의 종류, 적입상태 등을 표시하는 서류로 컨테이너에 화물을 반입한 자가 작성하는 서류이다. 컨테이너는 한번 봉인되고 나면 양륙지에 도착할 때까지 열리지 않기 때문에 CFS→CY, CY→본선, 양륙지 컨테이너 보세운송 또는 화물의 반출작업시 필요한 서류이다.

### (6) 컨테이너 Pick-up 요청

컨테이너에 화물적입이 완료되면 선적을 위해 CY나 선사에 통보하여 컨테이너 Pick-up을 요청하게 된다.

### (7) 선적지로 컨테이너 운송(내륙운송)

적입된 컨테이너가 Pick-up되어 선적지로 운송되어 간다.

한국 수출물품의 상당부분이 경인지역에서 만들어지고 수출컨테이너의 66.7% 정도[1]가 부산항을 통해 처리됨으로 경인지역에서 부산항으로 운송되는 운송수단별 경로를 살펴보면 다음과 같다.

① 철도운송 : 일단 의왕 ICD로 도로 운송하고 의왕 ICD에서 부산진역까지 철도수송된 후(주로 야간에 경부선철도 이용) 컨테이너 부두로 직반입 될 컨테이너는 다시 조차 작업하여 부산진역과 컨테이너 부두간 지선을 통하여 컨테이너 부두로 직반입
그렇지 않은 대부분의 컨테이너는 부산진역에 소재한 철도 CY에 하차되어 일시 장치되거나 하차 즉시 부산시내 셔틀운송으로 계약관계에 있는 ODCY에 반입

② 도로운송 : 부산의 ODCY로 이동된 후 셔틀운송으로 컨테이너전용부두로 운송

※ 수출 컨테이너화물을 선적항 CY 혹은 터미널에 마감시간(closing time) 전 반입해야 한다. 특히 미국행 해상화물은 적재 24시간 전 적하목록(manifest)을 제출해야 하기 때문에 기타 행선지 화물보다 마감시간을 앞당겨 운영하고 있다.

참고

### 컨테이너 전용부두

**■ 자성대 부두[HBCT(Hutchison Busan Container Terminal) : 허치슨 부산 컨테이너 터미널]**

부산항 1, 2단계 개발사업으로 1982년 완공된 한국 최초의 컨테이너 전용부두로서, 1997년 12월 3일 단일 컨테이너 부두로서는 세계 6번째로 400만TEU를 처리하였으며 1999년 민영화하여 현대상선(주)에서 운영하였으나 2002년부터 한국허치슨터미널(주)에서 운영하고 있다.
HBCT는 현재 5만톤급 컨테이너선이 접안할 수 있는 선석 총 4개, 1만톤급 피더선이 접안할 수 있는 선석 1개를 운영하고 있다. 지형적으로 안전한 내항에 위치해 있어 악천후 시에도 안정적이고 효율적인 하역작업을 수행할 수 있다.

---

1) 2006년 기준 총컨테이너 수출물동량은 5,062,080 TEU이며 그 중 부산항을 통해 출항하는 컨테이너의 물량이 3,374,042 TEU를 차지하고 있어 약 66.7%의 컨테이너가 부산항을 통해 나가고 있다.

■ 신선대부두

부산항 3단계 개발사업으로 1991년에 개장한 현대화된 부두로 (주)신선대컨테이너터미널[PECT(Pusan East Container Terminal co. Ltd.)]에 의해 운영되고 있다.
미주와 유럽대륙을 연결하는 동북아 기종점인 부산항 내 있으며, 항로상 최근접 지점에 위치하고 있어 지리적으로 우위를 점하고 있다. 지속적으로 증가되는 물동량과 컨테이너 선박의 대형화 추세에 적극 부응하여 종합적이고 현대적인 시설을 갖추어 신속하고 신뢰할 수 있는 작업이 가능하다. 또한 15~16m의 전면수심을 확보하고 있고, 8,000~10,000TEU급 선박의 하역작업이 가능한 첨단설비를 갖추고 있다.

■ 감만부두

부산항 4단계 개발사업(1994~1997)으로 축조된 첨단부두로, 세방기업, 한진해운, 한국허치슨터미널, 대한통운에 의해서 선석별로 운영되고 있다

■ 신감만 컨테이너부두

부산항 신감만부두 개발사업은 1995년 공사착공을 시작으로 2001년 12월 준공되었으며 (주)동부건설, EVERGREEN, UNIGLORY 컨소시움으로 구성된 동부부산컨테이너터미널(주)에서 운영을 맡고 있다

■ 우암부두

우암터미널(주) 1996년 완공된 중소형 컨테이너부두로 우암터미널(주)가 운영하고 있으며, 2만톤급 1척과 5천톤급 2척이 동시에 접안할 수 있으며, 동부두 배후 ODCY와의 연계로 처리물량 증가 및 On-DOCK CY 기능을 확보하고 있다

| 부두명 | 연간하역능력(TEU) | 동시접안능력 |
|---|---|---|
| 자성대부두 | 1,200,000 | 50,000DWT × 4,<br>10,000DWT × 1 |
| 신선대부두 | 1,280,000 | 50,000DWT × 4 |
| 감만부두 | 1,200,000 | 50,000DWT × 4 |
| 신감만부두 | 650,000 | 50,000DWT × 2,<br>5,000DWT × 1 |
| 우암부두 | 270,000 | 20,000DWT × 1,<br>5,000DWT × 2 |
| 감천부두 | 340,000 | 50,000DWT × 2 |

■ 감천부두

한진해운(주)가 감천항에 매립, 축조하여 1997년 개장한 부두로서 4기의 C/C와 10기의 T/C 등을 갖추고 한진해운(주)에 의해서 운영되고 있다. 연간 34만TEU를 처리할 수 있는 능력을 갖고 있다.

### (8) D/R과 CLP 제출

화주의 대리인인 통관업자는 D/R(Dock Receipt; 부두수취증)과 CLP(Container Load Plan; 화물의 적치표)를 Terminal Operator에게 제출한다.

### (9) B/L 수령 및 수출대금회수

화주는 D/R에 확인서명을 받아 수령하여 선박회사에서 B/L과 교환하여 다른 서류들과 함께 은행에 매입하여 수출대금을 회수하게 된다.

### (10) 선적완료

CY Operator는 화물과 함께 D/R사본(S/O에 해당됨)과 CLP를 본선선장에게 제출하여 서명을 받아 선적을 완료한다.

이론상 M/R이나 D/R을 화주가 수취한 후 선박회사에 B/L과 교환한다. 그러나 실무상 CY/CFS Operator가 D/R를 CLP, 수출신고필증 등의 타 서류와 Cross-Checking 하고 서명한 후 선박회사에 송부하고 있다. 따라서 재래선이나 컨테이너선 공히 B/L 발급시 화주에게 M/R이나 D/R을 요청하는 일은 없다.

D/R(Dock Receipt; 부두수취증)

선박회사가 화물의 수취증으로 발행하는 것으로 재래선의 M/R과 마찬가지로 B/L과 교환된다. 또한 본선용 D/R사본은 본선에 대한 S/O가 된다. 현실적으로 하주의 대리인인 통관업자가 작성하여 선박회사의 확인서명을 받는 방법으로 발행되고 있다.

## 2. LCL(Less than Container Load) 화물의 경우

LCL 화물의 경우 CFS에 반입 후 통관절차를 필한 다음 Terminal Operator가 Container에 적입하거나 검량 및 통관이 끝난 화물을 CFS에 반입하여 Container에 적입하게 된다. 그 후 CY로 이동한 후 CY 반입이후의 절차는 FCL화물의 경우와 동일하다.

## 컨테이너봉인과 전자봉인

■ **컨테이너봉인(Container Seal)**

- 컨테이너에 화물의 적입상태에서 시봉(施封)하는 금속제 봉인으로서 식별을 위한 기호 및 번호가 붙어 있는 장비이다. 봉인상태에 의하여 도난, 변조 등의 부정행위의 유무, 화물의 이상 유무를 알 수 있는데 Container Seal이 파손되거나 바뀌거나 분실되면 수화주는 운송인에게 변상책임을 물을 수 있고 운송인은 이에 따라 변상책임을 부담해야 한다.

- 화주는 컨테이너에 화물을 적입하고 봉인을 한 이후 수량과 중량 등의 정보를 적하목록 등 선적서류에 기입하여 수화주에게 보내고, 수화주는 화물도착 후 봉인의 이상 유무와 화물이 선적서류에 맞게 도착하였는지를 확인하게 된다. 이 과정에서 봉인이 파손되어 있거나 손상된 흔적이 있고 화물에 이상이 있는 경우 운송인이 통상 책임을 지게 되므로 운송인은 각 운송단계에서 컨테이너를 인수인계 할 때 컨테이너 자체의 손상뿐만 아니라 봉인상태 등을 점검하게 된다. 수화주는 컨테이너가 도착하면 봉인을 절단한 후에 화물을 인출하게 된다.

■ **전자봉인(e-seal; Electronic Seal)**

- 전자 시건 장치의 문이 비정상적인 형태로 개폐됨을 감지하거나 비정상적인 개폐의 시도를 감지하여 주변의 리더(reader)에게 알리고 그 이력을 유지하는 능동형 전자 식별(RFID) 장치를 말한다.
  전자봉인은 능동형 RFID(Radio Frequency Identification) 기술을 응용하는 대표적인 사례로 꼽히고 있으며 국제표준화기구(ISO)를 중심으로 2003년부터 사용에 대한 논의가 시작되어 2007년에 국제표준이 확정되었다. 즉 전자봉인은 기존의 금속봉인이 제공하던 컨테이너의 개폐유무뿐 아니라 데이터 정보처리 등의 추가적인 서비스를 제공하는 한 단계 발전된 봉인장치이다.

- 전자봉인(e-Seal)은 대체적으로 기계적 Seal과 RFID가 함께 결합한 형태로 사용되고 있으며, Seal의 파손 유무 확인, 물리적인 보안, 데이터 정보처리 등이 가능하다. e-Seal의 종류로는 RF, 적외선(IR), 접촉(근접), 원격 방식 등이 있으며, 이는 다시 수동형 또는 능동형 방식으로 크게 분류될 수 있다. e-Seal의 이용은 9·11테러 사태 이전에는 수동형이 주를 이루었으나, 현재는 능동형 방식으로 전환해 가고 있다

- 데이터처리 방식에 따라 전자봉인의 종류는 여러 가지로 나뉘어지나 현재 가장 널리 사용되고 있는 방식은 RFID를 기반으로 한 것이다. 즉 전자봉인은 RFID를 기반으로 만들어진 것이 일반적이며, 컨테이너의 문이 비정상적인 형태로 개폐됨을 감지하거나 또는 비정상적인 개폐의 시도를 감지하여 주변의 리더기(Reader)에게 알리고 그 이력을 유지하는 역할을 한다. 송하주가 전자봉인을 한 이후 해

당정보를 통신망을 이용해 수하주에게 보내고 수화주는 그 정보를 이용하여 도착지에서 화물의 안전 여부를 확인하게 된다.

- 전자봉인에 대한 기술표준인 ISO 18185에는 전자봉인이 갖추어야 할 기본 요구조건을 다음과 같이 규정하고 있다.
  - 읽기전용, 일회용
  - 봉인 상태 확인 기능
  - 배터리 상태 확인 기능
  - 제조업체 및 봉인장치 ID
  - 봉인장치 모델 ID
  - E-Seal의 기계적인 부분은 ISO 17712(기계적 봉인 장치 표준)를 준수
  - 컨테이너에 부착된 E-Seal은 자동화 장비에 의해 인식 가능

〈그림 5-1〉 bolt seal

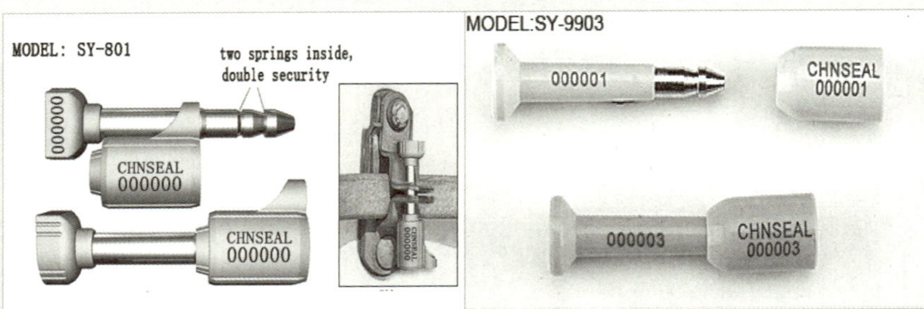


〈그림 5-2〉 e-seal

# 제2절 수입화물의 하역

## I 수입화물의 입수절차

### 1. 하수(荷受) 준비

#### (1) 선적확인

수하인은 수출업자로부터 선박명, 출항일 등에 대한 선적확인을 한다.

#### (2) ETA 확인 및 하수준비

선박회사(대리점)에 본선의 입항예정일(ETA; Estimated Time of Arrival)을 확인하고 하수준비를 한다. 화물의 사정, 해상의 기후 조건, 기항지의 부두 및 하역사정 등에 의해 예정일보다 늦는 경우가 있으므로 수시로 확인이 필요하다. 선박회사의 스케줄표상에 "Schedules are subject to change with or without notice" 라는 표시가 되어 있다.

### 2. 하수, 통관서류의 정비

본선 입항 즉시 화물을 인수할 수 있도록 하수 및 통관에 필요한 서류를 정비해 두어야 한다. 수출업자가 은행을 통해 송부한 화환어음을 지급 또는 인수함으로써 선적서류를 인수하게 된다.

수하인의 신속한 화물인수준비를 위해 해당선박 도착 전에 운송인이 수하인에게 도착통지(Arrival Notice)를 한다.

### 3. 개품운송계약에 있어서의 하수

#### (1) 선사에 B/L 제출

선적서류 가운데 선하증권(B/L)에 배서하여 선박회사에 제출한다. 이때 운임이 collect(도착지 지급)인 경우 미지급운임을 지급하고 기타 수하인이 지급해야 할 비용을 청산하게 된다.

### (2) D/O 발행

B/L과 상환으로 선박회사(대리점)가 본선선장 또는 화물소재지의 현장책임자에게 기재된 화물의 인도를 지시한 화물인도지시서(Delivery Order; D/O)를 수하인에게 발행하게 된다.

### (3) 입항 및 하역

선박이 수입항에 입항하여 입항절차(해무관청에 적하목록[2]), 여객 성명, 출항지의 출항면장, 선박국적증명서 등의 제출)를 끝낸 후 세관원의 감시하에 하역이 이루어진다.[3]) 하역은 일괄 양륙과 자가 양륙으로 나눌 수 있다.

#### ❶ 일괄 양륙(Delivery Ex-Warehouse; 창고 인도)

선박회사가 지정한 하역업자가 모든 화물을 일단 일괄 양륙하여 보세구역에 일시 장치, 세관의 현품검사를 마쳐 제반 통관절차가 끝나면 수하인은 현물을 하역에 관한 제비용을 지급하고 D/O와 상환으로 인수한다.

#### ❷ 자가 양륙(Alongside Delivery; Shipside Delivery; 本船 引渡)

수하인이 직접 양륙 대리인을 정하고 부선을 수배하여 본선 선측에서 인수하는 방식이다.

40-50톤 이상의 화물에 대해서는 하역이 시작되는 일정시간 전에 선박회사의 허가를 얻어 자가 양륙을 할 수 있다. 자가 양륙의 경우도 일단 보세지역에 반입하여 통관절차를 마쳐야 한다.

### (4) 화물인수

화물관리책임자에게 D/O와 상환으로 화물인수하게 된다.

---

2) 제8조(적하목록 제출) ① 관세법(이하 "법"이라 한다) 제135조 제2항에 따라 적하목록 제출의무자는 적재항에서 화물이 선박에 적재되기 24시간 전까지 제9조에 따른 적하목록을 선박 입항예정지 세관장에게 전자문서로 제출하여야 한다. 다만, 중국·일본·대만·홍콩·러시아 극동지역 등(이하 "근거리 지역"이라 한다)의 경우에는 적재항에서 선박이 출항하기 전까지, 벌크화물의 경우에는 선박이 입항하기 4시간 전까지 제출하여야 한다.[보세화물 입출항 하선하기 및 적재에 관한 고시 관세청고시 제 2014-92호]

3) 하선절차[보세화물 입출항 하선하기 및 적재에 관한 고시 관세청고시 제 2014-92호]
제15조~제20조(하선신고, 하선신고 수리, 하선결과보고, 하선장소 물품반입 등 규정)
# 보세구역 반입 후 수입통관절차를 필한 후 수입화주가 보세구역 설영인에게 물품인도 요청(D/O와 상환)에 따라 물품을 인수해 감.

〈그림 5-1〉 L/G 거래 메커니즘

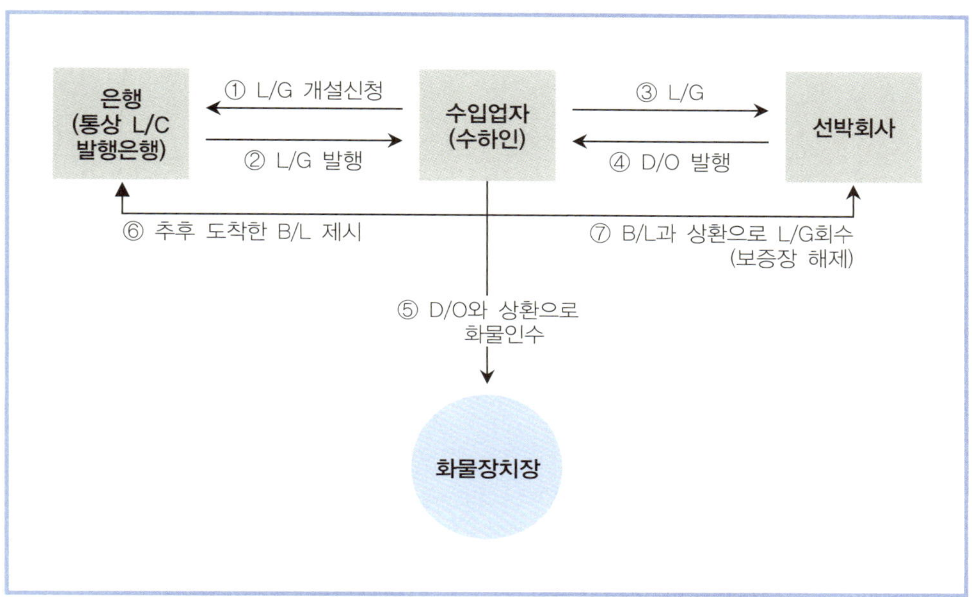

수입화물 선취보증장(L/G; Letter of Guarantee)

화물이 도착하였음에도 불구하고 선하증권이 도착하지 않았을 경우(인접국가간의 무역으로 항해일수가 비교적 짧은 경우) 수입통관이 지연되어 화물이 변질되거나 상기(商機)를 잃거나 창고료 등의 추가부담이 발생할 우려가 있다. 이와 같은 불편을 해소하기 위해 수입화물선취보증제도(輸入貨物先取保證制度)가 이용된다.
은행과 수입업자가 연대보증한 보증장인 L/G를 선박회사에 제출하여 D/O를 발행받아 하수(荷受)하게 된다(수입업자가 보통 신용장 발행은행에 수입화물선취보증장 개설신청서를 제출하게 되는데 그 내용은 화물, 선적서류에 어떠한 하자에 대해서도 수하인인 개설신청인이 책임지겠다는 약정이 포함되어 있다. 따라서 L/G를 통해 화물을 인수한 다음 선적서류에 이상에 있더라도 일단 대금결제를 하고 나중에 매매계약위반으로 수출업자에게 소송을 제기할 수 있다).
화물을 인수한 다음 선적서류가 도착하면 B/L을 선박회사에 제출하고 그와 상환으로 L/G를 회수하게 된다.

〈서식 5-5〉 Delivery Order(D/O)

THUNDER SHIPPING COMPANY, LTD. AGENTS

## CARGO DELIVERY ORDER

D/O NO. 01/123

**To** : SONG PARK CO., LTD **PORT** OF PUSAN, KOREA **DATE** : FEB. 14, 2007
AUTHORITY IS HEREBY GRANTED TO RELEASE BELOW-LISTED SHIPMENTS TO CONSIGNEE AND OR HIS DULY AUTHORIZED AGENTS :

S.S "Emma Maersk" VOY. V-2022 FROM DURBAN, SOUTH AFRICA
(TRANSSHIPMENT CARGO : 1ST CARRIER VOY. FROM )

| B/L NO. | Marks | No. & Kind of Pkgs | Description of Goods | Gross Weight | Measurement |
|---|---|---|---|---|---|
| TS 7 | MBA NO.: 1-10 MADE IN KOREA | 10 CTNS | 10CTNS OF STEEL WIRE ROPE | 8,256 KGS | 27.081CBM |

**SHIPPER** : JIN GREAT STEEL CO., LTD
**NOTIFY PARTY** : WHITESTONE TRADING CO., LTD.
RECEIVED ABOVE CARGO BY
SONG PARK CO., LTD. SEOUL, KOREA Consignee or duly authorized agents

Note : All charges beyond end of ship's tackle INCLUDING STORAGE for account of cargo. Vessel or Agents assume no responsibility for security, delivery of damage to cargo after delivery to receiving agent.

THUNDER SHIPPING CO., LTD. AGENTS

| SEOUL | PUSAN | TEAGU |
|---|---|---|
| 02-556-4567 | 051-377-2588 | 053-224-7891 |
| 02-556-4568 | 051-377-2589 | 053-224-7892 |

〈서식 5-6〉 수입화물선취보증신청서

# 수입화물선취보증신청서
# (Application For Letter of Guarantee)

| 계 | 대리 |
|---|---|
| | |

<table>
<tr><td rowspan="2">① 선박회사명(Shipping Co)</td><td>⑥ 신용장(계약서)번호<br>(Number of Credit)</td><td colspan="2">⑦ L/G번호<br>(L/G Number)</td></tr>
<tr><td>⑧ 선하증권번호<br>(Number of B/L)</td><td colspan="2"></td></tr>
<tr><td rowspan="3">② 송하인(Shipper)</td><td>⑨ 선박명<br>(Vessel Name)</td><td colspan="2"></td></tr>
<tr><td>⑩ 도착(예정)일<br>(Arrival Date)</td><td colspan="2"></td></tr>
<tr><td>⑪ 항해번호<br>(Voyage No.)</td><td colspan="2"></td></tr>
<tr><td rowspan="2">③ 상업송장금액(Invoice Value)</td><td>⑫ 선적항<br>(Port of Loading)</td><td colspan="2"></td></tr>
<tr><td>⑬ 도착항<br>(Port of Discharge)</td><td colspan="2"></td></tr>
</table>

| ④ 화물표시 및 번호 (Nos. & Marks) | ⑤ 포장수(Packages) | ⑭ 상품명세(Description of Goods) |
|---|---|---|
| | | |

본인은 위 신용장등에 의한 관계 선적서류가 귀행에 도착하기 전에 수입화물을 인도받기 위해 수입화물 선취보증을 신청하며 본인이 따로 제출한 수입화물 선취보증서(LETTER OF GUARANTEE)에 귀행이 서명함에 있어 다음 사항에 따를 것을 확약합니다.

1. 귀행이 수입화물 선취보증서에 서명함으로써 발생하는 위험과 책임 및 비용은 모두 본인이 부담하겠습니다.
2. 본인은 귀행의 요청이 있으면 언제든지 위 수입화물을 귀행에 인도하겠습니다.
3. 본인은 위 수입화물에 관한 관계 선적서류를 제3자에게 담보로 제공하지 않았음을 확인하며, 또한 귀행의 서면 동의없이 이를 담보로 제공하지 않겠습니다.
4. 본인은 위 수입화물에 관한 관계 선적서류가 도착할 때에는 신용장 조건과의 불일치 등 어떠한 흠에도 불구하고 이들 서류를 반드시 인수하겠습니다.

년　　월　　일

신청인　　　　　　㊞

주　소

TEL.

| 인감대조 |
|---|
| |

앞

〈서식 5-7〉 수입화물선취보증장

# LETTER OF GUARANTEE

Date :

<table>
<tr><td colspan="2" rowspan="2">① Shipping Co.</td><td>⑥ Number of Credit</td><td>⑦ L/G No</td></tr>
<tr><td colspan="2">⑧ Number of B/L</td></tr>
<tr><td colspan="2" rowspan="3">② Shipper</td><td colspan="2">⑨ Vessel Name</td></tr>
<tr><td colspan="2">⑩ Arrival Date</td></tr>
<tr><td colspan="2">⑪ Voyage No.</td></tr>
<tr><td colspan="2" rowspan="2">③ Invoice Value</td><td colspan="2">⑫ Port of Loading</td></tr>
<tr><td colspan="2">⑬ Port of Discharge</td></tr>
<tr><td>④ Nos. & Marks</td><td>⑤ Packages</td><td colspan="2">⑭ Description of Goods</td></tr>
<tr><td></td><td></td><td colspan="2"></td></tr>
</table>

In consideration of your granting us delivery of the above mentioned cargo which we declare has been shipped to our consignment, but Bills of Lading of which have not been received, we hereby engage to deliver you the said Bills of Lading as soon as we receive them and we further guarantee to indemnify yourselves and / or the owners of the said vessel against any claims that may be made by other parties on account of the aforesaid cargo, and to pay to you on demand any freight or other charges that may be due here or that may have remained unpaid at the port of shipment in respect to the above-mentioned goods.

In the event of the Bills of Lading for the cargo herein mentioned being hypothecated to any other bank, company, firm or person, we further guarantee to hold you harmless from all consequences what so ever arising therefrom and furthermore undertake to inform you immediately in the event of the Bills of Lading being so hypothecated.

Yours faithfully

____________________________
Party claiming right of delivery

We hereby guarantee to surrender to you the corresponding Bills of Lading. Kindly be advised that this guarantee shall be automatically null and void upon your acknowledging receipt of the corresponding Bills of Lading which are to be endorsed and presented to you by bank for the only purpose of the redemption of this letter of guarantee.

____________________________
Authorized Signature
Bank.

# II 운송서류의 대도(貸渡)

## 1. 대도의 필요성

기한부신용장(usance L/C)에 의한 수입일 경우는 수입상이 환어음을 인수함으로써 운송서류를 인도받아 수입화물을 처분하여 그 판매대금으로 만기일에 어음을 결제할 수 있으나, 일람불신용장방식(at sight L/C)인 경우는 수입상이 어음대금을 결제하지 않으면 운송서류를 인도받을 수 없다. 따라서 수입상이 은행에 내도한 일람출급 신용장하의 선적서류에 대해 수입대금을 영수할 자금이 없는 경우, 수입상에게 어음대금을 결제하기 전이라도 수입화물을 처분할 수 있도록 하고 향후 그 처분한 대금으로 어음대금을 결제하도록 하는 제도가 필요하다.

이러한 필요성에 따라 생성된 제도가 대도(Trust Receipt; T/R)제도이다.

## 2. T/R의 개념

수입상이 은행에 내도한 일람출급 신용장하의 선적서류에 대해 수입대금을 영수할 자금이 없는 경우, 수입상은 발행은행의 금융으로 이를 대체하고 발행은행은 선적서류를 수입상에게 넘겨주는 대가로 물품에 대한 담보권을 갖도록 약정하는 제도이다.

즉, 일람출급어음조건인 경우 L/C 발행의뢰인이 발행은행에 대해 수입화물을 대도하여 줄 것을 신청하고, 발행은행은 자기 소유하에 있는 수입화물을 수입상에게 대도하여 그 화물을 적기에 처분하도록 함으로써 그 판매대금으로 수입대금을 결제할 수 있도록 하는 제도이다.

## 3. T/R의 당사자에 미치는 영향

### (1) 수입상

수입상은 일람출급환어음의 결제를 발행은행의 금융을 통해 기한부어음과 동일한 효과를 누릴 수 있다.

수입상은 위탁자(발행은행)의 담보물을 다른 대출의 담보로 사용해서는 안 된다. 또한 수탁자인 수입상은 담보물의 판매대금을 대금지급에만 충당해야 한다.

### (2) 발행은행

발행은행측으로 보면 수입대금결제가 지연될 경우 화물자체를 소유하고 있다 하더라도 큰 실익이 없기 때문에 수입상에게 화물을 빨리 인도하고자 할 때 은행은 그 화물에 대한 담보권을 상실하지 않고 수입상에게 화물을 인도할 수 있도록 편의를 제공하게 된다. T/R에 의해 발행은행이 수입상에게 대도할 경우 수입화물의 점유는 발행은행으로부터 수입상으로 이전되지만, 이러한 사실을 알지 못하는 선의의 제3자는 보호된다. 즉 발행은행이 T/R을 내세워 선의의 제3자에게 대항할 수 없기 때문에 은행은 T/R을 취급함에 있어 신중을 기해야 한다.

따라서 이러한 대도행위가 이루어지려면 대도은행은 수탁자의 신용을 정확히 점검하고 수탁자인 수입업자를 전적으로 신뢰하는 경우라야 가능하게 된다. 화물을 인수받은 수입업자는 그 화물을 신속하게 처분하여 대금을 은행에 변제해야 하므로 그 화물을 타인에게 판매할 수 있는 자이어야 하며, 그것을 다시 다른 사람에게 담보로 제공해서는 안 된다.

### (3) 선의의 제3자

수입상이 화물을 수령하여 제3자에게 매각하고 만기 전에 수입상(L/C 발행의뢰인)이 부도되었을 경우 은행은 선의의 제3자에 대하여 담보권을 행사할 수 없다. 또한 매수인이 대도약정을 위반하여 선하증권을 선의의 소지인에게 매각하더라도 물품에 대한 선의의 소지인의 권리는 항상 은행의 권리에 우선한다.

## 4. T/R의 유형

① 수출용원자재 수입에 따른 T/R : 무역금융(원자재 수입자금)을 수혜하고 수입대금을 대응수출 이행시 상환토록 하는 경우에 사용된다.

② 인수금융에 따른 T/R : Usance L/C로 수입하고 연지급 기간 만기일에 수입대금을 상환토록 하는 경우이다.(내국수입 Usance)

③ 할부지급에 따른 T/R : 외화획득용 시설재 등을 분할지급 수입하고 분할결제 방식에 의거 상환토록 하는 경우이다.

④ 외화대출 및 차관자금에 의한 T/R : 외화대출 또는 차관자금 공여시 당해 대출 또는 차관자금의 상환일정에 의거 상환토록 하는 경우이다.

⑤ T/R Loan에 의한 T/R이 있다.

## 5. T/R에 따른 구비서류

① 수입담보화물대도(선인도)신청서
② 수입담보 화물처분 약정서(공증인의 확정일자가 있어야 함)
③ 선하증권(B/L) 사본
④ 상업송장(Commercial Invoice) 사본
⑤ 포장명세서(P/L) 사본
⑥ 신탁양도증서(공증인의 확정일자가 있어야 함)
⑦ 수입신용장 사본

〈서식 5-8〉 수입화물대도신청서

# 수입화물대도(T/R) 신청서

| 계 | 대 리 | 차 장 | 부점장 |
|---|---|---|---|
| | | | |

앞

본인은 아래 신용장 등에 의하여 도착된 수입화물을 대도 신청함에 있어서 은행여신거래 기본약관, 따로 제출한 수입거래약정서 및 양도담보 계약서의 모든 조항에 따를 것을 확약합니다.

| ① 선하증권 기 타 | 번 호 :<br>발행인 : | | 발행인 : | | | | | |
|---|---|---|---|---|---|---|---|---|
| ② 대 도 (T/R)금액 | 금 액 : US$ | | (원화 : )] | | | | | |
| ③ 신용장등 | 번 호 :<br>금 액 : US$ | | 발행인 : | | | | | |
| ⑦ 물 품 명 세 | 물품명 :<br>수 량 :<br>단 가:<br>금 액 : US$ | | 화물표시 및 번호: | | | | | |
| | 선적항 :<br>도착항 :<br>도착(예정일) : | | 선 명 : | | | | | |
| ⑧ 선적서류 | 선하 증권 | 항공화물 운송장등 | 상업 송장 | 보험 서류 | 포장 명세서 | 원산지 증명서 | 중 량 용 적 증명서 | 검 사 증명서 | 기타 |
| 통 수 | | | | | | | | | |

년 월 일

신청인 ㊞

주 소

| 인감대조 |
|---|
| |

87921B6-63 13(L)B-10(210×297)

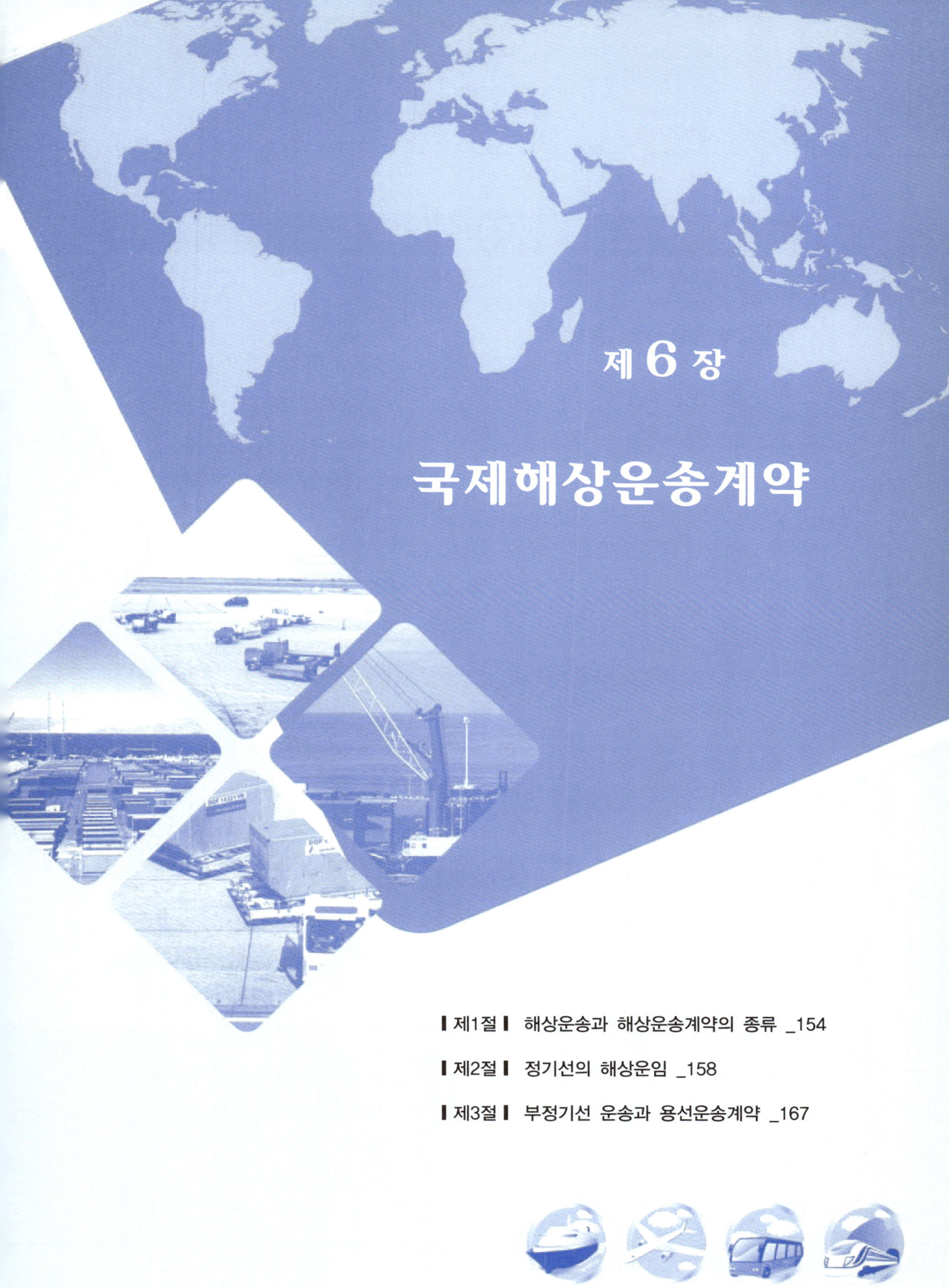

# 제 6 장

# 국제해상운송계약

# 제1절 해상운송과 해상운송계약의 종류

## I 해상운송의 종류

### 1. 정기선(Liner)

#### (1) 정기선의 개념

정기선(Liner)은 정규적으로 입출항하는 장소가 정해져 있으며 일정한 운임률이 공포되어 있는 국제해상운송의 공급자인 일반화물운송인을 의미한다.

정기선이 취급하는 화물은 주로 일반공산품을 그 운송대상으로 하고 있다.

#### (2) 정기선의 특징

❶ Common Carrier

다수의 화주로부터 여러 종류의 화물은 혼재하여 일정한 운송조건으로 운송하는 일반화물운송인이다.

❷ Regular ports of call

일정한 기항지가 정해져 있다.

❸ Regular service

각각의 기항지에 정기적으로 입출항한다.

❹ Freight tariff

동일 정기선로를 갖고 있는 정기선 회사간에 협정한 운임률표에 의해 운송된다.

### 2. 부정기선(Tramper)

국제해상운송의 또 다른 하나의 운송공급자로서 정기선과는 달리 일정한 운항스케줄이나 운임률이 공포되어 있지 않고 국제운송의 수요와 공급의 원칙에 따라 운임이 결정되고 운송되는 화물의 종류도 한번 실릴 때 그 양이 대량인 1차산품이 운송대상이 된다.

# II 해상운송계약의 종류

## 1. 해상운송계약의 정의

해운업을 경영하는 선박운항업자(Operator)와 이에 화물 운송을 의뢰하는 송하인(Shipper)인 수출업자 사이에 맺어지는 화물운송계약이다. 자유계약의 원칙에 따라 무형식계약이다.

용선계약의 경우는 용선자와 용선주 사이에 용선계약서가 작성되어 발행되나 개품운송계약의 경우는 따로 운송계약서가 작성되지 않고 선하증권이 운송계약의 증빙서류로 이용된다.

## 2. 개품운송계약

정기선(Liner)에 의해 개개의 화물을 운송하는 계약하에 선박회사가 다수의 화주로부터 화물을 집화하여 혼재해서 운송하는 방식을 개품운송계약(Contract of Affreightment in a General ship)이라 한다.

상법 제791조에서는 "개품운송계약은 운송인이 개개의 물건을 해상에서 선박으로 운송할 것을 인수하고, 송하인이 이에 대하여 운임을 지급하기로 약정함으로써 그 효력이 생긴다."라고 정의하고 있다.

또한 송하인은 당사자 사이의 합의 또는 선적항의 관습에 의한 때와 장소에서 운송인에게 운송물을 제공하여야 하며 이 시기와 장소에서 송하인이 운송물을 제공하지 아니한 경우에는 계약을 해제한 것으로 본다. 이 경우 선장은 즉시 발항할 수 있고, 송하인은 운임의 전액을 지급하여야 한다.(상법 제792조)

개품운송계약하에서 운송되는 화물은 주로 일반공산품이다.

## 3. 용선운송계약

### (1) 용선운송계약의 개념

화주가 선박회사로부터 선복의 일부 또는 전부(part or whole of the ship's space)를 빌려 화물을 운송하는 경우에 체결하는 운송계약을 용선운송계약(Charter Party)이라 한다.

용선운송계약을 통해 주로 운송되는 화물은 곡물, 석탄, 광석, 원목 등 1 lot[4])

가 대량인 1차 산품이다.

용선(傭船)이란 일반적으로 자동차를 rent하는 개념과는 달리 선박 뿐 만 아니라 선장, 선원, 선용품 일체를 빌려 사용하는 계약으로 선박을 운영할 수 있도록 고용한다는 의미에서 용선이라 표현하고 있다.

### (2) 용선운송계약의 종류

#### ❶ 정기(기간) 용선계약(Time Charter)

6개월 내지 1년 등과 같이 일정한 기간 동안 선박을 용선하는 경우의 계약으로 일반적으로 전부용선[5])이 된다.

상법 제842조에서는 "정기용선계약은 선박소유자가 용선자에게 선원이 승무하고 항해장비를 갖춘 선박을 일정한 기간 동안 항해에 사용하게 할 것을 약정하고 용선자가 이에 대하여 기간으로 정한 용선료를 지급하기로 약정함으로써 그 효력이 생긴다."라고 규정하고 있다.

#### ❷ 항로(항해) 용선계약(Voyage or Trip Charter)

지정된 항구사이의 구간을 운송하기 위해 선박을 용선하는 계약을 말하며 이 경우는 전부용선 뿐 아니라 선박의 일부만 용선하는 일부용선도 가능하다. 같은 시기에 동일한 운송구간을 가진 용선자들이 선박을 나누어 용선할 수도 있기 때문이다.

상법 제827조에서는 "항해용선계약은 특정한 항해를 할 목적으로 선박소유자가 용선자에게 선원이 승무하고 항해장비를 갖춘 선박의 전부 또는 일부를 물건의 운송에 제공하기로 약정하고 용선자가 이에 대하여 운임을 지급하기로 약정함으로써 그 효력이 생긴다."라고 규정하고 있다.

#### ❸ 나용선(裸傭船) 계약(Bare Boat Charter)

운송인 용선의 경우 기간용선이나 항로용선을 막론하고 선원, 선용품은 선주가 공급하고 용선자는 일정한 용선료를 지급하여 그 선박을 운행하는 것이지만, 나용선은 용선자가 직접 선원의 승선수배, 선체보험료, 항만비용, 항해비용, 수

---

4) 한 번 선적할 때의 물량을 1 lot이라 표현한다.
5) 전부용선–선박 전체를 용선하는 경우
일부용선–선박의 일부만을 용선하는 경우

선비 등 모든 비용을 부담하는 것으로 선박의 임대차라 할 수 있다.

상법 제847조에서는 나용선 계약과 관련하여 선체용선계약이라는 용어를 사용하여 다음과 같이 정의하고 있다.

선체용선계약은 용선자의 관리·지배하에 선박을 운항할 목적으로 선박소유자가 용선자에게 선박을 제공할 것을 약정하고 용선자가 이에 따른 용선료를 지급하기로 약정함으로써 그 효력이 생긴다.

또한 제848조에서는 "선체용선계약은 그 성질에 반하지 아니하는 한 「민법」상 임대차에 관한 규정을 준용한다."라고 규정하고 있다.

#### ❹ 총괄 운임 용선계약(Lumpsum Charter)

항로운송의 일 변형으로서, 항로용선에 있어서 운임은 보통 실제로 적재한 수량에 의해서 계산된다. 그러나 갑항구에서 을항구까지의 계약선복(즉, 계약톤수)에 대하여는 일괄해서 운임을 정하고 실제의 적재수량에는 관계없이 운임을 결정하는 방법의 용선운송계약을 Lumpsum Charter라 한다.

〈표 6-1〉 개품운송계약과 용선운송계약의 비교

| 구 분 | 개 품 운 송 계 약 | 용 선 운 송 계 약 |
|---|---|---|
| 운 송 형 태 | 불특정다수의 화주로부터 개별적으로 운송요청을 받은 개개 화물 형태로 운송함 | 특정의 단일화주의 특정 화물을 선적하기 위해 선박의 선복을 빌려주는 형태로 운송함 |
| 선 박 | 정기선(liner) | 부정기선(tramper) |
| 화 물 | 일반공산품 | 원유, 철광석, 석탄, 곡물 등 1차 산품(산화물; bulk cargo) |
| 계 약 서 | 선하증권(B/L)이 발급됨으로써 최종적으로 확실한 계약서 역할 | 화주가 직접 여러 가지 조건을 운송인과 협의하여 용선계약서(C/P)를 작성 |
| 운 임 | Tariff Rate(공표된 운임) | Open Rate(수급관계에 따라 변동) |

#### ❺ 일대용선계약(日貸傭船契約; Daily Charter)

지정선적항에서 화물을 적재한 날로부터 지정양륙항에서 화물을 인도완료할 때까지 하루당 운임을 결정하여 운임액을 산정하는 방식의 용선운송계약을 Daily Charter라 한다.

# 제2절 정기선의 해상운임

## I 해상운임 결정의 배경

### 1. 운임원가설

운임을 징수하는 데 있어서 수량 및 운송거리를 기준으로 상품종류에 관계없이 일률적으로 결정하는 공급자 측면을 중시한 운임결정이론이다.

저가품은 운송비용으로 인하여 비교우위를 상실하고 교역량도 줄어들 수 있다.

### 2. 운임부담력설(運賃負擔力說)

운임부담력설은 정기선의 요율결정에 있어서는 총평균 운임의 획일적 적용을 배제하고 수요자 측면을 중심으로 상품의 운임부담능력을 고려하여 차등요율을 적용하도록 한 운임결정이론이다.

부담능력에 따라 공시운임률을 여러 등급으로 분류하고 높은 등급일수록 높은 운임을 부과하는 방식으로 이를 운임가치설이라고도 한다.

### 3. 절충설

운임의 최고한도는 수요자측에서 본 부담능력이고 최저한도는 공급자측에서 본 운송비이다. 따라서 운송업자는 실제로 운임을 부과할 때 부담능력과 운송비용 사이의 중간을 택하여 최대 이윤을 얻고자 할 것이다.

이러한 원리에 따라 운임이 결정된다고 본 것이 절충설로 운임원가설과 운임부담력설을 절충한 형태의 운임결정이론이다.

## II 해상운임산정의 기준

### 1. 중량 기준

통상 1,000kg의 중량을 의미하는 Metric Ton(M/T)을 중량 Ton으로 하여 운임을 계산하는 방법이다. 그 외에 Long Ton(영국 Ton; 2,240LBS), Short Ton(미국 Ton; 2,000LBS)이 있다.

## 2. 용적 기준

1㎥(CBM)를 1 M/T(Metric Ton = 1,000kg)으로 하는 용적톤을 기준으로 운임을 산정하는 방법이다. 일반 화물의 경우 1㎥를 1 Ton으로 하는 용적Ton을 기준으로 운임률을 정한다.

### CBM 계산 방법

CBM(Cubic Meter)은 가로, 세로, 높이가 1m인 공간의 부피를 나타내는 단위이다.

※ 가로, 세로, 높이가 각각 60cm, 60cm, 50cm인 골판지 상자(Carton Box) 100개에 대한 CBM 계산 방법

포장물품의 {가로(L)m × 세로(W)m × 높이(H)m} × 포장개수 = CBM(입방미터; ㎥)

① 상자 하나에 대한 CBM : 0.6m × 0.6m × 0.5m = 0.18 CBM
② 100 상자에 대한 CBM : 0.18 CBM × 100 = 18 CBM

## 3. 가격 기준

귀금속이나 견직물과 같은 고가품은 보관방법, 적재장소 등에 특별한 주의를 필요로 하며 손해에 대한 보상액도 고액이기 때문에 그 가격에 대하여 일정률, 즉 종가율(Ad Valorem Rates)의 운임이 적용된다. 이 경우 기준이 되는 가격은 통상 송장상의 FOB가격을 사용한다.

## 4. 컨테이너 단위 기준(Box Rate)

톤당 운임에 기초한 운임산정방법의 번거로움을 줄이기 위하여 화물의 종류나 중량에 관계없이 무조건 1 컨테이너당[6] 얼마로 하는 운임을 말한다.

6) TEU(Twenty Feet Equivalent Unit)—20 feet 기준의 컨테이너 단위

이 운임에는 화물의 종류에 관계없이 적용되는 무차별운임(Freight All Kinds Rate; FAK rate)과 화물을 종류, 성질, 형태별로 나누어 적용하는 등급운임(Class Rate), 그리고 화물의 유형별로 품목을 나누어 적용하는 품목별운임(Commodity Box Rate; CBR)이 있다.

•용어정리• 운임톤(Revenue Ton)

운임산정의 기준이 되는 톤으로 일반적으로 중량톤과 용적톤 중 높은 쪽을 운임톤으로 하여 기본운임률을 곱하여 기본운임(basic rate)을 산정한다. Freight ton 이라고도 한다. 해상운임 산정의 기준이 되는 운임톤(R/T) 결정에 있어서 기준은 1 CBM(Cubic Meter=1 $m^3$)이 1 M/T(Metric ton=1,000kg)이므로 화물 용적 1CBM의 무게가 1,000kg 이상이 되면 중량화물(weight cargo)이 되어 무게를 기준으로 운임을 부과하고, 무게가 그 이하이면 용적화물(measurement cargo)이 되어 부피를 기준으로 운임을 부과하게 된다.

예제. 중량이 400kg이며 가로, 세로, 높이가 각각 100cm, 100cm, 150cm인 상자(Carton Box) 100개에 대해 운임을 산정할 때 중량과 용적 중 어떤 것이 운임톤이 되며 해상운임이 USD 10/CBM일 경우 해상운임은 얼마인가 ?

중량 기준 400kg(1상자) × 100개 = 40,000kg
1CBM = 1,000kg이므로 40 CBM

용적 기준 1 상자 1m × 1m × 1.5m = 1.5 CBM,
100 상자 1.5 CBM × 100개 = 150 CBM

용적기준(150 CBM)이 중량기준(40 CBM)보다 크므로 운임톤은 용적톤이 됨.

해상운임은 150 CBM × USD 10 = USD 1,500임.

### 상법에서 규정하고 있는 운임 기준

**[법률 제12397호, 2014.3.11., 일부개정]**

제805조(운송물의 중량·용적에 따른 운임) 운송물의 중량 또는 용적으로 운임을 정한 때에는 운송물을 인도하는 때의 중량 또는 용적에 의하여 그 액을 정한다.

제806조(운송기간에 따른 운임) ①기간으로 운임을 정한 때에는 운송물의 선적을 개시한 날부터 그 양륙을 종료한 날까지의 기간에 의하여 그 액을 정한다.

②제1항의 기간에는 불가항력으로 인하여 선박이 선적항이나 항해 도중에 정박한 기간 또는 항해 도중에 선박을 수선한 기간을 산입하지 아니한다.

---

FEU(Forty Feet Equivalent Unit)－40 feet 기준의 컨테이너 단위

# III 정기선 운임의 종류

## 1. 지급시기에 따른 분류

### (1) 선지급운임(freight prepaid; freight in advance)

수출업자가 선적지에서 미리 지급하는 운임으로 CIF, CFR과 같은 가격조건에서 운임선불방식이 적용된다.

선불운임의 계산기준은 선적지에 송하인이 신고한 용적 또는 중량을 기준으로 산출되며 운임계산환율은 선하증권 작성일이나 선적지 본선입항일의 환율에 따른다.

### (2) 후지급운임(freight collect; freight payable at destination)

수입업자가 화물의 도착지에서 지급하는 운임으로 FAS, FOB와 같은 가격조건에 적용되는 운임지급방식이다.

후불운임의 계산기준은 선불운임과 마찬가지로 선적당시에 신고된 용적 또는 중량을 기초하여 산출되며 운임계산환율은 양륙지 본선입항일의 환율에 따른다.

## 2. 부과방법에 따른 분류

### (1) 종가운임(Ad Valorem Rates)

귀금속 등의 고가품의 경우 당해 화물의 가격(송장 FOB 가격)의 일정률을 운임으로 징수한다. 일반화물에 비해 보관 및 관리에 보다 많은 주의를 요하기 때문에 일반화물에 비해 훨씬 높은 운임이 부과된다.

### (2) 최저운임(Minimum Freight)

화물의 용적이나 중량이 이미 설정된 운임산출 톤 단위에 미달하는 경우 부과하는 운임이다.

### (3) 소포운임(Parcel Freight)

소포처럼 용적이나 중량이 적어 최저운임에도 미달하는 경우에 부과되는 운임을 말한다.

### (4) 차별운임(Discrimination Rate)

화물, 장소 또는 화주에 따라 차별적으로 부과되는 운임을 말한다.

### (5) 무차별운임(Freight All Kinds Rate)

화물, 장소 또는 화주에 관계없이 운송거리를 기준으로 일률적으로 부과되는 운임을 말한다.

## 3. 기타 운임

### (1) 특별운임(Special Rate)

수송 조건과는 별개로 해운동맹 측이 비동맹선과 적취 경쟁을 하게 되면 일정조건 하에서 정상 요율을 인하한 특별 요율을 적용하는 경우의 운임이다.

### (2) 경쟁운임(Open Rate)

선적단위가 큰 화물이거나 운임 부담력이 특히 낮은 품목은 품목별 요율을 별도로 정하지 않고 그 동맹선 회원사가 임의로 적용케 할 수 있게 함으로써 비동맹선사와의 경쟁을 용이하게 하고 있다.

### (3) O.C.P Rate

미대륙 내에는 육송절차의 종착지, 또는 정거장에 속하는 Overland Common Point(OCP)가 있으며 각 OCP에 대한 일관수송 요금표가 정해져 있다.

### (4) 연락(連絡)운임(Through Freight)

화주가 화물을 수송 의뢰함에 있어서 그 항로의 사정상 어느 지점에서 환적할 수밖에 없는 경우, 선박회사는 최종 목적지까지의 환적수송을 책임지는 조건으로 전 구간에 대한 운임을 모두 받게 되는데, 이를 Through Freight라고 한다.

### (5) 지역운임(Local Freight)

주된 항구간의 해상운임 이외에 주 항구 이외의 지역으로 이송되어야 할 경우에 발생되는 운임이다.

# IV 정기선 운임의 구성

일반적으로 운임은 기본운임(O/Freight; Ocean Freight), 할증운임(Surcharge)과 추가운임(Additional Charge)으로 구성된다.

## 1. 기본운임

운임톤(R/T)에 기본운임률(Basic Rate)을 곱하여 산정한다.

## 2. 할증운임

### (1) 중량할증운임(Heavy Lift Surcharge)

일반화물보다 무거울 경우에 부과하는 할증운임으로 기관차 등 1개의 중량이 상당히 큰 화물에 부과되는 운임이다.

### (2) 용적 및 장척(長尺)할증료(Bulky/Lengthy Surcharge)

부피가 크거나 길이가 길어 다른 화물과 혼재하기 어렵거나 취급하는데 어려움이 있는 화물에 대하여 부과하는 할증운임이다.

### (3) 체화(滯貨)할증료(Port Congestion Surcharge)

도착항의 항만사정이 선박으로 혼잡할 경우 신속히 하역할 수 없게 되어 선박의 가동률이 저하되어 선박회사에게 손해가 발생함으로 이에 대하여 화주에게 전가하기 위한 운임이다.

### (4) 통화할증료(CAF; Currency Adjustment Factor)

운임의 지불통화가치 하락에 따른 환차손을 화주에게 부담시킬 경우 운임의 몇 %로 할증요금을 제시하게 된다. 이 경우 부과되는 할증요금이 통화할증료이다.

예를 들어 국내수입업체에게도 US$로 운임을 징수하는 경우 FOB 조건으로 1US$=1,000원일 때 운송계약을 체결하였으나 운임을 지불하는 도착당시 달러가치가 하락하여 1US$= 800원이 될 경우 선사는 그 만큼의 손실을 보전하기 위하여 통화할증료를 화주에게 부과하게 된다.

### (5) 유류할증료(BAF; Bunker Adjustment Factor)

선박 운항 비용 가운데 연료비가 20~30%를 차지하고 있는데 선박의 연료는 벙커유가 사용된다. 이 벙커유의 가격이 상승하게 되면 선사의 이익이 줄어들어 손실을 겪게 되는데 이러한 손실을 보전하기 위해 부과되는 할증운임이 유류할증료이다.

### (6) 선택항할증운임(Optional Surcharge)

선적시 목적항을 두 개 이상 정했다가 출항 후 1개항을 선택할 때 부과되는 할증운임이다. 이는 선적시 목적항이 정해져 있지 않기 때문에 효율적인 화물관리가 어렵게 되고 추가적인 비용발생 가능성을 가지기 때문에 부과되는 운임이다.

## 3. 추가운임 또는 부대비용

### (1) THC(Terminal Handling Charge; 터미널 화물처리비)

선적시 컨테이너터미널 입고시점부터 본선의 선측까지, 그리고 양륙시 본선선측에서 CY gate를 통과하기까지 화물의 이동에 수반되는 화물처리비용을 THC라 한다.

국가마다 터미널화물처리비용의 개념과 원가구성요소가 조금씩 다른데 한국, 대만, 홍콩 등 극동지역이나 ASEAN 국가 및 유럽의 경우 THC를 사용하나 일본지역은 아시아 항로에 국한하여 컨테이너 처리비용(CHC; Container Handling Charge) 비용이라고 하여 부과하고 미국에서는 목적지 인도비용(DDC; Destination Delivery Charge)이라 하여 THC에다가 내륙의 일정한 장소까지의 내륙운송비를 합하여 부과하고 있다.

### (2) CFS Charge

CFS에서 LCL화물을 FCL화물로 적입(stuffing, vanning)시, FCL화물을 LCL화물로 적출하여 분류시 부과되는 작업비를 CFS Charge라 한다.

### (3) Documentation Fee(서류발급비용)

선박회사가 선하증권(B/L)이나 화물인도지시서(D/O) 발급시 소요되는 비용을 보전하기 위하여 부과하는 비용을 말한다.

### (4) DDC(Destination Delivery Charge; 도착지화물인도비용)

북미수출의 경우 도착항에서 터미널의 작업비용(THC)과 목적지까지의 내륙운송비용을 포함하여 해상운임과는 별도로 징수하는 비용을 말한다.

### (5) Demurrage(滯船料)

화주가 허용된 시간을 초과하여 자신의 컨테이너를 CY에서 반출해가지 않을 경우 선박회사에 지불해야 하는 비용을 말한다. 즉, 수출의 경우 선적지의 CY에서 화물이 적입된 컨테이너를 반입한 후 허용된 시간(free time)[7]이 초과되어도 선적을 위해 컨테이너를 반출하지 않고 그대로 CY에 야적해 둔 경우나 수입의 경우 양륙된 수입화물이 적입된 컨테이너를 CY에서 반출해 가지 않고 그대로 CY에 야적해 두게 하여 선사에게 컨테이너를 사용하지 못하게 함에 따른 일종의 벌과금이 Demurrage이다.

용선운송계약의 경우는 적하 또는 양하일수가 약정된 정박기간을 초과하는 경우 용선자가 선주에게 지불하는 비용이 체선료이다.

### (6) Detention Charge(遲滯料)

화주가 허용된 시간 이내에 반출해간 컨테이너나 트레일러를 지정된 선사의 CY로 반환하지 않을 경우 지불하는 비용을 말한다. 즉, 수출의 경우 화주가 화물을 컨테이너에 적입하기 위해서 자신의 창고나 공장으로 반입요청하여 반입된 공컨테이너에 화물을 적입하여 선적을 위해 CY로 반출하지 않고 야적해 둔 경우나 수입의 경우 수입화물을 적입한 컨테이너를 자신의 창고나 공장에서 적출한 후 공컨테이너를 다시 CY로 허용된 기간내에 되돌려주지 않아서 선사 컨테이너의 이용을 저해함에 따라 부과하는 일종의 벌과금이 Detention charge이다.

---

7) Free time - FCL 화물의 경우 화주의 화물이 적입된 컨테이너가 CY에서 반출해 나가지 전까지 무상으로 장치해 있을 수 있는 기간으로 통상 10일 정도의 장치기간이 허용된다.
FCL 화물의 경우 선박회사 컨테이너를 차용해서 사용하는 것으로 통상 CY에서 반출해 가기 전 10일 정도의 장치기간을 허용하며 이 기간이 지나면 선사는 화주에게 체선료(demurrage)를 부과하게 된다.
또한 이와는 관계없이 CY에서 청구하는 Storage charge가 별도로 발생할 수 있다.

### (7) Wharfage(부두사용료)

부두운영업자 또는 부두소유자가 부두의 사용료로서 부두의 유지, 개조를 위하여 사용자로부터 징수하는 것을 말한다. 한국의 경우 "무역항의 항만시설사용 및 사용료에 관한 규정(전문개정 2008. 12. 18. 국토해양부고시 제2008-783호)"에 따라 항만시설사용료 중 하나로 화물입출항료를 보통 선사나 하역회사가 하주로부터 받아 지방해양항만청장에게 대납한다.

### (8) Outport Arbitrary(외항추가운임)

선박이 기항하는 항구(Base Port) 이외의 지역행 화물에 적용되는 운임을 말한다.

## V 정기선 운임의 특성

운임은 운송서비스에 대한 가격이므로 자유경쟁원칙에 따라 결정되어야 하나 정기선의 경우 운임동맹에 의하여 독점적 가격원리에 따라 인위적으로 결정하는 경향이 있다.

부정기선의 경우 그 운임은 수요와 공급에 따라 결정되기 때문에 안정성이 확보되기 어렵다.

정기선운임은 독점가격이라는 비판을 받고 있으나 결국 정기선운임은 운임형성면에서 독점적인 성격과 운임수준의 장기안정성이 공존하는 특성이 있다.

# 제3절 부정기선 운송과 용선운송계약

## I 부정기선의 의의

### 1. 부정기선의 개념

부정기선(Tramper)은 정해진 항로를 규칙적으로 운항하는 정기선과는 달리, 일정한 항로나 기항지가 있는 것이 아니고 화물이 있을 때마다 또는 화주의 요구가 있을 때만 화주와 용선계약을 체결하고 화물이나 항로에 따라 배선하므로 불규칙한 운항형태를 취하는 선박을 말한다.

부정기선이 취급하는 화물은 주로 원유, 석탄, 광석, 곡물, 비료, 시멘트, 원목, 철강, 중량화물 등 한번 싣는 화물의 크기가 대량인 저가의 대량산화물(散貨物)이다. 이러한 화물의 성질 또는 형태에 적합하도록 특수한 시설을 갖춘 특수전용선 즉, 유조선, 냉동선, 목재전용선, 자동차 전용선, 곡물전용선 등을 이용하게 된다.

### 2. 부정기선의 특성

① 고정된 운항일정과 항로가 없어 항로의 선택이 자유롭다.

② 운송의 주요대상은 대량의 산물(bulk cargo)이다.

③ 운임이 그 당시의 수요와 공급에 의한 완전경쟁으로 운임률이 결정된다.

④ 선복의 공급은 어느 정도 일정한데 물동량이 시기에 따라 변화하기 때문에 즉, 선복의 공급이 매우 비탄력적이기 때문에 선복수급이 불균형하게 된다.

### 3. 부정기선의 역사

최초 해운업은 무역업에 부수되어 운영되었다. 이때 무역업자가 스스로 자신의 화물을 운송할 선박을 수배하여 자신의 화물을 운송하는 형태인 부정기선이었다. 그러다가 산업혁명을 거치면서 해운업은 무역업에서 분리되어 독립된 업으로 기능하게 된다. 즉, 영국에서는 19세기 초, 독일에서는 19세기 중엽부터 무역업으로 분리되기 시작하여 19세기 말엽부터 완전히 독립된 기업으로 성장하기 시작하였다. 산업혁명이 무역업에서 해운업이 독립할 수 있도록 한 가장 큰 요인이 되었다. 산업혁명으로 운송수요가 증가하고 교통 및 통신수단이 발전(목조범선→철강증기선)하게 되었기 때문에 해운업이 독립된 기업으로 발전하게 된 것이다.

이때부터 타인의 화물을 운송하고 그 대가로서 운임을 취득할 목적으로 선박을 운항하는 일반운송인이 생겨나서 지중해를 중심으로 정기선운송이 이루어지게 된다. 따라서 해상운송에서 정기선과 부정기선이 공존하게 된다.

정리하면 해운업의 초기의 형태는 부정기선이었으나, 무역량의 증대와 항해기술의 발달로 정기선이 운항되었고 컨테이너의 출현은 정기선운송의 발전을 가져오게 되었고 오늘날 정기선 운송이 해운의 주류를 이루게 되었다. 그러나 정기선은 주로 공산품을 운송하나 부정기선은 1차 산품을 운송하게 되어 그 이용화물이 상이하여 정기선과 부정기선은 서로 경쟁적 위치에 있지 않고 상호보완적인 입장에서 국제운송의 양대지주를 형성하고 있다.

## 4. 부정기선 시장

부정기선은 수요에 따라 수시로 항로를 변경해야 하기 때문에 전 세계를 시장으로 하고 있다. 부정기선 시장은 정기선의 해운동맹과 같은 카르텔 조직은 없고 시장참여가 자유로운 경쟁시장이다.

부정기선 시장에서 운임은 해상물동량(부정기선의 수요)과 운송인의 선복수급(부정기선의 공급)관계에 따라 좌우된다. 부정기선 시장은 19세기 이래 런던을 중심으로 시작되어, 2차 대전 뉴욕이 중요한 시장으로 등장하였고 최근 극동지역에서는 동경이 새로운 해운시장을 형성하고 있다.

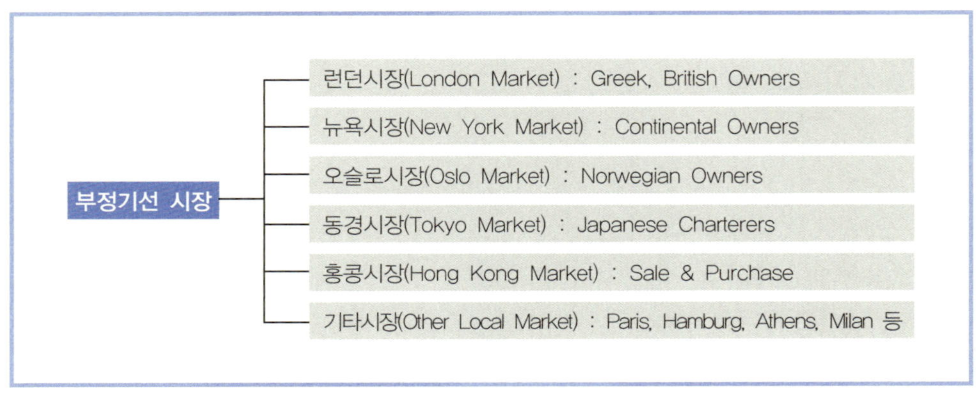

# II 용선운송계약

## 1. 용선운송계약의 체결 과정

### (1) 용선 중개 의뢰

화주는 자기의 화물을 운송할 적당한 용선선박을 수배하기 위해 용선중개인에게 용선 중개를 의뢰한다.

### (2) 용선 조회(Inquiry)

용선중개인은 화주가 용선의뢰한 용선의 제 조건과 적격선의 유무를 선박회사에 조회하게 된다.

### (3) 용선을 위한 확정청약(Firm Offer)

Inquiry를 받은 선박회사는 화주가 요구하는 제 조건을 검토한 후 조건에 맞는 선박이 있는 경우 화주에게 용선을 위한 확정청약을 발행한다.

### (4) 승낙(Acceptance)

선박회사가 확정청약에서 제시한 유효기간 내에 화주가 청약내용에 대해 승낙의 의사표시를 하게 되면 용선계약이 성립된다.

### (5) 선복확정서(Fixture Note) 작성

청약과 승낙에 따라 용선계약이 성립되면 그 증빙서류로 선복확정서를 작성하여 거기에 화주, 선주 및 중개인이 각각 서명하여 한 통씩 보관하게 된다.

### (6) 용선계약서(Charter Party) 작성

그 후 정식으로 용선자(화주)와 용선주 사이에 용선계약서를 작성하게 된다.

〈그림 6-1〉 용선운송계약 체결 과정

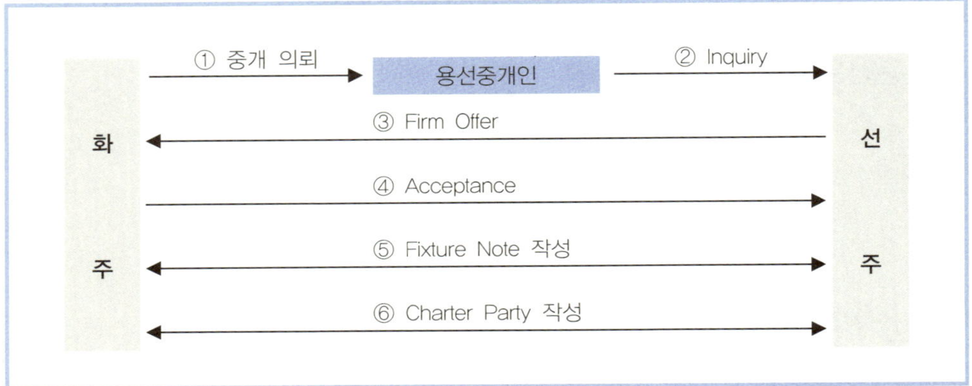


참고

## 〈서식 6-1〉 Fixture Note(선복확정서) 예시 설명

- **1 SBP** : One Safe berth and Port : 1개 안전항에서 1개 부두에서 작업. 경우에 따라 여러 부두, 여러 항을 옮겨 다니는 경우도 있는데 이 경우 비용이 추가되므로 작업할 부두를 명확히 한정하여 계약함.
- **MOLCO(More or Less at Charter's Option)** : More or Less는 수량과부족용인조항으로 산화물인 경우에 정확한 수량의 선적이나 적재가 불가능하므로 일정 한도 내에서 이를 클레임으로 제기하지 않겠다는 조항으로 소위 M/L Clause라고도 한다. 여기에서는 선적수량의 Tolerance 조항으로 용선자가 5%의 범위 내에서 임의로 수량을 결정하여 선적하겠다는 뜻이다.
- **Layday/Cancelling Day** : layday는 작업시작을, cancelling day는 작업취소일을 의미하는데 계약서에 10/15 August로 표기되면 선주는 이 기간 안에 선박을 선적항에 도착시켜 선적준비를 완료해야 하고 화주는 8월 10일에는 작업할 수 있도록 모든 준비를 마쳐야한다는 의미이고 만약 선주가 이 기간 안에 선박을 준비하지 못하면 용선자는 cancelling day인 8월 15일에 계약을 취소할 수 있고 그에 상응하여 계약위반으로 인한 손실을 선주를 상대로 청구할 수 있다.
- **DEM/DES(Demurrage and Dispatch money)** : 체선료(Demurrage)란 하용정박기간을 초과하여 사용하였을 경우 용선자가 선주에게 지불하는 약정금이고, 조출료(Dispatch money)는 체선료와는 반대로 절약된 기간에 대하여 선주가 용선자에게 통상 체선료의 2분의 1에 해당하는 금액을 지불한다.
- **BENDS(Both Ends)** : 선적항과 양하항을 의미한다.
- **PDPR(per day pro rata)** : 하루당 얼마의 비율, 즉, USD3,000.00 PDPR은 하루 미화 3,000달러의 비율을 의미하며 12시간이면 미화 1,500달러를 의미한다.
- **FIOST(FREE IN AND OUT AND STOWED AND TRIMMED)** : 화물의 본선적재나 양륙 비용은 선주가 부담하지 않고, 송하인이나 수하인이 부담하는 조건이다.

### 〈서식 6-1〉 Fixture Note(선복확정서) 예시

Date : 28th June, 2009

Messers. Lightning Trading CO., LTD.
Seoul, Korea

Dear Sirs,

We are pleased to confirm the fixture between **Lightning Trading Co., LTD.**, Seoul, the Charterers and **Mitsui O.S.K. lines(MOL)**, Tokyo on this date for a trip charter with the terms and conditions as follows :

| | |
|---|---|
| 1. Name of vessel | : M.V. "UNKAI MARU" |
| 2. Loading port | : 1 safe berth 1 safe port of Pusan |
| 3. Unloading port | : 1 safe berth 1 safe port of Southern Iranian port(actual unloading port to be decided later on) |
| 4. Cargo & Quantity | : S.S. Cement 150,000 M/Tons 10% MOLCO |
| 5. Freight Rate | : US$34.00 per MT(NET) FIOST(1－1 basis), discountless and non－returnable |
| 6. Lay/Can | : 20th July 5th Aug., 2009. |
| 7. Loading/Unloading Rate | : 20,000 M/T per WWD of 24 consecutive hours SHEX UU/10,000 M/T per WWD of 24 consecutive hours FHEX EIU. |
| 8. Dem/Des Money | : US$5,000 per day or pro rata for all time lost/US$2,500 per day or pro rata for laytime saved. |
| 9. Stevedorage for loading | : Free in, Stevedorage of discharging : Free out |
| 10. Payment of freight | : 80% of freight to be paid within 5 days after completion of loading in U.S. Currency and balance 20% to be paid upon confirmation of vessel's arrival at the destination. |
| 11. Agency | : Owner's agent at both ends |
| 12. Consignee or Notify Party | : As per shown on B/L |
| 13. Other Terms and Conditions | : As per GENCON C/P clause and B/L |
| 14. Remarks | : |

One original fixture note being made, mutually signed and possessed by Owners.

| | |
|---|---|
| Charterers : | Owners : |
| **Lightning Trading Co., LTD.** | **Mitsui O.S.K. lines(MOL)** |
| Seoul, Korea | Tokyo, Japan |
| *S U. Song* | *Nakayama* |
| Manager | Manager |
| Trading Dept. | Business Dept. |

## 2. 항로(항해) 용선계약(Voyage or Trip Charter)

### (1) 항해용선계약의 정의

일정한 항구에서 다른 항구까지 화물운송을 의뢰하고자 하는 용선자(charterer)와 선주(shipowner)간에 체결되는 용선운송계약을 말한다.

### (2) 항해용선계약의 형태

기간용선과는 달리 선주가 일체의 경비를 부담한다. 그러나 항해용선계약시 하역비, 항비 등의 운항비를 어느 쪽이 부담하느냐에 따라 몇 가지로 나눌 수 있다.

❶ Gross Term(Form)
- 선주가 하역비와 항비 등 일체의 경비를 부담하는 방식
- 화물은 본선도가 원칙이므로 그와 관련된 특수한 항비는 용선자가 부담

❷ Net Term(Form)
- 용선자가 적하, 양하의 모든 하역비를 부담할 뿐 아니라 하역준비완료시로부터 양하종료시까지의 항비일체를 부담하는 방식

❸ FIO Charter
- 용선자가 적하와 양하의 하역비를 부담하고 선주는 항비를 부담

❹ Lumpsum Charter
- 항비는 선주가 부담

* 항비(Port Charge) : 선박이 목적지항구에 입출항하게 될 때 발생하는 모든 비용

### (3) 항해용선계약서

계약체결시 운송계약 세목을 모두 약정하는 것은 어려운 일이기 때문에 당사자는 계약서에 상세한 규정이 들어 있는 공인서식을 사용하는 것이 좋다. 이는 후일 발생할지도 모르는 분쟁을 사전에 예방할 수 있고 당사자간의 교섭의 중점

을 운임률, 정박기간, 체선료, 선적지회항기일, 계약일수 등 서식상의 문제점에만 한정시킬 수 있는 이점이 있다.

### ❶ 공인서식의 종류

항해용선계약의 공인서식은 화물과 항로에 따라 다르나 현재 영국해운회의소(The Chamber of Shipping of the United Kingdom)에서 공인된 것은 석탄운송용 16종, 목재운송용 7종, 곡물운송용 11종 등 총 49종이다.

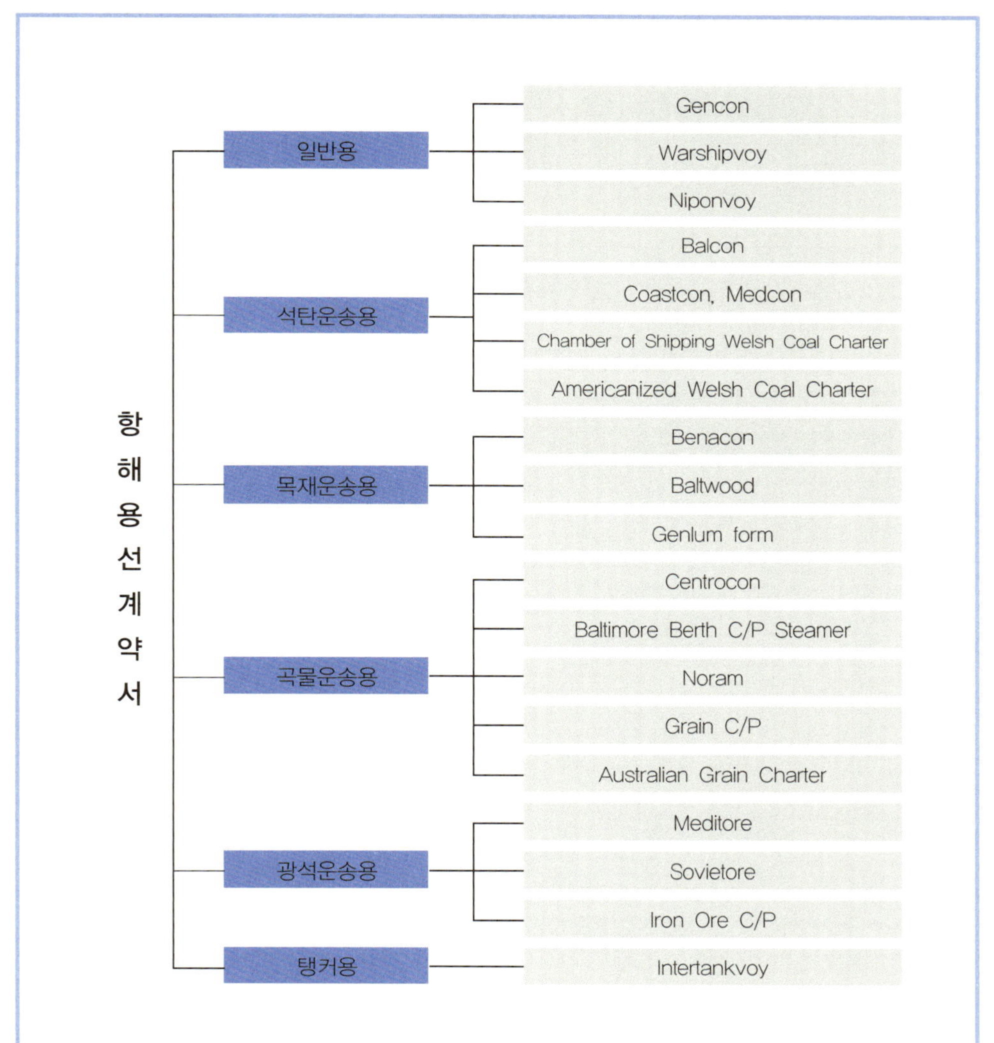

## 〈서식 6-2〉 GENCON 양식(항해용선계약서)

| | |
|---|---|
| 1. Shipbroker | RECOMMENDED<br>THE BALTIC AND INTERNATIONAL MARITIME COUNCIL<br>UNIFORM GENERAL CHARTER(AS REVISED 1922, 1976 and 1994)<br>(To be used for trades for which no specially approved form is in force)<br>CODE NAME: "GENCON"<br>Part I |
| | 2. Place and date |
| 3. Owners/Place of business(Cl. 1) | 4. Charterers/Place of business(Cl. 1) |
| 5. Vessel's name(Cl. 1) | 6. GT/NT(Cl. 1) |
| 7. DWT all told on summer load line in metric tons (abt.)(Cl. 1) | 8. Present position(Cl. 1) |
| 9. Expected ready to load (abt.)(Cl. 1) | |
| 10. Loading port or place(Cl. 1) | 11. Discharging port or place(Cl. 1) |
| 12. Cargo(also state quantity and margin in Owners' option, if full and complete cargo not agreed state "part cargo" )(Cl. 1) | |
| 13. Freight rate(also state whether freight prepaid or payable on delivery)(Cl. 4) | 14. Freight payment(state currency and method of payment ; also beneficiary and bank account)(Cl. 4) |
| 15. State if vessel's cargo handling gear shall not be used(Cl. 5) | 16. Laytime(if separate laytime for load. and disch. is agreed, fill in a) and b). If total laytime for load. and disch., fill in c) only(Cl. 6) |
| 17. Shippers/Place of business(Cl. 6) | a) laytime for loading |
| 18. Agent(loading)(Cl. 6) | b) laytime for discharging |
| 19. Agent(discharging)(Cl. 6) | c) Total laytime for loading and discharging |
| 20. Demmurage rate and manner payable(loading and discharging)(Cl. 7) | 21. Cancelling date(Cl. 9) |
| | 22. General Average to be adjusted at(Cl. 12) |
| 23. Freight tax(state if for the Owner's account)((Cl. 13 (c)) | 24. Brokerage commission and to whom payable(Cl. 15) |
| 25. Law and Arbitration(state 19 (a), 19 (b) or 19 (c) of Cl. 19; if (c) agreed also state Place of Arbitration) (if not filled in 19 (a) shall apply) (Cl. 19) | |
| a) State maximum amount for small claims/shortened arbitration(Cl. 19) | 26. Additional clauses covering special provisions, if agreed |

It is mutually agreed that this Contract shall be performed subject to the conditions contained in this Charter Party which shall include Part I as well as Part II. In the event of a conflict of conditions, the provisions of Part I shall prevail over those of Part II to the extent of such conflict.

| | |
|---|---|
| Signature(Owners) | Signature(Charterers) |

## PART II
"Gencon" Charter (As Revised 1922, 1976 and 1994)

1. It is agreed between the party mentioned in Box 3 as the Owners of the Vessel named in Box 5, of the GT/NT indicated in Box 6 and carrying about the number of metric tons of deadweight capacity all told on summer loadline stated in Box 7, now in position as stated in Box 8 and expected ready to load under this Charter Party about the date indicated in Box 9, and the party mentioned as the Charterers in Box 4 that:
The said Vessel shall, as soon as her prior commitments have been completed, proceed to the loading port(s) or place(s) stated in Box 10 or so near thereto as she may safely get and lie always afloat, and there load a full and complete cargo (if shipment of deck cargo agreed same to be at the Charterers' risk and responsibility) as stated in Box 12, which the Charterers bind themselves to ship, and being so loaded the Vessel shall proceed to the discharging port(s) or place(s) stated in Box 11 as ordered on signing Bills of Lading, or so near thereto as she may safely get and lie always afloat, and there deliver the cargo.

2. **Owners' Responsibility Clause**
The Owners are to be responsible for loss of or damage to the goods or for delay in delivery of the goods only in case the loss, damage or delay has been caused by personal want of due diligence on the part of the Owners or their Manager to make the Vessel in all respects seaworthy and to secure that she is properly manned, equipped and supplied, or by the personal act or default of the Owners or their Manager.
And the Owners are not responsible for loss, damage or delay arising from any other cause whatsoever, even from the neglect or default of the Master or crew or some other person employed by the Owners on board or ashore for whose acts they would, but for this Clause, be responsible, or from unseaworthiness of the Vessel on loading or commencement of the voyage or at any time whatsoever.

3. **Deviation Clause**
The Vessel has liberty to call at any port or ports in any order, for any purpose, to sail without pilots, to tow and/or assist Vessels in all situations, and also to deviate for the purpose of saving life and/or property.

4. **Payment of Freight**
(a) The freight at the rate stated in Box 13 shall be paid in cash calculated on the intaken quantity of cargo.
(b) *Prepaid.* If according to Box 13 freight is to be paid on shipment, it shall be deemed earned and non-returnable, Vessel and/or cargo lost or not lost.
Neither the Owners nor their agents shall be required to sign or endorse bills of lading showing freight prepaid unless the freight due to the Owners has actually been paid.
(c) *On delivery.* If according to Box 13 freight, or part thereof, is payable at destination it shall not be deemed earned until the cargo is thus delivered. Notwithstanding the provisions under (a), if freight or part thereof is payable on delivery of the cargo the Charterers shall have the option of paying the freight on delivered weight/quantity provided such option is declared before breaking bulk and the weight/quantity can be ascertained by official weighing machine, joint draft survey or tally.
Cash for Vessel's ordinary disbursements at the port of loading to be advanced by the Charterers, if required, at highest current rate of exchange, subject to two (2) per cent to cover insurance and other expenses.

5. **Loading/Discharging**
*(a) Costs/Risks*
The cargo shall be brought into the holds, loaded, stowed and/or trimmed, tallied, lashed and/or secured and taken from the holds and discharged by the Charterers, free of any risk, liability and expense whatsoever to the Owners. The Charterers shall provide and lay all dunnage material as required for the proper stowage and protection of the cargo on board, the Owners allowing the use of all dunnage available on board. The Charterers shall be responsible for and pay the cost of removing their dunnage after discharge of the cargo under this Charter Party and time to count until dunnage has been removed.
*(b) Cargo Handling Gear*
Unless the Vessel is gearless or unless it has been agreed between the parties that the Vessel's gear shall not be used and stated as such in Box 15, the Owners shall throughout the duration of loading/discharging give free use of the Vessel's cargo handling gear and of sufficient motive power to operate all such cargo handling gear. All such equipment to be in good working order. Unless caused by negligence of the stevedores, time lost by breakdown of the Vessel's cargo handling gear or motive power - pro rata the total number of cranes/winches required at that time for the loading/discharging of cargo under this Charter Party - shall not count as laytime or time on demurrage. On request the Owners shall provide free of charge cranemen/winchmen from the crew to operate the Vessel's cargo handling gear, unless local regulations prohibit this, in which latter event shore labourers shall be for the account of the Charterers. Cranemen/winchmen shall be under the Charterers' risk and responsibility and as stevedores to be deemed as their servants but shall always work under the supervision of the Master.
*(c) Stevedore Damage*
The Charterers shall be responsible for damage (beyond ordinary wear and tear) to any part of the Vessel caused by Stevedores. Such damage shall be notified as soon as reasonably possible by the Master to the Charterers or their agents and to their Stevedores, failing which the Charterers shall not be held responsible. The Master shall endeavour to obtain the Stevedores' written acknowledgement of liability.
The Charterers are obliged to repair any stevedore damage prior to completion of the voyage, but must repair stevedore damage affecting the Vessel's seaworthiness or class before the Vessel sails from the port where such damage was caused or found. All additional expenses incurred shall be for the account of the Charterers and any time lost shall be for the account of and shall be paid to the Owners by the Charterers at the demurrage rate.

6. **Laytime**
* *(a) Separate laytime for loading and discharging*
The cargo shall be loaded within the number of running days/hours as indicated in Box 16, weather permitting, Sundays and holidays excepted, unless used, in which event time used shall count.
The cargo shall be discharged within the number of running days/hours as indicated in Box 16, weather permitting, Sundays and holidays excepted, unless used, in which event time used shall count.
* *(b) Total laytime for loading and discharging*
The cargo shall be loaded and discharged within the number of total running days/hours as indicated in Box 16, weather permitting, Sundays and holidays excepted, unless used, in which event time used shall count.
*(c) Commencement of laytime (loading and discharging)*
Laytime for loading and discharging shall commence at 13.00 hours, if notice of readiness is given up to and including 12.00 hours, and at 06.00 hours next working day if notice given during office hours after 12.00 hours. Notice of readiness at loading port to be given to the Shippers named in Box 17 or if not named, to the Charterers or their agents named in Box 18. Notice of readiness at the discharging port to be given to the Receivers or, if not known, to the Charterers or their agents named in Box 19.
If the loading/discharging berth is not available on the Vessel's arrival at or off the port of loading/discharging, the Vessel shall be entitled to give notice of readiness within ordinary office hours on arrival there, whether in free pratique or not, whether customs cleared or not. Laytime or time on demurrage shall then count as if she were in berth and in all respects ready for loading/discharging provided that the Master warrants that she is in fact ready in all respects. Time used in moving from the place of waiting to the loading/discharging berth shall not count as laytime.
If, after inspection, the Vessel is found not to be ready in all respects to load/discharge time lost after the discovery thereof until the Vessel is again ready to load/discharge shall not count as laytime.
Time used before commencement of laytime shall count.
* *Indicate alternative (a) or (b) as agreed, in Box 16.*

7. **Demurrage**
Demurrage at the loading and discharging port is payable by the Charterers at the rate stated in Box 20 in the manner stated in Box 20 per day or pro rata for any part of a day. Demurrage shall fall due day by day and shall be payable upon receipt of the Owners' invoice.
In the event the demurrage is not paid in accordance with the above, the Owners shall give the Charterers 96 running hours written notice to rectify the failure. If the demurrage is not paid at the expiration of this time limit and if the vessel is in or at the loading port, the Owners are entitled at any time to terminate the Charter Party and claim damages for any losses caused thereby.

8. **Lien Clause**
The Owners shall have a lien on the cargo and on all sub-freights payable in respect of the cargo, for freight, deadfreight, demurrage, claims for damages and for all other amounts due under this Charter Party including costs of recovering same.

9. **Cancelling Clause**
(a) Should the Vessel not be ready to load (whether in berth or not) on the cancelling date indicated in Box 21, the Charterers shall have the option of cancelling this Charter Party.
(b) Should the Owners anticipate that, despite the exercise of due diligence, the Vessel will not be ready to load by the cancelling date, they shall notify the Charterers thereof without delay stating the expected date of the Vessel's readiness to load and asking whether the Charterers will exercise their option of cancelling the Charter Party, or agree to a new cancelling date.
Such option must be declared by the Charterers within 48 running hours after the receipt of the Owners' notice. If the Charterers do not exercise their option of cancelling, then this Charter Party shall be deemed to be amended such that

## PART II
"Gencon" Charter (As Revised 1922, 1976 and 1994)

the seventh day after the new readiness date stated in the Owners' notification to the Charterers shall be the new cancelling date.
The provisions of sub-clause (b) of this Clause shall operate only once, and in case of the Vessel's further delay, the Charterers shall have the option of cancelling the Charter Party as per sub-clause (a) of this Clause.

**10. Bills of Lading**
Bills of Lading shall be presented and signed by the Master as per the "Congenbill" Bill of Lading form, Edition 1994, without prejudice to this Charter Party, or by the Owners' agents provided written authority has been given by Owners to the agents, a copy of which is to be furnished to the Charterers. The Charterers shall indemnify the Owners against all consequences or liabilities that may arise from the signing of bills of lading as presented to the extent that the terms or contents of such bills of lading impose or result in the imposition of more onerous liabilities upon the Owners than those assumed by the Owners under this Charter Party.

**11. Both-to-Blame Collision Clause**
If the Vessel comes into collision with another vessel as a result of the negligence of the other vessel and any act, neglect or default of the Master, Mariner, Pilot or the servants of the Owners in the navigation or in the management of the Vessel, the owners of the cargo carried hereunder will indemnify the Owners against all loss or liability to the other or non-carrying vessel or her owners in so far as such loss or liability represents loss of, or damage to, or any claim whatsoever of the owners of said cargo, paid or payable by the other or non-carrying vessel or her owners to the owners of said cargo and set-off, recouped or recovered by the other or non-carrying vessel or her owners as part of their claim against the carrying Vessel or the Owners.
The foregoing provisions shall also apply where the owners, operators or those in charge of any vessel or vessels or objects other than, or in addition to, the colliding vessels or objects are at fault in respect of a collision or contact.

**12. General Average and New Jason Clause**
General Average shall be adjusted in London unless otherwise agreed in Box 22 according to York-Antwerp Rules 1994 and any subsequent modification thereof. Proprietors of cargo to pay the cargo's share in the general expenses even if same have been necessitated through neglect or default of the Owners' servants (see Clause 2).
If General Average is to be adjusted in accordance with the law and practice of the United States of America, the following Clause shall apply: "In the event of accident, danger, damage or disaster before or after the commencement of the voyage, resulting from any cause whatsoever, whether due to negligence or not, for which, or for the consequence of which, the Owners are not responsible, by statute, contract or otherwise, the cargo shippers, consignees or the owners of the cargo shall contribute with the Owners in General Average to the payment of any sacrifices, losses or expenses of a General Average nature that may be made or incurred and shall pay salvage and special charges incurred in respect of the cargo. If a salving vessel is owned or operated by the Owners, salvage shall be paid for as fully as if the said salving vessel or vessels belonged to strangers. Such deposit as the Owners, or their agents, may deem sufficient to cover the estimated contribution of the goods and any salvage and special charges thereon shall, if required, be made by the cargo, shippers, consignees or owners of the goods to the Owners before delivery.".

**13. Taxes and Dues Clause**
(a) _On Vessel_ -The Owners shall pay all dues, charges and taxes customarily levied on the Vessel, howsoever the amount thereof may be assessed.
(b) _On cargo_ -The Charterers shall pay all dues, charges, duties and taxes customarily levied on the cargo, howsoever the amount thereof may be assessed.
(c) _On freight_ -Unless otherwise agreed in Box 23, taxes levied on the freight shall be for the Charterers' account.

**14. Agency**
In every case the Owners shall appoint their own Agent both at the port of loading and the port of discharge.

**15. Brokerage**
A brokerage commission at the rate stated in Box 24 on the freight, dead-freight and demurrage earned is due to the party mentioned in Box 24.
In case of non-execution 1/3 of the brokerage on the estimated amount of freight to be paid by the party responsible for such non-execution to the Brokers as indemnity for the latter's expenses and work. In case of more voyages the amount of indemnity to be agreed.

**16. General Strike Clause**
(a) If there is a strike or lock-out affecting or preventing the actual loading of the cargo, or any part of it, when the Vessel is ready to proceed from her last port or at any time during the voyage to the port or ports of loading or after her arrival there, the Master or the Owners may ask the Charterers to declare, that they agree to reckon the laydays as if there were no strike or lock-out. Unless the Charterers have given such declaration in writing (by telegram, if necessary) within 24 hours, the Owners shall have the option of cancelling this Charter Party. If part cargo has already been loaded, the Owners must proceed with same, (freight payable on loaded quantity only) having liberty to complete with other cargo on the way for their own account.
(b) If there is a strike or lock-out affecting or preventing the actual discharging of the cargo on or after the Vessel's arrival at or off port of discharge and same has not been settled within 48 hours, the Charterers shall have the option of keeping the Vessel waiting until such strike or lock-out is at an end against paying half demurrage after expiration of the time provided for discharging until the strike or lock-out terminates and thereafter full demurrage shall be payable until the completion of discharging, or of ordering the Vessel to a safe port where she can safely discharge without risk of being detained by strike or lock-out. Such orders to be given within 48 hours after the Master or the Owners have given notice to the Charterers of the strike or lock-out affecting the discharge. On delivery of the cargo at such port, all conditions of this Charter Party and of the Bill of Lading shall apply and the Vessel shall receive the same freight as if she had discharged at the original port of destination, except that if the distance to the substituted port exceeds 100 nautical miles, the freight on the cargo delivered at the substituted port to be increased in proportion.
(c) Except for the obligations described above, neither the Charterers nor the Owners shall be responsible for the consequences of any strikes or lock-outs preventing or affecting the actual loading or discharging of the cargo.

**17. War Risks ("Voywar 1993")**
(1) For the purpose of this Clause, the words:
(a) The "Owners" shall include the shipowners, bareboat charterers, disponent owners, managers or other operators who are charged with the management of the Vessel, and the Master; and
(b) "War Risks" shall include any war (whether actual or threatened), act of war, civil war, hostilities, revolution, rebellion, civil commotion, warlike operations, the laying of mines (whether actual or reported), acts of piracy, acts of terrorists, acts of hostility or malicious damage, blockades (whether imposed against all Vessels or imposed selectively against Vessels of certain flags or ownership, or against certain cargoes or crews or otherwise howsoever), by any person, body, terrorist or political group, or the Government of any state whatsoever, which, in the reasonable judgement of the Master and/or the Owners, may be dangerous or are likely to be or to become dangerous to the Vessel, her cargo, crew or other persons on board the Vessel.
(2) If at any time before the Vessel commences loading, it appears that, in the reasonable judgement of the Master and/or the Owners, performance of the Contract of Carriage, or any part of it, may expose, or is likely to expose, the Vessel, her cargo, crew or other persons on board the Vessel to War Risks, the Owners may give notice to the Charterers cancelling this Contract of Carriage, or may refuse to perform such part of it as may expose, or may be likely to expose, the Vessel, her cargo, crew or other persons on board the Vessel to War Risks; provided always that if this Contract of Carriage provides that loading or discharging is to take place within a range of ports, and at the port or ports nominated by the Charterers the Vessel, her cargo, crew, or other persons onboard the Vessel may be exposed, or may be likely to be exposed, to War Risks, the Owners shall first require the Charterers to nominate any other safe port which lies within the range for loading or discharging, and may only cancel this Contract of Carriage if the Charterers shall not have nominated such safe port or ports within 48 hours of receipt of notice of such requirement.
(3) The Owners shall not be required to continue to load cargo for any voyage, or to sign Bills of Lading for any port or place, or to proceed or continue on any voyage, or on any part thereof, or to proceed through any canal or waterway, or to proceed to or remain at any port or place whatsoever, where it appears, either after the loading of the cargo commences, or at any stage of the voyage thereafter before the discharge of the cargo is completed, that, in the reasonable judgement of the Master and/or the Owners, the Vessel, her cargo (or any part thereof), crew or other persons on board the Vessel (or any one or more of them) may be, or are likely to be, exposed to War Risks. If it should so appear, the Owners may by notice request the Charterers to nominate a safe port for the discharge of the cargo or any part thereof, and if within 48 hours of the receipt of such notice, the Charterers shall not have nominated such a port, the Owners may discharge the cargo at any safe port of their choice (including the port of loading) in complete fulfilment of the Contract of Carriage. The Owners shall be entitled to recover from the Charterers the extra expenses of such discharge and, if the discharge takes place at any port other than the loading port, to receive the full freight as though the cargo had been

## PART II

"Gencon" Charter (As Revised 1922, 1976 and 1994)

carried to the discharging port and if the extra distance exceeds 100 miles, to additional freight which shall be the same percentage of the freight contracted for as the percentage which the extra distance represents to the distance of the normal and customary route, the Owners having a lien on the cargo for such expenses and freight.

(4) If at any stage of the voyage after the loading of the cargo commences, it appears that, in the reasonable judgement of the Master and/or the Owners, the Vessel, her cargo, crew or other persons on board the Vessel may be, or are likely to be, exposed to War Risks on any part of the route (including any canal or waterway) which is normally and customarily used in a voyage of the nature contracted for, and there is another longer route to the discharging port, the Owners shall give notice to the Charterers that this route will be taken. In this event the Owners shall be entitled, if the total extra distance exceeds 100 miles, to additional freight which shall be the same percentage of the freight contracted for as the percentage which the extra distance represents to the distance of the normal and customary route.

(5) The Vessel shall have liberty:-

(a) to comply with all orders, directions, recommendations or advice as to departure, arrival, routes, sailing in convoy, ports of call, stoppages, destinations, discharge of cargo, delivery or in any way whatsoever which are given by the Government of the Nation under whose flag the Vessel sails, or other Government to whose laws the Owners are subject, or any other Government which so requires, or any body or group acting with the power to compel compliance with their orders or directions;

(b) to comply with the orders, directions or recommendations of any war risks underwriters who have the authority to give the same under the terms of the war risks insurance;

(c) to comply with the terms of any resolution of the Security Council of the United Nations, any directives of the European Community, the effective orders of any other Supranational body which has the right to issue and give the same, and with national laws aimed at enforcing the same to which the Owners are subject, and to obey the orders and directions of those who are charged with their enforcement;

(d) to discharge at any other port any cargo or part thereof which may render the Vessel liable to confiscation as a contraband carrier;

(e) to call at any other port to change the crew or any part thereof or other persons on board the Vessel when there is reason to believe that they may be subject to internment, imprisonment or other sanctions;

(f) where cargo has not been loaded or has been discharged by the Owners under any provisions of this Clause, to load other cargo for the Owners' own benefit and carry it to any other port or ports whatsoever, whether backwards or forwards or in a contrary direction to the ordinary or customary route.

(6) If in compliance with any of the provisions of sub-clauses (2) to (5) of this Clause anything is done or not done, such shall not be deemed to be a deviation, but shall be considered as due fulfilment of the Contract of Carriage.

**18. General Ice Clause**

*Port of loading*

(a) In the event of the loading port being inaccessible by reason of ice when the Vessel is ready to proceed from her last port or at any time during the voyage or on the Vessel's arrival or in case frost sets in after the Vessel's arrival, the Master for fear of being frozen in is at liberty to leave without cargo, and this Charter Party shall be null and void.

(b) If during loading the Master, for fear of the Vessel being frozen in, deems it advisable to leave, he has liberty to do so with what cargo he has on board and to proceed to any other port or ports with option of completing cargo for the Owners' benefit for any port or ports including port of discharge. Any part cargo thus loaded under this Charter Party to be forwarded to destination at the Vessel's expense but against payment of freight, provided that no extra expenses be thereby caused to the Charterers, freight being paid on quantity delivered (in proportion if lumpsum), all other conditions as per this Charter Party.

(c) In case of more than one loading port, and if one or more of the ports are closed by ice, the Master or the Owners to be at liberty either to load the part cargo at the open port and fill up elsewhere for their own account as under section (b) or to declare the Charter Party null and void unless the Charterers agree to load full cargo at the open port.

*Port of discharge*

(a) Should ice prevent the Vessel from reaching port of discharge the Charterers shall have the option of keeping the Vessel waiting until the re-opening of navigation and paying demurrage or of ordering the Vessel to a safe and immediately accessible port where she can safely discharge without risk of detention by ice. Such orders to be given within 48 hours after the Master or the Owners have given notice to the Charterers of the impossibility of reaching port of destination.

(b) If during discharging the Master for fear of the Vessel being frozen in deems it advisable to leave, he has liberty to do so with what cargo he has on board and to proceed to the nearest accessible port where she can safely discharge.

(c) On delivery of the cargo at such port, all conditions of the Bill of Lading shall apply and the Vessel shall receive the same freight as if she had discharged at the original port of destination, except that if the distance of the substituted port exceeds 100 nautical miles, the freight on the cargo delivered at the substituted port to be increased in proportion.

**19. Law and Arbitration**

* (a) This Charter Party shall be governed by and construed in accordance with English law and any dispute arising out of this Charter Party shall be referred to arbitration in London in accordance with the Arbitration Acts 1950 and 1979 or any statutory modification or re-enactment thereof for the time being in force. Unless the parties agree upon a sole arbitrator, one arbitrator shall be appointed by each party and the arbitrators so appointed shall appoint a third arbitrator, the decision of the three-man tribunal thus constituted or any two of them, shall be final. On the receipt by one party of the nomination in writing of the other party's arbitrator, that party shall appoint their arbitrator within fourteen days, failing which the decision of the single arbitrator appointed shall be final.

For disputes where the total amount claimed by either party does not exceed the amount stated in Box 25** the arbitration shall be conducted in accordance with the Small Claims Procedure of the London Maritime Arbitrators Association.

* (b) This Charter Party shall be governed by and construed in accordance with Title 9 of the United States Code and the Maritime Law of the United States and should any dispute arise out of this Charter Party, the matter in dispute shall be referred to three persons at New York, one to be appointed by each of the parties hereto, and the third by the two so chosen; their decision or that of any two of them shall be final, and for purpose of enforcing any award, this agreement may be made a rule of the Court. The proceedings shall be conducted in accordance with the rules of the Society of Maritime Arbitrators, Inc..

For disputes where the total amount claimed by either party does not exceed the amount stated in Box 25** the arbitration shall be conducted in accordance with the Shortened Arbitration Procedure of the Society of Maritime Arbitrators, Inc..

* (c) Any dispute arising out of this Charter Party shall be referred to arbitration at the place indicated in Box 25, subject to the procedures applicable there. The laws of the place indicated in Box 25 shall govern this Charter Party.

(d) If Box 25 in Part 1 is not filled in, sub-clause (a) of this Clause shall apply.

* *(a), (b) and (c) are alternatives; indicate alternative agreed in Box 25.*

** *Where no figure is supplied in Box 25 in Part 1, this provision only shall be void but the other provisions of this Clause shall have full force and remain in effect.*

### (4) 항해용선계약서의 주요 조항

#### ❶ 계약당사자의 명칭

항해용선계약의 당사자는 선박을 용선받는 용선자(charterer)와 선박을 용선해 주는 용선주(ship owner)가 있으며 선박을 빌려서 선박을 운영하는 선박경영자(chartered owner)가 있다. 특별히 제한을 두는 경우가 아니면 용선한 선박을 제3자에게 재용선할 수 있다.

#### ❷ 선박의 명세

용선할 선박에 대한 명세로 선박의 명칭, 국적, 톤수, 선급(class of vessel) 등이 기재된다.

선급은 감항성의 객관적, 전문적 기준이 된다.

감항성(seaworthiness)이란 선체 및 기관에 이상이 없고 선장 이하 선원에 결원이 없으며 연료, 청수 등 항해 준비를 갖춘 상태를 말하는 것으로 항해를 감당할 수 있는 능력을 말한다.

**선급(class of vessel)**

■ **선급(船級)의 개념**

선박의 등급이란 뜻으로 처음에는 보험목적상 선박의 종류, 항행구역, 적재화물의 조건 등에 따라 선박의 성능이나 상태에 대해 등급을 정하는 것으로 출발하였으나, 현재는 선박의 최초 설계로부터 건조완료시까지 선체구조설비에 대한 도면승인과 건조의 모든 과정 중에 제조검사와 완성검사를 통하여 선박을 등록하고, 또한 운항중인 선박에 대한 정기적 검사로서 해상에서의 선박의 안전을 확보하는 업무를 말하며 이러한 업무를 행하는 기관을 선급단체라 한다.

선급단체는 선체, 기관, 전기설비, 의장품 등에 관한 독자적인 기술규칙을 보유하고 선주, 조선업자, 해상보험업자의 입장을 떠나 제3자적인 공정한 입장에서 선박을 검사하기 때문에 검사결과에 대한 신뢰성이 매우 높다.

현재 전 세계에는 60여개의 선급단체가 있으며 그 중 기술 신뢰도와 규모면에서 국제적으로 인정받는 선급단체가 국제선급연합회(IACS)를 구성하고 있으며, IACS에는 현재 10개의 정회원 선급과 2개의 준회원 선급이 있다. 전 세계 보험업계에서는 IACS의 정회원선급에 등록된 선박에 대해서는 보험료 할감혜택을 주고 있으며, 각국 정부에서도 IACS선급의 검사신뢰성을 인정하여 자국선박에 대한 정부검사권을 이들 선급단체에 위임하고 있다. 선주는 선급단체에서 발급하는 선급증서로서 해당선박의 안전성을 보장받고, 해상보험업자는 선급증서의 확인으로서 선급유지를 인정하고 선박을 부보한다. 이때 국제적으로 인정받는 선급을 유지하고 있는 선박에 대해서는 선박과 그 선박에 적재되는 화물에 대한 보험료의 차별적 혜택을 부여하고 있다.

한국선급은 불과 40년이 못되는 짧은 역사에도 불구하고 그 기술력과 공신력을 바탕으로 국제선급연합회 10개 정회원 선급 중 제8위의 등록선대를 보유하는 선급으로 성장하였으며, '98년 7월부터 1년간 국제선급연합회의 의장직을 수행함으로써 명실공이 국제선급으로서의 지위를 더욱 공고히 하고 있다.

### ■ 한국선급

한국선급은 국내유일의 선급단체로서 해상에서의 인명 및 재산의 안전을 도모하고 조선, 해운 및 해양에 관한 기술진흥을 목적으로 1960년 6월 민법 제32조에 의거 창립된 비영리 법인이다.

한국선급은 대덕연구단지내에 본부사옥과 연구소를 두고 쾌적한 환경속에서 선박에 관한 요소기술연구의 활성화와 수준높은 기술서비스를 제공하고 있으며, 국내 주요항구의 15개 지부와 싱가포르, 런던 등 해외 17개 지역에 사무소를 두고, 420여명 직원이 한국선급과 산업자회사에서 근무하고 있다.

한국의 조선, 해운산업의 성장과 함께 지속적인 발전을 거듭해 온 한국선급은 현재 총톤수 2천여 만톤에 2,000척 이상의 등록선을 보유하고, 주요 해운국 39개 정부로부터 정부 검사권을 수임하고 있으며, 1988년에 국제선급연합회(IACS) 정회원으로 그리고 1990년에는 런던적하보험 선급약관(ICC)에 등재됨으로서 국제적 선급으로 발돋움하게 되었다.

"기술고도화" 및 "세계화"의 모토아래 지속적인 교육훈련과 내부 품질시스템의 강화, 신기술개발을 위한 연구개발 등에 증진함으로써 전세계를 누비는 등록선의 안전확보와 해양환경 보존의 초석이 됨으로써 다가오는 21세기 풍요로운 해양시대의 든든한 동반자가 되기 위해 최선을 다하고 있다.

### ■ IACS(International Association of Classification Societies)

1968년 7개 선급으로 설립되었으며 선박의 해상안전과 해양오염 방지를 위한 기술문제의 연구 및 관련정보 교환, 국제해사기구(IMO)관련 기술자문과 관련국제단체와의 협력추진을 목적으로 하고 있다.

Lloyd's Underwriter를 비롯한 세계 해상보험업계에서 IACS정회원선급을 국제선급으로 인정하여 등록선에 보험혜택을 부여하고 주요 해운국들은 IACS정회원에만 정부대행검사권을 위임하고 있다.

회원현황을 보면 정회원으로 10개 선급[한국(KR), 미국(ABS), 프랑스(BV), 중국(CCS), 노르웨이(Dnv), 독일(GL), 영국(LR), 일본(NK), 이탈리아(RINA), 러시아(MRS)]이 있고 준회원으로 2개 선급[크로아티아(CRS), 인도(IRS)]이 있다.

### ■ ICC(Institute Classification Clause)

세계적으로 가장 영향력있는 런던보험업자협회 합동화물위원회가 결정하는 선급보험약관으로 이 약관에 등재된 선급단체에 등록되어 있는 선박에 적재된 화물에 대해서는 약관의 내용에 따라 보험료의 혜택을 받게 된다. 약관에는 10개 IACS 선급 중 9개 선급만이 등재되어 있다.

### ❸ 화물의 명세

항해용선의 경우 특정항에서 특정항까지 용선하는 것으로 당해 항로에서 운송될 화물을 알 수 있음으로 항해용선의 경우 화물의 종류와 수량을 명시하게 된다. 그러나 기간용선의 경우는 일정한 기간 동안 선박을 용선하는 것으로 그 기간동안 운송될 화물을 모두 기재하는 것은 불가능함으로 구체적으로 기재하지 않고 "합법적 상품"(lawful merchandise)이라고 추상적으로 기재하게 된다.

### ❹ 적양항

선적항과 양륙항을 표시하는 것으로 항해용선에만 필요하고 기간용선에는 필요없다.

### ❺ 운임과 운임지급조건

용선료는 적재량을 기준으로 산정, 운임률은 톤을 기준으로 하고 운임지급시기는 원칙적으로 후지급이다.

### ❻ 하역비용부담조건(선내하역인부임; stevedorage)

선내하역인부임을 용선자가 부담할 것인가 용선주가 부담할 것인가에 따라 아래와 같이 나눌 수 있다.

- Berth Term : 선적, 양육시 모두 선주가 부담하는 조건. 정기선의 경우 운임에 포함되어 있으므로 선주가 선적, 양륙비를 부담하므로 Liner Term이라고도 한다.
- FIO(Free In and Out) : 선적, 양육시 모두 선내하역인부임을 용선자(화주)가 부담하는 조건이다.
- FI(Free In) : 선적시에는 용선자(화주), 양륙시는 선주가 부담하는 조건이다.
- FO(Free Out) : 선적시 선주, 양륙시 용선자(화주)가 부담하는 조건이다.

* Free는 공짜, 비용을 면제받는다는 뜻으로 선주입장에서 비용을 지불하지 않는 것을 의미한다.

### ❼ Not Before Clause

본선이 선적준비완료 예정일 이전에 도착해도 하역(선적)하지 않는다는 규정으로 이는 용선자가 하역수배, 예정일정조정 등에 지장을 초래하는 것을 방지하기 위한 규정이다.

### ❽ 정박기간(Laydays; Laytime)의 표시

화주가 계약화물을 용선한 선박에 적재 또는 양륙하기 위하여 그 선박을 선적항 또는 양륙항에 있게 할 수 있는 기간을 의미한다.

- 관습적 조속하역(CQD; Customary Quick Despatch)
  당해 항구의 관습적 하역방법 및 하역능력에 따라 할 수 있는 한 빨리 하역하는 조건의 정박기간 표시방법이다.
  불가항력에 의한 하역불능은 정박기간에서 공제되지만, 일요일, 공휴일 및 야간작업을 약정된 하역일에 포함시킬 것인가의 여부는 특약이 없는 한 그 항구의 관습에 따른다.
- 연속 24시간(Running Laydays)
  하역시작일로부터 끝날 때까지의 모든 기간을 정박기간으로 계산하는 방법이다. 따라서 우천, 파업 및 기타 불가항력 등 어떠한 원인에도 관계없이 하역개시 이후 종료시까지의 일수를 모두 정박기간에 계산하는 방법이다. 일요일, 공휴일에 대해서도 이것을 제외한다는 취지가 없는 한 정박기간에 계산된다.
- 호천(好天) 24시간(WWD; Weather Working Days)
  기상조건이 하역 가능한 상태의 날만 정박기간에 산입하는 것으로 현재 가장 많이 택하고 있는 조건이다. 하역불능일은 선장이 결정하거나 상호협의에 의하여 결정된다.

WWD 표시방법의 경우 일요일과 공휴일의 처리방법은 다음과 같은 방법으로 정할 수 있다.

첫째, SHEX(Sunday and Holiday EXcepted)로 이는 일요일과 공휴일은 원래 근로일이 아니므로 하역하더라도 보통 정박일수에 산입하지 않는 조건이다. 중동국가의 경우 금요일이 공휴일로 되어 있어 FHEX(Friday and Holiday EXcepted)를 사용한다.

둘째, SHEX UU(sunday and holiday excepted unless used)로 이는 일요일과 공휴일에 하역했을 경우 이를 정박일수에 산입하는 조건이다.

셋째, SHEX EIU(Sunday and holiday excepted even if used)로 일요일, 공휴

일에 작업을 하더라도 정박일수에 산입하지 않는 조건이다. 이는 화주에게 유리한 조건이라 할 수 있다.

넷째, unless used, but only time actually used to count로 이는 만일 1시간이라도 하역을 하면 하루로 산입할 것인가가 문제가 되므로 실제 작업시간만 산입코자 할 경우 사용되는 조건이다.

#### ⑨ 정박기간의 시기(始期)와 종기(終期)

본선이 하역항에 도착하여 하역준비를 완료하고 선장이 하역준비완료통지서(N/R; Notice of Readiness)를 용선자에게 통지한 후 일정기간이 경과하면 정박기간이 개시된다.

Gencon form의 용선계약서에서는 하역준비완료통지서가 통지된 후 일정기간이 경과하면 개시된다. 즉 오전에 통지된 경우 오후 1시부터, 오후 영업시간내에 통지시 다음날 오전 6시부터 기산한다.

하역기간의 종기는 일반적으로 하역이 완료되는 때이다. 하역이 종료되면 정박일수는 기재한 정박일계산서(Laydays Statement)를 작성하여 선장 및 용선자가 서명한다. 정박일계산서에는 N/R의 발급일시, 하역개시 및 종료일시, 매일의 작업상황, 일요일, 공휴일, 일기불량 및 적양기 고장에 따른 하역중단일시, 선적 및 양륙물량 등을 기재한다.

#### ⑩ 체선료(Demurrage)

초과정박일에 대하여 용선자가 선주에게 지급하는 보수로 계약상 정박일수를 경과할 때 용선자가 선주에게 지급하는 약정금으로 그 요율을 사전에 결정된다.

#### ⑪ 조출료(Despatch Money)

선박계약상 허용된 정박기간 종료전에 하역이 완료되었을 경우 그 절약된 기간에 대하여 선주가 용선자에게 지급하는 보수로 보통 체선료의 반액이 된다.

#### ⑫ 유치권(Lien) 조항

운송계약에 있어서 화주가 운임 및 기타 부대경비를 지급하지 아니할 때 선주는 그 화물을 유치할 수 있는 권한이 있다.

### ⑬ 공동해손(General Average) 조항

공동해손의 발생은 준거법인 York Antwerp Rules(1994)[8]를 따르도록 규정하고 있다.

### ⑭ 위약금(Penalty indemnity) 조항

위약금 조항은 불가항력 이외의 사유로 용선계약을 위반하였을 때 위약당사자가 상대방에게 지급하는 것으로 이에 대한 내용을 규정한 조항이다.

### ⑮ 면책(Exception) 조항

선하증권 등의 약관 중에서 일정한 종류의 위험이나 우발사고 또는 태만으로 인해 손해가 발생한 경우에 운송인, 즉 선주가 책임을 지지 않도록 하는 조항으로 선주면책조항이라 할 수 있다.

면책조항에는 전쟁조항(War Clause), 동맹파업조항(Strike Clause), 결빙조항(Ice Clause), 선주면책조항(Owner's Responsibility Clause), 이로조항(Deviation Clause) 등이 있다.

### ⑯ 해약 조항(Cancelling Clause)

당해 계약날짜에 선박이 준비되지 않을 경우 용선자가 계약을 취소할 것인지를 선택할 수 있도록 한 조항이다.

### ⑰ 묵시확약

묵시약관으로 용선주측에게는 내항성 선박의 제공, 신속한 항진, 부당한 이로를 하지 않을 것 등이 있으며 화주인 용선자측에게는 위험물을 적재하지 않도록 하는 것 등의 내용이 묵시적으로 약속되어지는 내용이다. 이러한 묵시확약은 명시조항으로 변경, 배제할 수 있다.

### ⑱ 대리점

선적지, 양륙지에 있어서 입출항 수속과 하역수배 등은 선주의 대리점이 하느냐 또는 화주의 대리점(용선자 대리점)에서 하느냐를 용선계약서에 명확하게 규정하여야 한다.

8) York Antwerp Rules(1994)가 실무적으로 가장 많이 사용되고 있다. York Antwerp Rules (2016)이 2016년 5월에 개정되어 CMI로부터 승인받은 상태이다.

⑲ 중개료(Brokerage Commission)

용선중개인의 중개수수료를 누가 지급할 것인가를 용선계약서에 기재하여야 한다. 중개료의 지급시기는 원칙적으로 운임을 징수하였을 때이지만, 운송계약의 서명시, 선적완료시, 계약불이행시 또는 선박 상실시로 특약할 수 있다.

### (5) Gencon 양식의 기재요령

Gencon Charter Party(1994년 개정판)은 항해용선계약서로 가장 일반적으로 사용되고 있다. Gencon Form(Uniform General Charter)은 발틱국제해운동맹(BIMCO)의 전신인 발틱백해동맹(Baltic and White Sea Conference)이 1922년에 제정하였으며 이를 1976년에 개정하고 다시 1994년 해운시장의 구조 및 각종 제도의 변화에 따라 개정, 보완하였으며 현재 1994년 개정판을 사용하고 있다.

Gencon Form은 Part Ⅰ과 Ⅱ로 구성되어 있다. Part Ⅰ은 총 26개의 항목으로 구성되어 있으며 계약내용의 주요사항을 한 번에 파악할 수 있도록 이들 항목을 채우는 형식으로 되어 있으며 Part Ⅱ는 항해용선계약의 일반적인 사항을 설명해 둔 것으로 인쇄된 형식으로 되어 있다. 만약 Part Ⅰ의 내용과 Part Ⅱ의 내용이 상충할 경우 Part Ⅰ의 내용이 우선 적용된다.

가장 일반적으로 사용되고 있는 항해용선계약서인 Gencon Charter Party(1994년 개정판)의 기재요령을 살펴보면 다음과 같다.

❶ Shipbroker

중개회사명 또는 중개인명을 기재한다.

❷ Place and date

계약의 체결장소와 일자를 기재한다.

❸ Owners/Place of business(Cl. 1)

선주명과 선박회사의 운항본부의 소재지를 기재한다.

❹ Charterers/Place of business(Cl. 1)

용선인(화주)명과 경영본부의 소재지를 기재한다.

❺ Vessel's name(Cl. 1)

선박명을 기재한다.

❻ GT/NT(Cl. 1)

선박의 총톤수(Gross Tonnage)와 순톤수(Net Tonnage)를 기재한다.

❼ DWT all told on summer load line in metric tons(abt)(Cl. 1)

하계 만재흘수선을 기준으로 한 재화중량톤수(DWT)를 M/T로 표기한다.

❽ Present position(Cl. 1)

본선의 현재 위치를 기재한다.

❾ Expected ready to load(Cl. 1)

본선의 선적가능예정일을 기재한다. 용선자(화주)가 화물은 준비할 수 있도록 선적가능예정일을 가능한 한 정확히 밝혀야 한다.

❿ Loading port or place(Cl. 1)

선적항 또는 선적 장소를 기재한다. 선적항은 항해상 또는 치안상 안전한 항구(safe port)이어야 하며 본선의 흘수(draft)에 지장이 없어야 한다.

⓫ Discharging port or place(Cl. 1)

양륙항 또는 양륙장소를 기재한다. 양륙항도 안전한 항구이어야 한다.

⓬ Cargo(also state quantity and margin in Owner's option, if agreed; if full and complete cargo not agreed state 'part cargo')(Cl. 1)

화물의 명세, 수량 및 선주의 재량범위(margin)를 기재한다. 또한 '만선화물(full and complete cargo)'이라는 합의가 없으면 '부분화물(part cargo)'이라는 표기를 해야 한다.

여기에 기재된 수량은 화주의 계약 선적 수량이므로 만약 계약량을 선적하지 못했을 때는 선적하지 못한 부족량에 해당하는 부적운임(dead freight)을 선주에게 지불해야 한다.

⑬ Freight rate(also state whether freight prepaid or payable on delivery) (Cl. 4)

중량톤당 또는 용적톤당 운임률을 기재한다. 운임률은 선적지의 선적량 기준인지 양륙지의 양륙량 기준인지 명시해야 한다. 일반적으로 선적량을 기준으로 하게 된다. 또한 운임도 선불인지 후불인지 기재해야 한다. 원칙적으로 후불이 합리적이지만 관습상 선불이 많이 이용되고 있다.

⑭ Freight payment(state currency and method of payment; also beneficiary and bank account)(Cl. 4)

운임의 결제통화, 지급방법, 그리고 운임의 수익자 및 그의 은행구좌 등을 기재한다.

⑮ State if vessel's cargo handling gear shall not be used(Cl. 5)

본선에 하역기기가 없거나 있더라도 본선의 하역기기를 사용하지 않기로 합의하면 그 내용을 기재한다. 만약 사용하지 않는다는 명시가 없다면 선주는 선적 및 양륙 전 기간에 걸쳐 본선의 하역기기를 무료로 사용하게 하고, 모든 하역기기를 작동할 수 있는 충분한 동력을 무료로 제공해야 한다.

⑯ Laytime(if separate laytime for loading and discharging is agreed, fill in a) and b). If total laytime for loading and discharging, fill in c) only(Cl. 6)

정박기간을 기재한다. 만약 선적시와 양륙시 각각 정박기간을 정하고자 할 경우에는 a), b)에 기재하고 아니면 선적시와 양륙시를 합산하여 정박기간을 정할 경우에는 c)에 기재한다.

화주가 약정된 정박기간동안 선적, 양륙할 수 있다.

⑰ Shippers/Place of business(Cl. 6)

용선자(화주)의 명칭과 주소를 기재한다. 이를 통해 선주가 하역준비완료통지(N/R)를 할 수 있도록 한다.

⑱ Agent(loading)(Cl. 6)

선적지에 있는 용선자의 대리인을 기재한다. 이는 선적시 화주가 명확하지 않아 N/R을 전달할 수 없을 경우 용선자 또는 여기에 기재된 용선자의 대리인에게 N/R을 전달하게 된다.

⑲ Agent(discharging)(Cl. 6)

양륙지에서 용선자의 대리인을 기재한다. 양륙항에서 수하인이 명확하지 않을 경우 N/R을 전달할 수 없을 경우 용선자 또는 여기에 기재된 용선자의 대리인에 전달하게 된다.

⑳ Demmurage rate and manner payable(loading and discharging)(Cl. 7)

선적항 및 양륙항에서의 체선료 및 그 지급방법을 기재한다.

㉑ Cancelling date(Cl. 9)

해약선택권이 발생하는 날짜를 기재한다. 즉, 여기에 기재된 날짜에 본선이 선적채비를 갖추지 못하면 용선인에게 해약선택권이 생긴다.

㉒ General Average to be adjusted at(Cl. 12)

공동해손의 정산장소를 기재한다. Part II 제12조에는 만약 당사자가 정산장소를 합의하지 않으면 공동해손은 런던에서 1994년 요크-앤트워프 규칙(YAR; York-Antwerp Rules 1994) 및 그 후의 개정규칙에 따라 정산한다고 규정하고 있다.

㉓ Freight tax(state if for the Owner's account)(Cl. 13 (c))

선주가 운임세를 부담하게 될 경우 그 운임세를 기재한다. 만약 선주가 부담한다는 명시가 없으면 Part II 제13조 (c)에 의거 운임에 부과되는 세금은 용선인이 부담한다.

㉔ Brokerage commission and to whom payable(Cl. 15)

중개수수료와 이를 부담할 당사자를 기재한다.

㉕ Law and Arbitration(state 19 (a), 19 (b) or 19 (c) of Cl. 19; if (c) agreed also state Place of Arbitration) (if not filled in 19 (a) shall apply) (Cl. 19)

준거법과 중재장소를 기재하는 것으로 Part II의 제19조의 (a), (b), (c) 중 하나를 선택하여 기재한다. 만약 (c)를 선택했을 경우 중재장소도 함께 기재해야 한다. 그리고 만약 아무런 표시도 하지 않을 경우 (a)가 적용되어 영국법과 영국 런던에서 영국의 중재법에 따르게 된다.

(a) State maximum amount for small claims/shortened arbitration(Cl. 19)
소액배상청구 또는 간이중재에 회부될 수 있는 최대금액을 기재한다. 클레임총액이 이 금액을 초과하지 않으면 소액배상청구 또는 간이 중재로 해결하게 된다.

㉖ Additional clauses covering special provisions, if agreed

Part Ⅰ, Ⅱ에 인쇄된 조항과 그 내용을 현저하게 달리 하거나 새로운 내용을 첨가하려면 당사자의 합의에 의해 별도의 추가약관 또는 첨부사항을 설정할 수 있다.

## 3. 정기(기간) 용선계약(Time Charter)

### (1) 기간 용선의 특성

선박의 전부를 일정기간 동안 용선하는 것으로 그 기간 동안에는 선박소유자가가 정하는 항해구역이면 용선한 선박을 어디라도 임의배선할 수 있을 뿐 아니라 계약상 제한된 화물을 제외하고 어떤 화물이라도 적재할 수 있다.

용선료는 적재화물의 종류와 양에 관계없이 선박의 재화중량톤수(DWT)에 대해 매월 지급한다.

기간용선자는 용선료를 선주에 지급하고 선주는 선원비, 수선비, 감가상각비, 보험료 및 금리 등을 부담한다. 현재 한국은 기간용선계약이 많다.

### (2) 기간용선계약서

기간 용선계약서의 주요 표준서식은 Baltime Form(Uniform Time Charter)과 Produce Form(The New York Produce Exchange Charter)이 주로 사용된다.

위의 두 표준서식의 공통적인 약관은 다음과 같다.

❶ 선박임대약관(let and hire clause)

일정기간 선박을 임대한다는 뜻을 담고 있는 약관이다.

❷ 처분약관(disposal clause)

용선한 선박을 용선자가 자유로이 사용할 수 있도록 한다는 약관이다.

#### ❸ 사용약관(employment clause)

선박소유자가 고용한 선장과 선원은 용선자의 지휘, 명령에 복종해야 한다는 뜻을 담고 있는 약관이다.

#### ❹ 불만약관(misconduct clause)

용선자는 선원의 행위에 불만이 있을 때에는 선박소유자에 대하여 선원의 교체를 요구할 수 있다는 취지의 약관이다.

#### ❺ 순용선계약약관(net charter clause)

선원의 급료, 선박의 보험료, 수선비 등은 선박소유자가 부담하고 연료, 기관용수와 항해에 관한 제세, 도선료 등은 용선자가 부담하는 약관이다.

## 〈서식 6-3〉 BALTIME 양식(기간용선계약서)

<table>
<tr><td rowspan="2">1. Shipbroker</td><td>BIMCO UNIFORM TIME-CHARTER<br>(AS REVISED 2001)<br>CODE NAME: "BALTIME 1939"<br>Part I</td></tr>
<tr><td>2. Place and date of Charter</td></tr>
<tr><td>3. Owners/Place of business</td><td>4. Charterers/Place of business</td></tr>
<tr><td>5. Vessel's name</td><td>6. GT/NT</td></tr>
<tr><td>7. Class</td><td>8. Indicated brake horse power(bhp)</td></tr>
<tr><td>9. Total tons d. w. (abt.) on summer freeboard</td><td>10. Cubic feet grain/bale capacity</td></tr>
<tr><td>11. Permanent bunkers (abt.)</td><td>12. Speed capacity in knots (abt.) on a comsumption in tons (abt.) of</td></tr>
<tr><td>13. Present position</td><td>14. Period of hire (Cl. 1)</td></tr>
<tr><td>15. Port of delivery (Cl. 1)</td><td>16. Time of delivery (Cl. 1)</td></tr>
<tr><td colspan="2">17. a) Trade limits (Cl. 2)</td></tr>
<tr><td colspan="2">b) Cargo exclusions specially agreed</td></tr>
<tr><td>18. Bunkers on re-delivery (state min. and max. quantity) (Cl. 5)</td><td>19. Charter line (Cl. 6)</td></tr>
<tr><td colspan="2">20. Hire payment (state currency, method and place of payment; also beneficiary and bank account) (Cl. 6)</td></tr>
<tr><td>21. Place or range of re-delivery (Cl. 7)</td><td>22. Cancelling date (Cl. 21)</td></tr>
<tr><td>23. Dispute resolution (state 22(A), or 22(B) or 22(C); if 22(C) agreed Place of Arbitration must be stated) (Cl. 22)</td><td>24. Brokerage commission and to whom payable (Cl. 24)</td></tr>
<tr><td colspan="2">25. Numbers of additional clauses covering special provisions, if agreed</td></tr>
</table>

It is mutually agreed that this Contract shall be performed subject to the conditions contained in this Charter Party which shall include Part I as well as Part II. In the event of a conflict of conditions, the provisions of Part I shall prevail over those of Part II to the extent of such conflict.

| Signature(Owners) | Signature(Charterers) |
|---|---|

**PART II**

**"BALTIME 1939" Uniform Time-Charter (as revised 2001)**

It is agreed between the party mentioned in Box 3 as Owners of the Vessel named in Box 5 of the gross/net tonnage indicated in Box 6, classed as stated in Box 7 and of indicated brake horse power (bhp) as stated in Box 8, carrying about the number of tons deadweight indicated in Box 9 on summer freeboard inclusive of bunkers, stores and provisions, having as per builder's plan a cubic-feet grain/bale capacity as stated in Box 10, exclusive of permanent bunkers, which contain about the number of tons stated in Box 11, and fully loaded capable of steaming about the number of knots indicated in Box 12 in good weather and smooth water on a consumption of about the number of tons fuel oil stated in Box 12, now in position as stated in Box 13 and the party mentioned as Charterers in Box 4, as follows:

**1. Period/Port of Delivery/Time of Delivery**

The Owners let, and the Charterers hire the Vessel for a period of the number of calendar months indicated in Box 14 from the time (not a Sunday or a legal Holiday unless taken over) the Vessel is delivered and placed at the disposal of the Charterers between 9 a.m. and 6 p.m., or between 9 a.m. and 2 p.m. if on Saturday, at the port stated in Box 15 in such available berth where she can safely lie always afloat, as the Charterers may direct, the Vessel being in every way fitted for ordinary cargo service. The Vessel shall be delivered at the time indicated in Box 16.

**2. Trade**

The Vessel shall be employed in lawful trades for the carriage of lawful merchandise only between safe ports or places where the Vessel can safely lie always afloat within the limits stated in Box 17. No live stock nor injurious, inflammable or dangerous goods (such as acids, explosives, calcium carbide, ferro silicon, naphtha, motor spirit, tar, or any of their products) shall be shipped.

**3. Owners' Obligations**

The Owners shall provide and pay for all provisions and wages, for insurance of the Vessel, for all deck and engine-room stores and maintain her in a thoroughly efficient state in hull and machinery during service. The Owners shall provide winchmen from the crew to operate the Vessel's cargo handling gear, unless the crew's employment conditions or local union or port regulations prohibit this, in which case qualified shore-winchmen shall be provided and paid for by the Charterers.

**4. Charterers' Obligations**

The Charterers shall provide and pay for all fuel oil, port charges, pilotages (whether compulsory or not), canal steersmen, boatage, lights, tug-assistance, consular charges (except those pertaining to the Master, officers and crew), canal, dock and other dues and charges, including any foreign general municipality or state taxes, also all dock, harbour and tonnage dues at the ports of delivery and re-delivery (unless incurred through cargo carried before delivery or after re-delivery), agencies, commissions, also shall arrange and pay for loading, trimming, stowing (including dunnage and shifting boards, excepting any already on board), unloading, weighing, tallying and delivery of cargoes, surveys on hatches, meals supplied to officials and men in their service and all other charges and expenses whatsoever including detention and expenses through quarantine (including cost of fumigation and disinfection). All ropes, slings and special runners actually used for loading and discharging and any special gear, including special ropes and chains required by the custom of the port for mooring shall be for the Charterers' account. The Vessel shall be fitted with winches, derricks, wheels and ordinary runners capable of handling lifts up to 2 tons.

**5. Bunkers**

The Charterers at port of delivery and the Owners at port of re-delivery shall take over and pay for all fuel oil remaining in the Vessel's bunkers at current price at the respective ports. The Vessel shall be re-delivered with not less than the number of tons and not exceeding the number of tons of fuel oil in the Vessel's bunkers stated in Box 18.

**6. Hire**

The Charterers shall pay as hire the rate stated in Box 19 per 30 days, commencing in accordance with Clause 1 until her re-delivery to the Owners.

Payment of hire shall be made in cash, in the currency stated in Box 20, without discount, every 30 days, in advance, and in the manner prescribed in Box 20. In default of payment the Owners shall have the right of withdrawing the Vessel from the service of the Charterers, without noting any protest and without interference by any court or any other formality whatsoever and without prejudice to any claim the Owners may otherwise have on the Charterers under the Charter.

**7. Re-delivery**

The Vessel shall be re-delivered on the expiration of the Charter in the same good order as when delivered to the Charterers (fair wear and tear excepted) at an ice-free port in the Charterers' option at the place or within the range stated in Box 21, between 9 a.m. and 6 p.m., and 9 a.m. and 2 p.m. on Saturday, but the day of re-delivery shall not be a Sunday or legal Holiday.

The Charterers shall give the Owners not less than ten days' notice at which port and on about which day the Vessel will be re-delivered. Should the Vessel be ordered on a voyage by which the Charter period will be exceeded the Charterers shall have the use of the Vessel to enable them to complete the voyage, provided it could be reasonably calculated that the voyage would allow redelivery about the time fixed for the termination of the Charter, but for any time exceeding the termination date the Charterers shall pay the market rate if higher than the rate stipulated herein.

**8. Cargo Space**

The whole reach and burthen of the Vessel, including lawful deck-capacity shall be at the Charterers' disposal, reserving proper and sufficient space for the Vessel's Master, officers, crew, tackle, apparel, furniture, provisions and stores.

**9. Master**

The Master shall prosecute all voyages with the utmost despatch and shall render customary assistance with the Vessel's crew. The Master shall be under the orders of the Charterers as regards employment, agency, or other arrangements. The Charterers shall indemnify the Owners against all consequences or liabilities arising from the Master, officers or Agents signing Bills of Lading or other documents or otherwise complying with such orders, as well as from any irregularity in the Vessel's papers or for overcarrying goods. The Owners shall not be responsible for shortage, mixture, marks, nor for number of pieces or packages, nor for damage to or claims on cargo caused by bad stowage or otherwise. If

**PART II**
**"BALTIME 1939" Uniform Time-Charter (as revised 2001)**

the Charterers have reason to be dissatisfied with the conduct of the Master or any officer, the Owners, on receiving particulars of the complaint, promptly to investigate the matter, and, if necessary and practicable, to make a change in the appointments.

**10. Directions and Logs**
The Charterers shall furnish the Master with all instructions and sailing directions and the Master shall keep full and correct logs accessible to the Charterers or their Agents.

**11. Suspension of Hire etc.**
**(A)** In the event of drydocking or other necessary measures to maintain the efficiency of the Vessel, deficiency of men or Owners' stores, breakdown of machinery, damage to hull or other accident, either hindering or preventing the working of the Vessel and continuing for more than twenty-four consecutive hours, no hire shall be paid in respect of any time lost thereby during the period in which the Vessel is unable to perform the service immediately required. Any hire paid in advance shall be adjusted accordingly.
**(B)** In the event of the Vessel being driven into port or to anchorage through stress of weather, trading to shallow harbours or to rivers or ports with bars or suffering an accident to her cargo, any detention of the Vessel and/or expenses resulting from such detention shall be for the Charterers' account even if such detention and/or expenses, or the cause by reason of which either is incurred, be due to, or be contributed to by, the negligence of the Owners' servants.

**12. Responsibility and Exemption**
The Owners only shall be responsible for delay in delivery of the Vessel or for delay during the currency of the Charter and for loss or damage to goods onboard, if such delay or loss has been caused by want of due diligence on the part of the Owners or their Manager in making the Vessel seaworthy and fitted for the voyage or any other personal act or omission or default of the Owners or their Manager. The Owners shall not be responsible in any other case nor for damage or delay whatsoever and howsoever caused even if caused by the neglect or default of their servants. The Owners shall not be liable for loss or damage arising or resulting from strikes, lock-outs or stoppage or restraint of labour (including the Master, officers or crew) whether partial or general. The Charterers shall be responsible for loss or damage caused to the Vessel or to the Owners by goods being loaded contrary to the terms of the Charter or by improper or careless bunkering or loading, stowing or discharging of goods or any other improper or negligent act on their part or that of their servants.

**13. Advances**
The Charterers or their Agents shall advance to the Master, if required, necessary funds for ordinary disbursements for the Vessel's account at any port charging only interest at 6 per cent. p.a., such advances shall be deducted from hire.

**14. Excluded Ports**
The Vessel shall not be ordered to nor bound to enter:
**(A)** any place where fever or epidemics are prevalent or to which the Master, officers and crew by law are not bound to follow the Vessel;
**(B)** any ice-bound place or any place where lights, lightships, marks and buoys are or are likely to be withdrawn by reason of ice on the Vessel's arrival or where there is risk that ordinarily the Vessel will not be able on account of ice to reach the place or to get out after having completed loading or discharging. The Vessel shall not be obliged to force ice. If on account of ice the Master considers it dangerous to remain at the loading or discharging place for fear of the Vessel being frozen in and/or damaged, he has liberty to sail to a convenient open place and await the Charterers' fresh instructions. Unforeseen detention through any of above causes shall be for the Charterers' account.

**15. Loss of Vessel**
Should the Vessel be lost or missing, hire shall cease from the date when she was lost. If the date of loss cannot be ascertained half hire shall be paid from the date the Vessel was last reported until the calculated date of arrival at the destination. Any hire paid in advance shall be adjusted accordingly.

**16. Overtime**
The Vessel shall work day and night if required. The Charterers shall refund the Owners their outlays for all overtime paid to officers and crew according to the hours and rates stated in the Vessel's articles.

**17. Lien**
The Owners shall have a lien upon all cargoes and sub-freights belonging to the Time-Charterers and any Bill of Lading freight for all claims under this Charter, and the Charterers shall have a lien on the Vessel for all moneys paid in advance and not earned.

**18. Salvage**
All salvage and assistance to other vessels shall be for the Owners' and the Charterers' equal benefit after deducting the Master's, officers' and crew's proportion and all legal and other expenses including hire paid under the charter for time lost in the salvage, also repairs of damage and fuel oil consumed. The Charterers shall be bound by all measures taken by the Owners in order to secure payment of salvage and to fix its amount.

**19. Sublet**
The Charterers shall have the option of subletting the Vessel, giving due notice to the Owners, but the original Charterers shall always remain responsible to the Owners for due performance of the Charter.

**20. War ("Conwartime 1993")**
**(A)** For the purpose of this Clause, the words:
**(i)** "Owners" shall include the shipowners, bareboat charterers, disponent owners, managers or other operators who are charged with the management of the Vessel, and the Master; and
**(ii)** "War Risks" shall include any war (whether actual or threatened), act of war, civil war, hostilities, revolution, rebellion, civil commotion, warlike operations, the laying of mines (whether actual or reported), acts of piracy, acts of terrorists, acts of hostility or malicious damage, blockades (whether imposed against all vessels or imposed selectively against vessels of certain flags or ownership, or against certain cargoes or crews or otherwise howsoever), by any person, body, terrorist or political group, or the Government of any state whatsoever, which, in the reasonable judgement of the Master and/or the Owners, may be dangerous or are likely to be or to become dangerous to the Vessel, her cargo, crew or other persons on board the Vessel.
**(B)** The Vessel, unless the written consent of the Owners be first obtained, shall not be ordered to or required to continue to or through, any port, place, area or zone (whether of land or sea), or any waterway or canal, where

## PART II
## "BALTIME 1939" Uniform Time-Charter (as revised 2001)

it appears that the Vessel, her cargo, crew or other persons on board the Vessel, in the reasonable judgement of the Master and/or the Owners, may be, or are likely to be, exposed to War Risks. Should the Vessel be within any such place as aforesaid, which only becomes dangerous, or is likely to be or to become dangerous, after her entry into it, she shall be at liberty to leave it.

**(C)** The Vessel shall not be required to load contraband cargo, or to pass through any blockade, whether such blockade be imposed on all vessels, or is imposed selectively in any way whatsoever against vessels of certain flags or ownership, or against certain cargoes or crews or otherwise howsoever, or to proceed to an area where she shall be subject, or is likely to be subject to a belligerent's right of search and/or confiscation.

**(D) (i)** The Owners may effect war risks insurance in respect of the Hull and Machinery of the Vessel and their other interests (including, but not limited to, loss of earnings and detention, the crew and their Protection and Indemnity Risks), and the premiums and/or calls therefor shall be for their account.

**(ii)** If the Underwriters of such insurance should require payment of premiums and/or calls because, pursuant to the Charterers' orders, the Vessel is within, or is due to enter and remain within, any area or areas which are specified by such Underwriters as being subject to additional premiums because of War Risks, then such premiums and/or calls shall be reimbursed by the Charterers to the Owners at the same time as the next payment of hire is due.

**(E)** If the Owners become liable under the terms of employment to pay to the crew any bonus or additional wages in respect of sailing into an area which is dangerous in the manner defined by the said terms, then such bonus or additional wages shall be reimbursed to the Owners by the Charterers at the same time as the next payment of hire is due.

**(F)** The Vessel shall have liberty:-

**(i)** to comply with all orders, directions, recommendations or advice as to departure, arrival, routes, sailing in convoy, ports of call, stoppages, destinations, discharge of cargo, delivery, or in any other way whatsoever, which are given by the Government of the Nation under whose flag the Vessel sails, or other Government to whose laws the Owners are subject, or any other Government, body or group whatsoever acting with the power to compel compliance with their orders or directions;

**(ii)** to comply with the order, directions or recommendations of any war risks underwriters who have the authority to give the same under the terms of the war risks insurance;

**(iii)** to comply with the terms of any resolution of the Security Council of the United Nations, any directives of the European Community, the effective orders of any other Supranational body which has the right to issue and give the same, and with national laws aimed at enforcing the same to which the Owners are subject, and to obey the orders and directions of those who are charged with their enforcement;

**(iv)** to divert and discharge at any other port any cargo or part thereof which may render the Vessel liable to confiscation as a contraband carrier;

**(v)** to divert and call at any other port to change the crew or any part thereof or other persons on board the Vessel when there is reason to believe that they may be subject to internment, imprisonment or other sanctions.

**(G)** If in accordance with their rights under the foregoing provisions of this Clause, the Owners shall refuse to proceed to the loading or discharging ports, or any one or more of them, they shall immediately inform the Charterers. No cargo shall be discharged at any alternative port without first giving the Charterers notice of the Owners' intention to do so and requesting them to nominate a safe port for such discharge. Failing such nomination by the Charterers within 48 hours of the receipt of such notice and request, the Owners may discharge the cargo at any safe port of their own choice.

**(H)** If in compliance with any of the provisions of sub-clauses (B) to (G) of this Clause anything is done or not done, such shall not be deemed a deviation, but shall be considered as due fulfilment of this Charter.

**21. Cancelling**

Should the Vessel not be delivered by the date indicated in Box 22, the Charterers shall have the option of cancelling. If the Vessel cannot be delivered by the cancelling date, the Charterers, if required, shall declare within 48 hours after receiving notice thereof whether they cancel or will take delivery of the Vessel.

**22. Dispute Resolution**

*) **(A)** This Charter shall be governed by and construed in accordance with English law and any dispute arising out of or in connection with this Charter shall be referred to arbitration in London in accordance with the Arbitration Act 1996 or any statutory modification or re-enactment thereof save to the extent necessary to give effect to the provisions of this Clause.

The arbitration shall be conducted in accordance with the London Maritime Arbitrators Association (LMAA) Terms current at the time when the arbitration proceedings are commenced.

The reference shall be to three arbitrators. A party wishing to refer a dispute to arbitration shall appoint its arbitrator and send notice of such appointment in writing to the other party requiring the other party to appoint its own arbitrator within 14 calendar days of that notice and stating that it will appoint its arbitrator as sole arbitrator unless the other party appoints its own arbitrator and gives notice that it has done so within the 14 days specified. If the other party does not appoint its own arbitrator and give notice that it has done so within the 14 days specified, the party referring a dispute to arbitration may, without the requirement of any further prior notice to the other party, appoint its arbitrator as sole arbitrator and shall advise the other party accordingly. The award of a sole arbitrator shall be binding on both parties as if he had been appointed by agreement.

Nothing herein shall prevent the parties agreeing in writing to vary these provisions to provide for the appointment of a sole arbitrator.

In cases where neither the claim nor any counterclaim exceeds the sum of US$50,000 (or such other sum as the parties may agree) the arbitration shall be conducted in accordance with the LMAA Small Claims Procedure current at the time when the arbitration proceedings are commenced.

*) **(B)** This Charter shall be governed by and construed in accordance with Title 9 of the United States Code and the Maritime Law of the United States and any dispute arising out of or in connection with this Contract shall be referred to three persons at New York, one to be appointed by each of the parties hereto, and the third by the two so chosen; their decision or that of any two of them shall be final, and for the purposes of enforcing any award, judgement may be entered on an award by any court of competent jurisdiction. The proceedings shall be conducted in accordance with the rules of the Society of Maritime Arbitrators, Inc.

**PART II**
**"BALTIME 1939" Uniform Time-Charter (as revised 2001)**

In cases where neither the claim nor any counterclaim exceeds the sum of US$50,000 (or such other sum as the parties may agree) the arbitration shall be conducted in accordance with the Shortened Arbitration Procedure of the Society of Maritime Arbitrators, Inc. current at the time when the arbitration proceedings are commenced.

*) **(C)** This Charter shall be governed by and construed in accordance with the laws of the place mutually agreed by the parties and any dispute arising out of or in connection with this Charter shall be referred to arbitration at a mutually agreed place, subject to the procedures applicable there.

**(D)** Notwithstanding (A), (B) or (C) above, the parties may agree at any time to refer to mediation any difference and/or dispute arising out of or in connection with this Charter.

In the case of a dispute in respect of which arbitration has been commenced under (A), (B) or (C) above, the following shall apply:-

**(i)** Either party may at any time and from time to time elect to refer the dispute or part of the dispute to mediation by service on the other party of a written notice (the "Mediation Notice") calling on the other party to agree to mediation.

**(ii)** The other party shall thereupon within 14 calendar days of receipt of the Mediation Notice confirm that they agree to mediation, in which case the parties shall thereafter agree a mediator within a further 14 calendar days, failing which on the application of either party a mediator will be appointed promptly by the Arbitration Tribunal ("the Tribunal") or such person as the Tribunal may designate for that purpose. The mediation shall be conducted in such place and in accordance with such procedure and on such terms as the parties may agree or, in the event of disagreement, as may be set by the mediator.

**(iii)** If the other party does not agree to mediate, that fact may be brought to the attention of the Tribunal and may be taken into account by the Tribunal when allocating the costs of the arbitration as between the parties.

**(iv)** The mediation shall not affect the right of either party to seek such relief or take such steps as it considers necessary to protect its interest.

**(v)** Either party may advise the Tribunal that they have agreed to mediation. The arbitration procedure shall continue during the conduct of the mediation but the Tribunal may take the mediation timetable into account when setting the timetable for steps in the arbitration.

**(vi)** Unless otherwise agreed or specified in the mediation terms, each party shall bear its own costs incurred in the mediation and the parties shall share equally the mediator's costs and expenses.

**(vii)** The mediation process shall be without prejudice and confidential and no information or documents disclosed during it shall be revealed to the Tribunal except to the extent that they are disclosable under the law and procedure governing the arbitration.

*(Note: The parties should be aware that the mediation process may not necessarily interrupt time limits.)*

**(E)** If Box 23 in Part I is not appropriately filled in, sub-clause (A) of this Clause shall apply. Sub-clause (D) shall apply in all cases.

*) *(A), (B) and (C) are alternatives; indicate alternative agreed in Box 23.*

**23. General Average**

General Average shall be settled according to York/Antwerp Rules, 1994 and any subsequent modification thereof. Hire shall not contribute to General Average.

**24. Commission**

The Owners shall pay a commission at the rate stated in Box 24 to the party mentioned in Box 24 on any hire paid under the Charter, but in no case less than is necessary to cover the actual expenses of the Brokers and a reasonable fee for their work. If the full hire is not paid owing to breach of Charter by either of the parties the party liable therefor shall indemnify the Brokers against their loss of commission. Should the parties agree to cancel the Charter, the Owners shall indemnify the Brokers against any loss of commission but in such case the commission not to exceed the brokerage on one year's hire.

### (3) 계약서의 주요 조항

**❶ 선박의 명세**

선박명, 선박의 톤수, 선급, 마력 등의 선박에 대한 명세가 기재된다.

**❷ 용선 기간**

기간용선은 일정한 기간 동안 용선하는 것으로 용선기간이 기재된다.

**❸ 항해구역**

항해구역은 통상 넓은 구역으로 처리, 예를 들어 세계항로 결빙항은 제외(world wide radius, icebound ports excepted), 미주, 유럽 등으로 표시할 수 있다.

**❹ 경비의 부담**

용선시 경비의 부담은 선주는 주로 본선과 관련된 비용으로서 선장 및 선원의 급식료 등의 제비용, 선체보험료, 본선의 수선비, 갑판 및 기관에 속하는 선용품비, 제세금 등을 부담하고 용선자는 주로 운송에 관한 운항비로서, 연료, 화물관련 제비용, 하역비용, 입출항의 항비, 도선료, 운하통행료 등을 부담한다.

**❺ 선주의 책임과 면책**

기간용선계약에서 선박의 사용은 용선자에게 있으나 항해에 관한 책임은 용선주에게 있으므로 선적, 적부, 양륙 등에서 별도의 특약이 없는 한 선주에게 책임이 있다. 한편 용선주는 내항성 담보에 관한 상당한 주의의 결여 또는 선주자신의 과실에 의한 경우를 제외한 사항에 대하여는 일반적으로 면책이다. 선박의 내항성에 관한 사항은 선주의 묵시담보책임이 있다.

**❻ 용선료**

용선료는 1개월에 중량단위로 결정하는 것이 보통이며 지급방법은 선불하는 것이 일반적이나 당사자의 약정에 따라 후불될 수도 있다.

Baltime Form(Uniform Time Charter)의 경우 매월 선급되며 Produce Form(The New York Produce Exchange Charter)의 경우 하계적재중량톤당 미화로 정하고 선박의 수도일로부터 반선시까지 매월 지급하도록 되어 있다.

❼ 휴항(off–hire)

용선기간 중 용선자의 귀책사유가 아닌 특정사유가 발생하여 본선의 이용이 방해될 때 용선자가 용선료의 지급의무를 중단하는 조항이다.

❽ 적화종류의 제한

화물의 성질상 적법화물(lawful merchandise)에 한정시키고 있다.

❾ 재용선

기간용선자는 대부분 자기경영의 정기항해에 배선운항을 하기 때문에 재용선은 특약이 없는 한 자유이다. 단 재용선의 경우 용선자는 선주에 대해 통지의무를 갖는다.

❿ 묵시약관

선주는 선박의 내항성에 대한 묵시책임을 진다.

용선자는 양호하고 안전한 항구에만 선박을 사용해야하고 위험물품을 선적해서는 안 된다는 묵시확약이 존재한다.

## III 부정기선 운임의 유형과 종류

### 1. 운임의 유형

#### (1) 일반시장의 부정기선 운임

항차당 운임계약을 하는 것으로서 시장의 자유거래에서 결정되는 것으로 가장 일반적인 유형이다.

#### (2) 정기선로운임

원칙적으로 자유거래에서 결정되는 것이 아니고 공표된 운임률표에 의하는 것이다. 이 공표운임률은 항로별 동맹에서 공표하는 것으로 일반시장에서 형성되는 운임과 차이가 있다.

### (3) 장기선로운임

근래에 발전된 것으로 장기간의 운임률이 계약시 체결되는 운임이다.

## 2. 운임의 종류

### (1) 선지급운임(advance freight or prepaid freight)

운임은 운송행위에 대한 보수이므로 행위가 끝난 뒤에 지급되어야 하나 관습상 선불하기도 하고 계약에 따라 선불하기도 한다.

### (2) 총괄운임(lumpsum freight)

용선계약에 의하여 커버되는 항해단위나 선복의 크기를 단위로 하여 화물운송량과 관계없이 계산, 지급하는 경우 지급되는 운임이다.

### (3) 비율운임(pro-rate freight)

선박이 항해 중 불가항력 등의 이유로 항해를 계속할 수 없을 때 중도에서 화물을 화주에게 인도하고 선주는 자신이 운송한 거리의 비율에 따라 운임을 받을 때 이를 비율운임 또는 항로상당운임이라고 한다.

### (4) 공적(空積)운임(dead freight)

용선자가 실적재량을 계약물량화물만큼 채우지 못할 경우 그 부족분에 대하여 지급하는 운임으로 부적(不積)운임이라고도 하며 일종의 위약금 성질을 뛰는 것이다.

### (5) 반송운임(back freight)

목적항에 화물이 도착하였으나 수하인이 화물인수를 거절하거나 목적항의 사정으로 양륙할 수 없어서 화물이 송하인에게나 다른 곳으로 반송되었다면 이때 송하인은 할증운임을 부담하게 된다.

# 제 7 장

# 해상운송서류

# 제1절 해상운송서류와 선하증권

## I 해상운송서류의 의의

해상운송서류는 수출화물의 선적 및 선적과 관련된 여러 가지 사실을 증명하는 선하증권 등 운송인이 화주에게 제공하는 해상운송에 대한 사항이 기재되어 발행하는 서류이다.

해상운송서류에는 가장 일반적인 것이 선하증권이다. 이는 화주와 운송인 사이의 운송계약의 내용이 기재되어 있으며 운송인이 화주로부터 화물을 수령한 수령증이며 화물과 동일한 효과를 발생시키는 유가증권이다.

선하증권 외에 복합운송의 경우에 사용되는 복합운송서류, 유가증권은 아니지만 해상운송에서 제한적이지만 편리하게 사용되는 해상화물운송장이 있다. 복합운송증권은 선하증권의 형태를 그대로 유지한 채 복합운송 경로와 운임 등이 기재된 형태로 발행되는 경우가 많다.

한편 종이로 된 선하증권의 여러 가지 한계로 인해 보다 편리하고 신속하게 선하증권이 이용가능하도록 정보통신(IT)기술의 이용에 따른 전자선하증권 등이 있다.

## II 선하증권의 개념과 기능

### 1. 선하증권의 생성

선하증권은 화물의 수령증, 운송계약의 증거서류 및 화물이 체화된 권리증권으로의 기능을 가진다. 그러나 중세기 상인들은 자가운송인으로 직접 자기화물을 자기 스스로 운송하고 양륙지에서 화물을 매매하였기 때문에 화물의 탁송서류가 필요치 않았다.

그러다가 운송을 전문으로 하는 전문운송인이 등장한 후 화주가 운송인에게 화물 운송을 맡기면서 운송인이 당해 화물을 수령했다는 영수증이 필요하게 됨에 따라 생성된 것이 선하증권이다. 따라서 최초의 선하증권의 기능은 운송인이 화물을 수령했다는 영수증의 역할이었다.

이렇게 생성된 선하증권을 규율할 수 있는 법 제정의 필요성이 대두됨에 따라 선하증권 관련법들이 제정되기 시작한다. 1855년 선하증권을 규율하는 법이 제정되었는데 이것이 선하증권법(The Bill of Lading Act)이다. 여기에는 배서에 의한 선하증권의 양도로 물품의 소유권이 이전된다는 것이 최초로 규정되었다. 따라서 선하증권 양수인이 운송계약에 따른 권리행사가 가능하게 되었으며 화물의 상징적 인도 개념이 있는 CIF계약이 본격적으로 사용될 수 있게 되었다.

미국에서는 선하증권과 관련하여 미 상원의원인 하터에 의해 제정된 하터법(Harter Act, 1893)이 1893년 제정되었다.

1924년 CMI(국제해사법위원회)에서는 “선하증권에 관한 약간의 규칙의 통일을 위한 국제 조약”(International Convention for the Unification of Certain Rules of Law Relating to Bill of Lading; Hague Rules)을 제정하였다. 이는 국제적으로 통일된 국제운송과 그에 따른 서류에 대한 규정으로서 운송인의 기본 의무사항과 동시에 운송인의 면책사항 등이 규정되었다.

Hague Rules은 그 후 1968년에 일부 수정보완하여 Hague-Visby Rules이 제정되고 1978년 UNCITRAL(UN국제무역법위원회)에서 운송인과 화주의 책임을 어느 정도 균등하게 하는 Hamburg Rules을 제정하게 되나 1992년 11월이 되어서야 체약국의 승인으로 발효되게 된다.

한편 각국은 자국의 해상화물 운송법을 제정하기 시작하는데, 미국은 1936년 해상화물운송법(U. S. Carriage of Goods by Sea Act; COGSA)을 제정하고, 영국은 1971년 해상화물운송법[COGSA(U.K.)]을 제정하고 1992년에 개정하였다.

한국의 경우 자체법이 제정되어 있지 않기 때문에 운송계약시 특별한 약정이 없는 한 Hague Rules을 적용하고 있다.

## 2. 선하증권의 개념

선하증권은 특정선박에 거래화물이 운송을 위하여 적재되었다는 사실을 운송인, 선장 또는 그 대리인이 인정하여 서명한 서류로서, 어떠한 조건으로 화물이 운송되느냐에 대한 언급이 있는 서류로 화주와 선박회사간의 해상운송 계약에 의하여 선박회사가 발행하는 유가증권이다. 즉, 선사가 하주로부터 화물을 인도받아 선박에 선적했다는 것을 나타내는 서류로서 선사는 이 증권에 기재된 조건에 따라 화물을 운송하고 양하항에서 이 증권과 교환하여 화물을 인도하기로 약정한 유가증권을 말한다.

B/L은 B/L상에 기재된 화물의 권리를 구체화하는 것으로서 B/L의 양도는 바로 화물에 대한 권리의 이전을 의미한다. 화물을 처분코자 할 때에는 반드시 관련 B/L을 가지고 있어야만 한다. 오늘날 국제무역에 있어서 대차결제 수단의 국제적 관례는 통상 화환어음(Documentary Bill)이며 B/L은 동 환어음을 취결하는데 상업송장 및 해상보험증권과 함께 그 기본이 되는 서류이다.

선하증권은 운송계약의 증거, 화물의 영수 및 화물의 권리를 표시하는 서류로서의 기능을 하고 있다.

Hamburg Rules 제1조 7항에서 정의하고 있는 선하증권은 "해상운송계약 및 운송인에 의한 물품의 수취 또는 선적을 증명하는 증권으로서, 운송인이 그 증권과 상환으로 물품을 인도할 것을 약정하는 증권"을 말한다.

미국 통일상법전 제1편 201조(b)에 의하면 "선하증권은 물품의 운송업무 또는 운송취급업무에 종사하는 자가 발행하고, 선적을 위하여 물품의 수취를 입증하는 증거를 뜻하고, 항공증권을 포함한다"라고 규정하고 있다.

일반적으로 선하증권은 신용장 거래시 중요한 매입서류 중 하나로서 제시되어야 하며 화물이 체화된 서류로 송하인이 화물을 운송인에게 맡기면서 그 증거로 발급받는 서류이며 신용장 발행은행을 수하인으로 발급하도록 하여 개설의뢰인의 대금 미결제시 화물을 담보할 수 있도록 하는 기능을 가질 수 있는 서류이다.

## 3. 선하증권의 기능

선하증권은 권리증권, 운송계약의 증거서류, 그리고 화물수령증으로의 기능을 갖는다.

### (1) 권리증권(document of title)

선하증권 자체가 화물 그 자체를 상징하는 권리증권이다. 여기서 권리증권이란 정당한 방법으로 선하증권을 소지한 자는 화물을 청구할 수 있는 청구권과 이를 처분할 수 있는 처분권을 갖는다는 것을 의미한다.

증권의 소지인은 양륙항에서 물품을 인도받을 수 있고, 소지인은 단순히 증권을 배서함으로써 운송중의 물품의 소유권을 양도할 수 있으며, 증권은 담보로서 사용될 수 있다.

따라서 선하증권 자체가 문면에 기재된 물품 그 자체를 대표하므로 정당한 선하증권의 소지인이 아니면, 일반적인 경우 물품을 인수할 수 없다. 선하증권의 점유는 물품에 대한 점유와 동일하고 이를 매수인 또는 제3자에게 인도하면 이 증권의 인수자는 소유권을 갖게 되는 것이다. 선하증권을 소유하고 있는 것은 물품을 소유하고 있는 것과 법적으로 동일한 효력을 가지기 때문에 소지인은 양륙항에서 물품을 인수할 수 있으며 물품이 운송되고 있는 도중에도 선하증권을 양도함으로써 물품을 인도할 수 있다.

### (2) 운송계약의 증빙(an evidence of contract of carriage)

개품운송계약의 경우 따로 운송계약을 체결하는 것이 아니라 B/L이 유일한 운송계약의 증빙서류로서 역할을 하게 된다. 반면, 용선운송계약의 경우는 용선운송계약서가 작성되고 B/L은 단지 화물의 수령증에 불과하게 된다.

운송계약의 당사자는 송하인과 운송인이 되며 선하증권이 정당한 방법으로 수하인에게 양도되면 수하인은 운송계약당사자의 입장이 되어 운송인을 상대로 모든 권리를 행사하게 된다.

운송계약의 내용은 B/L전면과 이면 약관에 나타나 있다. B/L은 운송인이 일방적으로 작성하여 교부하기 때문에 운송인 면책사항이 그 내용의 중심을 이루고 있으며, 비록 운송인이 책임을 질 경우에도 책임한도액이 정해져 있기 때문에 화주로서는 충분한 손해배상이 어렵다. 따라서 화주는 운송계약과 별도로 적하보험계약을 체결할 필요가 있다.

### (3) 화물영수증(a receipt for the goods shipped)

선하증권은 운송인이 송하인으로부터 화물을 수령하였다는 추정적 증거(prima facie evidence)로서 역할을 한다.

추정적 증거에 불과한 선하증권이 선의의 제3자에게 양도되었을 때는 확정적 증거가 되므로 운송인의 반증을 허용하지 않는다. 따라서 운송인은 화물수령시 그 내용을 충분히 검토한 후 선하증권에 그 명세를 기재하고, 선하증권상에 기재된 것과 동일한 화물을 수하인에게 반드시 인도하여야 한다. 그렇지 않을 경우에는 운송인은 선적된 화물이 선하증권의 기재내용과 상이하였다는 증거를 제시하여야 한다. 증거를 제시하지 못하는 경우에는 수하인으로부터 손해배상청구

등의 항변을 받게 된다.

## 4. 선하증권의 성질

### (1) 유가증권

재산적 가치를 가진 사권(私權)을 표창하는 증권으로서 권리의 발생, 행사 또는 이전의 전부 또는 일부에 있어서 그 증권의 소지를 요하는 증권(어음, 수표 등)이다.

선적된 물품의 동일성을 보증하는 권리의무를 표시하고 물품의 처분권, 청구권이 명시되고 이러한 사항들이 법적으로 보증된다.

#### ❶ 유통증권

배서나 인도에 의하여 권리가 이전되는 유통성을 지니고 있다.

#### ❷ 요인증권

운송계약에 따라 운송인이 화물을 인수하였다는 원인에 의하여 발행된다. 즉, 운송인 또는 그 대리인이 물품을 선적 또는 수취하였다는 요인이 있어야 발행된다. 그러한 요인이 없이 발행되면 위법행위이다. 요인이 없이 발행되는 수표나 어음과는 다른 법적성질이다.

어음은 무인증권이다. 이는 상품매매계약에 따라 환어음이 발행되고, 나중 매매계약이 무효가 되어도 어음의 권리는 유효하기 때문에 무인증권이다.

#### ❸ 요식증권

상법이나 선하증권 준거법에 명시된 법적 기재사항이 기재되어야 하는 요식증권의 성질을 갖는다. 일반적인 선하증권의 법적기재내용은 물품의 명세(품명, 중량, 수량, 용적, 하인), 송하인, 수하인, 선박명 및 국적, 선적항, 양륙항, 운임, B/L의 작성통수, B/L의 작성지 및 작성년월일 등이며 임의기재내용으로는 일반약관(면책약관)과 특별약관 등이 있다.

### (2) 지시증권

선하증권의 권리자로 지정된 자가 배서나 인도를 통해 선하증권을 양도할 수 있기 때문에 지시증권으로의 성질을 갖는다. 지시식 선하증권의 경우 지시는 보통 배서를 의미하고 배서에 의해 운송중인 화물에 관한 권리를 양도할 수 있다.

### (3) 채권증권

B/L의 정당한 소지인은 이를 발급한 운송인에 대하여 화물의 인도를 요구할 수 있는 채권으로의 성질을 갖는다.

참고로 채권(債權)은 특정인에 대하여 일정한 급부를 청구할 수 있는 권리, 재산권의 하나이며 채권(債券)은 국가, 지방자치단체, 은행, 회사 등이 필요한 자금을 차입할 때에 발행하는 공채, 사채 등의 유가증권과 같은 효력을 갖는다.

### (4) 상환증권

화물의 인도는 선하증권과의 상환으로만 청구할 수 있다.

### (5) 인도증권

선하증권의 인도는 증권면에 기재된 물품 그 자체를 인도한 것과 동일한 효력을 갖는다는 의미에서 인도증권의 성질을 갖는다. 즉, 선하증권을 인도하면 해상운송중인 물품 그 자체는 현실적으로 인도되지 않더라도 물품 그 자체를 인도한 것과 동일한 효과를 갖는다.

### (6) 처분증권

물품에 대한 처분, 즉, 재산권의 변경을 일으키는 법률행위로 운송의 중지·정리, 양륙항의 변경, 운송물품의 분할 양도, 수하인의 변경, 양도·매각, 질권(담보물권의 하나, 채무변제가 있을 때까지 유치할 수 있고 변제가 없을 시 그 담보목적물에 의해 우선변제 받을 권리), 저당권의 설정 등을 선하증권으로 할 수 있기 때문에 처분증권의 성질을 갖는다.

### (7) 문언증권

증권이 작성된 후에는 운송인과 송하인의 의무는 증권상에 명기된 문언에 의해 이행되어야 하며 운송인은 선하증권의 선의의 소지인에 대하여 증권에 기재된 문언에 관하여 책임을 진다. 명기된 사항에 반하여 임의로 해석될 수 없다.

#### (8) 면책증권

면책증권은 채무자를 위한 면책적 효력이 인정되는 증권으로서 동종의 채권자가 다수인 경우에 한편으로는 채무자에게 채권자를 개별적으로 식별하지 않고도 채무이행을 원활하게 할 수 있도록 하고 다른 한편으로는 채권자에게 증권의 소지에 의하여 권리를 행사할 수 있는 자격을 갖게 한다. 그러므로 면책증권을 자격증권(資格證券)이라고도 한다.

선하증권은 선하증권을 발행한 선사가 채무자입장이며 선하증권의 소지인이 채권자가 되며 채무자인 선사가 선하증권상의 화물은 선하증권의 소지인에게 정당하게 넘겨주면 채무자인 선사의 책임은 면책된다.

## III 선하증권의 기재사항과 기재요령

### 1. 선하증권의 기재사항

선하증권은 요식증권으로서 선하증권에 기재되어야 할 사항이 법적으로 규정되어 있다. 선하증권의 기재사항을 법적으로 규정한 것은 증권소지인의 보호와 유통가능성 등을 위해 각국과 관련 국제법에서 법정 기재사항을 규정하고 있다.

법정 기재사항 외에 계약당사자 상호간의 임의로 내용을 기재할 수 있는 임의 기재사항이 선하증권에 기재되게 된다.

#### (1) Hague Rule상의 법정기재사항

The Hague Rules 제3조 3항에서 선하증권의 기재사항을 규정하고 있는데 화물의 선적개시 전에 송하인이 서면으로 통지한 것과 동일한 화물임을 증명하는데 필요한 주 하인(Leading Mark), 송하인이 서면으로 통지한 내용과 같은 포장 및 개품의 수 또는 경우에 따라 수량이나 중량, 그리고 화물의 외관상태 단, 운송인, 선장 또는 운송인의 대리인은 화물의 하인, 수량, 용적 또는 중량이 실제로 인수한 화물을 정확히 나타내지 못한다는 상당한 의문의 근거가 있거나 또는 이를 검사할 적절한 방법이 없는 경우에는 화물의 외관상태를 선하증권에 기재하거나 표시할 의무가 없다.

### (2) Hamburg Rules 상의 법정기재사항

The Hamburg Rules 제15조(Contents of bill of lading)에서는 송하인이 통고한 물품의 일반적 성질, 물품의 식별을 위해 필요한 주 하인, 위험물의 경우는 그 위험성에 관한 명시적 문언, 포장 또는 개품의 수 및 물품의 중량 또는 수량, 물품의 외관상태(외부에서 인정되는 상태), 운송인의 명칭 및 주된 영업소의 소재지, 송하인의 명칭, 송하인이 수하인을 지명할 때는 수하인의 명칭, 해상운송계약상의 선적항 및 선적항에서 물품이 운송인에게 인도된 일자, 해상운송계약상의 양하항, 수통의 선하증권을 발행할 때는 그 원본의 수, 선하증권의 발행지, 운송인 또는 대리인의 서명, 수하인이 지급해야 되는 운임 또는 수하인이 운임을 지급한다는 취지의 표시, 제23조 제3항에서 명시된 문언, 갑판적 운송이 되는 경우 그 취지의 문언, 양하항에서의 물품의 인도일 또는 인도기간이 당사자간에 합의되었을 때는 그 일자 또는 기간, 제6조 제4항에 따라 고액책임제한액이 합의되었을 때는 그 제한액을 기재하여야 한다고 규정하고 있다.

### (3) 한국 상법상의 법정 기재사항[9)]

한국 상법[법률 제12397호, 2014.3.11, 일부개정] 제853조(선하증권의 기재사항) 1항에서는 "다음의 사항을 기재하고 운송인이 기명날인 또는 서명하여야 한다"라고 규정하고 그 기재 내용을 아래와 같이 정하고 있다.

**❶ 한국 상법상 B/L의 법정 기재사항**

① 선박의 명칭, 국적과 톤수
② 송하인이 서면으로 통지한 운송물의 종류, 중량 또는 용적, 포장의 종별, 개수와 기호
③ 운송물의 외관상태
④ 용선자 또는 송하인의 성명 · 상호
⑤ 수하인 또는 통지수령인의 성명 · 상호
⑥ 선적항

9) 第854조(선하증권 기재의 효력) 第853조 제1항에 따라 선하증권이 발행된 경우 운송인과 송하인 사이에 선하증권에 기재된 대로 개품운송계약이 체결되고 운송물을 수령 또는 선적한 것으로 추정한다. 또한 선하증권을 선의로 취득한 소지인에 대하여 운송인은 선하증권에 기재된 대로 운송물을 수령 혹은 선적한 것으로 보고 선하증권에 기재된 바에 따라 운송인으로서 책임을 진다.

⑦ 양륙항
⑧ 운임
⑨ 발행지와 그 발행년월일
⑩ 수통의 선하증권을 발행한 때에는 그 수
⑪ 운송인의 성명 또는 상호
⑫ 운송인의 주된 영업소 소재지

위의 기재사항 중 "② 송하인이 서면으로 통지한 운송물의 종류, 중량 또는 용적, 포장의 종별, 개수와 기호"에서 운송물의 중량, 용적, 개수 또는 기호가 운송인이 실제로 수령한 운송물을 정확하게 표시하고 있지 아니하다고 의심할 만한 상당한 이유가 있는 때 또는 이를 확인할 적당한 방법이 없는 때에는 그 기재를 생략할 수 있다.(제853조 2항)

송하인은 위의 선하증권의 기재사항 중 "② 송하인이 서면으로 통지한 운송물의 종류, 중량 또는 용적, 포장의 종별, 개수와 기호"에 대한 기재사항이 정확함을 운송인에게 담보한 것으로 본다.(제853조 3항)

운송인이 선하증권에 기재된 통지수령인에게 운송물에 관한 통지를 한 때에는 송하인 및 선하증권소지인과 그 밖의 수하인에게 통지한 것으로 본다.(제853조 4항)

❷ 일반적인 선하증권의 법정 기재사항

① 선박에 대한 명세
② 화물에 대한 명세
③ 송하인
④ 수하인
⑤ 선적항
⑥ 양륙항
⑦ 운임
⑧ 선하증권의 작성지와 작성일자
⑨ 선화증권의 발행통수
⑩ 운송인의 기명날인

### (4) 임의 기재사항

법정기재사항을 제외한 선하증권면에 일반적으로 기재되는 임의기재사항은 다음과 같다.

착화 통지처, 선하증권번호, 최종목적지, 운임지급지, 운송인의 면책조항 등이며 주로 운송인의 면책조항이 이면약관으로 기재되게 된다.

## 2. 선하증권의 기재요령

### (1) shipper

송하인의 성명 또는 상호를 기재하며 혼동이 예상될 때는 주소를 명기하여 명확히 하도록 한다.

### (2) Consignee

신용장 거래의 경우 요구서류 중 선하증권에 대한 문구에서 일반적으로 "Full set of clean on board ocean bill of lading made out to" 다음에 명기된 문구를 그대로 기재한다.

### (3) Notify Party

화물이 양륙지에 도착한 다음 운송인이 화물도착의 통지를 하는 대상을 기재한다. 대개 신용장에 Notify Accountee라 기재되어 신용장 개설의뢰인 즉, 수입업자 또는 수입업자가 지정하는 대리인이 기재된다.

### (4) Pre-carriage by

주운송 이전에 운송이 이루어진 경우 그 운송을 담당한 운송인을 기재한다.

### (5) Ocean Vessel

화물을 수송하는 해상운송 선박명이 기재된다.

### (6) Voyage No.

운송선박의 운송회수로 선박회사가 임의로 정한 일련번호가 기재되는데 1항차는 출발항에서 목적항을 거쳐 출발항에 회항하는 것으로 하며 수출, 수입을 구별하기 위하여 East, West, South, North 등을 표기한다.

### (7) Flag

화물을 운송하는 선박의 국적을 기재한다.

### (8) Place of Receipt

송하인으로부터 운송인이 화물을 수취하는 장소로 "Pusan CY", "Pusan C.F.S" 등으로 표기된다.

### (9) Place of Delivery

운송인이 화물을 수하인에게 인도하는 장소를 기재한다.

### (10) Port of Loading

화물을 선적하는 항구명 및 국명이 표시된다.
예) "Pusan, Korea", "Incheon, Korea"

### (11) Port of Discharge

화물의 양륙항 및 국명이 기재된다.

### (12) Final Destination

화물의 최종목적지를 표시하나 복합운송이 아닌 경우에는 기재되지 않는 경우가 많다. 복합운송이 아닌 경우 기재되어 있을 경우 단지 참조에 불과하다.

### (13) B/L No.

선사가 임의로 선하증권 발행에 따른 일련번호를 부여한 번호를 기재한다.

### (14) Container No.

화물이 적재된 Container No.를 표기한다.

### (15) Seal No. Marks & Nos.

Seal No.는 Container에 적재된 화물에 봉인을 한 Seal No.를 표기한다.
Marks & Nos.는 하인(荷印)과 포장박스의 수를 기재한다.

(16) No. of Containers or Pkgs.

화물이 적재된 Container의 개수나 포장단위(Packages)의 개수를 기재된다.

(17) Description of Goods

상품에 대한 명세로 Packing List 및 Invioce에 기재된 상품의 내용을 열거 기재하며 L/C No.도 통상 표시되며 운임의 선불, 착불 여부도 표시된다.

(18) Gross Weight

운송되는 화물의 총중량을 기재한다. 등록검량회사에서 검측된 중량 및 용적이 명기되어 Packing List, Invoice와 일치되지 않는 경우 Remark를 부기하여야 하고 화물에 이상이 있으면 송하인에게 파손화물 보상장(Letter of Indemnity : L/I)을 첨부시킨다. 수출입의 경우 Packing List와 B/L이 상이한 경우 통관되지 아니하므로 세심히 작성되어야 한다.

(19) Measurement

운송되는 화물의 용적을 기재한다.

(20) Total Number of Container or Packages(In Words)

상품의 수량 또는 Full container의 개수를 영문 알파벳으로 표시하여 명백히 나타내기 위해 기재한다.

(21) Freight and Charge

상품의 운송에 따른 제반비용의 명세로 Freight, C.A.F., B.A.F., C.F.S. Charge, Wharfage 등이 통상 표시된다.

(22) Revenue Tons

중량과 용적 중에서 운임 산정의 기준이 되는 톤수를 기재한다. 일반적으로 운임이 높게 계산되는 편을 Revenue Tons으로 표시된다.

(23) Rate

각종 운임의 단가가 표시된다. B.A.F., C.A.F.의 경우 Percent 등이 표시된다.

(24) Per

용적당 또는 중량당, Full Container의 경우는 FEU나 TEU당을 표시한다.

(25) Prepaid

선불될 운임을 기재한다. C.I.F 조건의 수출일 경우는 Prepaid란에 운임을 계산하여 표시하며, F.0.B. 조건의 수출일 경우는 Collect란에 계산 표시한다.

(26) Collect

착불운임을 기재한다.

(27) Freight Prepaid at

선불운임이 지급되는 장소를 기재한다. 화물이 부산에서 선적, 운송되어도 서울에서 운임이 지불되는 경우는 "Seoul, Korea"라고 기재한다.

(28) Total Prepaid

선불된 운임의 총액을 기재한다.

(29) Freight Payable at

착불운임이 지급되는 장소를 기재한다. F.O.B. 수출조건으로 운임이 수하인 부담인 경우 수하인의 운임 지불장소가 기재되며 운임이 지불되지 않으면 운송인 또는 대리점은 화물인도지시서(D/O; Delivery Order)를 발행 교부하지 않는다.

(30) No. of Original B/L

Original B/L의 발행통수를 기재한다. Original B/L은 통상 3통을 한 세트로 발행하는데 그 숫자에는 제한이 없다. Original B/L에는 "Original", "Duplicate" "Triplicate" 등의 문구가 있고 은행과의 거래를 위하여 "Negotiable"이라는 문구도 표시된다. Original B/L의 경우는 발행통수에 관계없이 그 한 장이라도 회수

되면 나머지는 유가증권으로서의 효력을 상실한다.[10] B/L Copy의 경우는 "Copy Non-Negotiable"이라 기재되며 B/L Copy는 유가증권으로서의 효력이 없고 단지 참조적인 서류에 불과하다.

### (31) Place of Issue

B/L의 발행장소가 기재된다.

### (32) Date of Issue

B/L의 발행일자가 기재된다.

### (33) Laden on Board the Vessel Date

B/L의 On Board Date가 기재되며, 이는 Date of Issue와 보통 일치되며 Date of Issue가 On Board Date 보다 늦을 수는 있으나 빠른 경우는 B/L의 선발행이 되므로 은행에서 매입을 거절당한다.

### (34) By

On Board Date의 하단에는 B/L 발행자의 Sign이 기재된다.

### (35) Carrier Name

B/L 발행권자의 Sign이 기재된다. B/L 발행권자는 은행에 Sign을 등록하고 있으며 일단 발행권자가 Sign을 한 후에 B/L을 수정할 경우에는 재발급을 하든가 또는 "Correction" 도장을 날인한 후 Sign하여야 한다.

10) 상법 제857조(수통의 선하증권과 양륙항에 있어서의 운송물의 인도)
① 양륙항에서 수통의 선하증권 중 1통을 소지한 자가 운송물의 인도를 청구하는 경우에도 선장은 그 인도를 거부하지 못한다.
② 제1항에 따라 수통의 선하증권중 1통의 소지인이 운송물의 인도를 받은 때에는 다른 선하증권은 그 효력을 잃는다.

### 표면약관(〈서식 7-1〉의 ㉮부분에 해당되는 내용)

선하증권의 전면에 나타나 있는 약관으로 일반적으로 선하증권 오른쪽 상단 상호와 함께 기재되어있다.
그 내용은 다음과 같다.

본 증권에 특별히 기재된 것이 없다면 화물 또는 여기에 언급된 화물을 담고 있는 컨테이너나 포장물이 양호한 상태로 송하인으로부터 운송인에 의해 수령되었으며 여기에 나타나 있는 수령지 또는 선적항에서부터 양륙항 또는 인도장소까지 여기에 기명된 선박이나 운송인의 선택에 따른 대체선 또는 다른 운송수단에 의해 이 선하증권의 전면과 이면에 제공된 모든 조건에 따라서 운송되었으며 양수인의 지시에 따라 그곳(양륙항 또는 인도장소)에서 지시인이나 양수인에게 인도되어 진다. 만약 운송인에 의해 요구된다면 정히 배서된 이 선하증권은 화물이나 화물인도지시서(D/O)와 상환으로 제출되어야 한다.

『Received by the Carrier from the Shipper in apparent good order and condition unless otherwise indicated herein, the Goods or the container(s) or package(s) said to contain the cargo herein mentioned, to be carried subject to all terms and conditions appearing on the face and back of this Bill of Lading by the vessel named herein or any substitute at the Carrier's option and/or other means of transport from the place of receipt or the port of loading to the port of discharge or the place of delivery shown herein and there to be delivered unto order of assigns. If required by the Carrier, this Bill of Lading duly endorsed must be surrendered in exchange for the Goods or delivery order.』

이 선하증권을 수령할 때 상인(일반적으로 화주; 이면약관 제1조에서 정의하는 바와 같은)은 반대되는 어떤 지역관습이나 특권에 불구하고 상인에 의해서 서명되어진 바와 같이 그것이 수기, 타이핑, 스탬프 또는 프린트되어져 있든지 간에 이 선하증권의 전면과 이면의 규정, 예외사항, 조건에 의해 구속되는 것에 동의한다. 그리고 화물운송과 관련된 모든 합의 또는 운송계약은 이 선하증권에 의해 대체된다.

『In accepting this bill of Lading, the Merchant (as defined by Article 1 on the back hereof) agrees to be bound by all the stipulations, exceptions, terms and conditions on the face and back hereof, whether written, typed, stamped or printed, as fully as if signed by the Merchant, any local custom or privilege to the contrary notwithstanding, and agrees that all agreements or freight engagements for and in connection with the carriage of the Goods are superseded by this Bill of Lading.』

## 〈서식 7-1〉 BILL OF LADING

① Shipper/Exporter
SELLYPORTS CO., LTD
PUSAN, KOREA

⑬ B/L No.
PCSLBOL103960122

**LOIDYS CONTAINER SERVICE**

**HYUNDAI SHIPPING CO., LTD**

② Consignee
SAKURA TRADING CO., LTD.
BUNKAKU OSAKA, JAPAN

③ Notify Party
SAKURA TRADING CO., LTD.
BUNKAKU OSAKA, JAPAN

㉑ Received by the Carrier from the Shipper in apparent good order and condition unless otherwise indicated herein, the Goods or the container(s) or package(s) said to contain the cargo herein mentioned, to be carried subject to all terms and conditions appearing on the face and back of this Bill of Lading by the vessel named herein or any substitute at the Carrier's option and/or other means of transport from the place of receipt or the port of loading to the port of discharge or the place of delivery shown herein and there to be delivered unto order of assigns. If required by the Carrier, this Bill of Lading duly endorsed must be surrendered in exchange for the Goods or delivery order.

In accepting this bill of Lading, the Merchant (as defined by Article 1 on the back hereof) agrees to be bound by all the stipulations, exceptions, terms and conditions on the face and back hereof, whether written, typed, stamped or printed, as fully as if signed by the Merchant, any local custom or privilege to the contrary notwithstanding, and agrees that all agreements or freight engagements for and in connection with the carriage of the Goods are superseded by this Bill of Lading.

| ④ Pre-carriage by | ⑧ Place of Receipt |
|---|---|
| | BUSAN CY |

| ⑤ Ocean Vessel | ⑥ Voyage No | ⑦ Flag | ⑨ Place of Delivery |
|---|---|---|---|
| MINT QUICK | 602E | KOREA | OSAKA JAPAN CY |

| ⑩ Port of Loading | ⑪ Port of Discharge | ⑫ Final Destination |
|---|---|---|
| PUSAN, KOREA | OSAKA JAPAN | |

| ⑭ Container No. | ⑮ Seal No. Marks & Nos. | ⑯ No. of Containers or Pkgs | ⑰ Description of Goods | ⑱ Gross Weight | ⑲ Measu-rement |
|---|---|---|---|---|---|
| HALU2441198/279861<br>HALU2451198/279862<br>HALU2461198/279863 | | 1,500 PRS | SHIPPERS' LOAD AND COUNT<br><br>SAID TO CONTAIN:<br>GOLF GLOVES<br>MODEL NO. KL190, KL300 | 51,000.00Kgs | 66.00CBM |

SAKURA

OSAKA
C/T NO : 1-30
MAKE IN KOREA

FREIGHT COLLECT

HANDLE WITH CARE

⑳ Total Number of Containers or Packages(in words) SAY : THREE (3) CNTRS ONLY.

| 21. Freight & Charges | 22. Revenue Tons | 23. Rate | 24. Per | 25. Prepaid | 26. Collect |
|---|---|---|---|---|---|
| O/Freight | 66.00 CBM | 24.75 | | | USD 1,633.50 |
| C.A.F. | 25.30 (%) | 480.60 | | | UDS 124.59 |
| C.F.S. | 66.00 CBM | 4,500 | | WON 297,000 | |
| C.F.S. | 66.00 CBM | 3,800.00 | | | JPY 250,000 |
| C.H.C. | 66.00 CBM | 3,500 | | WON 231,000 | |
| C.H.C. | 66.00 CBM | 600.00 | | | JPY 39,600 |
| | | | | USD TOTAL | 1,764.09 |

| 27. Freight Prepaid at | 29. Freight Payable at | 31. Place of Issue |
|---|---|---|
| PUSAN, KOREA | | PUSAN, KOREA |
| **28. Total Prepaid** | **30. No. of Original B/L** | **32. Date of Issue** |
| | THREE(3) | DEC. 12, 2008 |

| Laden on Board the Vessel | 35. |
|---|---|
| 33. Date DEC. 12, 2008 | HYUNDAI SHIPPING CO., LTD. |
| 34. By | |

# IV 선하증권의 종류

## 1. 선적 여부에 따른 분류

### (1) Shipped B/L과 Received B/L

선하증권면에 "shipped on board vessel", "loaded on board vessel", "shipped on board the ship…" 등으로 화물이 실제로 특정 선박에 적재되었다는 취지가 기재된 것으로 선적 후 발행하는 선하증권을 Shipped B/L(선적 선하증권)이라 한다.

한편 Received B/L(수취 선하증권)은 선적전에 화물이 선박회사가 지정한 장소에서 운송인에게 인도되어 있는 경우 화주의 의뢰에 따라 발행되는 B/L로 "received for shipment"라고 기재된다.

그러나 신용장에 선적선하증권을 대부분 요구하므로 수취선하증권이 발행된 경우도 선적 후 그 사실과 적재 연월일을 기입, 서명하면(on board notation) 선적선하증권이 된다.

복합운송이 보편화된 오늘날 "shipped on board" 개념보다는 "taking in charge"의 개념이 더욱 중요하기 때문에 수취선하증권을 인정하지 않을 수 없다.

신용장에 본선적재와 관련한 언급이 없거나 복합운송이나 항공운송을 허용한 경우에는 예외적으로 수취선하증권도 수리할 수 있다. 왜냐하면 컨테이너 화물운송이나 항공운송의 경우에는 수출상이 선적을 위하여 화물을 운송인(Forwarder)에게 맡기는 시점에서 Forwarder가 자기명의로 된 B/L 또는 AWB을 발급해 주므로 수취식이 될 수밖에 없기 때문이다.

수취선하증권은 다시 B/L발행 당시 당해 화물을 선적할 선박의 입항유무에 따라 Custody B/L과 Port B/L로 나눌 수 있다. Custody B/L은 화물이 운송인에게 인도되었으나 당해 화물을 선적할 선박이 입항하지 않은 상태에서 발행되는 B/L을 말한다. Port B/L은 지정선박이 입항되어 있고 선적된 화물이 부두의 운송인에게 보관된 상태에서 발행되는 B/L을 의미한다.

## 2. 수하인 표시 유무에 따른 분류

### (1) Straight B/L

Straight B/L(기명식 선하증권)은 B/L의 수하인(consignee)란에 특정인을 기입한 것으로 일반적이지 않다. 왜냐하면 특정인을 수하인으로 했을 경우 특정한 수하인에게만 화물의 수취권이 부여되어 양도불능이 되므로 유통증권인 선하증권의 성질을 저해하게 된다.

한국 상법 제861조(준용규정), 제130조(화물상환증의 당연한 지시증권성)[11]에 의하면 기명식 선하증권도 발행인이 선하증권의 양도를 특별히 금지하지 않는 한 배서에 의하여 양도할 수 있도록 하고 있다.

그러나 항공화물 운송장(air waybill), 해상화물운송장(sea waybill)의 경우는 기명식으로 발행된다.

### (2) Order B/L

Order B/L(지시식 선하증권)은 수하인란에 특정인을 기입하지 않고 단순히 "order"(to order) 또는 "order of shipper", "order of xxx bank"로 하여 발행되는 것으로 송하인은 화환취결시 B/L에 백지배서를 하여 은행에 인도함으로써 운송화물의 소유권이 은행으로 이전된다. 즉, 수출업자는 이면에 백지배서만 하면 이 증권의 소지자가 그 화물에 대한 소유권을 갖게 된다.

지시의 문구에는 다음과 같은 것이 있을 수 있다.

- 단순 지시인식 : To order
- 송하인의 지시인식 : To order of shipper
- 신용장발행은행의 지시인식 : To order of (the L/C openning bank)
- 매입은행의 지시인식 : To order of (the negotiaiong bank)
- 추심은행의 지시인식 : To order of (the collecting bank)
- 송하인의 대리인의 지시인식 : To order of (the agent of the shipper)
- 매수인의 지시인식 : To order of (the buyer)

### (3) Bearer B/L

수하인란에 "Bearer" 또는 "To Bearer"로 기재되어 있거나 공란(blank)인 경우의 선하증권을 말한다. 소지인식 또는 무기명식 선하증권의 경우 선하증권을 소지하고 있으면 누구라도 수하인이 될 수 있다. 그리고 당해 선하증권은 단순히 선하증권을 타인에게 교부함으로 선하증권의 양도가 이루어진다.

---

11) 제130조(화물상환증의 당연한 지시증권성) 화물상환증은 기명식인 경우에도 배서에 의하여 양도할 수 있다. 그러나 화물상환증에 배서를 금지하는 뜻을 기재한 때에는 그러하지 아니하다.

## 3. 하자 여부에 따른 분류

### (1) Clean B/L

Clean B/L(무고장부 선하증권)은 선박회사가 인수한 물품이 물품명세 또는 수량 및 포장에 하자가 없는 경우 발행되는 증권으로 은행에서 수리가 가능하다. UCP 600 제27조에서 무고장 운송서류는 물품 또는 그 포장에 하자 있는 상태를 명시적으로 표시하는 조항 또는 단서를 기재하고 있지 않는 서류로 정의하고 있다.

컨테이너 화물의 경우는 수출상 자신의 창고나 공장에서 컨테이너 직접 화물을 적입하고 난 후 봉인한 상태로 선적되므로 선박회사가 당해 컨테이너 내의 화물의 하자여부를 확인할 수 없다. 따라서 이 같은 경우에는 증권상에는 'Shipper's load and count' 또는 'said by shipper to contain'이라는 부지약관(不知約款; Unknown Clause)을 명시하여 선박회사의 당해 컨테이너 적재화물의 수량 등에 대한 확인 책임을 회피하게 된다.

### (2) Foul B/L

선적된 화물의 포장, 수량 기타의 사항에 대해서 불완전한 것이 있어 그런 표현이 B/L면에 기재되어 발행된 선하증권이 Foul B/L(고장부 선하증권)이다.

Foul B/L은 UCP 600 제27조에서 "은행은 무고장 운송서류(clean transport document)만을 수리한다"라고 규정하고 있어 foul B/L은 은행에서 수리가 불가능한 운송서류이다.

Incoterms 서문 18에서도 모든 운송서류는 반드시 화물이 양호한 상태에서 발급되어야 하며 만약 그렇지 못한 운송서류는 모두 Foul B/L로 간주된다고 규정하고 있다.

따라서 수출업자는 Foul B/L을 발급받게 되면 은행화환취결을 위해 선박회사에 L/I(Letter of Indemnity; 파손화물보상장)을 제공하고 선박회사로부터 무고장부 선하증권을 교부받을 수 있다. 이때 수출업자는 차후에 파손화물에 대해 문제가 제기될 시에 L/I에 근거하여 선박회사에 보상책임을 져야한다. 그리고 수입상에게 통보하고 차후 추가선적이나 가격공제 또는 할인 등으로 양해를 구해야 한다. 보험회사에도 L/I에 대하여 보상책임이 없기 때문에 수출업자는 이를 보험회사에 고지해야 하며 이를 고지하지 않으면 사기로 간주된다.

### 선하증권을 "고장부"로 만드는 부가조항

- Contents leaking
- Packaging broken/holed/torn/damaged
- Good chafed/torn/deformed
- packaging damaged-contents exposed
- Packaging soiled by contents
- Goods damaged/scratched
- Packaging badly dented
- Insufficient packaging

## 4. 증권양식에 따른 분류

### (1) Long form B/L

Long form B/L(정식 선하증권)은 선하증권에 필요기재사항과 운송약관이 모두 기재되어 발행되는 선하증권을 말한다. 대부분의 선하증권이 여기에 해당된다.

### (2) Short form B/L

Short form B/L(약식 선하증권)은 선하증권의 필요기재사항은 모두 기재되어 있으나 운송의 일반조건의 전 조문을 기재하지 않고 그들 조건 중에서 중요한 조건만 발췌한 형식으로 발행하는 선하증권을 말한다. 그러나 적화에 관한 전운송약관이 운송계약서에서는 적용되고 그 조문은 요구가 있으면 즉시 입수할 수 있다는 취지를 표시한 특별한 단서가 들어 있어 선하증권에 적용되는 모든 필요조건을 충족시키고 있다.

## 5. 발행인에 따른 분류

### (1) Master B/L

실제로 화물을 운송하는 선박회사(Carrier)가 발행하는 가장 일반적인 선하증권이다.

### (2) Forwarder B/L

운송주선인(Forwarder)은 선적에 관하여 송하인과 선박회사 사이에 운송취급인

처럼 여러 가지 편의를 제공하거나 또는 소량화물을 취급하여 선박회사에 대하여 하나의 화물로, 즉 FCL로 만들어 운송비를 저렴하게 하는 업무를 제공하는 자이다. 이때 Forwarder는 스스로 선하증권을 발행하는데 이때의 B/L을 Forwarder B/L(운송주선인 발행의 선하증권)이라 한다. Forwarder는 자체 운송수단을 소유하지 않고 조직망만 가지고 운송업무를 담당하고 있으므로 이들이 취급하는 운송서류에는 본선적재의 확인이 어렵고 또한 이들의 자산규모가 영세하기 때문에 사고발생시 발행은행이나 수입상이 구상권을 행사하는데 지장을 받게 되므로 일반적으로 은행은 Forwarder B/L의 수리를 거절한다.

UCP 500 제30조 운송주선인 운송서류(Transport Documents Issued by Freight Forwarders)에서 은행이 수리가능한 운송주선인 선하증권의 조건을 명시하였으나[12) ] UCP 600에서는 이 규정이 삭제되었다. 이는 대부분의 운송주선인이 운송주선인으로서가 아니라 운송인의 대리인의 자격으로서 UCP의 요건을 충족하는 해상, 항공 및 복합운송서류를 발행하고 있다는 현실을 적극 반영한 것이다.

따라서 단순히 운송주선인이 발행한 Forward B/L은 은행에서 수리되는 않는다. 즉, 적어도 두 가지 다른 운송방식을 표시하는 운송서류(제19조), 선하증권(제20조), 항공운송서류(제23조) 등 UCP 600에서 규정하고 있는 운송서류 관련 요건에 합치하여 제시될 때 수리가능하게 된다.

### (3) Groupage B/L

개별 화주가 자신의 LCL 화물을 그대로 선박회사에 맡기기 보다는 동일 목적지의 다른 개별 화주들의 화물과 결합하여 하나의 Group으로 만들어 선박회사에 맡길 경우 포장비 및 운송비가 절감되어 보다 경제적이 된다.

이러한 작업을 포워더(freight forwarder)가 행하여 선박회사에 화물을 맡길 경우 선박회사가 포워더에게 당해 화물에 대해 발행하는 선하증권이 Groupage B/L(집단 선하증권)이다. 이때 포워더는 개별 LCL 화주에게 House B/L을 발급하게 된다.

---

12) UCP 500 제30조 i) 운송인 또는 복합운송인으로서의 운송주선인의 명칭이 표시되어 있고 운송인 또는 복합운송인인 운송주선인이 서명하거나 달리 인증하는 것, 또는 ii) 운송인 또는 복합운송인의 명칭이 표시되어 있고 그러한 운송인 또는 복합운송인의 지정 대리인의 자격으로 운송주선인이 서명하거나 달리 인증하는 것

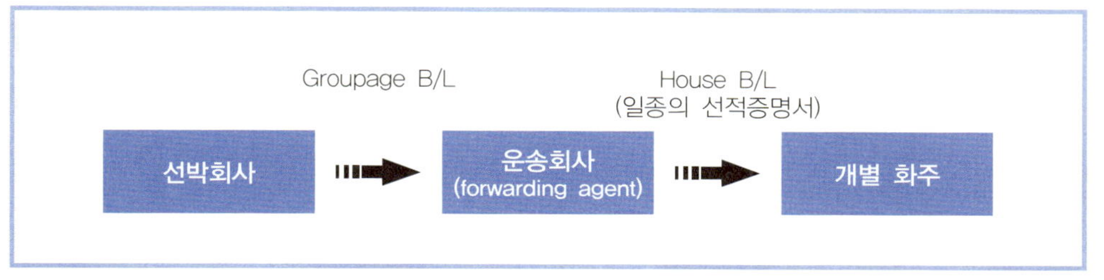


## 6. 유통가능성에 따른 분류

### (1) Negotiable B/L과 Non-negotiable B/L

Negotiable B/L(유통가능선하증권)은 선하증권을 타인에게 양도하여 유통할 수 있는 선하증권을 말한다. 선하증권은 권리증권이므로 이 권리를 표창하는 선하증권을 타인에게 양도하여 유통할 수 있느냐는 당해 화물의 전매가능성과도 연결된다.

유통가능여부는 누구를 화물의 수하인으로 발행하느냐가 중요한 문제이다. 구체적으로는 선하증권 상의 수하인(Consignee)란에 특정인을 기명하지 않고 to order 또는 to order of shippers표 표시하는 지시인식의 경우에는 Negotiable B/L이 되고 한편 이 난에 특정인을 표시하는 기명식(Straight B/L)의 경우에는 Non- negotiable B/L(비유통성선하증권)이 된다.

## 7. 기타 선하증권

### (1) Ocean B/L과 Local B/L

Ocean B/L(해양선하증권)은 국외 해상운송의 경우에 발행되는 B/L이고 Local B/L(내국선하증권)은 국내해상운송의 경우에 발행되는 B/L을 말한다.

### (2) Optional B/L

선적시 양륙항을 1항구로 확정하지 못한 채 선적하여 본선의 기항순으로 수개의 항구를 기입하여 어느 한 항구를 그 도착전에 정하는 것을 Optional shipment라 하며 이때의 화물을 optional cargo, 이때의 운임을 할증된 optional charge가 되고 이때 발행된 B/L이 optional B/L(선택식 선하증권)이다.

### (3) Charter Party B/L

Charter Party B/L(용선계약부 선하증권)은 용선계약에 의해 발행된 선하증권을 말한다. 용선계약서의 조건에 따라 화물의 선적이 완료되면 화주의 요청에 따라 B/L이 발행된다.

Incoterms(1990)에선 B/L에 용선계약에 관한 기재가 포함되어 있으면 매도인은 용선계약서 사본 1통을 제공하여야 한다고(CIF 매도인 의무 8항) 규정함으로써 용선계약부 선하증권도 적격한 운송서류로 인정하게 되었고[13] 이러한 매매관습을 UCP 600(2007)에서 수용하여 은행은 신용장이 용선계약부 선하증권을 요구하거나 허용하는 경우에는 그 명칭에 관계없이 제22조의 규정에 있는 요건을 충족하는 한 용선계약부 선하증권을 수리한다고 규정하고 있다.(제22조)

UCP 600 제22조(Charter Party Bill of Lading)에서 규정하고 있는 용선계약 선하증권의 수리조건은 다음과 같다. 용선계약에 따른다는 표시를 포함하고 있는 선하증권(용선계약부 선하증권)은 그 명칭에 관계없이 i)선장 또는 선장을 대리하는 지정대리인, 또는 선주 또는 선주를 대리하는 지정대리인, 또는 용선자 또는 용선자를 대리하는 지정대리인에 의하여 서명되어 있는 것, ii) 사전인쇄된 문언, 또는 물품이 본선선적된 일자를 표시하고 있는 본선적재표시를 통해 물품이 신용장에 명기된 적재항에서 지정선박에 본선선적되었음을 표시하고 있는 것, iii) 신용장에 명기된 적재항으로부터 양륙항까지의 선적을 표시하고 있는 것(양륙항은 신용장에 명기된 대로 항구의 구역 또는 지리적 지역으로 표시될 수 있음), iv) 단일의 용선계약부 선하증권 원본 또는 2통 이상의 원본으로 발행된 경우에는 용선계약부 선하증권상에 표시된 대로 전통으로 제시될 것 등의 조건을 만족시켜야 한다.

### (4) Red B/L

선하증권과 보험증권을 결합시킨 것으로서 이 증권에 기재된 화물이 항해 중에 사고가 발생하면 이 사고에 대해서 선박회사가 보상해 주는 선하증권을 Red B/L(적색선하증권)이라 한다. 즉, 선하증권면에 보험부보의 내용이 포함된 형태로 발행되는 것으로 선박회사가 보험회사에 보험을 부보하고 그 내용을 선하증권면에 기재함으로써 보험사고 발생시 선박회사가 보상하도록 하는 것으로 화주

13) Incoterms 2000부터는 CFR, CIF조건의 매도인의 의무 8항에서 용선계약 관련 내용은 삭제되었다.

가 따로 보험회사에 부보할 필요가 없다.

선박회사는 보험회사에 모든 Red B/L 발행분에 대해서 일괄하여 부보하게 되고, 궁극적으로 손해부담은 보험회사가 진다. 보험료만큼 운임을 추가시킴으로 보험료는 결국 송하인이 부담하게 되는 형태이다.

### (5) Stale B/L

선하증권의 제시 시기가 필요이상으로 지연되었을 때 그러한 지연된 선하증권을 Stale B/L이라 한다.

UCP 600제 14조 c항에 의하면 “제19조에서 제25조에 따른 하나 또는 그 이상의 운송서류의 원본은 이 규칙에 기술된 대로 선적일 이후 21일보다 늦지 않게 수익자에 의하여 또는 그 대리인에 의해 제시되어야 한다.”라고 규정하고 있어 Stale B/L은 은행에서 수리하지 않는다.

### (6) Surrender B/L

Surrender B/L은 B/L의 한 종류를 지칭하는 것이 아니고, 송화주에게 발행된 Negotiable B/L을 송화주가 배서하여 운송인에게 반환(제출=Surrender)함으로써, B/L의 유통성(Negotiable)이 소멸된 모든 B/L을 지칭한다. 일반적으로 B/L을 Surrender 함은 선적지의 송화주가 발행된 원본 B/L을 양하지의 수하인에게 송부하지 않고, 운송인에게 제출함으로써 수화주가 양하지에서 원본 B/L 없이 화물을 찾을 수 있도록 하는 것이다.

Surrender B/L은 화물에 대한 주인의 권리를 포기한다는 의미로, B/L상에 Surrender라는 문구가 찍혀지고 이런 B/L은 유통성이 없으며 은행 네고용으로도 사용할 수 없게 된다. 따라서 Surrender B/L은 사전송금방식의 거래 또는 본지사간 거래에 사용된다.

운송거리가 근거리로 선박의 운항기간이 짧은 경우 화물도착보다 정상적인 매입과정을 거쳐 선하증권이 수하인에게 전달되는 것이 늦을 경우가 발생되므로 이러한 문제점을 보완하기 위하여 Surrender B/L이 사용된다.

Surrender B/L의 거래절차는 선적항에 있는 선사 혹은 대리점(이하 대리점)에서 발급받았던 원본 B/L에 배서한 후 선적항 대리점에 제시하거나, 원본 B/L이 발행되기 전에 B/L Surrender를 희망할 경우 별도의 요청서를 제출한다. 수하인은 화물도착시 자신이 수하인임을 확인 받은 후 물품을 인수받게 된다.

이 방식은 수출자가 선적서류 원본을 보내는데 시간이 걸리고 수입지역에 선사 대리점이 수입자를 익히 알고 있는 경우에 사용된다. 수입업자는 통상 수출자로부터 FAX로 B/L을 받아서 통관처리를 하고 물품을 인수하게 된다.

### (7) Through B/L

선박, 철도, 자동차, 항공기 등의 각기 다른 운송수단을 통해 상호간의 원활한 운송을 위해서 발행되는 복합운송증권을 포함한 넓은 의미로 사용되는 경우가 많다. 그러나 일반적으로는 해상운송의 경우 환적이 이루어져 각 운송수단별로 운송증명서가 발급되기 때문에 수통의 운송서류가 있어야 하는 것이 원칙이나 이렇게 할 경우 수출상이 선적서류를 약속한 선적기일 내에 구비하는 것이 불가능하고 여러 가지 불편한 문제가 발생한다. 이러한 문제점을 개선하기 위하여 환적이 불가피한 경우 최초로 운송 담당자가 전항로를 커버할 수 있도록 발급한 단일 B/L을 Through B/L(通 선하증권)이라 한다. 컨테이너운송 및 Forwarder's B/L에 그 예가 많다.

반면 적출항에서 목적항까지 적재본선이 환적없이 직항하는 경우에 발행되는 B/L은 Direct B/L이라 하여 Thorugh B/L과 대비된다.

### (8) Transhipment B/L

Transhipment B/L(환적 선하증권)은 화물을 운송도중 중도에서 다른 선박에 환적하여 목적지까지 운송하는 환적을 증권면에 기재한 선하증권을 말한다. 각 구간마다 운송인이 연서하여 공동으로 운송책임을 진다.

운송경로의 표시에 있어 도중의 환적은 화물의 손상을 초래케 하고 지연도착의 원인이 될 뿐만 아니라 환적비용이 발생할 우려가 있기 때문에 신용장 면에 Transhipment Prohibited라는 문언을 기재하여 환적을 금지하고 있다.

신용장통일규칙(UCP 600)에서는 환적과 관련해서 각 운송서류별로 규정되어 있으며 여기서는 대표적으로 제20조 선하증권(Bill of Lading)에서 규정하고 있는 환적과 관련한 내용을 살펴보면 다음과 같다.

첫째, 선하증권은 물품이 환적될 것이라거나 또는 될 수 있다고 표시할 수 있으며 다만, 전 운송이 동일한 선하증권에 의해 커버되어야 한다.

둘째, 선하증권이 환적을 금지하고 있는 경우에도 물품이 선하증권에 의하여 입증된 대로 컨테이너, 트레일러 또는 라쉬선에 선적된 경우에는 환적이 행해질 것이라거나 또는 행해질 수 있다고 표시하고 있는 선하증권을 수리될 수 있다.

셋째, 운송인이 환적할 권리를 유보한다고 명기하고 있는 선하증권상의 조항은 무시하도록 하고 있다.

### (9) Third Party B/L or Neutral B/L

B/L상의 송하인(선적인)은 L/C상의 수익자인 것이 보통이나 수익자이외의 제 3자가 선적인인 경우가 있다. 이와 같이 선적인이 수익자이외의 제 3자인 경우의 B/L을 Third Party B/L(제 3자 선하증권)이라고 한다. 즉, 운송계약의 주체인 Shipper와 L/C상의 Beneficiary가 다른 B/L을 Third party B/L 이라고 한다.

Third Party B/L은 물품이 제3자에게 전매되는 과정에서 신용장발행의뢰인이 수익자의 성명을 제3자에게 비밀로 하고 싶을 때 이용되는 B/L로서 B/L면의 송하인이 수익자가 아닌 제3자로 기재된다. 완제품의 국내구매를 위해 Local L/C가 개설된 L/C에서 공급자가 직접 선적하거나 양도신용장(Transfer L/C)에서는 Master L/C상의 수익자 명의가 B/L상의 송하인란에 기재되지 않고 직접 선적을 담당한 공급자 또한 양수인의 명의가 기재된다.

### (10) Switch B/L

Switch B/L은 switch라는 문언이 기재된 선하증권으로 물품을 선적하고 선적항에서 발행된 선하증권이 목적항 이외의 제3의 장소에서 송하인, 수하인, 통지처 등의 사항을 변경하여 다시 발행된 선하증권을 말한다. 대부분 중계무역의 경우 최초 수출상과 최종 수입상을 서로 모르게 할 필요성 등에 의하여 요청되거나, 제3국가들 사이의 무역의 증가에 따라 신용장을 포함한 무역서류들에 의하여 요구된 조건을 충족시키기 위하여 적재항 및 양륙항 이외의 고객이 원하는 제3의 장소에서 원본 선하증권을 스위치할 것을 요구하고 있으며 이것은 꾸준한 증가 추세에 있다.

### (11) 전자식 선하증권(Electronic B/L)

전자식 선하증권은 기존의 종이선하증권을 발행하지 않고, 선하증권의 내용을 구성하는 정보를 전자적 방업에 의해 운송인의 컴퓨터에 보관하고, 운송인이 부여한 '개인키'(private key; 비밀번호)를 사용함으로써 물품에 대한 지배권 및 처분권의 권리를 그 권리자의 지시에 따라 수하인에게 그 정보를 전송하는 형식의 선하증권을 말한다.

## 8. 선하증권 이외의 운송서류

### (1) Multimodal Transport Documents or Combined Transport Documents

컨테이너 운송수단의 발달로 Door to Door로 육, 해, 공의 협조일괄수송에 의해 송하인의 문전에서 수하인의 문전까지 적어도 두 가지 이상의 다른 운송방법에 의해서 운송되는 복합운송의 경우에 발급되는 운송서류를 Multimodal Transport Documents(복합운송증권)라 한다.

### (2) Non-Negotiable sea waybill

운송기술의 발달로 근거리 운송시 서류보다 화물이 먼저 도착한 경우 L/G(Letter of Guarantee; 수입화물선취보증장)을 은행과 연대보증하여 발행하여 선박회사에 제출하면 선적서류 없이 화물을 찾을 수 있다. 그러나 L/G보증에 따른 까다로운 절차와 비용, 그리고 L/G위조 등으로 L/G 사용에 대한 문제점이 발생하기 때문에 이러한 문제를 해결하기 위하여 도착지에서 서류의 제시가 필요 없는 비유통성의 선적서류가 요구되었는데 그것이 Non-Negotiable sea waybill(비유통성 해상화물운송장)이다.

선적한 화물의 수령을 나타내는 서류이며 운송인과 송하인 간의 운송계약의 증거로 사용된다. 양도금지로 운송계약의 존재를 입증하는 것 뿐 유통성은 없다. 이는 주로 인접국가간의 무역에 있어 운송화물의 수송시간 단축의 이점을 살리기 위해 화물운송장을 기명식의 비유통성으로 발행하여 화물 도착 즉시 신속하고 확실하게 화물을 매도인에게 인도할 수 있게 한다.

### (3) Air Waybill

Air Waybill(항공화물운송장)은 항공화물운송의 경우 화물의 수취증으로 발행되는 서류로 선하증권이 아니며 유통성이 없는 서류이다. 원칙적으로 기명식으로 발행되며 선적서류상으로는 선하증권에 대신하게 된다.

### (4) Parcel Receipt

Parcel Receipt(소포 화물 수령증)는 소포화물의 경우에 사용되는 운송서류로 본래 선하증권은 아니며 유통성이 없는 비유통증권이지만 그 기재내용은 B/L과 거의 같다. 이것으로 화환어음을 취결할 경우 신용장면에 Parcel Receipt Acceptable (instead of B/L)의 문언이 기재되어 있는 경우 수리 가능한 운송서류로 인정하고 있다.

## V 선하증권의 발행 및 배서형식

### 1. 발행형식

선하증권에 수하인(consignee)을 표시방법에 따라 기명식, 지시식, 소지인식, 무기명식으로 분류할 수 있다.

#### (1) 기명식

수하인란에 특정인의 이름을 기입하는 형태를 말한다.

#### (2) 지시식

Order of shipper 또는 Order와 같은 단순지시식, Order of A와 같은 기명지시식, A or Order와 같은 선택지시식으로 나눌 수 있다.

#### (3) 소지인식

bearer로 기입하며 기명소지인식은 일명 선택무기명식이라고도 하는데 표기는 A or bearer로 한다.

#### (4) 무기명식

일명 백지식이라고도 하며 수하인란을 blank로 두는 것이다. 이 경우의 취급은 소지인식과 같다.

### 2. 배서형식

배서(endorsement)는 유통증권의 소지인이 그가 가지고 있는 증권상의 권리를 타인에게 이전할 목적으로 통상 그 증권의 배면에 서명하고 피이전자에게 이것을 교부하는 것을 말한다.

일반적으로 선하증권은 배서를 통해 양도된다. 이때 선하증권의 양도인은 배서인(endorser)이고 양수인은 피배서인(endorsee)이 된다. 따라서 배서인이 배서를 할 때 피배서인을 표시하는 방법에 따라 기명식배서, 지시식 배서, 백지식 배서, 소지인식 배서로 나눌 수 있다.

### (1) 기명식(full endorsement)

피배서인의 이름을 명기하고 배서인이 서명하는 경우

deliver to X X & Co.,
Korea Trading Co.,
(signed)
Manager

### (2) 지시식

피배서인으로 Order of A 또는 A or Order로 하며 배서인이 서명하는 경우

deliver to the order of XX Co.,
Korea Trading Co.,
(signed)
Manager

### (3) 백지식(blank endorsement)

인도문언 및 피배서인에 대하여는 아무것도 기재하지 않고 배서인만이 서명한다.

Korea Trading Co.,
(signed)
Manager

### (4) 소지인식

증권의 이면에 배서를 요하지 않고 단순히 증권의 인도만으로 이전효과가 발생한다.

※ 현재 실무에서는 지시식으로 발행하고 백지배서를 통해 양도하는 방법이 가장 많이 이용된다.

## VI 선하증권에 관한 국제조약

물품이 해상을 통하여 운송될 경우에는, 1924년 헤이그 규칙과 1968년 헤이그-비스비 규칙 또는 1978년 함부르크 규칙에 의해 규율되고 있다.

### 1. 선하증권에 관한 국제통일규칙의 출현 배경

해상운송의 중심지인 영국에서는 17세기경부터 선하증권상에 운송인의 면책조항을 삽입하는 관습이 발생하였다. 19세기 후반에 들어서 급속하게 면책약관이 증가되고 난잡하게 되어 선원의 악행 및 불내항으로부터의 면책도 포함되었다. 따라서 1880년경에는 하주, 은행 및 보험회사측에서 다 같이 면책약관의 제한운동이 일어나게 되었다.

그 후 운송인의 면책조항에 대한 제한과 함께 선하증권의 국제적 통일의 필요성이 대두되어 국제적인 표준적 선하증권의 작성을 위한 노력이 진행되게 된다.

### 2. Hague Rules의 제정

이에 미국에서는 1893년 2월 13일에 Harter법을 제정하여 선박의 내항성 등에 대하여 "상당한 주의"를 게을리 하지 않으면 선원의 항해과실에 대해서는 면책되지만 상업상의 과실에 대해서는 면책되지 않게 하였다.

영국과 그 속령에 대하여도 운송인의 면책을 제한하려는 노력이 진행되는 가운데 1921년 9월 헤이그에서 해사법위원회(Maritime Law Committee) 본회의에서 헤이그규칙(Hague Rules)이 성립되게 된다.

이 규칙은 운송인 및 그 사용인의 상업과실[14]에 대한 면책과 책임제한약관을 선하증권 중에 삽입하는 것을 금지하고 하터법에 이미 인정된 바와 같이 선장, 선원 및 도선사의 항해과실에 관하여는 운송인이 당연히 면책되고, 특히

14) 물품의 선적, 적부, 운송, 보관 또는 양하가 적절하고 신중하게 행하여지지 않아서 물품에 손해를 끼치는 과실

일정한 규정이 있는 경우에도 운송인이 당연히 면책된다는 것을 내용으로 하고 있다.

본 Hague Rules은 조약이 아닌 임의 규정이며 선사가 종전의 면책조항을 포기할 의사가 없음으로 인해 국제적 통일법으로 실효를 거두지 못하였다.

이에 국제해사법위원회(Committee Maritime International; CMI)에서 헤이그규칙을 약간 수정하여 1923년 9월 브뤼셀에서 개최된 해사법외교회의(Diplomatic Conference on Maritime Law)에서 심의하고 1924년 8월 25일 26개국 대표의 서명에 의하여 "선하증권에 관한 약간의 규칙의 통일을 위한 국제조약" (International Convention for the Unification of Certain Rules Relating to Bills of Lading)이 성립되었다. 이 조약은 헤이그규칙을 모체로 하였기 때문에 보통 "헤이그 규칙"(Hague Rules)이라고 한다.

현재 헤이그 규칙은 90개국 이상이 비준 또는 가입하여 해상운송의 준거법으로 채택하고 있으며, 한국의 법도 이 규칙의 중요한 원칙을 받아들이고 있다.

헤이그규칙의 목적은 선하증권에 의한 해상운송계약 관계를 합리적으로 규율하여 운송인과 그 상대방 당사자인 송하인, 기타의 거래관계인의 공정, 공평한 지위를 보장하고 아울러 무역화폐로서의 선하증권의 유통성을 높임으로써 국제무역거래를 원활하게 하는데 있다.

그런데 헤이그 규칙은 선하증권이 발행되는 해상물품운송계약만을 대상으로 하고 용선계약은 제외되기 때문에, 해상물품운송계약의 전부를 포괄하여 규율하는 것은 아니지만, 선하증권에 의한 개품운송계약의 중요한 문제에 대해서는 거의 모두 규정하고 있다. 아울러 이는 국제해상물품의 원활한 운송에 지대한 공헌을 하여 왔다.

### 3. Hague-Visby Rules의 제정

Hague Rules는 1924년 성립되어 1931년부터 발효한 이래 개품운송 계약을 규율하는 유일한 국제조약으로서 널리 각국에서 수용되었고 그 기능들을 발휘하여 왔지만 제2차 세계대전 후 1950년대를 걸쳐서 상당한 기간이 경과한 이 Hague Rules는 무역 및 해운환경의 변화에 따라 실정에 맞지 않는 부분이 뚜렷하게 발생하였다.

이에 1963년에 만국해법회에 의하여 Hague Rules의 개정안이 작성되어 1967

년 해사법 외교회의를 거쳐, 1968년에 Brussel에서 개최된 해사법 외교회의에서 선하증권통일조약 개정의정서가 성립되었다. 정식명칭은 「1924년 브뤼셀에서 서명한 선하증권에 관한 약간의 규칙의 통일을 위한 국제조약을 개정하기 위한 의정서」(Protocol to amend the International Convention for the Unification of certain Rules of Law relating to Bills of Lading signed Brussels on 25th August 1924)(Brussels, February 13th, 1968)이다.

이 규칙의 심의, 채택한 장소의 지명을 따서 비스비규칙(Visby Rules)이라고 부르게 되었으며 헤이그규칙과 합쳐서 "헤이그-비스비 규칙"(Hague-Visby Rules)이라고 한다.

이 개정의정서는 1977년 6월에 발효되었으며 1990년 12월 31일 현재 Hague-Visby Rules의 체약국은 벨기에, 영국, 스웨덴, 프랑스 등 22개국이다. 동 규칙은 종래의 규칙의 상당부분에 관하여 개정하였지만, 헤이그 규칙의 근본적인 개정을 의도한 것이 아니라 헤이그 규칙의 해석상의 문제점을 제거하는데 그 목적이 있었다.

### 4. Hamburg Rules의 제정

헤이그 규칙에 대한 개정의 움직임이 1964년 3월 제네바에서 개최된 국제연합무역개발회의(UNCTAD) 제1차 총회에서였다.

헤이그 규칙하의 면책약관이나 운송인의 책임한도액이 운송인에게 유리하게 규정되어 있어 화주들에게는 불공평하고 불평등하다는 개발도상국의 주장이 있었으며 또한 헤이그규칙을 적용하는 데 있어서도 운송물의 손해에 대한 위험부담과 입증책임의 분배가 불명확하고 모호하게 되어 있다는 점으로 인해 보다 명확하고 포괄적으로 규정할 필요성이 대두되었다.

이에 헤이그규칙의 개정을 위한 작업이 국제연합무역개발회의(UNCTAD)와 국제연합상거래법위원회(United Nations commission on International Trade Law; UNCITRAL)에 의해 구체화되기 시작하여 계속적인 추진이 이루어졌다.

국제연합상거래법위원회(UNCITRAL)에 의한 해상물품운송에 관한 조약초안을 1976년 12월 UN총회의 승인을 얻어, 1978년 3월에 Hamburg에서 개최된 국제연합(UN) 주최의 전권대표회의(외교회의)에서 개발도상국의 주도하에 채택되어 성립되었다. 정식명칭은 "1978년 UN해상물품운송조약"(United Nations Convention on Carriage of Goods by Sea, 1978)이고 약칭은 Hamburg Rules이라고 한다.

Hague-Visby Rules는 Hague Rules의 결함을 보완하고 시대에 적합하도록 개정한 개정판(改訂版)이지만 Hamburg Rules는 Hague Rules 원칙을 근본적으로 바꾸고 새로운 질서를 수립하기 위한 조약이라 할 수 있다. 즉, 함부르크 규칙은 선진해운국 중심의 헤이그 규칙 내지 헤이그-비스비 규칙을 폐지하고 하주국인 개발도상국의 이익을 충분히 반영하는 새로운 법질서를 창출하려는 의도에서, 국제연합무역개발회의 중심으로 하여 성립되어 1992년 11월 1일에 발효되었다.

현재 헤이그규칙과 함부르크 규칙이 병존하여 적용, 운영되고 있다.

## 5. Rotterdam Rules(2009)의 제정

기존에 국제화물의 운송과 관련해 적용되던 이른바 헤이그 비스비 규칙과 함부르크 규칙을 하나로 통합하는 것을 주요 내용으로 하는 "Rotterdam Rules"이 2008년 12월 11일 제63차 회의기간 중 유엔총회에서 "해상의 일부 또는 전부에 의한 국제화물운송 계약에 관한 협약(United Nations Convention on Contracts for the International Carriage of Goods Wholly or Partly by Sea)"이 채택되고 2009년 9월 23일 네덜란드 로테르담에서 이 협약의 공식 조인식을 갖고 "Rotterdam Rules"이라는 명칭으로 공식 지정되었다.

유엔은 이 협약을 제정하기 위해 국제해사법 위원회(CMI)가 만든 초안을 바탕으로 2002년부터 매년 두 차례씩 심의 작업을 벌여왔는데, 지난 7월 최종안이 마련되어 유엔 총회에 넘겨졌다.

이 협약은 전문을 포함해 모두 18개장, 96개 조문으로 이뤄진 방대한 내용을 담고 있는데, 기존 협약과 비교할 때 여러 가지 점에서 차이가 있다. 예컨대 전자적 운송기록에 대한 규정(제3장), 선사의 책임 강화(제4장, 5장), 선사와 화주가 당사자의 합의로 협약에 규정한 권리와 의무 및 책임을 증감할 수 있도록 한 대량화물 운송계약(volume contract) 조항(제80조)의 신설 등이 포함되어 있다.

이 협약은 기존 화물운송협약의 통일을 기본 목적으로 출발했으나 선사보다는 화주(제조업체)의 입장이 많이 반영되었다.

따라서 회원국 20개국의 비준으로 본 협약이 발효될 경우 선사에게는 여러 가지 부담이 뒤따를 것으로 예상된다. 2012년 1월 현재 스페인만이 2011년 1월 19일 비준하고 있으므로 20개국이 비준해야 발효되는 본 협약의 발효시기는 아직 미정인 상태이다.

## 6. Hague Rules(1924년)의 주요 내용

### (1) Hague Rule의 구성

모두 16개조로 구성되어 있으며 제3조에 운송인의 의무와 관련된 내용이 규정되어 있으며 제4조에는 운송인의 면책조항이 규정되어 있다.

### (2) 운송인의 의무

Hague Rule에서 운송인에 대한 주요의무는 제3조 1항, 2항에 규정되어 있는데 그 내용은 다음과 같다.

#### ❶ 내항성(seaworthiness)담보에 관한 주의의무

운송인은 본선의 선적 개시시로부터 출항시까지 선박의 내항성에 대한 주의를 게을리 하지 말아야 할 의무가 있다. 문제 발생시 운송인에게 주의를 기울였다는 입증을 할 책임이 있다.

#### ❷ 선박의 승조원 배치, 선박의 의장 및 필수품 보급 의무

운송인은 선박의 항해에 필요한 승조원을 배치하고 선박의 의장 및 필수품을 보급할 의무가 있다.

#### ❸ 상당주의 의무

화물이 운송될 창내, 냉동실, 냉기실 및 화물운송에 필요한 선박이외의 모든 부분을 화물의 수령, 운송 및 보존에 적합하고 안전하게 하기 위하여 상당한 주의를 기울여야 한다.

#### ❹ 상업과실에 대한 책임부담 의무

물품의 선적, 적부, 운송, 보관 또는 양하가 적절하고 신중하게 행하여지지 않아서 발생한 물품의 손해로 이에 대하여 운송인은 면책약관이 있어도 책임을 면할 수 없다.(3조 2항)

### (3) 운송인의 면책

Hague Rule에서 운송인의 면책에 대해서는 제4조에 규정되어 있는데 그 내용은 다음과 같다.

#### ❶ 불내항(unseaworthiness)에 기인한 손실(제4조 1항)

제3조 1항에서 규정한 운송인의 책임 사항을 이행하는데 운송인의 측의 상당한 주의 의무 결여로 말미암아 발생한 것이 아닌 한, 본 선박이나 운송인은 선박의 불내항에 의하여 발생 또는 초래되는 멸실 또는 손상에 대하여 책임을 지지 않는다. 이러한 상당한 주의 의무 결여에 대한 입증책임은 운송인이나 이 조항에 의해 면책을 주장하는 다른 당사자에게 있다.

#### ❷ 운송인이나 선박은 다음의 원인으로 인해 발생하는 멸실이나 손상에 대해 책임을 지지 않는다.(제4조 2항)

ⓐ 항해과실

항해 또는 선박자체의 취급에 대하여 선장이나 선원의 과실에 대하여는 운송인이 면책된다. 이유는 항해개시 후 육상에 있는 운송인은 항해중인 승무원을 지휘, 감독할 처지가 되지 않고 유자격자인 선장에게 일임되고 해상기상에 대해서도 운송인은 기술적 대응능력이 없기 때문이다.

ⓑ 화재(운송인의 고의 또는 과실에 기인하는 것은 제외)

선박의 화재는 적재화물 전체를 태울 수 있고 피해가 큰 경우가 많으며 화재원인이 선박측에 있는지 화물측에 있는지 규명하기 어려우며 거액의 화재손해를 운송인이 부담하는 것은 해운기업의 유지, 발전을 저해할 우려가 있다.

화물의 화재손해는 적하보험에서 보상받는 점을 고려하여 운송인이 면책되고 있다.

ⓒ 해상고유의 위험

폭풍우에 의한 선박의 파선, 난선, 침몰, 좌초, 충돌, 행방불명 등에 기인한 멸실이나 손상에 대해 운송인은 책임을 부담하지 않는다.

ⓓ 천재지변(결빙, 낙뢰 등)

ⓔ 전쟁행위

나포, 어뢰, 폭발 등에 의안 멸실이나 손상에 대해 운송인은 책임을 부담하지 않는다.

ⓕ 공적행위(Act of public enemies)

ⓖ 통치권자의 억지 또는 억류

ⓗ 검역조치

ⓘ 송하인의 과실

ⓙ 동맹파업 및 직장폐쇄

ⓚ 폭동 및 내란

ⓛ 해상구조

ⓜ 화물고유의 하자

ⓝ 화물포장의 불충분

ⓞ 하인의 불충분

ⓟ 잠재하자

ⓠ 기타 원인

운송인의 과실이나 운송인의 대리인에 의한 과실이나 태만이외의 원인에 의해 발생한 멸실이나 손상에 대해 운송인은 책임을 부담하지 않는다. 이에 대한 입증책임은 이러한 책임 면책으로부터 이익을 주장하는 자에게 있다.

### ❸ 이로(deviation)(제4조 4항)

인명이나 재산상의 피해를 줄이거나 합리적인 이유에 연유한 이로(離路)는 운송계약이나 이 협약의 위반으로 간주하지 않으며 이러한 원인에 기인한 이로에 의한 멸실이나 손상에 대해 운송인은 면책된다.

### ❹ 위험물(제4조 6항)

인화성, 폭발성 또는 위험성이 있는 선적된 화물로서 운송인, 선장 또는 운송인의 대리인이 동 물품의 이러한 성질 및 특징을 알았다면 선적을 허용하지 않았을 화물에 대하여 운송인은 양하전 언제 어디서도 손해보상의 책임없이 양하하거나 파괴 또는 무해화 시킬 수 있다. 그리고 이러한 화물의 송하인은 이러한 화물선적으로 인하여 직접 또는 간접적으로 발생하는 모든 손해와 비용에 대해서 책임을 진다. 운송인이 이러한 화물의 성질을 알고 허락하여 선적된 경우에도 만일 이러한 화물이 선박 또는 적하에 위험하게 될 경우 위에 언급된 방법으로 운송인은 아무런 책임 없이 어떤 장소에든지 양하시키거나 파괴 또는 무해화시킬 수 있다. 단, 공동해손이 성립되는 경우에는 그러하지 아니한다.

❺ 책임의 한도(제4조 5항)

운송인의 책임한도가 중량운임의 경우 1 포장당 또는 단위당 100 Pound이며 종가운임의 경우 B/L 상에 그 가액을 기재한 경우 그 가액이 운송인의 책임한도가 된다.

만약 운송인, 선장 또는 운송인의 대리인과 화주 사이에 위에서 언급한 금액과 다른 최고 금액을 정할 수 있다. 단, 위의 금액보다 적지 않아야 한다.

## 7. Hamburg Rules(1978년)의 주요 내용

### (1) Hamburg Rules의 구성

총 7개 장에 모두 34개 조로 구성되어 있다. 제1장 총칙, 제2장 운송인의 책임, 제3장 송하인의 책임, 제4장 운송서류, 제5장 청구 및 소송, 제6장 보칙, 제7장 최종 조항으로 구성되어 있다.

### (2) 운송인의 의무(제5조)

❶ 운송인의 책임기간내의 화물의 멸실, 손상 또는 인도 지연에 기인한 손해

운송인은 화물의 멸실, 손상 또는 인도의 지연에 기인된 사고가 제4조에 정의된 운송인의 관리 하에 있는 동안에 일어난 때에는 화물의 멸실 또는 손상뿐만 아니라 인도의 지연으로 발생한 손해에 대하여 책임을 져야 한다. 다만 운송인은 자신 그 사용인 또는 대리인이 사고 및 그 결과를 배제하기 위하여 합리적으로 요구되는 모든 조치를 취하였다는 것을 증명한 경우에는 그러하지 아니한다.

인도의 지연은 화물이 해상운송계약에 규정된 양륙항에서 명시적으로 합의된 기간 내에 또는 그러한 합의가 없는 경우에는 그 사안의 사정을 고려하여 성실한 운송인에게 요구되는 합리적인 기간 내에 인도되지 아니한 때에 발생한 것으로 한다.

화물이 위에서 규정한 인도기간의 만기일을 경과한 후 연속되는 60일 이내에 제4조에 의하여 요구되는 대로 인도되지 아니한 경우에는 화물의 멸실에 대하여 배상청구를 할 권리가 있는 자는 화물이 멸실된 것으로 취급할 수 있다.

❷ 화 재

화재가 운송인 또는 그 사용인이나 대리인 측의 과실 또는 부주의로 인하여 발생되었다는 것을 청구자가 증명한 경우 그 화재로 인한 화물의 멸실, 손상 또는 인도의 지연과 화재를 진화하고 그 결과를 방지하거나 경감시키기 위하여 합리적으로 요구되는 모든 조치를 취하는데 있어서 운송인 또는 그 사용인이나 대리인의 과실 또는 부주의로 인하여 발생되었다는 것이라고 청구자가 증명하는 그러한 멸실, 손상 또는 지연에 대해서 운송인은 책임을 부담한다.

❸ 운송인의 과실 또는 부주의

운송인 또는 그 사용인이나 대리인 측의 과실 또는 부주의가 다른 원인과 결합하여 멸실, 손상 또는 인도의 지연을 야기시킨 경우 운송인의 그러한 과실 또는 부주의의 원인으로 돌릴 수 있는 멸실, 손상 또는 인도의 지연의 범위 내에서만 책임을 부담한다. 단, 운송인은 그러한 과실 또는 부주의의 원인으로 돌릴 수 없는 멸실, 손상 또는 인도의 지연에 관한 손해의 금액을 증명해야 한다.

### (3) 운송인의 면책(제5조)

❶ 산동물

운송인은 산동물(生動物; live animals)과 관련한 종류의 운송에 따른 고유의 특별한 위험으로 인하여 발생한 멸실, 손상 또는 인도의 지연에 대하여 책임을 부담하지 않는다. 운송인이 산동물에 관하여 송하인으로부터 받은 특별한 지시에 따랐다는 것과 그 같은 상황 하에서 멸실, 손상 또는 인도의 지연은 그러한 위험에 기인한다는 것을 증명한 경우에는 그 멸실, 손상 또는 인도의 지연은 그러한 위험으로 인하여 발생된 것으로 추정된다. 만약 그 멸실, 손상 또는 인도 지연의 전부 또는 일부가 운송인 또는 그 사용인이나 대리인 측의 과실 또는 부주의로 인하여 발생된 것이라는 증거가 있는 경우에는 그러하지 아니한다.

❷ 합리적 구조행위에 기인한 멸실, 손상 또는 인도의 지연

운송인은 공동해손의 경우를 제외하고 해상에서 인명 또는 재산을 구조하기 위한 합리적인 조치로 기인한 멸실, 손상 또는 인도 지연에 대해 책임을 부담하지 않는다.

## 8. Hague Rules(1924년)와 Hamburg Rules(1978년)의 주요 내용 비교

### (1) 항해과실 면책의 폐지

헤이그 규칙에서 운송인 면책이었던 항해과실을 함부르크 규칙에서는 운송인의 책임으로 규정하고 있다.

### (2) 화재면책의 폐지

헤이그 규칙에서 사실상 면책되고 있던 선박화재에 대해서 함부르크 규칙은 면책규정을 설정하지 않았기 때문에 화재책임에 대해서도 운송인의 책임에 관한 일반원리(제5조)에 의거하도록 하였다.

### (3) 면책리스트의 폐지

헤이그 규칙 제4조 2항의 (c)내지 (q)에 열거한 면책리스트는 함부르크 규칙에서는 모두 폐지되고 함부르크규칙 제5조의 운송인책임의 일반원칙에 의해 규정받게 되었다.

### (4) 지연손해에 대한 운송인 책임의 명문화

헤이그 규칙에서는 지연손해에 대한 명문규정이 없었으나 함부르크 규칙에서는 제5조 1~3항에서 이를 명확히 하였다.

### (5) 운송인 책임한도액의 인상

책임한도액의 화폐단위는 SDR을 채용하였으며 운송인의 책임한도액이 인상되었다. 그 구체적인 내용은 다음과 같다.

#### ❶ 헤이그 규칙

제4조 5항에서 하주가 운송물의 가액을 사전에 통지한 경우에는 선하증권에 기재된 가액을 책임한도액으로 한다. 반면 하주가 운송물의 가액을 사전에 통지하지 아니한 경우에는 1 포장당(package) 또는 1 단위당(unit) 100 파운드 또는 다른 통화로 이와 동등한 금액을 한도액으로 한다.

❷ 함부르크 규칙

제6조 1항에서 운송인의 책임에 따른 멸실 또는 손상에 대해 포장당 835 SDR 또는 킬로그램 당 2.5 SDR의 총액 가운데 높은 액수의 금액을 책임한도액으로 한다. 또한 인도지연에 대해서는 지급운임의 2.5배에 상당하는 금액을 한도로 한다.

### (6) 운송인의 책임기한 및 구간 확대

운송책임기간은 해상운송인의 운송업무가 시작되고 종료하는 기간이다. 헤이그 규칙의 전통적인 물품을 선박에 적재부터 선박에서 하역할 때까지(from tackle to tackle)의 원칙을 폐지하고 수취하여 인도할 때까지(from receipt to delivery)로 하여 운송인의 책임기간을 확대하였다.

❶ 헤이그 규칙

헤이그 규칙에서 해상운송인의 운송책임기간은 화물이 선적된 때부터 선박으로부터 양륙된 때까지이다. 즉 헤이그 규칙 제1조(e)항에서 "화물운송은 화물이 선박에 선적될 때부터 그 선박에서 양하된 때까지의 기간"으로 규정하고 있다. 이 기간은 해운실무에서 선측에서 선측 또는 'tackle to tackle'로 불리고 있다. 그러나 헤이그 규칙 제7조에서는 해상운송인과 송하인의 특약에 의하여 선적전에 또는 양하후에 있어서 해상운송인의 화물운송에 관한 책임기간을 연장할 수 있게 규정하고 있다.

❷ 함부르크 규칙

함부르크 규칙은 해상운송의 운송채무를 물건이 해상운송인의 관리 하에 있는 전 구간에 미친다. 즉, 제4조(책임기간)에서는 운송인의 책임은 화물이 선적항에서와 운송 중에 그리고 양륙항에서 운송인의 관리 하에 있는 기간 동안 존속된다. 보다 구체적으로 ㉠ 운송인이 송하인 또는 송하인의 대리인 또는 선적항에서 적용되는 법률이나 규정에 따라 선적을 위하여 화물을 수령하여 할 당국 또는 기타 제3자로부터 화물을 수령한 때부터 ㉡ 수하인에게 화물을 교부하거나 수하인이 운송인으로부터 화물을 수령하지 아니하는 경우에는 계약 또는 양륙항에서 적용되는 법률이나 특정거래의 관행에 따라 화물을 수하인의 임의 처분하에 적치하거나 또는 양륙항에서 적용되는 법률이나 규정에 따라 화물을 교부하여야 할 당국 또는 기타 제3자에게 화물을 교부한 때까지이다.

여기서 운송인 또는 수하인은 사용인(servants) 또는 대리점(agents)을 포함한다.

## 제2절 전통적 B/L의 한계와 극복방안

### I 선하증권의 위기

최근 컨테이너선의 고속화로 화물이 상당히 신속하게 도착되어짐에도 불구하고 선적서류는 종전 그대로 은행을 경유하여 은행의 서류심사기간[15]을 충분히 거친 다음에 처리됨으로써 본선이 입항하고도 선하증권이 도착하지 않아 수하인이 운송품을 인도받지 못하고 해상운송인은 물품을 인도하지 못하여 곤란하게 되는 소위 선하증권의 위기(The B/L Crisis)가 발생하고 있다.

현재의 무역관습에서 운송품을 인도받기 위해서는 선하증권의 제시를 절대적 요건으로 하고 있기 때문에 양륙지에 운송서류인 선하증권보다 운송품이 먼저 도착하게 되면 수하인은 화물을 신속하게 인수할 수 없게 되고 이는 또한 운송인이 운송품을 수하인에게 인도할 수 없게 됨에 따라 운송인의 신속 운송이라는 대고객서비스의 향상에 역행하게 되는 결과를 가져오게 될 뿐 만 아니라 추가적인 창고료 발생 등의 문제를 가져오게 된다.

### II B/L의 위기 극복 방안

#### 1. Surrender B/L 사용

운송구간이 짧아서 운송서류보다 화물이 먼저 도착하는 경우 수입업자는 결제

---

15) UCP 600 Article 14 b. 지정에 따라 행동하는 지정은행(매입은행, 지급은행 등이 될 수 있음), 확인은행(있는 경우), 발행은행은 서류제시가 일치하는지 여부를 결정하기 위하여 제시일로부터 최대 제5은행영업일을 각각 가진다. 이 기간은 제시를 위한 모든 유효기일 또는 최종일의 제시일에 또는 그 이후의 사건에 의하여 단축되거나 또는 별도로 영향을 받지 아니한다.

조건이 T/T인 경우에는 수출자에게 요청하여 선하증권을 Surrender B/L로 바꾸게 되면 원본 선하증권 없이도 도착한 화물을 신속하게 입수할 수 있게 된다.

즉, 수입업자의 요구에 따라 수출업자가 선하증권을 Surrender하게 되면 Surrender B/L을 수입업자가 전송받아서 그 선하증권으로 수입통관 및 화물회수가 이루어지게 되므로 B/L의 위기를 극복할 수 있게 된다.

그러나 Surrender와 B/L을 사용하는 경우 수입업자가 화물을 인수하고 대금 결제를 하지 않을 위험성이 있으므로 수입업자를 확실히 신뢰할 수 있는 경우에만 이용가능하다.

## 2. L/G의 사용

결제조건이 L/C인 경우 선하증권의 문제를 해결하기 위한 방안의 하나로 수입화물선취보증제도(Letter of Guarantee; L/G)가 마련되어 있다. 이는 화물이 이미 목적지에 도착되어 있지만 선하증권이 도착하지 않아 수입업자가 도착화물을 인수하지 못하게 되는 경우 선하증권이 없더라도 수하인과 은행의 연대보증장인 수입화물선취보증장을 운송인에게 제시함으로서 화물을 먼저 인도받고 나중에 선하증권이 도착하면 운송인에게 전달하도록 하여 선하증권의 문제를 해결하고 신속한 화물인도에 이바지하도록 만들어진 제도이다. 이는 또한 하나의 선하증권을 분할하여 화물을 인수하고자 하는 경우에 발행은행으로부터 수입화물선취보증장을 발급받아 이를 제출하고 화물을 인수할 수도 있다.

그러나 이러한 L/G제도에도 문제점이 있다. 수하인 입장에서는 은행에 L/G발행을 신청함에 따른 높은 발행수수료와 그에 따른 발행절차이행의 번거로움이 발생하며 운송인 입장에서는 L/G 위조의 가능성으로 인해 불법의 정당하지 않는 소지인에게 물품을 인도하게 될 위험이 있어 이는 운송인의 책임을 가중시키게 되는 결과를 가져오게 된다. 왜냐하면 운송인이 위조된 L/G에 따라 물품을 인도한 후 나중에 정당한 선하증권의 소지인이 선하증권을 제시할 경우 운송인은 법적인 보호를 받을 수 없어 손해배상을 책임져야 하는 문제가 발생하기 때문이다.

## 3. B/L의 편법적 사용

또 다른 선하증권의 위기극복 방안으로 제시할 수 있는 것은 선하증권을 이용하되 선하증권의 문제점을 보완하기 위하여 선하증권을 매수인에게 직송하고 화환어음에 첨부하는 선적서류는 선하증권의 사본도 수리하도록 규정하거나 선하증권 원본 1통을 선장에게 탁송하는 방법을 이용할 수 있다.

### (1) 선하증권을 매수인에게 직송하는 경우

이와 같은 방법을 이용하게 되면 신속하게 수하인에게 물품을 인도할 수 있는 이점이 있다. 그러나 선하증권을 직송하는 경우 매도인은 물품선적 후 선하증권을 매수인에게 직송하는 관계로 담보권을 확보할 수 없기 때문에 매수인의 대금지급에 대한 불안을 해소할 수 있는 경우에만 사용할 수 있다. 또한 신용장 발행은행입장에서는 담보력이 없는 서류부 어음을 인수, 지급하기 때문에 매수인에게 무담보융자를 제공하는 것과 동일한 효과가 발생하므로 매수인을 신용할 수 있는 경우에만 이 같은 조건의 신용장을 발행하게 될 것이다.

### (2) 선하증권 원본 1통을 선장에게 탁송하는 경우

한편 현재 무역거래에서 선하증권은 3통을 전통으로 발행하고 있으며 어느 1통이 먼저 사용되면 나머지 2통은 효력을 상실하게 됨으로 화환신용장에서 통상적으로 선하증권의 전통을 제출하도록 하고 있다.[16)]

그러나 선하증권 원본 1통을 선장에게 탁송하는 경우는 수하인 입장에서는 신속한 화물인수가 이루어질 수 있지만 은행입장에서는 나머지 2통이 화환어음에 첨부되어 은행에 대금결제용으로 사용될 경우 이미 원본 1통을 통해 화물을 인수해 간 상태이므로 이 선하증권 2통은 담보가치를 상실하게 됨으로 수하인을 신뢰할 수 있는 경우에만 사용할 수 있다. 또한 송하인 입장에서도 수하인이 화물을 인수하고 대금을 지급하지 않을 가능성이 있어 위험이 따르게 된다. 따라서 이러한 방법도 선하증권의 위기를 극복할 수 있는 궁극적인 대안이 될 수 없다. 그 대안으로 해상화물운송장과 전자선하증권이 사용될 수 있다.

16) UCP 600, Article 20. a. iv.

# III 해상화물운송장

## 1. 해상화물운송장의 의의

선하증권의 대안으로 1970년대 후반부터 도입되기 시작한 해상화물운송장은 해상운송인이 운송품의 수취를 증명하고 운송인수조건을 알기 위한 목적으로 송하인에게 발행하는 서류로 유가증권이 아니고 비유통성의 운송서류이다.

이는 송하인과 운송인 사이에 성립된 운송계약의 증거서류이고 화물의 수령증의 역할은 하고 있지만 선하증권과 같이 물품의 청구권과 처분권을 가진 권리증권의 역할은 하지 않는다.

상법 제863조에서는 운송인은 용선자 또는 송하인의 청구가 있으면 선하증권(제852조) 또는 용선계약부 선하증권(제855조)을 발행하는 대신 해상화물운송장을 발행할 수 있다. 해상화물운송장은 당사자 사이의 합의에 따라 전자식으로 발행할 수 있다. 또한 해상화물운송장의 기재내용과 관련하여 "해상화물운송장임을 표시하는 외에 상법상의 선하증권의 기재사항을 기재하고 운송인이 기명날인 또는 서명하여야 한다"라고 규정하고 있다.

## 2. 해상화물운송장의 장·단점

### (1) 장 점

① 서류의 제시없이도 물품의 인수가 가능하기 때문에 선하증권의 미도착에 따른 물품인도의 지연문제가 해소되고 그에 따라 추가적인 창고보관료 등의 문제가 발생하지 않는다.

② 번거로운 절차와 담보제공 등의 불편이 뒤따르는 수입화물선취보증제도를 이용하지 않아도 된다.

③ 해상화물운송장은 유통성이 없고 유가증권이 아니므로 도난이나 분실에 따른 위험성이 없는 장점으로 인해 선하증권의 위기를 어느 정도 극복할 수 있다.

### (2) 단 점

① 권리증권이 아니므로 항해중 물품의 전매가 불가능하다.

② 담보력이 없기 때문에 수입지 은행(여기서 수입지 은행이란 신용장거래의

경우 신용장발행은행, 무신용장거래의 경우 추심은행을 말한다)은 수입대금 미결제에 대한 위험이 존재하게 된다.

③ 물품이 수입지에 도착하여 수하인에게 인도되기 전까지 송하인은 자유롭게 수하인을 변경할 수 있어 수입지 은행을 수하인으로 하거나 운송품처분불능조항(No Disposal Clause)을 삽입하여야 하는 문제가 있다.

운송품처분불능조항은 예를 들어 “By acceptance of this waybill, the shipper irrevocably renounces any right to vary the identity of the consignee of goods during transit.”와 같은 문구로 이와 같은 내용을 삽입해야 운송 중에 송하인이 자유롭게 수하인을 변경하지 못하게 된다.

따라서 해상화물운송장은 담보기능이 없기 때문에 신용장거래의 경우 신용장발행은행의 위험이 상존하여 거래를 회피할 가능성이 있으며 수하인 입장에서도 송하인이 임의로 수하인을 변경할 수 있으므로 물품인도에 대한 불안감이 존재하여 모회사와 자회사간 거래나 오랜 거래관계를 가진 신뢰할 만한 지위에 있는 당사자들 사이의 거래에서 한정적으로 이용된다고 할 수 있다.[17]

이러한 이유로 해상화물운송장도 궁극적인 선하증권의 위기를 극복할 수 없다고 할 수 있으며 권리증권으로서의 기능을 가지면서 동시에 수하인에게로의 신속한 서류전달과 그에 따른 신속한 화물인수가 이루어질 수 있는 운송서류가 요구되어진다. 이러한 배경에서 등장한 것이 전자선하증권이다.

## IV 전자선하증권

### 1. 전자선하증권의 개요

전자식 선하증권(Electronic Bills of Lading)은 고속컨테이너선의 출현 및 통신기술의 발달에 따라 전통적인 서면선하증권의 위기를 극복하기 위해 전자적인 메시지로 대체하려는 움직임이 고조되는 가운데 등장한 선하증권으로 이는 새로운 유형의 선하증권이 출현한 것이 아니라 선하증권을 종이로 발행하는 대신 그 내용을 구성하는 정보를 전자적 방법, 즉 EDI 메시지에 의하여 운송물을 인도하는 방법을 지칭하는 것이다.

---

17) 新堀聰, 貿易取引入門, 日本經濟新聞社, 1992. 12, p.238.

따라서 전자식 선하증권은 종이선하증권을 발행하는 대신 그 내용을 운송인이 컴퓨터에 보존하고 운송인과 송하인(매도인) 혹은 양수인(매수인 혹은 전매인)이 서로 EDI 메시지를 전송하고 권리의 증명으로서 개인키(private key)를 사용함으로써 운송품에 대한 지배권과 처분권의 권리를 그 권리자의 지시에 따라 수하인에게 그 정보를 전송하는 형식의 선하증권을 말한다.[18)]

이와 같은 전자식 선하증권을 실무상에 이용하기 위한 법적 장치로서 국제해사법위원회(Comite' Maritime International; CMI)는 1990년 6월 전자선하증권에 관한 CMI 규칙(CMI Rules for Electronic Bills of Lading)을 채택하였다. 또한 현재 Bolero Project에 의한 Bolero 선하증권이 실험단계(pilot test)를 거치고 법적, 기술적 타당성 검토를 마친 상태로 1999년 9월부터 실무상에 이용되고 있다.

## 2. 전자선하증권의 특성 및 효과

### (1) 전자선하증권의 특성

전자선하증권은 기본적으로 종이서류가 가지고 있는 위조, 변조, 분실 위험을 방지하고 선하증권의 발행, 보관, 관리, 유통상의 비용을 절감할 수 있는 특성을 가지고 있다. 또한 물품보다 선하증권이 나중에 도착함에 따른 기존 선하증권의 위기를 극복할 수 있는 수단이 된다.

<표 7-1>은 전자선하증권과 기존의 종이 선하증권과의 차이점을 나타내 주고 있다.

〈표 7-1〉 전자선하증권과 종이 선하증권의 비교

| 구분 | 전자선하증권 | 기존의 종이 선하증권 |
|---|---|---|
| 발행 | 선사가 송하인의 발행동의를 얻어 등록기관에 등록함으로써 발행 | 선사에 인터넷, 팩스를 이용한 선적요청을 통해 선사가 종이 선하증권 서류 발행 |
| 보관 | 전자문서보관소에 보관 | 소지인 보관 |
| 소유권 | 전자등록부(Title Registry)에 의한 소유권의 Life Cycle 관리 | 이면에 배서함으로써 소유권 이전 및 소지인이 소유권 행사 |
| 수출환어음 매입처리 | 전자매입 시 첨부함으로써 종이 선하증권 제출 불필요 | 선하증권서류를 다른 선적서류와 함께 은행에 제출 |

자료 : www.eblkorea.or.kr/

18) 日本貿易關係手續簡素化協會, 貿易手續のEDI化に係る法的問題, JASTPRO 91-19, 1991, p.17.

### (2) 전자선하증권의 효과

전자선하증권을 도입함에 따르는 기대 효과를 살펴보면 다음과 같다.

첫째, 종이서류가 가지고 있는 위조, 변조, 분실 위험을 방지할 수 있다.

둘째, 선하증권의 발행, 보관, 관리, 유통상의 비용을 절감할 수 있다.

셋째, 물품보다 선하증권이 나중에 도착함에 따른 선하증권의 위기를 극복할 수 있는 수단이 된다.

넷째, 시간과 장소에 구애받지 않고 운송중인 물품에 대한 권리이전이 가능하게 된다.

## 3. 한국 상법과 상법의 전자선하증권 규정의 시행에 관한 규정

### (1) 상법상의 전자선하증권 관련 내용

상법[법률 제12397호, 2014.3.11., 일부개정] 제862조(전자선하증권)에서는 다음과 같이 전자선하증권에 대해 규정하고 있다.

첫째, 전자선하증권의 효력과 관련해서 "운송인이 일반적인 선하증권(제852조) 또는 용선계약 선하증권(제855조)을 발행하는 대신에 송하인 또는 용선자의 동의를 받아 법무부장관이 지정하는 등록기관에 등록을 하는 방식으로 전자선하증권을 발행할 수 있다. 이 경우 전자선하증권은 제852조 및 제855조의 선하증권과 동일한 법적 효력을 갖는다."라고 규정하고 있다.(제862조 제1항)

둘째, 전자선하증권의 기재사항과 관련하여 "전자선하증권에는 선하증권의 기재사항(제853조 제1항)의 정보가 포함되어야 하며, 운송인이 전자서명을 하여 송신하고 용선자 또는 송하인이 이를 수신하여야 그 효력이 생긴다."라고 규정하고 있다.(제862조 제2항)

셋째, 전자선하증권의 권리이전과 관련하여 "전자선하증권의 권리자는 배서의 뜻을 기재한 전자문서를 작성한 다음 전자선하증권을 첨부하여 지정된 등록기관을 통하여 상대방에게 송신하는 방식으로 그 권리를 양도할 수 있다."라고 규정하고 있으며(제862조 제3항) "배서의 뜻을 기재한 전자문서를 상대방이 수신하면 제852조 및 제855조의 선하증권을 배서하여 교부한 것과 동일한 효력이 있고, 제2항 및 제3항의 전자문서를 수신한 권리자는 제852조 및 제855조의 선하증권을 교부받은 소지인과 동일한 권리를 취득한다."라고 규정하고 있다.(제862조 제4항)

넷째, 전자선하증권의 등록기관의 지정요건, 발행 및 배서의 전자적인 방식, 운송물의 구체적인 수령절차와 그 밖에 필요한 사항은 "상법의 전자선하증권 규정의 시행에 관한 규정(대통령령 제20829호 2008.6.20., 제정, 대통령령 제24415호, 2013.3.23., 타법개정)"에서 정하도록 하고 있다.(제862조 제5항)

### (2) 상법의 전자선하증권 규정의 시행에 관한 규정

「상법」의 개정(법률 제8581호, 2007. 8. 3. 공포, 2008. 8. 4. 시행)으로 전자선하증권(電子船荷證券) 제도가 도입됨에 따라 그 등록기관의 지정요건과 배서(背書)의 전자적인 방식 등 법에서 위임된 사항과 그 시행에 필요한 사항을 규정하기 위하여 「상법의 전자선하증권 규정의 시행에 관한 규정」[시행 2008.8.4.] [대통령령 제20829호, 2008.6.20., 제정]을 제정하게 되었다.

본 규정 중 제6조에 있는 전자선하증권의 발행과 관련된 내용을 살펴보면 다음과 같다.

첫째, 운송인은 전자선하증권을 발행하려면 ① 상법 제853조(선하증권의 기재사항) 제1항 각 호의 사항[19], ② 운송물의 수령지 및 인도지, ③ 전자적 방식으로 재현된 운송인 또는 그 대리인의 서명이 포함된 발행등록 신청 전자문서에 운송인의 공인전자서명과 송하인이 전자선하증권 발행에 동의했음을 확인할 수 있는 문서(전자문서를 포함한다)를 첨부하여 등록기관[20]에 송신하여야 한다.(제6조 제1항)

둘째, 운송인은 전자선하증권의 발행등록을 신청하는 경우에 등록기관에 그 전자선하증권의 약관 내용을 송신하여야 한다. 다만, 약관이 사전에 등록기관에 등록되어 있는 경우에는 생략할 수 있다.(제6조 제2항)

셋째, 등록기관은 전자선하증권의 발행등록 신청을 수신하면 전자등록부에 제6조 제1항 각 호의 정보와 약관의 내용이 포함된 발행등록을 한 후 즉시 이를

---

19) 제853조(선하증권의 기재사항) ① 선하증권에는 다음 각 호의 사항을 기재하고 운송인이 기명날인 또는 서명하여야 한다.
1. 선박의 명칭·국적 및 톤수, 2. 송하인이 서면으로 통지한 운송물의 종류, 중량 또는 용적, 포장의 종별, 개수와 기호, 3. 운송물의 외관상태, 4. 용선자 또는 송하인의 성명·상호, 5. 수하인 또는 통지수령인의 성명·상호, 6. 선적항, 7. 양륙항, 8. 운임, 9. 발행지와 그 발행연월일, 10. 수통의 선하증권을 발행한 때에는 그 수, 11. 운송인의 성명 또는 상호, 12. 운송인의 주된 영업소 소재지

20) 전자선하증권 등록기관은 법무부장관의 지정을 받아 전자선하증권의 발행등록, 양도, 서면선하증권(書面船荷證券)으로의 전환 및 관련 전자기록의 보존 등의 업무를 처리하는 자로 현재 KTNET이 전자선하증권 등록기관으로 지정되어 있다.

송하인에게 전자문서로 송신하여야 한다.(제6조 제3항)

넷째, 전자선하증권이 발행된 경우에는 법 제852조(선하증권의 발행), 제855조(용선계약과 선하증권) 및 제863조(해상화물운송장의 발행)의 운송증서를 발행할 수 없다.(제6조 제4항)

## 4. 기타 전자선하증권 관련 규정

### (1) 해상화물운송에 관한 UN협약

해상화물운송에 관한 UN협약(United Nations Convention on the Carriage of Goods by Sea, 1978; 일명 함부르크 규칙)은 기존의 헤이그 규칙과 헤이그 비스비 규칙을 보완하여 운송인과 송하인의 책임의 균형을 위해 제정된 것으로 주로 개도국들만이 가입하고 있어 아직 국제적인 영향력은 크지 않다. 그러나 UNCTAD와 UNCITRAL의 두 국제기구가 제정에 참여함으로써 국제 규칙으로서의 가치를 가지고 있다.

함부르크 규칙 제1조에서는 전보와 텔렉스를 서면으로 인정한다고 규정하고 있으며 제14조에서는 선하증권이 발행되는 국가의 법률에 저촉되지 않는 한, 선하증권상의 서명이 전자적인 수단에 의해서도 가능함을 규정하고 있어 전자식 선하증권의 수용에 문제가 없는 것으로 보인다. UNCITRL 사무국이 작성한 함부르크 규칙의 주석에서도 함부르크 규칙은 헤이그 규칙과 마찬가지로 송하인의 요구에 따라 선하증권을 발급하여야 하며, 이때 헤이그 규칙에서는 수기 서명만을 인정하는데 비해 함부르크 규칙은 전자적 기법에 의한 서명도 인정하는 입장을 취하고 있는 것으로 설명하고 있다.[21)]

### (2) 국제물건복합운송에 관한 UN협약

국제물건복합운송에 관한 UN협약(United Nations Convention on International Multimodal Transport of Goods, 1980; 일명 UN國際物件複合運送條約)은 컨테이너화에 의한 복합운송의 발전에 따른 국제적 통일법규의 필요성에 의해 만들어진 규칙으로 아직 발효되지는 못한 상태에 있다. 그러나 복합운송과 관련된 중요한 해석기준이 될 수 있으며 향후 발효되게 된다면 국제복합운송의 기본법으

21) 安秉壽, 國際電子商去來時代를 對備한 BOLERO Project와 TradeCard System, 貿易商貿研究 第13卷, 2000. 2, p.944.

로 역할을 하게 될 것이다.

UN국제물건복합운송조약 제1조 10항에서는 전보와 텔렉스가 서면을 의미한다는 규정이 있으며, 제5조 3항에서는 복합운송서류에서의 서명은 해당국의 법률에 저촉되지 않는 한 수기는 물론 팩시밀리와 스탬프를 비롯한 전자적 방법에 의해 이루어질 수 있음을 규정하고 있다. 또 제5조 4항에서는 수하인이 동의할 경우 전자적 방법에 의해 비유통성 복합운송서류를 발급할 수 있음을 규정하고 있다.[22] 따라서 국제운송에서 중요한 역할을 하고 있는 함부르크규칙과 UN국제물건복합운송조약에서는 전자선하증권을 이용함에 있어서 법적 뒷받침을 하고 있는 것으로 볼 수 있다.

### (3) 화환신용장 통일규칙 및 관례

화환신용장 통일규칙 및 관례(Uniform Customs and Practice for Documentary Credits, 2007 Revision, ICC Publication No. 600; UCP 600)에는 전자 선하증권의 이용가능성에 대한 명확한 규정은 없다. 그러나 신용장 통일규칙 제3조에서 서류는 수기, 모사서명, 천공서명, 스탬프, 상징 또는 모든 기타의 기계적 또는 전자적 인증방법에 의하여 서명될 수 있다고 되어 있어 디지털 서명이 첨부된 전자메시지가 서명된 종이문서 대신에 제시되는 경우 이를 수용할 수 있는 것으로 해석할 수 있어 전자선하증권을 수용하고 있는 것으로 볼 수 있다.

이러한 내용은 종이신용장에서 전자신용장으로의 점진적 변화와 기술변화를 수용하여 2002년 4월 1일부터 적용된 UCP의 보충판(supplement)인 "eUCP"에 자세히 적용되고 있다.

### (4) 국내 · 국제무역거래조건의 사용을 위한 ICC 규칙

Incoterms의 이전 버전은 EDI 메시지에 의해 대체될 수 있는 서류들을 특정하였다. 국내·국제무역거래조건의 사용을 위한 ICC 규칙(ICC rules for the use of domestic and international trade terms; Incoterms® 2010)의 A1/B1은 당사자들이 동의하거나 관습적으로 적용되는 한, 서류 의사소통수단과 동일한 효력을 전자적 의사소통수단에 부여하고 있다. 이러한 규칙은 Incoterms 2010 규칙의 효력발생동안 새로운 전자적 절차의 발전을 촉진하게 된다.

22) 安秉壽, 前揭論文, p.945.

Incoterms 2010의 A1/B1에서는 당사자간에 합의되었거나 관습이 있는 경우에, A1-A10(B1-B10)에 규정된 서류는 그에 상당하는 전자적 기록이나 절차로 할 수 있다고 규정하고 있다. 여기서 전자적 기록이나 절차(Electronic record or procedure)는 하나 또는 그 이상의 전자메시지로 이루어지고, 경우에 따라서는 종이서류에 상당하는 기능을 하는 일체의 정보를 의미한다.[23)]

---

23) ICC, Incoterms 2010, Explanation of terms used in the Incoterms® 2010 rules.

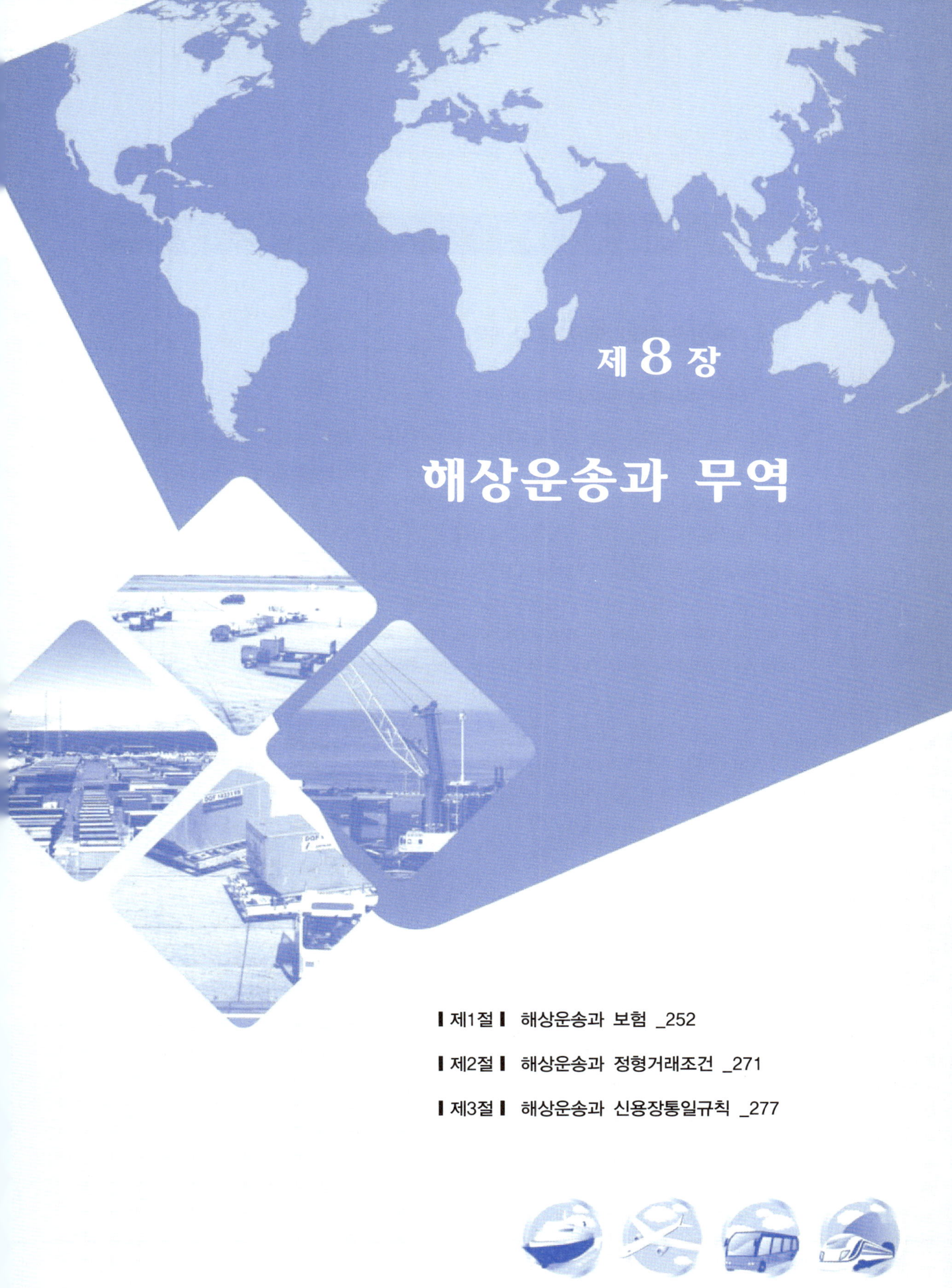

# 제 8 장

# 해상운송과 무역

# 제1절 해상운송과 보험

## I 해상운송과 해상보험계약

### 1. 해상운송에서 해상보험의 위치

해상구간에서 운송되는 무역화물은 화주가 운송료를 지불하고 운송인에게 당해 화물의 운송을 의뢰한 것으로 운송도중에 발생되는 화물에 대한 멸실 또는 손상의 위험은 원칙적으로 화물의 운송책임이 있는 운송인이 보상해야 한다. 그러나 운송인은 화주와의 해상운송계약에서 보통 운송약관에 의해 손해를 전액보상하지 않을 뿐 아니라 운송인이 면책되는 위험에 의해 발생하는 손해에 대하여는 운송되는 화물에 대한 위험은 여전히 존재하게 된다.

따라서 화주는 이러한 해상운송 중에 있는 화물에 발생할 수 있는 위험을 커버하기 위하여 보험회사와 적하보험을 체결해야 한다.

또한 운송인 입장에서는 자기 책임 하에 운송하는 화물이 자신의 과실이나 부주의 등으로 인해 화물의 멸실 또는 손상이 발생하게 될 경우 화주에게 보상해 주어야하는 위험이 존재함으로 운송인도 이러한 위험을 커버하기 위하여 선주책임보험에 부보해야 한다. 그리고 선박자체가 손상받을 위험이 있음으로 선박보험계약도 체결하게 된다.

### 2. 해상보험계약과 당사자 의무

#### (1) 해상보험계약의 의의와 성립

해상보험계약은 보험자가 피보험자에게 계약에 의하여 합의된 방법과 범위 내에서 해상손해, 즉 항해사업에 부수하여 직접적으로 혹은 간접적으로 발생하는 손해를 보상할 것을 확약하는 계약이다.

다시 말해 해상보험계약은 항해사업에 부수되는 손해에 대하여 보험자가 보상하며 보상하는 손해는 보험계약 체결시 정해진 보상의 방법과 범위에 따라 보험자가 손해를 보상하는 계약이다.

이러한 해상보험계약은 보험자와 피보험자 사이에 이루어지며 계약당사자 계약자유의 원칙에 따라 불요식으로 어느 일방이 제시한 조건에 대하여 타방이 무조건 승낙함으로 계약이 체결되는 낙성계약의 성격을 갖는다.

### (2) 해상보험계약의 당사자 의무

#### ❶ 보험자의 의무

ⓐ 보험증권교부의 의무

보험자는 보험계약자의 청구에 의하여 보험증권을 교부할 의무가 있다. 보험증권의 교부방법은 직접전달 혹은 우편에 의한 송달이 일반적이며, 송달비용과 위험은 보험자가 부담한다.

ⓑ 손해보상의 약정의무

보험자의 가장 중요한 의무는 항해사고가 발생하면 보험금을 지급할 의무이다. 이것은 보험계약자가 보험료를 납부하는 의무를 부담하는 대신에 보험자가 부담하는 쌍무적인 의무이다. 물론, 운송 중에 손해가 발생하지 않았거나 사고 없이 보험기간이 경과되었다면 보험자는 이러한 의무를 부담할 필요가 없다. 그 이유는 이미 보험자는 위험부담이라는 급부를 행하였기 때문이다.

ⓒ 보험료반환의 의무

보험자는 보험계약의 전부 혹은 일부가 무효인 경우 보험료의 전부나 일부를 반환할 의무가 있다. 다만 보험자가 이러한 의무를 부담하는 것은 보험계약이 선의로 이루어 진 경우나 보험계약자와 보험자가 중대한 과실이 없는 경우를 조건으로 하고 있다.

#### ❷ 보험계약자 혹은 피보험자의 의무

ⓐ 보험료지급의 의무

보험자의 손해보상보증에 대한 쌍무적 의무로 보험계약자 또는 피보험자는 보험료를 지급하여야 할 의무를 부담한다. 원칙적으로 보험료의 지급의무자는 자신을 위한 계약이나 타인을 위한 계약 모두다 보험계약자이나, 계약자의 파산선고나 지급지체시는 보험자는 피보험자에게 이를 청구할 수 있다. 지급방법은 일부지급 혹은 분할지급방식이 많이 이용되며, 지급시기는 보험자가 보험증권을 발행하여 교부할 때 이행되어야 한다.

ⓑ 고지의무

해상보험계약은 최대선의에 의한 계약이기 때문에 최대선의가 한 당사자에 의해 깨질 때 타방은 계약을 취소할 수 있다. 따라서 보험계약을 체결할 때 보험계약자 혹은 중개인은 보험자에게 보험계약의 인수여부 또는 계약 내용의 결정에 영향을 줄 수 있는 모든 중요한 사실을 고지하여야 한다. 이를 “고지의 의무”라 한다.

보험계약자에게 고지의무를 부여하는 이유는 보험자자신이 화물의 상태나 성질을 잘 모르고 있고, 보험자가 모든 중요한 사항을 일일이 점검하는 부담을 덜어 주기 위한 것이다.

ⓒ 위험의 통지의무

- 위험의 변경 혹은 증가의 통지의무

  보험기간 중에 보험계약자나 보험자에게 책임을 돌릴 수 없는 사유로 보험계약 체결시 불변으로 예측하여 계약된 위험이 변동 혹은 증가가 되었다면 보험계약자는 이를 지체없이 보험자에게 통지하여야 의무를 부담한다. 만일 이러한 통지의무를 태만히 했을 경우에는 보험자가 그 사실을 안 날로부터 1개월 내에 계약해지(상법 652조) 가능하다. 물론 보험자가 그 사실을 알고도 해지하지 않을 때에는 보험자가 증가된 위험 및 변경된 위험을 인수한 것으로 간주된다.

- 손해발생의 통지의무

  보험계약자는 운송 중에 보험사고가 발생하면 그 손해사실을 지체없이 보험자에게 통지하여야 할 의무가 있다. 그러나 보험자가 부담하는 보험사고로 인한 사고발생의 경우에만 통지의무가 있고, 항해손해가 발생하였다 하더라도 보험자의 면책사유로 인한 사고의 손해라면 통지하지 않아도 된다.

  이렇게 계약자에게 통지의무를 부과하는 목적은 사고사실에 대한 통지가 없는 한 보험자는 알지 못하기 때문에 이를 통지함으로써 보험자에게 손해의 방지 혹은 경감조치를 강구할 기회를 부여하거나 손해보상의 준비를 하도록 하기 위함이다.

  통지의무를 위반하여 보험자에게 손해를 끼쳤을 경우에는 보험자는 이에 대한 손해배상을 청구할 수 있으며 보험금에서 공제할 수도 있다.

ⓓ 손해방지 혹은 손해경감의 의무

피보험자는 화물손해를 가장 잘 보호해야 할 입장에 있기 때문에, 피보험자는 피보험이익의 보호에 상당한 주의력과 신의성실의 원칙 및 공익적 차원에 입각하여 손해를 방지하거나 경감하기 위한 합리적인 조치를 강구할 의무가 있다. 이때 손해의 방지는 손해의 발생을 저지하는 것이며, 경감은 이미 발생한 손해를 제거하는 것이다.

## II 해상손해

### 1. 해상손해의 의의

해상손해는 항해사업에 관련된 화물이나 선박 등 피보험목적물이 해상위험의 발생으로 인하여 전부 또는 일부가 멸실 또는 손상되어 피보험자에게 경제적 불이익을 초래한 것을 말한다. 따라서 광의의 해상손해는 피보험목적물의 손해인 물적손해와 비용손해 등을 포함하는 의미이다.

### 2. 해상손해의 종류

해상손해는 손해형태에 따라 물적손해와 비용손해로 구분하고, 물적손해는 다시 손해의 정도에 따라 전손과 분손, 손해의 성격에 따라 단독해손과 공동해손으로 구분된다.

#### (1) 물적손해

물적손해는 보험목적이 멸실 또는 손상으로 인한 직접 손해를 말하여, 이를 실체적 손해라고도 한다. 여기에는 크게 전손과 분손으로 구분된다.

##### ❶ 전손(total loss)

전손은 피보험목적물 전부가 담보위험에 의해서 멸실되거나 손상정도가 심해서 구조나 수리비용이 부보된 금액보다 많은 경우이다.

ⓐ 현실전손(actual total loss)

현실전손은 절대전손이라고도 하며 보험의 목적이 파괴된 경우, 부보된 종류의 물건으로서 존재할 수 없을 정도로 심한 손상을 입은 경우, 선박이나 적하 등이 충돌, 침몰, 좌초 등으로 완전히 파괴되어 복구가능성이 전혀 없는 상태, 피보험자가 보험의 목적을 탈취당하여 회복할 수 없게 된 경우, 위험에 당면한 선박이 행방불명이 되었을 때 또는 상당한 기간이 경과되어도 그 소식을 알 수 없을 때가 이에 해당된다.

〈그림 8-1〉 해상손해의 종류

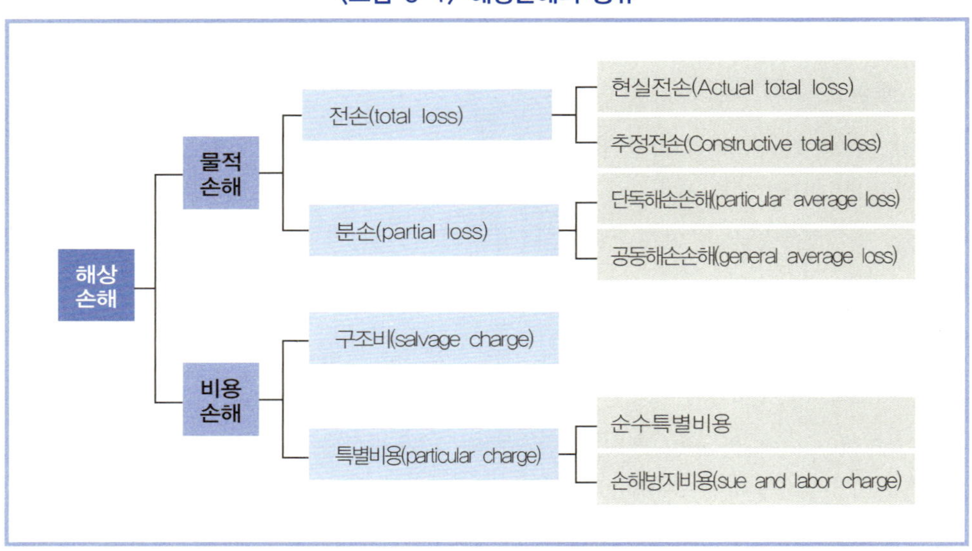


ⓑ 추정전손(constructive total loss)

추정전손은 전손의 한 형태이지만 현실적 전멸은 아닌 경우를 말한다. 즉, 손해정도가 심하여 현실전손과 경제적으로 동일시 할 수밖에 없는 경우를 말한다.

영국해상보험법에 의하면 보험증권에 명시된 특약이 있는 경우를 제외하고 보험목적의 현실전손이 불가피하다고 생각되기 때문에, 또는 비용을 지출하지 않으면 현실전손을 면할 수 없기 때문에 보험의 목적을 정당하게 위부(abandonment)

한 경우에는 추정전손이 있다고 규정하고 있다.

선박 또는 화물의 점유를 박탈당하여 회복할 가망이 없거나 그것을 회복하는 비용이 회복한 후의 가액을 초과할 것이 예상되는 경우와 선박의 수리비가 수리 후의 선박가액을 초과할 것이 예상되는 경우 및 화물의 수리비와 목적지까지 운반비가 도착 후의 화물가액을 초과할 것이 예상되는 경우가 이에 해당된다.

•용어정리• **대위와 위부란?**

- 대위(代位, subrogation)

보험자가 피보험자에게 보험금을 지급한 경우 피보험목적물에 대한 일체의 권리와 손해발생에 과실이 있는 제3자에 대한 구상권 등을 승계하게 되는 것.

- 위부(委付, abandonment)

추정전손의 경우 피보험자가 전손보험금을 청구하기 위해서 피보험목적물의 잔존가치와 제3자에 대한 구상권 등 일체의 권리를 보험자에게 넘기는 행위

전손의 경우에만 적용되지만 대위는 전손과 분손에도 적용된다. 보험자의 대위권의 한계는 자신이 지급한 보험금이다. 만약 대위권 행사로 자신이 지급한 보험금 이상으로 회수했다면 그 차액을 피보험자에게 돌려주어야 한다.

| | 대 위 | 위 부 |
|---|---|---|
| 손해의 종류 | 분손, 전손 | 추정전손 |
| 보험금 지급시기 | 보험금을 지급받은 후에 대위함. | 위부 후에 전손보험금이 지급됨. |
| 권리범위 | 보험금을 지급한 범위 내(內) | 잔존물에 대한 일체의 권리 |
| 승낙여부 | 승낙여부 상관없이 보험자에게 이전 | 승낙 – 잔존물의 모든 권리 보험자에게 이전<br>거절 – 분손보험금만 지급, 대위권 승계 |

### ❷ 분손(partial loss)

분손은 피보험목적물의 일부만이 손상을 입는 경우이다.

ⓐ 단독해손손해(particular average)

분손 중 공동해손이 아닌 손해로서, 이것은 손해를 입은 자가 단독으로 부

담하는 손해이다. 이러한 단독해손은 해손정산인협회에서 정해진 실무규칙에 따라 해손정산인들에 의해 그 손해액이 사정된다.

적하의 경우 단독해손으로 인정될 수 있는 손해는 ① 악천후에 의한 선박에 해수의 유입 ② 선박의 장애물과 접촉 ③ 화재에 의한 화물의 분손 ④ 악천후에 의한 화물의 파손, 누손에 의한 손해 등이다. 한편, 피보험자가 단독해손에 의한 보상받기 위해서는 손해가 담보위험에 의해 우연적으로 발생하여야 하며, 인위적, 능동적인 손해라야 한다.

ⓑ 공동해손손해(general average)

- 공동해손손해의 의의

  본선이 폭풍우로 좌초되어 침몰의 위기에 있을 때 공동의 위험을 회피할 목적으로 선장이 고의로 적하의 일부를 투하시킴으로써 배를 가볍게 하거나 다른 위험탈출조치를 강구하는데 소요되는 비용을 지불함으로써 위험을 모면한 경우 그들이 받은 혜택의 정도에 따라 부담하는 희생적 공동해손손해(general average sacrifice)와 위험탈출조치에 소요된 공동해손비용(general average expenditure)을 공동해손이라 한다.

- 공동해손행위의 성립요건

  첫째는 위험의 공동성이다. 공동해손이 성립되기 위한 요건은 항해단체 전원에게 위험이 존재하여야 한다. 따라서 한쪽 이해 당사자의 안전을 위한 비용지출은 공동해손비용이 아니다.

  둘째, 처분의 자발성 혹은 임의성이다. 즉, 공동해손으로 인정되기 위해서는 손해의 발생이 우연이 아닌 의도적, 고의적이어야 한다. 다시 말해 그 처분이 우연성이 개입하지 않고 행위자의 고의적인 판단에 의하여야 한다.

  셋째, 처분의 합리성(reasonableness)이다. 즉, 공동해손으로 인정되기 위해서는 그 처분이 적정해야 함을 의미한다. 따라 선박이나 적하의 불합리한 희생이나 불합리한 과도한 경비지출은 공동해손으로 인정되지 않는다.

  넷째, 이례적인(extraordinary) 희생이나 비용이다. 즉, 공동해손의 행위는 재산손해나 비용지출에 있어 그 행위가 이례적이어야 한다.

- 공동해손손해의 구성

  공동해손은 공동해손희생손해(general average sacrifice)와 공동해손비용손해(general average expenditure)로 구분된다. 전자는 적하의 경우에, 투하, 선박의 소화작업시 물에 의한 손해, 임의좌초에 의한 손해, 좌초된 선박의 중량을 경감하기 위한 투하와 이로 인한 손해 등이 속한다.

  후자는 현실적인 공동위험을 회피하기 위해 지출되는 제비용으로 여기에는 구조비용(salvage) 피난항비용(expenses at post of refuse), 대체비용(substituted expense), 자금조달비용, 정산비용 등이 있다.

### (2) 비용손해

비용손해는 구조비용과 특별비용으로 나눌 수 있으며 특별비용은 다시 순수특별비용과 손해방지비용으로 나눌 수 있다.

#### ❶ 구조비용(salvage charges)

구조비는 해난에 봉착한 재산에 발생할 가능성 있는 손해를 방지하기 위하여 계약에 의하지 아니하고 구조한 자에게 해상법에 의하여 지불하는 보수로서 이 비용은 보험자가 피보험자를 대신하여 구조자에게 지불하게 된다. 통신이 발달한 오늘날에 있어서 구조는 거의가 구조계약에 의해 행해지며 이 경우의 구조비는 여기서 말하는 구조비가 아니고 손해방지비용 또는 공동해손비용으로 취급된다.

#### ❷ 특별비용(particular charges)

특별비용은 일반적으로 보험목적물의 손해를 담보위험으로부터 방지하기 위해 피보험자 혹은 그 대리인이 지출한 비용을 말하는데 영국해상보험법(제64조 2항)의 정의에 의하면 보험목적물의 안전과 보존을 위하여 발생한 비용 중에서 공동해손비용 및 구조비용 이외의 비용을 말한다.

특별비용은 손해방지비용과 순수특별비용으로 나눌 수 있다.

ⓐ 손해방지비용(sue and labor charges)

손해방지비용은 보험목적의 손해를 방지 또는 경감하기 위하여 피보험자 또는 그의 사용인 및 대리인이 적절하고 합리적으로 지출한 비용을 말한다. 이 비용은 보험금과 합하여 보험금액을 초과하더라도 보상되며, 당해 보험목적의 이익만을 위하여 소요된 비용이어야 한다.

주로 목적지에 도착하기 전에 지출되는 비용을 말한다.

ⓑ 순수특별비용

손해의 평가와 관련하여 목적지에서 지출되는 비용을 말한다.

적하보험에서는 손해방지비용을 제외한 특별비용을 부대비용이라 한다. 부대비용에는 손해조사비용, 판매비용, 재포장비용 및 재조정비용 등이 있는데 대부분 화물에 일부 손상이 발생한 경우 생기는 비용들이다.

손해조사비용(loss survey charges)은 손해가 발생하였을 경우 손해액사정인에 의해서 손해의 원인 및 정도를 조사하는데 소요되는 비용으로 당해 손해가 보험자에 의해 부담되어질 성질의 손해인 경우에 한하여 보험자가 보상한다.

판매비용은 화물의 일부가 손상되어 중간에서 이를 매각처분할 경우 발생하는 비용을 말한다.

재포장 및 재조정비용은 손상품을 재정비하는데 소요되는 비용을 말한다.

선박보험에서는 실무적으로 분손과 관련되는 비용을 모두 수리비에 포함시키기 때문에 적하보험에서처럼 특별비용이 발생하지 않는다.

## III 신협회적하약관(2009)의 주요 내용

전위험담보(A/R; All Risks)약관, 분손담보(WA; With Average)약관, 단독해손부담보(FPA; Free from Particular Average)약관 등으로 구성된 구협회적하약관이 용어가 난해하고 담보범위가 불분명하여 보험거래에 많은 혼란을 초래함에 따라 1982년 내용을 개정한 신협회적하약관(ICC; Institute Cargo Clause)이 만들어져 사용되었다. 이후 보험시장의 시대적 변화에 따라 2009년 1월 1일부터 협회적하약관의 일부를 개정하여 사용하고 있다. 이것이 신협회적하약관(ICC) 2009이다.

### 1. 위험약관(Risk Covered)

#### (1) ICC (A) 약관상의 위험약관

협회적하약관 ICC (A)는 제1조에서 다음과 같이 규정하고 있다.

"본 보험은 다음의 제4, 5, 6, 7조에서 규정된 면책위험을 제외하고 피보험목적물에 발생한 멸실, 손상의 일체의 위험을 담보한다"라고 규정하여 포괄책임주의에 의해 보험자의 책임을 규정하고 있다.

ICC(A)는 보험자가 부담하는 위험의 내용면에서는 전위험담보약관(A/R; All Risks)과 비슷하다. 전위험담보약관에 의하면 보험자는 법률 또는 약관에 의해 면책되는 위험 이외의 일체의 위험을 담보하는 조건이지만 말 그대로 모든 손해를 보상하는 것은 아니다.

〈표 8-1〉 신협회적하약관(ICC) 2009의 구성

| 구 분 | 약관 번호 | I.C.C.(A)(신약관) 약 관 명 |
|---|---|---|
| 담보위험 | 1 | Risks Clause |
| | 2 | General Average Clause |
| | 3 | "Both to Blame Collision" Clause |
| 면책위험 | 4 | General Exclusion Clause |
| | 5 | Unseaworthiness & Unifitness Exclusion Clause |
| | 6 | War Exclusion Clause |
| | 7 | Strikes Exclusion Clause |
| 보험기간 | 8 | Transit Clause |
| | 9 | Termination of Contract of Carriage Clause |
| | 10 | Change of Voyage clause |
| 손해사정 | 11 | Insurable Interest Clause |
| | 12 | Forwarding Charges Clause |
| | 13 | Constructive total Loss clause |
| | 14 | Increased Value Clause |
| 보험이익 | 15 | Not to Insure Clause |
| 손해경감 | 16 | Duty to Assured Clause |
| | 17 | Waiver Clause |
| 지연방지 | 18 | Reasonable Despatch Clause |
| 법률관습 | 19 | English Law & Practice Clause |

즉 전쟁위험, 동맹파업위험, 선박의 불내항에 기인하는 손해, 항해의 지연에 기인하는 부패의 손해, 쥐, 벌레에 의한 손해, 절도, 불착의 손해, 피보험자의 고

의적인 불법행위, 보험목적물의 고유의 하자나 성질에 기인하는 손해 등의 경우에는 보험자의 면책이다. 이러한 점은 협회적하약관 ICC (A)의 경우에서도 마찬가지이다.

### (2) ICC (B) 약관상의 위험약관

협회적하약관 ICC (B)는 제1조에서 보험자가 부담하는 위험을 세 가지 항목으로 열거하고 있다.

첫째는 위험과 손해간에 상당인과관계가 요구되는 위험으로 ① 화재 또는 폭발 ② 본선 또는 부선의 좌초, 교사, 침몰 또는 전복 ③ 육상운송용구의 전복 또는 탈선 ④ 본선, 부선 또는 운송용구와 물 이외의 타물과의 충돌 또는 접촉 ⑤ 피난항에서의 화물의 양하 ⑥ 지진, 화산의 분화 또는 낙뢰 등 여섯 가지의 세목으로 규정하고 있다.

둘째는 단순한 인과관계만을 요구하는 위험으로 ① 공동해손희생손해 ② 투하 또는 갑판유실 ③ 본선, 부선, 선창, 운송용구, 컨테이너, 지게자동차 또는 보관장소에 해수, 호수, 하천수의 유입 등 세 가지의 세목으로 규정하고 있다.

셋째는 인과관계가 필요 없는 본선, 부선에 선적 또는 양하작업 중 바다 또는 갑판에 추락한 포장단위당 전손이다. 그리고 제4조 내지 제7조상의 면책조항은 ICC(A)와 동일하나 제4조 제7항의 보험목적물 또는 그 일부에 대한 어떤 자나 어떤 자들의 불법행위에 의한 의도적인 손상 또는 파괴는 추가로 면책된다.

협회적하약관 ICC (B)와 (C)가 구약관의 WA(With Average; 분손담보조건)와 FPA(Free From Particular Average; 분손부담보조건)에 각각 대응한 것이라고 하지만, 그것은 편의상 신·구약관을 대비한 것에 불과하고 부담위험에 관한 접근방법과 그 내용에 있어서는 서로 상이한 새로운 약관이라고 할 수 있다.

### (3) ICC (C) 약관상의 위험약관

협회적하약관 ICC (C)는 제1조에서 보험자가 부담하는 위험을 두 가지 항목으로 열거하고 있다.

첫째는 위험과 손해간에 상당인과관계가 요구되는 위험으로 ① 화재 또는 폭발, ② 본선 또는 부선의 좌초, 교사, 침몰 또는 전복, ③ 육상운송용구의 전복 또는 탈선, ④ 본선, 부선 또는 운송용구와 물 이외의 타물과의 충돌 또는 접촉,

⑤ 피난항에서의 화물의 양하 등 다섯 가지의 세목으로 규정하고 있다.

둘째는 단순한 인과관계만을 요구하는 위험으로 공동해손희생손해와 투하를 규정하고 있다. 면책조항에 관해서는 협회적하약관 (B)와 같다. 구약관에서는 선박이나 부선이 침몰 또는 큰 화재를 입은 경우를 제외하고는 화물의 단독해손은 부담하지 않았으나, 신약관에서는 좌초나 침몰 등 위험조항에서 열거된 부담위험으로 인한 화물의 멸실이나 손상은 단독해손을 포함한 분손이나 전손을 불문하고 모두 부담하고 있다.

〈표 8-2〉 신협회적하약관(2009)상의 담보위험

| 약관 조항 | 담 보 위 험 | A | B | C | 비 고 |
|---|---|---|---|---|---|
| 제1조 | 1. 화재·폭발 | ○ | ○ | ○ | 좌기의 사유에 상당인과관계가 있는 멸실·손상 |
| | 2. 선박·부선의 좌초·교사·침몰·전복 | ○ | ○ | ○ | |
| | 3. 육상운송용구의 전복·탈선 | ○ | ○ | ○ | |
| | 4. 선박·부선·운송용구의 타물과의 충돌·접촉 | ○ | ○ | ○ | |
| | 5. 조난항에서의 화물의 양화 | ○ | ○ | ○ | |
| | 6. 지진·분화·낙뢰 | ○ | ○ | × | |
| | 7. 공동해손의 희생 | ○ | ○ | ○ | 좌기 사유로 인한 멸실·손상 |
| | 8. 투 하 | ○ | ○ | ○ | |
| | 9. 갑판유실 | ○ | ○ | × | |
| | 10. 해수·조수·하천수의 운송용구·컨테이너·지게자동차·보관장소에의 침수 | ○<br>○ | ○<br>○ | ×<br>× | |
| | 11. 적재·양화 중의 수몰·낙하에 의한 짐꾸림 1개당의 전손 | ○ | × | × | |
| | 12. 상기 이외의 일체의 위험 | | | | |
| 제2조 | 공동해손조항 | ○ | ○ | ○ | |
| 제3조 | 쌍방과실충돌조항 | ○ | ○ | ○ | |

※ ○는 보상되는 담보위험, ×는 보상되지 않는 담보위험의 표시임.

## 2. 면책약관(exclusions)

### (1) 일반면책약관(general exclusion clause)

ICC(A), (B), (C)는 각각의 제4조에서 일반면책약관을 규정하고 있다.

① 피보험자의 고의적인 불법행위에 기인하는 멸실, 손상 또는 비용

② 보험목적물의 통상의 누손, 중량 또는 용적의 통상적인 멸실, 또는 통상적

인 소모 또는 마모

③ 보험의 대상이 되는 운송에서 통상 발생하는 사고에 견딜 수 있도록 보험의 목적의 포장 또는 준비를 완전하고 적절하게 하지 않음으로 인하여 발생한 멸실, 손상 또는 비용. 다만 그러한 포장 또는 준비가 피보험자 또는 사용인에 의해 실행되거나 이 보험의 개시 전에 실행되는 경우에 한한다. (이 조항에서 "포장"은 컨테이너에 적부하는 것을 포함하고 "사용인"에는 독립계약자를 포함하지 않는다.)

④ 보험목적물의 고유의 하자나 성질로 인한 멸실, 손상 또는 비용

⑤ 항해의 지연에 의한 손해

⑥ 선박의 소유자, 관리자, 용선자 또는 운항자의 도산이나 금전상의 채무불이행으로 인하여 발생한 멸실, 손상 또는 비용

⑦ 원자핵분열 및/또는 원자핵융합, 또는 기타 유사한 반응, 또는 방사능이나 방사성 물질을 이용한 일체의 무기의 사용으로 인하여 발생한 멸실, 손상 또는 비용

⑧ 제3자의 불법행위에 의한 보험목적물 또는 그 일부의 의도적인 손상이나 파괴(이 조항은 (B)와 (C)의 경우에 적용이 되고 (A)의 경우에는 그 적용이 없다.)

### (2) 불내항 및 부적합 면책약관(unseaworthiness and unfitness exclusion clause)

선박은 통상적인 항해과정에서 발생하는 위험을 견딜 수 있는 내항성 또는 감항성(seaworthiness)과 선박이 화물의 운송에 사용되는 경우에는 화물운송을 위한 적합성(fitness)을 갖추어야 한다. 화물보험의 경우 피보험자는 선박의 내항성이나 적합성을 통제할 수 있는 입장에 있지 않기 때문에, 비록 선박이 내항성을 상실하여 화물에 손해를 입혔다고 하더라도, 피보험자가 그러한 불내항성을 알고 있지 않는 한 보험자는 내항성에 대한 묵시담보를 위반을 이유로 보상을 거절할 권리를 포기하여야 하는 것은 당연하다.

### (3) 전쟁위험면책약관(war exclusion clause)

현재 전쟁면책약관에서는 아래의 위험을 원인으로 해서 발생된 보험목적물의 멸실, 손상 혹은 비용손해는 담보하지 않는다.

① 전쟁, 내란, 혁명, 모반, 반란 또는 이로 인해 생기는 국내투쟁 또는 교전

국에 의한, 혹은 교전국에 대해서 행해진 적대행위
② 포획, 나포, 강류, 억지 또는 억류(해적행위 제외)와 이러한 행위의 결과 또는 이러한 행위를 하고자 기도한 결과
③ 유기된 기뢰, 어뢰, 폭탄 또는 기타 유기된 전쟁무기

협회화물약관 (A), (B) 및 (C)의 제 6조는 보험자에게 전쟁위험을 면책시키고 있다. 따라서 피보험자가 전쟁위험을 담보하려면 그는 추가로 협회전쟁위험약관[Institute War Clauses (Cargo)]에 부보하여야 할 것이다.

### (4) 동맹파업위험면책약관(strikes exclusion clause)

현재 동맹파업위험면책약관에서는 아래의 위험을 원인으로 해서 발생된 보험목적물의 멸실, 손상 혹은 비용손해는 담보하지 않는다.

① 동맹파업자, 직장폐쇄노동자 또는 노동쟁의, 폭동 또는 소요에 가담한 자에 의해 발생된 것
② 동맹파업, 직장폐쇄, 노동쟁의, 폭동 또는 소요의 결과로 발생된 것
③ 일체의 테러행위, 즉 합법적 또는 불법적으로 설립된 일체의 정부를 무력 또는 폭력으로, 전복 또는 영향력을 미치기 위하여 행동하는 조직을 대신하여 또는 그 조직과 연대하여 행동하는 자의 행위에 의한 것
④ 정치적, 사상적 또는 종교적 동기에 의하여 행동하는 자에 의하여 발생한 것

과거에는 이런 면책약관을 동맹파업, 폭동 및 소요 부담보약관(Free from Strikes, Riots and Civil Commotions Clause; S.R.C.C. Clause)이라 하였는데 현재는 간단히 줄여서 표현하고 있다.

협회화물약관 (A), (B) 및 (C)의 제7조는 보험자에게 동맹파업위험을 면책시키고 있다. 따라서 피보험자가 동맹파업위험을 담보하려면 추가로 협회동맹파업위험약관[Institute Strikes Clauses (Cargo)]에 부보하여야 한다.

〈표 8-3〉 신 협회적하약관(2009)상의 면책위험

| 약관 조항 | 면 책 위 험 | A | B | C |
|---|---|---|---|---|
| 제4조 | 1. 피보험자의 고의적인 불법행위 | × | × | × |
| | 2. 통상의 누손, 중량 또는 용적의 통상의 감소, 자연소모 | × | × | × |
| | 3. 포장 또는 포장준비의 불완전·부적합 | × | × | × |
| | 4. 물품고유의 하자·성질 | × | × | × |
| | 5. 지 연 | × | × | × |
| | 6. 선박소유자·관리자·용선자 또는 운항자의 지급불능 또는 채무불이행 | × | × | × |
| | 7. 어떤 자의 불법행위에 의한 의도적인 손상 또는 파괴 | ○ | × | × |
| | 8. 원자핵무기에 의한 손해 | × | × | × |
| 제5조 | 9. 피보험자 또는 그 사용인이 인지하는 선박의 내항성결여·부적합 | × | × | × |
| 제6조 | 10. 전쟁위험(War Exclusion) | × | × | × |
| 제7조 | 11. 동맹파업(SRCC) | × | × | × |

## 3. 운송약관(Transit Clause)

운송약관은 보험자가 손해보상의 책임을 져야 하는 보험기간에 관한 약관으로 보험자의 책임개시 시기와 보험자의 책임종기에 대한 내용이 규정되어 있다.

### (1) 보험자의 책임 개시

보험자의 책임은 운송개시를 위해 운송 차량 또는 기타 운송용구에 보험의 목적을 곧바로 적재할 목적으로 창고 또는 보관장소(이 보험계약에 명시된 장소)에서 보험의 목적이 최초로 움직인 때(first moved) 개시된다.

### (2) 보험자 책임의 지속

보험자의 책임은 책임의 개시부터 통상적인 운송과정(ordinary course of transit)을 통해 지속된다. 만약 화물이 통상적인 운송과정에서 벗어나게 되면 벗어난 시점부터 보험자의 보상책임은 해제된다. 통상적인 운송과정은 화물의 종류, 화물에 대한 관습적 운송방법 등을 고려하여 목적지까지 가장 가까운 항로를 따라서 운항하는 것을 의미한다.

### (3) 보험자의 책임 종기

다음 네 가지 중 먼저 발생한 때 보험자의 책임은 종료된다.

① 보험증권에 기재된 목적지의 최종창고 또는 보관장소에서, 운송차량 또는 기타 운송용구로부터 양하가 완료된 시점

② 보험증권상에 명시된 목적지와는 상관없이 통상적인 운송과정에서의 보관이 아닌 비상보관을 한다거나 할당 또는 분배하기 위해서 보관할 장소에 양하가 완료된 시점

③ 피보험자 또는 그 사용인이 통상의 운송과정이 아닌 보관을 목적으로, 운송차량 또는 기타 운송용구 또는 컨테이너를 사용하고자 선택한 시점

④ 본선으로부터 양륙이 완료된 후 60일이 경과한 시점

한국의 경우 수입화물에 대해 운송약관 중의 하역 후 60일 대신에 30일로 변경하고 있다. 만일 피보험운송인 하역 후 60일 혹은 30일 이내에 종료될 수 없다면 사전에 보험자에게 요청하여 내륙운송보관약관[Inland Storage Extension (I.S.E.)]을 통해 그 기한을 연장할 수 있다.

### (4) 불가항력

운송과정에서 피보험자가 좌우할 수 없는 사정에 의한 지연, 이로, 강제하역, 재선적 및 환적, 운송계약상 선주나 용선자에게 부여된 자유재량권의 행사로부터 발생하는 위험의 변경 등과 같은 사태가 발생해도 보험자의 책임은 유효하게 존속된다.

## IV 선박보험(hull insurance)

### 1. 선박보험의 정의

선박보험은 선박소유자의 소유선박에 대한 피보험이익을 대상으로 한 보험이다. 여기에서 선박이란 선체, 기관, 속구 및 연료, 식료품, 기타의 소모품으로서 피보험자의 소유에 속하고 또한 선박사용의 목적에 제공되는 선내에 존재하는 것을 포함한다.

## 2. 기간보험과 항해보험

선박보험에는 기간보험과 항해보험이 있다. 선박보험은 원칙적으로 기간보험에 부보되지만 경우에 따라서는 항해보험에 부보된다.

### (1) 기간보험(time policy)

기간보험은 책임의 시기와 종기를 특정의 기간으로 한정하는 계약으로서 일정 기간 동안 계속하여 보험에 담보하고자 할 때 체결한다. 선박의 기간보험의 보험기간은 1년을 단위로 보험에 가입하고 있다.

### (2) 항해보험(voyage policy)

항해보험은 특정 항해에 한정하며 보험에 담보하고자 할 때 체결되는 계약으로서 책임의 시기 및 종기로 한정하는 계약이다.

## 3. 선주책임보험(P&I; Protection and Indemnity Insurance)

### (1) P&I 보험의 정의

P&I 보험은 선박보험과 더불어 선박회사에 있어서 중요한 해상보험이다. 선박보험이 선박이라는 피보험 목적물을 대상으로 한 보험인데 대하여, P&I 보험은 선박회사의 배상책임보험이다. Protection은 주로 선박의 운항에 관련하여 제3자에게 준 손해에 대한 배상책임보험이고, Indemnity는 적하품에 대한 해상운송인의 배상책임보험이다.

선박의 운항에 관련하여 선주는 제3자에 대한 책임, 인명손해에 대한 책임, 적재화물에 대한 운송책임 등을 부담한다. 예컨대, 적재화물에 발생한 손상에 기인하여 화주로부터 손해배상청구를 받더라도 그 금액이 너무 많아 민간의 보험조직으로는 보상하는 것이 불가능하다. 따라서 이러한 손해를 보상하기 위하여 선박회사가 회원이 되고 상호보험제도의 형태로서 조합원의 손해를 보상하는 보험을 P&I 보험이라고 한다. 선주가 P&I보험에 부보하기 위해서는 P&I Club에 가입해야 한다.

P&I 보험의 특징은, 사고 빈도수가 가장 높은 화물의 파손이나 손상이 80% 이상을 차지한다. P&I는 통상 선박 보험이 취급하지 않는 대인, 대물에만 적용

되며 해양 오염도 적용 범위에 포함된다.

### (2) P&I Club

선박회사는 자신이 운영하는 선박이 다양한 위험에 노출되어 있음으로 이러한 위험을 커버하기 위하여 선박보험에 부보하게 된다. 그러나 선박보험으로 모든 위험을 커버할 수 없다. 아무리 보험료를 많이 지급하더라도 보험조건에 의해 보상되지 않는 손해가 있다. 예를 들어 협회기간약관(ITC-Hull)에서도 선박의 충돌에 따른 배상책임손해를 전부 보상하는 것이 아니고 3/4만 보상한다. 나머지 1/4의 배상책임손해는 선주 자신이 부담할 수밖에 없다. 선주들은 이러한 손해를 보상해주는 자발적인 단체를 운영하는데 이를 P&I Club(Protection & Indemnity Club)이라 한다. P&I 클럽은 선주들이 일정한 기금을 모아 사고를 당한 구성원에게 손해를 보상해 주는데 구성원이 각자 기금을 각출하고 구성원에 한하여 혜택을 주기 때문에 P&I Club은 상호보험의 원리에 입각한 공제조합에 해당된다.

P&I 클럽(선주책임 상호보험조합)은 1869년 처음으로 영국 런던에서 설립된 선주책임 상호보험조합이다. 영국 P&I 클럽은 풀(pool)을 구성하고 있는 16개 P&I 클럽 중 가장 많은 가입 톤 수를 확보하고 있어 규모나 위상 면에서 가장 영향력 있는 클럽으로 알려져 있다.

우리나라에 처음으로 선주책임 상호보험 제도가 도입된 것은 1970년대이며 한국 P&I 클럽이 정식으로 설립, 발족된 것은 2000년 1월이다.

### (3) 한국 선주상호보험조합

한국 선주상호보험 조합(KPIA)이 해양수산부로부터 조합 설립인가를 획득하고 공식적인 P&I 업무에 들어간 것은 2000년 1월이다. KP&I 설립으로 국내 해운업체들은 사고가 발생하더라도 P&I를 통해 제3자에 대한 배상문제를 해결할 수 있어 경영 안정을 도모할 수 있게 되었다. 또 재보험을 위한 외국 P&I와의 협상에서 결집된 힘을 발휘, 영세업체 등 국내업체들의 보험요율을 낮출 수 있으며 장기적으로 국내 보험시장 및 전문가 육성에도 도움이 될 것으로 기대된다.

KPIA는 선주상호보험 조합법이 1999년 8월 제정된 이후 12월 창립총회를 거쳐 2000년 1월에 해양수산부에 조합 설립인가 신청서를 제출했으며 최초로 약 570척을 보유한 47개사가 조합원으로 참여하였다. 우리나라 내항선박 1천317척

중 23% 정도인 약 300척, 외항선 약 500척 전부가 당시 외국 P&I에 가입해 되어 있었으나 점진적으로 국내 KPIA로 옮겨와 2003년 현재 400여척에 이르러 설립 당시의 3.5배 정도로 신장하였다.

## 4. TT Club

TT Club(Through Transport Mutual Insurance Association Limited and TT Club Mutual Insurance Limited)는 국제운송, 물류기업을 위한 보험과 관련된 위험관리 서비스를 제공하는 선도적 단체이다.

상호 협회(mutual association)로서 1968년에 설립되었으며 TT Club는 복합운송인을 위한 시설에 대한 보험과 책임보험에 특화되어 있다. TT Club에 가입되어 있는 고객들은 세계에서 가장 큰 선박회사, 가장 바쁜 항만, 가장 큰 포워더 그리고 화물터미널에서부터 소형차량을 운영하는 회사에 이르기까지 다양하다. 전 세계의 다양한 범주의 고객들과 함께 TT Club은 FIATA, IAPH, ICHCA를 포함한 국가, 국제무역, 정부단체와 연락하고 있는 독립된 산업포럼으로서 조직되었다.

TT Club의 창설 이후로, TT Club은 보험료 수익측면에서 지난 20년 동안 평균 년 10%의 지속적인 성장을 해 오고 있다. 고객충성도가 이러한 성장의 핵심요소이다. 사실상, 90%이상의 회원이 매년 갱신하고 있다.

TT Club은 2009년 현재 150개국에 800개 이상의 회원을 가지고 있으며 세계 컨테이너 선박의 70%, 2,000개가 넘는 항만/터미널, 운송, 물류기업을 위해 서비스를 제공하고 있다.

TT Club은 화물처리시설(Cargo Handling Facility), 항만(Port Authority), 선박회사(Ship Operator), 운송물류기업(Transport and Logistics Operator)을 위해 위험을 인수하고 있다.

## 제2절 해상운송과 정형거래조건

Incoterms 2010의 정형거래조건은 총 11개로 구성되어 있으며 이는 크게 어떤 운송수단도 가능한 조건(Rules for any mode or modes of transport)과 해상, 내수로운송에 가능한 조건(Rules for sea and inland waterway transport)으로 크게 구분할 수 있다.

이 가운데 해상운송과 관련된 정형거래조건은 FAS, FOB, CFR, CIF 4가지 조건이다. 이들 조건은 배송되는 지점과 화물이 매수인에게 운반되는 장소가 둘 다 항구이며 그러므로 해상 및 내수로 조건의 표제가 붙어있는 조건들이다.

### I 선측인도조건(FAS)

"선측인도(Free Alongside Ship)"는 물품이 지정선적항에서 매수인에 의하여 지정된 본선의 선측(예를 들어, 부두 혹은 부선(바지선))에 놓이는 때에 매도인이 인도한 것을 의미한다. 물품의 멸실 또는 손상의 위험은 물품이 선측에 놓인 때에 이전되며, 매수인은 그 시점 이후에 발생하는 모든 비용을 부담하는 조건이다.

지정선적항의 선측까지의 비용 및 관련 화물취급비용이 당해 항구의 관행에 따라 다양하기 때문에 당사자들은 지정선적항내의 적재지점을 가급적 명확하게 명시하는 것이 바람직하며 그러한 지점까지의 비용과 위험을 매도인이 부담한다.

매도인은 물품을 선측에 인도하거나 선적을 위하여 이미 그렇게 인도된 물품을 조달(procure)하여야 한다. 여기서 "조달"은 특히 일차산품거래에서 보편적으로 사용되는 복수의 연속매매(string sales)에 대응하기 위함이다.

물품이 컨테이너에 적재되는 경우에는 매도인이 물품을 선측이 아니라 터미널에서 운송인에게 교부하는 것이 전형적인데, 이러한 경우에는 FAS 조건은 부적절하며 FCA 조건이 사용되어야 한다.

FAS조건에서 매도인은 적용가능한 경우 물품을 수출통관할 의무를 부담한다.

선측인도조건의 표기방법은 FAS+선적항 Incoterms® 2010("sea port" 또는 내수로 "harbour" ex) FAS Pusan, Korea Incoterms® 2010) 형태를 띈다.

◈ **Free Alongside Ship (… named port of shipment) : FAS**

This rule is to be used only for sea or inland waterway transport.

"Free Alongside Ship" means that the seller delivers when the goods are placed alongside the vessel (e.g., on a quay or a barge) nominated by the buyer at the named port of shipment. The risk of loss of or damage to the goods passes when the goods are alongside the ship, and the buyer bears all costs from that moment onwards.

The parties are well advised to specify as clearly as possible the loading point at the named port of shipment, as the costs and risks to that point are for the account of the seller and these costs and associated handling charges may vary according to the practice of the port.

The seller is required either to deliver the goods alongside the ship or to procure goods already so delivered for shipment. The reference to "procure" here caters for multiple sales down a chain ('string sales'), particularly common in the commodity trades.

Where the goods are in containers, it is typical for the seller to hand the goods over to the carrier at a terminal and not alongside the vessel. In such situations, the FAS rule would be inappropriate, and the FCA rule should be used.

FAS requires the seller to clear the goods for export, where applicable.
However, the seller has no obligation to clear the goods for import, pay any import duty or carry out any import customs formalities.

## II 본선인도조건(FOB)

"본선인도(Free On Board)"는 매도인이 물품을 지정선적항에서 매수인에 의해 지정된 본선에 적재하여 인도하거나 이미 그렇게 인도된 물품을 조달하는 것을 의미한다. 물품의 멸실 또는 손상의 위험은 물품이 본선에 적재된 때에 이전하며, 매수인은 그러한 시점 이후의 모든 비용을 부담한다.

매도인은 물품을 본선에 적재하여 인도하거나 선적을 위하여 이미 그렇게 인도된 물품을 조달하여야 한다.

FOB는 예를 들어 전형적으로 터미널에서 인도되는 컨테이너화물과 같이 물품이 본선에 적재되기 전에 운송인에게 교부되는 경우에는 적절하지 않고 이런 경우 FCA 조건을 사용하여야 한다.

FOB조건에서 매도인은 적용가능한 경우 물품을 수출통관할 의무를 부담한다.

표기 방법은 FOB+선적항 Incoterms® 2010 [“sea port” 또는 내수로 “harbour” (FOB Pusan, Korea Incoterms® 2010)]의 형태를 띈다.

◈ **Free On Board (… named port of shipment) : FOB**

This rule is to be used only for sea or inland waterway transport.

"Free on Board" means that the seller delivers the goods on board the vessel nominated by the buyer at the named port of shipment or procures the goods already so delivered. The risk of loss of or damage to the goods passes when the goods are on board the vessel, and the buyer bears all costs from that moment onwards.

FOB may not be appropriate where goods are handed over to the carrier before they are on board the vessel, for example goods in containers, which are typically delivered at a terminal. In such situations, the FCA rule should be used.

## III 운임포함조건(CFR)

“운임포함조건(Cost and Freight)”은 매도인이 물품을 본선에 적재하여 인도하거나 이미 그렇게 인도된 물품을 조달하는 것을 의미한다. 물품의 멸실 또는 손상의 위험은 물품이 본선에 적재되는 때에 이전된다. 매도인은 물품을 지정목적항까지 운송하는 데 필요한 계약을 체결하고 그에 따른 비용과 운임을 부담하여야 한다.

CPT, CIP, CFR 또는 CIF 조건이 사용되는 경우, 매도인은 물품이 목적지에 도착한 때가 아니라 선택된 당해 조건에 명시된 방법으로 운송인에게 물품을 인도하는 때에 자신의 화물인도의무가 완료되는 것으로 본다.

CFR 조건은 위험과 비용이 상이한 장소에서 이전된다. 계약에서 항상 목적항을 명시하면서도 선적항은 명시하지 않지만, 위험은 선적항에서 매수인에게 이전되고 비용은 지정목적항까지 운임을 매도인이 부담하므로 지정목적항까지 비용의 분기점은 확장된다.

당사자들은 합의된 목적항 내의 지점을 가급적 정확하게 특정하는 것이 바람직하다. 그러한 지점까지의 비용은 매도인이 부담하기 때문에 매도인은 이러한 선택을 정확하게 만족하는 내용으로 운송계약을 체결하는 것이 좋다. 매도인은 자신의 운송계약에 따라 목적항 내의 명시된 지점에서 양륙비용을 지출한 경우에, 당사자간에 달리 합의되지 않았다면 이를 매수인에게 구상할 수 없다. 즉, 지정목적항에서의 양륙비용은 기본적으로 매도인이 부담하게 된다.

CFR은 예를 들어 전형적으로 터미널에서 인도되는 컨테이너화물과 같이 물품이 본선에 적재되기 전에 운송인에게 교부되는 경우에는 적절하지 않고 이런 경우 CPT 조건을 사용하여야 한다.

CFR조건에서 매도인은 적용가능한 경우 물품을 수출통관할 의무를 부담한다.

CFR조건의 표기방법은 CFR+목적항 Incoterms® 2010 [“sea port” 또는 내륙수로 “harbour”(CFR New York, U.S.A. Incoterms® 2010)]으로 표시한다.

◈ **Cost and Freight (··· named port of destination) : CFR**

This rule is to be used only for sea or inland waterway transport.

"Cost and Freight" means that the seller delivers the goods on board the vessel or procures the goods already so delivered. The risk of loss of or damage to the goods passes when the goods are on board the vessel. The seller must contract for and pay the costs and freight necessary to bring the goods to the named port of destination.

When CIP, CIP, CFR or CIF are used, the seller fulfils its obligation to deliver when it hands the goods over to the carrier in the manner specified in the chosen rule and not when the goods reach the place of destination.

This rule has two critical points, because risk passes and costs are transferred at different places While the contract will always specify a destination port, it might not specify the port of shipment port is of particular interest to the buyer, the parties are well advised to identify it as precisely as possible ins the contract.

The parties are well advised to identify as precisely as possible the point at the agreed port of destination, as the costs to that point are for the account of the seller. The seller is advised to procure contract of carriage that match this choice precisely. If the seller incurs costs under its contract of carriage related to unloading at the specified point at the port of destination, the seller is not entitled to recover such costs from the buyer unless otherwise agreed between the parties.

CFR may not be appropriate where goods are handed over to the carrier before they are on board the vessel, for example goods in containers, where are typically delivered at a terminal. In such circumstance, the CPT rule should be used.

CFR requires the seller to clear the goods for export, where applicable. However, the seller has no obligation to clear the goods for import, pay any import duty or carry out any import customs formalities.

## IV 운임 · 보험료포함조건(CIF)

"운임·보험료포함조건(Cost, Insurance and Freight)"은 매도인이 물품을 본선에 적재하여 인도하거나 이미 그렇게 인도된 물품을 조달하는 것을 의미한다. 물품의 멸실 또는 손상의 위험은 물품이 본선에 적재된 때에 이전된다. 매도인은 물품을 지정목적항까지 운송하는 데 필요한 계약을 체결하고 그에 따른 비용과 운임을 부담하여야 한다. 또한 매도인은 운송 중 매수인의 물품 멸실 또는 손상의 위험을 대비하여 보험계약을 체결한다. CIF 조건에서 매도인은 단지 최소담보조건으로 부보하도록 요구받고 있다는 것을 매수인은 유념해야 한다. 보다 넓은 보험 담보를 원한다면 매수인은 매도인과 명시적으로 그렇게 합의하든지 아니면 스스로 추가보험 계약을 체결하는 것이 필요하다.

CIF조건도 CFR 조건과 마찬가지로 위험과 비용의 분기가 상이하게 이루어진다. CIF는 예를 들어 전형적으로 터미널에서 인도되는 컨테이너화물과 같이 물품이 본선에 적재되기 전에 운송인에게 교부되는 경우에는 적절하지 않고 이런 경우 CIP 조건을 사용하여야 한다.

CIF조건에서 매도인은 적용가능한 경우 물품을 수출통관할 의무를 부담한다.

CIF조건의 표기방법은 CIF+목적항 Incoterms® [“sea port” 또는 내수로 “harbour”(CIF New York, U.S.A. Incoterms®)]으로 표시한다.

◈ **Cost, Insurance and Freight (… named port of destination) : CIF**

This rule is to be used only for sea or inland waterway transport.

"cost, Insurance and Freight" means that the seller delivers the goods on board the vessel procures the goods already so delivered. The risk of loss of or damage to the goods passes when the goods are on board the vessel. The seller must contract for and pay the costs and freight necessary to bring the goods to the named port of destination.

The seller also contracts for insurance cover against the buyer's risk of loss of or damage to the goods during the carriage. The buyer should note that under CIF the seller is requested to obtain insurance only on minimum cover. Should the buyer wish to have more insurance protection, it will need either to agree as much expressly with the seller or to make its owe extra insurance arrangements.

CIF may not be appropriate where goods are handed over to the carrier before they are on board the vessel, for example goods in containers, which are typically delivered at a terminal. In such circumstance, the CIP rule should be used.

〈표 8-5〉 각 조건의 위험의 분기점

| | 위험의 분기점 |
|---|---|
| FAS | 물품이 지정선적항에서 매수인에 의하여 지정된 본선의 선측(예 : 부두 혹은 바지선)에 놓이는 때 또는 그렇게 인도된 물품을 조달(procure)하여 인도한 때 |
| FOB | 물품이 지정선적항에서 매수인에 의하여 지정된 본선에 적재하여 인도하거나 이미 그렇게 인도된 물품을 조달(procure)하여 인도한 때 |
| CFR | 물품을 본선에 적재함으로써 또는 그렇게 인도된 물품을 조달함으로써 인도한 때 |
| CIF | 물품을 본선에 적재함으로써 또는 그렇게 인도된 물품을 조달함으로써 인도한 때 |

〈표 8-6〉 각 조건의 매수인과 매도인의 비용부담의무

| | 제조 원가 | 포장 및 검사 | 내륙 반출비 | 수출허가 및 통관비 | 주운임 | 보험료 | 수입허가 및 통관비 | 내륙 반입비 |
|---|---|---|---|---|---|---|---|---|
| FAS | Ex | Ex | Ex | Ex | Im | Im | Im | Im |
| FOB | Ex | Ex | Ex | Ex | Im | Im | Im | Im |
| CFR | Ex | Ex | Ex | Ex | Ex | Im | Im | Im |
| CIF | Ex | Ex | Ex | Ex | Ex | Ex | Im | Im |

# 제3절 해상운송과 신용장통일규칙

## I 신용장거래에서 해상운송서류의 수리요건

### 1. 선하증권의 수리요건

선하증권은 기타의 어느 운송서류보다 무역거래에서 가장 중요한 서류가 된다. UCP 600 제20조에서 선하증권(bill of lading)의 요건을 그 명칭에 관계없이 다음과 같은 요건을 갖추도록 규정하고 있다.

첫째, 운송인의 명칭을 표시하고 운송인 또는 운송인을 대리하는 지정대리인

또는 선장 또는 선장을 대리하는 지정대리인에 의하여 서명되어 있어야 한다.

둘째, 사전인쇄된 문언 또는 물품이 본선선적된 일자를 표시하고 있는 본선적재표시에 의하여 물품이 신용장에 명기된 선적항에서 지정선박에 본선선적되었음을 표시하고 있어야 한다.

셋째, 신용장에 명기된 선적항으로부터 양륙항까지의 선적을 표시하고 있어야 한다. 선하증권이 선적항으로서 신용장에 명기된 선적항을 표시하고 있지 않은 경우에는 또는 선적항에 관하여 "예정된(intended)" 또는 이와 유사한 제한의 표시를 포함하고 있는 경우에는 신용장에 명기된 대로 선적항, 선적일 및 선박의 명칭을 표시하고 있는 본선적재표기가 요구된다. 이 규정은 비록 지정된 선박에의 본선적재 또는 선적이 선하증권상에 사전에 인쇄된 문언에 의하여 표시되어 있더라도 적용된다.

넷째, 단일의 선하증권 원본 또는 2통 이상의 원본으로 발행된 경우에는 선하증권상에 표시된 대로 전통(全通 ; full set)으로 구성되어야 한다.

다섯째, 운송의 제조건을 포함하고 있거나 또는 운송의 제조건을 포함하는 다른 자료를 참조하고 있는 약식선하증권(short form/blank back bill of lading)이어야 한다.

여섯째, 용선계약에 따른다는 어떠한 표시도 포함하고 있지 않아야 한다.

일곱째, 선하증권은 물품이 환적될 것이라거나 또는 환적될 수 있다고 표시할 수 있으며 이때 전운송이 동일한 선하증권에 의해 커버되어야 한다. 신용장이 환적을 금지하고 있는 경우에도 물품이 선하증권에 의하여 입증된 대로 컨테이너, 트레일러 또는 라쉬선에 선적된 경우에는 환적이 행해질 것이라거나 또는 환적이 행해질 수 있다고 표시하고 있는 선하증권은 수리될 수 있다.

**▣ Article 20 Bill of Lading**

a. A bill of lading, however named, must appear to:

i. indicate the name of the carrier and be signed by:

- the carrier or a named agent for or on behalf of the carrier, or
- the master or a named agent for or on behalf of the master.

Any signature by the carrier, master or agent must be identified as that of the carrier, master or agent.

Any signature by the agent must indicate whether the agent has signed for or on behalf of the carrier or for or on behalf of the master.

ii. indicate that the goods have been shipped on board a named vessel at the port of loading sated in the credit by:
- pre-printed wording, or
- an on board notation indicating the date on which the goods have been shipped on board.

  The date of issuance of the bill of lading will be deemed to be the date of shipment unless the bill of lading contains an on board notation indicating the date of shipment, in which case the date stated in the on board notation will be deemed to be the date of shipment.

  If the bill of lading contains the indication "intended vessel" or similar qualification in relation to the name of the vessel, an on board notation indicating the date of shipment and the name of the actual vessel is required.

iii. indicate shipment from port of loading to the port of discharge stated in the credit.

If the bill of lading does not indicate the port of loading stated in the credit as the port of loading, or if it contains the indication "intended" or similar qualification in relation to the port of loading, an on board notation indicating the port of loading as stated in the credit, the date of shipment and the name of the vessel is required. This provision applies even when loading on board or shipment on a named vessel is indicated by pre-printed wording on the bill of lading.

iv. be the sole original bill of lading or, if issued in more than one original, be the full set as indicated on the bill of lading.

v. contain terms and conditions of carriage or make reference to another source containing the terms and conditions of carriage (short form or blank bill of lading). Contents of terms and conditions of carriage will not be examined.

vi. contain no indication that it is subject to a charter party.

b. For the purpose of this article, transhipment means unloading from one vessel and reloading to another vessel during the carriage from the port of loading to the port of discharge stated in the credit.

c. i. A bill of lading may indicate that the goods will or may be transhipped provided that the entire carriage is covered by one and the same bill of lading.

ii. A bill of lading indicating that transhipment will or may take place is acceptable, even if the credit prohibits transhipment, if the goods have been shipped in a container, trailer or LASH barge as evidenced by the bill of lading.

d. Clauses in a bill of lading stating that the carrier reserves the right to tranship will be disregarded.

## 2. 비유통성 해상화물운송장(non-negotiable sea waybill)의 수리요건

최근에는 컨테이너 수송과 선박의 고급화로 운송기간이 단축됨에 따라 선하증권의 도착 전에 화물이 먼저 도착하는 경우가 많으므로, 선하증권의 도착시 까지 기다리는데 따른 시간과 비용의 낭비가 늘어가고 있다.

따라서 화물선취보증장(L/G)의 제도가 이용되고 있으나, 이로 인한 문제점이 발생하게 됨에 따라 해상선하증권 대신에 해상화물운송장의 이용이 급증하고 있다. 이 운송서류는 운송업계의 주장을 받아들여 UCP 500에서 새로이 신설한 것이다. 이 서류는 양도성을 인정하지 않고 발급당시부터 수하인의 이름을 B/L상에 명기한 해상운송서류이기 때문에 서류의 용도는 화물탁송 증거로서의 역할만 한다.

UCP 600 제21조에서 비유통성 해상화물운송장의 요건을 그 명칭에 관계없이 다음과 같은 요건을 갖추도록 규정하고 있으나, 그 수리조건은 전술한 선하증권에 관한 수리조건과 대동소이하다.

첫째, 운송인의 명칭을 표시하고 운송인 또는 운송인을 대리하는 지정대리인 또는 선장 또는 선장을 대리하는 지정대리인에 의하여 서명되어 있어야 한다.

둘째, 사전인쇄된 문언 또는 물품이 본선선적된 일자를 표시하고 있는 본선적재표시에 의하여 물품이 신용장에 명기된 선적항에서 지정선박에 본선선적되었음을 표시하고 있어야 한다.

셋째, 신용장에 명기된 선적항으로부터 양륙항까지의 선적을 표시하고 있어야 한다. 비유통성 해상화물운송장이 선적항으로서 신용장에 명기된 선적항을 표시하고 있지 않은 경우에는 또는 선적항에 관하여 “예정된(intended)” 또는 이와 유사한 제한의 표시를 포함하고 있는 경우에는 신용장에 명기된 대도 선적항, 선적일 및 선박의 명칭을 표시하고 있는 본선적재표기가 요구된다. 이 규정은 비록 지정된 선박에의 본선적재 또는 선적이 비유통성 해상화물운송장상에 사전에 인쇄된 문언에 의하여 표시되어 있더라도 적용된다.

넷째, 단일의 비유통성 해상화물운송장 원본 또는 2통 이상의 원본으로 발행된 경우에는 비유통성 해상화물운송장상에 표시된 대로 전통으로 구성되어야 한다.

다섯째, 운송의 제조건을 포함하고 있거나 또는 운송의 제조건을 포함하는 다른 자료를 참조하고 있는 약식비유통성 해상화물운송장(short form/blank back non-negotiable sea waybill)이어야 한다.

여섯째, 용선계약에 따른다는 어떠한 표시도 포함하고 있지 않아야 한다.

일곱째, 비유통성 해상화물운송장은 물품이 환적될 것이라거나 또는 환적될 수 있다고 표시할 수 있으며 이때 전운송이 동일한 비유통성 해상화물운송장에 의해 커버되어야 한다. 신용장이 환적을 금지하고 있는 경우에도 물품이 비유통성 해상화물운송장에 의하여 입증된 대로 컨테이너, 트레일러 또는 라쉬선에 선적된 경우에는 환적이 행해질 것이라거나 또는 환적이 행해질 수 있다고 표시하고 있는 비유통성 해상화물운송장은 수리될 수 있다.

**▣ Article 21 Non-Negotiable Sea Waybill**

a. A non-negotiable sea waybill, however named, must appear to:

i. indicate the name of the carrier and be signed by:

- the carrier or a named agent for or on behalf of the carrier, or
- the master or a named agent for or on behalf of the master.

  Any signature by the carrier, master or agent must be identified as that of the carrier, master of agent.

  Any signature by an agent must indicate whether the agent has signed for or on behalf of the carrier or for or on behalf of the master.

ii. indicate that the goods have been shipped on board a named vessel at the port of loading stated in the credit by:

- pre-printed wording, or
- an on board notation indicating the date on which the goods have been shipped on board.

  The date of issuance of the non-negotiable sea waybill will be deemed to be the date of shipment unless the non-negotiable sea waybill an on board notation indicating the date of shipment, in which case the date stated in the on board notation will be deemed to be the date of shipment.

  If the non-negotiable sea waybill contains the indication “intended vessel” or similar qualification in relation to the name of the vessel, an on board notation indicating the date of shipment and the name of the actual vessel is required.

iii. indicate shipment from the port of loading to the port of discharge stated in the credit.
If the non-negotiable sea waybill does not indicate the port of loading stated in the credit as the port of loading, or if it contains the indication "intended" or similar qualification in relation to the port of loading, an on board notation indicating the port of loading as stated in the credit, the date of shipment and the name of the vessel is required. This provision applies even when loading on board or shipment on a named vessel is indicated by pre-printed wording on the non-negotiable sea waybill.

iv. be the sole original non-negotiable sea waybill or, if issued in more than one original, be the full set as indicated on the non-negotiable sea waybill.

v. contain terms and conditions of carriage or make reference to another source containing the terms and conditions of carriage (short form or blank back non-negotiable sea waybill). Contents of terms and conditions of carriage will not be examined.

vi. contain no indication that it is subject to a charter party.

b. For the purpose of this article, transhipment means unloading from one vessel and reloading to another vessel during the carriage from the port of loading to the port of discharge stated in the credit.

c. i. A non-negotiable sea waybill may indicate that the goods will or may be transhipped provided that the entire carriage is covered by one and the same non-negotiable sea waybill.

ii. A non-negotiable sea waybill indicating that transhipment will or may take place is acceptable, even if the credit prohibits transhipment, if the goods have been shipped in a container, trailer or LASH barge as evidenced by the non-negotiable sea waybill.

d. Clauses in a non-negotiable sea waybill stating that the carrier reserves the right to tranship will be disregarded.

### 3. 용선계약부선하증권(Charter Party B/L)의 수리요건

UCP 600 제22조에서 용선계약에 따른다는 표시를 포함하고 있는 선하증권(용선계약부 선하증권)은 그 명칭에 관계없이 다음과 같은 요건을 갖추도록 규정하고 있다.

첫째, 선장 또는 선장을 대리하는 지정대리인, 또는 선주 또는 선주를 대리하는 지정대리인, 또는 용선자 또는 용선자를 대리하는 지정대리인에 의하여 서명되어야 한다.

둘째, 사전인쇄된 문언 또는 물품이 본선선적된 일자를 표시하고 있는 본선적재표시에 의하여 물품이 신용장에 명기된 선적항에서 지정선박에 본선선적되었음을 표시하고 있어야 한다.

셋째, 신용장에 명기된 선적항으로부터 양륙항까지의 선적을 표시하고 있어야 한다. 그리고 양륙항은 신용장에 명기된 대로 항구의 구역 또는 지리적 지역으로 표시될 수 있다.

넷째, 단일의 용선계약부 선하증권 원본 또는 2통 이상의 원본으로 발행된 경우에는 용선계약부 선하증권에 표시된 대로 전통으로 구성되어야 한다.

다섯째, 용선계약서가 신용장의 조건에 따라 제시되도록 요구되더라도, 은행은 그 용선계약서를 심사하지 않는다.

**▣ Article 22 Charter Party Bill of Lading**

a. A bill of lading, however named, containing an indication that it is subject to a charter party (charter party bill of lading), must appear to:

i. be signed by:

- the master or a named agent for or on behalf of the master, or
- the owner or a named agent for or on behalf of the owner, or
- the charterer or a named agent for or on behalf of the charterer.

  Any signature by the master, owner, charter or agent must be identified as that of the master, owner, charterer or agent.

  Any signature by an agent must indicate whether the agent has signed for or on behalf of the master, owner or charterer.

  An agent signing for or on behalf of the owner or charterer must indicate the name of the owner or charterer.

- indicate that the goods have been shipped on board a named vessel at the

ii. port

of loading stated in the credit by:

> - pre-printed wording, or
> - an on board notation indicating the date on which the goods have been shipped on board.
>
>   The date of issuance of the charter party bill of lading will be deemed to be the date of shipment unless the charter party bill of lading contains an on board notation indicating the date of shipment, in which case the date stated in the on board notation will be deemed to be the date of shipment.
>
> iii. indicate shipment from the port of loading to the port of discharge stated in the credit. The port of discharge may also be shown as a range of ports or a geographical area, as stated in the credit.
>
> iv. be the sole original charter party bill of lading or, if issued in more than one original, be the full set as indicated on the charter party bill of lading.
>
> b. A bank will not examine charter party contracts, even if they are required to be presented by the terms of the credit.

## II 일반적으로 신용장에서 요구하는 선하증권

신용장에서 요구하는 운송서류 중에서 가장 기본적이고 중요한 서류이며 매입은행에 화환어음을 매도할 때 제시해야 하는 서류가 화물이 체화된 유가증권인 선하증권이다.

이러한 선하증권에 대하여 일반적으로 신용장에서 요구하는 조건은 다음과 같다.

> Full set of clean on board ocean bill(s) of lading made out to order of the shipper, blank endorsed, marked freight prepaid/collect, notify accountee.

### 1. Full set

이는 선하증권의 원본 발행통수를 전통으로 하고 있는데 선하증권의 전통은 3통(triplicate)이다. 화환어음을 은행에 매도하기 위하여 B/L을 제시할 필요가 없는 수출의 경우에 수출업자가 그 선하증권의 우송중의 분실 위험을 분산하기 위하여 선하증권을 2통으로 나누어 외국에 발송하는 경우가 많기 때문에 원본 1통이 발행되는 것이 아니라 3통이 발행된다.

### 2. clean B/L

무고장부 선하증권을 원한다.

### 3. on board B/L

선적선하증권을 원한다.

수취선하증권이 발행된 경우 on board notation을 통하여 선적선하증권을 바꾸어 매입하도록 해야 은행에서 매입된다.

### 4. ocean B/L

해양선하증권, 기본적으로 국제간 무역의 경우 해양선하증권이 사용된다.

### 5. order B/L

지시식 선하증권으로 여기서 지시는 배서(endorsement)을 통해 양도가능하도록 하는 것을 의미한다. order 다음에 나오는 자의 지시에 의해 유통된다.

made out to 다음에 나오는 당사자가 선하증권의 수하인(consignee)에 해당된다. 이 수하인이 당해 선하증권상의 물품에 대한 권리를 행사할 수 있게 된다. 여기서는 송하인 지시식 형태로 송하인의 지시를 통해 권리가 이전되도록 하는 것으로 여기선 지시는 배서를 통해 구현된다. 즉, 송하인이 당해 선하증권에 배서하여 은행에 양도하면 이는 수입지의 신용장 발행은행에 전달되고 수입업자가 당해 수입대금을 결제하면 선하증권을 수입업자에게 양도하게 되어 수입업자가 수입물품을 회수할 수 있도록 하고 있다.

배서는 유통증권의 소지인이 그가 가지고 있는 증권상의 권리를 타인에게 이전할 목적으로 통상 그 증권의 배면에 서명하고 피이전자에게 이것을 교부하는 것을 말한다.

### 6. blank endorsement

백지배서 방식으로 피배서인에 대한 사항은 기재되지 않고 배서인의 성명과 서명을 기재하여 권리를 이전하게 된다.

### 7. freight prepaid/collect

운임의 지급시기를 표시하는 것으로 운임선불/착불을 표시한다.

### 8. notify party; accountee

착화통지처를 기재하는 것으로 화물이 목적지에 도착했을 때 당해 화물을 인수하는 대상으로 운송인이 화물의 도착을 통지하는 당사자를 지시하는 문구이다.

여기서 착화통지처는 accountee 즉 결제인(발행은행)으로 하고 있다.

제 4 편

# 국제항공운송

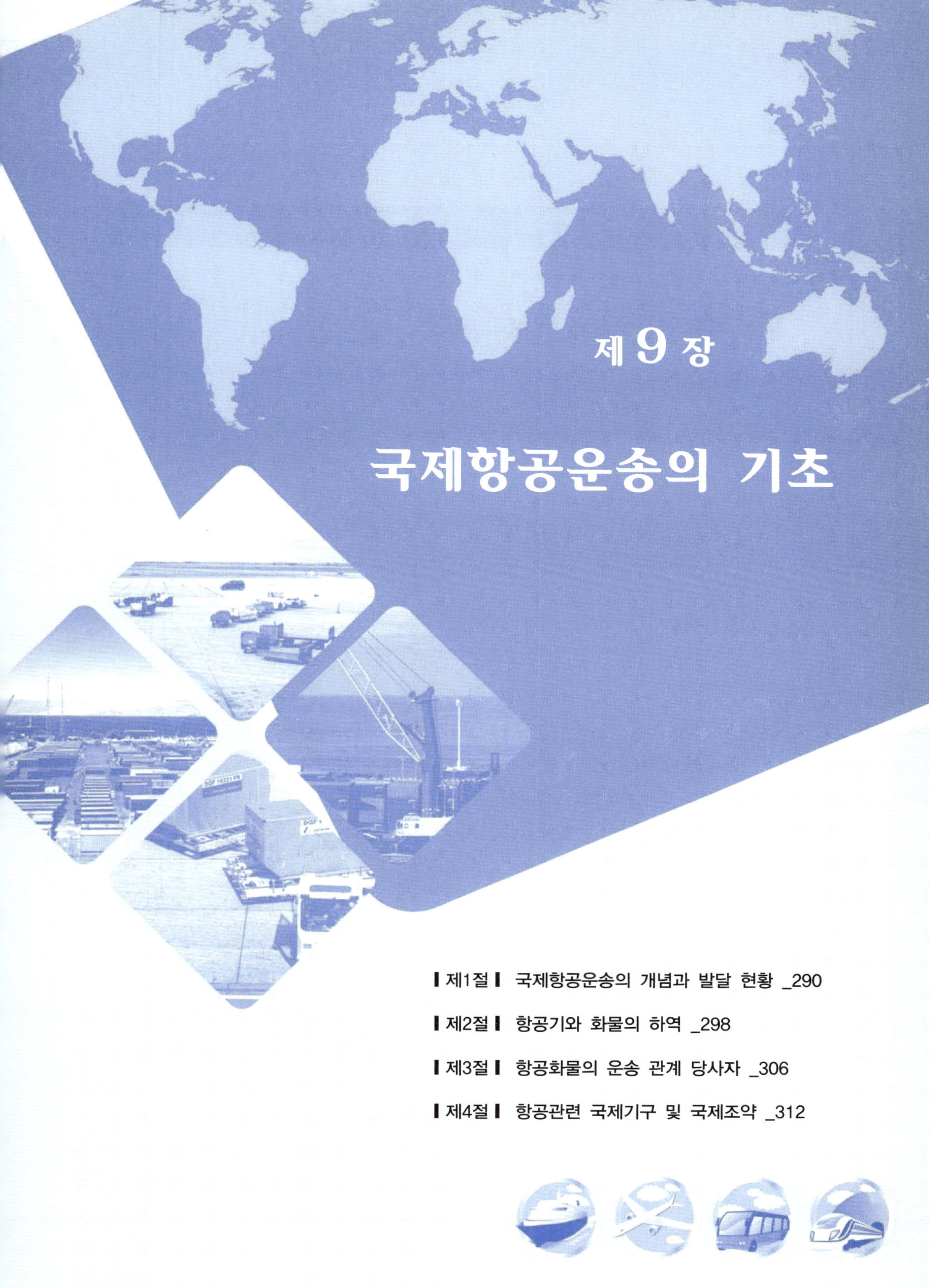

# 제 9 장

# 국제항공운송의 기초

# 제1절 국제항공운송의 개념과 발달 현황

## I 국제항공운송의 개념과 특성

### 1. 국제항공운송의 개념

국제항공운송(international air transportation)이란 항공기의 항복(plane's space)에 승객, 우편 및 화물을 탑재하고 한 국가의 국제공항(air port)에서 공로(air route)로 다른 나라의 국제공항까지 운송하는 운송시스템을 의미한다. 국제항공운송은 오늘날 국제무역에 있어서 중요한 수송수단의 역할을 담당하고 있으며 상업적인 수송수단으로서의 위치를 차지하고 있다.

국제화물운송은 해상이나 육상운송이 주류를 이루고 있지만 항공산업의 발전과 화물전세기의 등장, 상품의 고부가가치화 및 소형화, 국제분업의 가속화를 통한 운송수요의 증가, 그리고 세계무역의 긴밀화 등으로 인해 신속하고 안전한 항공운송의 비중이 점차 증가되고 있다.

### 2. 항공운송의 특성

#### (1) 신속 운송

기회비용이 중요시되는 계절유행상품이나 납기가 촉박한 상품과 같이 긴급물품의 수송에 적합하다. 그리고 신속운송에 의해 상품판매에 따른 대금회수 기간의 단축된다.

#### (2) 안전 운송

생선, 식료품, 생화, 방사선물질, 신문, 잡지, 뉴스 필름, 원고 및 선적서류 등과 같은 화물의 경우 다른 운송수단에 비해 안전하게 국제운송 할 수 있다.

#### (3) 적기 인도를 통한 제고비용과 자본비용의 절감

국제항공운송은 화물을 적기에 인도할 수 있어 제고비용과 자본비용을 절감시킬 수 있다.

### (4) 내륙지역으로의 접근성 탁월

해상운송에 비해 내륙지역으로의 접근성이 탁월하다. 특히 도로, 항만 등의 미비로 항공운송이 아니면 운송할 수 없는 내륙의 오지의 경우에는 그 역할이 더 크게 된다. 예를 들면, 아프리카(에티오피아, 소말리아) 지역 등에 구호품이 항공기에 의해 전달되었다.

### (5) 보험요율의 저렴성

화물취급 및 안전운송으로 인한 화물에 대한 Risk가 낮아 보험요율이 저렴하다. 해상운송의 전위험담보(A/R)보다 항공전손(total loss)보험요율이 매우 저렴하다.

### (6) 포장비 절감

간단한 화물포장만으로도 안전운송이 가능하므로 노동, 자재, 화물총중량 등의 절감효과가 있다.

### (7) 비싼 운임

예를 들어 1994년에 1TEU의 탁상용 컴퓨터(1,760kg, 27㎥)를 해상운송하는 경우와 항공운송하는 경우의 차이를 아래 <표 9-1>을 통해 확인할 수 있다.

〈표 9-1〉 항공운송과 해상운송 운임 비교

| 운송구간 | 운송형태 | 운임 | 운송기간 | 비 고 |
|---|---|---|---|---|
| 뉴욕~런던 | 해상운송 | US$2,000~3,243 | 13~15일 | 항공운임이 해상운임에 비해 약 5배 비싸다 |
| | 항공운송 | US$9,680~16,105 | 3일 | |
| 홍콩~런던 | 해상운송 | US$1,561~1,927 | 26~30일 | 항공운임이 해상운임에 비해 약 40배 비싸다. |
| | 항공운송 | US$60,571~66,286 | 4~6일 | |

### (8) 긴급수요, 소량화물의 신속한 운송

화물의 집화, 인도, 화물추적, 특수화물취급, 통관절차를 포함한 수속절차의 처리 등에 탁월한 서비스를 제공할 수 있다.

## 3. 항공화물운송의 대상품목

### (1) 긴급을 요하는 물품(Emergency Freight)

- 기계, 선박, 항공기 등의 부품, 긴급의료품, 상품견본, 납기가 긴박한 상품, 계절유행상품, 투기상품, 재해 구호품 등
- 생화, 산동물, 생선, 송이버섯 등
- 신문, 잡지, 뉴스필름, 원고 등

### (2) 부가가치가 높은 품목

모피, 미술품, 귀금속, 시계, 의약품, 의류, 전자·전기제품, 광학기기, 반도체제품, 각종 부품 등

### (3) 물류관리 및 마케팅 전략품목

과잉재고로 인한 가격하락의 방지, 경쟁사 제품 보다 신속하고 확실한 서비스 체제의 확립으로 자사상품의 경쟁력 강화, 물류관리상 창고시설 및 재고에의 투자절감 등의 물류관리 및 마케팅 전략을 기할 목적의 품목

### (4) 여객에 수반되는 품목

상품, 샘플, 이삿짐, 애완동물 등

### (5) 다른 운송수단의 약세에서 오는 품목

벽지, 오지 운송, 해상 또는 육상운송의 정지시 운송될 경우

■ 한국의 항공수출품목

한국의 경우 2004년도 상반기 기준으로 수출금액측면에서 반도체, 무선통신기기, 컴퓨터, 금·은·백금, 영상기기 등 이 5대 품목이 전체 항공수출금액의 61.5%를 차지하고 있다.

2011년 기준 수출금액측면에서 HSK 2단위 기준으로 전기기기와 그 부분품, 원자로, 보일러와 기계류 및 이들의 부분품, 광학기기 등, 진주귀금속 등이 전체 항공수출금액의 91%를 차지하고 있다.

## II 국제항공운송의 발달

### 1. 국제항공운송의 발달과정

1903년 12월 라이트형제에 의해 시작된 비행은 그 후 프로펠러시대에서 제트엔진시대로 발전하고, 1970년대에는 점보제트기의 등장을 가져왔으며, 초음속기의 출현에까지 이르렀다.

제2차 세계대전을 전후하여 군수품의 항공운송이 이루어지다가 1958년에서 1960년대 사이에는 민간항공기에 의한 국제항공화물운송이 시작된다.

제트화물기가 등장하여 1969년 B-707F, DC-8F기 등 대형 여객기와 화물전용기의 등장, 그리고 1970년대 100톤의 탑재능력을 갖춘 B747 및 DC-10기 등의 취항으로 대형화물 또는 대량화물을 일시에 운송하면서 비용절감을 기할 수 있게 됨에 따라 국제항공운송은 본격화되고 항공화물의 대량, 고속운송시대의 개막을 가져오게 된다.

그리고 그 후 저유가, 항공기술의 발달로 운송비가 절감됨에 따라 국제항공운송의 수요가 증가하게 된다.

### 2. 항공화물운송 시장의 급격한 증대원인

국제항공화물운송이 급격하게 증가하게 된 원인은 첫째, 국제운송에서의 항공운송비율의 증가원인과 둘째, 항공화물운송의 경제성 증가원인으로 나누어 설명할 수 있다.

#### (1) 국제운송에서의 항공운송비율의 증가원인

① 생산시설의 국제적 이전에 의한 국제 분업의 가속화에 따른 필요물품의 항공운송증대

② 국제운송의 절대적 증가에 따른 항공운송수요의 증대

③ 소비구조의 고급화(소형화, 자동화)

④ 상품거래의 신속화(정보화, 국제화에 따른 세계경제의 연결 긴밀성, 유행, 계절성 제품의 신속공급)

⑤ 항공운송마케팅의 강화

⑥ 적시재고정책(Just-in-Time Inventory Policy)의 도입으로 필요한 물품의 적

시배송(Just-In-Time Delivery) 필요성의 증대

### (2) 항공화물운송의 경제성 증가 원인

① 일관운송체제의 확립
② 고속, 대형항공기의 발달
③ 공항터미널의 정비
④ 항공운송포장기술의 발달
⑤ 항공운송서비스의 질 향상

## 3. 국제항공운송 환경변화

항공운송산업은 국제무역에서 가장 규제가 심한 산업 중의 하나이다. 이러한 규제가 1978년 미국의회의 항공산업 전반에 관한 규제완화법 통과, 1980년대 유럽의 항공자유화 움직임 등으로 오늘날 이러한 추세가 전 세계적으로 확산되고 있다.

항공시장의 자유화에 따라 항공사간 경쟁이 치열해지는 가운데 이를 극복하는 방안으로 전략적 제휴(Strategic Alliance)가 이루어지고 있다. 이러한 전략적 제휴는 항공사간의 네트워크 확대, M&A를 통한 항공사의 규모의 대형화, 시장에서의 지배력 강화, 자원공유를 통한 비용절감과 경영합리화 등을 목표로 하고 있다.

현재 Star, Oneworld, Skyteam 등 항공사간 글로벌 네트워크가 형성되어 있다. 이러한 글로벌 네트워크는 경쟁기업간의 다자간 협력조직으로서 기존의 두 항공사간 노선별 제휴, 포괄적 마케팅 제휴, 지분 및 자본 제휴의 단계를 넘어선 보다 확장된 의미의 네트워크이다.

이러한 글로벌 네트워크의 형성배경은 규모의 경제의 중요성, 기술진보의 신속성, 소비자 수요의 동질화, 무역장벽의 감소 등 다양한 요인이 복합적으로 작용한 것으로 글로벌화와 국경없는 경쟁의 심화로 인해 어떤 형태로든 협력하지 않으면 세계시장에서 생존하기 힘들다는 상황인식하에서 발생한 것이다.

〈표 9-2〉 항공사간 3대 글로벌 네트워크(전략적 제휴 그룹)

| 구 분 | 소 속 사 |
|---|---|
| Star Alliance (28개 항공사) | Adria Airways, Aegean Airlines, Air Canada, Air China, Air India, Air New Zealand, All Nippon Airways, Asiana Airlines, Austrian Airlines, Avianca, Avianca Brasil, Brussels Airlines, CopaAirlines, Croatia Airlines, Esypt Air, Ethiopia Airlines, Eva Air, LOT Polish Airlines, Lufthansa German Airlines, Scandinavian Airlines, Shenzhen Arilines, Singapore Airlines, South African Airways, Swiss Airlines, TAP Portugal, THAI Airways, Turkish Airlines, United Airlines, |
| Skyteam (20개 항공사) | Aeroflot, AerolineasArgentinas, Aero Mexico, Air Europe, Air France, Alitalia, China Airlines, China Eastern, China Southern, CSA Czech Airlines, Delta Airlines, Garuda Indonesia, Kenya Airways, KLM, Korean Air, MEA, Saudia, Tarom, Vietnam Airlines, Xiamen Air |
| Oneworld (15개 항공사) | Airberlin, American Airlines, British Airways, Cathay Pacific, Finnair, Iberia Airlines, Japan Airlines, Lan, TAM Airlines, Malaysia Airlines, Qantas, Qatar Airways |

※ 주 : 각 제휴사 홈페이지 참조(2016년 2월 현재)

한편 항공화물에 대한 세계 공항별 취급실적을 살펴보면 동아시아 6개 공항, 즉 1위 홍콩 첵랍콕 공항, 2위 한국 인천공항, 4위 중국 푸둥 공항, 5위 대만 타이페이 공항, 6위 일본 나리타 공항, 9위 싱가포르 창이 공항이 세계 10대 국제항공화물 취급공항에 포함되고 있다.

〈표 9-3〉 세계 10대 국제화물 취급 공항(2014년 기준)

| 순 위 | 공 항 명 | 국제화물(천톤) |
|---|---|---|
| 1 | 홍콩 첵랍콕(HKG) | 4,378 |
| 2 | 인천(ICN) | 2,474 |
| 3 | 두바이(DXB) | 2,368 |
| 4 | 상하이 푸둥(PVG) | 2,322 |
| 5 | 타이페이(TPE) | 2,073 |
| 6 | 도쿄 나리타(NRT) | 2,043 |
| 7 | 프랑크푸르트(FRA) | 2,007 |
| 8 | 사를 드골(CDG) | 1,850 |
| 9 | 창이(SIN) | 1,844 |
| 10 | 앵커리지(ANC) | 1,776 |

※ 국제선 화물 = 직화물 + 환적화물(우편물 제외)
자료 : 인천공항, 연간 항공통계 분석보고서 2014년 인천공항

그리고 세계 10대 국제 정기항공화물 운송사에 동북아 5개 항공사가 포함되어 있다.

〈표 9-4〉 세계 10대 국제 정기항공화물 운송사(2014년 기준)

| 순 위 | 항 공 사 | million tonnes |
|---|---|---|
| 1 | Federal Express Corporation | 7.1 |
| 2 | UPS Airlines | 4.2 |
| 3 | Emirates | 2.3 |
| 4 | Korean Air lines Co. Ltd. | 1.5 |
| 5 | Cathay Pacific Airways Ltd. | 1.5 |
| 6 | China Southern Airlines | 1.3 |
| 7 | China Airlines | 1.3 |
| 8 | All Nippon Airways | 1.2 |
| 9 | Air China | 1.2 |
| 10 | Qatar Airways | 1.2 |

※ 자료 : www.iata.org(World Air Transport Statistics-WATS 59th, 2015 Edition)

## 4. 국내 항공운송의 발달 현황

1990년에는 해상과 항공운송의 비중이 수출금액측면에서 각각 82.2%와 15.9%였으나 2000년에는 선박을 이용한 해상운송이 약 70%, 항공운송은 약 30%를 차지하여 10여 년만에 항공운송의 비중이 2배 정도 증가한 것을 확인할 수 있다.

〈표 9-5〉 운송수단별 수출비중 추이(금액기준)

(단위 : 억 달러)

| 연 도 | 항공화물 | 해상화물 | 합 계 |
|---|---|---|---|
| 1990 | 103(15.9) | 535(82.2) | 650(100.0) |
| 1995 | 332(26.5) | 915(73.1) | 1,251(100.0) |
| 2000 | 525(30.5) | 1,192(69.2) | 1,723(100.0) |
| 2005 | 864(30.4) | 1,976(69.5) | 2,844(100.0) |
| 2010 | 1,149(25.1) | 3,515(74.9) | 4,664(100) |
| 2011 | 1,168(21.0) | 4,384(79.0) | 5,552(100) |
| 2012 | 1,185(21.6) | 4,294(78.4) | 5,479(100) |
| 2013 | 1,323(23.6) | 4,274(76.4) | 5,596(100) |
| 2014 | 1,370(23.9) | 4,357(76.1) | 5,727(100) |

※ 주 : 1. ( )내는 비중 2. 합계는 일부 기타 포함 / 자료 : 한국무역협회(KITA.NET), 관세청.

항공화물이 국제운송에서 차지하는 비중이 금액측면에서는 괄목할만한 성장하였으나 중량기준으로 살펴보았을 때는 여전히 국제운송에서 해상운송의 비중이 대부분을 차지하고 있음을 확인할 수 있다. <표 9-6>에서 보는 바와 같이 중량기준을 보았을 때 항공운송을 통해 수출되는 비중이 0.3~0.4%에 불과함을 알 수 있다.

〈표 9-6〉 운송수단별 수출비중 추이(중량기준)

(단위 : 천 톤)

| 연 도 | 항공화물 | 해상화물 | 합 계 |
|---|---|---|---|
| 2000 | 382(0.4) | 108,413(99.6) | 108,795(100.0) |
| 2004 | 558(0.5) | 107,418(99.5) | 107,976(100.0) |
| 2006 | 497(0.4) | 129,049(99.6) | 129,546(100.0) |
| 2008 | 496(0.3) | 142,117(99.7) | 142,613(100.0) |
| 2010 | 825(0.5) | 173,600(99.5) | 174,425(100.0) |
| 2011 | 702(0.4) | 196,564(99.6) | 197,266(100.0) |
| 2012 | 700(0.4) | 191,815(99.6) | 192,515(100.0) |
| 2013 | 710(0.4) | 189,585(99.6) | 190,295(100.0) |
| 2014 | 756(0.4) | 193,138(99.6) | 193,894(100.0) |

※ 주 : ( )내는 비중 / 자료 : 한국무역협회(KITA.NET), 관세청.

항공화물 수출의 증가는 한국의 주력 수출품목이 신속한 운송을 요하는 반도체, 무선통신기기, 컴퓨터 등 첨단 IT제품으로 전환되었기 때문이다.

〈표 9-7〉 항공화물수출 중 3대 IT제품의 비중

| | '90 | '95 | '00 | '02 | '03. 1~7 |
|---|---|---|---|---|---|
| 항공화물 수출(억달러) | 103 | 332 | 525 | 481 | 313 |
| 3대 IT제품 수출비중(%) | 12.6 | 19.1 | 28.2 | 26.6 | 26.0 |

2014년도 기준으로 각 항구·공항별 수출은 부산항이 1,682억 달러로 전체의 29.4%로 최대이며, 다음이 인천공항 1,359억 달러, 울산항 1,195억 달러의 순으로 나타났다.

〈표 9-8〉 항구/공항별 수출순위(금액기준)

(단위 : 억 달러)

| | | 1위 | 2위 | 3위 | 4위 | 5위 |
|---|---|---|---|---|---|---|
| 2008년도 | 항구 / 공항 | 부산항 | 인천공항 | 울산항 | 인천항 | 광양항 |
| | 수출액 | 1,273(30.2) | 958(22.7) | 412(9.8) | 292(6.9) | 228(5.4) |
| 2011년도 | 항구 / 공항 | 부산항 | 인천공항 | 울산항 | 인천항 | 광양항 |
| | 수출액 | 1,596(28.7) | 1,166(20.9) | 531(9.5) | 470(8.5) | 288(5.2) |
| 2014년도 | 항구 / 공항 | 부산항 | 인천공항 | 울산항 | 인천항 | 평택항 |
| | 수출액 | 1,682(29.4) | 1,358(23.7) | 1,195(8.6) | 476(8.3) | 289(5.0) |

※ 주 : ( )내는 비중 / 자료 : 한국무역협회, 관세청

# 제2절 항공기와 화물의 하역

## I 항공기의 종류

### 1. 크기에 의한 분류

#### (1) 협동기(Conventional aircraft, Narrow body aircraft)

재래식소형기종으로 데크(deck)에 의해 상-하부의 격실로 구분되며, 하부 격실에는 단위적재 운송용기를 적재할 수 없고 낱개화물을 수작업으로 납재하는 형태로 A320, B707, B727, B737, B757, DC-8 등이 있다.

#### (2) 광동기(High Capacity aircraft, Widebody aircraft)

동체가 넓고 대형기종으로 상부실 및 하부실로 구분되며, 특히 보잉747의 경

〈그림 9-1〉 B747F Main Deck

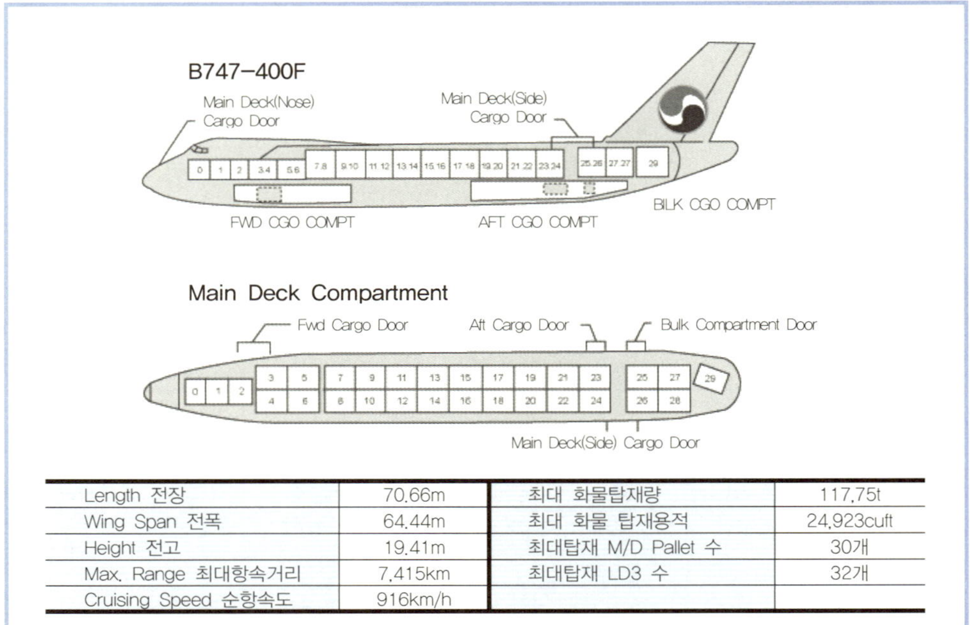


| | | | |
|---|---|---|---|
| Length 전장 | 70.66m | 최대 화물탑재량 | 117.75t |
| Wing Span 전폭 | 64.44m | 최대 화물 탑재용적 | 24,923cuft |
| Height 전고 | 19.41m | 최대탑재 M/D Pallet 수 | 30개 |
| Max. Range 최대항속거리 | 7,415km | 최대탑재 LD3 수 | 32개 |
| Cruising Speed 순항속도 | 916km/h | | |

우 3개의 데크로 상·중·하부실로 구성된다. 하부실에는 단위탑재용(ULD; United Load Device)를 탑재할 수 있으며, 기종으로는 A300, B747, B767, DC-10 등이 있다.

### 2. 용도에 의한 구분

#### (1) 화물기(All Cargo; Freighter)

상·하부 구획에 화물을 탑재하도록 제작된 항공기, B707F, B747F, DC-8F, DC-10F 등이 이에 속한다.

#### (2) 겸용기(Combination; Mixed)

상부구획에는 여객을, 하부구획에는 위탁수화물 및 화물, 우편물을 탑재하도록 제작된 항공기로 B-727, B-747, DC-8, DC-10 등이 있다.

### 3. 전환가능성에 의한 구분

#### (1) 화물전용기(Freighter)

화물만 적재하도록 제작되어 여객기로 전환할 수 없는 항공기로 B-707F, B-747F, DC-8F, DC-10F 등이 있다.

#### (2) 화객겸용기(貨客兼用機; Convertible)

필요시 여객기에서 화물기 또는 반대로 전환이 가능하도록 제작된 항공기

#### (3) Rapid or Quick Change

Convertible의 일종으로 극히 짧은 시간에 전환 가능하도록 고안된 항공기

## II 항공화물의 단위화

### 1. 단위탑재시스템의 도입

초기의 항공화물은 인력에 의한 bulk 탑재로 시작하였지만, 항공기의 대형화,

항공기 가동의 효율화, 지상하역작업의 기계화 등의 항공운송의 발달과 항공화물의 컨테이너화(Containerization)와 팔레트화(Palletization)를 통해 단위탑재가 가능하게 되었다. 따라서 컨테이너와 팔레트가 개발된 후에는 인력에서 기계로, 개별탑재에서 단위탑재로, 단순운송관리에서 물적유통관리로 수송체제에 큰 변화가 생겼다.

단위탑재시스템(Unit load system)은 화물을 한 개씩 취급하지 않고 일정수량을 모아서 하나의 큰 단위로 만들어 출발지에서 도착지까지 가능한 한 해체하지 않고 수송하는 방식으로 이를 집합포장이라고 한다.

항공화물의 컨테이너화를 위하여 IATA(International Air Transport Association; 국제항공운송협회)에서는 화물전용기의 보급과 관련해서 현재에 사용되고 있는 88"×125" 또는 88"×108"의 팔레트를 Master Unit Container로 하여 항공기의 종류에 따라 26종류의 표준컨테이너를 정하여 통일화시키고 있으며, Master Unit Container 단위의 운임설정 등 항공화물의 대량·고속·저렴한 수송을 목표로 한 컨테이너화에 노력을 경주하고 있다.

그러나 현 단계에서 항공화물수송상의 최대 제약요인은 항공기내의 형상을 주체로 하여 컨테이너가 설계되어 있으므로 선박과 같은 타운송수단과의 연계운송이 불가능하다는 것인데 이를 극복하기 위하여 보잉 747 점보제트기 같은 경우에는 8'×8'의(Container)가 탑재될 수 있도록 하고 있으나 항공운송구간과 해상운송구간 등 기타 운송구간의 특성으로 인해 복합일관운송에 항공기용 컨테이너가 사용되는 데는 한계가 있다.

## 2. 단위 탑재용기(Unit Load Device)

항공운송의 ULD는 항공운송에만 사용되는 항공화물용 컨테이너, 팔레트, 이글루를 의미하여, 종래의 벌크화물을 항공기의 탑재에 적합하도록 설계·제작된 단위탑재 용기이다.

여기에는 IATA에서 허가한 업자가 시판하는 것과 항공사에서 소유하고 있는 두 가지 종류가 있다. IATA의 허가 아래 각종 비행기의 화물칸에 맞도록 만들어낸 것은 항공기용(aircraft) ULD라고 한다. 또한 화물의 성질에 맞추고 화물칸의 탑재상태와는 관계없이 만든 비항공용상자는 Non-Aircraft ULD라고 한다.

### (1) 컨테이너(Container)

별도의 보조장비 없이 항공기내의 화물실에 탑재 및 고정이 가능하도록 제작된 컨테이너로서 재질은 적재된 화물의 하중을 충분히 견딜 수 있는 강도를 가지고 있으면서도 항공기의 기체에는 손상을 주지 않는 것을 사용한다.

① LD3 Garment Container(AKE)

- 1,588 kg
- 105 kg
- 60.4x61.5x64
- General Cargo, Garment

② LD3 Refrigerated Container(RKE)

- 1,588 kg
- 270 kg
- 60.4x61.5x64
- Perishable CGO, Freeze Cargo

③ LD3 Refrigerated Container(RKN)

- 1,588 kg
- 260 kg
- 60.4x61.5x64
- Perishable CGO, Freeze Cargo
- (Equipped with Automated Temperature System)

④ LD6 Container(ALF)(or Kooltainer)

- 3,175 kg
- 175 kg
- 60.4x125x64
- General Cargo

⑤ LD9 Container(AAP)

- 6,033 kg
- 88x125x64
- 270 kg
- General Cargo

⑥ LD9 Refrigerated Container(RAP)

- 6,033 kg
- 88x125x64
- 527 kg
- Perishable CGO, Freeze Cargo

⑦ GM1 Container(AMA)

- 6,804 kg
- 96x125x96
- 465 kg
- General CGO Garment
- B747F, B747-Combi(Main Deck Only)

### (2) 팔레트(Pallet)

팔레트는 알루미늄 합금으로 제작된 평판으로, 팔레트 위에 화물을 특정 항공기의 내부모양과 일치하도록 적재작업한 후 네트(net, 망)나 스트랩(strap, 띠, 끈)으로 묶을 수 있도록 고안한 장비이다

대부분의 팔레트는 국제항공운송협회(IATA)가 제정한 표준규격에 의거 제작되고 있으며, 표준규격은 88″×108″와 88″×125″이다.

① 88인치 팔레트(PAP, PAG)

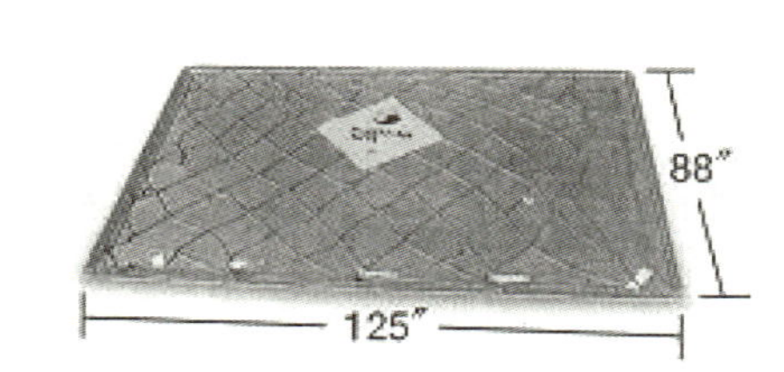


- MAX Capacity : 6,804kg
- TARE WT : 109kg
- Dimention : 88X125inch
- Utility Aircraft Type : General Cargo

② 96인치 팔레트(PMC)

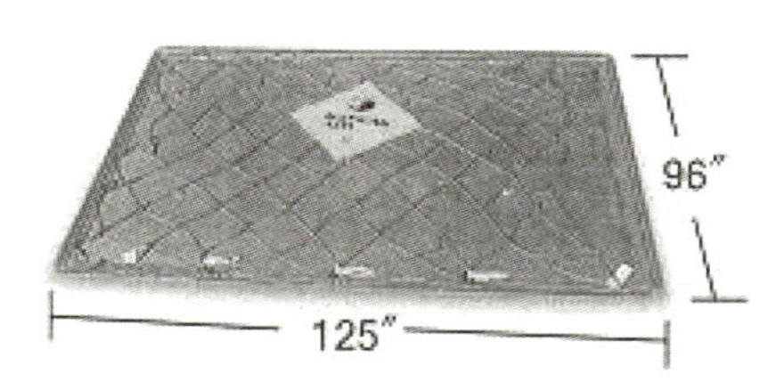


- 6,804kg
- 117kg
- 96 x 125
- General Cargo

③ 하프(Half) 팔레트(PLB)

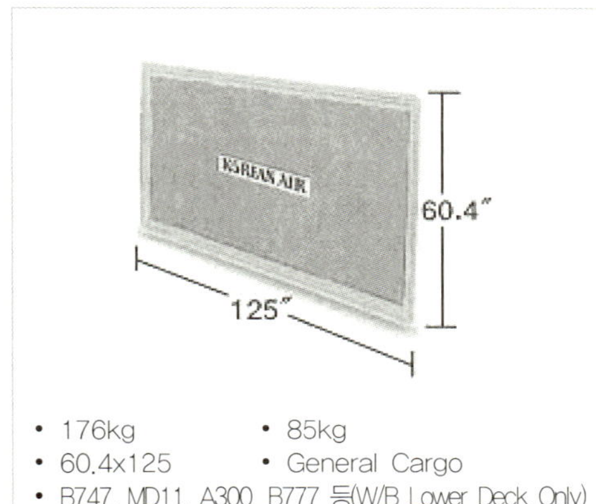


- 176kg
- 85kg
- 60.4x125
- General Cargo
- B747, MD11, A300, B777 등(W/B Lower Deck Only)

④ 20ft 팔레트(PGE, P7E)

- 13,608kg
- 499kg
- 96x238.5
- General, Long &Heavy Cargo
- B747F, MD11F, B747-Combi(Main Deck Only)

### (3) 이글루(Igloo)

에스키모의 얼음집 모양에서 유래된 것으로서 비구조적 이글루(non-structural igloo)와 구조적 이글루(structural igloo)의 두 가지 형태가 있다. 비구조적 이글루는 'Open-Front' 형태로 밑바닥이 없이 섬유유리(fiberglass) 또는 알루미늄 등의 재질로 만들어지는 것으로 항공기의 내부형태와 일치시켜서 윗면의 모서리 부분이 둥근 형태로 되어 있다.

따라서 팔레트와 함께 사용되어 공간을 최대한 활용토록 고안되었다. 구조적

이글루는 비구조적 이글루 팔레트에 고정시켜 놓은 것으로서 적재된 화물을 네트(net)없이 고정시킬 수 있도록 제작되었다.

〈표 9-9〉 항공기용 단위적재용기의 형태

| Description Base Dims. | Prefix | Approx. Value US$ | Code and Illustration |
|---|---|---|---|
| pallet/net | | | P<br>AIRCRAFT PALLET AND NET<br>(number is engraved in rim) |
| 88″ ×125″<br>88″ ×108″<br>96″ ×125″<br>96″ ×235 ½″ | P1<br>P2<br>P6<br>P7 | 625.—<br>625.—<br>750.—<br>3000.— | |
| igloo/net | | | U<br>NON-STRUCTURAL IGLOO<br>(numbers shown on side of shell/do not insert pallet No.) |
| 88″ ×125″<br>88″ ×108″<br>96″ ×125″ | UA<br>UD<br>UQ | 1000.—<br>1000.—<br>1000.— | |
| structural igloo | | | A or S or T<br>STRUCTURAL IGLOO<br>(number is shown on side) |
| 88″ ×125″<br>88″ ×108″ | AA<br>SA<br>TA<br>AD | 1500.—<br>1500.—<br>1500.—<br>1500.— | |
| 8′ ×8′ main-deck container | | | A or B<br>MAIN DECK CONTAINER<br>(number is shown on side) |
| 96″ ×117¾″<br>96″ ×125″<br>96″ ×238½″ | AR/BR<br>AQ/BQ<br>AS/BS | 5000.—<br>3500.—<br>3600.— | |
| lower deck certified container | | | A<br>LOWER DECK CONTAINER<br>(number is shown on side) |
| 60.4″ ×61.5″<br>60.4″ ×125″ | AV<br>AW | 1000.—<br>1000.— | |
| non certified aircraft container | | | D<br>NON-CERTIFIED CONTAINER<br>(may be made from material other than meta number is shown on side) |
| 60.4″ ×61.5″<br>60.4″ ×125″ | DV<br>DW | 750.—<br>750.— | |

## III 항공화물의 하역방법

### 1. Bulk Loading

화물전용기를 제외한 대부분의 경우 객실 밑바닥이 화물실로 되어 있어 화물 적재는 인력에 의한 방식으로 가장 원시적인 탑재방식이다.

Bulk Loading은 가장 원시적인 탑재방식이지만 한정된 공간에 탑재효율을 올리기 쉬운 측면으로 인해 요즘에는 제트기의 하부화물실은 대부분 이 방법이 다소 개선되어 사용되고 있다.

### 2. Pallet Loading(ULD loading)

팔레트는 1인치 이하의 알루미늄합금으로 만들어진 평판으로, 팔레트 위의 화물을 특정 항공기의 내부 모양과 일치하도록 적재작업한 후 망이나 띠로 묶을 수 있도록 고안된 장비이다. 항공기에 탑재할 때는 Lift loader와 Roller bed를 사용하여 기내의 정위치에 고정시킨다. 또한 Pallet와 Igloo를 함께 사용하여 적재된다.

Igloo는 유리섬유 또는 알루미늄 등의 재질로 비행기의 동체모양에 따라 만들어진 항공화물을 넣는 특수한 덮개로서 팔레트와 함께 사용되어 공간을 최대한 활용하도록 고안되었다. 이글루를 이용하여 작업을 하게 되면 화물의 출입구를 제외하고 미리 네트를 쳐 놓았기 때문에 적재 후의 완성된 윤곽에 대하여 신경을 쓸 필요가 없고 작업도 대폭 개선되게 된다.

### 3. Container Loading

항공운송용 컨테이너에 화물을 적입하여 탑재하는 방식이다. 항공화물운송용 컨테이너는 해상화물용 컨테이너에 비해 강도면에서 약하고 중량도 가볍게 제작되어있다. 이는 항공운송의 경우 컨테이너 자체의 중량을 줄임으로 더 많은 화물을 탑재가능토록하고 해상운송에 비해 외부의 영향력을 덜 받기 때문에 강도가 약하게 제작되었다.

Boeing 747-F형에는 8'×8' 컨테이너가 좌우열로 들어갈 수 있도록 설계되어 있다.

# 제3절 항공화물의 운송 관계 당사자

## I 항공화물 운송 대리점

### 1. 개 념

항공화물 운송 대리점(Air Cargo Agent)은 특정항공회사를 대리하여 항공회사의 운송약관, 규칙, 운임률, 운항예정표에 의거하여 항공화물을 유치하고 항공운송장(Air Waybill)을 발행한다.

항공법에서는 항공화물 운송대리점업은 삭제(1993.12.27)되고 항공운송총대리점업만 규정되어 있다.

"항공운송총대리점업"은 항공운송사업을 경영하는 자를 위하여 유상으로 항공기를 이용한 여객 또는 화물의 국제운송계약의 체결을 대리(여권 또는 사증을 받는 절차의 대행은 제외한다)하는 사업을 말한다.[항공법 제2조 39호(법률 제13433호, 2015.7.24, 타법개정)]

### 2. 주요 기능

① 수출입 항공화물의 유치 및 판매
② 운송계약 체결
③ 수출입 통관 수속대행
④ 트럭운송주선
⑤ 수출입 규정 등 무역 업무에 관한 상담
⑥ 항공화물운송장 발행

## II 혼재업자 또는 항공운송주선업자

### 1. 개 념

항공운송주선업자(Consolidator or Air Freight Forwarder)는 타인의 수요에 응

하여 유상으로 자기의 명의로서 항공사의 항공기를 이용하여 화물을 혼재 또는 운송하는 사업으로 스스로가 송하인과의 계약주체로서 독자적인 운송장, 운송약관, 요율을 가지고 운송계약을 체결하는 사업을 말한다.

항공화물운송주선업은 1993년 12월 항공법이 개정되면서 삭제되고 화물유통촉진법에서 해상화물운송주선업과 함께 복합운송주선업으로 통합되었다. 그 후 화물유통촉진법이 물류정책기본법(법률 제8617호, 2007. 8. 3., 전부개정)으로 법명 변경과 함께 전부개정되어 복합운송주선업은 국제물류주선업으로 명칭이 변경되었다.

“국제물류주선업”이라 함은 타인의 수요에 따라 자기의 명의와 계산으로 타인의 물류시설·장비 등을 이용하여 수출입화물의 물류를 주선하는 사업을 말한다.[물류정책기본법(법률 제13374호, 2015.6.22., 일부개정) 제2조 1항 11호]

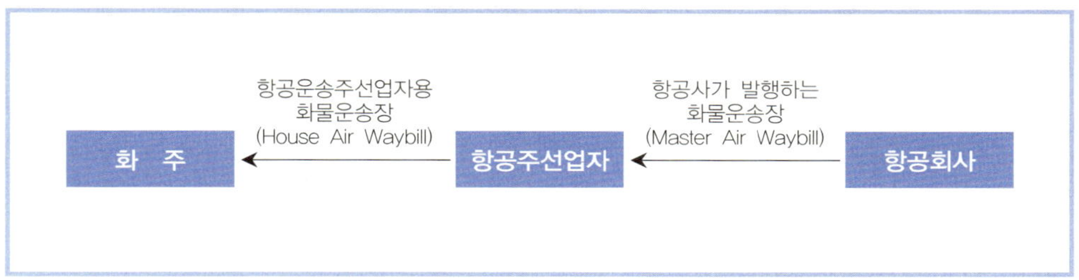


여러 송하인으로부터 화물을 인수하여 자기 명의로 항공회사의 항공기를 이용하여 운송하는 것을 업으로 하는 자로, 항공운송과 관련된 일체의 서비스를 제공하므로, 화주를 위해 가장 유리하게 국제간의 운송 및 그에 부수되는 업무 일체를 일관된 책임 하에 주선 또는 수행하는 자이다. 혼재업자용 화물운송장(House Air Waybill)을 발행한다.

현재 한국에서는 약 3,000개의 포워딩 업체들이 산재하고 있으며 그 중 약 1,000개 업체가 항공화물운송대리점 업무를 하고 있는 것으로 알려지고 있다. 그러나 전체 항공화물 건수의 약95%를 불과 100여개 포워딩 업체들이 취급하고 있는 만큼 무역업체들이 항공화물운송대리점을 선택하는데 보다 신중한 자세가 필요하다.

### 2. 항공 Forwarder의 경제성

① 수송의 전 구간에 걸쳐 책임을 진다.
② 화물의 수집에서 인도시까지 전 운송과정에 관여하는 모든 운송업자를 각각 상대해야 하는 혼란과 책임소재의 모호성을 없애준다.
③ 모든 항공사의 각 노선에 따른 복잡한 요율구조와 서비스의 내용에 따른 할인운송의 내용을 사전에 알고 있기 때문에 화주에게 경제적 이익을 줄 수 있다.
④ 항공사에게 지상조업비용을 절감시켜 준다. 즉, 소량화주와 직접 상대하지 않아도 되기 때문에 모든 업무가 단순하고 관리비용도 절감된다.

### 3. 주요 기능

① 화물의 혼적
② 살화물을 팔레트 또는 컨테이너화 하여 단위화물작업
③ 화물의 출발, 도착 등 화물이동에 대한 추적
④ 통관과 문전서비스
⑤ 재수출상품의 제반 서류작성과 운송수단 결정 및 운송의뢰
⑥ 국내보세운송
⑦ 수하인을 위한 수입통관 주선

## III 상업서류 송달업

### 1. 개 념

상업서류 송달업은 일반적으로 외국의 상업서류 송달업체와 계약을 체결하여 상업서류 및 소형·경량 물품을 항공기를 이용하여 신속하게 발송 또는 배달하는 사업을 말한다.

항공법에서는 "상업서류송달업"이라 함은 타인의 수요에 맞추어 유상으로 우편법 제2조 제2항[1] 단서에 해당하는 수출입 등에 관한 서류와 그에 딸린 견본

1) 우편법(법률 제13584호, 2015.12.22, 일부개정) 제2조 2항
누구든지 제1항과 제5항의 경우 외에는 타인을 위한 서신의 송달행위를 업(業으)로 하

품을 항공기를 이용하여 송달하는 사업"[항공법 제2조 38호(법률 제11244호, 2012.1.26, 일부개정)]이라고 규정하고 있다.

또한 관세청 고시인 「특송물품수입통관사무처리에 관한 고시(2015.10.5 관세청 고시 제2015-45호)」 제2조 1호에서는 특송업체라는 개념을 사용하고 있는데 이 규정에서 "특송업체"는 관세법 제222조 제1항 제6호[2]에 따라 세관장에게 등록된 업체라고 규정하고 있다.

동 고시 제3조 제1항에서 특송업체의 등록 요건과 관련하여 특송업체로 세관장에게 등록할 수 있는 자는 자본금 3억 원 이상인 법인으로서 항공법 제139조 제1항에 따른 상업서류송달업의 신고를 필한 자(외국무역기를 이용하는 업체에 한한다)와 관세법 제222조 제1항 제2호에 따른 화물운송주선업자의 등록을 필한 자(외국무역선을 이용하는 업체에 한한다)로 제한되어 있다.

그러나 통상 상업서류송달업은 국제택배업 또는 특송화물서비스로도 볼 수 있으며 한국에서는 명확한 의미와 범위를 규정하고 있지 않다.

원래 국제택배업과 특송화물운송업과의 차이는 국제택배업이 택배업자 또는 상업서류송달업자인 포워더의 사업인 반면, 특송화물운송업은 항공사의 화물운송사업이었으나, 국제택배업자들이 'airport-to-airport'에서 'door-to-door'서비스를 제공함에 따라 보통 같은 개념으로 사용되고 있다.

항공화물운송 중 가장 높은 증가추세를 보이고 있는 부문이 '국제특송업'[3]이다. 국제특송시장은 1992년 이후 연평균 24%의 고성장을 하고 있으며, 교통개발연구원에서는 2019년까지는 연평균 13%의 성장을 예상하고 있다. 그에 따라 국제특송업이 전체 항공화물에서 차지하는 비중도 1999년 9.2%에서 2019년에는 31%로 증가할 것으로 전망하고 있다.

한국의 특송시장은 연평균 20~30%의 성장률을 보이고 있으며 각 주요업체의 매출을 조사한 결과, 1995년 1,000억 원을 밑돌았으나 2000년에는 약 3,220억

지 못하며, 자기의 조직이나 계통을 이용하여 타인의 서신을 전달하는 행위를 하여서는 아니 된다. (현재 "다만, 대통령령이 정하는 경우에는 그러하지 아니하다."라는 단서가 삭제된 상태이나 항공법에 반영되지 않은 상태임)

2) 제222조(보세운송업자등의 등록 및 보고) ① 다음 각 호의 어느 하나에 해당하는 자(이하 "보세운송업자등"이라 한다)는 대통령령으로 정하는 바에 따라 관세청장이나 세관장에게 등록하여야 한다.
  6. 외국무역선·외국무역기 또는 국경출입차량을 이용하여 상업서류나 그 밖의 견본품 등을 송달하는 것을 업으로 하는 자

3) 특송업에 대하여는 특별히 국제적으로 통일된 용어정립이 되어 있지 않은 상태로, 국제항공택배업, Courier Express, Air Express 등으로 사용되고 있다.

원 정도로 추산되었으며, 2006년에는 시장규모가 1조 원대에 달할 것으로 전망되고 있다.

한국의 국제특송시장은 DHL, Fedex, TNT, UPS 등 세계 4대 국제특송업체가 전체의 약 80%의 시장점유율을 보이고 있으며 국내업체로는 정보통신부 산하 우정사업본부가 약 13%의 시장점유율을 차지하고 있다.

## 2. 대상화물

우편법에 제한을 받지 않는 상업서류와 서적, 잡지, 신문 등 정기 간행물과 중량 45kg 이하의 시장가치가 없는 물품이 주요 대상화물이 된다.

## 3. 주요 상업서류 송달업체

### (1) UPS(United Parcel Service)

1907년 시애틀에서 10대의 젊은이들이 "최고의 서비스를 최저의 요금으로"라는 슬로건을 걸고 American Messenger사로 출발한 동 회사는 주로 미국 내의 백화점, Mail Order House 등의 배달서비스를 대행하면서 성장해 왔다. 1919년 상호가 UPS로 바뀌었고 1973년에 최초로 캐나다에 국외사업소를 개설하였으며 1987년에야 비로소 서유럽, 일본 및 캐나다 등의 한정된 지역에 서비스를 개시하였다. 이 기업은 미국 포춘지가 선정하는 미국 500대 운송회사 가운데 6년 연속 1위를 차지할 만큼 건실하다.

현재 종업원수가 33만 9천 명(이중 30만 명 정도는 미국에 있음)에 보유차량이 13만 대, 보유항공기가 226대(임차기 302대 별도)에 매일 항공운송 160만 개를 포함하여 1,250만 상자 이상의 소포와 서류를 송달하고 있으며, 연간 취급건수는 28억 건이며, 우리나라에는 대한통운과 합작 UPS-대한통운이라는 상호로 진출해 있다.

### (2) DHL(Dalsey, Hillblom, Lynn)

미국 서해안과 하와이를 오가며 선하증권(B/L)을 긴급수송하는 데에서부터 출발한 DHL[4)]은 세계 최초로 상업서류, 해외특송 서비스를 시작하면서 1969년 샌

4) 상호 DHL은 창업자 3인(Dalsey, Hillblom, Lynn)의 머리글자를 딴 것이다.

프란시스코에서 창립되었다. 현재 세계 227개국에 2,363개의 영업거점을 갖고 전 세계 4만여 명의 직원을 통해 하루평균 25만 건, 연간 1억 건 이상의 서류와 소화물 처리하고 있다. 집배차량은 자전거를 포함해 13,373대, 2백여 대의 자기 또는 리스비행기 보유하고 있다. 1996년의 취급건수는 약 8,800만 건이며 그룹전체의 총매출액은 42억 달러에 달한다. 특히 이 회사는 우리나라의 국제수송물량 중 상업서류 65%, 샘플류 45%의 시장을 점유하고 있고, 연평균 20%의 성장률을 보이고 있다.

### (3) FedEx(Federal Express Corporation)

1973년 4월 미국 테네시주 멤피스에 본사를 두고 10대의 항공기와 44대의 차량, 4백 명의 직원으로 미국내 25개 도시에서 서비스를 시작하면서 출발한 FedEx는 이후 1975년 캐나다로 가는 화물을 취급하여 국제업무를 시작하였으며 1983년 일본, 멕시코, 카리브해, 유럽지역에 대한 서비스를 개시했다. 1989년에는 세계최대의 화물전문 항공사인 Flying Tiger사를 매수하여 세계 최대의 종합항공화물운송사로 변신했다.

현재 2백 11개국에서 약 2천 3백여 개의 영업거점 혹은 서비스센터를 운용고객만족을 위한 서비스 시설개발에 매년 10억 달러를 투자하고 있다. 37,000대의 집배차량에 종업원 총수는 127,500여명, 583여대의 항공기, 4만여 대의 차량을 보유하고 있다. 1일 평균 취급건수는 약 240만 개에 달하는 탁송물을 의뢰받아 48시간 내에 배달하고 있으며, 고객만족을 위한 서비스 시설 개발에 매년 10억 달러를 투자하고 있다.

### (4) 호주의 TNT Express Worldwide

1946년에 호주에서 설립되었던 TNT는 1996년 화란 최대의 우편 및 보통신회사인 KPN이 지분을 전량 인수하여 100% 화란회사가 되었고 암스텔담에 본사를 두고 있다. 220여 개국에 14,500명의 종업원을 두고 차량 3,700대, 보유항공기 31대(임차기 300대 별도)에 1996년 매출액이 16억 달러에 달하는 유일한 非미국계 다국적 택배업체이다.

〈표 9-10〉 주요 상업송달업체의 현황

| 구 분 | DHL | Fedex | UPS | TNT |
|---|---|---|---|---|
| 직 원 수(명) | 71,000 | 148,000 | 370,000 | 40,000 |
| 비 행 기(대) | 262 | 665 | 263(자가)<br>302(전세) | 43 |
| 차 량(대) | 15,722 | 43,500 | 157,000 | 19,330 |
| 서비스 가능국 | 228 | 210 | 200 | 210 |
| 허 브 공항수 | 33 | 16 | 25 | – |
| 서비스 센터수 | 2,954 | 1,400 | 1,713 | 704 |
| 서비스 개시일 | 1969년 | 1973년 | 1907년 | 1969년 |

※ 자료 : 김제철·예충열, 항공화물수송부문의 경쟁력 강화방안, KOTIS.

## 제4절 항공관련 국제기구 및 국제조약

### I 국제기구

#### 1. 국제항공운송협회(IATA : International Air Transport Association)

1945년 4월 41개 연합국 및 중립국 항공사들이 쿠바의 하바나 회의에서 설립한 순수민간단체이다. IATA는 국제연합(UN)의 전문 기구인 ICAO(국제민간항공기구)의 협의 기관이며 세계항공운송의 각종 절차와 규정을 심의, 제정, 결의하는 준 공공적인 민간국제기구로 본부는 몬트리올 및 제네바에 두고 있다. ICAO가 정부간 국제협력기구인 반면, IATA는 국제정기항공사가 중심이 되어 설립된 순수민간의 국제협력기구이다.

IATA는 제2차 세계대전이후 항공운송의 비약적인 발전에 따라 국가간 이해관계 조정 및 항공운송에 예상되는 각종 규정 및 절차의 표준화, 그리고 전 세계인의 편의를 위해 안전하고 정기적이며 경제적인 항공 운송업의 발달과 항공교역의 육성 및 관련 운송장의 문제점 해결하고 국제민간 항공운송에 직·간접으로 관계되는 항공운송 기업간의 협력수단 제공하며 국제민간항공기구 및 기타 국제기구와의 협력을 목적으로 설립되었다.

IATA가 수행하는 주요 기능은 국제 항공운임의 결정, 항공기술분야 연구 및 개발, IATA 규정 제정, 대리점 및 항공사간 요금 정산 기능 등에 있으며, 특히 IATA 운송회의에서 결정되는 운임 및 서비스 조건, 운송절차, 대리점에 관한 규정 등은 전 세계 IATA 가입 항공사와 대리점에 대하여 구속력을 가지고 있으며, 각국 정부도 또한 이러한 점을 인정하고 있다.

## 2. 국제민간항공기구(ICAO; International Civil Aviation Organization)

항공기술의 발달로 세계 항공업계가 급속히 발전해 나가자 세계 각국은 국제 민간 항공의 수송체계 및 질서를 확립하기 위한 국제기구의 필요성에 대한 인식을 하게 되고 이에 관심을 가진 52개국이 처음으로 모인 것이 제 2차 세계대전 중이던 1944년 11월 1일 시카고에서였다.(Chicago Conference)

공식적인 최초의 국제 민간 항공회의라 할 수 있는 이 회의에서 '국제민간항공협약(Convention on International Civil Aviation)' 제정, '국제민간항공기구(International Civil Aviation Organization)' 설치, '하늘의 자유' 확립에 관한 문제 등을 협의했고, 이를 토대로 1944년 12월 7일 국제민간항공협약을 체결하게 된다.

이 협약에서 국제 민간 항공의 안전하고 정연한 발전의 진흥을 위해 결정된 것이 범세계적인 각 정부간의 협의기구 설립이었다. 이에 따라 임시 기구를 거쳐 1947년 4월 4일 국제민간항공협약이 정식으로 발효되면서 영구적인 기구로 탄생한 것이 바로 국제민간항공기구(ICAO)이다.

ICAO는 1947년 10월 국제연합(UN)의 경제·사회이사회(Economic and Social Council)산하 전문기구로 편입되어 2001년 2월 현재 187개 국가의 회원국이 참여하는, 민간 항공 부문에서 가장 중요한 국제기구로 발전했으며 본부는 캐나다 몬트리올에 두고 있다.

ICAO는 국제 민간 항공의 발전과 항공기, 공항 및 항공 보안시설의 권장, 불필요한 경쟁을 방지하고 체약국의 국제 항공기 육성에 공정한 기회를 부여하기 위한 목적으로 설립되었다.

# II 국제조약

## 1. 바르샤바 조약(Warsaw Convention)

항공업무의 국제적인 협조와 통일에 대한 요구에 따라 1929년 10월 12일 바르샤바의 제2회 국제항공법회의(International Conference on Air Law)에서 체결되었다. 이는 국제항공 운송인의 민사책임에 관한 통일법을 제정하여 동일사건에 대한 각 국법의 충돌을 방지하고 국제항공 운송인의 책임을 일정 한도로 제한하여 국제 민간항공 운송업을 발전시키기 위한 조약이라 할 수 있다. 본 조약의 정식명칭은 "국제항공화물운송에 관한 일련의 규칙의 통일을 위한 협약"(Convention for the Unification of Certain Rules Relating to International Carriage by Air)이다. 이 조약은 항공운송의 발전과 시대의 변천에 따라 1955년 헤이그 의정서에 의해 한차례 개정됐고 1971년 과테말라 의정서에 의해 재개정됐으며, 이와 함께 용기계약에 관한 관계조약이 성립돼 있다.

## 2. 헤이그 의정서(Hague Protocol; 개정 바르샤바 조약)

바르샤바조약 체결 후 항공운송은 항공기술의 발달에 따라 비약적인 발전을 했고 그 안전도도 많이 증대되고 원계약의 목적중 하나인 항공산업을 보호하여야 할 필요성이 크게 감소되어 바르샤바조약이 실정에 어울리지 않는 점이 있어 항공운송인의 책임한도를 현실에 맞게 조정하여 즉, 바르샤바조약의 2배 인상하도록 한 개정 바르샤바조약이 헤이그 의정서이다. 헤이그 의정서는 1955년 9월 28일 네덜란드의 Hague에서 개최된 국제회의에서 채택되었고 1963년 5월 3일에 30여개의 서명국에 의해 비준되었고 1963년 8월 1일에 발효됐다.

## 3. 과다라하라 협약(Guadalajara Convention)

ICAO(국제민간항공기구)는 항공기의 임대차, charter, 상호 charter의 증가에 따라 새로운 조약의 필요성을 느껴 1961년 9월 멕시코의 과다라하라에서 개최된 외교회의에서 과다라하라 협약을 채택, 1964년 5월 1일부터 발효되고 있다. 정식명칭은 "계약당사자가 아닌 운송인이 행한 국제항공운송에 관한 일부규칙의 통일을 위한 바르샤바조약을 보충하는 조약"(Convention Supplementary to the Warsaw Convention for the Unification of Certain Rules relating to International

Carriage by Air by a Person other than the Contracting Carrier)이다.

운송인의 종류는 계약운송인과 실제운송인으로 구분되며, 실제 운송인이 운송을 담당한 경우 누구에게 협약을 적용하는가에 대해 법체계에 따라 해석을 달리함에 따라 이를 통일하기 위해 채택된 조약이다.

### 4. 몬트리올 협정(Montreal Agreement)

미국은 1955년 채택된 Hegue 의정서에서 규정하고 있는 항공운송 사고시 운송인의 책임한도액이 너무 적다는 이유로 1965년 폴란드 정부에 Warsaw Convention을 탈퇴하겠다고 통보하였다. ICAO(국제민간항공기구)는 회원국의 특별회의를 소집하여 미국의 탈퇴를 막기 위해 책임한도액을 인상하려 하였으나 회원국간의 의견차이로 합의에 도달하는데 실패했다.

이에 따라 IATA(국제항공운송협회)가 미국정부와 직접교섭은 하지 않고 미국을 출발, 도착, 경유하는 항공회사들의 회의에서 합의한 협정을 몬트리올 협정이라고 한다. 이 협정은 1966년 5월 13일 미국 민간항공국(Civil Aeronautics Board)의 승인을 얻어 5월 16일 발효되었다.

헤이그 의정서와 몬트리올 협정의 책임한도액 차이는 위탁수하물이나 화물의 책임한도액의 경우 차이가 없으나 여객의 경우 헤이그 의정서는 1인당 US$ 20,000인데 반해 몬트리올 협정은 US$ 75,000(손실비용 포함) 이다. 즉, 몬트리올 협정은 운송인의 책임한도액을 인상한 협정이다.

### 5. 과테말라 의정서(Guatemala Agreement)

1965년 7월에 개최된 ICAO(국제민간항공기구)총회에서 협약상 책임한도액 개정의 필요성이 제기되어 법률 위원회가 1965년 개정 협약 초안을 작성하여 1971년 과테말라 외교회의에서 통과시킨 것이 과테말라 의정서이다. 본 의정서는 1955년 헤이그 의정서의 개정의정서로서 아직 발효되지 않고 있다. 이 의정서에는 승객의 신상에 대한 운송인의 절대책임, 책임한도액의 절대성, 한도액의 자동수정, 화해촉진조항의 신설 등이 규정되어 있다.

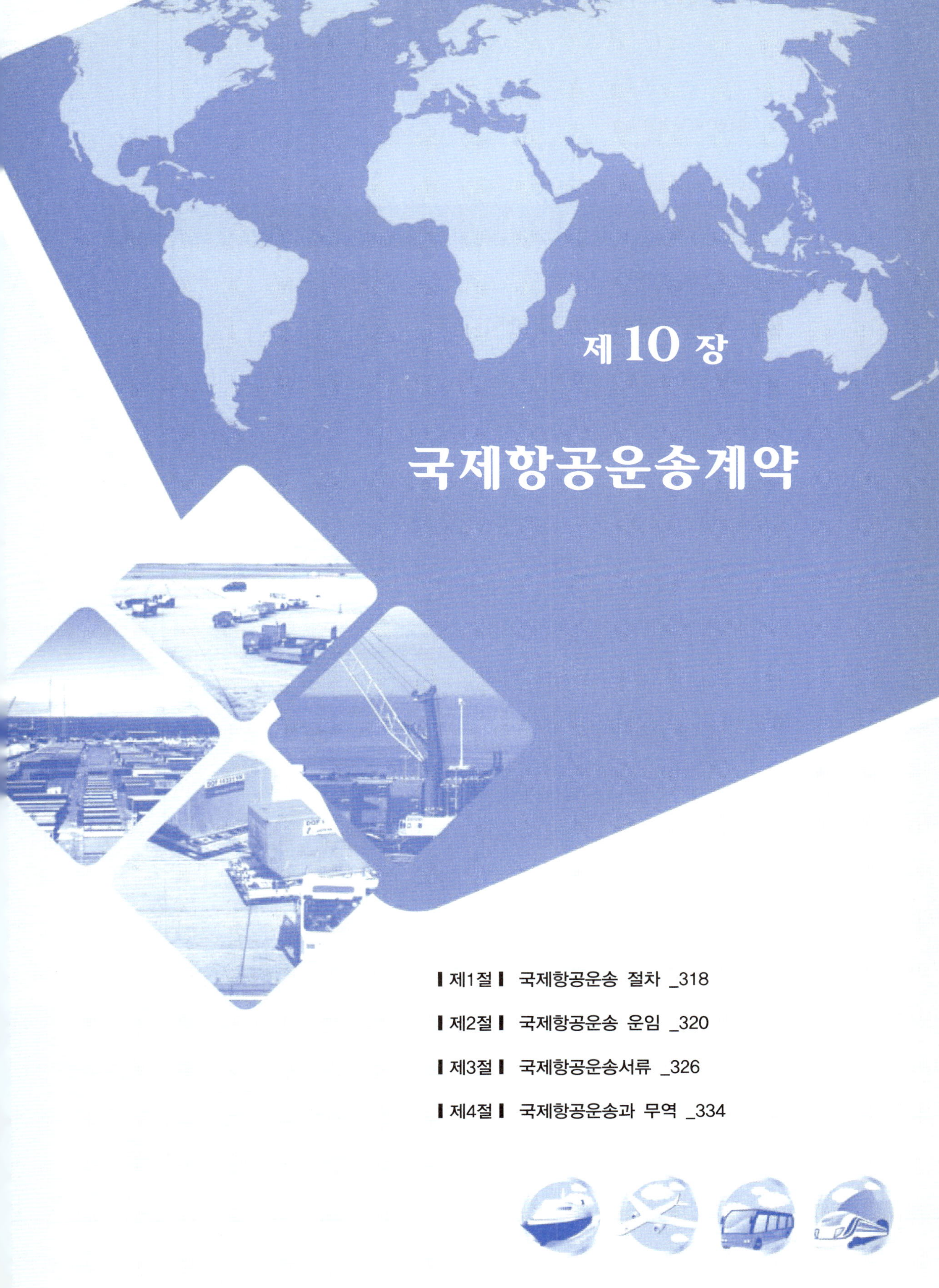

# 제 10 장

# 국제항공운송계약

# 제1절 국제항공운송 절차

## I 국제항공운송의 일반적 절차

국제항공화물운송의 일반적인 절차를 설명하면 다음과 같다.

### 1. Space Booking

송하인이 항공대리인에게 Space Booking을 하게 된다. 통상적으로 항공화물 운송대리점이 화주를 대신하여 출발일자, 취급대리점 및 송하인, 포장의 개수 및 중량, 품목 및 용적, 출발 및 도착지 공항 등의 항공화물의 내역을 항공회사에 통보하여 Space Booking이 이루어진다.

Space Booking을 하게 되는 이유는 화주입장에서는 화물을 원만하고 확실하게 운송하기 위함이고 항공사입장에서는 공급의 최적 활용을 통한 수입증대 및 대고객서비스의 제고, 가용공급의 즉각적 판매, 그리고 탑재 및 운송에 대한 사전준비로 효율적인 탑재관리 등을 하기 위하여 예약을 하게 된다.

### 2. 화물의 Pick-up, 보세창고 반입

항공대리인이 송하인으로부터 화물을 Pick-up하여 Air cargo Terminal로 수송하여 보세창고 반입하게 된다.

**화물의 접수**

항공화물은 화주가 항공운송장(AWB)에 서명을 하고 항공사(또는 그 대리점)가 Counter-sign을 한 시점이 접수(수취) 시점이 되며, AWB을 발행하였다면 화물을 수취하였다는 증거가 된다.

### 3. 화물의 검량 등

미통관 화물의 경우 소정의 세관검사 후 통관, 지정 검정, 검량업체로부터 검사를 받게 되고 통관된 화물의 경우 지정 검정, 검량업체로부터 검사를 받게 된다.

### 4. 항공기 탑재

검사를 받은 화물은 보세구역에 일정기간 반입 후 화물의 세관제출용 적하목록을 세관에 제출하여 반출허가를 받고 운송서류와 화물이 함께 항공기에 송부되어 탑재된다.

### 5. 도착지에 도착(화물 인도)

해당 공항이나 항공사의 지정창고에 반입되어 항공사나 항공대리인의 양하지 Partner에 의해 화물도착 사실을 수하인에게 통보한다. 수하인은 화물과 함께 도착한 Air Waybill 원본을 인수하여 수입통관 후 화물을 인수하게 된다.

## II 항공수입화물의 처리절차

### 1. 전문접수

출발항공사에서 도착항공사에게 전달되고 이를 바탕으로 지상조업사가 준비에 들어간다.

### 2. 항공기 도착

항공사 직원이 기내에 탑승, 운항승무원 또는 객실승무원으로부터 운송장, 출발지 출항허가, 적하목록 등을 인계받은 다음 세관승기실에 General Declaration, 적하목록, 기용품목록을 제출한다.

### 3. 조업자에 의해 하기되어 화물터미널에 입고

적하목록, AWB과 대물대조, 세관보세과에서 창고배정하여 입고, 도착통지를 수하인에게 하면 수하인은 주민등록증을 가지고 화물인수하게 된다. Freight Collect

의 경우는 각종 운임 지불 후 화물인수를 하게 된다.

## 제2절 국제항공운송 운임

### I 항공화물 요율 적용 원칙

국제항공운송협회(IATA)에서 합의된 요율(Tariff)을 관계국가정부의 승인을 통해 운임 산출의 기준으로 삼고 있다. 요율의 적용시점은 항공화물운송장(AIR WAY BILL) 발행일로 하고 있으며 항공화물의 요율은 공항에서 공항까지의 운송만을 위하여 설정된다.

운임의 기준통화는 출발지국의 현지통화로 설정되는 것이 원칙이나 많은 국가에서 미국달러로 요율을 설정하고 있다.[5] 요율산정 기준은 kg당 요율로 설정되어 있으며 미국 출발 화물요율은 LB당 요율로 설정되어 있다.

국제항공운송협회(IATA)에서는 <표 10-1>에서 보는 바와 같이 세계를 편의상 3등분 하여 3개의 운송회의 지역(TC; TARIFF CONFERENCE)으로 구분하고 있다.

〈표 10-1〉 IATA Tariff Conference Area(TC Area)

| TC Area | 지 역 정 의 | Sub Area |
|---|---|---|
| TC 1 | 북남미 대륙 / 인근도서 | 1. Caribbean |
| | | 2. Mexico |
| | | 3. Long Haul |
| | | 4. Within South America |
| TC 2 | 유럽<br>아프리카<br>중동 | 1. Within Europe |
| | | 2. Within Africa |
| | | 3. Within Middle East |
| TC 3 | 아시아, 태평양 / 인근도서 | 1. South Asian Subcontinent |
| | | 2. South East Asia |
| | | 3. South West Pacific |
| | | 4. Japan, Korea |

5) 한국은 1996년 원화로 전환한 후 지금까지 원화로 결제하고 있다.

대다수의 항공사들은 국제항공운송협회(IATA)가 정한 운임표와 규정인 “THE AIR CARGO TARRIFF Ⅰ.Ⅱ”에 따라 합의된 운임을 산출한다.

운임 조정회의에 참석하지 않은 가맹 항공사는 국제항공운송협회(IATA) 운임 협정에 따를 필요가 없다. 회의를 통하지 않고 2국간에 혁신적인 운임의 설정이 가능하다.

〈그림 10-1〉 국제항공화물 운임의 결정과정

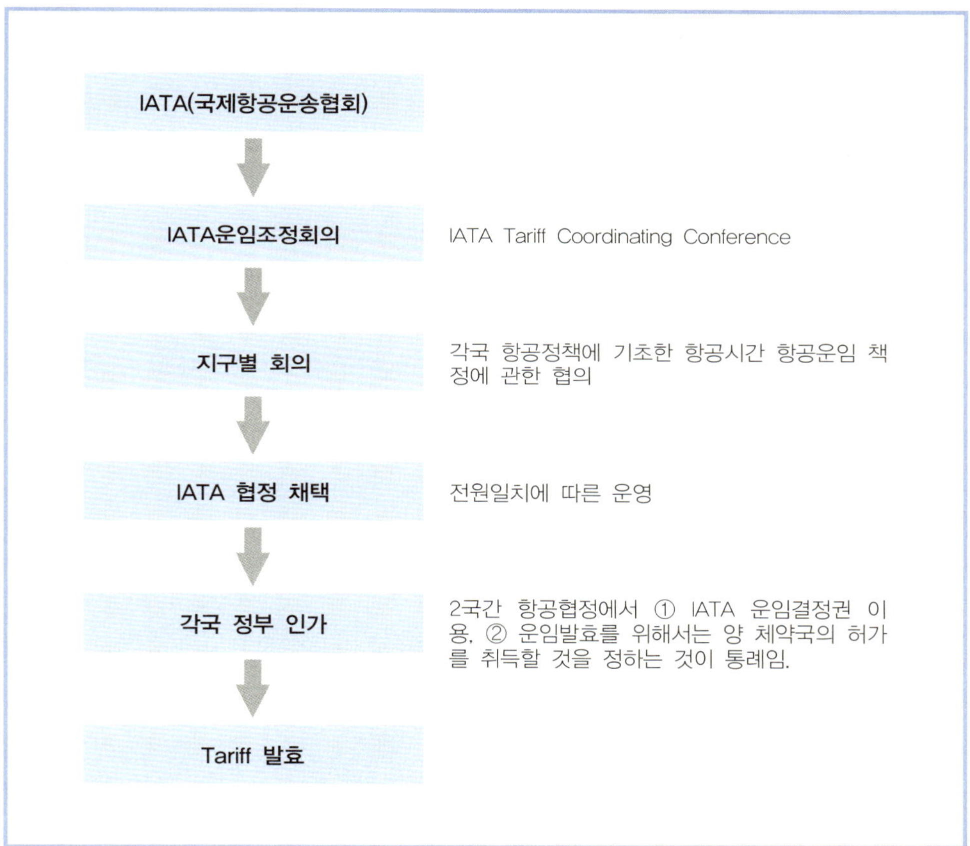


※ 자료 : 한국무역협회(www.kita.net)

<그림 10-1>에서 나타나 있는 바와 같이 항공화물운임은 IATA에서 운임조정회의에서 결정하고 각국 정부에서 인가를 받아 발효된다. 한국의 경우도 국토교통부의 인가를 받아서 항공사들이 항공화물운임을 적용하게 된다.

# II 항공화물 요율의 종류

## 1. 중량 요율

### (1) 일반화물 요율(General Cargo Rate; GCR)

일반화물요율은 모든 항공화물운임 산정 기준이 되는 요율로 특정품목 할인요율(SCR)이나 품목분류요율(CCR)이 적용되는 화물을 제외하고 모든 화물의 운송에 적용된다. 일반화물요율은 최저운임(M), 기본요율(N), 중량 단계별 할인요율(Q)로 구성된다.

#### ❶ 기본 요율(Normal Rate)

기본 요율은 45kg 미만의 화물에 적용되는 요율로서, 모든 일반화물요율의 기본이 된다. 요율표에는 "N"으로 표시되어 있다.

#### ❷ 최저운임(Minimum Charge)

한 건의 화물운송에 적용할 수 있는 가장 적은 요율로서, 화물의 중량요율이나 용적요율의 최저운임보다 낮을 경우에 적용되는 운임을 말한다. 요율표에는 "M"으로 표시되어 있다.

#### ❸ 중량단계별 할인요율(Quantity over 45kg Rate)

중량이 45kg 이상인 화물에 있어서 중량이 높아짐에 따라 kg당 요율이 낮아지도록 설정되어 있는 요율이다. 요율표에는 "Q"로 표시되어 있다.

### (2) 특정품목 할인요율(Specific Commodity Rate; SCR)

특정품목 할인요율은 통상 특정구간에 특정품목에 대하여 일반화물요율(GCR)보다 낮은 수준으로 설정되어 있는 할인요율로 특정구간에 동일품목이 계속적으로 반복하여 운송되는 품목이거나 육상이나 해상운송과의 경쟁성을 감안하여 항공운송을 이용할 가능성이 많은 품목에 대하여 적용하기 위해 설정된 요율이다.

특정품목 할인요율은 품목분류요율(CCR)이나 일반화물요율(GCR)보다 우선하여 적용된다. 단, 품목분류요율(CCR)이나 일반화물요율(GCR)을 적용하여 더 낮은 요율이 산출될 시는 당해 낮은 요율의 적용이 가능하다.

### (3) 품목분류요율(Commodity Classification Rate; CCR)

품목분류요율(CCR)은 특정구간의 특정품목에 대하여 적용되는 요율로서 보통 일반화물요율(GCR)에 대한 백분율로 할증(S)/할인(R)의 형태로 결정된다. 품목분류요율(CCR)은 일반화물요율(GCR)과 비교하여 크거나 작거나 간에 일반화물요율(GCR)보다 우선하여 적용된다.

기본요율에서 할인된 요율이 적용되는 품목은 신문, 잡지, 정기간행물, 책, 카타로그, 점자책 및 그 용구, 비동반 수하물(Baggage Shipped as Cargo)(단, 기계류, 보석, 카메라, 상품, 세일즈 샘플 등은 제외) 등이다.

반면 기본요율에서 할증이 적용되는 품목은 생동물, 화폐, 여행자수표, 주권, 채권, 금, 백금, 다이아몬드(공업용 다이아몬드 포함), 기타보석류 등, 그리고 귀중화물과 시체 및 유골 등이다.

### (4) 단위탑재용기 요금(Bulk Unitization Charge; BUC)

항공사가 송하인 또는 대리점에게 Container 또는 Pallet 단위로 판매시 적용되는 요금으로 해당운송구간의 각 용기형태별로 설정된 최저요금(Pivot Charge)과, 최저중량을 초과하는 경우 그 초과된 중량에 부과하는 최저중량 초과요금(Over Pivot Charge)을 더한 금액으로 산출된다.

단위탑재용기 요금은 개개의 화물에 적용되는 운임보다 싼 운임을 제공함으로써 타운송수단과 경쟁할 수 있는 유리한 여건을 제공하고, 대량화물에 대한 서비스를 강화하기 위해 설정된 요금이다.

BUC 사용제한 품목으로는 위험품, 생동물, 귀중화물, 유해 등은 적용되지 않는다.

## 2. 종가운임(Valuation Charge)

운송되는 화물의 가격에 따라 부과되는 운임으로 종가운임을 적용받는 화물은 손해발생에 따른 손해배상시 신고된 화물가액에 일정비율을 곱해 보상받게 된다. 신고가격은 항공화물운송장 상의 “DECLARED VALUE FOR CAR-GO”란에 기재한다.

운송장(AWB)에 명시된 송하인의 운송신고가격이 kg당 USD 20.00(또는 그 상당액) 또는 LB 당 USD 9.07을 초과하는 화물에 대하여는 그 초과한 금액에 대하여 0.5%에 상당하는 금액을 종가운임으로 징수한다.

## 3. 기타 운임

### (1) 위험품 취급 수수료(Dangerous Goods Fee; RA)

위험품 규정집에 위험품으로 명시된 품목에 대하여 부과되는 취급 수수료이다.

### (2) 운송장 작성 수수료(Air Waybill Fee; AW)

항공사(또는 대리점)가 화주를 대신하여 운송장(AWB)을 작성할 경우 징수하는 수수료이다.

### (3) 입체지불금 수수료(Disbursement Fee; DB)

입체지불금이란 항공운송 개시 이전에 송하인 또는 그 대리인의 비용으로 이미 지불한 수하인이 부담하여야 할 육상운송료, 보관료, 통관수수료 등을 일컬으며 송하인의 요구에 따라 운송장(AWB)에 입체지불금을 명시하는 경우 운송인은 이를 수하인으로부터 징수한다. 입체지불금은 운송장에 명시된 운임을 초과하여서는 안 된다.

### (4) 착지불 수수료(Charges Collect Fee; FC)

운임 착지불의 경우 항공사가 징수하는 수수료로 운임과 종가요금을 합한 금액의 일정부분을 수수료로 징수한다.

### (5) 보험료(Insurance Premium; IN)

화주이익보험(SII)으로 부보되는 경우 항공사가 화주로부터 운임에 포함하여 보험료를 수취하게 된다.

### (6) Pick Up Service Charge(Pick Up; PU)

화주로부터 운송되는 화물을 Pick-Up하여 항공화물운송터미널로 이동하는 서비스의 대가로 수취하는 요금이다.

### (7) 단위탑재용기 취급수수료(ULD Handling; UH)

개별화물은 일반적으로 컨테이너, 팔레트 등 단위탑재용기(ULD)에 적재되는데 이들 화물이 적재되어 있는 단위탑재용기를 취급함에 따라 부과되는 취급수수료이다.

#### 항공운송 운임계산 부과 기준

항공운송시 운임계산의 기준으로 사용되는 중량을 운임산출중량(C/W : Chargeable Weight)이라 하며, 화물의 총중량(Total Gross Weight)과 총용적중량(Total Volume Weight)을 비교해서 높은 쪽이 운임산출중량(C/W)으로 계산되며, 일정한 중량 단계(Weight Break)에 따라 다른 요율(Rate)을 적용받게 된다.

▣ 항공운송시 용적중량(Volume weight) 계산 방법
포장물품의 {가로(L)cm × 세로(W)cm × 높이(H)cm} × 포장개수 ÷ 6,000 = OOkg

계산 전에 각 단위 치수를 사사오입하여 정수로 만든 후 (가로 × 세로 × 높이)의 방식으로 계산하며, 직육면체나 정육면체가 아닌 경우에는 (최대가로 × 최대세로 × 최대높이)로 계산하게 된다.
참고로 용적중량을 운임산출중량으로 환산하는 방법에 있어서 6,000㎤(Cubic Centimeter)를 1kg로 적용하는 문제는 국제항공운송협회(IATA)에서 규정된 것임.
* 부피를 운임부과 중량으로 환산하는 기준 ☞ 6,000㎤ = 1kg
예) 1CBM을 기준으로 한다면, 100㎝(L) × 100㎝(W) × 100㎝(H) = 1,000,000㎤가 됨.

여기에서 자세히 계산을 해보면 다음과 같은 결과가 나오게 됩니다.
* 1,000,000㎤(1 CBM)를 6,000으로 나누면 166.6666666 kgs이 나오게 됨. 즉, 1CBM=167kg이 됨.

즉, 가로, 세로, 높이가 각각 60cm, 60cm, 50cm인 골판지 상자(Carton Box) 100개에 대한 용적중량 계산은 다음과 같다.
(30cm × 40cm × 50cm) × 100CTN ÷ 6,000 = 1,000kgs
① 상자 1개에 대한 용적중량 : (30cm × 40cm × 50cm) ÷ 6,000 = 10kgs
② 상자 100개에 대한 용적 중량 : 10kgs × 100CTN = 1,000kgs

> 예제. 중량이 1,000kg이며 15CBM인 항공화물의 경우 중량과 부피 중 어떤 것이 운임의 기준이 되며 항공운임이 USD 0.50/kg일 경우 운임은 얼마인가 ?
> 15 CBM을 용적중량으로 계산하면 15 CBM × 167kg = 2,505kg
> 해당화물의 중량은 1,000kg이며 용적 중량은 2,505kg이므로 보다 높은 용적 중량을 가지고 운임 계산하게 됨. 즉, 2,505kg × USD 0.50 = USD 1,252.50가 됨.

# 제3절 국제항공운송서류

## I 항공화물운송장의 개요

### 1. 항공화물 운송장의 개념

기본적인 성격은 선하증권(B/L)과 같으나 선하증권이 화물의 수취를 증명하는 동시에 유가증권적 성격을 가지고 유통되는 반면 항공화물 운송장은 화물의 수취증이며 운송계약의 증빙서류이며 유통이 불가능하다.

대금결제를 위하여 신용장이 개설되어 외국환은행이 환어음에 항공화물운송장을 첨부하여 매입하더라도 이것이 유가증권이 아니기 때문에 화환어음(documentary bill of exchange)의 매입이 아니고 신용장의 발행은행의 지급확약을 담보로 매입하는 무담보어음(clean bill of exchange)의 매입이 된다.

항공화물운송장에는 1929년 Warsaw조약과 1955년의 헤이그 의정서(Hague Protocol)에 따라 항공사가 해야 할 사항을 운송장의 뒷면에 규정하고 있다.

원본 3부와 여러 부의 부본으로 구성된다. 원본은 운송인용, 송하인용, 수하인용으로 발행되며 수하인용은 화물과 함께 수하인에게 송부된다.

운송장은 화물과 함께 보내져 화물의 출발지, 경유지, 목적지를 통하여 각 지점에서 적절한 화물취급 및 운임정산 등의 작업이 원활하게 수행되는데 필요한 사항이 기재되어 있다.

### 2. 항공화물운송장의 역할

#### (1) 운송계약서

송하인과 운송인 사이에 운송계약이 체결되었다는 증거서류로 역할을 한다.

#### (2) 화물수령증

송하인으로부터 화물을 수령하였다는 증빙서류가 된다.

### (3) 요금계산서

운송장에 운임 및 각종 수수료에 대한 명세가 기재되어 있어 요금계산서로의 역할을 한다.

### (4) 보험가입증명서

송하인이 화주보험(Shipper's Interest Insurance)에 부보한 경우에는 항공화물 운송장에 보험금액과 보험부보 사실이 기재됨으로 보험가입증명서로의 역할을 하게 된다.

### (5) 세관신고서

세관에 신고할 가액을 기재하는 란(declared value for customs)이 있으며 통관 자료로서 사용된다.

### (6) 화물운송의 지침서(취급, 중계, 배달 등)

항공화물운송장에 화물취급 정보를 기재할 수 있도록 되어 있어 화물운송의 지침서로의 역할을 하게 된다.

## 3. 항공화물운송장의 성격

### (1) 운송계약의 증거서류

항공화물운송장은 송하인과 운송인 사이에 운송계약이 체결되었다는 증거서류로의 성격을 가지고 있다.

### (2) 비유통성 서류

항공화물운송장은 “non-negotiable”로 비유통성이며 또한 유가증권이 아니다.

### (3) 수취식 서류

항공화물운송장은 일반적으로 항공터미널에서 화물을 수취한 후 발행되는 형식인 수취식으로 발행된다.

### (4) 기명식 서류

항공화물운송장은 수하인의 명칭이 기재된 상태로 발행되는 기명식 서류이다. 항공화물운송장의 수하인 원본이 화물과 함께 직접 수하인에게 배달되기 때문에 기명된 수하인이 신속한 화물입수를 위하여 기명식으로 발행된다.

### (5) 송하인 작성 서류

선하증권은 운송인이 작성하여 송하인에게 교부하지만 AWB은 법률적으로 송하인이 작성하여 항공사에 교부하도록 규정하고 있다.

그러나 항공사나 항공사의 권한을 위임받은 대리점에 의해 이행되는 것이 통례이다. 대리점은 화주가 가져온 상업송장 등 선적서류와 화물운송화주지시서에 의해 운송장을 발행하며 화물전량을 인수한 후에 발행함이 원칙이다.

## 4. 항공화물운송장과 선하증권의 비교

항공화물운송장은 여러 가지 측면에서 선하증권과 다음과 같은 중요한 차이점을 가지고 있다.

첫째로, 항공화물운송장과 선하증권은 운송인과 송하인과의 사이에 운송계약의 증거 서류이며 운송인이 화물을 수령했음을 증명하는 수령증으로의 역할을 하는 것은 동일하다.

그러나 항공화물운송장은 유가증권이 아닌 반면 선하증권은 유가증권이다. 항공화물운송장은 화물이 체화된 서류가 아니므로 화물 인수시 반드시 항공화물운송장이 필요한 것이 아닌 반면 선하증권은 유가증권으로 화물 인수시 선하증권과 상환으로 화물을 인수하게 된다. 또한 기명식으로 발행되어 비유통성으로 양도나 유통성을 갖지 않는 반면 선하증권은 주로 지시식으로 발행되어 유통성과 양도성을 가지고 있다. 즉, 운송장의 수하인용 원본은 목적지에서 화물과 함께 수하인에게 교부되는 것으로서 유통을 목적으로 하는 것이 아니며, 운송계약의 권리행사에 필요한 것이 아니므로 이는 유가증권이 아니다.

둘째로 선하증권의 발행은 선적식인데 반해 항공운송장의 발행은 수취식이라 할 수 있다. 즉, 선하증권은 선적을 증명하는 증권이므로 선적이 완료된 후에 발행되는 것이 일반적이다. 그러나 항공운송의 경우는 발착편이 많고 화물을 운송·위탁해서 비행기에 적재할 때까지 많은 시일을 요하지 않으므로 항공사 창고에 화물이 도착하면 바로 운송장을 발행해 주고 있다.

셋째로, 선하증권은 지시식으로 되어 있어 정당한 배서(endorsement)에 의해 누구에게나 양도되는 권리증권(document of title)인데 반하여 항공화물운송장은 기명식으로 되어 있기 때문에 항공운송장에 기재되어있는 수하인이 아니면 당해 화물을 인수할 수 없다.

넷째로, 선하증권은 화물을 회수하기 위해서는 반드시 선하증권 원본이 필요한 상환증권인 반면, 항공화물운송장은 운송장 원본이 없더라도 화물을 인수할 수 있으므로 상환증권이 아니다.

다섯째, 법률적으로 항공운송장은 송하인이 작성해서 항공사에 교부하는 형식을 취하고 있는데 반해, 선하증권은 반대로 선박회사가 작성해서 송하인에게 교부되고 있다.

〈표 10-2〉 항공화물운송장과 선하증권의 비교

| 항공화물운송장(AWB) | 선하증권(B/L) |
|---|---|
| 유가증권이 아닌 단순한 화물운송장 | 유가증권 |
| 비유통성(non-negotiable) | 유통성(negotiable) |
| 기명식 | 지시식(무기명식) |
| 수취식(창고에서 수취하고 발행) | 선적식(본선 선적후 발행) |
| 상환증권이 아님 | 상환증권 |
| 송하인이 작성 | 선사가 작성 |

## 5. 항공화물 운송장의 유형

### (1) MASTER AWB

Master AWB는 항공사가 혼재화물에 대하여 발행하는 항공화물운송장이다.

### (2) HOUSE AWB

House AWB은 항공화물 운송 주선업자가 혼재 화물을 구성하는 개개의 화물에 대하여 발행하는 운송장이다.

# II 항공화물운송장의 발행과 주요기재내용

## 1. 항공화물운송장의 발행

항공화물 운송장은 화주가 작성한 화물운송지시서, 신용장, 상업송장, 포장명세서 등에 따라 화물 전량을 인수한 후 항공사나 항공사의 위임을 받은 대리점에 의하여 발행된다.

운송장의 내용은 근거 서류의 내용과 일치하여 발행된다.

운송장은 원본 3통, 부본 6통 등으로 구성되는 것이 원칙이나 항공사의 필요에 따라 부본을 5장까지 추가할 수 있으며, 식별을 용이하게 하기 위하여 색깔을 달리하여 발행하고 있다.

〈표 10-3〉 항공화물운송장의 구성

| 번 호 | 색 | 용 도 | 기 능 |
|---|---|---|---|
| 원본 1 | 녹색 | 발행항공사용 | – 운송 계약서<br>– 운임 등 회계처리용 |
| 원본 2 | 적색 | 수하인용 | – 화물과 함께 목적지에 보내져 수하인에 인도 |
| 원본 3 | 청색 | 송하인용 | – 화물 접수 영수증<br>– 운송 계약서 |
| 부본 4 | 황색 | 인도 항공사용 | – 화물 인도 증명서<br>– 운송계약 이행 증거 서류(화물 인도시 수하인이 서명) |
| 부본 5 | 백색 | 도착지 공항용 | – 도착지 세관관계용 |
| 부본 6<br>부본 7<br>부본 8 | 백색 | 운송참가 항공사 | – 운송에 참가한 두 번째, 세 번째 항공사가 운임 정산용으로 사용 |
| 부본 9 | 백색 | 발행 대리점 | – 발행 대리점 보관용 |
| 부본 10<br>부본 11<br>부본 12 | 백색 | 예비용 | – 필요에 따라 사용 |

## 2. 항공화물운송장의 주요기재내용

① AIRPORT OF DEPARTURE : 출발지 도시 또는 공항의 3단위 문자 코드
② SHIPPER's NAME AND ADDRESS : 송하인의 성명, 주소, 도시, 국명
③ SHIPPER'S ACCOUNT NO. : 항공화물 운송장 발행 항공사가 임의로 기재
④ CONSIGNEE'S NAME AND ADDRESS : 수하인의 성명, 주소, 도시, 국명
⑤ CONGNEE'S ACCOUNT NO. : 항공사가 임의로 기재
⑥ ISSUING CARRIER'S AGENT NAME AND CITY : 항공화물 운송장발행 대리점의 이름, 도시명
⑦ AGENT'S IATA CODE : 대리점의 IATA code
⑧ ISSUING CARRIER'S AGENT ACCOUNT NO : 항공사가 임의로 기재
⑨ AIRPORT OF DEPARTURE OF FIRST CARRIER AND REQUESTING ROUTE : 출발지공항과 운송기간
⑩ Accounting Information : 회계처리에 관한 내용(운송료 지불 방법)
⑪ CURRENCY : 항공화물 운송장 발행국의 화폐단위 코드
⑫ CHARGE CODE : 항공사가 임의로 기재
⑬ WEIGHT/VALUATION CHARGE-PREPAID/COLLECT : 운임지불 방법에 따라 해당란에 X자 표시
⑭ OTHER CHARGES AT ORIGIN : 화물운임과 종가요금을 제외한 출발지에서 발행한 기타 요금의 지불방법
⑮ DECLARED VALUE FOR CARRIAGE : 송하인의 운송신고 가격
⑯ DECLARED VALUE FOR CUSTOMS : 세관통관을 위한 송하인의 신고가격
⑰ AIRPORT OF DESTINATION : 최종 목적지의 공항이나 도시명
⑱ AMOUNT OF INSURANCE : 보험금액
⑲ HANDLING INFORMATION : 다른 난에 기재할 수 없는 사항
⑳ CONSIGNMENT DETAILS AND RATING : 화물의 수량, 무게, 품목번호, 요금, 중량표시 등 요금과 관계되는 세부사항
㉑ WEIGHT CHARGE : 운임지불방법
㉒ VALUATION CHARGE : 화주의 가격신고에 따라 부과되는 종가요금
㉓ Tax Charge - Prepaid/Collect : 선불 또는 착지불란에 세금 기재.

㉔ Total Other Charges Due Agent(Prepaid/Collect) : other charges에 기재된 기타 요금 중 대리점 몫의 합계를 선불 또는 후불(착지불)란에 기재

㉕ Total Other Charges Due Carrier(Prepaid and Collect) : other charges에 기재된 기타 요금 중 항공사 몫의 합계를 선불 또는 후불(착지불)란에 기재

㉖ OTHER CHARGE : 화물운임, 종가요금을 제외한 기타비용의 명세와 금액

㉗ TOTAL PREPAID : 운임, 종가요금, 기타 제비용 중 선불란에 표시된 금액의 합계

㉘ TOTAL COLLECT : 운임, 종가요금, 기타 제비용 중 후불란에 표시된 금액의 합계

㉙ SHIPPER'S CERTIFICATION BOX : 송하인 또는 대리인의 서명이 표시

㉚ CARRIER'S EXECUTION BOX : 항공화물 운송장 발행일자, 장소, 항공사 또는 대리인의 서명이 표시되며 월의 표시는 전체나 약자로 표시

㉛ AIRWAYBILL NO. : 항공화물 운송장 번호는 상단좌우와 하단우측에 명기되며, IATA CARRIER 3 DIGIT CODE와 7단위의 일련번호 그리고 7진법에 의한 체크 디지트 등 11단위로 표시

## 〈서식 10-1〉 항공화물운송장

777|FRA|12345671 777-12345671

| Shipper's Name and Address | Shipper's Account Number | Non Negotiable<br>**Air Waybill** issued by **KOREAN AIR** |
|---|---|---|
| | | Copies 1, 2 and 3 of this Air Waybill are originals and have the same validity. |
| Consignee's Name and Address | Consignee's Account Number | It is agreed that the goods described herein are accepted in apparent good order and condition(except as noted) for carriage SUBJECT TO THE CONDITIONS OF CONTRACT ON THE REVERSE HEREOF. ALL GOODS MAY BE CARRIED BY ANY OTHER CARRIER UNLESS SPECIFIC CONTRARY INSTRUCTIONS ARE GIVEN HEREON BY THE SHIPPER. THE SHIPPER'S ATTENTION IS DRAWN TO THE NOTICE CONCERNING CARRIER'S LIMITATION OF LIABILITY. Shipper may increase such limitation of liability by declaring a higher value for carriage and paying a supplemental charge if required. |
| Issuing Carrier's Agent Name and City | | Accounting information |
| Agent's IATA Code | Account No. | |
| Airport of Departure(Addr. of First Carrier) and Requested Routing | | |

| To | By First Carrier | Routing and Destination | to | by | to | by | Currency | CHGS Code | WT/VAL | | Other | | Declared Value for Carriage | Declared Value for Customs |
|---|---|---|---|---|---|---|---|---|---|---|---|---|---|---|
| | | | | | | | | | PPD | COLL | PPD | COLL | | |

| Airport of Destination | Flight/Date | For Carrier Use Only | Flight/Date | Amount of Insurance | Insurance—If Carrier offers insurance, and such insurance is requested in accordance with the conditions thereof, indicate amount to be insured in figures in box marked "Amount of Insurance" |
|---|---|---|---|---|---|

Handling Information

| No. of Pieces RCP | Gross Weight | kg lb | Rate Class / Commodity Item No. | Chargeable Weight | Rate/Charge | Total | Nature and Quantity of Goods (incl. Dimensions or Volume) |
|---|---|---|---|---|---|---|---|
| | | | | | | | |

| Prepaid | Weight Charge | Collect | Other Charges |
|---|---|---|---|
| | Valuation Charge | | |
| | Tax | | |
| | Total Other Charges Due Agent | | Shipper certifies that the particulars on the face hereof are correct and that insofar as any part of the consignment contains dangerous goods, such part is properly described by name and is in proper condition for carriage by air according to the applicable Dangerous Goods Regulations.<br><br>Signature of Shipper or his Agent |
| | Total Other Charges Due Carrier | | |
| Total Prepaid | | Total Collect | |
| Currency Conversion Rate | | CC Charges In Dest. Currency | Executed on (date) at(place) Signature of Issuing Carrier or his Agent |
| For Carrier's Use Only at Destination | | Charges at Destination | Total Collect Charges |

777-12345671

ORIGINAL 3 (FOR SHIPPER)

# 제4절 국제항공운송과 무역

## I 국제항공운송과 보험

항공운송구간에서도 운송되는 화물에 대한 위험을 커버하기 위한 항공적하보험과 운임을 받고 당해 화물을 책임지고 운송하는 운송인이 자신의 과실 등으로 인해 화물이 멸실 또는 손상될 경우 손해배상에 대한 위험을 커버하기 위하여 항공화물배상책임보험 등을 부보하게 된다.

### 1. 항공적하보험

해상운송과 마찬가지고 운송인은 자신의 과실에 의한 손해만을 보상하기 때문에 화주는 그 외의 위험을 커버하기 위하여 적하보험에 부보하게 된다. 즉, 항공운송인이 운임을 받고 자신의 책임하에 운송하는 화물에 대하여 면책되는 사유로 인해 화물이 멸실 또는 손상이 발생할 위험을 커버하기 위하여 화주는 항공적하보험에 부보하여 이러한 손실에 대하여 손해보상을 받을 수 있도록 하고 있다.

항공사고는 전손(全損)이 대부분이기 때문에 부보조건은 All Risks이다. 런던보험자협회의 협회항공화물약관[ICC(all risks)(excluding by post)]이 사용된다.

약관의 내용은 ICC(A)와 유사하며 보험의 종기(終期)가 해상화물의 경우 양하후 60일이나 항공화물의 경우 항공기로부터 양하후 30일로 되어 있다.

### 2. 화주보험(Shipper's Interest Insurance; SII)

스스로 보험을 수배할 능력이 없는 일반화주를 위하여 존재하는 보험제도로 간단한 수속을 통해 부보가 가능하다. 즉 항공사와 보험회사가 미리 포괄적인 예정보험계약을 체결해 놓고 송하인이 화물을 항공회사에 인도할 때 항공화물운송에 필요한 사항을 기재해서 보험료를 지급하면 부보된다.

모든 화물에 대하여 All Risks조건으로 부보되며 화물의 종류에 관계없이 담보조건이 같다.

면책위험으로는 지연, 이상품 또는 동물에 대한 한기 또는 기압으로 인한 손해, 화물고유의 성질 또는 하자로 인한 손해, 포획, 나포, 억류, 몰수, 선매, 징발 또는 국유화에 기인한 손해에 대하여는 면책이다.

보험금액은 화물의 현실가격의 110%를 초과할 수 없도록 하고 있다.

보험료는 항공운임의 정산시에 운임과 함께 납부하며 운임이 도착지공항에서 착지불되는 조건의 운송인 경우에는 착지불조건으로 보험료를 지불할 수 있다.

담보기간은 항공사 또는 대리점이 화물을 수령하고 운송장에 화물의 명세를 기입할 때부터 통상의 운송과정을 거쳐 도착지의 수하인에게 인도되거나 수하인이 지정하는 장소에 도착할 때까지로 하고 있다.

보험증권이 발행되지 않고 항공사에 발급하는 송하인용 항공화물운송장의 원본이 보험증권을 대신하게 된다.

## 3. 항공화물배상책임보험(Cargo Legal Liability Insurance)

항공운송인의 책임원칙은 과실책임원칙에 따르며 운송인책임에 의한 손해를 커버하기 위하여 항공운송인은 화물배상책임보험(freight legal liability insurance)에 부보하게 된다.

국제항공운송약관은 1929년 Warsaw조약과 1955년의 헤이그 의정서(Hague Protocol)에 준거하여 과실손해의 경우 배상한도액은 항공화물운송장에 신고가격이 있으면 신고가격까지, 신고가격이 없으면 손해를 입는 화물 1kg당 250프랑이다.

## 4. 제3자 배상책임보험(Third Party Legal Liability Insurance)

항공기가 추락하거나 항공기로부터의 낙하물로 인하여 기외(機外)의 제 3자에게 신체상해 또는 재산상의 손해를 입혀서 항공기 운항자가 부담하게 되는 손해배상책임을 보상하는 보험이다.

## 5. 항공기 기체 보험(Hull Insurance)

항공기 기체의 멸실이나 손상을 담보하는 보험이다.

## II 국제항공운송과 신용장통일규칙

### 1. 신용장거래에서 항공화물운송장(air waybill)의 수리요건

무역화물을 항공으로 운송하고자 하는 경우에 발급되는 운송서류가 바로 항공화물운송장이다. 항공운송장은 화물을 비행기로 운송할 때 항공회사에서 화물을 인수하는 시점에서 발급하는 운송서류이며, 단순한 탁송증거로서의 역할만 할 뿐 선하증권과는 달리 유가증권으로서의 성질을 가지지 못하기 때문에 기명식, 수취식으로만 발행된다.

최근에는 무역상품이 고급화되고 항공기가 대형화됨에 따라 항공화물이 증가하는 추세에 있다.

UCP 600 제23조에서 항공운송서류(Air Transport Document)의 요건을 그 명칭에 관계없이 다음과 같은 요건을 갖추도록 규정하고 있다.

첫째, 운송인의 명칭을 표시하고 운송인 또는 운송인을 대리하는 지정대리인에 의하여 서명되어 있어야 한다.

둘째, 물품이 운송을 위하여 수취되었음을 표시하고 있어야 한다.

셋째, 발행일을 표시하고 있어야 한다. 다만, 항공운송서류가 실제의 선적일에 관한 특정표기를 포함하고 있는 경우에는 그러하지 아니하며 이 경우 그 표기에 명기된 일자는 선적일로 본다.

넷째, 신용장에 명기된 출발공항과 목적공항을 표시하고 있어야 한다.

다섯째, 신용장이 원본의 전통을 명시하고 있는 경우에도, 탁송인(consignor) 또는 송하인(shipper)용 원본으로 구성되어야 한다.

여섯째, 운송의 제조건을 포함하고 있거나 또는 운송의 제조건을 포함하는 다른 자료를 참조하고 있는 서류이어야 한다. 이때 운송의 제조건의 내용은 심사되지 않는다.

■ **Article 23 Air Transport Document**

a. An air transport document, however named, must appear to:
  i. indicate the name of the carrier and be signed by:
    • the carrier, or

- a named agent for or on behalf of the carrier.

  Any signature by the carrier or agent must be identified as that of the carrier or agent.

  Any signature by an agent must indicate that the agent has signed for or on behalf of the carrier.

ii. indicate that the goods have been accepted for carriage.

iii. indicate the date of issuance.

This date will be deemed to be the date of shipment unless the air transport document contains a specific notation of the actual date of shipment, in which case the date stated in the notation will be deemed to be the date of shipment.

Any other information appearing on the air transport document relative to the flight number and date will not be considered in determining the date of shipment.

iv. indicate the airport of departure and the airport of destination stated in the credit.

v. be the original for consignor or shipper, even if the credit stipulates a full set of originals.

vi. contain terms and conditions of carriage or make reference to another source containing the terms and conditions of carriage. Contents of terms and conditions of carriage will not be examined.

b. For the purpose of this article, transhipment means unloading from one aircraft and reloading to another aircraft during the carriage from the airport of departure to the airport of destination stated in the credit.

c. i. An air transport document may indicate that the goods will or may be tran shipped, provided that the entire carriage is covered by one and the same air transport document.

ii. An air transport document indicating that transhipment will or may take place is acceptable, even if the credit prohibits transhipment.

# 제5편

# 국제육상운송

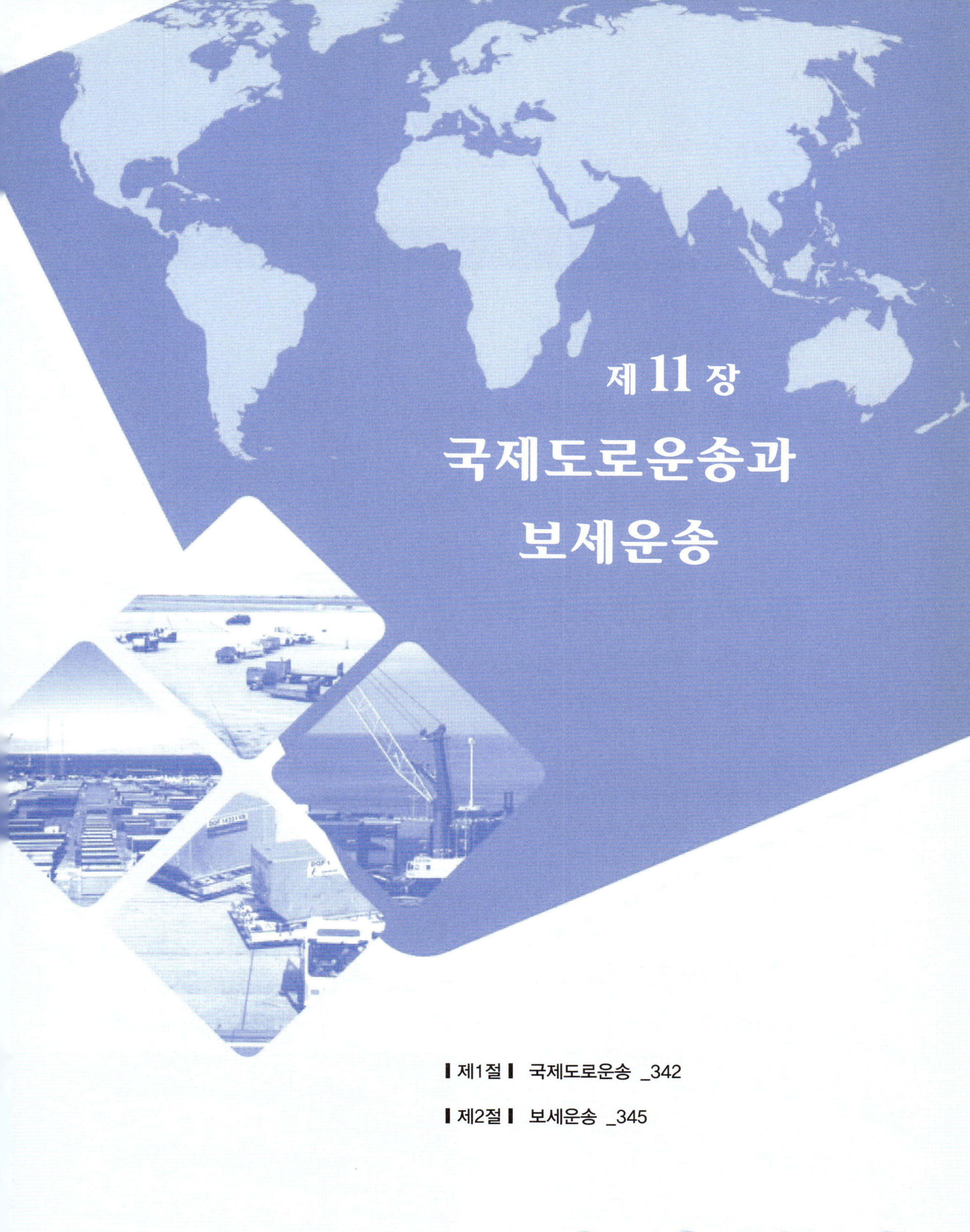

# 제 11 장

# 국제도로운송과 보세운송

# 제1절 국제도로운송

## I 국제도로운송의 의의

국제도로운송(international carriage by road)은 한 나라에서 다른 나라의 특정 장소로 국제도로운송조약에 따라 물품을 육로로 운송하는 것을 말한다. 국제도로운송은 고속도로나 일반 간선도로 등 각종 공로망의 확충과 운반차량의 대형화 등으로 오늘날의 다양한 운송요구에 부응하고 있다.

## II 국제도로운송의 장·단점

도로운송의 장점은 최초 투자액의 규모가 작고, 출발과 도착시간 등 운송능력에 있어서 융통성이 많고, 단거리 운송시 빠른 속도와, 터미널 비용이 비교적 적게 들며, "door to door" 서비스가 용이하며, 이용하기에 매우 편리한 점 등을 들 수 있다.

한편 단점으로는 살물(bulk cargo)과 같은 중량화물 운송시 이용도가 낮고, 장거리운송시 비용이 많이 들고, 기후, 운송차량의 고장으로 운송중단 발생가능성이 높으며 에너지 효율성이 낮은 점 등을 들 수 있다.[1)]

## III 도로운송과 철도운송의 비교

도로운송의 장점을 철도운송과 비교하면 <표 11-1>에서 나타나는 바와 같이 도로운송은 소량에서부터 중량의 화물까지 적절히 취급할 수 있다는 화물취급의 탄력성이 높고 도로운송은 운송의 최소규모가 철도보다 작으며 최소규모의 운송에 필요한 운송기초시설과 운송수단의 비용이 적다.

따라서 운송수요와 운송량이 모두 적은 경우 운송량 1단위당 비용은 도로운

1) 강원진, 국제상무론, 법문사, 1997, pp.339~340.

〈표 11-1〉 도로운송과 철도운송의 질적 요인의 비교

| 질 적 요 인 \ 운 송 수 단 | 공로운송 | 철 도 운 송 | |
|---|---|---|---|
| | | 일반 | 전용임대 |
| 신속성(speed) | 매우 높음 | 낮음 | 높음 |
| 문전처리능력(door-to-door potential) | 매우 높음 | 낮음 | 매우 낮음 |
| 신뢰성(reliability) | 매우 높음 | 높음 | 매우 높음 |
| 안전성(safety) | 높음 | 매우 높음 | 매우 높음 |
| 편리성(availability) | 매우 높음 | 낮음 | 낮음 |
| 화물취급의 탄력성(flexibility) | 매우 높음 | 낮음 | 낮음 |
| 에너지 효율성(energy efficiency) | 낮음 | 높음 | 매우 높음 |
| 환경 친화성(ecological friendliness) | 매우 낮음 | 높음 | 높음 |

※ 자료 : UNCTAD, Multimodal Transport Handbook for Officials and Practioners, 1996, p.19.

송이 더 저렴하게 된다. 즉, 철도운송의 경우 최소한 1차량 이상이 필요하며, 운송기초시설의 전용적 이용에 따라 건설비용의 전부를 부담해야 하는 경쟁상의 불리점도 있다. 또한 도로운송에서의 운송단위인 트럭은 철도운영단위보다 수명주기가 단기이므로 경기변동에도 탄력적으로 적응할 수 있다.[2)]

한편 도로운송이 철도운송에 비하여 그 효용성이 증대하고 경제적 가치가 높은 이유를 살펴보면 다음과 같다.

① 복합운송의 측면에서 보면 철도운송의 보조수단인 측면도 있지만, 철도운송과 같이 거대한 고정자본이 투자되지도 않고 도로만 있으면 도시나 농촌, 공업단지나 상업단지, 산이나 골짜기까지 수송이 가능하고 경제적이다.

② 단거리수송이나 소량화물의 경우는 철도보다 신속하고 경제적이다. 즉, 일회수송에 따른 정차장비용, 소요동력비, 제간접비 등에서 철도의 경우보다 경제적이다.

③ 문전까지 수송이 가능하기 때문에 화물의 이적이 없어 파손위험이 적고 안전수송이 가능하다.

④ 수송시설이 간편하지만 규모의 경제(economy of scale)의 이익이 철도의 경우처럼 크지 않다.

2) 田一秀, 국제복합운송시스템, 21세기 한국연구재단, 1997. 12, p.221.

⑤ 도로는 한 나라의 시회간접자본으로 건설되기 때문에 철도의 경우처럼 독점 등이 불가능하고 완전경쟁체제가 확립된다.

결국 도로운송은 소규모의 자본으로도 누구나 참여할 수 있는 반면, 규모의 경제에서 오는 이익이 적으며 경쟁이 치열한 사업상의 특징을 갖고 있다.

## IV 도로운송서류의 수리요건

신용장통일규칙(UCP 600) 제24조에서 규정하고 있는 도로운송서류(Road Transport Document)의 수리요건을 살펴보면 다음과 같다.

첫째, 도로운송서류는 그 명칭에 관계없이 운송인의 명칭을 표시하고 있어야 하며 운송인 또는 운송인을 대리하는 지정대리인에 의하여 서명되어 있거나 또는 운송인 또는 운송인을 대리하는 지정대리인에 의하여 행해진 서명, 스탬프 또는 표기에 의하여 물품의 수령을 표시하고 있어야 한다.

둘째, 선적일 또는 물품이 신용장에 명기된 장소에서 선적, 발송 또는 운송을 위하여 수령된 일자를 표시하고 있어야 한다. 운송서류에 일자기재의 수령스탬프, 수령일의 표시 또는 선적일을 포함하고 있지 아니하는 한, 운송서류의 발행일을 선적일로 본다.

셋째, 신용장에 명기된 선적지 및 목적지를 표시하고 있어야 한다.

넷째, 도로운송서류는 탁송인 또는 송하인용 원본이거나 또는 그 서류가 누구를 위하여 작성되었는지를 표시하는 어떠한 표시도 기재하지 않아야 한다.

## V 국제도로운송협약(CMR)

국제도로운송협약(CMR)은 1956년 5월 제네바에서 유럽국가들이 서명하여 채택하였으며 1961년 발효되었고 1978년에 개정되었다. CMR의 원래의 명칭은 '국제도로물품운송계약에 관한 협약(Convention Relative au Contract de Transport International de Marchandise Par Route)'이며 간략히 CMR이라고 약칭한다.

국제운송에 있어서 해상운송의 헤이그규칙(Hague rule), 철도운송의 국제철도운송에 관한 협약(COTIF), 항공운송의 바르샤바조약(Warsaw convention)과 함께 중요한 역할을 하는 조약으로, 국제도로운송과 관련하여 적용범위와 운송인의 책임을 주된 내용으로 하고 있다.

적용범위는 국제도로운송으로, 화물을 운송할 때 해당되는 국가 중 어느 한 쪽이라도 가입되어 있으면 적용된다.

운송인의 배상책임은 엄격책임주의(strict liability)를 원칙으로 한다. 즉, 면책사유 이외의 사유로 인한 화물 전체나 일부의 멸실·훼손·인도지연에 대해 책임을 진다.

# 제2절 보세운송

## I 보세운송의 개념

보세운송은 외국으로부터 수입하는 화물을 입항지에서 통관하지 아니하고 세관장에게 신고하거나 승인을 얻어 외국물품 상태 그대로 다른 보세구역으로 운송하는 것을 말한다.

외국물품은 개항, 보세구역, 보세구역 외 장치의 허가를 받은 장소(제156조의 규정에 의하여 허가된 장소), 세관관서, 통관역, 통관장, 통관우체국 사이에 한정하여 외국물품 그대로 운송할 수 있다.(관세법 제213조 1항)

이러한 보세운송은 수입화물에 대한 관세가 유보된 상태에서 별도의 관리가 요구된다.

## II 보세운송의 신고

보세운송을 하고자 하는 자는 관세청장이 정한 바에 의하여 세관장에게 보세운송의 신고를 하거나 물품의 감시 등을 위하여 필요하다고 인정하여 대통령령이 정하는 경우에는 세관장의 승인을 얻어야 한다.(관세법 제213조 2항)

보세운송의 신고를 하거나 승인을 얻은 자는 당해 물품이 운송목적지에 도착한

때에는 관세청장이 정하는 바에 의하여 도착지의 세관장에게 보고하여야 한다.(관세법 제215조)

또한 세관공무원은 감시·단속을 위하여 필요하다고 인정되는 때에는 관세청장이 정하는 바에 의하여 보세운송을 하고자 하는 물품을 검사할 수 있다.(관세법 제213조 3항)

세관장은 보세운송물품의 감시·단속을 위하여 필요하다고 인정되는 때에는 관세청장이 정하는 바에 의하여 운송통로를 제한할 수 있다.(관세법 제216조 1항)

보세운송은 관세청장이 정하는 기간 내에 끝내야 한다. 다만, 세관장은 재해나 그 밖의 부득이한 사유로 인하여 필요하다고 인정될 때에는 그 기간을 연장할 수 있다.(관세법 제216조 2항)

만약 보세운송하는 외국물품이 지정된 기간 내에 목적지에 도착하지 아니한 때에는 즉시 그 관세를 징수한다. 다만, 당해 물품이 재해나 그 밖의 부득이한 사유로 인하여 망실되었거나 미리 세관장의 승인을 받아 그 물품을 폐기하였을 때에는 그러하지 아니하다.(관세법 제217조)

한편 국내에서 운송되는 모든 외국물품은 보세운송에 의해서만 운송이 가능한 것이 원칙이나 예외적으로 우편법에 따라 체신관서의 관리하에 운송되는 물품, 검역법 등에 따라 검역관서가 인수하여 검역소 구내계류장 또는 검역시행 장소로 운송하는 검역대상 물품, 국가기관에 의하여 운송되는 압수물품은 보세운송절차를 필요로 하지 않는다.(수출물품도 보세운송의 예외임)(보세운송에 관한 고시 제4조)

## III 보세운송신고(승인신청) 내용

아래의 사항을 기재한 신고서 또는 신청서를 세관장에게 제출하여야 한다. 다만, 외국무역선 또는 외국무역기에의 효율적인 하역을 위하여 필요하거나 세관의 감시단속상 애로가 없다고 인정하여 관세청장이 따로 정하는 경우에는 그 정하는 바에 의한다.(관세법 시행령 제226조 1항)

① 운송수단의 종류·명칭 및 번호
② 운송통로와 목적지
③ 화물상환증, 선하증권번호 또는 항공화물운송장번호와 물품의 적재지·생산지 또는 제조지

④ 포장의 종류·번호 및 개수
⑤ 품명·규격·수량 및 가격
⑥ 운송기간
⑦ 화주의 명칭(성명)·주소·사업자등록번호 및 대표자성명

세관장은 운송거리 기타의 사정을 참작하여 필요가 없다고 인정되는 때에는 신고 사항 중 일부의 기재를 생략하게 할 수 있다.(관세법 시행령 제226조 2항)

## IV 보세운송신고(승인신청) 시점

수입물품을 보세운송하려면 보세운송신고를 하거나 보세운송승인신청을 하여야 한다. 보세운송신고(승인신청)는 수입물품의 적하목록을 제출하고 하선(기)장소에 당해 물품이 반입된 이후에 신고하는 것이 원칙이다. 보세운송기간은 신고수리(승인)일로부터 해상화물은 10일, 항공화물은 5일 이내에 목적지에 도착하여야 한다. 다만, 세관장은 선박 또는 항공기 입항전에 보세운송신고를 하는 때에는 입항예정일 및 하선(기)장소 반입기간을 고려하여 5일 이내의 기간을 추가할 수 있다.(보세운송에 관한 고시 제6조)

보세운송 도착지는 반드시 보세구역(보세구역 외 장치허가를 받은 장소 포함)이어야 한다.

## V 보세운송신고(승인신청) 자격 및 신고대상물품

보세운송신고 또는 승인신청은 화주, 관세사 등, 보세운송을 업으로 하는 자(보세운송업자)의 명의로 하여야 한다.(관세법 제214조)

보세운송신고는 간이보세운송업자가 승인대상 이외의 물품에 대해 하게 된다. 보세운송승인신청은 (간이)보세운송업자, 화주, 관세사가 신청하게 되고 관세법 시행령 및 관세청장이 정하는 승인대상물품의 경우에 하게 된다.

화물의 안전과 불법유출방지 및 효율적인 세관감시를 위하여 승인대상물품을 정하고 그 대상물품은 다음과 같다.(관세법시행령 제226조 3항)

① 보세운송된 물품 중 다른 보세구역 등으로 재보세운송하고자 하는 물품

② 「검역법」·「식물방역법」·「가축전염병예방법」 등에 따라 검역을 요하는 물품
③ 「위험물안전관리법」에 따른 위험물
④ 「화학물질관리법」에 따른 유해화학물질
⑤ 비금속설
⑥ 화물이 국내에 도착된 후 최초로 보세구역에 반입된 날부터 30일이 경과한 물품
⑦ 통관이 보류되거나 수입신고수리가 불가능한 물품
⑧ 관세법 제156조의 규정에 의한 보세구역외 장치허가를 받은 장소로 운송하는 물품
⑨ 귀석·반귀석·귀금속·한약재·의약품·향료 등과 같이 부피가 작고 고가인 물품
⑩ 화주 또는 화물에 대한 권리를 가진 자가 직접 보세운송하는 물품
⑪ 관세법 제236조의 규정에 의하여 통관지가 제한되는 물품
⑫ 적하목록상 동일한 화주의 선하증권 단위의 물품을 분할하여 보세운송하는 경우 그 물품
⑬ 불법 수출입의 방지 등을 위하여 세관장이 지정한 물품
⑭ 관세법 및 관세법에 의한 세관장의 명령을 위반하여 관세범으로 조사를 받고 있거나 기소되어 확정판결을 기다리고 있는 보세운송업자 등이 운송하는 물품

승인대상물품 중 관세청장이 보세운송승인대상으로 하지 아니하여도 화물관리 및 불법 수출입의 방지에 지장이 없다고 판단하여 정하는 물품에 대하여는 신고만으로 보세운송할 수 있다.

## VI 보세운송업자의 종류

보세운송업자는 일반보세운송업자와 간이보세운송업자로 구분되며, 간이보세운송업자는 다시 일반 간이보세운송업자, 특정물품간이보세운송업자로 구분된다. 이러한 보세운송업자중 일반간이보세운송업자가 가장 많이 활용되고 있다.

일반간이보세운송업자는 보세운송업자 등록요건에 의하여 등록한 자중 일정한

요건을 갖춘 경우 업자의 신인도 등을 감안하여 보세운송물품의 검사생략과 담보제공의 면제를 받을 수 있는 자로 세관장이 지정한 보세운송업자이다.

특정물품 간이보세운송업자는 보세운송 등록업자 중 특정한 요건을 구비할 경우 관리대상화물 등 특정물품을 보세운송 할 수 있는 자로 세관장이 지정한 보세운송업자이다.

일반보세운송업자는 간이보세운송업자의 특정요건을 구비하지 못한 보세운송업자를 말하며 일반보세운송업자가 보세운송을 하고자 할 때에는 물품의 검사와 담보를 제공해야 한다.

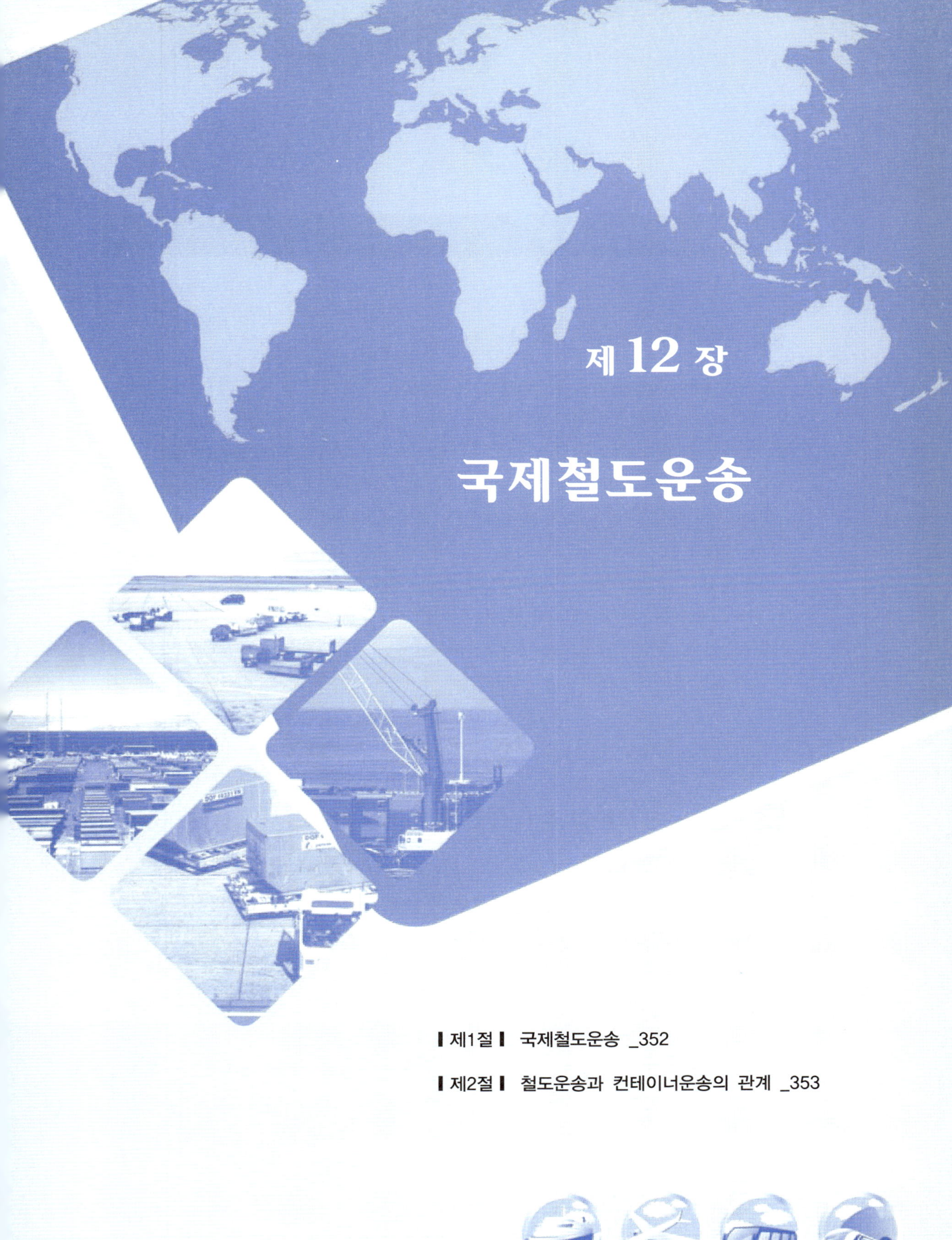

# 제 12 장

# 국제철도운송

# 제1절 국제철도운송

## I 국제철도운송의 의의

국제철도운송(international carriage by rail)은 철도차량에 의하여 어느 항만시설국으로부터 다른 내륙지역국, 반대로 내륙지역국으로부터 항만시설국으로 국제무역물품을 운송하거나 또는 대륙구간의 물품의 국제운송을 의미 한다.[3)]

국제철도운송은 해상과 육상사이에서 교량적 역할을 주로 피기 백(piggy-back) 방식에 의해 담당하고 있으며 운송범위를 철도노선상에 한정시키는 "rail service"로 이용된다.

철도운송의 장점으로는 "ton-km" 당 낮은 연료비, 장거리 운송비, 단위당 낮은 비용, 연중무휴의 서비스 기능, 높은 안전도 등으로 저가품의 운송에 편리한 운송방법이다. 반면 단점으로는 투자규모가 크고, 단거리 운송시 속도가 늦고, 터미널 설비에 따른 투자비용이 많고, 환적비용이 많이 들며 "door to door" 서비스 가능성이 적은 것 등을 들 수 있다.

## II 철도운송서류의 수리요건

신용장통일규칙(UCP 600) 제24조에서 규정하고 있는 철도운송서류(Rail Transport Document)의 수리요건을 살펴보면 다음과 같다.

첫째, 철도운송서류는 그 명칭에 관계없이 운송인의 명칭을 표시하고 있어야 하며 운송인 또는 운송인을 대리하는 지정대리인에 의하여 서명되어 있거나 또는 운송인 또는 운송인을 대리하는 지정대리인에 의하여 행해진 서명, 스탬프 또는 표기에 의하여 물품의 수령을 표시하고 있어야 한다.

둘째, 선적일 또는 물품이 신용장에 명기된 장소에서 선적, 발송 또는 운송을 위하여 수령된 일자를 표시하고 있어야 한다. 운송서류에 일자기재의 수령스템프, 수령일의 표시 또는 선적일을 포함하고 있지 아니하는 한, 운송서류의 발행

3) 강원진, 전게서, p.338.

일을 선적일로 본다.

셋째, 신용장에 명기된 선적지 및 목적지를 표시하고 있어야 한다.

한편, 부본(duplicate)으로 표시된 철도운송서류는 원본으로 수리되며 또한 원본이라는 표시의 유무에 관계없이 원본으로서 수리된다.

## III 국제철도운송에 관한 협약(COTIF)

"국제철도운송협약(Convention Internationale concernant le Transport de Marchandise par Chemin de Fer; CIM)"은 1961년 2월에 채택된 국제철도운송을 규율하는 국제조약이다. 그 조약은 그 이후 1980년 5월 스위스 베른에서 채택된 "국제철도운송에 관한 협약(the Convention concerning International Carriage by Rail; COTIF(Convention relative aux transports internationaux ferroviaires)"에 부속된 규칙으로 흡수되었다. 국제철도운송에 관한 협약(COTIF)은 1985년 4월에 발효되었고 CMR과 더불어 국제복합운송에 있어서 Network Liability System을 채택하고 있다.

국제철도운송에 관한 협약(COTIF)은 이전의 협약들을 통합한 것으로 그 목적은 체약국간 철도에 의한 여객, 수화물 및 물품의 운송에 적용가능한 법률을 통일하기 위한 것이다. 따라서 여객 및 수화물에 관해서는 COTIF 부속서 A에 삽입된 "Uniform Rules concerning the Contract for International Carriage of Passengers and Luggage by Rail"이 적용되며 물품과 관련해서는 COTIF 부속서 B에 삽입된 "Uniform Rules concerning the Contract for International Carriage of Goods by Rail(CIM 협약)"이 적용되게 된다.

# 제2절 철도운송과 컨테이너운송의 관계

## I 철도운송의 컨테이너화

해상컨테이너운송이 철도운송과 연결이 되기 위해서는 컨테이너철도운송의 정비와 전용화차의 제작 및 운송역의 하역기계 설치와 컨테이너 하역장의 건설 등이 필요하다. 최근 대부분의 국가들은 영국과 미국의 freight liner를 모델케이스로 하여 박차를 가하고 있으며, 이것이 바로 piggy-back 수송의 장점을 최대한 이용하는 방안이다.

철도운송을 위한 컨테이너화의 동향을 보면, ① liner기지의 대규모화 ② freight liner망의 network화 ③ line을 축으로 한 효율적인 중계운송체제의 정비 ④ 물자별 적합 컨테이너의 개발과 사유컨테이너 및 lease system의 도입 ⑤ on/off rail 수송의 합리적인 오퍼레이션, ⑥ 컨테이너 철도운송을 위한 정보관리체제의 정비 등을 중심으로 활발하게 진척되고 있다.

## II 철도운송의 컨테이너터미널

한국의 경우 의왕 ICD내에 부곡역을 통해 컨테이너 화물이 철도운송되고 있다.

한편 미국의 경우에는 OCP(over land common point)에 대규모 철도화물 기지가 설치·운영되고 있으며 특히 FCL Cargo의 경우 철도와 컨테이너의 연계수송을 통하여 하주의 문전까지 수송하는 체계가 갖추어져 있다.

## III 철도역의 컨테이너 하역

철도역이나 화물기지에서 이용되는 하역설비는 항구의 컨테이너 터미널이나 내륙창고와 같이 Transfer crane, Straddle carrier, Fork lift, Winch crane 등이 있다.

하역방식으로는 철도역이나 화물기지에 Ramp point가 있다면 크레인 설비가 있는 경우와 없는 경우로 나눌 수 있다.

### 1. Ramp point without crane의 하역방식

이 방식은 철도에 트레일러(trailer)를 실은 컨테이너를 취급할 때 하역설비가 없기 때문에 동력장치가 부착된 트레일러 헤드로 밴 트레일러(van trailer)를 견인하거나 트랙터에 의해 컨테이너 샤시를 적·양화하게 된다. 적·양화 방법은 철로 끝에 위치한 경사홈 또는 경사대를 통해 트랙터가 트레일러를 견인하여 적·양화하게 된다.

## 2. Ramp point with crane의 하역방식

이 방식은 각종 크레인, piggy-backer, 트레일러 등이 장치되어 있는 역이나 화물기지에서 트레일러를 필요로 하지 않고 컨테이너만을 화차에 적·양화하면 된다. 이때는 각종 크레인으로 화차의 좌우측면이나 전후방에서 컨테이너를 하역하게 된다.

〈그림 12-1〉 Piggyback 시스템

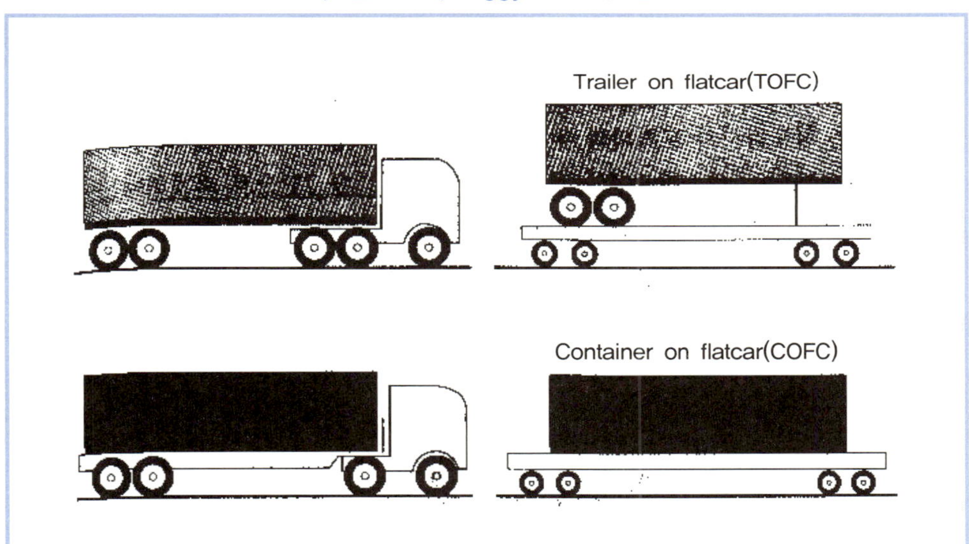

# 제 6 편

# 국제복합운송

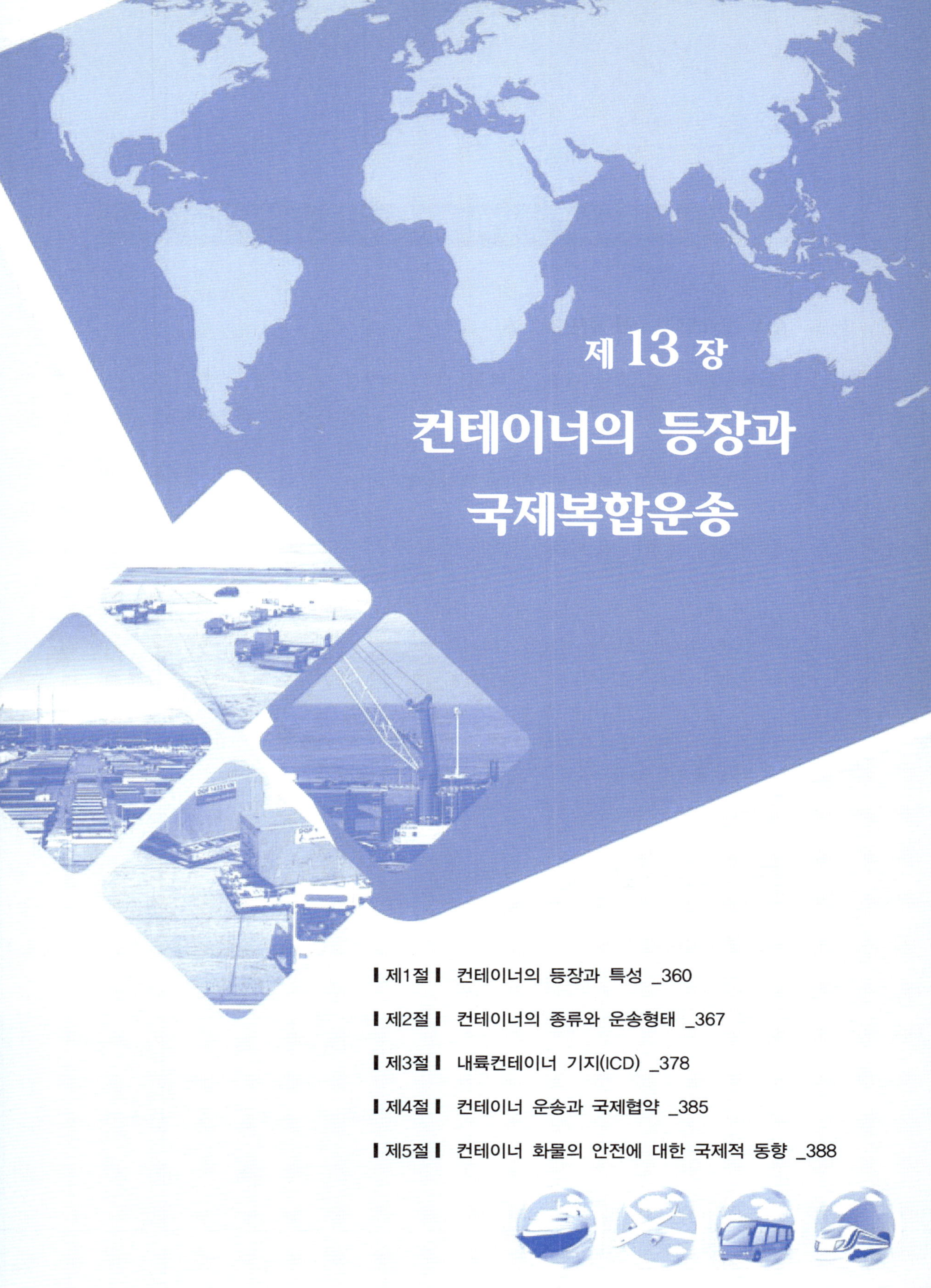

# 제 13 장

# 컨테이너의 등장과 국제복합운송

# 제1절 컨테이너의 등장과 특성

## I 컨테이너의 정의

물적유통부문의 포장, 운송, 하역 및 보관 등에서 육·해·공의 연합으로 경제성, 신속성 및 안전성을 최대한으로 충족시키고 화물의 운송도중 이적없이 일관운송을 실현시킨 혁신적인 운송도구가 컨테이너이다.

ISO(International Standardization Organization)에서 규정하고 있는 컨테이너의 구비조건은 다음과 같다.

① 화물을 보관할 수 있도록 완전히 또는 부분적으로 둘러싸여 있을 것
② 일정기간에 재사용이 가능한 충분한 내구력을 가질 것
③ 운송도중 운송경로 또는 운송수단이 바뀌는 경우 화물의 이적없이 일관운송을 할 수 있도록 설계될 것
④ 1개의 운송수단에서 타 운송수단으로의 전환이 쉽고도 빨리 될 수 있게 하는 장치가 붙어 있을 것
⑤ 화물을 싣고 내리기에(積揚) 편리하게 설계될 것
⑥ 내부용적이 1㎥(35.3ft$^3$) 이상일 것

## II 컨테이너의 등장과 발전

### 1. 컨테이너의 역사

컨테이너 사용의 시초는 19세기 말에 미국에서 철도운송의 합리화대책의 하나로 시작되었다. 도착한 화차를 그대로 트레일러에 싣고 화주의 문 앞까지 운송해 준다는 발상에서부터 출발하여 1920년에는 뉴욕의 센트럴 철도와 펜실베니아 철도가 대량의 컨테이너를 사용하여 영업활동을 전개하기 시작했다.

해상운송 분야에서는 1926년에 뉴욕의 운수창고회사인 보울링 그린사(Bowling Green Storage & Van Co.)가 ISO(국제표준화기구)의 20feet 컨테이너와 거의 같은 크기인 8′×8′×18′의 강철제 컨테이너를 유럽항로에서 사용한 것으로 알려

져 있다. 그러나 본격적으로 컨테이너가 사용된 것은 제2차 세계대전 당시로 미군의 군수물자수송작전인 'Connex 계획'에 의해 6′×6′×6′ 규격의 철재컨테이너에 군수물자를 담아 수송한 것이다.

제2차 세계대전 이후 민간부분에서의 컨테이너 사용은 먼저 육상운송부분에서 1950년대 중반 도로운송의 성장에 따른 철도운송의 자구노력의 일환으로 piggy back 방식[1])의 도입으로 컨테이너의 사용이 증대되었다. 해상운송부분은 1956년 Sea-land service Inc.에 의해 New York에서 Houston 사이에 60개의 컨테이너를 Maxton호에 의해 운송한 것이 최초의 민간부분의 컨테이너 운송이며 그 후 컨테이너 운송은 효과적인 운송용기로서 지속적으로 발전하여 오늘에 이르고 있다.

## 2. 컨테이너의 등장배경

제2차 세계대전 이후 선진국은 대량생산체제가 본격적으로 도입된다. 이에 따라 선진국간 공업제품의 교역량이 증대하게 되고 이는 국제간 대량고속운송에 대한 요구를 야기시키게 된다.

한편 선진공업국에서 필요로 하는 대량의 석유 및 원재료의 해상운송요구로 1960년대 선박의 대형화 및 전용선화가 적극 추진된다. 그러나 개품운송에 의한 정기선 운송의 경우 급증한 해상물동량과 선복량에 비해 항만의 화물처리능력, 특히 항만하역능력의 비효율성 문제가 발생하게 된다. 노동집약적 하역방식은 첫째, 하역비용의 부담증가, 둘째, 선박의 항만 체류기간의 장기화로 인한 선박운항률의 저하는 해운선사의 경영을 악화시키게 되며, 셋째, 항만시설의 이용률 저하, 넷째, 보관상 손상, 멸실, 밀수 등의 위험의 상존, 다섯째, 타운송수단간의 환적시 시간과 비용의 과다소요에 따른 비효율성 문제 등을 가져오게 된다.

따라서 비효율적인 노동집약적 하역방식에서 기계화된 자본집약적인 하역방식으로의 전환에 대한 요구가 발생하게 되고 이러한 상황하에서 컨테이너화(Containerization)가 이루어지게 된다.

1) 해상구간에서 컨테이너를 통해 운송하는 방식은 fishy back 방식이라 하며 항공운송구간에서는 birdy back 방식이라 하며 육상운송의 경우 piggy back 방식이라 한다.

## 3. 세계 컨테이너 물동량 현황

2006년 세계 컨테이너 물동량은 전년 대비 10%대의 증가율을 기록하였다. 세계 항만의 컨테이너 처리물동량(Port Handling Volume)은 4억 4,190만 TEU를 기록하면서 전년 대비 10.3% 증가한 반면, 컨테이너 수송물동량(Traffic Volume)은 1억 2,770만 TEU를 넘어서면서 전년대비 10.2% 증가할 것으로 예상하고 있다.

〈표 13-1〉 세계 컨테이너 처리량 및 수송량 추이

| 구 분 | 컨테이너 처리량 | | 컨테이너 수송량 | |
|---|---|---|---|---|
| | 물동량(백만 TEU) | 증가율(%) | 물동량(백만 TEU) | 증가율(%) |
| 2003년 | 316.8 | 14.2 | 91.9 | 14.7 |
| 2004년 | 363.7 | 15.4 | 105.4 | 14.7 |
| 2005년 | 400.6 | 10.1 | 115.9 | 9.7 |
| 2006년 | 441.9 | 10.3 | 127.7 | 10.2 |

※ 자료 : 1) Drewry Shipping Consultants Ltd, Annual Container Market Review and Forecast 2006/07, 2006.9.
2) Clarkson, Container Intelligence Monthly 각호
3) 2007 KMI 세계해운전망, 2006.12.

한편 세계 20대 컨테이너 항만의 처리물동량의 변화추세를 살펴보면 <표 13-2>와 같다. 여기서 1975년에 세계 20대 컨테이너 항만 가운데 동아시아지역의 항만이 4개에 불과하였으나 2005년에는 12개로 증가하였으며 특히 1위에서 6위까지 모두 동아시아 지역 항만이 차지하고 있음을 볼 수 있다. 2013년에 들어서면서 상위 10대 컨테이너 항만 가운데 홍콩을 포함하여 7개를 차지할 정도로 중국의 영향력이 막대함을 알 수 있다.

〈표 13-2〉 세계 20대 컨테이너 항만의 처리물동량 변화추세

(단위 : 천 TEU)

| 순위 | 1975년 | | 1985년 | | 2000년 | | 2005년 | | 2013년 | |
|---|---|---|---|---|---|---|---|---|---|---|
| | 항만 | 처리량 | 항만 | 처리량 | 항만 | 처리량 | 항만 | 처리량 | 항만 | 처리량 |
| 1 | 뉴욕 | 1,621 | 로테르담 | 2,655 | 홍콩 | 17,800 | 싱가포르 | 23,200 | 상하이 | 33,617 |
| 2 | 로테르담 | 1,079 | 뉴욕 | 2,405 | 싱가포르 | 17,070 | 홍콩 | 22,600 | 싱가포르 | 32,240 |
| 3 | 고베 | 905 | 홍콩 | 2,298 | 부산 | 7,540 | 상하이 | 18,084 | 선전 | 23,278 |
| 4 | 홍콩 | 803 | 가오슝 | 1,901 | 가오슝 | 7,426 | 선전 | 16,190 | 홍콩 | 22,352 |
| 5 | 오클랜드 | 522 | 고베 | 1,852 | 로테르담 | 6,300 | 부산 | 11,840 | 부산 | 17,686 |
| 6 | 시애틀 | 481 | 싱가포르 | 1,699 | 상하이 | 5,613 | 가오슝 | 9,471 | 닝보 | 17,351 |
| 7 | 세인트존스 | 452 | 롱비치 | 1,444 | LA | 4,879 | 로테르담 | 9,300 | 칭따오 | 15,520 |

| | | | | | | | | | | |
|---|---|---|---|---|---|---|---|---|---|---|
| 8 | 발티모어 | 420 | 앤드워프 | 1,350 | 롱비치 | 4,601 | 함부르크 | 8,100 | 광저우 | 15,309 |
| 9 | 브레멘 | 410 | 요코하마 | 1,327 | 함부르크 | 4,250 | 두바이 | 7,620 | 두바이 | 13,641 |
| 10 | 롱비치 | 391 | 함부르크 | 1,159 | 앤트워프 | 4,100 | LA | 7,480 | 텐진 | 13,010 |
| 11 | 젝슨빌 | 377 | 지룽 | 1,158 | 선전 | 3,993 | LB | 6,775 | 로테르담 | 11,621 |
| 12 | 멜버른 | 365 | 부산 | 1,148 | PTP | 3,369 | 앤트워프 | 6,480 | 다롄 | 10,860 |
| 13 | 도쿄 | 359 | LA | 1,104 | 포트클랑 | 3,206 | 칭다오 | 6,268 | 포트크랑 | 10,350 |
| 14 | 함부르크 | 332 | 도쿄 | 1,004 | 뉴욕 | 3,178 | 포트클랑 | 5,500 | 가오슝 | 9,937 |
| 15 | 요코하마 | 328 | 브레멘 | 986 | 두바이 | 3,059 | 닝보 | 5,149 | 함부르크 | 9,302 |
| 16 | LA | 327 | 세인트존스 | 882 | 도쿄 | 2,960 | 뉴욕/뉴저지 | 4,882 | 앤트워프 | 8,578 |
| 17 | 앤트워프 | 297 | 오클랜드 | 856 | 펠릭스토우 | 2,800 | 텐진 | 4,817 | 샤먼 | 8,010 |
| 18 | 버지니아 | 292 | 펠릭스토우 | 850 | 브레멘 | 2,710 | 탄중펠리파스 | 4,170 | LA | 7,868 |
| 19 | 시드니 | 262 | 시애틀 | 845 | 지오이아 따우로 | 2,653 | 브레멘 | 3,736 | 탄중펠라 파스 | 7,627 |
| 20 | 런던 | 260 | 발티모어 | 706 | 요코하마 | 2,400 | 도쿄 | 3,700 | 롱비치 | 6,730 |

※ 자료 : Containerization International Yearbook 각년호 참조

## III 컨테이너운송의 장·단점

### 1. 컨테이너 운송의 장점

컨테이너 운송의 결과로 재래식 운송방식에 비해 다음과 같은 경제적 효과를 갖는다.

#### (1) 물적유통관리상의 총비용의 절감

① 운항 비용의 절감
② 하역비의 절감
③ 포장비의 절감
④ 보관비의 절감
⑤ 해상보험료의 절감
⑥ 투입된 자본의 가동율 향상 효과
⑦ 운송의 안정성
⑧ 내륙운송비의 절감
⑨ 운송서류의 간소화

### (2) 고객에 대한 서비스의 향상

컨테이너 이용시 신속성과 경제성으로 인해 고객에 대한 서비스를 제고하고 Door-to-Door 서비스를 보다 효과적으로 구현시킬 수 있다.

### (3) 국제복합운송의 가능

물품운송시 컨테이너를 사용할 경우 다른 운송수단으로의 이적시 컨테이너 내의 화물을 적출하지 않고도 그대로 다른 운송수단으로 이적이 가능하게 됨에 따라 국제복합운송이 용이하게 된다.

#### 컨테이너 운송 비용

〈표 13-3〉은 컨테이너 수송의 수송비용절감 효과를 포장비, 하역비, 노동비, 운임과 도난, 손실에 대한 보험료 등의 항목으로 나누어 그 효과의 크기를 설명해 주고 있다.

〈표 13-3〉 컨테이너 수송의 수송비용 절감효과

| 절감항목 | 비용절감효과(%) | 절감항목 | 비용절감효과(%) |
|---|---|---|---|
| • 포장비 | 25 – 70 | • 운임 | 10 – 20 |
| • 하역비 | 10 – 40 | • 도난, 손실에 대한 보험료 | 45 – 75 |
| • 노동비 | 40 – 70 | | |

※ 자료 : 한국무역연구소, 『주요수출입상품의 수송수요예측과 수송비 절감 방안에 관한 연구』

〈표 13-4〉은 통상의 컨테이너 수송원가 구성비율을 나타내주고 있다.

〈표 13-4〉 컨테이너 수송원가 구성

(단위 : %)

| 비 용 항 목 | 구성비 | 비 용 항 목 | 구성비 |
|---|---|---|---|
| • 해상운항비(자본비 포함) | 28 | • 복합운송장비비 | 10 |
| • 터미널 운영비 | 29 | • 판매 및 일반 관리비 | 13 |
| • 내륙운송비 | 20 | 계 | 100 |

※ 자료 : Temple, Barker and Sloane Consulting Company 분석

## 2. 컨테이너 운송의 단점

### (1) 비싼 컨테이너 용기

컨테이너가 하나의 외포장으로의 역할을 할 뿐만 아니라 창고 역할도 수행함으로 컨테이너 자체가 비싸며 특히 특수 컨테이너의 경우 예를 들어 냉동컨테이너의 경우 컨테이너에 부착된 냉동기의 가격이 상당히 비싸다.

### (2) 별도의 컨테이너 운송기구 필요

컨테이너를 이동시키기 위해서 gentry crane 등 별도의 장비가 필요하다.

### (3) 컨테이너 적입화물의 제한

목재와 같이 컨테이너에 적입할 수 없는 화물이 있어 모든 화물에 사용가능한 것이 아니다.

### 갑판적 화물

■ **갑판적 컨테이너(On Deck Container)**

선창내에 적재되지 않고 갑판위에 적재되어 수송되는 컨테이너를 말한다. 선창내 적재에 비하여 위험이 크므로 갑판적선택적약관(Optional Stowage Clause)을 선하증권에 기재한 후 상당수의 컨테이너를 갑판적하여 수송하고 있다.

a. container 선적의 경우 :
container 적입화물에 대해서는 선하증권(B/L)상에 선박회사의 자유재량권 유보약관(Optional Stowage Clause)이 기재되어 있는 경우는 선창적재, 갑판적재 모두 동일한 보험조건으로 부보할 필요가 있다. 즉 하물의 적재장소에 대하여 선박회사의 자유재량권 유보약관 조건부 B/L이 발행되어 있는 경우에는 container 적입화물이 선창내 또는 갑판상 어느 곳에 적재되더라도 동일한 보험조건으로 부보되도록 다음과 같은 문언을 기재한다.
10 cases(5,000 sets of Transistor Radios in Containers under and/or on deck.

b. container 선적 이외의 경우 :
container선 이외의 외항선(semicontainer선, 재래선 등) 선적의 경우에는 갑판적 자유재량권약관(Optional Stowage Clause)이 첨부되어 있는가를 확인한 다음 갑판적이라도 선창적재와 동일하게 확대된 담보조건으로 부보한다는 취지를 보험회사에 미리 신청하여야 한다. 적하보험청약서 및 보험증권에는 통상 "in container(s) under and/or on deck"의 문언을 표시하여 선창적재 및 갑판적도 동일 조건이라는 취지를 명시한다.

■ **갑판적재(on deck stowage)**

선박의 갑판 위에 화물을 적재하여 운송하는 것을 말한다. 종래 선적화물은 갑판아래에 있는 선창 내에 화물을 적재하는 것을 원칙으로 하였으며 갑판적재에 의한 운송은 관습 또는 특약에 의한 경우를 제외하고 법률상 금지되어 왔다. 그러나 컨테이너선의 등장으로 일반화되었다. 컨테이너선에 있어서는 구조상은 물론, 한 번에 더 많은 화물의 운반과 효율적인 운항면에서 볼 때에도 상당수의 컨테이너를 갑판적재하는 것이 당연한 일로 되어 있다. 또 실제로 컨테이너 선하증권(container B/L)에 삽입된 간판적재 판례조항에 의해서도 일정비율로 컨테이너는 갑판적재되고 그것이 관습으로 승인되고 있다.

■ **갑판적하약관(optional stowage clause)**

선박에 화물을 어떻게 적재할 것인가를 규정하는 약관의 일종으로 수송인의 선택(Option)에 의하여 화물을 갑판적재로 운송할 것인지 혹은 선창내 적재로 운송할 것인지를 결정하는 권리를 유보하는 특약. 이와 같은 특약이 선하증권에 속하게 된 것은 최근의 일은 아니지만 수년내에 컨테이너선에 의한 화물의 해상운송이 급속해 발전함에 따라 소위 컨테이너 선하증권(container B/L), 기타 컨테이너에 의한 복합운송증권에는 불가피한 조항으로서 보편화되기에 이르렀다.

■ **신용장통일규칙상(UCP 600)의 갑판적재 운송서류의 수리요건**

– 수리 거절되는 갑판적재 운송서류

"물품이 갑판에 적재되었음(the goods are loaded on deck)" 또는 "물품이 갑판에 적재될 것임(the goods will be loaded on deck)"이라고 표시된 운송서류

재래선의 경우 물품을 갑판에 적재한 후 운송서류에 "물품이 갑판에 적재되었음(the goods are loaded on deck)"이라고 표시하고 물품을 선적하기 전에 수취 또는 수탁한 후에 "물품이 갑판에 적재될 것임(the goods will be loaded on deck)"이라고 명기되는데 재래선에 물품을 갑판적재하게 되면 파도에 휩쓸려 갑판유실이 발생할 위험이 높기 때문에 갑판위에 물품을 적재하고 발행되는 본선적재운송서류나 갑판 위에 물품을 적재할 것이라고 명기되어 발행된 운송서류는 수리 거절된다.

– 수리 가능한 갑판적재 운송서류

"물품이 갑판에 적재될 수 있음(the goods may be loaded on deck)"이라는 문언이 명기되어 있는 운송서류

컨테이너 화물의 경우 컨테이너 선하증권 표면약관에 "운송인은 창내적 또는 갑판적으로 운송할 권리를 가진다(The carrier has the right to carry the goods in container(s) under deck or on deck)"라고 규정하고 있다. 즉, 컨테이너선의 갑판에 적재하는 것은 재래선의 경우보다 비교적 안전하기 때문에 컨테이너 선하증권상에 "물품이 갑판에 적재될 수 있음(the goods may be loaded on deck)"이라는 문언이 명기되어 발행된 운송서류는 수리하게 된다.

# 제2절 컨테이너의 종류와 운송형태

## I 컨테이너의 종류

### 1. ISO에서 정한 컨테이너의 종류

ISO에서 컨테이너 종류를 아래와 같이 분류하고 있다.

〈표 13-5〉 ISO에서 규정한 컨테이너 종류

| ISO Code Number | Classification 종류 |
|---|---|
| 00–09 | General Purpose Containers |
| 10–12 | Closed Vented Containers |
| 13–19 | Closed Ventilated Containers |
| 20–29 | Thermal Containers |
| 30–39 | Thermal Containers(Refrigerated) |
| 40–49 | Thermal Containers(Refrigerated, Removable Equipment) |
| 50–59 | Open Top Containers |
| 60–64 | Platform Containers(Incomplete Superstructure) |
| 65–69 | Platform Containers(Complete Superstructure) |
| 70–79 | Tank Containers |
| 80–84 | Dry Bulk Containers |
| 85–89 | Named Containers(Specials) |
| 90–99 | Air Containers |

### 2. 재질에 따른 분류

컨테이너는 frame과 panel로 구성돼 있지만 일반적으로 panel에 사용되는 재질에 의해서 분류된다. 현재 세계에서 사용되는 컨테이너는 Steel Container, Aluminium Container, FRP/Plywood Container 등 3가지로 분류된다.

### (1) Steel Container

Steel Container는 frame와 panel을 강재를 사용하며 전체를 전기용접에 의해 조립한다. 가장 일반적으로 사용하고 있는 컨테이너이다.

Steel Container의 장점은 다음과 같다.

① frame 및 panel을 강재로 사용, 전체를 전기용접에 의해 조립해 누수의 염려가 적다.

② panel을 평면으로 하지 않고 골을 만들어 강성을 높게 하고 컨테이너 전체의 변형이 적다.

③ 전체가 강제로 돼 있어 강성이 높으므로 충돌, 긁힌 상처, 마찰 등을 받아도 손상이 잘 안 된다. 또 손상을 받았을 때도 누수에 대한 사고가 일어날 가능성이 극히 적다.

④ 부품의 대부분이 철판을 사용해서 용접했기 때문에 보수를 어디서나 쉽게 할 수 있다.

⑤ 재질의 가격이 타 재질에 비해 저렴하므로 제품의 가격 경쟁력이 우수하다.

한편 Steel Container는 부식에 대해 충분한 방조(防繰; rust prevention)처리를 하지 않으면 안 되며 전체가 철제로 되어있어 자중이 무겁다는 단점이 있다.

### (2) Aluminium Container

알루미늄 컨테이너는 중량이 가볍고 내식성이 강한 알루미늄을 사용하므로 부식이 잘 안될 뿐 아니라 외관이 아름답다는 장점이 있다. 그러나 Rivet 구조로 돼 있어 결합부가 풀려 누수의 염려가 있으며 강성이 낮고 변형이 크다는 단점이 있다. Rivet은 강철판·형강(形鋼) 등의 금속재료를 영구적으로 결합하는 데 사용되는 막대 모양의 기계요소를 말하며 강철판을 포개어 뚫려 있는 구멍에 가열한 리벳을 꽂아 넣고, 머리 부분을 받친 후 기계·해머 등으로 두들겨 변형시켜서 체결한다. 최근에는 용접기술이 진보됨에 따라, 리벳이음은 용접으로 바뀌어가고 있다. 뿐만 아니라 충돌, 걸림 등의 외력을 받았을 경우 파손으로 인한 누수사고가 일어날 염려가 있으며 frame은 압출 성형재를 사용하기 때문에 구입이 어렵고 보수비가 많이 든다. 또 재료비가 높기 때문에 제품가격이 높다는 단점도 있다.

### (3) FRP 컨테이너

FRP 컨테이너는 강재의 frame과 합판의 양면에 FRP(Fiberglass Reinforced Plastics)를 코팅 또는 얇은 판으로 만든 panel로 만들어져 있다. frame은 모두 용접으로 조립하며 panel은 frame에 특수 rivet 또는 특수 볼트로서 조립된다.

FRP 컨테이너의 장점은 다음과 같다.

① 다른 종류의 컨테이너의 panel 구조보다 얇게 할 수 있으므로 내부용량을 크게 할 수 있다.
② panel의 중심재료가 합판이기 때문에 열전도율이 적다. 따라서 단열성이 있고 내부의 결로(結露) 상태도 적어 화물의 sweat damage의 염려가 적다.
③ 내부가 깨끗하다.

한편 FRP 컨테이너의 단점은 다음과 같다.

① panel과 frame이 rivet 또는 볼트조합으로 돼 있어 결합부분이 이완되기 쉽고 누수의 위험이 있다.
② panel 부문의 강성이 낮고 변형이 크다.
③ 자체 무게는 Steel Container와 비슷하거나 약간 더 무겁다.
④ panel의 재료비 및 조립비가 높아 제품가격이 높다.

## 3. 용도에 따른 분류

컨테이너는 용도별로 크게 3가지로 분류할 수 있다. 온도 관리가 필요없는 일반화물 운송용 컨테이너를 총칭하는 일반화물 컨테이너(GCC; General Cargo Container)와 온도관리를 필요로 하는 화물이나 분말, 액체, 동물 등 특정한 화물 또는 품종을 운송하는 것을 목적으로 설계된 특정화물 컨테이너(SCC; Specific Cargo Container), 그리고 건화물 컨테이너라 불리는 일반용도 컨테이너를 제외한 모든 컨테이너를 지칭하는 특수컨테이너(Special Container)가 있다.

### (1) 일반화물 컨테이너(GCC; General Cargo Container)

일반용도 컨테이너는 건화물 컨테이너(Dry Cargo Container)라고도 하며 화물을 싣고 내릴 때에는 한쪽 끝에 있는 문을 이용한다. 그러나 특별한 경우에는 측면이나 지붕에 문이 있는 것도 있는데 어떤 경우에나 완전히 밀폐되고 방수가 되어야 한다. 이 컨테이너는 가장 보편적으로 사용되고 있다.

일반화물 컨테이너는 다시 완전히 밀폐된 일반용도 컨테이너(General Purpose Container; GPC-Type Code No. 00-09)와 특정용도 컨테이너(Specific Purpose Container; SPC)로 분류할 수 있으며 특정용도 컨테이너는 다시 통풍 컨테이너(Ventilated Container), Open Top Container, Flat Rack Container 등 화물의 종류나 그 하역방식에 따라 분류할 수 있다.

통풍컨테이너는 과실이나 야채 등 호흡작용을 필요로 하는 화물의 수송을 위해 설계된 컨테이너로서 앞 또는 측벽 등에 통풍구가 있다.

Open Top Container는 목재와 같이 크기가 큰 화물이나 기계부품과 같은 중량물을 젖지 않게 하여 운반하도록 설계돼 있으므로 지붕, 문 및 도어 헤더 부분이 열리도록 설계되어 있으므로 크레인 등을 사용해 화물을 상부 및 문으로부터 적재 또는 하역할 수 있다.

Flat Rack Container는 강재나 목재, 파이프 등 길이가 긴 화물이나 중량 화물을 싣기에 적합하도록 설계되어 있는 컨테이너로 지붕과 옆벽이 없고 양 끝 부분이 고정돼 있는 것도 있지만 양 끝을 끼웠다 뺐다 할 수 있는 것과 접었다 폈다 할 수 있는 것 등 여러 종류가 있다.

### (2) 특정화물 컨테이너(SCC; Specific Cargo Container)

특정화물 컨테이너는 온도조절 컨테이너, 산물 컨테이너(Bulk Container), 탱크 컨테이너, 가축용 컨테이너, 자동차 운송용 컨테이너가 있다.

온도조절 컨테이너는 냉동 컨테이너(Refrigerated Container or Reefer Container), 보냉 컨테이너(Insulated Container), 가열 컨테이너(Heated Container)가 있다.

〈그림 13-1〉 컨테이너의 종류

Dry container ❶

Dry container ❷

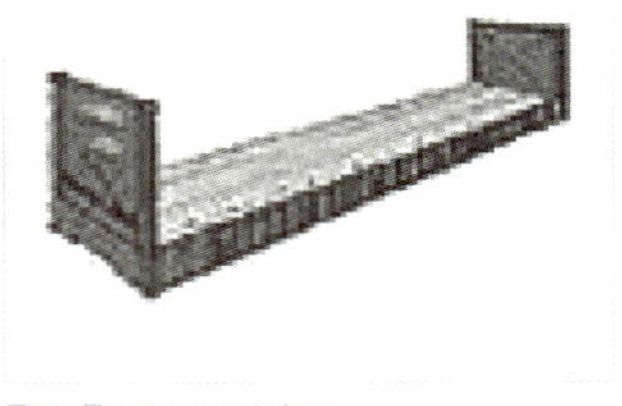

Flat Rack container

Refrigerated container ❶

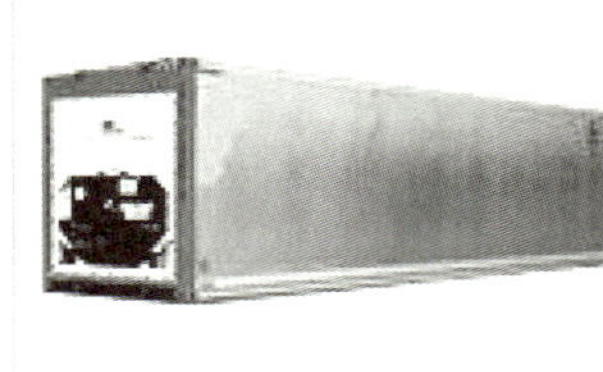
Refrigerated container ❷

Open Top container

Container 내부 전경

Tank Container

## II 컨테이너의 규격과 사양

### 1. 컨테이너 규격

#### (1) 컨테이너 규격

무역운송에서 주로 사용되는 컨테이너는 20feet(TEU), 40feet(FEU), 45feet(high cubic) 등 container의 길이를 기준하여 다양하다. 폭과 높이는 특수한 것을 제외하고는 8'×8' 6"(high cubic; 8'×9' 6")와 8'×8'의 2종류이다.

컨테이너 규격은 선사 및 제작사에 따라 약간씩 차이가 있다. 또한 실제 적재중량은 각국의 도로교통법 등의 규제를 받기 때문에 실제 적재중량은 컨테이너의 최대적재중량과는 차이가 있다. 국내에서는 통상 20ft 컨테이너의 경우 17.5

톤, 40ft 컨테이너의 경우 21톤이 적용되고 있다.

따라서 화주 입장에서 컨테이너의 최대적재중량을 기준으로 화물적재계획을 수립하게 되면 많은 오류가 발생할 수 있으므로 해당 선사에 문의하여 실제 적재중량을 확인하여 정확한 화물적재계획을 수립해야 할 것이다.

〈표 13-6〉 각종 컨테이너 규격

| Dry Container | | 20ft | 40ft | 40ft high Cubic | 45ft |
|---|---|---|---|---|---|
| Measurement | Lenght(m) | 5.898 | 12.031 | 12.031 | 13.555 |
| | Width(m) | 2.348 | 2.348 | 2.348 | 2.348 |
| | Height(m) | 2.376 | 2.376 | 2.695 | 2.695 |
| | CBM | 33.2 | 67.11 | 76.11 | 85.77 |
| Weight | Tare W/T(kg) 컨테이너 자체중량 | 2,260 | 3,740 | 3,940 | 4,880 |
| | Net W/T(kg) 최대적재중량 | 21,740 | 26,740 | 26,540 | 25,600 |
| | Gross W/T(kg) | 24,000 | 30,480 | 30,480 | 30,480 |
| | 실 적재중량(kg) | 17,500 | 21,000 | 21,000 | 21,000 |

| Reefer Container | | 20ft | 40ft | 40ft high Cubic |
|---|---|---|---|---|
| Measurement | Lenght(m) | 5.455 | 11.554 | 11.583 |
| | Width(m) | 2.290 | 2.286 | 2.290 |
| | Height(m) | 2.262 | 2.216 | 2.538 |
| | CBM | 28.3 | 58.5 | 67.30 |
| Weight | Tare W/T(kg) 컨테이너 중량 | 2,960 | 4,240 | 4,800 |
| | Net W/T(kg) 적재가능화물중량 | 21,040 | 26,280 | 25,680 |
| | Gross W/T(kg) | 24,000 | 30,520 | 30,480 |

| Open Top Container | | 20ft | 40ft |
|---|---|---|---|
| Measurement | Lenght(m) | 5.900 | 12.020 |
| | Width(m) | 2.354 | 2.344 |
| | Height(m) | 2.367 | 2.356 |
| | CBM | 32.80 | 66.40 |
| Weight | Tare W/T(kg) 컨테이너 중량 | 2,400 | 4,020 |
| | Net W/T(kg) 적재가능화물중량 | 28,080 | 30,480 |
| | Gross W/T(kg) | 30,480 | 34,500 |

### (2) 컨테이너 내부 용적

컨테이너의 적재능력은 중량이나 용적을 기준으로 삼을 수 있는데 그 가운데 용적은 CBM 단위를 사용한다. CBM은 Cubic Meter의 약자로서 가로, 세로, 높이가 각 1미터인 공간의 부피를 측정한 단위이다.

컨테이너 최대 적재 용적은 그 내장 크기에 의해 결정이 되지만 컨테이너 내·외장 크기는 운송단위 규격화를 위해 국제적으로 통일되어 있다. 물론 선사나 제작사에 따라 약간의 차이는 발생하고 있다.

컨테이너의 내부용적은 일반 Dry 컨테이너의 경우 20ft 컨테이너는 33.2 CBM, 40ft 컨테이너의 경우 67.11 CBM이다. 그런데 당해 컨테이너에 실재 적재될 화물의 용적은 화물 적재시 빈 공간 즉, Dead Space가 발생하기 때문에 화물의 크기나 개별 포장의 크기와 모양에 따라 달라진다.

일반적으로 화물의 단위당 용적이 작을수록 화물은 더 많이 적재 할 수 있다. 즉, 책상 크기의 화물과 라면 상자 크기의 화물의 경우 단위당 용적이 더 작은 라면상자가 화물 적재시 빈 공간이 더 적게 발생할 가능성이 크기 때문이다. 물론 컨테이너의 내부용적을 감안하여 포장단위를 적절히 맞출 수 있는 경우에는 이 같은 문제가 발생하지 않을 것이다.

## 2. 컨테이너 사양확인 방법

### (1) 컨테이너 사양 확인방법

컨테이너의 문 우측 상단에는 최대 총중량 등을 기록한 제원의 표찰이 부착되어 있으나 도로법 및 도로교통법 등 현재 국내에서 적용하는 과적차량 단속기준 때문에 최대 총중량만큼을 싣지 못한다. 그러므로 화물적입시 컨테이너의 자체중량과 화물의 중량뿐만 아니라 적입시에 팔레트(pallet), 던니지(dunnage)[2] 및 내장화물을 고정시키는 모든 자재의 중량 등도 특히 고려해야 한다.

2) 짐깔개(적하물 밑에 깔거나 사이에 끼우는 것)

〈그림 13-2〉 컨테이너 뒷문 표시내용

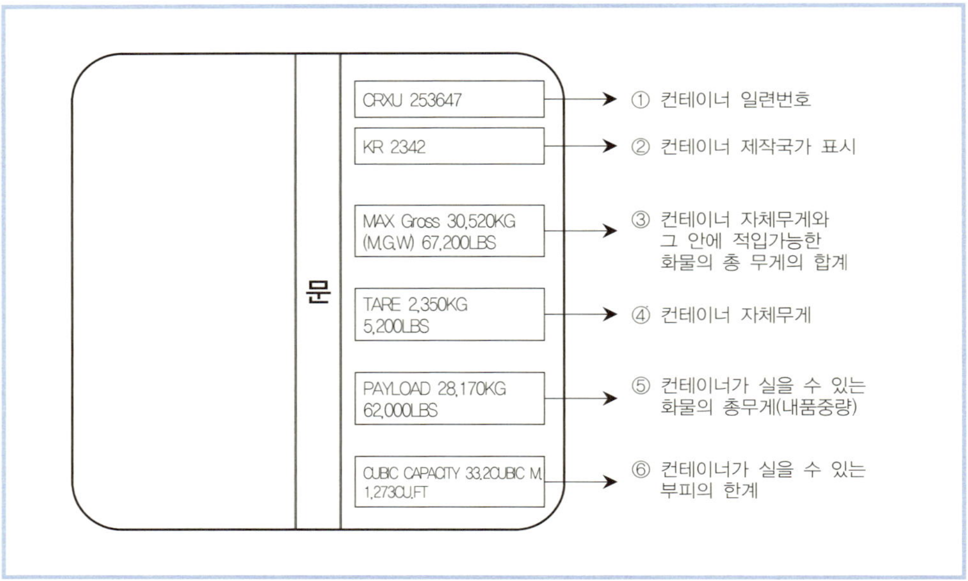


<그림 13-2> 컨테이너 뒷문에 표시된 내용에 대해 보다 자세히 설명하면 다음과 같다.

### ❶ 컨테이너 일련번호

이 일련번호를 이용하여 컨테이너위치를 컴퓨터를 통해 확인이 가능하다.

### ❷ 컨테이너 제작국가 표시

여기서 KR은 한국을 의미하며 일본은 “JP”, 영국은 “GB”(Great Britain) 등으로 표시한다.

### ❸ 컨테이너 자체무게와 적입가능한 화물의 총무게의 합계

보통 Maximum Gross Weight 혹은 M.G.W.로 표시한다. 이는 컨테이너 자체의 무게와 그 컨테이너에 최대 적입가능한 화물의 무게의 합계를 표시해 준다.

### ❹ 컨테이너 자체의 무게

20ft 컨테이너는 2톤 ±0.5톤, 40ft 컨테이너는 4톤 ±0.5톤 정도이다.

❺ 컨테이너가 실을 수 있는 화물의 총무게(내품중량)

이 컨테이너의 경우 28,170kg 이상 적재하면 하역과정 중 과중한 무게로 인해 사고가 발생할 위험이 있다.

❻ 컨테이너가 실을 수 있는 부피의 한계

CBM과 Cubic feet로 병기하게 된다. 보통 20ft 컨테이너의 경우 33.2 CBM(Cubic Meter), 40ft 컨테이너의 경우 67~68 CBM으로 표시된다.

## III 컨테이너운송의 형태

컨테이너화물을 컨테이너 하나에 다 채우지 못할 정도의 화물을 LCL(Less than Container Load)화물이라 하고 컨테이너 하나에 가득 채울 수 있는 화물을 FCL(Full Container Load)화물이라 한다.

컨테이너 화물이 LCL화물인가, FCL화물인가에 따라 운송형태를 나누어 보면 다음과 같다.

### 1. CY/CY(FCL/FCL; Door to Door)

CY/CY방식의 운송형태는 수출업자와 수입업자가 각각 1인이며 수출업자의 창고나 공장에서 FCL화물의 형태로 컨테이너를 혼재할 필요가 없으므로 CFS를 거치지 않고 바로 수출지의 CY에서 수입지의 CY로 이동하여 수하인의 문전까지 컨테이너의 개폐없이 일관 운송하는 형태를 말한다.

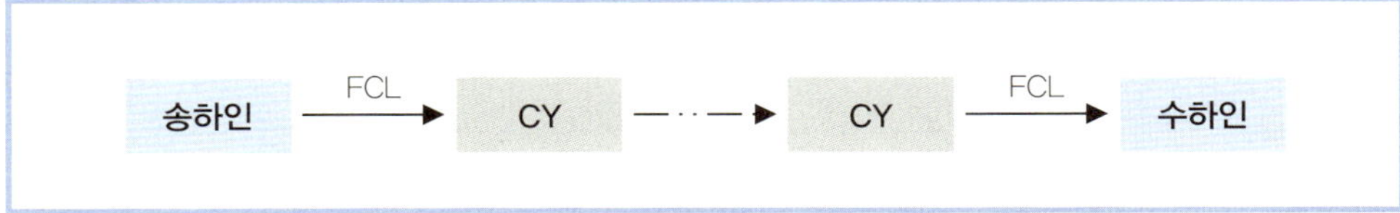


### 2. CY/CFS(FCL/LCL; Door to Pier)

CY/CFS방식의 운송형태는 수출업자 1인이 다수의 수하인을 향해 운송하는 형태로 수출업자는 자신의 창고나 공장에서 FCL화물의 형태로 CFS를 거치지 않고 바로 수출지의 CY를 통해 수입지로 운송하고 수입지에서는 당해 FCL화물을 다수의 수하인에게 전달하기 위한 분류작업을 위해 CFS를 거쳐 수하인에게 인도하는 운송형태를 말한다.

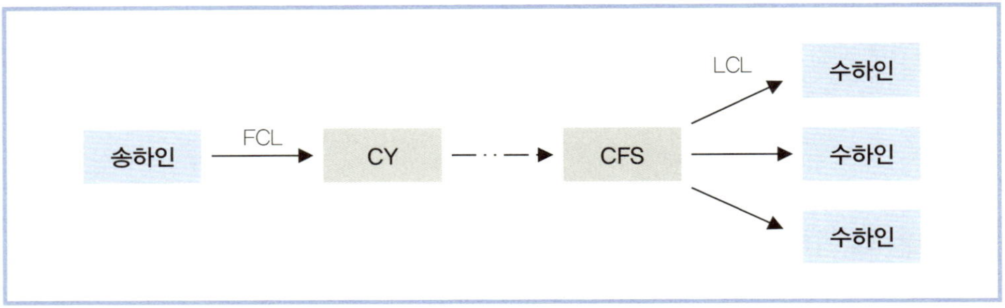


### 3. CFS/CY(LCL/FCL; Pier to Door)

CFS/CY방식의 운송형태는 LCL화물을 송부하는 다수의 송하인이 1인의 수하인을 향해 운송하는 형태로 이는 선적지에서 다수의 송하인의 LCL화물을 혼재하기 위해 선적지의 CFS에서 작업을 하여 FCL화물을 만든 후 양륙지 수하인의 창고나 공장 문전까지 운송하는 형태를 말한다.

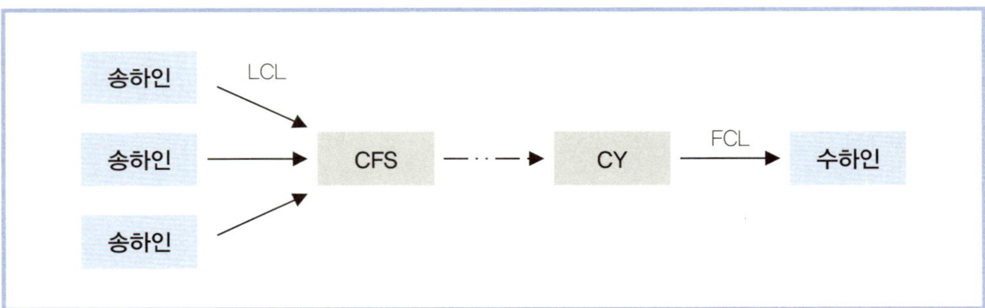


### 4. CFS/CFS(LCL/LCL; Pier to Pier)

CFS/CFS방식의 운송형태는 다수의 LCL화물을 수출하고자하는 수출업자와 다수의 수입업자 사이에 이루어지는 운송형태로 이는 수출지에서 LCL화물을 혼재하여 FCL화물로 바꾸기 위해 CFS를 거치게 되고 양륙지에 도착하여서도 각각의 수하인에게 인도하기 위해 CFS에서 분류작업이 필요한 형태의 운송형태이다.

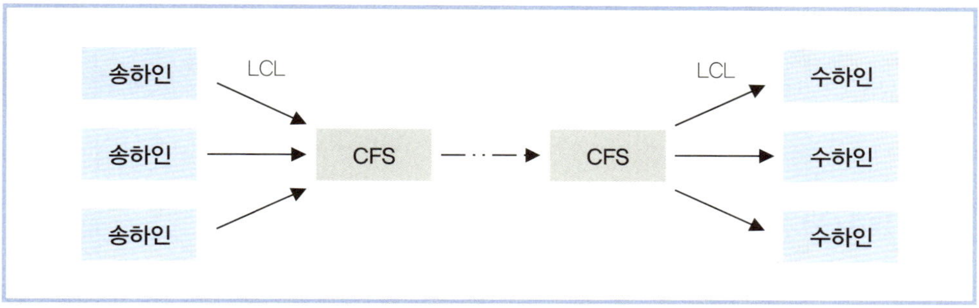

## IV 컨테이너 하역 방식

### 1. Lift on/Lift off(Lo-Lo)

gantry crane으로 컨테이너를 수직으로 선적, 양륙하는 방식이다.

### 2. Roll on/Roll off(Ro-Ro)

선미 및 현측에 경사도(ramp)가 설치되어 있어 컨테이너선의 경우 이 경사도를 통해서 트랙터나 포크 리프트 등 바퀴달린 운송용구를 통해 컨테이너를 하역하는 방식이다.

### 3. Float on/Float off(LASH; Lighter Aboard Ship)

바지선(barge, LASH선)에 컨테이너 또는 일반화물을 적재하고 바지선에 설치되어 있는 crane 또는 elevator에 의해서 하역하는 방식이다.

## 제3절 내륙컨테이너 기지(ICD)

### I ICD의 개념

UNCTAD에 의하면 ICD(Inland Container Depot)는 항만 혹은 공항이 아닌 공용내륙시설로서, 공적기구의 지위를 지니고 있으며, 공정설비를 갖추고, 여러 내륙운송형태에 의해 미통관된 상태에서 이송된 여러 가지 종류의 화물의 일시 저장과 취급에 대한 서비스를 제공하고 있으며 세관의 통제하에 통관과 수출, 그밖에 즉시연계수송을 위한 일시적 장치, 창고보관, 일시상륙, 재수출 등을 담당하는 대리인들이 있는 곳으로 정의하고 있다.3)

따라서 ICD는 항만이 아닌 내륙에 위치하여 항만과 똑같이 컨테이너 화물처리를 위한 시설을 갖추고 수출입통관업무 등 컨테이너와 관련된 모든 업무를 종합적으로 처리할 수 있는 종합물류터미널이라 할 수 있다.

ICD는 Inland Container Depot, Inland Clearance Depot, Inland Dry Port 등으로 불리고 있다.

### II ICD의 기능

화물의 혼재(LCL Consolidation), 컨테이너의 배치(Positioning), 적재(Stuffing or Vanning) 및 해체(Stripping, Devanning or Destuffing) 등은 필수적인 기능이며 부수적으로 컨테이너 통관, 운송수단간의 컨테이너 교환, 컨테이너 및 화물의 일시장치, 보관, 포장, 컨테이너의 정비 및 수리 등의 기능을 수행한다. 이와 같은 기능을 수행하기 위해서 세관 이외에 선사, 철도회사, 트럭회사, 포워더, 은행, 보험, 컨테이너 수리소, 포장회사, 관련 정부기관 등이 위치하게 된다.4)

---

3) UNCTAD, Multimodal Transport Workshop Handbook, 1987, ch. Ⅳ. p.19.

4) Yehuda Hayuth, "Inland Container Terminal-Function and Rationale", Maritime Policy and Management, 1980, p.284.

〈그림 13-3〉 ICD 주요 기능

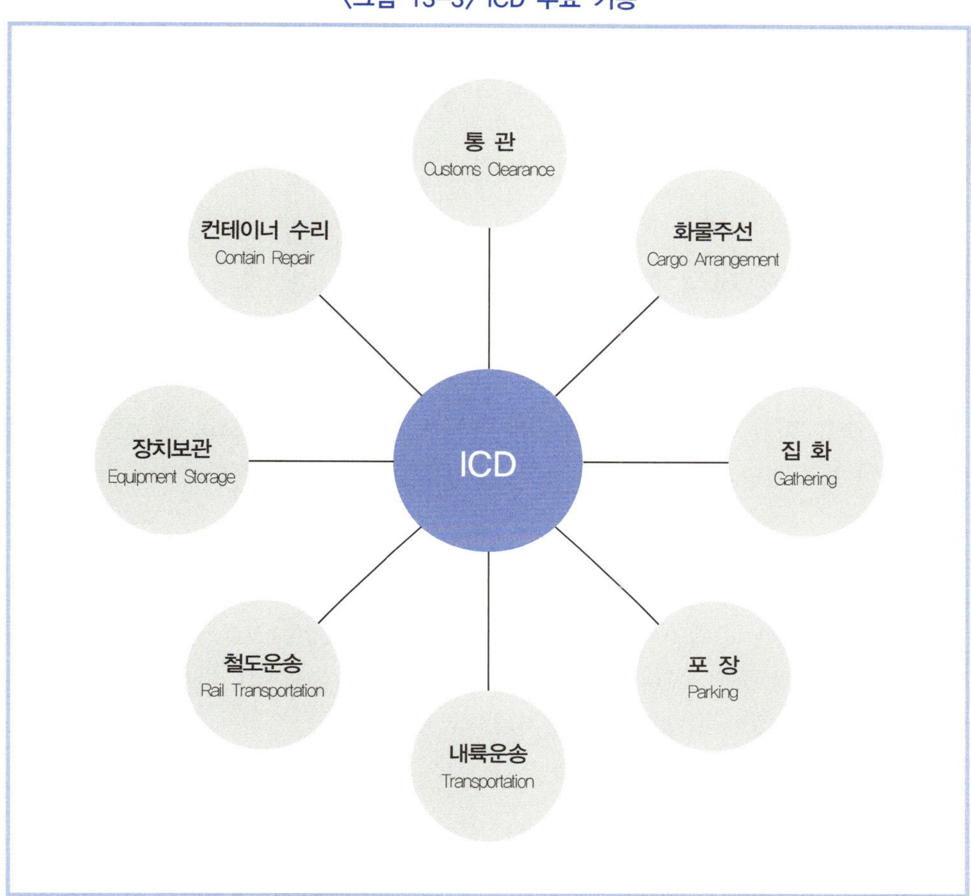


## III ICD의 입지선정 이유

전통적으로 도시에 인접하거나 혹은 도시의 중심지에 자리 잡고 있는 항만이 도시가 발달함에 따라 도시공간에 대한 다른 용도의 수요가 늘어나기 때문에 항만이 필요로 하는 절대적 공간은 상대적으로 줄어들게 된다. 따라서 도시공간에 대한 다른 수요의 증가는 자연히 항만부근의 지가를 상승시키게 되고 이로써 항만공간의 확보에 많은 자본비용이 소요될 수 있는 어려움을 안고 있다. 이러한 어려움에 대한 대안으로 시외곽에서 화물이 집하, 분배될 수 있도록 하며 그 결과 도시도로 네트워크의 혼잡을 줄여 주고 항만지역내 토지의 효과적 이용을 가능하게 하며 또한 하역면에서 항만근로자에 비하여 상대적으로 노동력의 안정적인 확보와 저렴한 노임으로 노동생산성을 향상시킬 수 있고 노동작업의 융통성을 도모할 수 있도록 하기 위하여 내륙의 항만이라고 불리는 ICD가 도시외곽의 내륙에 입지하게 된다.

## IV ICD의 경제적 효용성

### 1. 토지의 효과적 이용

시외곽에서 화물이 집하, 분배될 수 있으며 그 결과 도시도로 네트워크의 혼잡을 줄여주고 항만지역내 토지의 효과적 이용을 가능하게 한다.

### 2. 화물분배의 경제성 제고

ICD의 대부분은 공업지역 또는 상업지역에 인접해 있으므로 항만으로부터 운송된 컨테이너 화물의 처리 및 통관이 화주의 인근지역에서 수행될 수 있도록 함으로써 화물분배의 경제성을 제고시킬 수 있다.

### 3. 교통유발 감소 및 운송경비 절감효과

내륙에 도착한 수입적 컨테이너화물이 적출되어 공컨테이너가 된 후 다시 수출화주 문전에서 수출 화물의 적입을 위해 활용되는 경우에 굳이 항만터미널까지 공컨테이너를 운송한 후에 다시 수출화주의 문전으로 재운송할 필요가 없게 됨으로써 교통량유발의 감소와 운송경비의 절감효과를 얻을 수 있다.

### 4. 노동력의 안정적 확보 및 노동생산성의 향상

항만이나 도시에 비해 이들 근교에 ICD가 위치함으로 도시근로자에 비해 상대적으로 임금이 저렴한 노동력을 안정적으로 확보할 수 있으며 그에 따라 노동생산성의 향상효과를 얻을 수 있다.

## 컨테이너 육상운임

컨테이너 육상운임은 전국을 150개 행정구역별로 나누어 컨테이너 물동량이 많은 5개 지역(부산, 인천, 울산, 마산, 광양)을 기점으로 요금을 정하고 있다. 모든 요금은 기본적으로 왕복운임을 적용함을 원칙으로 한다. 이는 운송업체 입자에서 컨테이너를 운송한 후 돌아올 때의 공차운행에 대한 대가를 하주가 지불해야 한다는 논리에서 나온 것이다. 각 기점에서 목적지 행정구역까지를 20ft와 40ft 컨테이너로 나누어, 20ft 요금은 40ft의 90%를 적용하고 있다.

한편, 각 5개 기점과 경인지역간은 컨테이너 물동량이 많아 공차운행의 부담이 덜하므로 편도운임을 적용하고 있다. 물론 모든 경인지역이 편도운임의 대상은 아니고 수입화물의 경우는 선사가 서울지역의 내륙컨테이너기지(의왕 ICD) 혹은 CY의 존재를 인정하고 공컨테이너를 장치할 경우에, 수출화물은 서울지역 내륙 컨테이너기지 또는 CY에 장치된 공컨테이너를 사용했을 경우에 대해 부산지역 CY와 이들 지역간은 편도운임을 적용하고 있다. 참고로 부산기점 서울까지의 20ft 컨테이너에 대한 왕복운임은 854,700원이고 편도운임은 그 절반수준인 490,600원이다. 컨테이너내 적입되는 화물의 중량에 따른 요금의 구분도 있는데, 컨테이너 자체중량을 제외한 내장화물의 중량이 10톤 이하인 경량 컨테이너 2개를 동일 장소에서 적재운송(컴바인운송)할 경우 40ft 컨테이너 운임의 108%를 적용하고 있다.

〈표 13-6〉 컨테이너 운송요율 체계 예시(부산CY"↔"경인지역 Door)

| 행선지 | 구분 | | 행선지 | 구분 | |
|---|---|---|---|---|---|
| | 40피트 | 20피트 | | 40피트 | 20피트 |
| 서울 | 590,000 | 531,000 | 인천광역시<br>(강화군) | 747,000 | 672,000 |
| 의왕 | 576,000 | 518,000 | 의정부시 | 677,000 | 609,000 |
| 부천 | 598,000 | 538,000 | 하남시 | 681,000 | 613,000 |
| 수원 | 576,000 | 518,000 | 화성지 | 576,000 | 518,000 |

※ 자료 : 한국무역협회(www.kita.net)

### 5. 운송의 효율성 증대

컨테이너 운송과 관련된 선사, 복합운송인, 화주 등 모든 조직체들의 상호정보시스템이 구축되어 신속, 정확, 안전한 서비스가 제공될 수 있다.

### 6. 일관운송의 효과적 수행가능

철도, 도로 네트워크의 연계 및 효율적 환적 등 운송수단 및 운송장비의 효율적 활용으로 연계운송체제를 통한 효과적 일관운송이 가능하게 된다.

## V 한국의 ICD 운영현황

현재 한국에는 2개의 ICD가 설치·운영되고 있는데 경기도 의왕시에 의왕 ICD와 경남 양산시에 양산 ICD가 있다.

### 1. 의왕 ICD

#### (1) 의왕 ICD의 설립과 운영

의왕 ICD는 철도청이 개발주체이며 관리주체는 1992년 4월 철도청과 16개 철도소운송업체가 공동출자로 설립된 (주)경인 ICD가 담당하고 있다. 1993년 7월에 의왕 ICD의 운영(제1 터미널)이 개시되었으며 그 후 1997년 1월에 제2터미널이 개장하여 현재 의왕 ICD는 2개의 터미널이 운영되고 있다.

의왕 ICD는 한국 최대의 컨테이너화물 발생지인 수도권의 중심에 위치하여 철도, 도로의 접근성이 뛰어나며 컨테이너화물의 내륙지통관, 공 컨테이너의 장치, 철도운송의 최종 터미널로서 컨테이너 화물의 유통합리화에 기여하고 있다.

#### (2) 의왕 ICD의 운영효과와 기능

의왕 ICD를 운영함으로써 일일 2,040TEU의 컨테이너화물을 철도로 수송하므로 고속도로 체증완화에 기여하고 있다.

수출화물적재용 공컨테이너를 최단거리에서 공급하므로 운송시간 및 운송비가 절약된다. 컨테이너 운송업체가 전부 상주하여 물류시설을 공동 이용하므로 운송원가가 절감된다.

의왕 ICD 화물정보전산망이 구축되어 운송사 및 화주에게 컨테이너화물의 물류정보를 실시간으로 제공하고 있다.

한편 의왕 ICD의 기능은 크게 철도수송기능, 내륙통관기능, 내륙운송기능과 내륙항만기능으로 나눌 수 있다.

### ❶ 철도수송기능

수출입컨테이너 화물 및 냉동컨테이너화물을 신속, 안전하고 대량 수송이 가능한 철도를 이용하여 수송할 수 있다. 철도운송을 이용하는 경우는 중량화물로서 도로통행의 제한을 받는 경우, 월말의 컨테이너 화물 집중으로 도로수송장비가 부족한 경우와 수송운임이 도로운송에 비해 저렴한 공컨테이너의 운송 경우에 효과적이다.

철도운송은 의왕 ICD와 부산항 사이, 그리고 의왕 ICD와 광양터미널 사이에 운행되며 화주가 철도소운송업체에게 컨테이너 수송을 의뢰하면 철도소운송업체는 (주)경인 ICD에 소운송 및 컨테이너 열차 배정을 의뢰하고 경인 ICD에서 철도청으로 배정결과 통보 및 철도하역을 의뢰하는 방식으로 철도운송이 이루어진다.

컨테이너화물을 안전하고 정확한 시간에 원하는 장소에 도착시키며 철도 1회 수송에 화물차 30대의 화물을 수송할 수 있으므로 대량 수송이 가능하다.

### ❷ 내륙통관기능

세관, 식품검사소, 식물검역소, 관세사, 은행 등 통관관련 기관이 ICD에 모두 상주하고 있기 때문에 통관을 일괄처리할 수 있게 된다.

〈그림 13-4〉 의왕 ICD

〈그림 13-5〉 의왕 ICD 화물검사터미널

### ❸ 내륙운송기능

의왕 ICD와 부산항/광양항간은 철도 및 육로로 컨테이너를 수송하고 의왕 ICD와 하주 공장까지는 육로로 셔틀수송 하는 등 내륙운송기능을 담당하고 있다.

### ❹ 내륙항만기능

ICD도 항만과 동일하게 CY(컨테이너 야적장) 및 CFS(컨테이너작업장)의 기능을 수행하고 있어 내륙항만의 기능을 수행하고 있다.

〈표 13-7〉 의왕 ICD GATE반출입실적

(단위 : TEU)

| 연 도 별 | 구 분 | 반 입 | 반 출 | 합 계 |
|---|---|---|---|---|
| 1996년도 | 육 송 | 549,290 | 617,617 | 1,166,907 |
| | 철 송 | 233,939 | 162,671 | 396,610 |
| | 합 계 | 783,229 | 780,288 | 1,563,517 |
| 2000년도 | 육 송 | 726,968 | 862,557 | 1,589,525 |
| | 철 송 | 322,059 | 194,936 | 516,852 |
| | 합 계 | 1,049,027 | 1,057,493 | 2,106,377 |
| 2005년도 | 육 송 | 702,824 | 745,783 | 1,448,607 |
| | 철 송 | 292,016 | 208,715 | 500,731 |
| | 합 계 | 994,840 | 954,498 | 1,949,338 |
| 2010년도 | 육 송 | 722,714 | 657,319 | 1,380,033 |
| | 철 송 | 205,160 | 220,609 | 425,769 |
| | 합 계 | 927,874 | 877,928 | 1,805,802 |
| 2015년도 | 육 송 | 782,337 | 738,444 | 1,520,781 |
| | 철 송 | 202,143 | 246,573 | 448,716 |
| | 합 계 | 984,480 | 985,017 | 1,969,497 |

※ 자료 : 의왕내륙컨테이너터미널(www.kicd.co.kr)

## 2. 양산 ICD

### (1) 양산 ICD의 설립과 운영

컨테이너 화물의 유통구조 개선을 통한 컨테이너 물류비용을 절감시키고 부산시 도시환경 개선 및 교통난을 완화하고 부산항 주위에 산재해 있는 off-dock CY(ODCY)의 통합을 위하여 20만평 규모의 양산 ICD가 설립·운영되고 있다.

1992년 7월에 한국 컨테이너부두공단과 22개 민간업체가 공동출자해 양산

ICD의 관리법인인 (주)양산 ICD를 설립하였으며 1994년 12월에 착공하여 2000년 4월에 개장 운영 중에 있다.

#### (2) 양산 ICD의 기대효과와 기능

양산 ICD가 설치, 운영됨에 따라 컨테이너물류비용이 절감되고 컨테이너 내륙통관 관련 기관입주로 one-stop 통관 서비스 제공이 가능하며 집하 및 배송 등 종합물류체제 구축을 통한 물류비용 절감효과, 부산시 도시환경개선 및 도심 교통난 완화와 양산지역사회의 발전에 기여하게 되는 효과가 기대된다.

한편 양산 ICD의 기능은 의왕 ICD와 같이 내륙통관기능, 내륙운송기능과 내륙항만기능을 수행하고 있다.

두 ICD 모두 CY운영에 있어 민간임대터미널과 함께 공용터미널을 동시에 운영키로 함으로써 이제까지의 ICD가 철도소운송업체를 위주로 한 전용서비스 형태의 운영에서 탈피해 화주들의 다양한 요청에 능동적으로 부응할 수 있게 되었다.[5)]

## 제4절 컨테이너 운송과 국제협약

수송혁명으로 평가받는 컨테이너화(Containerization)는 규격의 표준화, 수송의 편리성 등으로 국제운송에서 빠른 속도로 확산되고 있다. 이 같은 컨테이너화를 뒷받침하고 있는 것이 컨테이너와 관련된 국제협약과 규정들이고 이는 컨테이너와 컨테이너에 적입된 화물의 안전한 수송을 가능하게 하는 등에 영향을 미치고 있다. 이들 컨테이너 관련 국제협약과 규정들은 다음과 같다.

### I 컨테이너에 관한 관세협약(CCC)

1956년 유럽경제위원회에 의해 제정된 것으로 국제도로운송에 관한 관세협약

5) 田一秀, 前揭書, pp.353-354.

(TIR)이 컨테이너에 적입된 화물의 국제적 이동절차의 간소화를 도모한 것인데 비해 이 컨테이너에 관한 관세협약(CCC; Customs Convention on Containers)은 컨테이너 그 자체의 국제적 통관절차의 간소화를 꾀한 것이다.

즉, 일시적으로 수입되는 컨테이너에 대해 재수출할 것을 조건으로 면세조치를 인정하는 것으로 체약국의 세관이 붙인 봉인을 존중할 것 등을 내용으로 하고 있다. 한국은 1984년 10월 19일 가입을 신청, 6개월 후인 1985년 4월 19일 발효됐다.

CCC의 목적은 국제운송에 있어 컨테이너 사용을 발전시키고 용이하게 하는 것이다. CCC의 주요 내용은 협약국은 상호간에 수입화물 운송을 위해 체약국에 일시 수입된 컨테이너에 대해 3개월 이내에 재수출할 것을 조건으로 수입세를 면제하는 동시에 일시 수입을 인정하고 국제보세운송에 있어서 협약체약국 정부의 세관 봉인을 존중하는 것 등을 규정하고 있다. 그 후 컨테이너화의 진전에 따라 이 협약의 미비한 점을 보안한 부속결의가 채택됐다.

유럽 경제위원회는 이들 결의 내용을 함께 담은 컨테이너 통관협약의 개정작업을 추진, 1972년 유엔과 정부간 해사자문기구(IMCO; Inter-Government Maritime Consultative Organization-1982년 국제해사기구, 즉 IMO로 개칭)와의 합동채택회의에서 이들 결의의 내용을 짜놓은 「Customs Convention on Containers 1972」을 채택, 1975년 12월 6일에 발효시켰다.

## II 국제도로운송에 관한 관세협약(TIR)

1959년에 유럽 경제위원회가 작성한 이 협약은 「국제도로운송증권에 의한 담보하에 행하는 화물의 국제운송에 관한 관세협약」 또는 간단히 「국제도로운송에 관한 관세협약(TIR; Customs Convention on the International Transport of Goods Under Cover of TIR Carnets)」 또는 「TIR 협약」이라고 약칭되고 있다.

이 협약은 컨테이너 자체의 국제간 통관절차의 간소화를 목적으로 하는 「CCC」와는 달리 컨테이너 적입 화물의 운송을 대상으로 하는 통관협약이다. 한국은 1982년 1월 29일 가입을 통고, 6개월 후인 1982년 7월 28일 발효시켰다. 이 협약은 도로 주행차량에 의한 화물의 국제운송을 용이하게 하는 것을 목적으로 한다. 주요 내용은 체약국은 도로 주행차량에 의해 운송되는 봉인된 컨테이너 내의 화물에 대해서는 경유지 세관에서의 수입세나 수출세의 납부 및 공탁을 면제하고 원칙적으로 경유지 세관에서의 세관검사가 면제되는 것 등을 규정하고 있다.

## III 안전한 컨테이너를 위한 국제협약(CSC)

1960년대에 미국에서 시작된 컨테이너화는 그 편리성, 경제성의 장점 때문에 60년대에 이미 전 세계적으로 급속히 진전됐으나 한편으로 컨테이너 수송상에 있어 제반 안전이 소홀히 될 수 있다는 점이 지적됐다. 이에 따라 컨테이너의 구조, 관리 제도상으로 특히 인명의 안전을 확보할 필요성이 세계적인 문제로 급부상, 1972년 12월 2일 유엔/정부간 해사협의기구의 합동 「국제 컨테이너 수송에 관한 회의」에서 컨테이너의 국제 수송시의 구조 안전요건 유지를 위해 컨테이너의 취급, 적재 및 수송시 일어나는 인명의 안전을 고수준으로 지키는 것을 내용으로 협약이 제정되어 1977년 9월 6일 발효된 것이 안전한 컨테이너를 위한 국제협약(CSC; International Convention for Safe Containers)이다. 한국은 1979년 12월 18일에 가입하여 발효되었다.

CSC의 주요내용은 컨테이너 구조기준, 시험항목, 시험방법 및 유지검사의 의무 등에 관해 규정, 협약 국가간에 사용하는 컨테이너는 이 절차를 기준으로 하여 주무관청의 승인을 얻는 것을 의무화하고 그리하여 승인된 컨테이너는 「안전승인」(CSC SAFETY APPROVAL)판을 부착할 의무도 주어졌다. 단, 항공기 전용 컨테이너는 이 규정에 적용되지 않는 것 등이 규정되어 있다.

이와 같이 CSC는 안전승인판의 부여 여부를 둘러싼 컨테이너 구조요건을 규정한 일종의 전문적인 기술조약이다.

# 제5절 컨테이너 화물의 안전에 대한 국제적 동향

## I 컨테이너 화물 운송과 보안문제

### 1. 컨테이너화물운송의 중요성과 동향

#### (1) 컨테이너화물운송의 중요성

컨테이너(container)는 반복적으로 사용이 가능하도록 규격화된 포장수단(packaging)이지만 어떤 종류의 운송수단에도 이용이 적합하고 운송수단 상호간에 연결과 접속이 용이하기 때문에, 신속한 적재·양하의 작업을 가능케 할 뿐 아니라 대량운송이 가능하다. 또한 그 자체가 포장수단 및 창고로서의 역할을 겸하고 있어 일관수송의 기능을 실현시킬 수 있는 특징을 가지고 있다. 이러한 특징을 바탕으로 컨테이너에 의한 화물운송은 운송의 3대원칙인 안전성·경제성·신속성의 이념을 실현시키며 운송의 궁극적인 목표인 문전에서 문전까지의 복합운송체계를 확립시키는데 크게 기여하였다.

따라서 이제는 컨테이너 없는 무역운송은 거의 생각할 수 없을 정도로 무역거래에 있어 하나의 동맥과도 같은 중요한 요소로서의 기능을 하고 있다.

#### (2) 컨테이너화물운송의 국제적 동향

국제수송시장에서 컨테이너화(containerization)는 1960년대 후반부터 급속히

〈표 13-8〉 세계의 컨테이너 화물이동

(단위 : 천TEU)

| | 2000 | 2001 | 대비 |
|---|---|---|---|
| 1. 동아시아⇒북미 | 7,646 | 7,839 | 103 |
| 2. 동아시아 역내 | 5,408 | 7,632 | 141 |
| 3. 유럽역내 | 4,620 | 4,640 | 100 |
| 4. 동아시아⇒유럽 | 4,580 | 4,606 | 101 |
| 5. 북미⇒동아시아 | 3,945 | 4,133 | 105 |
| 6. 유럽⇒동아시아 | 2,864 | 2,942 | 103 |
| 기타를 포함한 총합계 | 52,786 | 55,676 | 106 |

※ 자료 : 商船三井營業調査室, 定期海運の現狀, 2000/2001, 2001, 2001, 2002, p.53.

진전되어 현재 산화물(bulk products)을 제외한 거의 모든 화물이 컨테이너화 되어 있다. 현재 매년 세계의 항구간을 이동하고 있는 2억 개의 화물컨테이너가 전 세계로 이동되는 화물의 90% 이상을 차지하고 있다. 그 중 아시아를 기점으로 하는 컨테이너의 화물이동이 세계무역 중 가장 큰 부분을 점하고 있으며 EU 통합에 의해 유럽역내의 화물이동도 증가되어 가고 있다.

## 2. 보안과 관련된 컨테이너화물운송의 문제점

### (1) Shipper's Pack의 경우 내용확인불가능

컨테이너화물운송에서 운송인이 송하인으로부터 물품을 수령하여 컨테이너에 적재하는 이른바 Carrier's Pack의 경우에는 운송인이 그 물품의 명세나 내용 및 성질 등을 잘 알고 있게 된다. 그러나 송하인이 운송품을 빈 컨테이너에 채워서 봉인을 하고 컨테이너 야드(CY)에 반입하는 경우, 즉, FCL Cargo인 Shipper's Pack의 경우에는 컨테이너를 수령한 운송인으로서는 컨테이너에의 적입시 입회하여 그 내용을 눈으로 직접 확인하여 보지 않는 한, 운송품의 수량, 중량 등 컨테이너에 적입된 내용을 확인할 수 없게 된다.

### (2) 컨테이너 수량의 방대함과 검사제한

컨테이너는 그 내용물을 확인하기가 쉽지 않을 뿐 아니라 확인하기 위한 검사가 이루어지는 경우에도 많은 비용과 시간이 소요된다. 매년 세계의 항구간을 이동하고 있는 컨테이너가 2억 개에 달하고 있고 컨테이너량도 5,567만 TEU에 달하고 있다.

특히 미국의 경우 금액기준으로 도착하는 화물의 거의 절반이 선박에 의하고 있으며 그 대부분이 해상컨테이너로 운송되고 있으며 연간 해상수송에 의한 약 7백만 개 이상의 컨테이너가 밀폐된 해상컨테이너를 통해 운송·하역되고 있는 실정이다.

또한 컨테이너는 그 내용물을 확인하는 데에는 많은 비용과 시간이 드는 치명적 약점을 가지고 있으며 검사를 한다 하더라도 검사인력과 기술장비 등의 제약 등이 따르게 된다. 따라서 그 양의 방대함과 무역원활화(trade facilitations)의 견지에서 국가마다 컨테이너화물에 대한 검사는 필요한 최소한으로 제한될 수밖에 없는 실정인데, 미국의 경우도 전체 미국으로 수입되는 컨테이너 중 2%만 검사하고 있다.

### (3) 컨테이너 화물수송의 악용가능성

현대 화물운송에서 매우 중요한 역할을 하고 있는 컨테이너에 대해 미국의 9·11 테러는 매우 심각한 문제를 제기하였다. 즉, 국제테러조직들에 의해 탄저병균 등의 세균병기나 핵폭탄과 같은 테러공격용 무기들이 컨테이너에 은닉되어 이동될 가능성이 있다는 것이다.

이처럼 현재의 컨테이너 시스템은 혁신적인 수송용기이나 본질적으로 안전성을 담보하는 수단이 결여되어 있고 Mobility가 높으며 많은 관계자들이 수송과정에 개입되기 때문에 컨테이너가 대량파괴병기·테러리스트의 밀수수단으로 악용될 수 있다. 따라서 테러범들이 컨테이너 화물운송시스템을 악용하여 대량살상무기 등을 미국 본토에 가지고 들어오기 못하도록 하기 위한 새로운 조치가 절실히 요망되었다.

## II 미국의 CSI

### 1. 미국 CSI의 목적과 시행배경

### (1) CSI의 의의와 목적

CSI는 미국행 컨테이너화물의 사전 검사제도인 Container Security Initiative의 약어로 미국세관이 9·11테러 이후 자국의 안전을 위하여 해상화물 운송수단인 컨테이너의 선적전 사전 검사를 할 수 있도록 하는 것을 골자로 2002년 1월부터 본격적으로 시행된 수입컨테이너 화물의 보안프로그램이다. 이 제도의 목적은 미국과 미국인의 인명과 재산을 해할 수 있는 총기나 폭발물 등 등 테러에 사용되는 물품이 컨테이너에 숨겨 선박을 통하여 미국에 몰래 반입되는 것을 근본적으로 차단하기 위해 미 관세청 직원을 해외항구에 파견, 위험성이 높은 화물을 미리 검사함으로써 미국행 화물의 안전도를 높이려는데 있다.

### (2) CSI의 시행배경

#### ❶ 수많은 국경통과 컨테이너의 검사 한계

이 제도는 원래 해마다 미국으로 향하는 컨테이너는 약 7백만개에 달하고 있는데 미 국경에서 이를 검사하기에는 시기적으로도 늦고 한계가 있다는 판단으로 나온 것이다.

❷ 사회안전 보호기능의 강화 추세

전통적으로 일국에서의 관세행정은 조세징수와 사회안전 확보를 그 핵심적인 기능으로 하였다. 그러나 최근 선진국가에서의 관세행정은 WTO체제가 출범하여 관세율이 대폭 인하되고 자율적인 관세율 결정에 제한을 받게 되면서 조세징수보다 사회안전의 보호기능이 상대적으로 부각되고 있는 상황이다. WCO(세계관세기구)도 테러와의 전쟁을 세관의 새로운 임무로 선언하고 있다.

❸ 테러에 의한 손실보다 테러피해 방지 비용의 저렴

테러공격을 막기 위해 들이는 비용이 테러로 인해 항만시설이나 사회간접자본이 가동되지 못해 발생되는 손실보다 훨씬 적다고 보고되고 있기 때문에 피해가 막대한 테러행위를 원천적으로 차단하기 위한 근본대책의 수립이 요청되었던 것이다.

❹ 대량살상무기(WMD)에 의한 테러 가능성 증가

9·11테러 사태는 첨단기술이 아닌 재래식 수단을 이용한 테러였음에도 불구하고 다수의 사상자를 내었다는 점에서 향후 핵·생화학무기와 같은 대량살상무기를 사용한 테러가 행해질 경우 9·11테러 사태의 수백 배 이상의 사상자를 내는 대재앙적 사태가 발생할 수 있다는 우려를 더욱 증폭시켜 주었다.

❺ 테러를 위한 해상컨테이너 악용 가능성

9·11테러는 해상컨테이너화물운송에 대하여 매우 심각한 문제를 제기하고 있는 바, 그것은 국제테러범들이 테러공격용 대량살상무기(Weapons of Mass Destruction; WMD)나 핵무기와 같은 것들을 컨테이너에 은닉하여 이를 미국 국내로 반입한다면 민간인 생명도, 세계무역시스템도, 세계경제도 보호받지 못하게 될 것이라는 사실이다. 따라서 국제테러범들이 컨테이너를 악용하여 테러행위를 일으키는 것을 저지할 수 있는 보다 안전한 새로운 시스템의 강구가 절실히 필요하게 된 것이다.

### (3) CSI시행의 효용성

미국 관세청은 CSI에 참가하는 항구는 다음과 같은 효용성을 갖는다고 설명하고 있다.

❶ 사회안전 위해물품 반입의 효과적 차단

CSI에 참여하면 상호주의에 입각하여 특정국도 외국에 자국세관원이 파견되어 CSI검사를 시행하기 때문에 자국 내에 테러용 대량살상무기나 총기·마약류 등 사회안전 위해물품이 반입되는 것을 효과적으로 차단할 수 있다.

또한 CSI에 참여한 항구는 테러리스트들의 공격을 받더라도, 이에 대한 대비가 되어 있기 때문에 항구네트워크가 계속 작동하여 미국항구나 외국항구, 그리고 세계교역을 테러나 테러기도로부터 보호해 주는 억지력으로 기능하게 된다.

❷ 세계 해상무역시스템 전체의 안전성 제고

CSI는 각 나라 항구의 인프라시설을 보호할 뿐 아니라 테러방지에 기여하게 되어 세계해상무역시스템 전체에 한층 더 좋은 안전성을 제공하게 된다. 또한 CSI는 테러리스트의 공격이라고 하는 위험에 대한 보험정책의 성격을 가지며 미국뿐만 아니라 이에 참가하는 항구에 대한 중요한 안전성 척도를 부여하게 된다.

❸ 컨테이너 화물흐름의 신속성 제고

수출국에서 사전검사(pre-screening)를 받아 미국으로 가는 해상컨테이너화물은 미국에 도착하는 대로 미 관세청(CBP)을 통하여 신속한 수입절차를 밟게 된다. 또한 출발항 또는 환적항에서 사전보안검색을 받은 컨테이너는 도착항구에서 다시 검색 받을 필요가 없기 때문에 역설적으로 CSI가 컨테이너화물의 신속한 흐름을 촉진시켜 줄 수도 있다.

❹ 안전한 해상항만 인프라 구축 촉진

CSI에 참가하면 참가국으로 하여금 컨테이너 검색기 등 더욱 안전한 해상항만인프라 구축을 촉진시켜 주며 CSI참여항구들은 화물처리능력에 경쟁력을 갖게 돼 많은 기업들을 유치할 수 있고, 재난발생에 적절히 대응해 무역업계에 신뢰감을 조성해 준다.

## 2. 한국에서 CSI의 시행과 업무운영현황

한국에서의 CSI의 시작은 2002년 9월 5일 미국 워싱턴에서 개최된 한미관세청장회의에서 CSI체결에 원칙적인 합의(Declaration of Principles)를 한 것에서 비롯되었다. 이후 이러한 원칙적 합의안을 토대로 2003년 1월 17일 서울세관

국제회의실에서 해상테러방지를 위해 고위험 컨테이너 화물에 대하여 사전검사할 수 있도록 하는 내용의 한미컨테이너보안협정(CSI)이 한미양국 관세청장간에 서명됨으로써 정식 체결되었다.

이후 정식체결의 후속조치로 “CSI한미세관합동사무소”를 부산항에 설치하였고 2003년 8월 1일 미국 관세청 CSI팀이 부산항에 도착한 이후 2003년 8월 4일부터 양국간 합동근무를 시작하였다. 본격적인 정식의 한미CSI 운영은 2003년 9월부터 이루어지고 있다.

# 제14장

# 국제복합운송의 이해와 형태

# 제1절 국제복합운송의 의의와 특성

## I 국제복합운송의 의의

### 1. 국제복합운송의 개념

복합운송의 개념에 대한 용어는 이미 1929년 바르샤바조약(국제항공에 관한 일부규칙의 통일에 관한 조약) 제31조에서 "Combined Carriage"란 용어에서 출발하여 1956년 해육복합운송용 컨테이너가 개발되면서 본격적인 복합운송이란 개념으로 발전되기까지 개념상 통운송(through transport)이나 연속운송(successive transport)으로 이해되고 그러한 개념 위에서 운송계약이 체결되어 왔다.

그러나 실제로 복합운송이란 용어는 1949년 국제상업회의소(ICC)의 국제화물복합운송증권조약의 예비초안에서 종래의 통운송에 대립된 용어로 복합운송이란 표현이 사용되었다. 그 후 복합운송이란 용어는 "Combined Transport"라고 표기하다가 1980년 UN국제물건복합운송조약(United Nations Convention on International Multimodal Transport of Goods)에서 "Multimodal Transport"라고 표기하게 되었으며 미국에서는 협동일관운송이란 의미로 "Intermodal Transport"라고 부르고 있다.

이와 같은 국제복합운송 또는 복합운송에 대한 각 국제조약이나 관련 규칙에서 규정하고 있는 정의를 살펴보면 다음과 같다.

#### (1) 국제상업회의소(ICC)의 복합운송증권통일규칙(UNCTAD/ICC Rules for multimodal transport documents)(제2조)

복합운송이란 어느 한 나라에 위치하고 있는 물건을 인수한 지점에서 다른 나라에 위치하고 있는 인도가 예정된 지점까지 적어도 두 가지 이상의 운송수단에 의한 물건운송을 말한다.

#### (2) 1980년 UN국제물건복합운송조약(United Nations Convention on International Multimodal Transport of Goods)(제1조 1항)

국제물건복합운송이란 복합운송인이 물건을 인수한 어느 한 나라의 지점에서 다른 나라에 위치하고 있는 인도가 예정된 지점까지 복합운송계약에 의거한 적

어도 두 가지 이상의 운송수단에 의한 물건운송을 말한다.

위와 같은 정의를 종합하면 복합운송이란 운송물을 어느 한 나라의 수령장소로부터 다른 나라의 지정인도장소까지 적어도 두 가지 이상의 각각 다른 운송수단의 결합에 의하여 운송하는 것으로 정의할 수 있을 것이다.

## 2. 국제복합운송의 기본 요소

복합운송이 되기 위해 갖추어야 할 기본 요소는 다음과 같다.

① 국제간의 운송
② 운송계약의 단일성
③ 복합운송인에 의한 전운송구간의 인수
④ 운송수단의 이종다양성(선박, 철도, 트럭, 항공기 등)
⑤ 복합운송증권의 발행

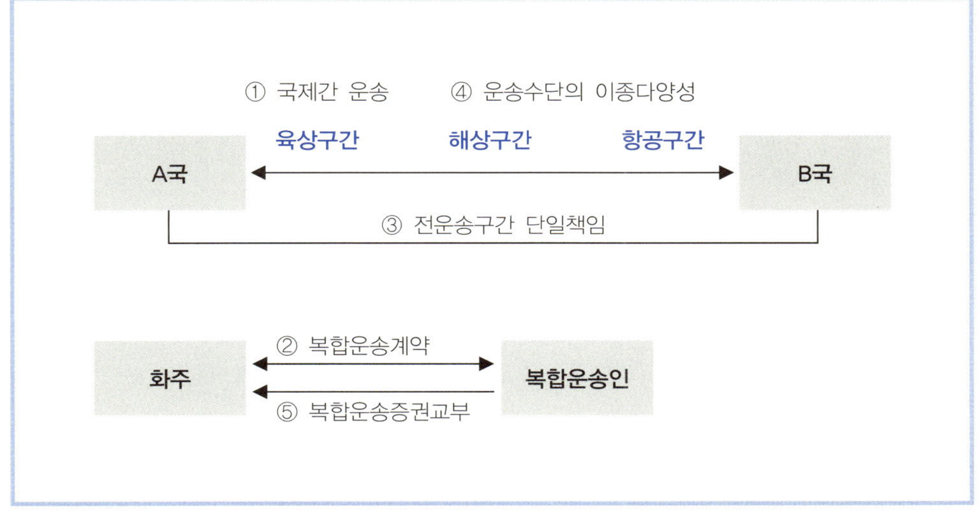

## II 국제복합운송의 특성

### 1. 국제복합운송의 특성

컨테이너 복합운송의 결과로 재래식 운송방식에 비해 다음과 같은 경제적 효과를 갖는다.

#### (1) 운항 비용의 절감

컨테이너선에 의한 수송은 재래식 운송방식에 비해 기계화된 선적, 양하로 운항시간 및 정박기간이 많이 단축됨으로써 연료비, 항세, 선임비, 보험료 등 제반 경비가 절감되는 효과를 갖는다.

#### (2) 하역비의 절감

하역방식의 기계화로 인해 인력에 의한 재래식 하역방식에 비해 하역시간과 인건비를 포함한 하역비용이 절감되는 효과를 갖는다.

#### (3) 포장비의 절감

컨테이너자체가 하나의 화물의 외포장 역할을 해주기 때문에 포장이나 보호장치에 필요한 비용이 절감되는 효과를 갖는다.

#### (4) 보관비의 절감

재래선에 의한 경우 화물의 검사 및 본선적재에 필요한 사전절차인 보세창고에의 반입에 따르는 입고료, 고료, 출고료 등의 경비가 소요되었으나 컨테이너운송에서는 그 자체가 별개의 독립된 창고 역할을 하기 때문에 그러한 추가경비를 절감할 수 있는 효과를 갖는다.

#### (5) 해상보험료의 절감

운항기간의 단축과 아울러 컨테이너자체의 견고성으로 인해 화물의 분실, 손상, 멸실 등의 위험이 감소하기 때문에 해상보험료가 절감되는 효과를 갖는다.

### (6) 투입된 자본의 가동률 향상 효과

하역방식의 기계화로 하역시간과 선박의 정박기간이 단축됨으로 선박의 가동성이 향상되고 그에 따른 선박회사의 투입된 자본의 가동성이 향상되는 효과를 갖는다.

### (7) 운송의 안정성

컨테이너자체의 견고성으로 인해 운송도중에 발생할 수도 있는 여러 가지 장애 요소[하역중 발생할 수 있는 갈고리에 의한 파손, 천재지변에 의한 작업의 지연, 장기간 항해 중에 발생하는 충식(蟲蝕), 열손(熱損) 등]를 제거함으로써 운송의 안정성을 더하고 있다.

### (8) 내륙운송비의 절감

생산공장 또는 송하인의 창고에서 화물이 적입된 컨테이너가 샤시에 의해서 수송됨으로 종래의 운송비보다 적은 비용으로 선적항까지 운송할 수 있다.

### (9) 운송서류의 간소화

서류작성과 하인이 간소화되는 효과를 갖는다.

## 제2절 국제복합운송의 형태

### I 해·육(Sea & Land)복합운송의 의의

국제복합운송은 최초로 1960년대부터 주로 해상 컨테이너의 발전에 따라 해·육(Sea & Land) 복합운송서비스인 선박과 철도 및 자동차의 조합에 의해 시작된 Door to Door 서비스가 그 시초이다. 여기에는 선사가 주도하는 Zone Tariff에 의한 내륙운송요금의 설정에 따라 해상경로를 중심으로 한 형태와 Land Bridge방식에 의한 대륙횡단철도와의 제휴에 의한 형태로 나누어 볼 수 있다.

Land Bridge의 개념은 컨테이너화와 복합운송의 진전에 따른 새로운 현상이

기는 하지만 이미 19세기 후반 뉴욕~일본간 교역(파나마운하 개통 이전)에 있어서 북미대륙횡단철도가 이용되었다. 그러나 Land Bridge의 개념은 오랫동안 잊혀졌으나 1960년대 후반부터 다시 북미대륙횡단철도를 이용하는 해륙복합운송시스템이 새로운 운송방법으로 각광 받기 시작하였고 비슷한 시기에 시베리아 횡단철도를 이용한 해륙복합운송서비스도 개발되어 과거 아시아와 유럽간의 주요한 교역 및 통신로였던 실크로드를 재현하게 되었다.

Land Bridge는 해육복합일관수송이 실현됨에 따라 해상—육상—해상으로 이어지는 운송수단 중 중간구간인 육로(Land)운송구간을 말하며 즉, 이는 특정항로(파나마나 수에즈운하 경유 극동 ↔ 유럽간 항로)에 의한 해상운송에 대한 대체경로로서의 육로운송구간을 말하며, 대륙횡단을 위한 철도 및 육로 운송방식을 이용하여 매개 운송구간화함으로써 육상과 해상을 잇는 해륙복합운송을 위한 교량(Bridge)의 역할을 하고 있어 육상운송이 포함된 육상과 해상운송의 교량역할을 하는 복합운송경로를 Land Bridge라고 부른다.

Land Bridge는 일반적으로 2국간 Land Bridge와 3국간 Land Bridge의 두 가지가 있다.

Land Bridge의 전형적인 경로는 극동에서 유럽지역까지 운송시에 파나마와 수에즈운하를 경유하지 않는 ① 극동—북미태평양연안—(철도)—북미대서양안—유럽(ALB; American Land Bridge), ② 극동—나호드카(러시아)—(철도)—유럽제항(SLB; Siberia Land Bridge)의 경로이다.

〈그림 14-1〉 Land Bridge의 2가지 형태

Land Bridge의 목적은 운송경비의 절감과 운송시간의 단축을 위한 것으로써 이러한 비용절감의 가능성은 해상운송업자들로 하여금 내륙운송에 있어서 규모의 경제를 실현하기 위해 주요 내륙운송망에 뛰어난 접근성을 가진 소수의 항만에 화물량을 집중시키도록 했다.

## II 해·육(Sea & Land)복합운송의 주요 경로

### 1. 북미 Land Bridge

북미 Land Bridge는 ALB(American Land Bridge)와 CLB(Canadian Land Bridge)가 대표적이다. ALB는 극동지역의 항만으로부터 북미서안의 주요 항만까지 해상운송한 뒤 철도운송으로 연계, 북미동안/걸프만의 항만에서 다시 해상운송으로 유럽지역 항만 또는 유럽내륙까지 일관운송하는 서비스 방식이다.

북미 Land Bridge의 이용배경은 1966년 Santa Fe철도건설에 따라 NY-LA간 정기적인 컨테이너 Flat Car의 운행이 이루어지고 1967년 British Transport Docks가 “Containerization; the Key to Low Cost Transportation”을 발행함에 따라 극동과 유럽간의 운송 중에 컨테이너운송으로 미대륙을 연계시키는 것이 비용절감 효과가 뛰어나다는 사실을 화주에게 통보한 일이 있었다.

그리고 1967년 아랍국가와 이스라엘간의 전쟁으로 수에즈운하가 봉쇄됨에 따라 수에즈운하를 경유하는 극동/유럽항로와 경쟁하는 새로운 운송방법으로 북미 Land Bridge가 각광을 받았다. 이 서비스는 1972년에 Seatrain社가 처음으로 Land Bridge의 운임을 공표하고 영업을 개시하였다. 이 Seatrain社의 서비스는 운임과 운송일수가 전구간 해상운송과 시베리아 횡단철도 서비스의 중간정도이며, 화물의 통과국이 미국이라는 신뢰감에 따라 하주들로부터 큰 기대를 모았다. 그 후 Sea-Land사가, 1980년 APL, 1982년에는 Lykes사가 각각 이 서비스에 참여하여 1982년에는 약 100만개(unit)의 운송량을 기록하였다. 그러나 ALB서비스는 운송스페이스가 극동/미국간의 화물량에 좌우되어 안정적인 스페이스의 확보에 문제가 있었고, 극동/유럽간의 전구간해상운송에 있어서 맹외선 등이 양질의 저렴한 서비스를 제공함에 따라 소요일수나 운임측면에서 전구간 해상운송서비스보다 우위성이 없어지게 되었다. 더욱이 시베리아횡단철도서비스(SLB, TSR)의 활성화 등에 따라 상대적으로 경제성이 떨어짐으로써 오늘날 하주의 이용은 매우 저조한 실정이다.

한편 Canadian Land Bridge(CLB)는 ALB와 같은 형태로써 극동지역에서 캐나다의 벤쿠버(Vancouver)항 또는 미국의 시애틀(Seattle)항까지 해상운송한 후 그곳에서 캐나다의 철도회사를 이용, Montreal 또는 캐나다의 동안까지 내륙운송한 뒤 다시 선박으로 유럽의 각 항만까지 해상운송하는 방법이다. 이 CLB는 Canadian Pacific Rail사와 일본회사가 개발하였으며 최근에는 ALB와 마찬가지고 여건이 좋지 않아 사용이 매우 저조한 실정이다.

〈그림 14-2〉 American Land Bridge의 경로 및 소요일수

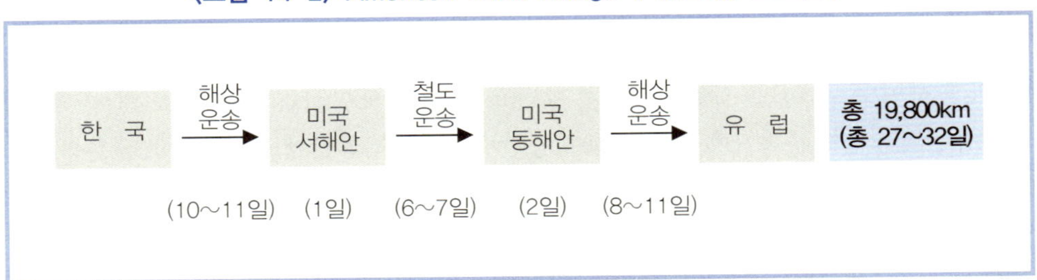


### (1) MLB(Mini-Land Bridge)

Mini-Land Bridge(MLB) Service는 미국 Seatrain사가 ALB 서비스의 개설과 병행하여 1972년에 개시했다. 즉, Seatrain사는 Van Central 철도회사와 Santa Fe 철도회사의 동의를 얻어 저렴한 운임을 확보하고 유럽에서 미국 동안의 찰스톤(Charleston)항을 경유하여 서안의 켈리포니아까지 운송한 후 귀로를 이용해 미국 서안에서 동안으로 화물을 운송하게 된 것이 그 효시이다.

Land Bridge와 Mini-Land Bridge의 차이점은 Land Bridge가 해상, 육상, 해상운송 과정인데 비해 Mini-Land Bridge는 해상, 육상운송의 과정만을 포함한다는 것이다.

MLB의 장점은 우선 하주에게 다양한 범위의 운송서비스를 제공할 수 있으며 운송수단 및 선박 스케줄의 선택에 여유를 가질 수 있다는 점이며 선사를 비롯한 운송인에게는 동일한 하주를 계속 확보하면서도 항만 선택에 여유가 있으며 소수의 항만에 화물을 집중토록 하여 선박의 활용도를 높일 수 있을 뿐 만 아니라 효율적인 내륙운송이 가능하다는 점 등이다.

〈그림 14-3〉 Mini-Land Bridge의 경로 및 소요일수

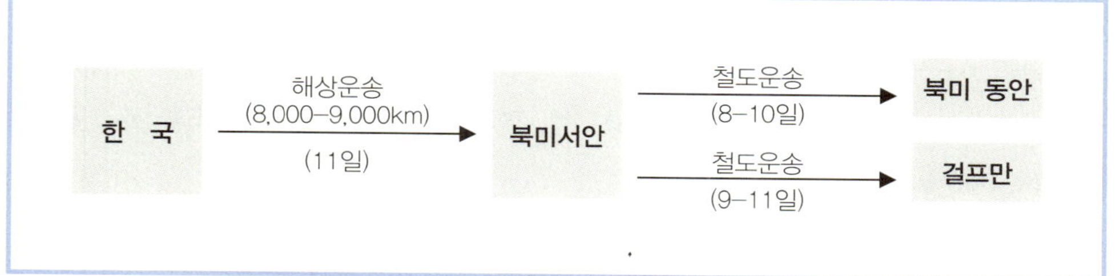


(2) Microbridge(Interior Point Intermodal; IPI)

MLB가 전구간해상운송의 대체운송서비스로서 미동안 또는 걸프만 지역의 항만에 한정되어 있는 Port to Port 운송인데 비해 Microbridge는 미국의 주요 내륙지점의 철도터미널 또는 선사의 CY/CFS에서 화물의 인도가 행해지는 복합운송서비스로서 통상 IPI로 불리고 있다.

한편 Reversed Microbridge라고도 불리는 Reversed Interior Point Intermodal (RIPI) 서비스도 있다. 이는 극동에서 파나마운하를 경유하여 미동안 항만까지 해상운송한 후 그곳에서 철도, 트럭 등에 접속하여 내륙도시까지 운송하는 서비스이다. RIPI는 IPI 서비스에 대항하기 위해 1980년 미국 동안에 기항선사들에 의해 시작되었다. 미국 동안에 가까운 내륙도시행 화물이 주로 이 서비스를 많이 이용하며, IPI 보다는 운임이 싼 편이지만 운송기간은 IPI보다 더 많이 소요된다.

(3) OCP(Overland Common Point)

북미대륙내의 공통운임 부과지역인 록키산맥 동쪽의 원격지를 말한다. OCP운임체제는 MLB와 비슷하지만 공통운임이 부과된다는 점에서 차이가 있다. OCP Cargo는 태평양연안의 항구를 경유하여 OCP지역으로 운송되는 화물을 말하는 것으로, OCP Cargo의 운임은 미국의 국내운임보다 5~30%쯤 싸게 책정되어 있다. 이는 미대서양연안 및 걸프연안을 경유하는 화물과의 경쟁을 고려한 때문이다. 예를 들어 극동에서 미대륙으로 운송되는 화물의 선하증권상에 "San Francisco OCP" 또는 "OCP Via Seattle"이라고 기재되는 경우가 있는데 이러한 선하증권에 의하여 화물은 양륙항에서 수하인이 지정하는 내륙지방까지 운송된다.

OCP운송은 태평양운임동맹과 서부철도그룹으로 조직되어 있는 미국철도운임협정기관(Trans-Continental Freight Bureau; TCFB)의 협정으로 철도로 운송되는 경우에는 선박에서 화차까지 적재하는 비용은 양사가 부담하며, 선박회사와 트럭회사간에도 이와 같은 록키산맥 자동차 운임협정기관(Rocky Mountain Motor Freight Bureau)이 조직되어 있다.

## 2. Siberia Land Bridge(SLB)

### (1) 시베리아대륙횡단철도(TSR)

1916년에 TSR(Trans Siberian Railroad) 전구간이 완공되었으며 2차 세계대전 이후 중단되었다. 이후 1966년 전소대외운수공단(全蘇對外運輸公團; V/O SOJUZVNESHTRANS; SVT)과 일본의 운수업자가 수송계약을 체결하여 본격적인 대륙간 수송을 개시하였다. TSR은 외화획득, 해운을 통한 태평양 및 인도양의 진출과 극동/유럽간에 door-to-door 서비스를 수행하기 위해 시베리아 철도를 이용하는 전형적인 해륙 복합운송시스템이다.

〈그림 14-4〉 유라시아 철도 운송경로

※ 자료 : 코레일, 머니투데이 2015.6.12.

시베리아 횡단철도(TSR)은 시발점인 핫산역과 보스토치니항의 접점인 바로노프스키에서 모스크바까지 총 연장 9,208km의 글로벌 물류통로이다. TSR은 모스크바에서 상 페테르부르크를 경유, 핀란드로 연결되는 노선과 벨로루시를 거쳐 폴란드, 독일, 헝가리 등으로 연결되는 노선으로 나누어진다. 전 구간에 걸쳐 모두 36개의 역이 설치되어 있으며, 그 중 13개 역에서는 40' 컨테이너를 취급할 수 있는 특수장비가 갖추어져 있다.

TRS의 물동량은 1990년대 말까지 정체 내지 보합상태에 머물러 있었으나 2000년대에 들어서면서 비교적 높은 증가세를 나타내고 있다. 2000년에서 2004년 사이에 TSR 이용 물동량이 7만 3천 TEU에서 27만 3천 TEU로 증가세가 연평균 39.1%에 달했다. 2005년 이후에는 물동량이 다시 감소하는 추세를 나타냈으나 이는 통과화물의 해상운송 전환에 따른 일시적인 현상으로 판단하고 있다.

TSR의 교역화물 처리실적은 1980년대 말까지 거의 전무하였으나 1990년대에 들어서면서 조금씩 발생하기 시작하였다. 그리고 러시아의 정치, 경제적 여건이 안정화되기 시작한 2000년대에 들어서는 교역화물의 증가세가 가속화되고 있다. 2000년에서 2006년 기간 동안 TSR의 교역화물 처리량은 3만4천 TEU에서 19만 1천 TEU로 연평균 33.7%의 증가세를 나타냈다.

2006년 1월에 러시아 철도공사는 TSR의 운임을 32.7%에서 최대 647.7%로 대폭 인상하는 조치를 취하게 된다. 이 같은 운임인상의 내용은 공컨테이너 운임의 대폭 인상, 물동량이 상대적으로 적어 운임이 낮았던 동향운임이 서향운임과 동일한 수준으로 인상되었고, 통과화물의 운임이 수출입화물의 운임과 동일한 수준으로 인상되었다. 이로 인해 극동－유럽간 통과화물운송에 TSR을 이용하던 기업들이 해상운송으로 대체하는 현상이 발생하게 되었으나 러시아 및 CIS 국가들의 수출입 화물 수송량은 증가추세를 유지했다. 즉, 수출입화물의 경우 운임에 대한 수송수요의 탄력성이 낮아서 물동량 변화추세에 큰 영향을 미치지 않았다. 한편, 향후 해상운임의 상승, 중동지역의 분쟁 등 예기치 못한 상황이 발생하게 될 경우 TSR을 통한 통과화물의 수송기능이 다소 회복될 것으로 전망된다.

<표 14-1>에서 보는 바와 같이 TSR의 가장 큰 장점은 해상운송에 비해 화물운송기간이 크게 줄어든다는 것이다. 그러나 그에 비해 2006년 운임의 대폭 인상으로 운송비용이 비싸다는 단점을 가지고 있다.

〈표 14-1〉 TSR과 원양항로 경유의 운송기간 및 운임 비교(2007.5. 기준)

(부산항 출발 기준)

| 도 착 지 (국가, 지역) | | 해상운송 | | | | TSR 운송 | | | |
|---|---|---|---|---|---|---|---|---|---|
| | | 거리 (km) | 기간 (일) | 운임(US$) | | 거리 (km) | 기간 (일) | 운임(US$) | |
| | | | | TEU | FEU | | | TEU | FEU |
| 핀란드 | 루자이카 | 22,000 | 33 | 2,200 | 3,500 | 11,300 | 20 | 2,645 | 4,200 |
| 러시아 | 모스크바 | 23,000 | 35 | 3,800 | 7,200 | 10,280 | 21 | 2,945 | 5,300 |
| | 타간로크 | 9,500 | 30 | 2,500 | 4,500 | 10,950 | 26 | 2,745 | 4,100 |
| 네덜란드 | 로테르담 | 20,800 | 30 | 1,600 | 3,000 | 12,200 | 22 | 2,845 | 4,800 |
| 독 일 | 함부르크 | 21,000 | 32 | 1,600 | 3,000 | 11,000 | 22 | 2,845 | 4,800 |
| 헝가리 | 부다페스트 | – | – | 2,800 | 4,500 | – | – | 2,745 | 4,400 |
| 체 코 | 프라하 | – | – | 2,800 | 4,500 | – | – | 2,745 | 4,400 |

※ 자료 : 무역협회, TSR과 해상운송의 운송시간 및 운임비교, 2005.6. 단, TSR 운송의 운임은 2006년 1월 운임 인상분(US$ 145/TEU 및 US$300/FEU)을 가산하여 작성하였음.

예를 들어 운송기간에 있어서 부산에서 네덜란드 로테르담까지 해상운송(20,800km)을 통해서는 30일이 소요되나 TSR을 이용할 경우(12,200km) 22일 정도로 운송기간이 단축된다. 그에 비해 같은 구간에서 운임측면에서는 해상운송의 경우 US$ 1,600/TEU, US$ 3,000/FEU인 반면 TSR을 이용할 경우 US$ 2,845/TEU, US$ 4,800/FEU로 해상운송에 비해 약 60~70% 높은 것으로 나타났다.

〈표 14-2〉 한국(부산) ↔ 유럽(로테르담)간의 경로별 거리 비교

| 운 송 경 로 | 거 리(km) |
|---|---|
| SLB | 약 13,000 |
| 북미 대륙을 경유하는 ALB | 약 20,000 |
| 수에즈운하 경유 전구간 해상운송시 | 약 20,700 |
| 파나마운하 경우 전구간 해상운송시 | 약 23,000 |
| 케이프타운 경우 전구가 해상운송시 | 약 27,000 |
| 북극항로(지구온난화로 일정기간 가능) | 약 12,700 |

<표 14-2>는 한국(부산)에서 유럽(로테르담)까지의 경로별 거리를 비교한 것으로 SLB가 가장 짧으며 그 결과 운송소요일수도 다른 경로를 이용하는 것보다 며칠 빠를 뿐 만 아니라 운임도 유럽운임동맹보다 약간 저렴하게 책정되어 있다.

SLB 서비스에 있어서 복합운송인은 복합운송증권을 발행하고 일관공통운임을

제시하며 일관책임하에 전구간운송을 인수하게 된다. 그 책임체계는 기본적으로 이종책임체계(network liability system)로 되어 있다. 즉 손해발생구간이 명확히 파악된 경우가 해상구간이면 Hague 규칙을, 철도운송구간이면 국제철도운송에 관한 협약(COTIF)을, 트럭운송구간이면 국제도로화물운송협약(CMR)에 준거하고 있다. 만약 손해발생구간이 명확하지 않다면 일반원칙을 적용하고 있다.

〈그림 14-5〉 극동·유럽간의 운송경로

## (2) SLB의 장·단점

SLB의 장점은 다음과 같다.

① 거리의 단축에 따른 비용의 저렴성(2006년 운임인상으로 운임이 비싸게 되어 단점이 되고 있음.)

② 유럽 내륙지점에의 양호한 접근성

③ 중동항로의 대체경로 및 체선이 심한 중동항만의 회피 가능성

위와 같은 장점에 따라 SLB는 국제복합운송의 주동맥으로서의 무한한 잠재력을 갖고 있는 것으로 평가된다.

그러나 문제점도 많이 가지고 있어 SLB의 단점은 다음과 같다.

① 양방향 화물의 불균형에 따른 공컨테이너의 환수문제

극동지역에서 유라시아로 수출되는 컨테이너물동량과 수입되는 컨테이너물동량 비율이 수출 70%, 수입 30%인(2005년 실적기준) 까닭에 양방향 화물의 불균형에 따른 40%가량을 공컨테이너형태로 환수해야 함으로 그에 따른 비용부담 문제가 발생한다.

② 동절기 액체화물운송의 제한

SLB가 냉대지역인 시베리아대륙을 통과함에 따라 동절기에는 결빙성 있는 액체화물을 운송하는데 어려움이 있다

③ 선진국에 비해 낙후된 운송서비스

화물운송의 안전성, 확실성, 신속성 확보 및 화물의 추적에 관한 서비스에 문제가 있다. SLB를 이용한 극동/유럽간 화물운송의 경우 구소련 철도시설의 노후화, TSR운영관리의 비효율성 등으로 인해 화물인도 날짜가 제대로 지켜지지 않았으며 보스토치니항에서 이루어지는 선박과 철도간의 화물환적, 유럽접경지역에서의 화물환적이 원활하지 못하여 시간낭비가 크게 발생하였다.

### (3) SLB의 운송경로

SLB의 운송방식을 부산, 일본 등의 각 항구로부터 러시아의 나호드카·보스토치니항까지 선박에 의한 해상운송 후, 구소련 영토내는 철도에 의한 육상운송을 이용하여 각각 유럽·중근동의 국경까지 화물을 운송하며, 그 이후 각 운송수단의 결합에 따라 Transrail, Transsea, Tracons 등으로 나누어진다.

#### ❶ Transrail

TSR의 3가지 운송시스템 중 가장 일반적인 운송방법이다. 1984년에 총연장 4,335km의 BAM철도[6]의 개통에 따라 TSR의 운송능력은 크게 향상되었다. 극동지역의 항만으로부터 해상운송에 의해 보스토치니항까지 컨테이너화물의 운송이 이루어진 후 운송의 안정화, 합리화를 도모하기 위해 행선지별 컨테이너 전

6) BAM철도는 바이탈－아무르－마기스트랄의 머리글자를 따서 붙여진 이름으로 제2의 시베리아 횡단철도이다. 이 철도는 시베리아 철도의 크라스노야르스크와 이르쿠츠크 사이의 타이세트에서 시작되어 일본해에 연해있는 소베트스카야가와니까지 총 4,335km로서 시베리아철도의 북방에 있는 철도망 중 가장 중요한 노선이다. 1974년에 공사가 시작되어 1984년 10월에 완공되었다.

용열차(Block Train)로 시베리아 횡단철도를 이용하여 Moscow와 Chelyabinsk 같은 거점도시를 거쳐 주요 경계지점까지 운송하게 된다. 그러나 시베리아철도는 광궤(궤간 1,520mm)인데 비해 유럽의 철도는 표준궤도(궤간 1,435mm)이므로 구소련의 유럽 국경지역에서 환적이 이루어져야 한다. 전구간운송을 완료하는 데는 22~30일이 소요되며, Vostochny항에서 주요 경계지점까지는 약 15일이 소요된다. 경계지점에 따라 6개의 경로에 의해 운송이 이루어지고 있다.

### ❷ Transsea

해상운송으로 Vostochny항까지 운송된 컨테이너화물이 TSR에 의해 Baitic해 연안 또는 흑해의 항구인 Leningrad, Riga, Tallin, Zhdanov, Ilyichevsk까지 철도운송이 이루어진 후 다시 선박으로 최종목적지(지중해, 서유럽, 스칸디나비아)까지 운송되는 Land Bridge 시스템이다.

〈그림 14-6〉 SLB 운송경로

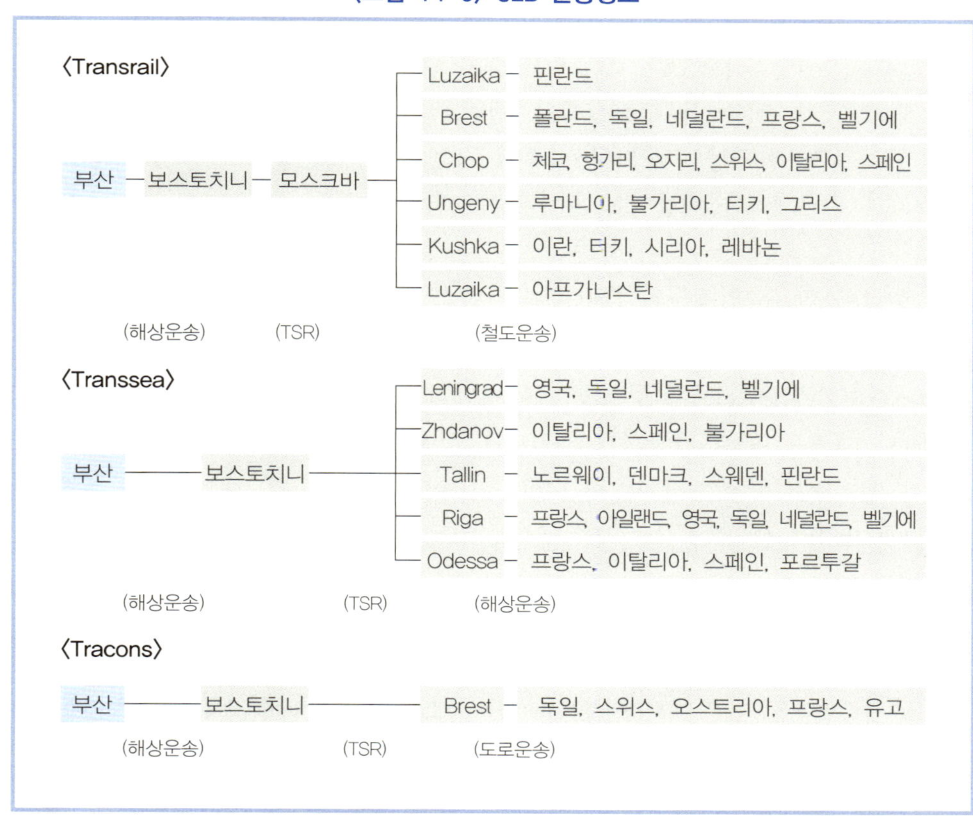

❸ Tracons

러시아 또는 폴란드 국경의 Brest의 동쪽에 위치한 비소코리트브스크(Vysoko-Litovsk)까지 운송된 화물을 스위스, 프랑스 이북 등의 서비스 지역까지 트럭으로 운송하는 형태이다.

### (4) TSR의 운영실태

일본에서는 TSR 서비스를 수행하고 있는 15개 복합운송업자들이 일본 Trans Siberia 복합수송업자협회(TSIOAJ)를 설립하여 TSR 발전을 위해 구소련측에 요구할 각종 개선사항의 제안을 비롯하여 TSR 서비스의 조사연구, 하주에 대한 서비스 향상 및 홍보, 관련기관과의 연락, 절충, 법규상의 정비 도모 등의 기능을 수행하고 있다. 유럽에서도 유사한 조직으로서 Trans Siberia 복합운송협회가 설립되어 있다.

TSR 서비스에 있어서는 forwarder가 복합운송인의 입장에서 하주로부터 전구간 일관운송을 인수하고 있다. Forwarder는 러시아측 general operator인 전소통과화물공단(全蘇通過貨物公團; V/O SOJUZTRANSIT; SOTRA)[7]과의 계약에 의거해서 SOTRA가 수배하는 구소련철도, 선박, 트럭, 각 공단을 실제운송인으로 이용해 왔다. 구소련국경을 통과한 이후의 유럽내륙철도운송에 대해서는 Intercon tainer사와 운송계약을 체결하여 일관운송서비스를 제공하고 있다.

### (5) 한국 복합운송업체들의 TSR 운송서비스 실태

한국은 TRS 서비스에 참여함에 있어서 구소련의 SOTRA나 전소대외운수공단(V/O SOJUZVNESHTRANS; SVT)와 직접계약을 체결하지 못하고 외국의 for warder와 계약을 통해 간접적으로 서비스를 제공하였다. 그러나 1990년 9월 러시아와 정식수교가 이루어지면서 SVT, Eurasia Trans 등과 직접계약을 통해 실질적으로 TSR 서비스에 참여하고 있다. 현재 국내 TRS 컨테이너운송서비스에 참여하고 있는 한국의 업체는 20개사가 넘고 있다.

이들은 1990년대 초반까지 한국과 유럽간 교역화물의 TSR 운송서비를 제공

---

7) 전소련통과화물공단은 대외경제성(Ministry of Foreign Economic Relations)의 하부조직으로 SLB를 관장하고 있다. 주요 업무는 ① 해운·하천운수·철도·자동차 및 항공의 각 운송수단을 복합화하여 구소련연방이나 제3국 영통경유로 외국 통과화물의 유치와 조직화, ② 시베리아대륙 횡단철도운송에 대해 가장 합리적이고 진보적인 수단과 방법을 선택함으로써 통과화물운송에 관한 운용에 의한 외화획득과 효율화 등이다.

하였으나 1990년대 중반 이후부터는 서비스 지역이 지리적 여건상 해상운송의 접근이 어려운 핀란드, 모스크바, 중앙아시아지역으로 집중되었다.

한국과 중앙아시아지역간의 복합운송서비스가 활성화되고 있는 것은 1990년대 후반에 우즈베키스탄, 카자흐스탄 등에 대한 한국기업의 진출이 활성화되었고 또한 이 지역에 대한 화물운송에서 TSR과 TCR의 경쟁관계를 형성하고 있기 때문이다.

중국 동북 3성 지역을 통과해 치타역에서 연결되는 TMR(만주통과철도)이나, TMGR(몽골통과철도)은 러시아의 TSR에 비해 거리상 1,500km 가량 단축되나 현재 TSR은 TMR이나 TMGR에 비해 여러 가지 면에서 경쟁력이 있다. 즉, 각 국가별로 세관의 통관시간은 5~6시간이 소요되기 때문에 국가별로 대기시간이 1일이다. 따라서 철도연장 TSR에 비해 더 짧다 해도 최종목적지에 도착하는 시간은 차이가 없다. 또한 비용적인 측면에서도 TSR이 TEU/km 당 3센트, 중국이나 몽골은 이에 7배인 24센트를 요구하고 있어 가격경쟁력이 뛰어나며 경로상 TMR, TMGR은 다시 TSR로 환적해야 하는 번거로움이 있다.[8)]

〈표 14-3〉 2000년도 보스토치니항 취급 컨테이너 화물현황

(단위 : TEU)

| 화물발착지 | 한 국 | 일 본 | 중 국 | 기 타 | 총 계 |
|---|---|---|---|---|---|
| 취급물동량 | 61,282 | 10,344 | 928 | 147 | 72,701 |

※ 자료 : 안병민, 시베리아횡단철도(TRS)의 한반도연결에 따른 파급효과와 향후 전망, 교통개발연구원, KIEP 러시아연구회 발표자료.

TSR 운송서비스의 개시는 하주에게 다양한 운송경로의 선택권을 제공하게 되었으며, 해상운송업자나 국제물류주선업자에게 이 운송을 통해서 구체적인 국제로지스틱스의 노하우를 축적시켰다는데 큰 의의가 있다.

8) 안병민, 시베리아횡단철도(TRS)의 한반도연결에 따른 파급효과와 향후 전망, 교통개발연구원, KIEP 러시아연구회 발표자료.

〈표 14-4〉 보스토치니 항 취급 컨테이너 물동량 현황

(단위 : TEU)

| 구 분 | | 2005년 | 2006년 | 증가율(%) |
|---|---|---|---|---|
| 수 출 입 | 수입(서향) | 127,759 | 159,140 | 24.6 |
| | 수출(동향) | 23,739 | 32,159 | 35.5 |
| | 소 계 | 151,498 | 191,299 | 26.3 |
| 통 과 | | 63,944 | 6,292 | 9.8 |
| 합 계 | | 215,442 | 197,591 | -8.3 |

※ 자료 : KMI, 시베리아 횡단철도(TSR)의 운임정책과 향후 활용전략, 2007.6.

## 3. 중국대륙 횡단철도(Trans China Railway; TCR)

### (1) TCR의 경로

유럽대륙과 아시아대륙을 연결하는 Land Bridge로서 기존의 TSR 이외에 중국대륙을 통과하여 유럽과 연결되는 중국횡단철도(Trans China Railway)도 큰 관심을 끌고 있다. TCR은 한국을 비롯한 일본, 대만, 홍콩 등 극동지역을 기점으로 하여 1차로 선박을 이용, 강소성 연운항까지 해상으로 운송한 후 중국대륙을 동서로 관통하는 철도운송에 의해 중국대륙을 횡단해서 구소련 국경지역에서 환적한 후 시베리안 횡단철도(TSR)에 연결하여 유럽까지 운송하는 대륙간 횡단철도서비스이다.

### (2) TCR의 장·단점

TCR은 운송거리상 극동과 유럽을 연결하는 최단코스로서 요코하마와 로테르담간 운송거리가 TSR보다 약 2,000km의 운송거리 단축이 가능하며 국경역에서의 환적을 위하여 1~2일이 소요되더라도 극동과 유럽간에 23~24일이면 운송이 가능하기 때문에 운송일수와 운송비용면에서도 상당한 절감이 가능하다. 또한 시베리아 지역이 동절기(1~3월)에도 평균기온이 -20C 내지 -30C 정도로 매우 낮아 액체화물운송에 어려움이 많은 점을 고려할 때 TCR은 TSR보다 위도상 낮은 지역에 위치해 동절기의 혹한에 의한 상품손상이나 동파의 위험이 적으므로 동절기의 액체화물운송에도 커다란 장점이 있다.

반면에 단점으로 TCR은 중국국경을 지나 구소련의 TSR과 연결되어야 하나

궤도(TSR은 광궤 1,520mm, TCR은 표준궤 1,435mm)의 차이로 인해 중국구경에서 반드시 환적되어야 하며, TCR은 TSR과 반드시 연계되어야 하므로 TCR의 전체운임은 러시아측과의 협상여하에 영향을 받기 때문에 경쟁관계인 TSR보다 현저하게 낮은 운임책정이 어려울 것이고, TCR 서비스에 대한 관계국간의 운영상 비협조, 원활한 집하활동의 제한, 컨테이너 환적 및 창고시설 등 물리적으로 국제화물운송에 부적합한 시설 등의 문제점으로 인해 TCR의 활성화에는 상당한 시간이 걸릴 것으로 보인다.

## 4. 아시아 횡단철도(Trans Asian Railway; TAR)

아시아 횡단철도는 1992년 UN 경제사회이사회(Economic and Social Commission for Asia and the Pacific; ESCAP)에 의하여 추진 중인 한반도(TKR)－중국(TCR)－러시아(TSR)를 경유하여 유럽까지 연결되는 새로운 철도망이다.

아시아 횡단철도를 이용할 경우의 장점은 부산에서 로테르담까지 거리는 약 10,370km로서 컨테이너 운송이 약 24일 정도 걸리며, 전구간 해상운송시 거리인 20,000km보다 9,630km가 짧아 운송기일이 약 4~5일 정도 빠르고 운임도

〈그림 14-7〉 아시아횡단철도(TAR) 노선

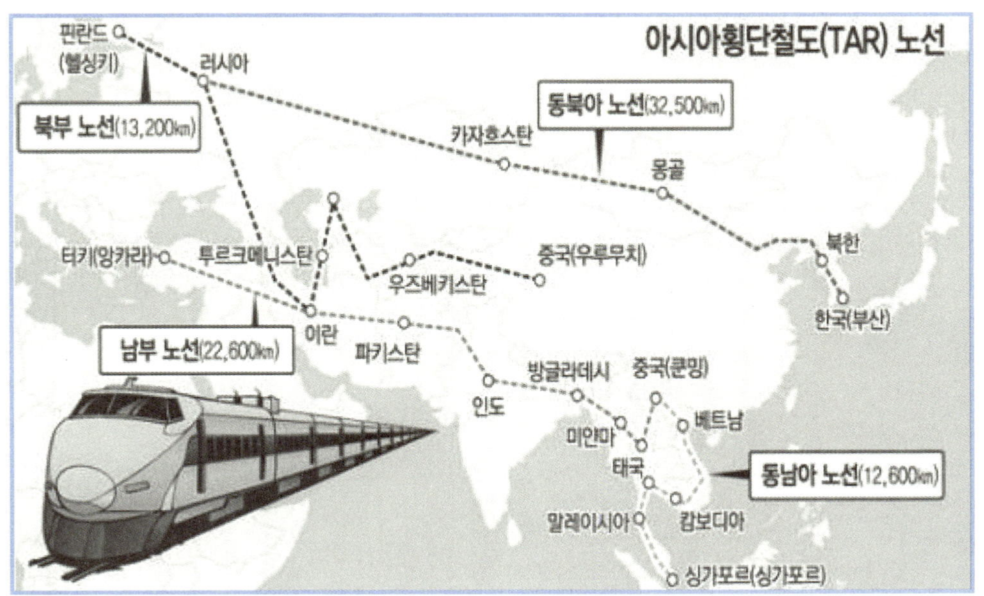

20% 이상 저렴해진다.

UN 아시아·태평양 경제사회 이사회는 1996년 10월 제52차 ESCAP 회의에서 남북한 등 42개국이 TAR의 개통을 위해 단절된 남북한 철도를 복원하는데 최우선적으로 노력한다는 결의안을 채택하고 있으며 한반도종단철도(Trans Korean Railway; TKR)망이 구축된다면 TAR은 21세기 아시아 경제부흥을 촉진하게 될 것이며 한국은 동남아 주요 항과의 지리적 위치로 인한 열세에서 벗어나 부산, 인천, 광양항의 경쟁력을 강화시킬 수 있을 것으로 전망된다.

## 5. 아시아 횡단고속도로(Asian Highway)

1992년 UN ESCAP의 제48차 회의에서는 아시아 횡단철도(TAR) 외에도 아시아 횡단고속도로를 포함하는 아시아 육상교통 인프라 개발계획(Asian Land Transport Infrastructure Development Project; ALTID)을 추진키로 하였다. 아시아 횡단고속도로는 당초 동남아시아(태국, 월남, 인도네시아, 필리핀 등)와 서아시아(아프가니스탄, 이란 등)를 연결하는 65,00km의 도로망 구축에 있었으나 동서냉전 구조 속에서 중국, 월맹 등 사회주의 국가의 불참으로 필리핀–인도네시아–태국–인도–파키스탄–이란 등을 연결하는 남부노선을 대상으로 추진하여 왔다. 그러나 최근 동서냉전구조가 와해하면서 1988년부터 1991년까지 중국, 몽고, 베트남, 미얀마 등이 적극 UN ESCAP에 가입함에 따라 한반도를 기점으로 중국–몽고–중앙아시아–유럽을 최단거리로 연결하는 북부노선이 추가되게 되었다.

〈그림 17-8〉 올림픽대로 상의 아시아 횡단고속도로 표지판

〈그림 17-9〉 아시아 횡단고속도로(Asian Highway)

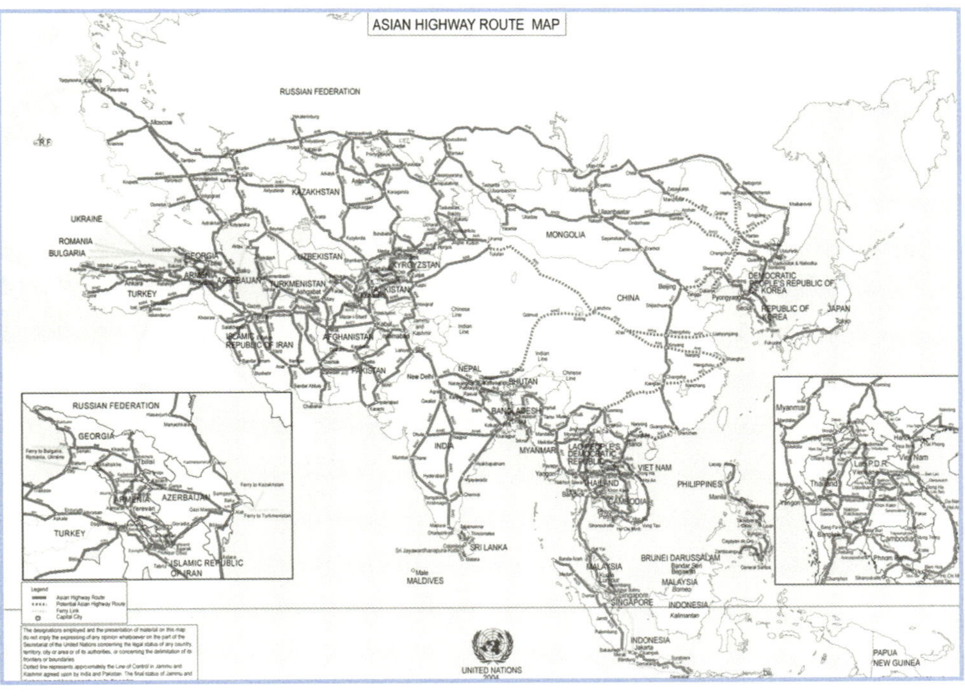


아시아 횡단고속도로가 가동될 경우 아시아 각국간 새로운 교류형태가 생성되기 시작하여 아시아 전역은 하나의 경제권이 되면서 복합운송의 발전에 크게 기여할 것으로 기대된다.

## III 해·공(Sea & Air)복합운송

### 1. 해·공(Sea & Air)복합운송의 의의

Sea & Air 복합운송은 해상운송의 저렴성과 항공운송의 신속성을 결합한 운송방식으로 운송일수가 너무 오래 소요되는 전구간 해상운송과 운임이 너무 높은 전구간 항공운송의 단점을 효과적으로 극복할 수 있는 운송방식이다.

Sea & Air 복합운송방식은 1950년대 말 또는 1960년대 초 미국의 Flying Tiger사 또는 캐나다의 Air Camada사에 의해 개발되었으며 또한 1978년 Concord사와 Japan Sea Air Service(JSAS) 등 2사가 해공복합운송의 전문 복합운송인으로서 업무를 개시한 이후 현재에도 프레이트 포워더에 의해 이 서비스가 활발히 제공되고 있다.

## 2. Sea & Air 복합운송의 특성

운송수단의 선택기준은 긴급성(납기 등)과 화물유통상 총비용과의 조합, 즉 운송일수와 운송비의 교환이다. 유럽으로의 운송을 예를 들면 여러 가지 운송수단이 있으며 그 중에서 Sea & Air 복합운송의 운임은 All Air의 1/2, 운송시간은 All Water의 1/2 수준인 제3의 운송수단으로서 해상운송과 항공운송의 중간에서 이루어지고 있다고 할 수 있다. 더구나 Sea & Air 복합운송에서는 하나의 동일 행선지에 대해서도 여러 가지 경로가 설정되어 있고, 하주의 요구에 따라 선택의 여지가 있다.

한편 하주의 입장에서 저렴한 운송비용을 중시하면 해상운송을, 운송의 신속성을 중시하면 항공운송을 선택하게 될 것이다. 생산일정과 비용의 조정에 완벽을 기할 수 있다면 중간운송수단으로서의 Sea & Air 복합운송의 이용기회가 많지 않을 가능성도 있다. 따라서 현실적으로 Sea & Air 복합운송의 이용은 원래 해상운송을 예정하고 있다가 납기가 지연되고, 또 All Air로 운송하기에는 약간의 여유가 있을 때 Sea & Air 복합운송을 선택하게 되는 경우가 있다.

## 3. Sea & Air 복합운송의 주요 경로

① 세계해상항로 중에서 가장 선편이 많은 한국, 일본을 비롯한 극동–북미서안간의 태평양항로에서는 해상운송을 이용하고, 미국내 및 대서양선에서는 항공운송을 이용하여 미국 중동부 및 남미 지역과 유럽 각지로 수송하는 방식이다.

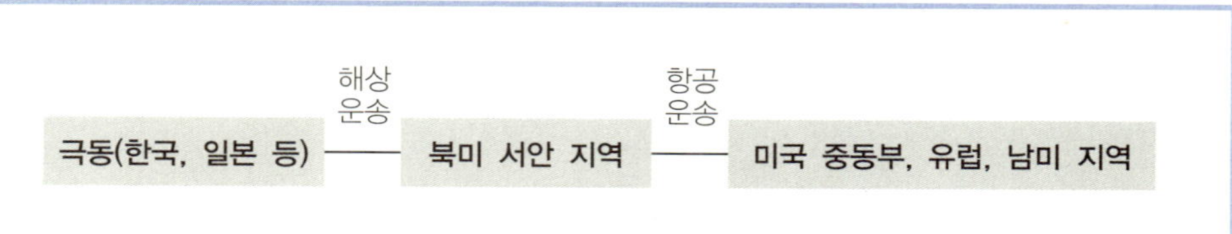

② 캐나다 서안의 밴쿠버에서 양륙하여 항공운송에 의하여 몬트리올을 경유하여 유럽으로 운송하는 방식

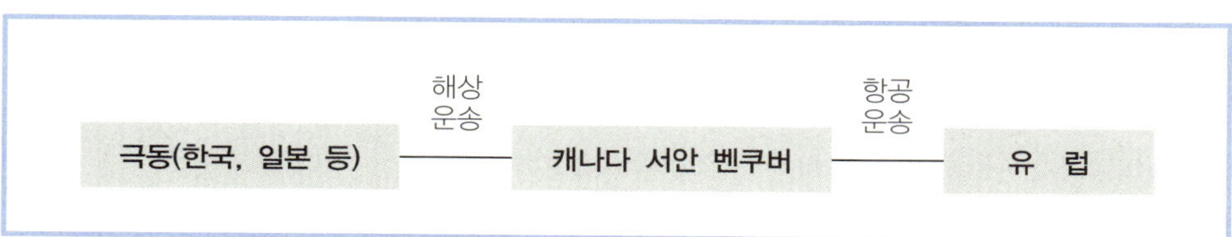


③ 한국 및 일본에서 러시아의 보스토치니간을 해상운송하고, 보스토치니-블라디보스톡에서 모스크바까지는 항공운송하여 각 공항까지 운송하는 방식

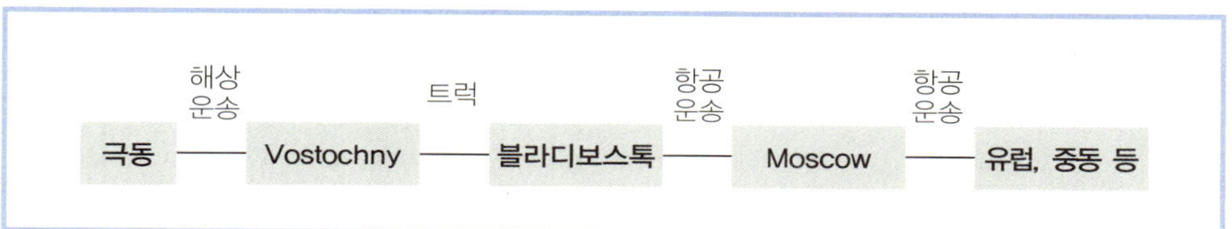


④ 한국 및 일본, 홍콩, 두바이 등 동남아, 중동간은 해상운송하고, 동남아, 중동지역에서 유럽까지는 항공운송하는 방식

〈그림 14-10〉 미국 경유 Sea & Air 복합운송의 소요일수

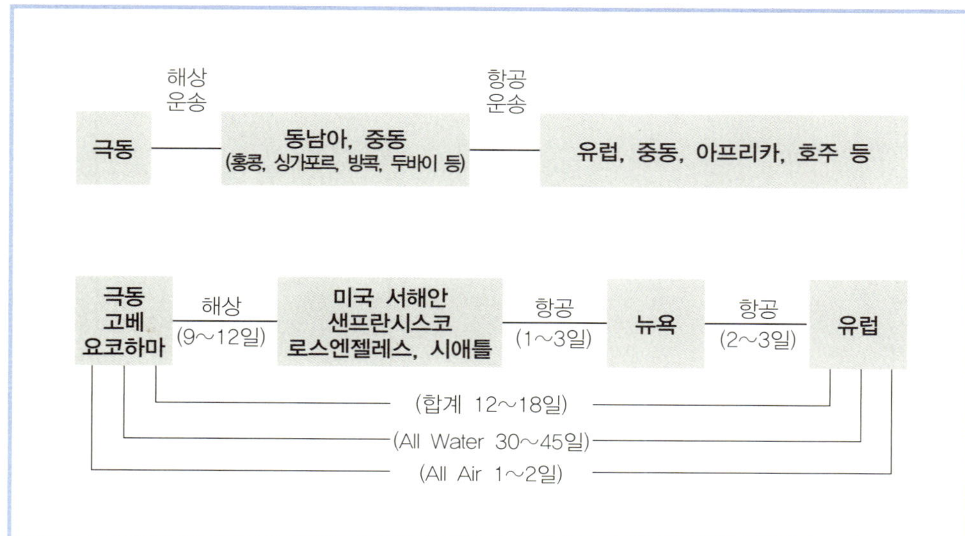

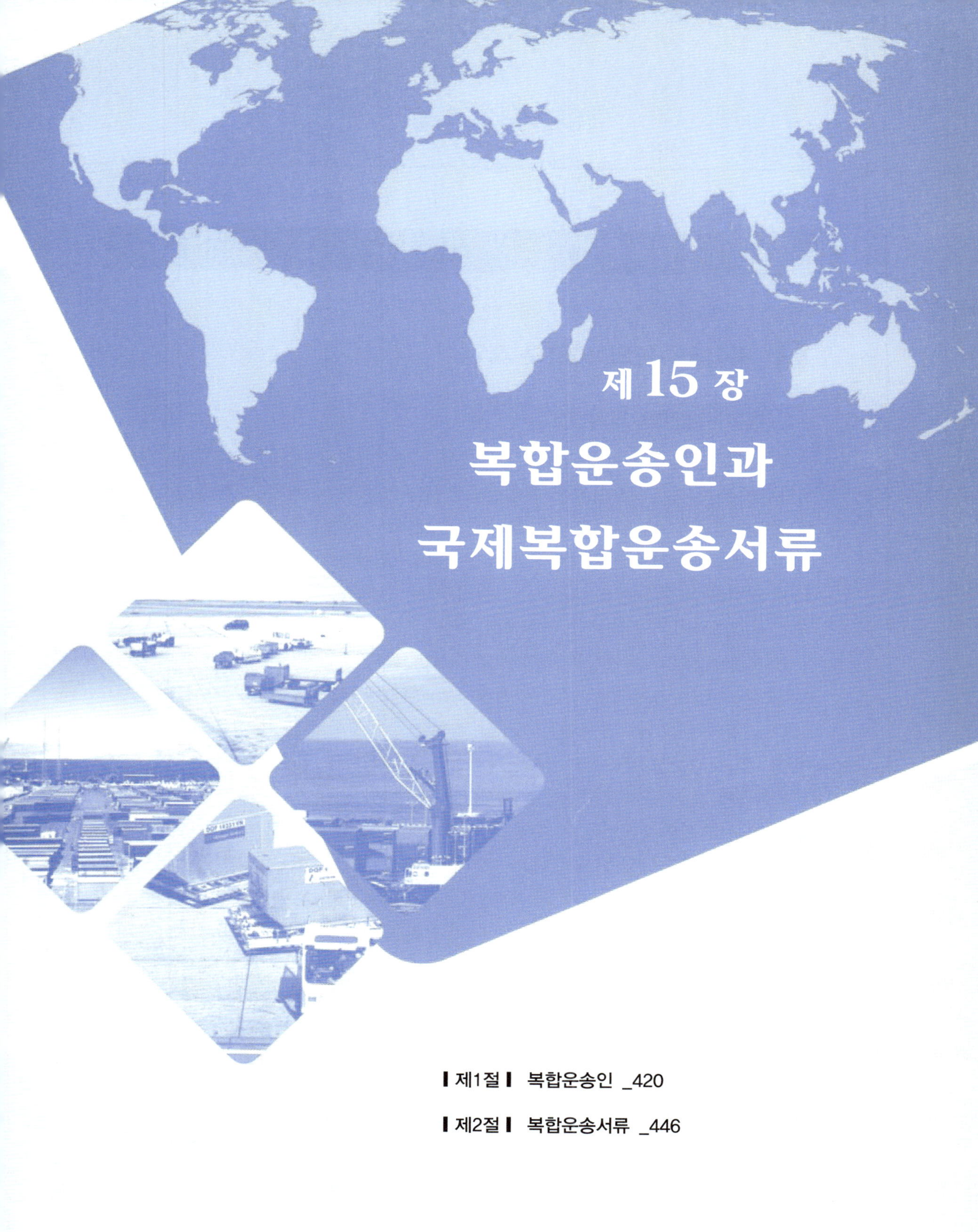

# 제 15 장
# 복합운송인과 국제복합운송서류

# 제1절 복합운송인

## I 복합운송인의 의의와 책임

### 1. 복합운송인의 의의

복합운송을 행하는 자를 복합운송인이라 하면 이에 대한 정의는 1971년 TCM 조약안에서는 복합운송인이란 복합운송증권을 발행하는 자라고 하였으며 1980년 UN국제물건복합운송조약의 제1조 2항에서는 복합운송인이란 스스로 또는 자신을 대리한 타인을 통해서 복합운송계약을 체결하고 송하인이나 복합운송작업에 관여하는 운송인의 대리인으로서가 아닌 전체(하수 또는 하청운송인이 아님)로서 행위하고 그 계약의 불이행에 관한 채무를 부담하는 자를 말한다고 정의하고 복합운송인의 공법상의 규제에 관해서는 각국의 강행국내법에 미루고 있다. (同 조항 제4조) 또한 1992년부터 시행하고 있는 복합운송증권에 관한 UNCTAD /ICC 규칙에서는 복합운송인은 복합운송계약을 체결하고 또한 운송인으로서 그 계약이행의 채무를 부담하는 자를 의미한다고 규정하고 있다.

이상에서 살펴본 복합운송인에 관한 정의를 바탕으로 복합운송인에 대한 정의를 내린다면 복합운송인은 자기의 명의와 계산으로 하주를 대상으로 전운송구간에 대해 복합운송계약을 체결하는 계약당사자일 뿐 만 아니라 운송전반을 통하여 운송의 주체로서 운송의무와 책임을 지는 자를 의미한다. 따라서 복합운송인은 하주에 대해 단일책임을 지고 복합운송증권을 발행할 수 있는 한 직접 운송수단을 소유하고 운영하는 선사, 항공사, 트럭회사, 철도회사 뿐만 아니라 직접 선박을 운항하지 않거나 이를 소유하지 않은 운송인인 창고업자, 포워더, NVOCC (non-vessel operating common carrier) 등 어느 누구도 될 수 있다. 그러나 일반적으로 국제복합운송서비스를 주재하는 복합운송인으로서는 크게 실제운송인 (Actual Carrier)형과 계약운송인(Contract Carrier)형의 2가지로 구별할 수 있다.

실제운송인형 복합운송인은 선사, 항공사, 철도회사, 트럭회사 등의 운송수단을 소유하고 있으며 복합운송을 행하는 운송인이다. 현실적으로 국제복합운송의 과정에는 해상운송부문이 가장 큰 비중을 차지하고 있으므로 해상컨테이너운송을 보급시킨 선사가 가장 두드러진 역할을 수행하고 있다. 즉 복합운송의 주요

운송경로에서 해상컨테이너운송의 실제운송인인 선사는 스스로 복합운송인이 되어 철도 또는 기타의 2차적 접속운송수단을 관리·조달, 복합운송시스템을 구축하고 point-to-point(또는 door-to-door) 서비스를 제공하고 있다.

한편 계약운송인형 복합운송인은 자기 스스로 선박, 항공기, 트럭, 철도 등의 운송수단을 보유하고 있지 않으면서도 실제운송인처럼 운송의 주체로서 화물의 인수에서 인도까지 각 운송단계를 유기적으로 조직함으로써 복합운송인의 기능과 책임을 다하는 운송인이다. 즉, 계약운송인은 실제운송인에 대해서는 하주의 입장에서, 하주에게는 운송인의 입장에서 책임과 의무 등을 수행한다. 계약운송인형 복합운송인을 Forwarder형 복합운송인이라고도 한다.

Forwarder에 대하여는 국제물류주선인 부분에서 상세히 설명하도록 하겠다.

## 2. 복합운송인의 국내법에 의한 공법상 규제의 필요성

### (1) 복합운송인의 난립에 대한 폐해 방지

복합운송인이 난립되어 그 결과 업계의 질서가 문란해져 국익을 해칠 가능성과 또한 타국의 복합운송인이 난립함으로써 자국의 복합운송인의 활동을 저해할 가능성으로 인해 제한이 필요하다.

### (2) 복합운송증권의 신뢰도 확보

복합운송인이 발행하는 유가증권으로서의 복합운송증권의 신용을 높이고 그 유통성을 확보하기 위해서는 일정한 사회적·경제적 신뢰도를 기준으로 한 자격제한을 설정할 필요가 있기 때문이다. 이는 궁극적으로 업계 질서유지와 자국의 복합운송인을 보호하며 복합운송인이 고도의 기술과 화물 사고시 손해배상의 지불능력을 확보하기 위해서이다.

# II 복합운송인에 대한 책임구분과 책임체계

## 1. 책임의 구분

### (1) 과실책임(Liability for Negligence)

과실책임은 선량한 관리자로서의 주의의무를 태만하여 야기되는 것으로 운송인이 책임을 져야 한다.

### (2) 무과실책임(Liability without Negligence)

무과실책임은 운송인이나 사용인의 과실을 요건으로 하지 않는 주의로 미국의 주제교통법 등이 이에 속한다. 여기서도 엄격책임과는 달리 불가항력 등 약간의 사유가 면책사유로 인정된다. 여기에 해당하는 국제규칙은 CIM, CMR 등이다.

### (3) 엄격책임(Strict Liability)

엄격책임은 과실의 유무를 불문하고 운송인은 결과에 대하여 책임을 지며 면책을 인정하지 않는 것을 말한다.

## 2. 복합운송인의 책임 체계

### (1) Network Liability system(이종책임체계)

Network Liability System은 운송인이 부담하는 책임의 내용이 각 운송계약에 적용되는 기존의 조약 또는 법규에 따라 결정되는 것인데, 복합운송인의 책임은 운송물의 멸실, 훼손이 생긴 운송구간을 아는 경우(known damage)와 이를 알 수 없는 경우(concealed damage)로 나누어 살펴볼 수 있는 데 known damage의 경우 운송인의 책임은 운송물의 멸실 또는 훼손이 생긴 해상, 육상, 공중 등의 운송구간에 적용될 국제조약 또는 강행적인 국내법에 따라서 결정된다. 그리고 concealed damage의 경우 그 손해가 해상구간에서 발생한 것으로 간주하여 해상구간에 적용되는 국제조약 등에 따른 책임한도에 따른다.

❶ 장 점

복합운송계약이 마치 하주가 각 운송방식별 운송인과 개별적으로 계약을 체결한 것과 같은 효과를 발생시켜 기존의 운송계약과 잘 조화될 뿐만 아니라 기존의 협약사이의 충돌을 피하거나 적어도 최소한도로 줄일 수 있다.

❷ 단 점

각 운송과정에 적용될 각종의 국제조약과 국내법에 의한 책임내용을 모두 올바르게 알아서 실무에 사용하기에는 어려움이 있으며 이처럼 복잡하기 때문에 사고발생시 그 해결을 위한 보험회사의 비용이 증가한다.

### (2) Uniform Liability system(단일책임체계)

Uniform Liability System은 전운송구간에 걸쳐 모두 동일내용의 책임을 단일운송인이 부담하는 형태로서, 화물의 손해에 대하여 그 발생장소나 운송수단 여하를 불문하고 완전히 동일원칙, 동일내용의 책임을 부담한다.

❶ 장 점

간명하기 때문에 하주와 운송인 사이에서 발생할 수 있는 분쟁을 줄일 수 있다는 것이다.

❷ 단 점

복합운송인으로서는 여전히 하청운송인과의 구상관계가 남아 있기 때문에 오히려 절차가 복잡하게 될 뿐만 아니라 비용도 증가하게 된다. 또한 복합운송인의 책임수준을 운송수단에 관계없이 통일시킴으로써 이미 확립되어 있는 기존의 책임수준과의 충돌이 발생하게 되며 그 뿐만 아니라 모든 운송방식에 알맞은 합리적인 책임원칙을 만들어내는 것도 쉬운 일이 아니다.

실무적, 상업적인 입장에서는 Network Liability System이 환영을 받고 있으며 Uniform Liability System은 다분히 이상적인 것으로 취급하는 경향이 있다. 실제로 ICC 통일규칙을 비롯하여 주요 선박회사의 컨테이너 B/L, FBL[9] 등에서

9) FBL(FIATA Combined Transport Bill of Lading; FIATA의 복합운송선하증권) : Freight Forwader의 국제적인 조직인 FIATA(federation internationale des associations de transi taireset assimiles : 국제복합운송인 협회 국제연맹)가 제정한 표준양식에 의거하요 발

널리 채용되고 있는 것은 Network Liability System이다.

### (3) Modified Uniform Liability System(**수정단일책임체계**)

이종책임체계와 단일책임체계를 절충한 방식으로서 UN국제물건복합운송조약에서는 수정Uniform Liability System을 채용하고 있는데 그 내용은 손해발생구간의 확인여부에 관계없이 동일한 책임규정을 적용한다는 면에서는 동일책임체계를 채택한 것으로 보이나 손해발생구간이 확인되고 그 구간에 적용될 법에 규정된 책임한도액이 UN국제물건복합운송조약의 책임한도액보다 높을 경우에는 그것의 적용을 인정하여 이종책임체계를 가미하고 있다.

#### 한국 상법상의 복합운송인의 책임체계

한국 상법(시행 2011.11.24) (법률 제10696호, 20011.5.23, 일부개정) 제816조(복합운송인의 책임)에서는 "운송인이 인수한 운송에 해상 외의 운송구간이 포함된 경우 운송인은 손해가 발생한 운송구간에 적용될 법에 따라 책임을 진다."라고 규정하고 있으며 또한 "어느 운송구간에서 손해가 발생하였는지 불분명한 경우 또는 손해의 발생이 성질상 특정한 지역으로 한정되지 아니하는 경우에는 운송인은 운송거리가 가장 긴 구간에 적용되는 법에 따라 책임을 진다. 다만, 운송거리가 같거나 가장 긴 구간을 정할 수 없는 경우에는 운임이 가장 비싼 구간에 적용되는 법에 따라 책임을 진다."라고 규정하여 Network Liability System(이종책임체계)을 따르고 있다.

---

행된 복합운송선하증권으로서 보통 FBL 또는 FIATA FBL이라고 한다.

# III 국제물류주선인10)

## 1. 국제물류주선인의 출현배경과 본질

### (1) 국제물류주선인의 출현배경

운송주선업은 13세기 경 중세 유럽에서 무역업자와 운송업자의 양면성을 지닌 위탁매매업으로부터 분화하였다. 즉, 초기에는 위탁매매인이 위탁자를 위하여, 매입한 물건을 송달하기 위하여 스스로 운송인을 선택하여 그와 운송계약을 체결하였었다. 그러나 점차 위탁매매인의 업무가 폭주하고 운송업자의 수가 증가하는 한편, 이들이 연락운송도 인수하기에 이르자 운송인의 선택에 상당한 전문적인 지식과 경험이 필요하였기 때문에 위탁매매업으로부터 운송주선업무가 분화되어, 독립된 운송주선업이 성립되기에 이르렀다.

500~600년 전 당시 유럽에서는 매우 작은 중소기업이 무수히 많았으며, Freight Forwarder는 중간에서 환적 운송을 맡거나 멀리 떨어져 있는 목적지까지 운송서비스를 도와준 사업가였다.

현재 Freight Forwarder는 하주의 각기 다른 화물을 혼재(consolidation)하여 같은 목적지로 운송해 주는 매우 기초적인 서비스부터 시작하여 운송관련 서류의 작성, 통관수속, 하주부담비용의 입체, 창고서비스, 보험의 수배, 화물의 통합, 분배, 화물의 관리 및 분배 등 선진국 뿐 만 아니라 개도국에 있어서도 각광 받는 첨단 무역산업으로 성장하고 있다. 이와 같은 운송주선업이 오늘날처럼 발달하게 된 중요한 배경은 운송 단위의 표준화 및 규격화로 서로 다른 운송시스템의 효율적인 이용이 가능하게 해준 컨테이너의 등장에 있다고 할 수 있다. 즉, 컨테이너의 이용으로 일관운송(통운송)이 일반화됨에 따라, 운송과정에서 운송물에 관한 잡다한 업무가 대폭 감소되고, 서류절차 등도 크게 간소화되어 하주의 대리인으로서의 전통적인 운송주선기능이 축소된 반면, 컨테이너가 여러가지 서로 다른 운송방식의 연결을 용이하게 하여, 복합운송의 발전을 촉진하게 되면서 운송주선인은 운송의 주체자로서(Carrier) 선박회사 등의 운송업체를 매체로 하여 독자적인 운송망과 운임요율표에 의해 복합운송의 주체로서 매우 중

10) Freight Forwarder에 대한 용어는 국가마다 다양하게 사용되고 있으며 한국의 경우도 과거 화물유통촉진법 상에서는 복합운송주선업으로 사용해 왔으나 2007년 물류정책기본법(법률 제8617호, 2007. 8. 3, 전부개정)으로 법명이 개정되면서 "복합운송주선업"도 "국제물류주선업"으로 변경됨에 따라 "복합운송주선인"을 "국제물류주선인"으로 명칭을 바꾸어서 기술하도록 하겠다.

요한 역할을 담당하기에 이른다. 운송주선업의 규모와 형태는 중소기업, 주로 가족 형태의 기업 그리고 대형포워드에 이르기까지 다양하며 다양한 서비스를 제공하며 하주에게 있어서 중요한 사업파트너로서의 역할을 담당하고 있다.

〈그림 15-1〉 국제물류주선업의 발전과정

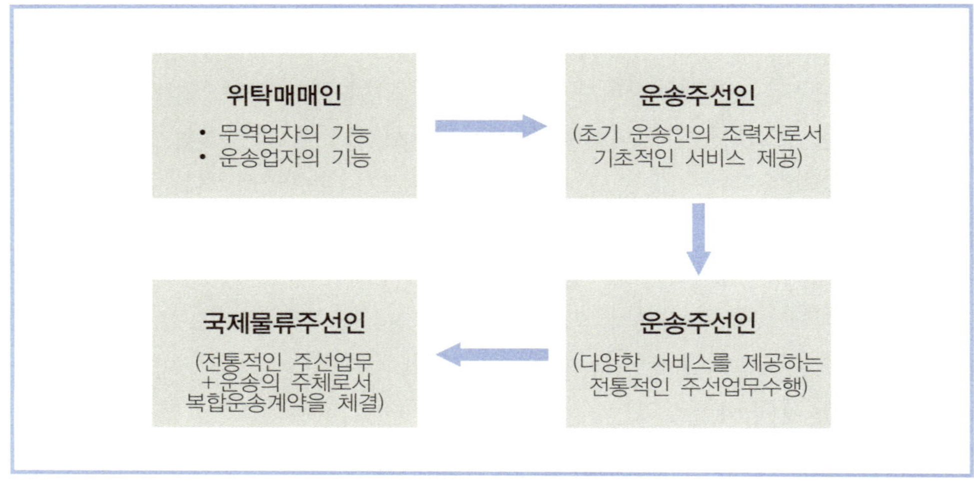


## (2) 국제물류주선인의 본질

운송주선인이란 복합운송체계의 전문적인 운송지식과 기술을 바탕으로 하주의 운송업무를 대행하여 국제간의 교역화물을 송하인의 생산공장에서 수하인의 창고까지 여러 단계의 운송과정과 제반절차를 신속하고 원활하게 접속하여 일관운송서비스를 제공하는 업무를 수행하는 자를 말한다. FIATA 복합운송 선하증권 표준약관(FIATA 복합운송선하증권 표준약관(Standard Conditions governing the FIATA Multimodal Transport Bill of Lading; 1992)에서는 "운송주선인이란 본 선하증권 표면에 운송주선인 선하증권 발행인으로 기명되어 운송인으로서 복합운송 계약이행을 위한 책임을 지는 복합운송인을 말한다"라고 규정하고 있다.

운송주선인을 총칭하여 Freight Forwarder라고 하고, 이는 Forwarding Agents, Shipping and Forwarding Agents, International Forwarding Agents, Foreign Freight Forwarders, Shipping Agents, Air Freight Forwarder 등의 이름으로 알려져 있다.

운송주선인은 하주, 즉 수출업자를 대신하여 선적수속, 선적서류의 작성, 화물

의 본선에의 인도, 혼재업무를 주로 하며 하주나 운송인의 단순한 대리인인 Forwarding Agent와 자기의 명의로 일관운송을 인수하는 계약운송인의 지위를 갖는 Freight Forwarder로 구별할 수 있다. 그러나 실제적으로는 Freight Forwarder의 내용과 역할은 국가별로 다소 상이한 점을 가지고 있다.

〈표 15-1〉 국제물류주선인의 개념에 대한 각국의 구분

| 구 분 | 순수 주선인 형태 | 운송의 주체로서의 포워더 | 기 타 |
|---|---|---|---|
| 영 국 | Forwardering Agent | 점차적으로 업무영역을 확대하고 있다. | |
| 독 일 | | Spediteur | |
| 프랑스 | Transitaire | commissionaire de transport | |
| 벨기에 | | commissionaire de transport<br>(자기 명의, 자기계산)<br>commissionair expediteur<br>(자기 명의, 타인계산) | |
| 일 본 | | 해상운송주선인 | |
| 미 국 | Ocean Freight Forwarder | NVOCC | Domestic Freight Forwarder(미국 국내 운송주선) |
| 한 국 | | 국제물류주선인 | |

미국의 경우 크게 두 종류로 대별할 수 있는데 첫째, 연방해사위원회(FMC; Federal Maritime Commission)에서 관장하는 Ocean Freight Forwarder와 NVOCC (Non-Vessel Operating Common Carrier)[11]가 있으며, 둘째 州間통상위원회(Interstate Commerce Commission; ICC)가 관장하는 Domestic Freight Forwarder가 있다.

1984년의 신해운법(Shipping Act of 1984) 제3조 19항(정의)에 의하며 Ocean Freight Forwarder란 "하주의 대리인으로서 해상운송을 통해 미국으로부터 수출품의 선적 또는 선적을 위한 선복예약 및 기타의 방법을 취하며, 서류작성과 선적에 수반하는 작업을 행하는 자"라고 정의하고 있다. 즉, 연방해사위원회(FMC)로부터 면허를 받아 Forwarding업무를 하는 자로 수출업자에 대하여 하주의 대

11) 선박을 직접 소유하거나 운항하지 않으면서 자기의 명의와 책임으로 Door-to-Door Service의 전운송구간을 인수하는 자를 말한다.

리인으로서 선복의 확보, 선적 서류의 점검, 화물보험의 부보, Claim수속의 대행 등 대외주선업무를 수행하면서도 고유의 운송책임을 지지 않는 자이다.[12)]

NVOCC는 1963년 FMC가 General Order 4(510-21)(b)(Revised, 1981)에 의하여 최초로 법제화된 개념으로 NVOCC란 "광고, 권유 기타의 방법에 의하여 운임률을 설정, 고시하여 해운법에 규정한 주간 또는 국가간에 해상운송을 이용하는 화물의 운송제공, 안전한 화물운송을 위임받아 그 법적 책임인수, 사용선박의 소유 또는 지배의 유무를 불문하고, 하수운송인인 해상운송업자와 자기명의로 당해 화물의 운송계약을 체결하는 자"로 되어 있으며 1984년의 신해운법 제3조(정의) 17항에서는 NVOCC란 "자기가 직접 선박을 운항하지 않는 운송인이며, 하주에 대하여는 해상운송인"이라고 명시하고 있다. 즉, 선박을 직접 소유, 운항하지 않지만 독자적인 Tariff를 설정하여 일정한 자격을 갖춘 자로 자기의 명의와 책임으로 Door-to-Door서비스의 전운송구간의 운송을 인수하는 자이다.[13)]

주간통상법(Interstate Commerce Act; ICA) 제4편 set, 402(a)2에 의하면, Domestic Freight Forwarder는 "철도, 자동차 및 내수로운송인이 아닌 일반운송인(Common Carrier)으로서, 보수를 받고 주간화물의 운송을 하는 것 또는 운송의 준비를 하는 것을 공표하는 자이다"라고 정의하고 있다. 즉, 주간통상위원회로부터 면허를 받아 일반운송인으로서 보수를 받고서 일관운송책임을 지는 자로, 자기 스스로 운송은 행하지 않지만 소량화물을 자기의 책임으로 인수하고 이를 carload로 통합하여 실제운송인에게 위탁한다는 점에서 혼재업자로 해석된다. 보통 미국에서는 단지 Freight Forwarder라고 하면 바로 Domestic Freight Forwarder를 가리킨다.

한국에 있어서 운송주선인란 한국 상법(시행 2016.3.2) (법률 제13523호, 2015. 12.1, 일부개정) 제114조에서 운송주선업자란 "자기의 명의로 물건운송의 주선을 영업으로 하는 자"라고 규정하고 있으며, 동법 제116조(개입권)는 "운송주선인은 다른 약정이 없으면 직접 운송할 수 있다. 이 경우에는 운송주선인은 운송인과 동일한 권리의무가 있다.", "운송주선인이 위탁자의 청구에 의하여 화물상

12) 미해운법 제17조에 의하면 Ocean Freight Forwarder의 자격요건으로 FMC면허를 취득하여야 하며 면허를 받으려면 Forwarding 서비스의 수행자격을 보유할 것(experience and character)과 재무장관이 인정하는 보증서를 제출하도록 규정하고 있다.

13) NVOCC의 자격요건은 FMC에 Tariff를 신고하고 불법운임할인금지 각서를 제출하고, 5만달러의 성실의무이행보증보험증권(servey bond)을 제출해야 하며, 상주법정대리인(Resident Legal Agent)를 지정해야 한다.

환증을 작성한 때에는 직접 운송하는 것으로 본다"고 규정하고 있다.

또한 과거 화물유통촉진법 상에 규정되어 있던 복합운송주선업[14]의 명칭이 물류정책기본법(법률 제8617호, 2007. 8. 3, 전부개정)으로 법명 변경과 함께 전부개정되면서 "국제물류주선업"이라는 명칭으로 변경되었다. 물류정책기본법(시행 2015.12.2) (법률 제13373호, 2015.6.22, 일부개정) 제2조 11호에서는 "국제물류주선업"이란 타인의 수요에 따라 자기의 명의와 계산으로 타인의 물류시설·장비 등을 이용하여 수출입화물의 물류를 주선하는 사업이라고 규정하고 있다.

따라서 상법과 물류정책기본법의 규정을 종합해 볼 때 한국에 있어서 운송주선인이란 단순한 주선인의 지위에 있지 않고 운송인(carrier)의 지위도 동시에 갖고 있는 것으로 볼 수 있다. 즉, 국내법상의 복합운송주선업체란 운송수단을 보유하지 않은 Freight Forwarder형 복합운송업체를 뜻한다고 할 수 있다. 또한 복합운송인에 대한 규정이 없기 때문에 운송주선인을 복합운송인과 동일시하고 있다. 그 결과 물류정책기본법에서도 복합운송인이 아니라 국제물류주선업이라는 표현이 사용되고 있는 실정이다.

〈그림 15-2〉 복합운송인과 국제물류주선인과의 관계

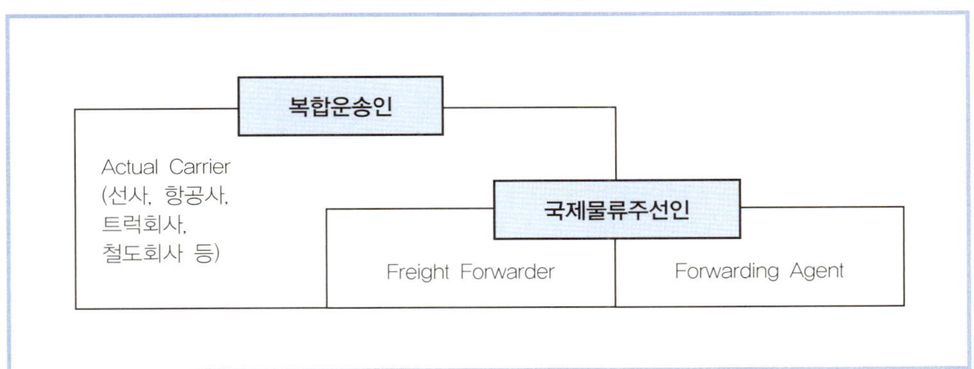


14) 화물유통촉진법(1995. 12. 29일 개정) 제2조 6호에서 복합운송주선업이란 "타인의 수요에 응하여 자기의 명의와 계산으로 타인의 선박, 항공기, 철도차량 또는 자동차 등 2가지 이상의 운송수단을 이용하여 화물의 운송을 주선하는 사업"이라고 정의하였으며 동법 제14조에서는 복합운송증권의 발행을 의무화하였으며 또한 제15조에는 복합운송주선업자는 화물을 인수한 때로부터 당해 화물을 인수할 권리를 가진 자에게 인도할 때까지 화물의 멸실, 훼손 또는 인도지연으로 생긴 손해에 대해 책임을 지도록 규정하고 있었으나 복합운송주선업자의 자율적 경영을 도모하기 위하여 폐지함.

이와 같이 각 국가별 정의를 통해 운송주선업은 전통적인 대리인으로서의 해상운송 주선업자와 복합운송체제하의 운송주체자로서의 운송주선업자로 그 활동에 따라 요약할 수 있다.

따라서 복합운송주선업자란 송하인의 요청에 따라 그의 대리인으로서 송하인으로부터 물건을 인수하여 수입국의 수하인에게 인도할 때까지의 물건에 관한 적재, 운송, 보험, 보관 등의 일체의 업무를 주선해 줄 뿐 만 아니라, 복합운송체제하에서 스스로 운송계약의 주체자가 되어 복합운송인으로서 복합운송증권을 발행하여 전구간의 운송책임을 부담하는 사람 또는 법인이라고 정의할 수 있다.

복합운송 등 특정지점에서 특정지점까지 일관운송하는 운송수요가 증가하면서 운송주선인도 해상, 항공 등으로 구분하지 않고 국제운송주선인으로 법적으로 통합하는 추세이다. 한국의 경우 1993년 12월 항공법 개정으로 항공운송주선업을 삭제하여 화물유통촉진법상의 복합운송주선업으로, 1995년 12월 29일 해운업법 개정으로 해상화물운송주선업을 삭제하고 1996년 6월 29일부터 시행되는 화물유통촉진법에서 복합운송주선업으로 일원화하였으나 화물유통촉진법이 물류정책기본법(법률 제8617호, 2007. 8. 3., 전부개정)으로 법명 변경과 함께 전부개정되면서 "국제물류주선업"이라는 명칭으로 변경되었다.

### (3) 국제운송주선인연맹(FIATA)

국제운송주선인연맹(International Federation of Freight Forwarders Associations; FIATA)은 Freight Forwarder간의 상호협조를 통하여 업자들의 이익을 수호할 목적으로 1929년 오스트리아 vienna에서 설립되었으며 한국은 1977년에 정회원으로 가입하였다.

#### ❶ FIATA의 목표

- Freight Forwarder 업무의 국제간 충분한 인식
- 국제거래에 있어서 Freight Forwarder의 중요성 강조
- Freight Forwarder의 이익의 고양
- 공통문제의 검토 및 이들의 해결
- 상호이익을 위한 회원 상호간 정보교환
- Freight Forwarder의 상도덕 향상

## 2. 국제물류주선인의 역할과 경제적 효용성

### (1) 국제물류주선인의 역할

국제운송주선업의 역할은 하주의 대리인으로서의 운송지역과 화물특성에 적합한 운송수단을 선택하여 운송주선인으로서 제공하는 전통적인 운송주선인으로서의 역할과 운송의 주체자로서의 선박회사 등의 운송업체를 매체로 하여 독자적인 운송망과 운임요율표에 의해 복합운송인으로서 제공하는 복합운송인으로서의 역할을 하고 있다. 또한 기존 수출입업자들이 하던 업무의 일부인 수출입 정보제공과 무역알선 등을 담당하면서 그 영업권을 넓히고 있다.

오늘날 국제운송에 있어서 Freight Forwarder는 실제 운송수단을 소유한 실제 운송인은 아니지만 운송망을 이어주는 설계자로서 하주에게 보다 경제적인 운송수단과 경로를 제공해주기 위해 실제운송인과 마찬가지 입장에서 필요한 모든 조치를 취하고 있다.

Freight Forwarder가 제공 가능한 서비스 분야는 다음과 같다.

국제운송시황, 문제점(장애물), 필요한 서류작성(복합운송증권과 같은 은행매입용 서류작성), 원가계산, 각기 다른 운송수단을 물색하여 장점과 단점, 운송비 등을 비교하여 최적의 운송경로 선택, 선사와 운임동맹 동향 분석, 새로운 영업개발 가능성에 대한 정보 제공(하주를 상대로), 자체 조직을 이용하여 해외의 중소기업에 도움을 제공, 잠재력 있는 바이어와 셀러의 명단을 입수하여 제공, 프로젝트 화물에 대한 운송방법 연구 및 대행, 적절한 화물 배달 방법 지원, 모든 위험에 대한 운송보험 업무 대행, 육상/해상, 항공/해상 연계서비스 제공, 중소기업은 물론 대하주를 위한 혼재서비스 제공, EDIFACT[15]에 기초한 EDI[16]망 활용 및 전산업무 서비스 제공, 기타 일체의 운송서비스를 제공하고 있다.

이와 같은 운송주선인의 역할을 세부적으로 살펴보면 다음과 같다.

---

15) UN/EDIFACT(Electronic Data Interchange for Administration, commerce and Transport; 행정, 무역 및 운송에 관한 EDI 국제표준) 1987년 3월 제정됨.

16) EDI(Electronic Data Interchange)란 서로 다른 기업(조직)간에 약속된 포맷을 사용하여 상업적 또는 행정상의 거래를 컴퓨터와 컴퓨터 간에 행하는 것으로 즉, 거래상대방간에 상호합의한 표준화된 전자문서를 데이터 통신망을 통해 컴퓨터로 교환하여 법적 효력을 갖는 각종 행정 및 상거래 업무를 처리하는 새로운 정보통신수단이다. Electronic Data Interchange is the inter-organizational computer-to-computer exchange of business documentation in a standard, machine-processable format.

❶ 혼재운송(cosolidadated service or groupage)서비스

소량화물(LCL Cargo)을 집하하여 컨테이너 단위화물(FCL Cargo)로 만들어 운송하는 복합운송업체의 가장 대표적인 서비스 행태이다. 복합운송업자는 소량화물(LCL Cargo)을 단위화물(FCL Cargo)로 운송함으로써 LCL rate와 Box rate[17]와의 차액에서 발생하는 운임의 절감, DDC(Destination Delivery Charge), 창고료 등에서 발생하는 차익을 수입으로 한다. 혼재방식은 다시 수하인 혼재운송(buyer's consolidation)−CFS/CY, 운송주선인 혼재운송(forwarder's consolidation)−CFS/CFS, 송하인 혼재운송(shipper'consolidation)−CY/ CFS으로 나눌 수 있다. 혼재업자로서 특정업무를 취급할 때는 Freight Forwarder는 운송의 설계자일 뿐만 아니라 하주의 권리도 함께 갖고 있다.

❷ 시베리아 대륙 횡단 철도서비스(Trans Siberian Railway; TSR, Siberian Land Brigde; SLB)

❸ 프로젝트화물, 벌크화물 운송서비스(Project Cargo, Bulk Cargo Handing)

이는 특정한 공사계획에 따라 발생하는 화물의 운송서비스로, 특히 대형건설공사의 경우 건설자재 또는 장비의 운송을 맡아 운송비의 원가계산에서부터 개입하고 원자재 또는 부품을 포장하여 지정된 인도지점까지 적기에 운송하는 방식으로 대부분의 공사의 시공에서부터 완공에 이르기까지 일괄하여 서비스를 제공한다.

❹ 특수화물(해외이주화물, 미군화물) 운송서비스

❺ Hanging Garment Service

이는 컨테이너에 의해 가죽 또는 모피와 같은 의류를 운송하기 위한 서비스 형태로 컨테이너 내부에 의류의 원형 그대로 보존상태를 유지하기 위한 필요한 설비를 장착하여 제공되는 서비스이다. 이때 컨테이너 내부시설 설치에 추가되는 비용은 하주의 부담이다.

---

17) 선적하물을 톤수나 입방미터로 계산하지 않고 적하 컨테이너당으로 계산하는 운임계산방식으로 컨테이너 안에 적재된 실수량에 의하여 영향을 받지 않기 때문에 복합운송인은 LCL화물과의 차액을 이익으로 할 수 있다.

### ❻ 전시 화물취급 서비스(Exhibition Cargoes Service)

상업화물의 해외상품박람회의 전시나 예술품 등의 해외전시를 목적으로 반출입되는 경우, 당해 화물의 포장에서부터 해외반출이나 전시 후 반입될 때까지 모든 절차를 일괄하여 처리해 주는 서비스이다.

### ❼ House Forwarding Service

이는 불필요한 부대경비 및 인력을 절감하고 전문업체에 의한 신속하고 정확한 화물운송을 위하여, 수출입당사자는 상품수출입에 관한 고유업무를 전담하고 운송에 관한 제반업무는 계약에 의하여 신용있는 1인의 운송주선인이 전담하여 일괄적으로 처리하는 운송서비스를 말한다.

### ❽ 운송관련 각종 대행서비스

국내운송업무(domestic transporting), 적하보험의 체결 업무(cargo insuring)로 화물보험과 관련된 가장 유리한 보험형태, 보험금액, 보험조건 등에 대하여 전문가이므로 화주를 대신하여 보험수배를 하고, 사고가 발생하였을 경우 화주가 보험금을 청구하는데 필요한 조치를 대행하며, 보관, 창고 업무(warehousing & storing) 및 분배 업무, 포장 업무(packing), 통관 업무(customs clearing), 선적업무(shipping loading & discharging), 하역 업무(stevedoring) 등으로 貨主의 경제적 편의를 도모하기 위하여 문전운송과정에서 행해지는 일체의 서비스를 말한다. 또한 Forwarder는 고객을 대신하여 화주가 부담할 모든 비용을 대신하여 지급하는 화주부담비용의 입체서비스, 운송계약 체결 및 선복의 예약, 운송서류발행업무, 수입지의 제휴해상운송 주선업자를 통하여 매도인에게 매수인을 소개하기도 하고 상대국의 수출입관계법을 조사하여 알려주는 부과서비스를 행하고 있다.[18)]

Freight Forwarder는 고객에게 서비스하기 위해 세계 각 지역에 지사 등을 설립하여 국제 서비스를 제공하고 있다. 그러나 모든 지역의 현지법이 그러한 지사 등의 설립을 인정하는 것은 아니다.



---

18) 미국 해운법의 시행세칙이라 할 수 있는 FMC의 CFR의 §510.2(Definition) h항에서 Freight Forwarding Service에 관하여 다음과 같이 열거하고 있다.
항구로의 화물이송, 수출신고의 준비 및/또는 절차수행, 선복의 예약, 화물인도지시서 및 부두수령 증의 작성, 선하증권의 작성 및/또는 처리, 영사서류의 작성 또는 사증의 처리, 창고의 주선, 적하 보험 부보의 대행, 미국의 수출규정에 따른 통관업무, 선적서류의 작성과 송부, 운임 또는 하주가 선급할 비용의 지급, 대체, 화물의 본선적재, 수출에 관한 전문적인 조언 등의 서비스를 수행한다고 규정하고 있다.

국제복합운송인은 실제운송인, 항만, 세관 기타 이해 당사자와 함께 화물이 목적지에 도착하게 되면 자료를 교환하기 위해 첨단통신수단을 이용하고 있다. 이때 EDI망을 통해 보다 효과적인 자료송수신이 되도록 노력하고 있다.

### (2) 국제물류주선인의 경제적 효용성

국제물류주선인은 운송을 의뢰하는 화주와 국제물류주선인에게 운송수단을 제공하는 실제운송인에게 각각 경제적 효용성을 제공한다.

#### ❶ 일반 화주에게 제공되는 경제적 효용성

첫째, 복잡한 국제화물운송 관련업무를 국제물류주선인을 이용함으로써 비용, 시간, 인력 절감 등을 꾀할 수 있으며 자기 기업 내에 운송전문 스텝을 두지 않고도 화물유통정보, 운송 관련 노하우 등 최적의 서비스를 제공받을 수 있어 화주입장에서는 운송부문의 Outsourcing이 이루어지도록 하고 있다. 즉, 화주가 직접 육상, 항공, 해상 등의 각 운송수단별로 정보를 입수하여 포장, 보관, 하역에 관한 정보와 결합하여 국제운송을 수행함에 의해 발생하는 비용과 시간은 국제물류주선인을 이용함으로써 보다 편리하고 저렴하게 최적의 운송시스템을 제공받을 수 있게 된다.

둘째, 일반적인 선사(VOCC)[19)]가 복합운송인으로 업무를 수행하는 것과 비교하여 국제물류주선인(Freight Forwarder, NVOCC)은 수없이 많은 새로운 운송방법을 개발하고 있다. 즉, 보다 빠르고, 경제적이고, 적절한 운송수단 등을 개발하여 고객을 만족시키고 계속해서 자신의 고객으로 거래 관계를 유지하려고 한다. 최근 선사(VOCC)와의 경쟁, 국제물류주선인 상호간의 경쟁으로 국제복합운송의 현저한 진전과 서비스의 고도화를 가져왔다.

셋째, 특히 소규모화물(LCL Cargo)의 컨테이너 혼재수송의 촉진에 힘써 왔던 국제물류주선인의 역할은 크다. 보통 선사는 소량화물을 취급하지 않기 때문에 소화주들에게는 국제물류주선인이 필수적이다. 이 혼재운송서비스의 진전에 의해 소화주는 번잡한 무역화물운송업무의 간소화와 Door-to-Door Service의 수송일수의 단축 및 컨테이너 단위에 따른 혼재수송에 의한 실현가능한 수송 비용의

19) Vessel Operating Common Carrier로서 선박을 소유하고 있으면서 운송서비스를 제공하는 일반운송인을 의미하는 것으로, 일반적으로 정기선 수송서비스의 생산과 판매를 함께 행하는 선사를 의미한다.

절감 등의 혜택을 누릴 수 있었다.

넷째, 규모의 경제 효과를 실현할 수 있다. 국제물류주선인은 다수의 화주로부터 위탁받은 선복으로 선사에 대한 보다 효과적인 교섭권을 행사하여 실제운송인으로부터 보다 유리한 운임률을 유도해 냄으로써 규모의 경제효과를 창출하여 그 이익이 화주에게 돌아갈 수 있도록 하고 있다.[20]

<그림 15-3>에서 보는 바와 같이 개별 화주들이 실제 운송인과 직접 운송계약을 행할 경우에는 A의 운임으로 운송이 이루어지고 개별 화주가 국제물류주선인을 이용할 경우에는 C의 운임으로 운송이 이루어진다. 예를 들어 A의 운임을 100이라 할 경우 이 100은 Freight Tariff 상에 나타나 있는 운임으로 법정요율로 변동이 없다.[21] 그에 비해 B의 운임을 선사와 국제물류주선인 사이의 선복제공 계약에 따라 보통 100보다 저렴한 운임으로 제공되어진다. 약 80~90% 수준이 된다. 그리고 국제물류주선인이 이 80(90)이라는 운임에 약간의 마진 10(5)을 더하여 화주에게 C의 운임, 즉 90(95)의 운임으로 제공할 수 있게 된다. 따라서 화주입장에서는 보다 저렴하게 운송할 수 있게 된다(A > C > B).[22]

〈그림 15-3〉 국제물류주선인과 실제운송인 사이의 운임체계

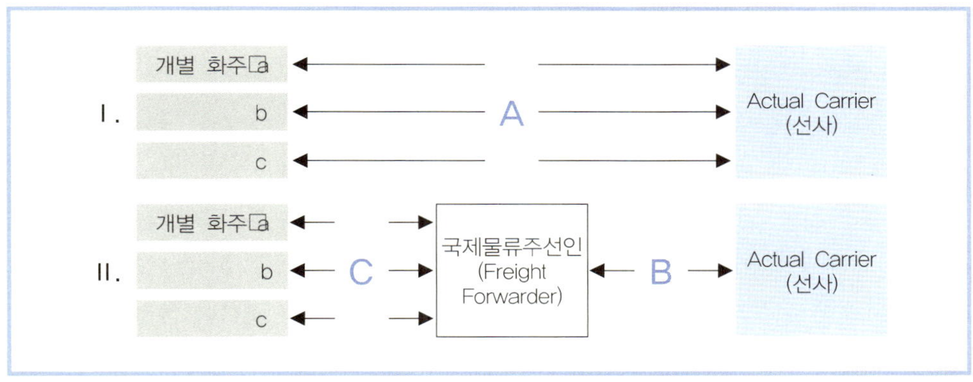


20) 선사가 포워더와의 S/C를 통해 제공하는 운임이 크게 낮지 않아 포워더의 이익을 더하고 나면 선사 운임과 포워더가 제공하는 운임이 비슷하게 되는 경우가 많다. 하지만 포워더는 선사에 비해 무형의 부가 서비스를 통해 화주들의 화물을 유치하고 있다.

21) 물론 대형 화주의 경우에는 Tariff 상에 있는 요율을 그대로 적용하지 않고 보다 저렴한 운임을 제공한다.

22) 화주가 선사를 이용하는 경우는 대형 화주가 직접 선사를 계열사로 둘 경우에 선사를 이용하게 되고 그 외에 국제물류주선인의 신뢰성을 의심하거나 무역계약시 수입업자가 운송업자를 지정하거나(FOB 계통의 계약) 운송주선인 발행운송서류를 운송서류로 적합하게 인정하지 않는 경우 등이 있다.(신용장 상에 선사 발행의 운송서류를 요구하는 경우)

❷ 선사에게 제공하는 경제적 효용성

국제물류주선인의 집하력을 활용함으로써 자신의 집하체제를 보완하는 효과를 얻을 수 있고 또한 컨테이너 터미널 오퍼레이션의 효율적 운영에도 좋은 영향을 받았다. 즉 일반화주와 직접 교섭하는 것보다 집하전문가인 국제물류주선인을 상대하는 것이 선사입장에서는 보다 안정적인 물량확보를 기대할 수 있다. 특히 항공운송의 경우 모든 화물을 Air Cargo Agent, Air Cargo Forwarder를 통해 집하하고 있다.

❸ 국제물류주선인에게 제공되는 경제적 효용성

국제물류주선인 자신도 복합일관수송업무로부터 수익을 얻는 것은 물론이고 부수적 업무로서 해상운송, 통관, 해상화물, 창고 또는 육상운송 등의 기반업무에 대한 수요 확대로 인한 이익과 화주 입장으로서 선사에 대한 협상력의 강화를 기대할 수 있으며 또한 경영다각화에 따른 기업기반의 강화와 안정을 도모할 수 있는 경제적 효과를 기대할 수 있다.

## 3. 국제화물운송에서 국제물류주선인의 책임법리

### (1) 국제물류주선인의 책임을 규율하는 일반법규

현재 Forwarder에 대해서는 국제적으로 동일하게 적용가능한 강제법이 없는 실정이다. 따라서 forwarder와 화주간의 법적관계는 통상적으로 forwarding서비스에 적용가능한 일반적인 조건(general conditions)의 형태로 규정되고 있다. 대부분의 국가에 있어서는 그러한 일반적 조건은 개별적으로 freight forwarder협회에 의해 제시되고 있다. 대체로 일반적 조건은 고객을 대변하는 조직과 상호의논함이 없이 forwarder와 그들의 협회에 의해 일방적으로 만들어진다. 스칸디나비아 국가들의 경우 Nordic Association of Freight Forwarders의 회원은 협회의 일반조건인 NSAB 85를 사용하게 되는데 계약과 관련하여 명백히 언급된 내용이 없을 경우 법정심판과 중재심판으로 하여금 그 조건들을 수용하도록 하였다.

forwarder로서 복합운송업을 수행하는 국제물류주선인으로서의 책임을 규율하는 규칙은 International Federation of Freight Forwarders Associations(FIATA; 국제운송주선인연맹)에서 제정한 FIATA 복합운송선하증권 표준약관(Standard Conditions governing the FIATA Multimodal Transport Bill of Lading; 1992)

상의 책임원칙이 규정되어 있으며 복합운송인의 책임과 관련하여 민간 차원의 국제상업회의소에 의해 제정된 복합운송서류에 관한 통일규칙(Uniform Rules for a Combined Transport Document 1973, 1975 Revision)과 복합운송인의 책임관계를 규율하는 국제조약 가운데 아직 발효되지는 않았지만 가장 최근의 국제규칙인 UN국제물건복합운송조약(1980), UNCTAD/ICC Rules for Multimodal Transport Documents(복합운송증권에 관한 UNCTAD/ICC규칙, 1992)이 있다. 이와 같은 국제적 규칙과 조약들이 현재 국제물류주선인의 책임을 규율하는데 이용되고 있다. 그러나 국제복합운송인의 책임에 관하여는 국내법과 기존의 각 운송구간별로 사용되고 있는 법률들이 우선적으로 이용되고 있는 실정이다.

### (2) FIATA 복합운송선하증권 표준약관상의 책임

International Federation of Freight Forwarders Associations(국제운송주선인연맹)은 Freight Forwarder간의 상호협조를 통하여 업자들의 이익을 수호할 목적으로 1929년 오스트리아 vienna에서 설립되었으며 한국은 1977년 정회원으로 가입하였다. FIATA의 목표는 Freight Forwarder 업무의 국제간 충분한 인식과 국제거래에 있어서 Freight Forwarder의 중요성 강조, Freight Forwarder의 이익의 고양, 공통문제의 검토 및 이들의 해결, 상호이익을 위한 회원 상호간 정보교환과 Freight Forwarder의 상도덕 향상에 그 목적을 두고 있다.

복합운송인으로서의 국제물류주선인의 책임에 관하여는 복합운송인과 동일한 권리와 의무를 가지게 되기 때문에 복합운송인의 책임을 규율하는 국제법규인 UN국제물건복합운송조약(1980; 약칭 MT조약)과 UNCTAD/ICC Rules for Multi modal Transport Documents(복합운송증권에 관한 UNCTAD/ICC규칙, 1992), 그리고 International Federation of Freight Forwarders Associations(FIATA; 국제운송주선인연맹)에서 제정한 FIATA 복합운송선하증권 표준약관(Standard Condi tions governing the FIATA Multimodal Transport Bill of Lading; 1992, 약칭 FBL 약관) 상의 책임원칙을 살펴봄으로써 일반적인 책임의 한계와 범위를 파악할 수 있을 것이다. 복합운송에 관해 국제적인 공인을 얻어 실행되고 있는 국제적인 통일 규칙은 없지만 상기의 규칙들을 운송계약시 준거법으로 삼을 경우 그 법에 의해 운송인의 책임을 규율할 수 있게 된다. 여기서는 FIATA 복합운송선하증권 표준약관상의 책임에 관해서만 살펴보도록 하겠다.

### ❶ 책임의 시기와 종기

FBL약관에 있어서 운송주선인의 책임기간은 운송주선인이 물품을 인수한 시점으로부터 인도하는 시점까지이다.(제6조 1항) 따라서 책임기간은 물품을 그의 관리하에 두고 있는 전 기간이 된다. 책임의 시기는 물품을 인수한 시점이지만 종기는 크게 세 가지로 나눌 수 있다. 첫째, 물품을 인도한때에 종료된다.(제6조 1항) 둘째, 운송주선인은 화주(Merchant)의 단독책임하에 물품을 보관할 수 있으면 그 때 운송주선인의 책임은 종료된다.(제12조 2항) 셋째, 운송주선인이나 고용계약의 범위 내에서 활동하는 자신의 사용인이나 대리인 또는 계약이행을 위해 사용하는 기타 사람들의 과실이나 부주의가 아닌 방해 또는 다른 종류의 위험에 의해 영향을 받거나 받게 되고 그와 같은 것들이 정당한 노력에 의해 피할 수 없는 것일 경우 물품운송을 포기할 수 있으며 가능하다면 운송주선인이 안전하고 편리하다고 생각되는 장소에 물품의 전부 또는 일부를 상인이 처리할 수 있도록 갖다 놓을 수 있으며, 그 후에 물품이 인도된 것으로 간주하여 운송주선인의 책임을 종료된다.(제12조 3항)[23)]

### ❷ 책임의 기본 원칙

운송주선인이나 고용계약의 범위 내에서 활동하는 자신의 사용인이나 대리인 또는 계약이행을 위해 사용하는 기타 사람들의 과실이나 부주의로 인해 물품의 멸실, 손상 또는 인도지연이 발생되지 않았다는 사실을 입증하지 못할 경우 그와 같은 멸실, 손상 또는 인도지연을 유발한 사고가 운송주선인이 물품을 책임지고 있는 기간 동안 발생되었을 경우 운송주선인은 인도지연 뿐 만 아니라 멸실 또는 손상에 대해서도 책임을 져야 한다.(제6조 2항)[24)] 따라서 추정과실 책임주의를 따르고 있다.

만약 물품 멸실 또는 손상이 복합운송 중 특정구간에서 발생되었고 이와 관련 적용가능한 국제협약 또는 강행적인 국내법이 또 다른 책임제한을 규정하고 그와 같은 특정구간을 위한 개별운송계약에 체결되었을 경우 멸실 또는 손상에 대한 운송주선인의 책임한도는 상기 국제협약 또는 강행적인 국내법의 규정을 참조하여 정한다.(제8조 6항 a호)[25)] 이 규정은 물품이 멸실 또는 손상된 경우,

---

23) UNCTAD/ICC규칙 제4조 1항 복합운송인의 책임은 복합운송인이 물품을 인수한 시점에서 이를 인도하는 시점까지의 기간에 걸쳐 인정된다.

24) UNCTAD/ICC 규칙 제5조 1항(추정과실 책임주의)

25) UNCTAD/ICC 규칙 제6조 4항

그리고 물품의 멸실이나 손상이 복합운송의 특정구간에서 발생하였음이 판명된 경우 운송주선인의 책임한도는 FBL약관에 규정된 책임한도와 다른 책임한도, 즉 그 특정구간을 위한 개별운송계약이 체결되어 강행적인 국제협약이나 국내법의 책임한도가 적용될 수 있다는 것이다. 따라서 운송주선인과 손해배상청구인 양측 모두가 마치 당해 운송구간에 대하여 별도로 운송계약을 체결했을 경우와 마찬가지 효과를 갖게 된다. 따라서 FBL약관은 이종책임원칙(network liability system)을 따르고 있다.

### ❸ 면책사항

운송주선인이 그 사건의 상황에 있어서 멸실 또는 손상이 상인(Merchant)[26] 또는 운송주선인 이외에 운송주선인 대리인이나 운송주선인이 책임지고 물품을 인수하는 사람의 작위 또는 부작위, 포장 또는 화인 및 또는 개수가 부족하거나 하자가 있을 경우, 화주□또는 그 대리인에 의한 물품의 취급, 선적, 적부 또는 양하, 물품의 고유결함, 파업, 직장폐쇄, 조업정지 또는 작업방해의 사유 중 하나 또는 그 이상으로 인해 발생하였을 경우 면책된다.(제6조 5항)

또한 물품의 선적 또는 포장이 화주에 의해 직접 행해지거나 상인을 대신하여 운송주선인 이외의 사람에 의해 행해질 경우 하자가 있거나 물품의 불충분한 포장이나 컨테이너 또는 기타 운송용구에 부적절한 적재 또는 포장에 의한 것이나 화주가 제공한 컨테이너 또는 기타 운송용구의 하자나 부적합성에 의한 것이나 운송주선인이 제공한 컨테이너 또는 기타 운송용구인 경우 화주의 적절한 검사에 의해 컨테이너 또는 기타 운송용구의 하자나 부적합성이 뚜렷하게 드러남으로써 발생된 멸실, 손상 또는 비용에 대해서 운송주선인은 책임을 지지 않는다. 화주는 위와 같은 이유로 인해 발생된 제반 멸실, 손상, 책임 및 비용에 대해 운송주선인에게 배상하여야 한다.(제5조 2항)

해상 또는 내수로운송과 관련하여 항해 또는 선박관리시 선장, 선원, 도선사 또는 운송인의 작위, 부주의 또는 태만, 운송인의 실제과실이나 내밀한 관여에 의해 발생되지 않은 화재로 운송 중 멸실, 손상 또는 인도지연이 발생될 경우 운송주선인은 그에 대한 책임을 지지 않는다. 그러나 이 경우 선박의 불감항

26) FIATA 복합운송 선하증권 표준약관(1992년) Definition
"Merchant" means and includes the Shipper, the Consignor, the Consignee, the Holder of this FBL, the Receiver and the Owner of the Goods.

(unseaworthiness)으로 인해 멸실이나 훼손이 발생될 경우 운송주선인은 항해 개시시에 선박의 감항능력을 갖추기 위해 상당한 주의의무를 다했음을 입증할 수 있다.[27](제6조 6항)

〈표 15-2〉 FBL약관과 MT조약의 비교

| | FBL 약관 | MT 조약 |
|---|---|---|
| 책임 범위 | 수령시 – 최종인도시 | 수령시 – 최종인도시 |
| 책임 주체 | 복합운송인의 전구간 단일책임 | 복합운송인의 전구간 단일책임 |
| 책임 원칙 | • 추정과실책임원칙<br>• 이종책임원칙(network liability system) | • 추정과실책임원칙<br>• 수정 uniform liability system |
| 멸실·훼손에 대한 책임한도*) | 짐짝당 920SDR과 kg당 2.75 SDR의 합계액 중 많은 금액(해상운송구간이 포함되지 않은 경우는 kg당 8.33SDR) | 짐짝이나 단위당 666.67SDR과 kg당 2SDR의 합계액 중 많은 금액(해상운송구간이 포함되지 않은 경우는 kg당 8.33SDR) |
| 멸실·훼손에 대한 손해통지(숨은 손해) | 6일 | 6일 |
| 제소기간 | 9개월 | 2년 |
| 운송서류 | FBL | 복합운송서류 |

*) 종가운임이 지불되고 그 가액이 운송주선인에 의해 본 선하증권에 기재된 경우에는 그 가액이 배상금 한도액이 된다.
**) 한국 상법은 해상운송에 관한 한 운송인의 책임에 대하여 몇 가지 강행규정을 두고 있고, 항공운송에 있어서도 한국이 조인하여 법률상 효력이 있는 국제항공운송에 있어서의 일부규칙의 통일에 관한 협약(Protocol to Amend the Convention for the Unification of Certain Rules Relating to International Carriage by Air, 1955, "바르샤바 조약)상 책임제한 관련 강행규정이 있으므로 본 운송증권상의 국제물류주선인의 책임관련 규정은 손해가 발생한 운송구간이 밝혀지지 않는 경우에만 적용되어 결과적으로 修正uniform liability system에 따른 것과 마찬가지 결과가 된다.

### (3) 복합운송에 관한 국제조약 및 규칙상의 책임

#### ❶ 복합운송에 관한 국제조약의 성립배경

국제복합운송을 규제하는 국제조약을 작성하려는 움직임은 1960년 이전부터이나 그것이 조약안으로 최초로 공표된 것은 UN유럽 경제이사회(ECE,조약회의 주체기관)의 의뢰에 따라 로마 사법통일협회(UNIDROIT)가 1957년에 국제물품복합운송조약안의 준비작업에 착수하여 1961년 10월에 작성한 국제물건복합운송조약초안(Project de Convention sur le Contract de Transport International Combiné de Marchandises)이다. 일명 바께(Bagge)안이다. 그 후 검토, 수정을

27) UNCTAD/ICC규칙 제5조 제4항

한 끝에 1965년 10월에 최종안을 확정했다. 만국해법회(CMI)는 1965년에 국제소위원회를 설치하여 컨테이너에 의한 국제복합운송에 있어서의 운송인의 책임에 관한 조약안의 작성 작업에 착수하여 1969년 3월에 동경에서 개최된 제2회 총회에서 Tokyo Rules라는 조약안을 채택했다. 이 조약안의 내용은 그 후의 각종조약안, 복합운송증권상의 운송조건 등에 하나의 기본적인 골격을 짜준 것으로 기본적 구성은 물론 각종의 용어도 동조약안에서 확정된 것이 오늘날까지 영향을 주고 있다. Tokyo Rules가 채택되자 UNIDROIT는 자기들의 안과 Tokyo Rules와의 조정을 위한 관계자(CMI, ICC, FIATA 및 각 운송업계의 대표자)에 의한 두 번에 걸친 원탁회의를 소집하여 그 조정의 결과를 1970년 UN산하의 유럽경제이사회(UN Economic Commission for Europe; ECE)와 정부간해사자문기구(International Maritime Consultative Organization; IMCO)가 TCM조약안(Project de Convention sur le Transport Combine International de Merchandises; 국제물건복합운송조약)으로 확정하여 공표하게 된다. 이 조약안은 Bagge안과 Tokyo Rule의 두 가지 조약안을 조정, 통일한 것으로 실질적으로는 Tokyo Rule을 수정한 것이라고 볼 수 있다.

그러나 많은 국제관련업계의 비판·반대로 인하여 개정을 하였으며(TCM개정안) 1972년 11월에 UN/IMCO 합동회의에서 채택코자 하였으나 개발도상국측에서 개발도상국의 화주 이익을 충분히 보장하지 않았다는 이유로 UNCTAD의 해운위원회의 반대에 부딪쳐 결국 TCM조약안은 백지환원되었다.

그리고 UN무역개발회의(UNCTAD)의 무역개발이사회 내에 설치된 정부간 준비그룹(Intergovernmental Preperatory Group; IPG)의 주도하에 검토가 시작되었다. IPG는 1973년 5월에 시작하여 6차례 회의 끝에 1979년 3월에 조약초안을 작성하였다. 그러나 이 작업은 많은 복잡한 사유로 인하여 무척 힘든 작업이었으며 1979년 11월과 1980년 5월에 제네바에서 소집된 전후기회의를 통해 채택되었다. 이것이 UN국제물건복합운송조약(United Nations Convention on International Multimodal Transport of Goods, 1980), 곧 M.T.조약이다. 이것은 이종의 운송형태를 국제적으로 법적 규제하여 통합하는 것이 상당히 어려운 작업으로 회의에 참석한 86개국간의 이해관계의 상충으로 아직까지 발효되지 못하고 있다.[28)]

28) M.T.조약이 성립된 것은 1980년 5월이지만 그 발효는 30개국에 의한 비준·가입 등의 가맹이 있은 날로부터 12개월 후에 이루어지게 되어 있는데(제36조 1항) 아직 발효되지 못하고 있다.

한편 민간차원에서는 I.C.C.가 국제복합운송의 규제는 반드시 조약의 형식에 의할 필요가 있으므로 신용장통일규칙의 선례에 따라 민간차원의 자주적 규범을 작성할 의도에서 1973년 I.C.C. 통일 규칙(Uniform Rules for Combined Transport Document)[29)]을 제안하였으며 1975년 일부 수정이 있었다.

UN국제물건복합운송조약이 성립되기까지의 전 과정을 연차적으로 정리하면 다음과 같다.

- 1961년 UNIDROIT초안 작성, CMR이 모델로 됨.
- 1969년 CMI의 Tokyo Rules 작성, HAGUE규칙이 모델이 됨.
- 1970년 IMCO/ECE가 TCM조약안 작성, Tokyo Rules이 모델이 됨.
- 1971년 개정 TCM조약안의 작성.
- 1973년 I.C.C.통일규칙의 작성, TCM조약안이 모델이 됨.
- 1973년 TCM개정안이 백지환원된 후 검토를 위한 IPG 제1회기 개최.
- 1974년 IPG 제2회기 개최.
- 1975년 I.C.C.통일규칙의 일부개정.
- 1976년 IPG 제3회기(전반) 개최.
- 1977년 IPG 제3회기(후반) 개최.
- 1978년 IPG 제4회기 및 제5회기 개최.
- 1979년 IPG 제6회기(3월) 개최, 최종안 작성.
- 1979년 M.T.조약 채택을 위한 외교회의 제1회의 개최.
- 1980년 M.T.조약 채택을 위한 외교회의 제1회의 개최, 콘센서스 방식에 의해 채택, 성립.

### ❷ MT조약상의 복합운송인의 책임내용

ⓐ 책임의 주체

복합운송인(Multimodal Transport Operator; MTO)은 운송위탁자인 송하인의 상대방으로서 복합운송계약을 체결하고 송하인 또는 복합운송작업에 참여하는 운송인의 대리인으로서가 아니라 주체로서 행동하며 그 계약의 이행에 관하여 책임을 지는 자를 말한다.(제1조 2항)

29) 이 통일규칙은 기본적으로 TCM조약안에 따른 것으로 일반규정, 정의, 유통증권, 비유통증권, 복합운송인의 책임, 당사자의 권리와 의무, 멸실 또는 손상에 관한 책임, 지연에 대한 책임, 보충규정, 소멸시효 등 10개 조항으로 구성되어 있다.

비록 아무런 운송수단도 소유하지 않은 운송주선인(Freight Forwarder)이라고 운송인으로서의 책임을 인수하고 송하인과 운송계약을 체결하면 복합운송인이 된다. 그러므로 직접 선박을 운항하지 않거나 이를 소유하지 않은 운송인들 즉 NVO(non-vessel operating carrier) 또는 NVOCC(non-vessel operating common carrier)도 복합운송인이 될 수 있다. 현실적으로는 해운회사가 복합운송인으로서 운송을 인수하는 경우가 대부분이지만 도로운송인, 철도운송인, 항공운송인 또는 운송주선인 등도 복합운송을 인수하여 복합운송인이 된다.

㉯ 적용범위 및 규율과 규제

운송물의 수령지 또는 인도지가 체약국내에 있는 2국간의 복합운송계약을 그 강행적 적용대상으로 하고 있다.(제2조, 제3조 1항) 즉 국제운송의 매매당사국이 모두 이 조약의 체약국일 것을 요구하는 것이 아니라 어느 한 당사국이라도 체약국이면 이 조약은 그 운송계약에 강제적으로 적용된다는 것이다. 그러나 화주의 선택권을 존중하여 복합운송과 구간별 개별운송사이의 선택권을 침해하지는 않는다.(제3조 2항) 그리고 복합운송에 대한 규율과 규제는 이 조약에 명기하지 않고 각국의 정부나 다른 국제조약에 위임하고 있다.(제4조)

㉰ 책임기간

MTO는 운송물을 자기의 관리 아래로 수령한 때로부터 이를 인도할 때까지, 전운송 기간 내지 구간에 걸쳐 조약소정의 책임을 부담한다.(제14조) 이는 전운송 구간 단일 책임원칙을 적용하는 것으로 MTO 한 주체에게 책임을 집중시킴으로써 화주의 손해에 대한 배상청구의 대상을 단순하고 명확히 해두고 있는 것이다.

복합운송계약상의 MTO의 책임기간은 MTO가 운송물을 자기의 관리 아래로 수령한 때로부터 이를 인도할 때까지의 기간으로 이 책임의 시기는 MTO가 송하인이나 송하인에 갈음하여 행위를 하는 사람, 또는 수령지의 법령에 의하여 운송을 위하여 운송물을 교부하여야 할 기관 기타의 제3자로부터 운송물을 인수한 때이며 책임의 종기는 수하인에게 운송물을 직접 교부하거나 수하인이 MTO로부터 운송물을 수령하지 않은 경우에는 복합운송계약이나 인도지의 법령이나 당해 거래의 관행에 따라 운송물을 수하인이 처리할 수 있는 상태로 두거나, 또는 인도지의 법령에 의하여 운송물의 인도에 개입하는 기관 기타의 제3자에게 운송물을 교부한 때를 말한다.(제14조 1, 2항) 또 여기의 복합운송인에는 복합운송인의 사용인, 대리인 및 복합운송인이 복합운송계약의 이행을 위하여 그의 서비스를 이행하는 그 밖의 사람이 포함되며 송하인 또는 수하인에는 그들의 사용인 또는 대리인이 포함된다.(제14조 3항) 즉 여기에서 복합운송인의 사용인, 대리인 및 복합운송인이 복합운송계약의 이행을 위하여 그의 서비스를 이행하는 그 밖의 사람에게 물건이 교부된 경우에도 복합운송인은 책임을 져야 한다.

㉣ 책임의 기본원칙

복합운송인은 운송물의 멸실, 훼손 또는 인도지연의 원인으로 된 사고가 운송물이 그의 관리 하에 있는 동안에 발생한 때에는 그 멸실, 훼손 또는 인도지연으로 인하여 생긴 손해에 대하여 책임을 져야 한다. 단, 복합운송이 자기 또는 제15조에서 말하는 그의 사용인이나 대리인이나 그 밖의 사람이 손해의 원인이 된 사고 및 그 결과를 회피하기 위하여 합리적으로 요구되는 모든 조치를 취하였다는 것을 입증하면 그러지 아니한다.(제16조 1항) 전문 제2부 (d)항에서도 이 조약에서 복합운송인의 책임은 추정적과실 또는 태만의 원칙(the principle of presumed fault or neglect)에 바탕을 둔다고 규정함으로써 추정과실책임주의를 취하고 있다. 이것은 M.T.조약이 헤이그규칙 이래 면책카탈로그를 전면적으로 폐지한 1978년 함부르크규칙의 정신에 따른 것이며 배상책임대상도 멸실, 훼손, 인도지연으로 함부르크 규칙과 동일하다.

MTO의 사용인이나 대리인이 그 직무의 범위 내에서 행위를 하고 있을 때 발생한 과실에 대하여 그리고 그 밖의 복합운송계약의 이행을 위하여 그 업무를 이행하는 자(각종 단일 방식의 운송인, 컨테이너 터미널 경영자, 창고업자 등)가 널리 그 계약의 이행중의 행위를 하고 있을 때에 발생한 과실에 대하여도 각각 MTO에게 그 책임이 있다고 규정하고 있다.(제15조)

만약 복합운송인과 하청운송인과의 계약에 의해 하청운송인이 운송하는 구간에서 운송물에 손해가 발생한 경우에는 송하인은 하청운송인과는 아무런 계약관계도 없기 때문에 하청운송인에게 손해배상을 청구하는 것이 아니라 복합운송인에게 직접 손해배상을 청구하면 되고 손해의 원인이 하청운송인에게 있을 경우 복합운송인은 하청운송인에게 구상하면 된다.

제20조 2항에서는 하청운송인 등 이행보조자는 일정한 요건 하에 복합운송인이 원용할 수 있는 항변사유나 책임한도를 이용할 수 있다고 규정하고 있다.

복합운송은 종래의 운송인의 책임에 관한 법원칙을 달리하는 이종운송의 결합으로 이루어진다. 따라서 복합운송인이 화주에 대하여는 단일책임을 부담하지만, 각 운송구간에 대하여 어떠한 책임을 지느냐에 따라 종래 크게 각운송구간 이종책임원칙(network liability system)과 전운송구간 단일책임원칙(uniform liability system)으로 나누어져 있었다.

Network Liability System은 운송인이 부담하는 책임의 내용이 각 운송계약에 적용되는 기존의 조약 또는 법규에 따라 결정되는 것이고, Uniform Liability System은 전운송구간에 걸쳐 모두 동일내용의 책임을 단일운송인이 부담하는 형태로서, 화물의 손해에 대하여 그 발생장소나 운송수단 여하를 불문하고 완전히 동일원칙, 동일내용의 책임을 부담한다. ICC 통일규칙을 비롯하여 주요선박회사의 컨테이너 B/L, FBL 등에서 널리 채용되고 있는 것은 Network Liability System이지만, UN국제물건복합운송조약에서는 수정Uniform Liability System을 채용하고 있는데 그 내용은 사고발생구간에 강행법규가 존재하는 경우에는 이 조약의 규정이 우선적으로 적용되고 다만, 그 강행법규상의 책임한도액이 UN국제물건복합운송조약의 그것보다 많은 경우에는 그 구간에 적용되는 그와 같은 강행법규가 우선 적용된다는 것이다.(제19조)

### ❸ 복합운송증권에 관한 UNCTAD/ICC규칙(1992)

UN국제복합운송협약이 각국으로부터 광범위한 지지를 얻지 못해 발효가 지연되자 UNCTAD 사무국은 복합운송인의 책임에 관한 통일적이고 공평한 조항을 포함하여 복합운송협약이 의도했던 목표를 실현할 수 있다는 다른 방안을 모색하기 시작했다. 1988년에 UNCTAD 사무국은 상거래당사자 및 ICC와 합동으로 작업반을 조직하여 Hague규칙과 Hague-Visby 규칙은 물론 FBL이나 1975년 ICC 통일규칙과 같은 기존의 증권 및 UN국제복합운송협약의 상당부분을 바탕으로 하여 복합운송증권에 관한 전형적인 일련의 모형을 마련하고자 했다. 국제무역업계의 다양한 의견을 반영하기 위해 3년간의 긴 작업과정을 거친 후 1991년 6월에 채택하여 1992년 1월 1일부로 UNCTAD/ICC Rules for Multimodal Transport Documents(복합운송증권에 관한 UNCTAD/ ICC규칙, 1992)를 공표하게 되었다.

본 규칙도 하나의 지침에 불과하다. 따라서 복합운송계약에 적용할 수 있는 국제협약이나 국내법의 강행규정은 이 규칙에 우선한다. 그러나 본 규칙은 범세계적으로 국제무역거래에 적용될 수 있으며 ICC의 화환신용장 통일규칙(UCP 500, 2007년 개정된 UCP 600)의 내용과 완전히 일치되기 때문에 국제무역계 및 금융계에서 널리 받아들여지고 있다.

복합운송인의 책임내용에 관하여는 앞에서 설명한 FIATA FBL약관의 내용과 일치한다.

## 제2절 복합운송서류

### I 복합운송증권의 의의와 특성

#### 1. 복합운송증권의 의의

복합운송증권에 대한 정의는 1973년 I.C.C. 통일 규칙(Uniform Rules for Combined Transport Document) Rule 2.c.의 정의에서는 복합운송증권이라 함은 물품의 복합운송의 이행 및/또는 이행의 확보에 대한 계약을 증명하고, 또 그 표면에 "negotiable combined transport document issued subject to Uniform Rules for Combined Transport Document(ICC Brochure No.273)" 또는 "non-negotiable combined transport document issued subject to Uniform Rules for Combined Transport Document(ICC Brochure No.273)"라는 두문을 기재한 증권을 말한다.

또한 UN국제물건복합운송조약(1980년) 제1조 4항에서는 복합운송증권이라 함은 MTO(multimodal transport operator)에 의하여 물품이 인수된 것과 계약상의 조항에 따라 물품을 인도할 것을 약속한 복합운송계약을 증명하는 증권이다.

복합운송증권에 관한 UNCTAD/ICC(1992년) 2조 6항에서는 복합운송증권(MT Document)이란 유통가능한 형식으로 발행되는 것 또는 특정 수하인이 지정된 유통불가능한 형식으로 발행되는 것으로 복합운송계약을 증명하는 증권을 의미하며,

이를 관련법규가 허용하는 경우 전자자료교환 메시지로써 갈음할 수 있다.[30)]

따라서 복합운송증권이란 복합운송계약에 의하여 운송물을 어느 한 나라의 수령장소로부터 다른 나라의 지정인도장소까지 적어도 두 가지 이상의 각각 다른 운송 수단의 결합에 의하여 운송하는 것을 증명하는 서류로써, 복합운송인이 전 운송구간에 걸쳐 일관운송의 책임을 지고 운송물의 멸실, 훼손이나 지연 등으로 인한 배상의 책임을 부담할 것을 증명하여 복합운송인이 송하인의 청구에 의하여 송하인에게 발행하는 운송서류라고 할 수 있다.

## 2. 복합운송증권의 기원

복합운송서류라는 명칭을 처음 표기한 것은 1970년 '로마사법통일국제협회'(International Association for Unification for Private Law; UNIDROIT)가 발표한 'Draft Convention on the International Combined Transport of Goods'(약칭 TCM 조약안)라고 볼 수 있다. UNIDROIT의 '박게案'에서는 복합운송서류를 'TTC(titre de transport international combine)'라고 표기했으며 1969년의 동경규칙(Tokyo Rule)에서는 복합운송서류를 'CT B/L(Combined Transport Bill of Lading)'으로 표기하고 있는데, 이것은 실제로 사용되고 있는 복합운송을 증명하고 있는 증권의 대부분이 이 'Combined Transport Bill of Lading'이라는 명칭을 표기하고 있기 때문이다. 그리고 이러한 Tokyo Rule의 많은 규칙은 Hague Rule 및 Hague-Visby Rule의 원칙을 똑같이 하거나 또는 다소의 변경 혹은 수정을 가하여 도입한 것이기 때문에 새로운 복합운송과 기존의 선하증권을 연결시킨 복합운송서류인 CT B/L을 등장시키게 되었다.

Tokyo Rule 다음의 TCM조약안에서는 복합운송서류를 'Combined Transport Document'로 나타내고 있다. 이것은 Tokyo Rule에서의 CT B/L이라는 명칭 중에서 B/L이라는 명칭이 육상을 포함한 여타의 복합운송수단에 적합하지 않다는 입장에서 CT Document라는 새로운 명칭을 사용하게 되었다. 그러나 CT B/L을 CT Document로 쓰기로 했다고 해서 증권의 성격이 바뀌어 지는 것은 아니다. 한편 1980년 UN 국제복합운송조약에서는 유럽의 색채가 짙은 Multimodal Transport

30) "Multimodal transport document(MT document)" means a document evidencing a multi modal transport contract and which can be replaced by electronic data interchange messages insofar as permitted by applicable law and be :
(a) issued in a negotiable form : or
(b) issued in a non-negotiable form indicating a named consignee.

Document로 표시하고 있다.

## 3. 복합운송증권의 기능과 특성

### (1) 복합운송증권의 기능

유통성 복합운송서류는 일반적인 선하증권의 기능과 마찬가지로 복합운송계약의 증거, 화물수취의 증거, 그리고 권리증권으로서의 기능을 지니고 있다.

### (2) 복합운송증권의 특성

#### ❶ 유가증권

권리증권성을 가지고 있는 유통성 복합운송서류는 선하증권과 동일한 물권적 효력과 채권적 효력 및 문언적 효력이 인정됨으로써 유가증권으로서의 기능을 가진다.

#### ❷ 요인증권

권리증권인 복합운송서류는 운송계약에 의하여 운송물의 수령을 전제로 복합운송증권이 발행된다는 측면에서 요인증권이다.

#### ❸ 요식증권

운송물의 인도청구권을 행사하기 위하여 운송물의 실제와 증권면의 기재사항이 일치하여야 하므로 운송물의 동일성을 판단하기 위하여 일정한 기재사항을 기재하여야 하는 요식증권이다.

#### ❹ 대표증권

유통성 복합운송서류는 운송물을 대표한다는 측면에서 대표증권의 특성을 갖는다.

#### ❺ 문언증권

운송계약에 따라 화주와 운송인의 의무를 증권상에 기재된 문언에 의하여 이행된다는 측면에서 문언증권의 특성을 갖는다.

### ❻ 지시증권

유통성 형식으로 발행되었을 때에는 배서에 의하여 양도가 가능하므로 지시증권의 특성을 갖는다.

### ❼ 채권증권

복합운송서류의 소지인이 복합운송인에게 화물의 인도를 청구할 수 있기 때문에 채권증권의 특성을 갖는다.

### ❽ 처분증권

복합운송서류는 증권에 표시된 운송물의 처분에 반드시 필요하므로 처분증권의 특성을 갖는다.

### ❾ 유통증권

배서 또는 교부에 의해서 소유권이 이전되므로 유통증권의 특성을 갖는다.

### ❿ 상환증권

복합운송서류의 소지인이 화주의 지위를 승계하여서 목적지에서 운송물의 인도청구를 할 때 운송물과 바꾸어야 하는 상환증권의 특성을 갖는다.

### ⓫ 인도증권

유통성 복합운송서류는 그 배서나 교부에 의하여 운송물을 인도한 것과 동일한 물권적 효력이 인정되므로 인도증권으로서의 특성을 가지고 있다.

이와 같이 유통성 복합운송서류는 일반적인 형태의 선하증권이 가지고 있는 기능과 특성을 가지고 있으나 몇 가지 다른 점이 있다. 선하증권의 경우 선적항과 양륙항을 기재하는 반면 복합운송서류에는 수령지와 인도지가 기재된다. 또한 선하증권은 본선적재를 표시하는 반면 복합운송서류는 수령지로부터 최종인도지까지 전운송구간을 운송인이 인수하였음을 증명한다.

# II 복합운송증권의 발행형식과 종류

## 1. 복합운송증권의 발행형식

복합운송증권의 발생형식에는 발행인과 명칭에 따라서 여러 가지로 나눌 수 있으나 무역금융 및 화환취결과 관련하여 가장 중요한 것은 유통성 여부에 의한 발행형식이라 할 수 있다. 이 같은 발행형식은 유통성(Negotiable)과 비유통성(Non-negotiable)으로 나눌 수 있으며 유통성증권은 다시 지시식과 무기명식으로 발행방식에 따라 나눌 수 있다. I.C.C. 통일규칙과 UN조약에서는 이미 유통성을 지닌 유가증권으로서의 복합운송서류를 인정하여 복합운송증권의 신용기능을 실질적으로 인정받을 수 있도록 선하증권과 같은 성질을 구비한 복합운송증권의 법제화를 시도하였다. 그러나 비유통성 복합운송증권은 다만 증거서류로서의 기능만을 가지고 있을 뿐 유가증권의 기능을 갖지 못하고 화환취결에 따른 담보력이 부족하기 때문에 실무상 이용에 있어 문제점이 있다. 하지만 무역거래의 원활한 이행을 위해 비유통성 복합운송증권의 법적 효력이 점차 확립되어 나갈 것으로 예상된다.

I.C.C.통일규칙과 UN조약에서의 유통성과 비유통성 복합운송증권에 대해 살펴보면 다음과 같다.

〈표 15-3〉 복합운송증권 발행형식

| | I.C.C. 통일 규칙과 MT조약 |
|---|---|
| 유통성 | a. 지시식 또는 무기명식으로 발행.<br>b. 지시식인 경우 배서에 의하여 양도 가능.<br>c. 무기명식인 경우 배서없이 양도 가능.<br>d. 2통 이상의 원본을 한 組로 발행할 경우 증권상 그 組에 속한 원본의 통수를 기재해야 함.<br>e. 사본 발행시 각 사본에 non-negotiable copy로 표시해야 함.<br>f. 물품의 인도는 CTO(MTO) 또는 그 대리인에 대하여 또 필요한 경우에는 정당하게 배서된 복합운송증권과 상환에 의해서만 청구 가능.<br>g. 복합운송증권이 2통 이상의 원본의 組로 발행된 경우에는 CTO(MTO) 또는 그 대리인이 증권의 원본 1통과 상환하여 선의로 물품을 인도한 때에는 CTO(MTO)는 그 물품을 인도할 의무를 면한다. |
| 비유통성 | a. 증권상 지명된 수하인을 기재하여야 함.(MT조약 : 증권상 특정된 수하인을 지정하여야 한다.)<br>b. CTO(MTO)가 이러한 비유통성증권상 지정된 수하인 또는 정당하게 지시된 기타 당사자에 대하여 물품을 인도했을 때에는 CTO(MTO)는 그 물품을 인도할 의무를 면한다. |

## 2. 복합운송증권의 종류

### (1) 유통가능여부에 따른 분류

#### ❶ 유통성증권과 비유통성 증권

일반적으로 국제운송에 사용되어지는 선하증권의 기능은 권리증권, 운송계약의 증빙, 화물의 영수증으로서의 기능을 갖는다. 이러한 기능을 복합운송증권도 마찬가지로 가진다고 할 수 있다. 복합운송증권은 유통성 여부에 따라 유통성증권과 비유통성증권으로 구분할 수 있다. 유통성증권의 경우 운송증권의 기본적인 기능을 갖고 있는 반면 비유통성증권의 경우 운송증권의 기본적인 기능 가운데 권리증권으로서의 기능은 갖지 않는다.

비유통성으로 발행되는 까닭은 대부분의 국제교역은 운송 중에 있는 화물의 재판매를 요구하지 않으며, 운송시간이 때때로 너무 단기여서 화물보다 운송서류가 늦게 도착할 수 있으며, 비유통성증권은 사기를 방지할 수 있기 때문이다.

MT조약은 복합운송서류의 내용으로서 복합운송서류가 유통성인지 비유통성인지를 표시하도록 명시하고 있다.(제8조 1항 1호)

또한 6조에서는 복합운송서류가 유통성증권형태로 발급되었을 경우 지시식 또는 소지인식으로 작성되어야하며, 지시식으로 작성된 경우에는 배서에 의하여 증권을 양도할 수 있어야 하며, 소지인식으로 작성된 경우에는 배서에 의하지 않고 증권을 양도할 수 있어야 하며, 1통 이상의 원본이 1조로 발급된 때는 조를 이루고 있는 원본의 통수를 기재하여야 하고, 사본을 발급할 때는 매 사본마다 "비유통성 사본(Non-Negotiable Copy)"이라는 표시를 해야 한다. 화물의 인도는 필요한 경우 정당하게 배서된 유통성 복합운송서류와의 상환으로만 복합운송인 또는 그에 갈음하여 행위하는 자에게 청구할 수 있다.

제7조에는 비유통성 복합운송서류에 대하여 규정하고 있는데 복합운송서류가 비유통성 증권 형태로 발급될 경우에는 지명된 수하인을 증권에 기재하여야 하며, 복합운송인은 그러한 비유통성 복합운송서류에 지명되어 있는 수하인 또는 일반적으로 서면에 의하여 정당하게 지시를 받은 그 밖의 사람에게 화물을 인도할 경우에는 인도할 의무로부터 면제된다.

ⓐ 유통성 증권의 발행요건

- 지시식 또는 소지인식으로 작성되어야 한다.
- 지시식으로 작성된 경우에는 배서에 의하여 양도가 가능하다.

- 소지인식으로 작성된 경우에는 배서없이 교부에 의하여 양도가 가능하다.
- 2매 이상 복수로 작성된 경우에는 그 통수를 표시하여야 한다.
- 사본이 발행되면 "Non-Negotiable Copy"라는 표시를 해야 한다.
- 물품의 인도는 복합운송인 또는 그 대리인에게 청구하여야 하고 필요한 경우에는 정히 배서된 복합운송증권의 제시가 있어야 한다.
- 복합운송인 또는 그 대리인은 복합운송증권이 1매 이상 발행된 경우 어느 하나의 제시에 의하여 선의로 물품을 인도하면 화물인도의 책임을 면한다.

ⓑ 비유통성 증권의 발행요건

- 지정된 수하인의 기재가 있어야 한다.
- 복합운송인은 지정된 수하인 또는 수하인이 지정한 자에게 화물을 인도함으로써 책임을 면한다.

### (2) 형태에 의한 분류

❶ 복합운송서류에 관한 통일규칙에 준거하는 증권

ICC의 복합운송 통일규칙에 준거하는 서류를 신용장에서 요구한다면 "Negotiable Combined Transport Document subject to ICC Publication No.298"이라든가 아니면 "Non-Negotiable Combined Transport Document subject to ICC Publication No.400"과 같은 문언이 사용된다. 이 경우에 제시된 서류가 복합운송서류로 표시되어 있지 않은 다른 표제의 증권이라고 하더라도 ICC의 복합운송서류 통일규칙에 준거한다는 취지가 명시되어 있으면 수리될 수 있다.

FIATA FBL은 유가증권으로 해상선하증권과 동일한 성격을 가지고 있으므로 신용장통일규칙(UCP) 제19조 적어도 두 가지 다른 운송방식을 표시하는 운송서류(복합운송서류)에서 규정하고 있는 요건을 갖추면 자동수리가 가능하다. 그러나 신용장상에서 해상선하증권을 요구할 경우 해상선하증권 대신에 FIATA FBL을 발행하더라도 수리가 가능할 것인가가 문제인데 이때도 신용장통일규칙 제20조 선하증권에서 요구하는 조건을 충족하면 수리가 가능하다.

한편 FIATA FBL 외에 FIATA FCR(Forwarding Agent Certificate of Receipt)과 FIATA FCT(Forwarding Agent Certificate of Transport)가 있는데 이는 단순한 수취증에 불과하므로 운송증권으로 볼 수 없다. 이는 FBL은 발행인이 화주□

에 대해 단일책임을 지나 FCT, FCR은 발행자가 화주에 대하여 운송상의 책임을 지지 않는다. FCT와 FCR의 차이점은 FCT는 화물상환증인데 반하여 FCR은 운송처리를 위한 화물수취증에 불과하다. 따라서 화환신용장에서 특별히 허용하지 않는다면 이들 서류는 어떤 경우에도 수리할 수 없다.

UN조약에 의한 복합운송서류는 동 조약이 아직 미발효 중이므로 사용이 일반화되어 있지 않지만, 앞으로 발효 전이라도 일반화될 가능성이 있다.

### ❷ 선하증권 형식의 복합운송서류

현재 실무적으로 사용되고 있는 복합운송을 증명하고 있는 증권 가운데 명백하게 복합운송서류로 인정할 수 있는 경우는 거의 선하증권의 형식으로 되어 있다. 예를 들어 Combined Transport Bill of Lading, Multimodal Transport Bill of Lading, Intermodal Transport Bill of Lading, Through Bill of Lading, FIATA B/L 등이 있다. 이 외에 단순히 Bill of Lading의 명칭으로서 해상만의 운송계약 외에 “place of reciept” 및 “place of delivery” 란의 기재에 따라 복합운송계약에도 사용할 수 있도록 되어 있는 증권도 있다.

### ❸ 화물보험부 복합운송서류

복합운송서류에 화물보험이 일정한 형태로 선하증권과 직접 관련시켜 명시되어 있는 증권으로서, UC & D(Universal Carloading & Distributing Inc.)[31] B/L과 OCL/ACT(Oversea Containers, Ltd./Associated Container Transportation Ltd.)[32] B/L이 대표적인 것이다.

OCL/ACT B/L의 표제에는 “Combined Transport Bill of Lading and Certificate of Insurance”로 되어 있고, 증권의 하단부분에 “로이드의 보험증명서”(Lloyd's Certificate of Insurance)가 기재되어 있는 것을 볼 수 있다. UC &D B/L에는 편입된 운임요율(tariff) 중에서 운임에는 보험료(marine insurance premium)를 포함하고, 선하증권약관에서는 공동해손 부담금을 UC&D가 부담한다고 규정하고 있다. 또한 OCL/ACT를 통하여 수배하도록 되어 있다.

31) UC & D는 미국을 중심으로 하여 국제적으로 컨테이너 서비스를 하고 있는 미국의 유명한 국내운송중개업자이다.

32) OCL은 P&O, Alfred Holt, British & Commonweaith, Furness Withy의 4개 회사로 구성된 consortium이고, ACT는 Gunard, Ellerman, Blue Star, Harrison, Ben Lines의 5개 회사로 구성된 consortium이다.

## 3. 복합운송증권의 내용

### (1) 복합운송증권의 기재사항

MT조약 제8조에 나타나 있는 복합운송증권의 기재사항을 살펴보면 다음과 같다.

① 복합운송에는 다음 사항을 기재하여야 한다.

- 물품의 일반적 성질, 물품의 식별을 위하여 필요한 기호, 필요한 경우 물품의 위험성과 그 포장물이나 개품의 수량, 물품의 총중량 또는 달리 표시한 물품의 수량, 송하인이 제공한 모든 사항들에 대해 명시적으로 기재
- 물품의 외관상 상태
- 복합운송인의 상호와 주된 영업소
- 송하인의 성명
- 수하인(송하인이 수하인을 특정한 경우)
- 복합운송인이 물품을 인수한 장소와 일시
- 인도의 장소
- 당사자간에 명시적으로 합의된 경우, 인도지에서의 인도일시 또는 인도기간
- 복합운송서류의 유통성의 여부에 대한 기재
- 복합운송서류발행의 장소 및 일시
- 복합운송인 또는 그로부터 수권받은 자의 서명
- 당사자간에 명시적으로 합의한 경우, 각 운송수단별 운임 또는 수하인이 지불하여야 할 운임과 지불통화 또는 수하인에 의해 지불된다는 기타 표시
- 복합운송서류 발행시 알 수 있는 예정 운송경로, 운송수단, 환적지
- 제28조 3항에 규정된 사항
- 복합운송서류가 발행된 국가의 법에 위배되지 않는 한 당사자간의 합의에 의하여 서류상 삽입한 사항

② 복합운송서류가 제8조 제1항에 규정된 사항 중 하나 또는 그 이상을 결하여도 제1조 4항(Multimodal Transport Document)에 규정된 요건 즉, 복합운송서류는 MTO에 의해 물품이 인수되고 계약상의 조항에 따라 물품을 인도할 책임을 부담하는 복합운송계약을 증명하는 서류라는 요건을 구비하고 있는 한 복합운송서류로서의 법적 성격에는 영향이 없다.

### (2) 복합운송서류상의 유보조항

MT 조약 제9조에서 제시하고 있는 복합운송서류상의 유보조항은 다음과 같다.

① 물품의 일반적 성질, 기호, 포장물이나 개품의 번호, 물품의 중량이나 수량에 관한 복합운송서류상의 기재가 복합운송인 또는 그의 대리인이 실제로 인수한 물건과 다른 것을 복합운송인 또는 그의 대리인이 알았거나 또는 다르다고 의심할 만한 정당한 사유가 있는 경우, 또는 그러한 기재의 정확성을 확인할 만한 합리적인 방법이 없는 경우에는 복합운송인 또는 그의 대리인은 복합운송증권에 이러한 부정확성이나 의심의 근거나 합리적인 검사방법의 결여 등을 명시한 유보조항을 기재하여야 한다.

② 복합운송인 또는 그의 대리인이 복합운송서류상에 물품의 외관상태에 대하여 기재하지 않았을 경우에는 물품을 외관상 양호한 상태로 수령한 것으로 간주한다.

### (3) 복합운송서류 기재의 효과

MT 조약 제10조에서 제시하고 있는 복합운송서류 기재의 효과는 다음과 같다. 제9조에 의하여 허용된 유보조항과 관련된 기재를 제외하고

① 복합운송서류는 그 서류상 기재된 대로 복합운송에 의하여 물품을 인수하였다는 것으로 추정한다.

② 복합운송서류가 유통성으로 발행되고, 또 서류상 물품에 대한 기재를 신뢰하여 선의로 행동한 제3자(수하인 포함)에게 양도되었을 경우에는 복합운송인에 의한 반증은 허용되지 않는다.

〈표 15-4〉 주요 운송증권의 주요 조항별 비교

| | FBL | 복합운송인 발행증권 | 선사발행 B/L |
|---|---|---|---|
| 지상 약관 | Hague/Hague-Visby Rule | 각종 관련 법령(CIM, CMR, 항공화물운송약관, …) | Hague |
| 책임 기간 | 화물을 수취한 장소에서 지정된 인도장소까지 | 화물을 수취한 장소에서 지정된 인도장소까지 | 본선 선적에서 양하시까지 |
| 책임 제한 및 면책 | 1kg 당 2SDR<br>Hague 규칙에 따라 면책을 규율하고 있다. | 1단위당 100파운드(단위당 적용이 불가능한 경우 1kg당 US$2)<br>Hague 규칙에 따라 면책을 규율하고 있다. | 1단위당 100파운드(미국행의 경우 US$ 500)<br>Hague 규칙에 따라 면책을 규율하고 있다. |
| 인도 지연 | 운임의 2배 또는 상기의 책임제한액 가운데 적은 금액 | 책임부담 없다. | 책임부담 없다. |
| 제소 기간 | 인도일 또는 인도가 있어야 할 날 또는 당사자에게 권리가 주어진 날로부터 만 9개월 | 인도일 또는 인도가 있어야 할 날로부터 1년간(CY/CFS – CY/CFS 운송의 경우 그곳에서 인도일 또는 인도가 있어야 할 날로부터 1년) | 인도일 또는 인도가 있어야 할 날로부터 1년간 |
| 준거법 및 재판 관할 및 책임 제한법 | 포워더에 대한 소송은 포워더의 주된 사업소가 있는 나라에서만 제기할 수 있고 또 당해국의 법률에 따라서 결정된다. | 별도의 규정이 없는 한 우리나라 법에 준거, 본 증권 아래에서 발생하는 일폐의 의의 신청, 분쟁은 우리나라의 법원에서 제기되는 것으로 하고 있다. | 별도의 규정이 없는 한 우리나라 법에 준거하며 운송인에 대한 본 증권에 의한 모든 소송은 한국의 서울지방법원에서 제기되는 것으로 하고 있다. |
| 공동해손 | 화주는 포워드에 대해 화주에게 요구되는 공동해손의 성질을 갖는 일체의 클레임에 대해 보상하는 것으로 하며, 또 포워드가 이를 요구하는 경우에는 그것에 해당하는 담보를 제공한다고 규정하고 있다. | 1974년 York-Antwerp 규칙에 따라, 또 동 규칙에 규정이 없는 사항에 대해서는 정산이 행해지는 항구 또는 장소의 법률 및 관습에 따라 운송인이 선택하는 통화로 정산이 되며, 정산서가 작성되고 또 결재된다. 공동해손정산서는 운송인이 선임한 정산인에 의해 작성된다.* | 1974년 York-Antwerp 규칙에 따라, 또 동 규칙에 규정이 없는 사항에 대해서는 정산이 행해지는 항구 또는 장소의 법률 및 관습에 따라 운송인이 선택하는 통화로 정산이 되며, 정산서가 작성되고 또 결재된다. 공동해손정산서는 운송인이 선임한 정산인에 의해 작성된다 |
| 고가품 | 규정 없음. | 운송인에 의한 운송품의 수취에 앞서 화주에 의해 서면으로 통고되고, 그것이 본 증권상에 기재되고 또 그것에 대해 종가운임이 前拂되어 있지 않으면 일체의 책임을 지지 않는다. 또한 1포장당 특정가치를 초과할 때는 화주에 의해 서면으로 통고되고, 또 포장의 외면에 2인치 이상의 문자와 숫자를 표시해야 한다. | 좌동 |

* 특히 "화주는 운송품의 인도전에 해손맹약서 및 운송품의 추정분담액, 구조료 및 특별비용을 보상하는데 충분하다고 운송인이 인정하는 현금공탁금 및 운송인 요구하는 기타의 추가담보를 제공하지 않으면 안 된다."고 규정하고 있다.

## 〈서식 15-1〉 복합운송 서류(Combined Transport Documents)

**Negotiable KIFFA**
**MULTIMODAL TRANSPORT BILL OF LADING**

B/L No. YOSP0607014ZAN

Reg.No. 751

**YOUNGONE SHIPPING CO.,LTD.**
TEL:756-9600(REP.) FAX:756-5030

|  |  |
|---|---|
| Consignor/Shipper | |
| Consignee | |
| Notify Party | |
| For delivery of goods please apply to: | CARGOZONE, INC<br>19550 DOMINGUEZ HILLS DR.<br>RANCHO DOMINGUEZ, CA 90220<br>TEL 1-310-635-0003 FAX 1-310-635-6511<br>ATTN MAX CHOI |
| Pre-carriage by | |
| Place of Receipt | BUSAN, KOREA |
| Vessel/Voyage No. | HD. EMPEROR 145E |
| Port of Loading | BUSAN, KOREA |
| Port of Discharge | LONG BEACH, U.S.A. |
| Place of Delivery | ZANESVILLE, OHIO U.S.A. |
| Final Destination(For the Merchant Ref.) | |

PARTICULARS FURNISHED BY CONSIGNOR/SHIPPER

| Container No. & Seal No. Marks and No. | No. & Kinds of Containers or P'kgs | Description of Goods | Gross Weight | Measurement |
|---|---|---|---|---|
| NO MARK<br><br>NOSU2317547/1079875<br>ONE OF TWO PARTS | 41PKGS<br>PART OF<br>20 DV x 1 | "SHIPPER'S LOAD & COUNT"<br>SAID TO CONTAIN<br>41 PACKAGES OF<br><br>1. PIGMENT<br>2. OPP TAPE 60*100<br>3. RPM MITER SY-60<br>4. TIMING BELT 25*270L<br>5. VINYL BAG<br><br>*P.O.#: J-069013/FL<br>*SHIPMENT DOES NOT CONTAIN SOLID WOOD PACKAGING MATERIALS | 853.000KGS<br><br>ON BOARD DATE<br>JUL 11,2006 | 3.000CBM |

COPY

CY/CY "FREIGHT PREPAID"

Excess Value Declaration(Refer to § 1. 4. 3):

| Total Number of Containers or Packages(in words) | SAY : PART OF ONE (20'X1) CONTAINER ONLY | Freight Payable at | SEOUL, KOREA |
|---|---|---|---|

| Freight & Charges | Prepaid | Collect |
|---|---|---|
| FREIGHT PREPAID AS ARRANGED | | |

Received by the Carrier, the Goods specified herein in apparent good order and condition unless otherwise stated, to be transported to such place as agreed, authorized or permitted herein and subject to all the terms and conditions appearing on the front and reverse of this Multimodal Transport Bill of Lading(hereinafter called the 'K B/L') to which the Merchant agrees by accepting this K B/L, notwithstanding any local privileges, customs or any other agreements between the parties. The particulars of the Goods provided herein were stated by the shipper and the weight, measurements, quantity, condition, contents and value of the Goods are unknown to the Carrier. In witness whereof three(3) original K B/L(s) have been signed unless otherwise stated herein. If two(2) or more original K B/L(s) have been issued and either one(1) has been surrendered, all the other(s) shall be null and void. If required by the Carrier one(1) duly endorsed original K B/L must be surrendered in exchange for the Goods or delivery order.

| Place and Date of Issue | No. of Original B/L | Signature |
|---|---|---|
| SEOUL, KOREA JUL 11,2006 | THREE(3) | ACTING AS A CARRIER |

B/L No.
YOSP0607014ZAN

**YOUNGONE SHIPPING CO., LTD.**

*Authorized by KIFFA 1997 (210×297mm)*

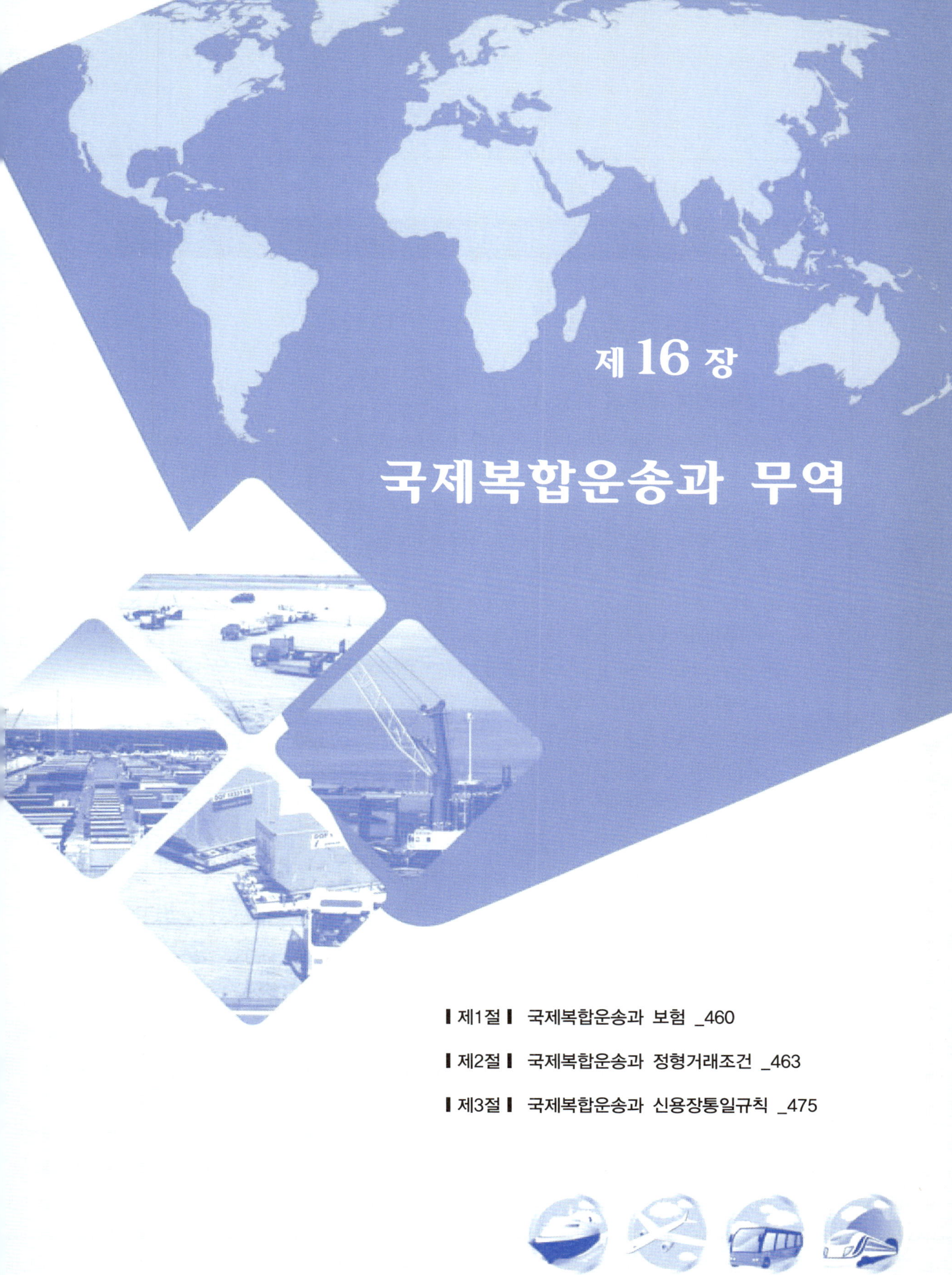

# 제 16 장

# 국제복합운송과 무역

# 제1절 국제복합운송과 보험

## I 컨테이너 보험

### 1. 컨테이너 보험의 특징

컨테이너 보험이란 컨테이너 자체의 보험(container itself insurance; itself or box or van insurance), 컨테이너 소유자(임차인도 포함)의 제3자에 대한 배상책임보험(container owner's third party liability insurance; TPL), 컨테이너 운영자의 화물손해배상책임보험(container operator's cargo indemnity insurance; cargo indemnity)을 포괄한 종합보험을 말한다.

이러한 3종류의 보험을 일괄하여 1증권(blanket policy)으로 인수될 수 있지만 특약서(open contact)형식의 포괄예정보험계약이 체결되는 경우가 많다.

앞의 Container Itself Insurance만을 단독으로 부보할 수도 있다. 그러나 Container Owner's Third Party Liability Insurance 및 Container Operator's Cargo Indemnity Insurance는 원칙으로 단독으로는 부보할 수 없고 Container Itself Insurance와 한 set가 되어 같은 조합으로 부보해야 한다. 이것은 Itself 보험과 책임보험과의 관계가 불가분이고 Itself 보험이 책임보험의 기초가 되고 있기 때문이다.

### 2. 컨테이너 보험의 종류

컨테이너 보험의 기간은 원칙적으로 1년 단위의 기간보험으로 되어 있다.

#### (1) 컨테이너 자체보험(container itself insurance)

컨테이너 자체보험은 컨테이너 그 자체의 멸실, 손상에 의한 경제적 손실을 보상하는 보험으로 보험계약의 목적(被保險利益; insurable interest)은 컨테이너 소유자로서 컨테이너자체에 대하여 가지는 경제적 이해관계 곧 소유자이익[33]이

33) 所有者利益 : 피보험목적물의 소유자가 가지는 이익으로 사용, 처분, 수익의 권리를 행사할 수 있는 경우의 피보험이익으로 예를 들어 船主가 船舶에 대해, 荷主가 積荷에 대해 갖는 이익을 말한다.

며 보험의 목적은 컨테이너 용구 그 자체이다. 여기에서 컨테이너 용구는 앞에서 언급했듯이 국제표준화기구(International Organization for Standardization; ISO)규격 및 이에 준하는 국제해상운송용이어야 한다.

보험기간은 일반적으로 적하보험은 항해를 단위로 부보하는 반면 컨테이너보험은 원칙적으로 1년을 기간으로 하는 기간보험으로 附保한다. 그러나 항해단위의 보험계약 내지 보험 증권 역시 유효하다. 이는 운송인 또는 수출입업자가 그 임차컨테이너를 단기간 또는 특별한 항해에 한하여 부보하기를 원할 때 이용된다.

컨테이너 자체의 보험은 통상 컨테이너 소유자가 보험계약자가 되지만, 임차컨테이너(lease container)의 경우에는 임차인(lessee)이 준 소유자로서 보험계약을 체결한다. 이 경우에 임차인은 소유자에 대한 배상책임보험을 특약한다.

기본적으로 1982년 신협회적하약관의 순서를 따르고 있지만 동시에 컨테이너의 성격상, 기간보험의 필요상, 일부규정(제15, 16조)에 대하여는 1983년 협회기간선박보험약관(ITC-Hulls)의 규정문언에 맞추고 있다.

### (2) 컨테이너 화물배상책임보험(cargo indemnity insurance)

컨테이너 운영자 또는 그의 대리인이 본 계약의 대상인 컨테이너에 의해서 운송되는 화물의 멸실 및 훼손에 대한 법률상 혹은 운송계약상 화주에 대하여 책임을 져야하는 경제적 손실 및 그와 관련된 각종 비용, 책임손해 등을 담보하는 보험이다.

운송되는 화물에 대한 보험은 화주가 부보하는 적하보험과 운송인이 부보하는 화물손해배상책임보험이 있다. 사고 발생시 일단 적하보험에 의해서 화주는 보상받고 적하보험에 의하여 보상된 손해중 운송계약상 운송인이 부담해야 할 책임부분은 적하보험자에 의해 보험대위로 운송인에게 배상청구 되어 진다. 따라서 화주는 자신의 화물에 대하여 운송중 위험으로부터 보호받기 위해 부보하고 컨테이너 운영자는 운송인으로서 화주와의 운송계약에 의한 책임에 대한 이해관계로 화물배상책임보험에 부보케 된다. 이와 같이 적하보험과 화물배상책임보험은 운송중인 화물에 대한 위험과 책임에 대하여 상호보완적 관계에 놓여 있게 된다.

이 컨테이너 배상책임보험의 보험기간은 복합운송인이 송하인으로부터 화물을 수령한 시점부터 수하인에게 화물을 인도한 시점까지의 전운송구간이며, 대상이 되는 화물은 컨테이너에 내장되어 수송되는 화물뿐만 아니라 컨테이너에 적입되기 전 혹은 적출된 후 인도될 때까지의 개품상태의 화물도 그 대상에 포함된다.

〈그림 16-1〉 사고 발생시 운송인의 책임

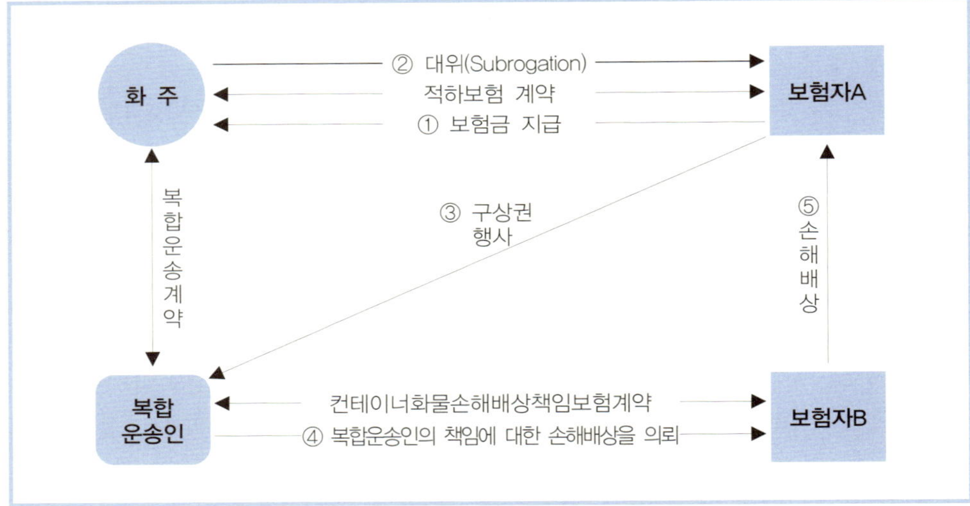


### (3) 컨테이너 제3자 배상책임보험(TPL)

이 보험은 계약의 대상인 컨테이너에 의한 운송중에 피보험자가 타인에게 끼친 신체적 손상이나 재산상의 손해에 대하여 컨테이너 소유자나 이에 준하는 자가 법률상의 배상책임을 짐으로 입은 손해를 보상하는 보험이다.

법률상 배상책임의 유무나 그 정도의 판정은 사고 발생지의 법률에 따른다.

## II 국제복합운송과 적하보험

화물이 운송위험에 노출되는 전과정에 대해서 계속 위험을 커버하기 위해 적하보험에 부보하는 것은 복합운송이 발달하기 훨씬 이전부터의 기본적인 운송품의 위험관리방법이었다. 복합운송이 발전하고 있는 현 상황에서 복합운송인이 절대책임을 부담하지 않는 한 운송인의 책임범위를 넘는 부분의 위험에 대한 담보가 필요하다. 복합운송에서 적하보험의 필요성에 대해 살펴보면 다음과 같다.

첫째, 손해배상청구절차가 복잡하고 신속한 손해배상이 되지 않는다는 점이다. 운송인의 책임구간 안에서 손해가 발생한 경우 운송인은 운송계약에 의한 손해배상을 해야 하지만 손해배상청구절차가 복잡하여 현실적으로는 화물손해발생 후부터 배상금 수령시까지 상당한 시간이 소요됨으로 신속한 손해배상이 이루어지지 않고 있다.

둘째, 운송인의 귀책사유로 인한 손해발생인 경우에도 운송인의 책임부담액이 일정한 한도로 제한되어 있다.

셋째, 운송인의 면책사유에 의한 손해 발생시 운송인에게는 손해배상의무가 없으므로 화주는 손해발생에 대한 배상을 운송인측으로부터는 받을 수 없다.

넷째, 현행 신용장 통일규칙상 무역금융제도의 담보기능을 위해서는 화물보험증권이 첨부된 선하증권을 사용할 수밖에 없다.

따라서 재래식 운송과 마찬가지로 컨테이너에 의한 복합운송에 있어서도 화주는 운송인에 의한 귀책사유의 손해이든, 면책사유의 손해이든 상관없이 손해발생시 보상 받을 수 있도록 화물보험에 부보하여야 한다.

컨테이너에 화물을 적입하여 운송함으로써 재래포장화물과 비교하여 안정성, 신속성, 경제성 등의 여러 면에서 획기적인 발전을 이룩하였으나 일단 컨테이너에 화물이 적입된 다음 최종목적지에 도착하여 확인할 때까지 컨테이너 내적화물의 손해를 확인 할 수 없으며 손해 발생구간도 확인하기 어려움으로 컨테이너에 적입시 충분한 손해방지수단을 강구하지 않으면 컨테이너운송의 장점을 살릴 수 없다.

## 제2절 국제복합운송과 정형거래조건

Incoterms 2010의 정형거래조건 11개 중 복합운송과 관련된 정형거래 조건은 EXW, FCA, CPT, CIP, DAT, DAP, DDP 7가지 조건이다. 이들 조건은 어떤 운송수단도 가능한 조건(Rules for any mode or modes of transport)으로 선택된 운송수단 각각을 이용할 수 있으며 하나 또는 그 이상의 운송수단이 적용되든지 관계없다. 해상운송수단이 전혀 없는 경우에도 사용가능하다. 그러나 이들 조건들은 운송의 일부를 위해 선박이 사용되는 경우에도 이들 조건들을 사용할 수 있다.

## I 공장 인도조건(EXW)

EXW조건은 국내거래에 적합하고, 국제거래에서는 통상 FCA 조건이 보다 적절하다.

"공장인도조건[Ex Works … (named place of delivery); EXW]"은 매도인이 자신의 영업장구내 또는 기타 지정장소(예를 들어, 작업자, 공장, 창고 등)에서 물품을 매수인의 처분 하에 두는 때에 인도하는 것을 의미한다. 매도인은 물품을 수취용 차량에 적재하지 않아도 되고, 물품의 수출통관이 요구되더라도 이를 수행할 필요가 없다.

당사자들은 지정장소내의 지점을 가급적 명확하게 명시하는 것이 바람직하다. 그러한 지점까지 비용과 위험을 매도인이 부담하기 때문이다. 매수인은 지정인도장소에 합의된 지점이 있는 때에는 그 지점부터 물품의 수령에 수반되는 모든 비용과 위험을 부담한다.

EXW는 매도인의 최소의 무조건로 다음 사항에 주의해야 한다.

첫째, 매도인은 매수인에게 물품적재의무가 없으며 물품을 적재하기에 매도인이 보다 나은 지위에 있는 경우에, 매도인이 자신의 위험과 비용으로 물품적재의무를 부담하는 FCA가 통상적으로 보다 적절하다.

둘째, 수출을 목적으로 EXW 조건을 이용하는 경우 매도인은 수출을 실행하는 매수인의 요청에 따라 단지 협조를 제공할 의무를 부담할 뿐이고 수출통관을 주도할 의무가 없다.

셋째, 매수인은 물품의 수출에 관한 정보를 매도인에게 제공할 제한적 의무를 부담한다. 그러나 매고인은 예를 들어 조세 또는 보고의 목적으로 이러한 정보를 제공할 수 있다.

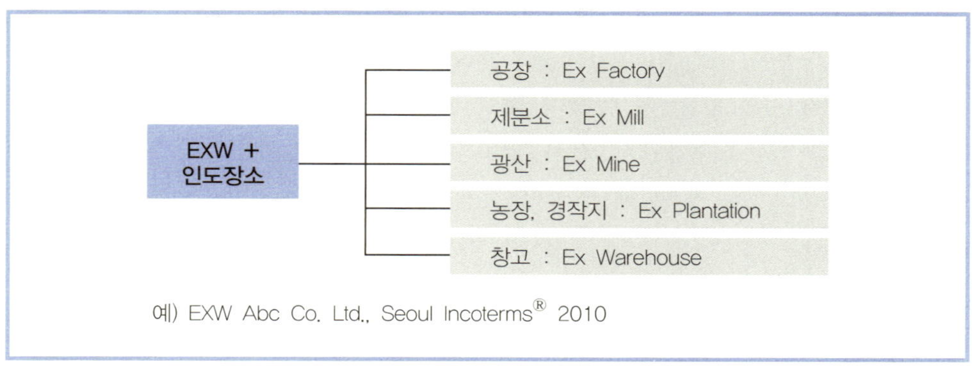

◈ **EX Works (… named place of delivery) : EXW**

This rule may be used irrespective of the mode of transport selected and may also be used where more than one mode of transport is employed. It is suitable for domestic trade, while FCA is usually more appropriate for international trade.

"Ex Works" means that the seller delivers when it places the goods at the disposal of the buyer at the seller's premises or at another named place (i.e., works, factory, warehouse, etc.). The seller doer not need to load the goods on any collecting vehicle, nor does it need to clear the goods for export, where such clearance is applicable.

The parties are well advised to specify as clearly as possible the point within the named place of delivery, as the costs and risks to that point are for the account of the seller. The buyer bears all costs and risks involved in taking the goods from the agreed point, if any, at the named place of delivery.

EXW represents the minimum obligation for the seller. The rule should be used with care as:

a) The seller has no obligation to the buyer to load the goods, even though in practice the seller may be in a better position to do so. If the seller does load the goods, it does so at the buyer's risk and expense. In cases where the seller is in a better position to load the goods, FCA, which obliges the seller to do so at its own risk and expense, is usually more appropriate.

b) A buyer who buys from a seller on an EXW basis for export needs to be aware that the seller has an obligation to provide only such assistance as the buyer may require to effect that export: the seller is not bound to organize the export clearance. Buyer are therefore well advised not to use EXW if they cannot directly or indirectly obtain export clearance.

c) The buyer has limited obligations to provide to the seller any information regarding the export of the goods. However, the seller may need this information for, e.g., taxation or reporting purposes.

## II 운송인 인도조건(FCA)

"운송인 인도조건[Free Carrier … (named place of delivery); FCA]"은 매도인이 물품을 자신의 영업장 구내 또는 기타 지정장소에서 매수인이 지정한 운송인이나 제3자에게 인도하는 것을 의미한다. 당사자들은 지정인도장소 내의 지점을 가급적 명확하게 명시하는 것이 바람직하다. 왜냐하면 그러한 지점에서 위험이 매수인에게 이전되기 때문이다.

매도인의 영업장 구내에서 물품을 인도할 경우, 당사자들은 그 영업장의 주소를 지정인도장소로 명시하여야 한다. 그러나 다른 어떤 장소에서 물품을 인도하는 경우 당사자들은 그러한 다른 인도장소를 명시하여야 한다.

FCA조건에서 매도인은 적용가능한 경우 물품에 대한 수출통관의무를 부담한다.

◈ **Free Carrier (… named place of delivery) : FCA**

This rule may be used irrespective of the mode of transport selected and may also be used where more than one mode of transport is employed.

"Free Carrier" means that the seller delivers the goods to the carrier or another person nominated by the buyer at the seller`s premises or another named place.

The parties are well advised to specify as clearly as possible the point within the named place of delivery, as the risk passes to the buyer at the point.

If the parties intend to deliver the goods at the seller`s premises, they should identify the address of those premises as the named place of delivery. If, on the other hand, the parties intend the goods to be delivered at another place, they must identify a different specific place of delivery.

FCA requires the seller to clear the goods for export, where applicable. However, the seller has no obligation to clear the goods for import, pay any import duty or carry out any import customs formalities.

## III 운송비지급인도조건(CPT)

"운송비지급인도조건[Carriage Paid to … (named place of destination); CPT]"은 매도인이 합의된 장소(당사자간에 이러한 장소의 합의가 있는 경우)에서 물품을 자신이 지정한 운송인이나 제3자에게 인도하고 매도인이 물품을 지정목적지까지 운송하는데 필요한 계약을 체결하고 그 운송비용을 부담하여야 한다.

CPT, CIP, CFR 또는 CIF 조건의 경우, 매도인은 물품이 목적지에 도착한 때가 아니라 운송인에게 물품을 교부하는 때에 자신의 화물인도의무가 완료된다.

CPT 조건은 위험과 비용이 상이하게 분기된다. 합의된 목적지까지 운송하는데 여러 운송인이 개입되고 당사자들이 특정한 인도지점에 관하여 합의하지 않은 경우에, 위험은 전적으로 매도인에 의하여 선택되어 매수인으로서는 아무런 통제도 할 수 없는 지점에서 물품이 최초운송인에게 인도되는 때에 이전되는 것이 기본규칙이다. 그 이후 어느 단계(예를 들어, 항구 또는 공항)에서 위험이 이전되기를 원하는 경우, 당사자들은 이를 매매계약에 명시하여야 한다.

CPT조건에서 매도인은 적용가능한 경우 물품에 대한 수출통관 의무를 부담한다.

표기방법은 CPT+지정목적지(항구, 공항, 철도역, 부두터미널, 창고 등)로 표시되며 항공운송의 경우 CPT New York Airport, U.S.A. Incoterms® 2010, 해상운송의 경우 CPT Abc Container Terminal, New York, U.S.A. Incoterms® 2010, 철도운송의 경우 CPT Chicago Station, U.S.A. Incoterms® 2010, 도로운송의 경우 CPT Def Cargo Truck Terminal, Chicago, U.S.A. Incoterms® 2010, 복합운송의 경우 CPT Xyz Warehouse(or Customs Warehouse), Chicago, U.S.A. Incoterms® 2010로 표시할 수 있다.

**◈ Carriage Paid to (… named place of destination) : CPT**

This rule may be used irrespective of the mode of transport selected and may also be used where more than one mode of transport is employed.

"Carriage Paid to" means that the seller delivers the goods to the carrier or another person nominated by the seller at an agreed place (if any such place is agreed between the parties) and that the seller must contract for and pay the costs of carriage necessary to bring the goods to the named place of destination.

When CPT, CIP, CFR or CIF are used, the seller fulfils its obligation to deliver when it hands the goods over to the carrier and not when the goods reach the place of destination.

This rule has two critical points, because risk passes and costs are are transferred at different places. The parties are well advised to identify as precisely as possible in the contract both the place of delivery, where the risk passes to the buyer, and the named place of destination to which the seller must contract for the carriage. If several carriers are used for the specific point of delivery, the default position is that risk passes when the goods have been delivered to the first carrier at a poin entirely of the seller's choosing and over which the buyer has no control. Should the parties wish the risk to pass at a later stage (e.g., at an ocean port or airport), they need to specify this in their contract of sale.

The parties are also well advised to identify as precisely aspossible the point within the agreed place of destination, as the costs to that point are for the account of the seller. The seller is advised to procure contracts of carriage that match this choice precisely. If the seller incurs costs under its contract of crriage related to unloading at the named place of destination, the seller is not entitled to recover such costs from the buyer unless otherwise agreed between the parties.

CPT requires the seller to clear the goods for export, where applicable.
However, the seller has no obligation to clear the goods for import, pay any import duty or carry out any import customs formalities.

## IV 운송비·보험료지급인도조건(CIP)

"운송비·보험료지급인도[Carriage and Insurance Paid to … (named place of destination); CIP]"은 매도인이 합의된 장소(당사자간에 이러한 장소의 합의가 있는 경우)에서 물품을 자신이 지정한 운송인이나 제3자에게 인도하고 매도인이 물품을 지정목적지까지 운송하는 데 필요한 계약을 체결하고 그 운송비용을 부담하여야 한다. 또한 매도인은 운송 중 매수인의 물품 멸실 또는 손상의 위험을 대비하여 보험계약을 체결한다. CIP 조건에서 매도인은 단지 최소담보조건으로 부보하도록 요구받고 있다는 것을 매수인은 유념해야 한다. 보다 넓은 보험 담보를 원한다면 매수인은 매도인과 명시적으로 그렇게 합의하든지 아니면 스스로 추가보험 계약을 체결하는 것이 필요하다.

최소담보조건으로 매도인이 부보해야 한다는 것을 제외하고는 CPT 조건과 일치한다.

◈ **Carriage and Insurance Paid to (··· named place of destination) : CIP**

This rule may be used irrespective of the mode of transport selected and may also be used where more than on mode of transport is employed.

"Carriage and Insurance Paid to" means that the seller delivers the goods to the carrier or another person nominated by the seller at an agreed place (if any such place is agreed between the parties) and that the seller must contract for and pay the costs of carriage necessary to bring the goods to the named place of destination.

The seller also contracts for insurance cover against the buyer's risk of loss of or damage to the goods during the carriage. The buyer should note that under CIP the seller is required to obtain insurance protection, it will need either to agree as much expressly whit the seller or to make its owe extra insurance arrangements.

## V 도착터미널 인도조건(DAT)

"도착터미널 인도조건[Delivered At Terminal(named terminal at port or place of destination); DAT)"은 매도인이 도착하는 운송수단으로부터 일단 내려진 화물이 지정된 항구 또는 장소의 지정된 터미널에서 매수인의 임의처분하에 둘 때 매도인이 인도하는 것을 의미한다. 터미널에는 그곳이 덮여있든지 아니든지 간에 부두, 창고, 컨테이너 야드 또는 도로, 철도 또는 항공화물 터미널과 같은 장소를 포함한다. 지정된 항구 또는 장소의 지정된 터미널로 화물을 가져가고 하역하는데 포함된 모든 위험을 매도인이 부담한다.

관계당사자들은 가능한한 명확하게 터미널을 명시해야 하며 가능하다면 합의된 도착 항구 또는 도착 장소에 있는 터미널내의 특정한 지점을 명시하는 것이 바람직하다. 왜냐하면 그 지점까지의 위험이 매도인의 책임이 되기 때문이다.

매도인은 이러한 선택에 정확하게 맞는 운송계약을 체결하는 것이 바람직하다.

게다가, 만약 관계당사자들이 그 터미널에서 다른 장소까지 화물을 처리하고 운송하는데 포함된 위험과 비용을 매도인이 부담하도록 의도한다면 그때는 DAP 또는 DDP조건을 사용해야 한다.

DAT는 매도인은 적용가능한 경우 물품에 대한 수출통관 의무를 부담한다.

◈ **Delivered At Terminal(···named terminal at port or place of destination) : DAT**

This rule may be used irrespective of the mode of transport selected and may also be used where more than one mode of transport is employed.

"Delivered at Terminal" means that the seller delivers when the goods, once unloaded from the arriving means of transport, are placed at the disposal of the buyer at a named terminal at the maned port or place of destination. "Terminal" includes any place, whether covered or not, such as a quay, warehouse, container yard or rdad, rail or air cargo terminal. The seller bears all risks involved in bringing the goods to and unloading them at the terminal at the named port or place of destination.

The parties are well advised to specify as clearly as possible the terminal and, if possible, a specific point within the terminal at the agreed port or place of destination, as the risks to that point are for the account of the seller. The seller is advised to procure a contract of carriage that matches this choice precisely.

Moreover, if the parties intend the seller to bear the risks and costs involved in transporting and handling the goods from the terminal to another place, then the DAP or DDP rules should be used.

DAT requires the seller to clear the goods for export, where applicable. However, the seller has no obligation to clear the goods for import, pay any import duty or carry out any import customs formalities.

## VI 도착장소인도조건(DAP)

"도착장소인도조건[Delivered At Placde(named place of destination); DAP]"은

화물이 도착지의 지정된 장소에서 도착운송수단에 실린 채 양하 준비된 상태로 매수인의 임의처분하에 둘 때 매도인이 인도하는 것을 의미한다. 매도인은 지정된 장소까지 화물을 가져오는데 포함된 모든 위험을 부담한다.

관계당사자들은 합의된 도착지의 장소내의 지점을 가능한한 명확화하는 것이 바람직하다. 매도인은 이 같은 선택에 정확하게 만족하는 내용으로 운송계약을 체결하는 것이 좋다. 매도인이 목적지의 장소에서 양하와 관련하여 운송계약하에서 비용을 지불한다면 매도인은 양당사자 사이에 합의가 없다면 매수인으로부터 그러한 비용을 구상할 수 없다.

DAP는 적용가능한 경우 매도인이 수출 통관해야 한다. 관계당사자들이 매도인이 화물의 수입통관, 수입관세, 또는 어떤 수입에 대한 세관공적절차를 행하길 원한다면 DDP조건이 사용되어야 한다.

◈ **Delivered At Place (··· named place of destination) : DAP**

This rule may be used irrespective of the mode of transport selected and may also be used where more than one mode of transport is employed.

"Delivered at place" means that the seller delivers when the goods are placed at the disposal of the buyer on the arriving means of transport ready for unloading at the named place of destination. The seller bears all risks involved in bringing the goods to the named place.

The parties are well advised to specify as clearly as possible the point within the agreed place of destination, as the risks to that point are for the account of the seller. The seller is advised to procure contracts of carriage that match this choice precisely. If the seller incurs costs under its contract of carriage related to unloading at the place of destination, the seller is not entitled to recover such costs from the buyer unless otherwise agreed between the parties.

DAP requires the seller to clear the goods for export, where applicable. However, the seller has no obligation to clear the goods for import, pay any import duty or carry out any import customs formalities. If the parties wish the seller to clear the goods for Import, pay any import duty and carry out any import customs formalities, the DDP term should be used.

## VII 관세지급인도조건(DDP)

“관세지급인도조건[Dlivered Duty Paid … named place of destination; DDP]은 수출통관된 물품이 지정목적지에서 도착운송수단에 실린 채 양하준비된 상태로 매수인의 임의처분하에 놓이는 때에 매도인이 인도하는 것을 의미한다. 매도인은 그러한 목적지까지 물품을 운송하는데 수반되는 모든 위험을 부담하고 또한 물품의 수출통관 및 수입통관을 모두 하여야 하고, 수출관세 및 수입관세를 모두 부담하여야 하며 모든 통관절차를 수행할 의무를 부담한다. 매도인이 직접 또는 간접으로 수입통관을 수행할 수 없는 경우에는 DDP 조건을 사용하지 않는 것이 좋다.

DDP조건은 매도인의 최대의무조건이다. 당사자들은 합의된 목적지내의 지점을 가능하한 명확하게 하는 것이 바람직하다. 그러한 지점까지의 위험은 매도인이 부담하기 때문이다. 매도인은 이러한 선택을 정확하게 만족하는 내용으로 운송계약을 체결하는 것이 좋다. 매도인이 자신의 운송계약에 따라 목적지에서 양하에 관한 비용을 지출한 경우, 당사자간에 달리 합의한 것이 없다면 매도인은 이를 매수인에게 구상할 없다.

◈ **Delivered Duty Paid (… named port of destination) : DDP**

Tis rule may be used irrespective of the mode of transport selected and may also be used where more than one mode of transport is employed.

"Delivered Duty Paid" means that the seller delivers the goods when the goods are placed at the disposal of the buyer, cleared for import on the arriving means of transport ready for unloading at the named place of destination. The seller bears all the costs and risks involved in bringing the goods to the place of destination and has an obligation to clear the goods not only for export but also for import, to pay any duty for both export and import and to carry out all customs formalities.

DDP represents the maximum obligation for the seller.

The parties are well advised to specify as clearly as possible the point within the agreed place of destination, as the costs and risks to that point are for the account of the seller. The seller is advised to procure contracts of carriage that match this choice precisely. If the seller incurs costs under its contract of carriage related to unloading at the place of destination, the seller is not entitled to recover such costs from the buyer unless otherwise agreed between the parties.

The parties are well advised not to use DDP if the seller is unable directly or indirectly to obtain import clearance.

If the parties wish buyer to bear all risks and costs of import clearance, the DAP rule should be used.

Any VAT or other taxes payable upon import are for the seller's account unless expressly agreed otherwise in the sale contract.

〈표 16-1〉 각 조건의 위험의 분기점

| | 위험의 분기점 |
|---|---|
| EXW | 합의된 기일이나 합의된 기간 내에 매도인이 자신의 영업장 구내 또는 기타 지정장소(예 : 작업장, 공장, 창고 등)에서 물품을 매수인의 처분하에 인도한 때(대부분 매수인에게 직접 인도되는 것이 아니라 매수인이 의뢰한 운송인에게 인도됨) |
| FCA | 매도인이 물품을 합의된 기일이나 합의된 기간 내에 자신의 영업장구내 또는 기타 지정장소에서 매수인이 지정한 운송인이나 제3자에게 인도한 때<br>보다 구체적으로<br>지정장소가 매도인의 영업장구내인 경우<br>- 물품이 매수인이 제공한 운송수단에 적재되는 때<br>기타의 경우 - 물품이 매도인의 운송수단에 실린 채 양하준비된 상태로 매수인이 지정한 운송인이나 제3자의 처분하에 놓인 때 |
| CPT | 합의된 기일이나 합의된 기간 내에 매도인이 합의된 장소(당사자간에 이러한 장소의 합의가 있는 경우)에서 물품을 자신이 지정한 운송인이나 제3자에게 인도한 때 |
| CIP | 합의된 기일이나 합의된 기간 내에 매도인이 합의된 장소(당사자간에 이러한 장소의 합의가 있는 경우)에서 물품을 자신이 지정한 운송인이나 제3자에게 인도한 때 |
| DAT | 합의된 기일이나 합의된 기간 내에 물품이 도착운송수단으로부터 양하된 상태로 지정목적항이나 지정목적지의 지정터미널에서 매수인의 임의처분하에 놓이는 때 |
| DAP | 합의된 기일이나 합의된 기간 내에 물품이 지정목적지에서 또는 그 지정목적지 내의 합의된 지점이 있는 때에는 그 지점에서 도착운송수단에 실린 채 양하 준비된 상태로 매수인의 임의처분하에 놓이는 때 |
| DDP | 합의된 기일이나 합의된 기간 내에 지정목적지에서 또는 그 지정목적지내의 합의된 지점이 있는 때에는 그 지점에서 수입통관된 물품을 도착운송수단에 실린 채 양하준비된 상태로 매수인의 임의처분하에 놓이는 때 |

〈표 16-2〉 각 조건의 매수인과 매도인의 비용부담의무

| | 제조 원가 | 포장 및 검사 | 내륙 반출비 | 수출허가 및 통관비 | 주운임 | 보험료 | 수입허가 및 통관비 | 내륙 반입비 |
|---|---|---|---|---|---|---|---|---|
| EXW | Ex | Ex | Im | Im | Im | Im | Im | Im |
| FCA | Ex | Ex | Ex<br>Im (매도인 영업장 구내인 경우) | Ex | Im | Im | Im | Im |
| CPT | Ex | Ex | Ex | Ex | Ex | Im | Im | Im |
| CIP | Ex | Ex | Ex | Ex | Ex | Ex | Im | Im |
| DAT | Ex | Ex | Ex | Ex | Ex | Ex | Im | Im |
| DAP | Ex | Ex | Ex | Ex | Ex | Ex | Im | Ex |
| DDP | Ex | Ex | Ex | Ex | Ex | Ex | Ex | Ex |

## 제3절 국제복합운송과 신용장통일규칙

### I 복합운송증권의 수리요건

복합운송의 경우에 발행되는 이러한 복합운송서류는 운송화물의 수취로부터 인도시까지 적어도 두 가지 이상의 서로 다른 운송방식이 이용되고 최초의 운송인이 전구간의 운송에 대하여 단일책임을 지고 발행하는 운송증권을 말한다.

신용장통일규칙(UCP 600) 제19조 적어도 두 가지의 다른 운송방식을 표시하는 운송서류(Transport Document Covering at Least Two Different Modes of Transport)에서는 그 명칭에 관계없이 다음과 같은 요건을 갖추도록 규정하고 있다.

첫째, 운송인의 명칭을 표시하고 운송인 또는 운송인을 대리하는 지정대리인, 또는 선장 또는 선장을 대리하는 지정대리인에 의하여 서명되어야 한다.

둘째, 사전 인쇄된 문언, 또는 물품이 발송(dispatch), 수탁(taking in charge) 또는 본선적재(shipped on board)된 일자를 표시하고 있는 스탬프 또는 표기에 의하여 물품이 신용장에 명기된 장소에서 발송, 수탁 또는 본선 선적되었음을 표시하고 있어야 한다.

셋째, 비록 운송서류가 추가적으로 다른 발송, 수탁 또는 선적지 또는 최종목적지를 명기하고 있더라도, 또는 운송서류가 선박, 적재항 또는 양륙항에 관하여 "예정된" 또는 이와 유사한 제한의 표시를 포함하고 있더라도, 신용장에 명기된 발송, 수탁 또는 선적지 및 최종목적지를 표시하고 있어야 한다.

넷째, 단일의 운송서류 원본 또는 2통 이상의 원본으로 발행된 경우에는 운송서류상에 표시된 대로 전통(full set)으로 구성되어야 한다.

다섯째, 운송의 제조건을 포함하고 있거나, 또는 운송의 제조건을 포함하는 다른 자료를 참조하고 있는 것(약식/배면백지식 운송서류)이어야 한다. 이때 운송의 제조건의 내용은 심사되지 않는다.

여섯째, 용선계약에 따른다는 어떠한 표시도 포함하고 있지 않아야 한다.

### ▣ Article 19 Transport Document Covering at Least Two Different Modes of Transport

a. A transport document covering at least two different modes of transport (multimodal or combined transport document), however named, must appear to:

i. indicate the name of the carrier and be signed by:

- the carrier or a named agent for or on behalf of the carrier, or
- the master or a named agent for or on behalf of the master.

Any signature by the carrier, master or agent must be identified as that of the carrier, master or agent.

Any signature by an agent must indicate whether the agent has signed for or on behalf of the carrier or for or on behalf of the master.

ii. indicate that the goods have been dispatched, taken in charge or shipped on board at the place stated in the credit, by:

- pre-printed wording, or
- a stamp or notation indicating the date on which the goods have been dispatched, taken in charge or shipped on board.

The date of issuance of the transport document will be deemed to be the date of dispatch, taking in charge or shipped on board, and the date of shipment.

However, if the transport document indicates, by stamp or notation, a date of dispatch, taking in charge of shipped on board, this date will be deemed to be the date of shipment.

iii. indicate the place of dispatch, taking in charge or shipment and the place of final destination stated in the credit, even if:

a. the transport document states, in addition, a different place of dispatch, taking in charge or shipment or place of final destination, or

b. the transport document contains the indication "intended" or similar quali fication in relation to the vessel, port of loading or port of discharge.

iv. be the sole original transport document or, if issued in more than one original, be the full set as indicated on the transport document.

v. contain terms and conditions of carriage or make reference to another source containing the terms and conditions of carriage (short form or blank back transport document). Contents of terms and conditions of carriage will not be examined.

vi. contain no indication that it is subject to a charter party.

b. For the purpose of this article, transhipment means unloading from one means of conveyance and reloading to another means of conveyance (whether or not in different modes of transport) during the carriage from the place of dispatch, taking in charge or shipment to the place of final destination stated in the credit.

c. i. A transport document may indicate that the goods will or may be transhipped provided that the entire carriage is covered by one and the same transport document.
ii. A transport document indicating that transhipment will or may take place is acceptable, even if the credit prohibits transhipment.

## II Forwarder 발행 운송증권의 수리요건

UCP 500(1993년)에서는 제 30조 운송주선인 운송서류(Transport Documents Issued by Freight Forwarders)에서 은행이 수리가능한 운송주선인 선하증권의 조건을 명시하였다.[34] 그러나 UCP 600(2007년)에서는 이 규정이 삭제되었다. 이는 대부분의 운송주선인이 운송주선인으로서가 아니라 운송인의 대리인의 자격으로서 UCP의 요건을 충족하는 해상, 항공 및 복합운송서류를 발행하고 있다는 현실을 적극 반영한 것이다.

따라서 단순히 운송주선인이 발행한 Forward B/L은 은행에서 수리되는 않는다. 즉, 적어도 두 가지 다른 운송방식을 표시하는 운송서류(제19조), 선하증권(제20조), 항공운송서류(제23조) 등 UCP 600에서 규정하고 있는 운송서류 관련 요건에 합치하여 제시될 때 수리가능하게 된다.

34) UCP 500 제30조 i) 운송인 또는 복합운송인으로서의 운송주선인의 명칭이 표시되어 있고 운송인 또는 복합운송인인 운송주선인이 서명하거나 달리 인증하는 것, 또는 ii) 운송인 또는 복합운송인의 명칭이 표시되어 있고 그러한 운송인 또는 복합운송인의 지정 대리인의 자격으로 운송주선인이 서명하거나 달리 인증하는 것

# 부 록

## 1. 선하증권에 관한 약간의 규칙의 통일을 위한 국제조약(Hague Rules)

# INTERNATIONAL CONVENTION FOR THE UNIFICATION OF CERTAIN RULES OF LAW RELATING TO BILLS OF LADING(1924)

### Article 1

In this convention the following words are employed with the meaning set out below:

(a) "Carrier"includes the owner or the charterer who enters into a contract of carriage with a shipper;

(b) "Contract of carriage" applies only to contracts of carriage covered by a bill of lading or any similar document of title, in so far as such document relates to the carriage of goods by sea, including any bill of lading or any similar document as aforesaid issued under or pursuant to a charter party from the moment at which such bill of lading or similar document of title regulates the relations between a carrier and a holder of the same;

(c) "Goods"includes goods, wares, merchandises, and articles of every kind whatsoever except live animals and cargo which by the contract of carriage is stated as being carried on deck and is so carried;

(d) "Ship"means any vessel used for the carriage of goods by sea;

(e) "Carriage of goods"covers the period from the time when the goods are loaded on to the time they are discharged from the ship.

### Article 2

Subject to the provisions of Article 6, under every contract of carriage of goods by sea the carrier, in relation to the loading, handling, stowage, carriage, custody, care and discharge of such goods shall be subject to the responsibilities and liabilities, and entitled to the rights and immunities hereinafter set forth.

### Article 3

(1) The carrier shall be bound before and at the beginning of the voyage to exercise due diligence to

(a) Make the ship seaworthy;

(b) Properly man, equip, and supply the ship;

(c) Make the holds, refrigerating and cool chambers, and all other parts of the ship in which goods are carried, fit and safe for their reception, carriage and preservation.

(2) Subject to the provisions of Article 4, the carrier shall properly and carefully load,

handle, stow, carry, keep, care for, and discharge the goods carried.

(3) After receiving the goods into his charge the carrier or the master or agent of the carrier shall, on demand of the shipper, issue to the shipper a bill of lading showing among other things

(a) the leading marks necessary for identification of the goods as the same are furnished in writing by the shipper before the loading of such goods starts, provided such marks are stamped or otherwise shown clearly upon the goods if uncovered, or on the cases or coverings in which such goods are contained, in such a manner as should ordinarily remain legible until the end of the voyage;

(b) either the number of packages or pieces, or the quantity, or weight, as the case may be, as furnished in writing by the shipper;

(c) the apparent order and condition of the goods. Provided that no carrier, master or agent of the carrier shall be bound to state or show in the bill of lading any marks, number, quantity, or weight which he has reasonable ground for suspecting not accurately to represent the goods actually received, or which he has no reasonable means of checking.

(4) Such a bill of lading shall be prima facie evidence of the receipt by the carrier of the goods as there in described in accordance with paragraph (3), (a) (b) and (c).

(5) The shipper shall be deemed to have guaranteed to the carrier the accuracy at the time of shipment of the marks, number, quantity and weight, as furnished by him, and the shipper shall indemnity the carrier against all loss, damages, and expenses arising or resulting from inaccuracies in such particulars. The right of the carrier to such indemnity shall in no way limit his responsibility and liability under the contract of carriage to any person other than the shipper.

(6) Unless notice of loss or damage and the general nature of such loss or damage be given in writing to the carrier or his agent at the port of discharge before or at the time of the removal of the goods into the custody of the person entitled to delivery thereof under the contract of carriage, or if the loss or damage be not apparent, within three days, such removal shall be prima facie evidence of the delivery by the carrier of the goods as described in the bill of lading.

The notice in writing need not be given if the state of the goods has, at the time of their receipt, been the subject of joint survey or inspection.

In any event the carrier and the ship shall be discharged from all liability in respect of loss or damage unless suit is brought within one year after delivery of the goods or the date when the goods should have been delivered.

In the case of any actual or apprehended loss or damage the carrier and the receiver shall give all reasonable facilities to each other for inspecting and tallying the goods.

(7) After the goods are loaded the bill of lading to be issued by the carrier, master, or agent of the carrier, to the shipper shall, if the shipper so demands, be a "shipped"bill of lading, provided that if the shipper shall have previously taken up any document of title to such goods, he shall surrender the same as against the issue of the "shipped" bill of lading, but at the option of the carrier such document of title

may be noted at the port of shipment by the carrier, master, or agent with the name or names of the ship or ships upon which the goods have been shipped and the date or dates of shipment, and when so noted, if it shows the particulars mentioned in paragraph (3) of Article 3, shall for the purpose of this article be deemed to constitute a "shipped" bill of lading.

(8) Any clause, covenant, or agreement in a contract of carriage relieving the carrier or the ship from liability for loss or damage to or in connection with, goods arising from negligence, fault, or failure in the duties and obligations provided in this article, or lessening such liability otherwise than as provided in this convention, shall be null and void and of no effect. A benefit of insurance in favour of the carrier or similar clause shall be deemed to be a clause relieving the carrier from liability.

### Article 4

(1) Neither the carrier nor the ship shall be liable for loss or damage arising or resulting from unseaworthiness unless caused by want of due diligence on the part of the carrier to make the ship seaworthy, and to secure that the ship is properly manned, equipped, and supplied, and to make the holds, refrigerating, and cool chambers and all other parts of the ship in which goods are carried, fit and safe for their reception, carriage and preservation in accordance with provisions of paragraph (1) of Article 3. Whenever loss or damage has resulted from unseaworthiness the burden of proving the exercise of due diligence shall be on the carrier or other person claiming exemption under this article.

(2) Neither the carrier nor the ship shall be responsible for loss or damage arising or resulting from:

(a) Act, neglect, or default of the master, mariner, pilot, or the servants of the carrier in the navigation or in the management of the ship.
(b) Fire, unless caused by the actual fault or privity of the carrier.
(c) Perils, dangers and accidents of the sea or other navigable waters.
(d) Act of God.
(e) Act of war.
(f) Act of public enemies.
(g) Arrest or restraint of princes, rules or people, or seizure under legal process.
(h) Quarantine restrictions.
(i) Act or omission of the shipper or owner of the goods, his agent or representative.
(j) strikes or lockouts or stoppage or restraint of labour from whatever cause, whether partial or general.
(k) Riots and civil commotions.
(l) Saving or attempting to save life or property at sea.
(m) Wastage in bulk or weight or any other loss or damage arising from inherent defect, quality or vice of the goods.
(n) Insufficiency of packing.
(o) Insufficiency or inadequacy of marks.
(p) Latent defects not discoverable by due diligence.

(q) Any other cause arising without the actual fault or privity of the carrier, or without the fault or neglect of the agents or servants of the carrier, but the burden of proof shall be on the person claiming the benefit of this exception to show that neither the actual fault or privity of the carrier nor the fault or neglect of the agents or servants of the carrier contributed to the loss or damage.

(3) The shipper shall not be responsible for loss or damage sustained by the carrier or the ship arising or resulting from any cause without the act, fault or neglect of the shipper, his agents or his servants.

(4) Any deviation in saving or attempting to save life or property at sea, or any reasonable deviation shall not be deemed to be an infringement or breach of this convention or of the contract of carriage, and the carrier shall not be liable for any loss or damage resulting therefrom.

(5) Neither the carrier nor the ship in any event be or become liable for any loss or damage to or in connection with goods in an amount exceeding £100 per package or unit, or the equivalent of that sum in other currency unless the nature and value of such goods have been declared by the shipper before shipment and inserted in the bill of lading.

This declaration if embodied in the bill of lading shall be prima facie evidence, but shall not be binding or conclusive of the carrier.

By agreement between the carrier, master or agent of the carrier and the shipper another maximum amount than that mentioned in this paragraph may be fixed, provided that such maximum shall not be less than the figure above named.

Neither the carrier nor the ship shall be responsible in any event for loss or damage to, or in connection with, goods if the nature or value thereof has been knowingly misstated by the shipper in the bill of lading.

(6) Goods of an inflammable, explosive or dangerous nature to the shipment whereof the carrier, master or agent of the carrier has not consented with knowledge of their nature and character, may at any time before discharge be landed at any place or destroyed or rendered innocuous by the carrier without compensation and the shipper of such goods shall be liable for all damages and expenses directly or indirectly arising out of or resulting from such shipment.

If any such goods shipped with such knowledge and consent shall become a danger to the ship or cargo, they may in like manner be landed at any place, or destroyed or rendered innocuous by the carrier without liability on the part of the carrier except to general average, if any.

## Article 5

A carrier shall be at liberty to surrender in whole or in part all or any of his rights and immunities or to increase any of his responsibilities and obligations under this convention provided such surrender or increase shall be embodied in the bill of lading issued to the shipper.

The provisions of this convention shall not be applicable to charter parties, but if bills of lading are issued in the case of a ship under a charter party they shall comply with the terms of this convention. Nothing in these rules shall be held to prevent the insertion in a bill of lading of any lawful provision regarding general average.

### Article 6

Notwithstanding the provisions of the preceding articles, a carrier, master or agent of the carrier and a shipper shall in regard to any particular goods be at liberty to enter into any agreement in any terms as to the responsibility and liability of the carrier for such goods, and as to the rights and immunities of the carrier in respect of such goods, or his obligation as to seaworthiness, so far as this stipulation is not contrary to public policy, or the care or diligence of his servants or agents or in regard to the loading, handling, stowage, carriage, custody, care and discharge of the goods carried by sea, provided that in this case no bill of lading has been or shall be issued and that the terms agreed shall be embodied in a receipt which shall be a non-negotiable document and shall be marked as such.

Any agreement so entered into shall have full legal effect: Provided that this article shall not apply to ordinary commercial shipments made in the ordinary course of trade, but only to other shipments where the character or condition of the property to be carried or the circumstances, terms and conditions under which the carriage is to be preformed are such as reasonably to justify a special agreement.

### Article 7

Nothing herein contained shall prevent a carrier or a shipper from entering into any agreement, stipulation, condition, reservation or exemption as to the responsibility and liability of the carrier or the ship for the loss or damage to, or in connection with, the custody and care and handling of goods prior to the loading on, and subsequent to, the discharge from the ship on which the goods are carried by sea.

### Article 8

The provisions of this convention shall not affect the rights and obligations of the carrier under any statute for the time being in force relating to the limitation of the liability of owners of seagoing vessels.

### Article 9

The monetary units mentioned in this convention are to be taken to be gold value.

Those contracting states in which the pound sterling is not a monetary unit reserve to themselves the right of translating the sums indicated in this convention in terms of pound sterling into terms of their own monetary system in round figures.

The national laws may reserve to the debtor the right of discharging his debt in national currency according to the rate of exchange prevailing on the day of the arrival of the ship at the port of discharge of the goods concerned.

### Article 10

The provision of this convention shall apply to all bills of lading issued in any of the contracting states.

### Article 11

After on interval of not more than two years from the day on which the convention is signed, the Belgian Government shall place itself in communication with the governments of the high contracting parties which have declared themselves prepared to ratify the convention with a view to deciding whether it shall be put into force. The ratifications shall be deposited at Brussels at a date to be fixed by agreement among the said governments.

The first deposit of ratifications shall be recorded in a preces-verbal signed by the representatives of the powers which take part therein and by the Belgian Minister for Foreign Affairs. The subsequent deposit of ratifications shall be made by means of written notification, addressed to the Belgian Government and accompanied by the instrument of ratification.

A duly certified copy of the proces-verbal relating to the first deposit of ratifications, of the notifications referred to in the previous paragraph, and also of the instruments of ratification accompanying them, shall be immediately sent by the Belgian Government through the diplomatic channel, to the powers who have signed this convention or who have acceded to it. In the cases contemplated in the preceding paragraph, the said Government shall inform them at the same time of the date on which it received the notification.

### Article 12

Non-signatory states may accede to the present convention whether or not they have been represented at the international Conference at Brussels.

A state which desires to accede shall notify its intention in writing to the Belgian Government, forwarding to it the document of accession, which shall be deposited in the archives of the said Government.

The Belgian Government shall immediately forward to all the states which have signed or acceded to the convention a duly certified copy of the notification and of the act of accession, mentioning the date on which it received the notification.

### Article 13

The high contracting parties may at the time of signature, ratification or accession, declare that their acceptance of the present convention does not include any or all of the self-governing dominions, or of the colonies, overseas possesions, protectorates or territories under their sovereignty or authority, and they may subsequently accede separately on behalf of any self-governing dominion, colony, overseas possession, protectorate or territory excluded in their declaration.

They may also denounce the convention separately in accordance with its provisions in respect of any self-governing dominion, or any colony, overseas possession, protectorate of territory under their sovereignty or authority.

### Article 14

The present convention shall take effect, in the case of the states which have taken part in the first deposit of ratifications, one year after the date of the protocol recording such deposit. As respects the states which ratify subsequently or which accede, and also in cases in which the convention is subsequently put into effect in accordance with Article 12, it shall take effect six months after the notifications specified in paragraph (2) of Article 11 and paragraph (2) of Article 12 have been received by the Belgian Government.

### Article 15

In the event of one of the contracting states wishing to denounce the present convention, the denunciation shall be notified in writing to the Belgian Government, which shall immediately communicate a duly certified copy of the notification to all the other states informing them of the date on which it was received.

The denunciation shall only operate in respect of the state which made the notification, and on the expiry of one year after the notification has reached the Belgian Government.

### Article 16

Any one of the contracting states shall have the right to call for a fresh conference with a view to considering possible amendments.

A state which would exercise this right should notify its intention to the other states through the Belgian Government, which would make arrangements for convening the conference.

Done at Brussels, in a single copy, August 25, 1924.

### Protocol of the Signature

In proceeding to the signature of the international convention for the unification of certain rules relating to bills of lading, the undersigned plenipotentiaries have adopted the present protocol which will have the same validity as if the provisions thereof were inserted in the very text of the convention to which it refers.

The high contracting parties may give effect to this convention either by giving it the force of law or by including in their national legislation in a form appropriate to that legislation, the rules adopted under this convention.

**They may reserve the right :**

(1) to prescribe that in the cases referred to in paragraph 2 (c) to (p) of Article 4 the holder of a bill of lading shall be entitled to establish responsibility for loss or damage arising from the personal fault of the carrier or the fault of his servants which are not covered by paragraph (a).

(2) to apply Article 6 in so far as the national coasting trade is concerned to all classes of goods without taking account of the restriction set out in the last paragraph of that Article.

Done at Brussels, in a single copy, August 25, 1924.

## 2. 1978년 UN 해상물품운송조약(The Hamburg Rules)

### United Nations Convention on the Carriage of Goods by Sea

Status of this Convention
The States Parties to this Convention, Having recognised the desirability of determining by agreement certain rules relating to the carriage of goods by sea, Have decided to conclude a Convention for this purpose and have thereto agreed as follows:

### PART I–GENERAL PROVISIONS

#### Article 1-Definitions

In this Convention:

1. “Carrier” means any person by whom or in whose name a contract of carriage of goods by sea has been concluded with a shipper.
2. “Actual carrier” means any person to whom the performance of the carriage of the goods, or of part of the carriage, has been entrusted by the carrier, and includes any other person to whom such performance has been entrusted.
3. “Shipper” means any person by whom or in whose name or on whose behalf a contract of carriage of goods by sea has been concluded with a carrier, or any person by whom or in whose name or on whose behalf the goods are actually delivered to the carrier in relation to the contract of carriage by sea.
4. “Consignee” means the person entitled to take delivery of the goods.
5. “Goods” includes live animals; where the goods are consolidated in a container, pallet or similar Article of transport or where they are packed, “goods” includes such Article of transport or packaging if supplied by the shipper.
6. “Contract of carriage by sea” means any contract whereby the carrier undertakes against payment of freight to carry goods by sea from one port to another; however, a contract which involves carriage by sea and also carriage by some other means is deemed to be a contract of carriage by sea for the purposes of this Convention only in so far as it relates to the carriage by sea.
7. “Bill of lading” means a document which evidences a contract of carriage by sea and the taking over or loading of the goods by the carrier, and by which the carrier undertakes to deliver the goods against surrender of the document. A provision in the document that the goods are to be delivered to the order of a named person, or to

order, or to bearer, constitutes such an undertaking.
8. "Writing" includes, inter alia, telegram and telex.

## Article 2-Scope of application

1. The provisions of this Convention are applicable to all contracts of carriage by sea between two different States, if:
   (a) The port of loading as provided for in the contract of carriage by sea is located in a Contracting State, or
   (b) The port of discharge as provided for in the contract of carriage by sea is located in a Contracting State, or
   (c) One of the optional ports of discharge provided for in the contract of carriage by sea is the actual port of discharge and such port is located in a Contracting State, or
   (d) The bill of lading or other document evidencing the contract of carriage by sea is issued in a Contracting State, or
   (e) The bill of lading or other document evidencing the contract of carriage by sea provides that the provisions of this Convention or the legislation of any State giving effect to them are to govern the contract.
2. The provisions of this Convention are applicable without regard to the nationality of the ship, the carrier, the actual carrier, the shipper, the consignee or any other interested person.
3. The provisions of this Convention are not applicable to charter-parties. However, where a bill of lading is issued pursuant to a charter-party, the provisions of the Convention apply to such a bill of lading if it governs the relation between the carrier and the holder of the bill of lading, not being the charterer.
4. If a contract provides for future carriage of goods in a series of shipments during an agreed period, the provisions of this Convention apply to each shipment. However, where a shipment is made under a charter-party, the provisions of paragraph 3 of this Article apply.

## Article 3-Interpretation of the Convention

In the interpretation and application of the provisions of this Convention regard shall be had to its international character and to the need to promote uniformity.

# PART II–LIABILITY OF THE CARRIER

## Article 4-Period of responsibility

1. The responsibility of the carrier for the goods under this Convention covers the period during which the carrier is in charge of the goods at the port of loading, during the carriage and at the port of discharge.
2. For the purpose of paragraph 1 of thisArticle, the carrier is deemed to be in charge of the goods
   (a) From the time he has taken over the goods from:

(i) The shipper, or a person acting on his behalf; or

(ii) An authority or other third party to whom, pursuant to law or regulations applicable at the port of loading, the goods must be handed over for shipment;

(b) Until the time he has delivered the goods:

(i) By handing over the goods to the consignee; or

(ii) In cases where the consignee does not receive the goods from the carrier, by placing them at the disposal of the consignee in accordance with the contract or with the law or with the usage of the particular trade, applicable at the port of discharge, or

(iii) By handing over the goods to an authority or other third party to whom, pursuant to law or regulations applicable at the port of discharge, the goods must be handed over.

3. In paragraphs 1 and 2 of this Article, reference to the carrier or to the consignee means, in addition to the carrier or the consignee, the servants or agents, respectively of the carrier or the consignee.

### Article 5-Basis of liability

1. The carrier is liable for loss resulting from loss of or damage to the goods, as well as from delay in delivery, if the occurrence which caused the loss, damage or delay took place while the goods were in his charge as defined in Article 4, unless the carrier proves that he, his servants or agents took all measures that could reasonably be required to avoid the occurrence and its consequences.
2. Delay in delivery occurs when the goods have not been delivered at the port of discharge provided for in the contract of carriage by sea within the time expressly agreed upon or, in the absence of such agreement, within the time which it would be reasonable to require of a diligent carrier, having regard to the circumstances of the case.
3. The person entitled to make a claim for the loss of goods may treat the goods as lost if they have not been delivered as required by article 4 within 60 consecutive days following the expiry of the time for delivery according to paragraph 2 of this Article.
4. (a) The carrier is liable

(i) For loss or damage to the goods or delay in delivery caused by fire, if the claimant proves that the fire arose from fault or neglect on the part of the carrier, his servants or agents;

(ii) For such loss, damage or delay in delivery which is proved by the claimant to have resulted from the fault or neglect of the carrier, his servants or agents, in taking all measures that could reasonably be required to put out the fire and avoid or mitigate its consequences.

(b) In case of fire on board the ship affecting the goods, if the claimant or the carrier so desires, a survey in accordance with shipment practices must be held into the cause and circumstances of the fire, and a copy of the surveyor's report shall be made available on demand to the carrier and the claimant.

5. With respect to live animals, the carrier is not liable for loss, damage or delay in

delivery resulting from any special risks inherent in that kind of carriage. If the carrier proves that he has complied with any special instructions given to him by the shipper respecting the animals and that, in the circumstances of the case, the loss, damage or delay in delivery could be attributed to such risks, it is presumed that the loss, damage or delay in delivery was so caused, unless there is proof that all or a part of the loss, damage or delay in delivery resulted from fault or neglect on the part of the carrier, his servants or agents.

6. The carrier is not liable, except in general average, where loss, damage or delay in delivery resulted from measures to save life or from reasonable measures to save property at sea.
7. Where fault or neglect on the part of the carrier, his servants or agents combines with another cause to produce loss, damage or delay in delivery the carrier is liable only to the extent that the loss, damage or delay in delivery is attributable to such fault or neglect, provided that the carrier proves the amount of the loss, damage or delay in delivery not attributable thereto.

### Article 6-Limits of liability

1. (a) The liability of the carrier for loss resulting from loss of or damage to goods according to the provisions of Article 5 is limited to an amount equivalent to 835 units of account per package or other shipping unit or 2.5 units of account per kilogram of gross weight of the goods lost or damaged, whichever is the higher.
   (b) The liability of the carrier for delay in delivery according to the provisions of Article 5 is limited to an amount equivalent to two and a half times the freight payable for the goods delayed, but no exceeding the total freight payable under the contract of carriage of goods by sea.
   (c) In no case shall the aggregate liability of the carrier, under both subparagraphs (a) and (b) of this paragraph, exceed the limitation which would be established under subparagraph (a) of this paragraph for total loss of the goods with respect to which such liability was incurred.
2. For the purpose of calculating which amount is the higher in accordance with paragraph 1 (a) of this Article, the following rules apply:
   (a) Where a container, pallet or similar Article of transport is used to consolidate goods, the package or other shipping units enumerated in the bill of lading, if issued, or otherwise in any other document evidencing the contract of carriage by sea, as packed in such Article of transport are deemed packages or shipping units. Except as aforesaid the goods in such Article of transport are deemed one shipping unit.
   (b) In cases where the Article of transport itself has been lost or damaged, that Article of transport, if not owned or otherwise supplied by the carrier, is considered one separate shipping unit.
3. Unit of account means the unit of account mentioned in Article 26.
4. By agreement between the carrier and the shipper, limits of liability exceeding those provided for in paragraph 1 may be fixed.

### Article 7-Application to non-contractual claims

1. The defences and limits of liability provided for in this Convention apply in any action against the carrier in respect of loss or damage to the goods covered by the contract of carriage by sea, as well as of delay in delivery whether the action is founded in contract, in tort or otherwise.
2. If such action is brought against a servant or agent of the carrier, such servant or agent, if he proves that he acted within the scope of his employment, is entitled to avail himself of the defences and limits of liability which the carrier is entitled to invoke under this Convention.
3. Except as provided in Article 8, the aggregate of the amounts recoverable from the carrier and from any persons referred to in paragraph 2 of this Article shall not exceed the limits of liability provided for in this Convention.

### Article 8-Loss of right to limit responsibility

1. The carrier is not entitled to the benefit of the limitation of liability provided for in Article 6 if it is proved that the loss, damage or delay in delivery resulted from an act or omission of the carrier done with the intent to cause such loss, damage or delay, or recklessly and with knowledge that such loss, damage or delay would probably result.
2. Notwithstanding the provisions of paragraph 2 of Article 7, a servant or agent of the carrier is not entitled to the benefit of the limitation of liability provided for in Article 6 if it is proved that the loss, damage or delay in delivery resulted from an act or omission of such servant or agent, done with the intent to cause such loss, damage or delay, or recklessly and with knowledge that such loss, damage or delay would probably result.

### Article 9-Deck cargo

1. The carrier is entitled to carry the goods on deck only if such carriage is in accordance with an agreement with the shipper or with the usage of the particular trade or is required by statutory rules or regulations.
2. If the carrier and the shipper have agreed that the goods shall or may be carried on deck, the carrier must insert in the bill of lading or other document evidencing the contract of carriage by sea a statement to that effect. In the absence of such statement the carrier has the burden of proving that an agreement for carriage on deck has been entered into; however, the carrier is not entitled to invoke such an agreement against a third party, including a consignee, who has acquired the bill of lading in good faith.
3. Where the goods have been carried on deck contrary to the provisions of paragraph 1 of this Article or where the carrier may not under paragraph 2 of this Article invoke an agreement for carriage on deck, the carrier, notwithstanding the provisions of paragraph 1 of article 5, is liable for loss of or damage to the goods, as well as for delay in delivery, resulting solely from the carriage on deck, and the extent of his liability is to be determined in accordance with the provisions of Article 6 or Article 8

of this Convention, as the case may be.

4. Carriage of goods on deck contrary to express agreement for carriage under deck is deemed to be an act or omission of the carrier within the meaning of Article 8.

### Article 10-Liability of the carrier and actual carrier

1. Where the performance of the carriage or part thereof has been entrusted to an actual carrier, whether or not in pursuance of a liberty under the contract of carriage by sea to do so, the carrier nevertheless remains responsible for the entire carriage according to the provisions of this Convention. The carrier is responsible, in relation to the carriage performed by the actual carrier, for the acts and omissions of the actual carrier and of his servants and agents acting within the scope of their employment.
2. All the provisions of this Convention governing the responsibility of the carrier also apply to the responsibility of the actual carrier for the carriage performed by him. The provisions of paragraphs 2 and 3 of Article 7 and of paragraph 2 of Article 8 apply if an action is brought against a servant or agent of the actual carrier.
3. Any special agreement under which the carrier assumes obligations not imposed by this Convention or waives rights conferred by this Convention affects the actual carrier only if agreed to by him expressly and in writing. Whether or not the actual carrier has so agreed, the carrier nevertheless remains bound by the obligations or waivers resulting from such special agreement.
4. Where and to the extent that both the carrier and the actual carrier are liable, their liability is joint and several.
5. The aggregate of the amounts recoverable from the carrier, the actual carrier and their servants and agents shall not exceed the limits of liability provided for in this Convention.
6. Nothing in this Article shall prejudice any right of recourse as between the carrier and the actual carrier.

### Article 11-Through carriage

1. Notwithstanding the provisions of paragraph 1 of Article 10, where a contract of carriage by sea provides explicitly that a specified part of the carriage covered by the said contract is to be performed by a named person other than the carrier, the contract may also provide that the carrier is not liable for loss, damage or delay in delivery caused by an occurrence which takes place while the goods are in the charge of the actual carrier during such part of the carriage. Nevertheless, any stipulation limiting or excluding such liability is without effect if no judicial proceedings can be instituted against the actual carrier in a court competent under paragraph 1 or 2 of article 21. The burden of proving that any loss, damage or delay in delivery has been caused by such an occurrence rests upon the carrier.
2. The actual carrier is responsible in accordance with the provisions of paragraph 2 of Article 10 for loss, damage or delay in delivery caused by an occurrence which takes place while the goods are in his charge.

## PART III–LIABILITY OF THE SHIPPER

### Article 12-General rule

The shipper is not liable for loss sustained by the carrier or the actual carrier, or for damage sustained by the ship, unless such loss or damage was caused by the fault or neglect of the shipper, his servants or agents. Nor is any servant or agent of the shipper liable for such loss or damage unless the loss or damage was caused by fault or neglect on his part.

### Article 13-Special rules on dangerous goods

1. The shipper must mark or label in a suitable manner dangerous goods as dangerous.
2. Where the shipper hands over dangerous goods to the carrier or an actual carrier, as the case may be, the shipper must inform him of the dangerous character of the goods and, if necessary, of the precautions to be taken. If the shipper fails to do so and such carrier or actual carrier does not otherwise have knowledge of their dangerous character:
   (a) The shipper is liable to the carrier and any actual carrier for the loss resulting from the shipment of such goods, and
   (b) The goods may at any time be unloaded, destroyed or rendered innocuous, as the circumstances may require, without payment of compensation.
3. The provisions of paragraph 2 of this Article may not be invoked by any person if during the carriage he has taken the goods in his charge with knowledge of their dangerous character.
4. If, in cases where the provisions of paragraph 2, subparagraph (b), of this Article do not apply or may not be invoked, dangerous goods become an actual danger to life or property, they may be unloaded, destroyed or rendered innocuous, as the circumstances may require, without payment of compensation except where there is an obligation to contribute in general average or where the carrier is liable in accordance with the provisions of Article 5.

## PART IV–TRANSPORT DOCUMENTS

### Article 14-Issue of bill of lading

1. When the carrier or the actual carrier takes the goods in his charge, the carrier must, on demand of the shipper, issue to the shipper a bill of lading.
2. The bill of lading may be signed by a person having authority from the carrier. A bill of lading signed by the master of the ship carrying the goods is deemed to have been signed on behalf of the carrier.
3. The signature on the bill of lading may be in handwriting, printed in facsimile, perforated, stamped, in symbols, or made by any other mechanical or electronic means, if no inconsistent with the law of the country where the bill of lading is issued.

## Article 15-Contents of bill of lading

1. The bill of lading must include, inter alia, the following particulars:
   (a) The general nature of the goods, the leading marks necessary for identification of the goods, an express statement, if applicable, as to the dangerous character of the goods, the number of packages or pieces, and the weight of the goods or their quantity otherwise expressed, all such particulars as furnished by the shipper;
   (b) the apparent condition of the goods;
   (c) the name and principal place of business of the carrier;
   (d) the name of the shipper;
   (e) the consignee if named by the shipper;
   (f) the port of loading under the contract of carriage by sea and the date on which the goods were taken over by the carrier at the port of loading;
   (g) the port of discharge under the contract of carriage by sea;
   (h) the number of originals of the bill of lading, if more than one;
   (i) the place of issuance of the bill of lading;
   (j) the signature of the carrier or a person acting on his behalf;
   (k) the freight to the extent payable by the consignee or other indication that freight is payable by him;
   (l) the statement referred to in paragraph 3 of Article 23;
   (m) the statement, if applicable, that the goods shall or may be carried on deck;
   (n) the date or the period of delivery of the goods at the port of discharge if expressly agreed upon between the parties; and
   (o) any increased limit or limits of liability where agreed in accordance with paragraph 4 of Article 6.
2. After the goods have been loaded on board, if the shipper so demands, the carrier must issue to the shipper a "shipped" bill of lading which, in addition to the particulars required under paragraph 1 of this Article, must state that the goods are on board a named ship or ships, and the date or dates of loading. If the carrier has previously issued to the shipper a bill of lading or other document of title with respect to any of such goods, on request of the carrier, the shipper must surrender such document in exchange for a "shipped" bill of lading. The carrier may amend any previously issued document in order to meet the shipper's demand for a "shipped" bill of lading if, as amended, such document includes all the information required to be contained in a "shipped" bill of lading.
3. The absence in the bill of lading of one or more particulars referred to in this Article does not affect the legal character of the document as a bill of lading provided that it nevertheless meets the requirements set out in paragraph 7 of Article 1.

## Article 16 - Bills of lading: reservations and evidentiary effect

1. If the bill of lading contains particulars concerning the general nature, leading marks, number of packages or pieces, weight or quantity of the goods which the carrier or other person issuing the bill of lading on his behalf knows or has reasonable grounds

to suspect do not accurately represent the goods actually taken over or, where a "shipped" bill of lading is issued, loaded, or if he had no reasonable means of checking such particulars, the carrier or such other person must insert in the bill of lading a reservation specifying these inaccuracies, grounds of suspicion or the absence of reasonable means of checking.

2. If the carrier or other person issuing the bill of lading on his behalf fails to note on the bill of lading the apparent condition of the goods, he is deemed to have noted on the bill of lading that the goods were in apparent good condition.
3. Except for particulars in respect of which and to the extent to which a reservation permitted under paragraph 1 of this Article has been entered:
   (a) The bill of lading is prima facie evidence of the taking over or, where a "shipped" bill of lading is issued, loading, by the carrier of the goods as described in the bill of lading; and
   (b) Proof to the contrary by the carrier is not admissible if the bill of lading has been transferred to a third party, including a consignee, who in good faith has acted in reliance on the description of the goods therein.
4. A bill of lading which does not, as provided in paragraph 1, subparagraph (h) of Article 15, set forth the freight or otherwise indicate that freight is payable by the consignee or does not set forth demurrage incurred at the port of loading payable by the consignee, is prima facie evidence that no freight or such demurrage is payable by him. However, proof to the contrary by the carrier is not admissible when the bill of lading has been transferred to a third party, including a consignee, who in good faith has acted in reliance on the absence in the bill of lading of any such indication.

### Article 17-Guarantees by the shipper

1. The shipper is deemed to have guaranteed to the carrier the accuracy of particulars relating to the general nature of the goods, their marks, number, weight and quantity as furnished by him for insertion in the bill of lading. The shipper must indemnify the carrier against the loss resulting from inaccuracies in such particulars. The shipper remains liable even if the bill of lading has been transferred by him. The right of the carrier to such indemnity in no way limits his liability under the contract of carriage by sea to any person other than the shipper.
2. Any letter of guarantee or agreement by which the shipper undertakes to indemnify the carrier against loss resulting from the issuance of the bill of lading by the carrier, or by a person acting on his behalf, without entering a reservation relating to particulars furnished by the shipper for insertion in the bill of lading, or to the apparent condition of the goods, is void and of no effect as against any third party, including a consignee, to whom the bill of lading has been transferred.
3. Such letter of guarantee or agreement is valid as against the shipper unless the carrier or the person acting on his behalf, by omitting the reservation referred to in paragraph 2 of this Article, intends to defraud a third party, including a consignee, who acts in reliance on the description of the goods in the bill of lading. In the latter case, if the reservation omitted relates to particulars furnished by the shipper for insertion in the

bill of lading, the carrier has no right of indemnity from the shipper pursuant to paragraph 1 of this Article.

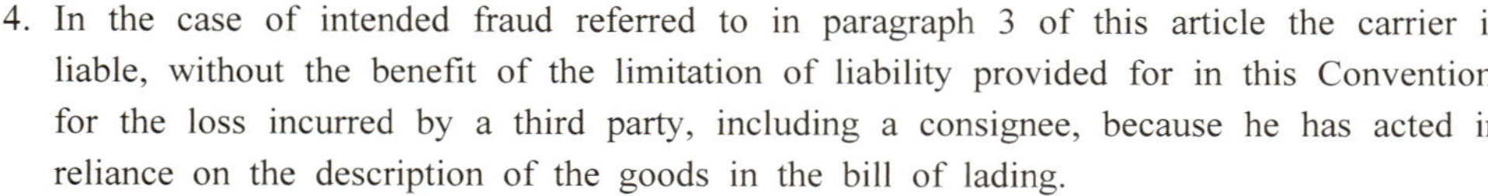

4. In the case of intended fraud referred to in paragraph 3 of this article the carrier is liable, without the benefit of the limitation of liability provided for in this Convention, for the loss incurred by a third party, including a consignee, because he has acted in reliance on the description of the goods in the bill of lading.

### Article 18-Documents other than bills of lading

Where a carrier issues a document other than a bill of lading to evidence the receipt of the goods to be carried, such a document is prima facie evidence of the conclusion of the contract of carriage by sea and the taking over by the carrier of the goods as therein described.

## PART V-CLAIMS AND ACTIONS

### Article 19-Notice of loss, damage or delay

1. Unless notice of loss or damage, specifying the general nature of such loss or damage, is given in writing by the consignee to the carrier not later than the working day after the day when the goods were handed over to the consignee, such handing over is prima facie evidence of the delivery by the carrier of the goods as described in the document of transport or, if no such document has been issued, in good condition.
2. Where the loss or damage is not apparent, the provisions of paragraph 1 of this Article apply correspondingly if notice in writing is not given within 15 consecutive days after the day when the goods were handed over to the consignee.
3. If the state of the goods at the time they were handed over to the consignee has been the subject of a joint survey or inspection by the parties, notice in writing need not be given of loss or damage ascertained during such survey or inspection.
4. In the case of any actual or apprehended loss or damage the carrier and the consignee must give all reasonable facilities to each other for inspecting and tallying the goods.
5. No compensation shall be payable for loss resulting from delay in delivery unless a notice has been given in writing to the carrier within 60 consecutive days after the day when the goods were handed over to the consignee.
6. If the goods have been delivered by an actual carrier, any notice given under this Article to him shall have the same effect as if it had been given to the carrier, and any notice given to the carrier shall have effect as if given to such actual carrier.
7. Unless notice of loss or damage, specifying the general nature of the loss or damage, is given in writing by the carrier or actual carrier to the shipper not later than 90 consecutive days after the occurrence of such loss or damage or after the delivery of the goods in accordance with paragraph 2 of Article 4, whichever is later, the failure to give such notice is prima facie evidence that the carrier or the actual carrier has sustained no loss or damage due to the fault or neglect of the shipper, his servants or agents.

8. For the purpose of this Article, notice given to a person acting on the carrier's or the actual carriers' behalf, including the master or the officer in charge of the ship, or to a person acting on the shipper's behalf is deemed to have been given to the carrier, to the actual carrier or to the shipper, respectively.

### Article 20-Limitation of actions

1. Any action relating to carriage of goods under this Convention is time-barred if judicial or arbitral proceedings have not been instituted within a period of two years.
2. The limitation period commences on the day on which the carrier has delivered the goods or part thereof or, in cases where no goods have been delivered, on the last day on which the goods should have been delivered.
3. The day on which the limitation period commences is not included in the period.
4. The person against whom a claim is made may at any time during the running of the limitation period extend that period by a declaration in writing to the claimant. This period may be further extended by another declaration or declarations.
5. An action for indemnity by a person held liable may be instituted even after the expiration of the limitation period provided for in the preceding paragraphs if instituted within the time allowed by the law of the State where proceedings are instituted. However, the time allowed shall not be less than 90 days commencing from the day when the person instituting such action for indemnity has settled the claim or has been served with process in the action against himself.

### Article 21-Jurisdiction

1. In judicial proceedings relating to carriage of goods under this Convention the plaintiff, at his option, may institute an action in a court which, according to the law of the State where the court is situated, is competent and within the jurisdiction of which is situated one of the following places:
   (a) The principal place of business or, in the absence thereof, the habitual residence of the defendant; or
   (b) The place where the contract was made provided that the defendant has there a place of business, branch or agency through which the contract was made; or
   (c) The port of loading or the port of discharge; or
   (d) Any additional place designated for that purpose in the contract of carriage by sea.
2. (a) Notwithstanding the preceding provisions of this Article, an action may be instituted in the courts of any port or place in a Contracting State at which the carrying vessel or any other vessel of the same ownership may have been arrested in accordance with applicable rules of the law of that State and of international law. However, in such a case, at the petition of the defendant, the claimant must remove the action, at his choice, to one of the jurisdictions referred to in paragraph 1 of this Article for the determination of the claim, but before such removal the defendant must furnish security sufficient to ensure payment of any judgement that may subsequently be awarded to the claimant in the action.

(b) All questions relating to the sufficiency or otherwise of the security shall be determined by the court of the port or place of the arrest.
3. No judicial proceedings relating to carriage of goods under this Convention may be instituted in a place not specified in paragraph 1 or 2 of this Article. The provisions of this paragraph do not constitute an obstacle to the jurisdiction of the Contracting States for provisional or protective measures.
4. (a) Where an action has been instituted in a court competent under paragraph i or 2 of this Article or where judgement has been delivered by such a court, no new action may be started between the same parties on the same grounds unless the judgement of the court before which the first action instituted is not enforceable in the country in which the new proceedings are instituted.
(b) For the purpose of this Article the institution of measures with a view to obtaining enforcement of a judgement is not to be considered as the starting of a new action;
(c) For the purpose of this Article, the removal of an action to a different court within the same country, or to a court in another country, in accordance with paragraph 2 (a) of this Article, is not to be considered as the starting of a new action.
5. Notwithstanding the provisions of the preceding paragraphs, an agreement made by the parties, after a claim under the contract of carriage by sea has arisen, which designates the place where the claimant may institute an action, is effective.

### Article 22-Arbitration

1. Subject to the provisions of this Article, parties may provide by agreement evidenced in writing that any dispute that may arise relating to carriage of goods under this Convention shall be referred to arbitration.
2. Where a charter-party contains a provision that disputes arising thereunder shall be referred to arbitration and a bill of lading issued pursuant to the charterparty does not contain a special annotation providing that such provision shall be binding upon the holder of the bill of lading, the carrier may not invoke such provision as against a holder having acquired the bill of lading in good faith.
3. The arbitration proceedings shall, at the option of the claimant, be instituted at one of the following places:
(a) A place in a State within whose territory is situated:
(i) The principal place of business of the defendant or, in the absence thereof, the habitual residence of the defendant; or
(ii) The place where the contract was made, provided that the defendant has there a place of business, branch or agency through which the contract was made; or
(iii) The port of loading or the port of discharge; or
(b) Any place designated for that purpose in the arbitration clause or agreement.
4. The arbitrator or arbitration tribunal shall apply the rules of this Convention.
5. The provisions of paragraph 3 and 4 of this Article are deemed to be part of every

arbitration clause or agreement, and any term of such clause or agreement which is inconsistent therewith is null and void.

6. Nothing in this Article affects the validity of an agreement relating to arbitration made by the parties after the claim under the contract of carriage by sea has arisen.

## PART VI–SUPPLEMENTARY PROVISIONS

### Article 23-Contractual stipulations

1. Any stipulation in a contract of carriage by sea, in a bill of lading, or in any other document evidencing the contract of carriage by sea is null and void to the extent that it derogates, directly or indirectly, from the provisions of this Convention. The nullity of such a stipulation does not affect the validity of the other provisions of the contract or document of which it forms a part. A clause assigning benefit of insurance of the goods in favour of the carrier, or any similar clause, is null and void.
2. Notwithstanding the provisions of paragraph 1 of thisArticle, a carrier may increase his responsibilities and obligations under this Convention.
3. Where a bill of lading or any other document evidencing the contract of carriage by sea is issued, it must contain a statement that the carriage is subject to the provisions of this Convention which nullify any stipulation derogating therefrom to the detriment of the shipper or the consignee.
4. Where the claimant in respect of the goods has incurred loss as a result of a stipulation which is null and void by virtue of the present Article, or as a result of the omission of the statement referred to in paragraph 3 of this Article, the carrier must pay compensation to the extent required in order to give the claimant compensation in accordance with the provisions of this Convention for any loss of or damage to the goods as well as for delay in delivery. The carrier must, in addition pay compensation for costs incurred by the claimant for the purpose of exercising his right, provided that costs incurred in the action where the foregoing provision is invoked are to be determined in accordance with the law of the State where proceedings are instituted.

### Article 24-General average

1. Nothing in this Convention shall prevent the application of provisions in the contract of carriage by sea or national law regarding the adjustment of general average.
2. With the exception of Article 20, the provisions of this Convention relating to the liability of the carrier for loss of or damage to the goods also determine whether the consignee may refuse contribution in general average and the liability of the carrier to indemnify the consignee in respect of any such contribution made or any salvage paid.

### Article 25-Other conventions

1. This Convention does not modify the rights or duties of the carrier, the actual carrier

and their servants and agents, provided for in international conventions or national law relating to the limitation of liability of owners of seagoing ships.

2. The provisions of Articles 21 and 22 of this Convention do not prevent the application of the mandatory provisions of any other multilateral convention already in force at the date of this Convention relating to matters dealt with in the said Articles, provided that the dispute arises exclusively between parties having their principal place of business in States members of such other convention. However, this paragraph does not affect the application of paragraph 4 of Article 22 of this Convention.
3. No liability shall arise under the provisions of this Convention for damage caused by a nuclear incident if the operator of a nuclear installation is liable for such damage:
   (a) Under either the Paris Convention of 29 July 1960 on Third Party Liability in the Field of Nuclear Energy as amended by the Additional Protocol of 28 January 1964 or the Vienna Convention of 21 May 1963 on Civil Liability for Nuclear Damage, or
   (b) By virtue of national law governing the liability for such damage, provided that such law is in all respects as favourable to persons who may suffer damage as either the Paris or Vienna Conventions.
4. No liability that arise under the provisions of this Convention for any loss of or damage to or delay in delivery of luggage for which the carrier is responsible under any international convention or national law relating to the carriage of passengers and their luggage by sea.
5. Nothing contained in this Convention prevents a Contracting State from applying any other international convention which is already in force at the date of this Convention and which applies mandatorily to contracts of carriage of goods primarily by a mode of transport other than transport by sea. This provision also applies to any subsequent revision or amendment of such international convention.

### Article 26-Unit of account

1. The unit of account referred to in Article 6 of this Convention is the Special Drawing Right as defined by the International Monetary Fund. The amounts mentioned in Article 6 are to be converted into the national currency of a State according to the value of such currency at the date of judgement or the date agreed upon by the parties. The value of a national currency, in terms of the Special Drawing Right, of a Contracting State which is a member of the International Monetary Fund is to be calculated in accordance with the method of valuation applied by the International Monetary Fund in effect at the date in question for its operations and transactions. The value of a national currency in terms of the Special Drawing Right of a Contracting State which is not a member of the International Monetary Fund is to be calculated in a manner determined by that State.
2. Nevertheless, those States which are not members of the International Monetary Fund and whose law does not permit the application of the provisions of paragraph i of this Article may, at the time of signature, or at the time of ratification, acceptance, approval or accession or at any time thereafter, declare that the limits of liability

provided for in this Convention to be applied in their territories shall be fixed as: 12,500 monetary units per package or other shipping unit or 37.5 monetary units per kilogram of gross weight of the goods.

3. The monetary unit referred to in paragraph 2 of this Article corresponds to sixty-five and a half milligrams of gold of millesimal fineness nine hundred. The conversion of the amounts referred to in paragraph 2 into the national currency is to be made according to the law of the State concerned.
4. The calculation mentioned in the last sentence of paragraph I and the conversion mentioned in paragraph 3 of this Article is to be made in such a manner as to express in the national currency of the Contracting State as far as possible the same real value for the amounts in Article 6 as is expressed there in units of account. Contracting States must communicate to the depositary the manner of calculation pursuant to paragraph 1 of this Article, or the result of the conversion mentioned in paragraph 3 of this Article, as the case may be, at the time of signature or when depositing their instruments of ratification, acceptance, approval or accession, or when availing themselves of the option provided for in paragraph 2 of this Article and whenever there is a change in the manner of such calculation or in the result of such conversion.

## PART VII–FINAL CLAUSES

### Article 27-Depositary

The Secretary-General of the United Nations is hereby designated as the depositary of this Convention.

### Article 28-Signature, ratification, acceptance, approval, accession

1. This Convention is open for signature by all States until 30 April 1979 at the Headquarters of the United Nations, New York.
2. This Convention is subject to ratification, acceptance or approval by the signatory States.
3. After 30 April 1979, this Convention will be open for accession by all States which are not signatory States.
4. Instruments of ratification, acceptance, approval and accession are to be deposited with the Secretary-General of the United Nations.

### Article 29-Reservations

No reservations may be made to this Convention.

### Article 30-Entry into force

1. This Convention enters into force on the first day of the month following the expiration of one year from the date of deposit of the 20th instrument of ratification, acceptance, approval or accession.

2. For each State which becomes a Contracting State to this Convention after the date of the deposit of the 20th instrument of ratification, acceptance, approval or accession, this Convention enters into force on the first day of the month following the expiration of one year after the deposit of the appropriate instrument on behalf of that State.
3. Each Contracting State shall apply the provisions of this Convention to contracts of carriage by sea concluded on or after the date of the entry into force of this Convention in respect of that State.

### Article 31-Denunciation of other conventions

1. Upon becoming a Contracting State to this Convention, any State party to the International Convention for the Unification of Certain Rules relating to Bills of Lading signed at Brussels on 25 August 1924 (1924 Convention) must notify the Government of Belgium as the depositary of the 1924 Convention of its denunciation of the said Convention with a declaration that the denunciation is to take effect as from the date when this Convention enters into force in respect of that State.
2. Upon the entry into force of this Convention under paragraph 1 of article 30, the depositary of this Convention must notify the Government of Belgium as the depositary of the 1924 Convention of the date of such entry into force, and of the names of the Contracting States in respect of which the Convention has entered into force.
3. The provisions of paragraphs 1 and 2 of this Article apply correspondingly in respect of States parties to the Protocol signed on 23 February 1968 to amend the International Convention for the Unification of Certain Rules relating to Bills of Lading signed at Brussels on 25 August 1924.
4. Notwithstanding Article 2 of this Convention, for the purposes of paragraph 1 of this Article, a Contracting State may, if it deems it desirable, defer the denunciation of the 1924 Convention and of the 1924 Convention as modified by the 1968 Protocol for a maximum period of five years from the entry into force of this Convention. It will then notify the Government of Belgium of its intention. During this transitory period, it must apply to the Contracting States this Convention to the exclusion of any other one.

### Article 32-Revision and amendment

1. At the request of not less than one-third of the Contracting States to this Convention, the depositary shall convene a conference of the Contracting States for revising or amending it.
2. Any instrument of ratification, acceptance, approval or accession deposited after the entry into force of an amendment to this Convention, is deemed to apply to the Convention as amended.

### Article 33-Revision of the limitation amounts and unit of account or monetary unit

1. Notwithstanding the provisions of Article 32, a conference only for the purpose of altering the amount specified in Article 6 and paragraph 2 of Article 26, or of

substituting either or both of the units defined in paragraphs 1 and 3 of Article 26 by other units is to be convened by the depositary in accordance with paragraph 2 of this article. An alteration of the amounts shall be made only because of a significant change in their real value.

2. A revision conference is to be convened by the depositary when not less than one-fourth of the Contracting States so request.
3. Any decision by the conference must be taken by a two-thirds majority of the participating States. The amendment is communicated by the depositary to all the Contracting States for acceptance and to all the States signatories of the Convention for information.
4. Any amendment adopted enters into force on the first day of the month following one year after its acceptance by two-thirds of the Contracting States. Acceptance is to be effected by the deposit of a formal instrument to that effect, with the depositary.
5. After entry into force of an amendment a Contracting State which has accepted the amendment is entitled to apply the Convention as amended in its relations with Contracting States which have not within six months after the adoption of the amendment notified the depositary that they are not bound by the amendment.
6. Any instrument of ratification, acceptance, approval or accession deposited after the entry into force of an amendment to this Convention, is deemed to apply to the Convention as amended.

### Article 34-Denunciation

1. A Contracting State may denounce this Convention at any time by means of a notification in writing addressed to the depositary.
2. The denunciation takes effect on the first day of the month following the expiration of one year after the notification is received by the depositary. Where a longer period is specified in the notification, the denunciation takes effect upon the expiration of such longer period after the notification is received by the depositary.

Done at Hamburg, this thirty-first day of March one thousand nine hundred and seventy-eight, in a single original, of which the Arabic, Chinese, English, French, Russian and Spanish texts are equally authentic.

In witness whereof the undersigned plenipotentiaries, being duly authorised by their respective Governments, have signed the present Convention.

Common understanding adopted by the United Nations Conference on the Carriage of Goods by Sea (A/CONF.89/13, annex 11)

It is the common understanding that the liability of the carrier under this Convention is based on the principle of presumed fault or neglect. This means that, as a rule, the burden of proof rests on the carrier but, with respect to certain cases, the provisions of the Convention modify this rule.

Resolution adopted by the United Nations Conference on the Carriage of Goods by Sea (A/CON.89/13, annex III)

The United Nations Conference on the Carriage of Goods by Sea,

Noting with appreciation the kind invitation of the Federal Republic of Germany to hold the Conference in Hamburg,

Being aware that the facilities placed at the disposal of the Conference and the generous hospitality bestowed on the participants by the Government of the Federal Republic of Germany and by the Free and Hanseatic City of Hamburg, have in no small measure contributed to the success of the Conference.

Expresses its gratitude to the Government and people of the Federal Republic of Germany, and

Having adopted the Convention on the Carriage of Goods by Sea on the basis of a draft Convention prepared by the United Nations Commission on International Trade Law at the request of the United Nations Conference on Trade and Development,

Expresses its gratitude to the United Nations Commission on International Trade Law and to the United Nations Conference on Trade and Development for their outstanding contribution to the simplification and harmonization of the law of the carriage of goods by sea, and

Decides to designate the Convention adopted by the Conference as the: "UNITED NATIONS CONVENTION ON THE CARRIAGE OF GOODS BY SEA, 1978", and

Recommends that the rules embodied therein be known as the "HAMBURG RULES".

Disclaimer!-November 21 1994

## 3. UN국제물품복합운송조약(Geneva, 24 May 1980)

### United Nations Convention on International Multimodal Transport of Goods

**The States Parties to this Convention, Recognising:**

(a) That international multimodal transport is one means of facilitating the orderly expansion of world trade;

(b) The need to stimulate the development of smooth, economic and efficient multimodal transport services adequate to the requirements of the trade concerned;

(c) The desirability of ensuring the orderly development of international multimodal transport in the interest of all countries and the need to consider the special problems of transit countries;

(d) The desirability of determining certain rules relating to the carriage of goods by international multimodal transport contracts, including equitable provisions concerning the liability of multimodal transport operators;

(e) The need that this Convention should not affect the application of any international convention or national law relating to the regulation and control of transport operations;

(f) The right of each State to regulate and control at the national level multimodal transport operators and operations;

(g) The need to have regard to the special interest and problems of developing countries, for example, as regards introduction of new technologies, participation in multimodal services of their national carriers and operators, cost efficiency thereof and maximum use of local labour and insurance;

(h) The need to ensure a balance of interests between suppliers and users of multimodal transport services;

(i) The need to facilitate customs procedures with due consideration to the problems of transit countries;

**Agreeing to the following basic principles:**

(a) That a fair balance of interests between developed and developing countries should be established and an equitable distribution of activities between these groups of countries should be attained in international multimodal transport;

(b) That consultation should take place on terms and conditions of service, both before and after the introduction of any new technology in the multimodal transport of goods, between the multimodal transport operator, shippers, shippers' organizations and

appropriate national authorities;
(c) The freedom for shippers to choose between multimodal and segmented transport services;
(d) That the liability of the multimodal transport operator under this Convention should be based on the principle of presumed fault or neglect;
Have decided to conclude a Convention for this purpose and have thereto agreed as follows:

## Part I–General Provisions

### Article 1-Definitions

**For the purposes of this Convention:**

1. "International multimodal transport" means the carriage of goods by at least two different modes of transport on the basis of a multimodal transport contract from a place in one country at which the goods are taken in charge by the multimodal transport operator to a place designated for delivery situated in a different country. The operations of pick-up and delivery of goods carried out in the performance of a unimodal transport contract, as defined in such contract, shall not be considered as international multimodal transport.
2. "Multimodal transport operator" means any person who on his own behalf or through another person acting on his behalf concludes a multimodal transport contract and who acts as a principal, not as an agent or on behalf of the consignor or of the carriers participating in the multimodal transport operations, and who assumes responsibility for the performance of the contract.
3. "Multimodal transport contract" means a contract whereby a multimodal transport operator undertakes, against payment of freight, to perform or to procure the performance of international multimodal transport.
4. "Multimodal transport document" means a document which evidences a multimodal transport contract, the taking in charge of the goods by the multimodal transport operator, and an undertaking by him to deliver the goods in accordance with the terms of that contract.
5. "Consignor" means any person by whom or in whose name or on whose behalf a multimodal transport contract has been concluded with the multimodal transport operator, or any person by whom or in whose name or on whose behalf the goods are actually delivered to the multimodal transport operator in relation to the multimodal transport contract.
6. "Consignee" means the person entitled to take delivery of the goods.
7. "Goods" includes any container, pallet or similar article of transport or packaging, if supplied by the consignor.
8. "International convention" means an international agreement concluded among States in written form and governed by international law.
9. "Mandatory national law" means any statutory law concerning carriage of goods the

provisions of which cannot be departed from by contractual stipulation to the detriment of the consignor.

10. "Writing" means, inter alia, telegram or telex.

### Article 2-Scope of application

The provisions of this Convention shall apply to all contracts of multimodal transport between places in two States, if:

(a) The place for the taking in charge of the goods by the multimodal transport operator as provided for in the multimodal transport contract is located in a Contracting State, or

(b) The place for delivery of the goods by the multimodal transport operator as provided for in the multimodal transport contract is located in a Contracting State.

### Article 3-Mandatory application

1. When a multimodal transport contract has been concluded which according to article 2 shall be governed by this Convention, the provisions of this Convention shall be mandatorily applicable to such contract.
2. Nothing in this Convention shall affect the right of the consignor to choose between multimodal transport and segmented transport.

### Article 4-Regulation and control of multimodal transport

1. This Convention shall not affect, or be incompatible with, the application of any international convention or national law relating to the regulation and control of transport operations.
2. This Convention shall not affect the right of each State to regulate and control at the national level multimodal transport operations and multimodal transport operators, including the right to take measures relating to consultations, especially before the introduction of new technologies and services, between multimodal transport operators, shippers, shippers' organizations and appropriate national authorities on terms and conditions of service; licensing of multimodal transport operators; participation in transport; and all other steps in the national economic and commercial interest.
3. The multimodal transport operator shall comply with the applicable law of the country in which he operates and with the provisions of this Convention.

## Part II–Documentation

### Article 5-Issue of multimodal transport document

1. When the goods are taken in charge by the multimodal transport operator, he shall issue a multimodal transport document which, at the option of the consignor, shall be in either negotiable or non-negotiable form.
2. The multimodal transport document shall be signed by the multimodal transport operator or by a person having authority from him.

3. The signature on the multimodal transport document may be in handwriting, printed in facsimile, perforated, stamped, in symbols, or made by any other mechanical or electronic means, if no inconsistent with the law of the country where the multimodal transport document is issued.
4. If the consignor so agrees, a non-negotiable multimodal transport document may be issued by making use of any mechanical or other means preserving a record of the particulars stated in article 8 to be contained in the multimodal transport document. In such a case the multimodal transport operator, after having taken the goods in charge, shall deliver to the consignor a readable document containing all the particulars so recorded, and such document shall for the purposes of the provisions of this Convention be deemed to be a multimodal transport document.

### Article 6-Negotiable multimodal transport document

1. Where a multimodal transport document is issued in negotiable form:
   (a) It shall be made out to order or to bearer;
   (b) If made out to order it shall be transferable by endorsement;
   (c) If made out to bearer it shall be transferable without endorsement; (d) If issued in a set of more than one original it shall indicate the number of originals in the set;
   (e) If any copies are issued each copy shall be marked "non-negotiable copy"
2. Delivery of the goods may be demanded from the multimodal transport operator or a person acting on his behalf only against surrender of the negotiable multimodal transport document duly endorsed where necessary.
3. The multimodal transport operator shall be discharged from his obligation to deliver the goods if, where a negotiable multimodal transport document has been issued in a set of more than one original, he or a person acting on his behalf has in good faith delivered the goods against surrender of one of such originals.

### Article 7-Non-negotiable multimodal transport

1. Where a multimodal transport document is issued in non-negotiable form it shall indicate a named consignee.
2. The multimodal transport operator shall be discharged from his obligation to deliver the goods if he makes delivery thereof to the consignee named in such non-negotiable multimodal transport document or to such other person as he may be duly instructed, as a rule, in writing.

### Article 8-Contents of the multimodal transport document

1. The multimodal transport document shall contain the following particulars:
   (a) The general nature of the goods, the leading marks necessary for identification of the goods, an express statement, if applicable, as to the dangerous character of the goods, the number of packages or pieces, and the gross weight of the goods or their quantity otherwise expressed, all such particulars as furnished by the consignor;
   (b) The apparent condition of the goods;

(c) The name and principal place of business of the multimodal transport operator;
(d) The name of the consignor;
(e) The consignee, if named by the consignor;
(f) The place and date of taking in charge of the goods by the multimodal transport operator;
(g) The place of delivery of the goods;
(h) The date or the period of delivery of the goods at the place of delivery, if expressly agreed upon between the parties;
(i) A statement indicating whether the multimodal transport document is negotiable or non-negotiable;
(j) The place and date of issue of the multimodal transport document;
(k) The signature of the multimodal transport operator or of a person having authority from him;
(l) The freight for each mode of transport, if expressly agreed between the parties, or the freight including its currency, to the extent payable by the consignee or other indication that freight is payable by him;
(m) The intended journey route, modes of transport and places of transhipment, if known at the time of issuance of the multimodal transport document;
(n) The statement referred to in paragraph 3 of article 28;
(o) Any other particulars which the parties may agree to insert in the multimodal transport document, if not inconsistent with the law of the country where the multimodal transport document is issued.

2. The absence from the multimodal transport document of one or more of the particulars referred to in paragraph 1 of this article shall not affect the legal character of the document as a multimodal transport document provided that it nevertheless meets the requirements set out in paragraph 4 of article 1.

### Article 9-Reservations in the multimodal transport document

1. If the multimodal transport document contains particulars concerning the general nature, leading marks, number of packages or pieces, weight or quantity of the goods which the multimodal transport operator or a person acting on his behalf knows, or has reasonable grounds to suspect, do not accurately represent the goods actually taken in charge, or if he has no reasonable means of checking such particulars, the multimodal transport operator or a person acting on his behalf shall insert in the multimodal transport document a reservation specifying these inaccuracies, grounds of suspicion or the absence of reasonable means of checking.
2. If the multimodal transport operator or a person acting on his behalf fails to note on the multimodal transport document the apparent condition of the goods, he is deemed to have noted on the multimodal transport document that the goods were in apparent good condition.

### Article 10-Evidentiary effect of the multimodal transport document

Except for particulars in respect of which and to the extent to which a reservation permitted under article 9 has been entered:

(a) The multimodal transport document shall be prima facie evidence of the taking in charge by the multimodal transport operator of the goods as described therein; and

(b) Proof to the contrary by the multimodal transport operator shall not be admissible if the multimodal transport document is issued in negotiable form and has been transferred to a third party, including a consignee, who has acted in good faith in reliance on the description of the goods therein.

### Article 11-Liability for intentional misstatements or omissions

When the multimodal transport operator, with intent to defraud, gives in the multimodal transport document false information concerning the goods or omits any information required to be included under paragraph 1 (a) or (b) of article 8 or under article 9, he shall be liable, without the benefit of the limitation of liability provided for in this Convention, for any loss, damage or expenses incurred by a third party, including a consignee, who acted in reliance on the description of the goods in the multimodal transport document issued.

### Article 12-Guarantee by the consignor

1. The consignor shall be deemed to have guaranteed to the multimodal transport operator the accuracy, at the time the goods were taken in charge by the multimodal transport operator, of particulars relating to the general nature of the goods, their marks, number, weight and quantity and, if applicable, to the dangerous character of the goods, as furnished by him for insertion in the multimodal transport document.
2. The consignor shall indemnify the multimodal transport operator against loss resulting from inaccuracies in or inadequacies of the particulars referred to in paragraph 1 of this article. The consignor shall remain liable even if the multimodal transport document has been transferred to him. The right of the multimodal transport operator to such indemnity shall in no way limit his liability under the multimodal transport contract to any person other than the consignor.

### Article 13-Other documents

The issue of the multimodal transport document does not preclude the issue, if necessary, of other documents relating to transport or other services involved in international multimodal transport, in accordance with applicable international conventions or national law. However, the issue of such other documents shall not affect the legal character of the multimodal transport document.

## Part III–Liability of the Multimodal Transport Operator

### Article 14-Period of responsibility

1. The responsibility of the multimodal transport operator for the goods under this Convention covers the period from the time he takes the goods in his charge to the time of their delivery.
2. For the purpose of this article, the multimodal transport operator is deemed to be in charge of the goods:
   (a) From the time he has taken over the goods from:
      ( i ) The consignor or a person acting on his behalf; or
      ( ii ) An authority or other third party to whom, pursuant to law or regulations applicable at the place of taking in charge, the goods must be handed over for transport;
   (b) Until the time he has delivered the goods:
      ( i ) By handing over the goods to the consignee; or
      ( ii ) In cases where the consignee does not receive the goods from the multimodal transport operator, by placing them at the disposal of the consignee in accordance with the multimodal transport contract or with the law or with the usage of the particular trade applicable at the place of delivery; or
      (iii) By handing over the goods to an authority or other third party to whom, pursuant to law or regulations applicable at the place of delivery, the goods must be handed over.
3. In paragraphs 1 and 2 of this article, reference to the multimodal transport operator shall include his servants or agents or any other person of whose services he makes use for the performance of the multimodal transport contract, and reference to the consignor or consignee shall include their servants or agents.

### Article 15-The liability of the multimodal transport operator for his servants, agents and other persons

Subject to article 21, the multimodal transport operator shall be liable for the acts and omissions of his servants or agents, when any such servant or agent is acting within the scope of his employment, or of any other person of whose services he makes use for the performance of the multimodal transport contract, when such person is acting in the performance of the contract, as if such acts and omissions were his own.

### Article 16-Basis of liability

1. The multimodal transport operator shall be liable for loss resulting from loss or damage to the goods, as well as from delay in delivery, if the occurrence which caused the loss, damage or delay in delivery took place while the goods were in his charge as defined in article 14, unless the multimodal transport operator proves that he, his servants or agents or any other person referred to in article 15 took all measures that could reasonably be required to avoid the occurrence and its consequences.
2. Delay in delivery occurs when the goods have not been delivered within the time

expressly agreed upon or, in the absence of such agreement, within the time which it would be reasonable to require of a diligent multimodal transport operator, having regard to the circumstances of the case.

3. If the goods have not been delivered within 90 consecutive days following the date of delivery determined according to paragraph 2 of this article, the claimant may treat the goods as lost.

### Article 17-Concurrent causes

Where fault or neglect on the part of the multimodal transport operator, his servants or agents or any other person referred to in article 15 combines with another cause to produce loss, damage or delay in delivery, the multimodal transport operator shall be liable only to the extent that the loss, damage or delay in delivery is attributable to such fault or neglect, provided that the multimodal transport operator proves the part of the loss, damage or delay in delivery not attributable thereto.

### Article 18-Limitation of liability

1. When the multimodal transport operator is liable for loss resulting from loss of or damage to the goods according to article 16, his liability shall be limited to an amount not exceeding 920 units of account per package of other shipping unit or 2.75 units of account per kilogram of gross weight of the goods lost or damaged, whichever is the higher.
2. For the purpose of calculating which amount is the higher in accordance with paragraph 1 of this article, the following rules apply:
   (a) Where a container, pallet or similar article of transport is used to consolidate goods, the packages or other shipping units enumerated in the multimodal transport document as packed in such article of transport are deemed packages or shipping units. Except as aforesaid, the goods in such article of transport are deemed one shipping unit.
   (b) In cases where the article of transport itself has been lost or damaged, that article of transport, if no owned or otherwise supplied by the multimodal transport operator, is considered one separate shipping unit.
3. Notwithstanding the provisions of paragraphs 1 and 2 of this article, if the international multimodal transport does not, according to the contract, include carriage of goods by sea or by inland waterways, the liability of the multimodal transport operator shall be limited to an amount not exceeding 8.33 units of account per kilogram of gross weight of the goods lost or damaged.
4. The liability of the multimodal transport operator for loss resulting from delay in delivery according to the provisions of article 16 shall be limited to an amount equivalent to two and a half times the freight payable for the goods delayed, but not exceeding the total freight payable under the multimodal transport contract.
5. The aggregate liability of the multimodal transport operator, under paragraphs 1 and 4 or paragraphs 3 and 4 of this article, shall not exceed the limit of liability for total

loss of the goods as determined by paragraph 1 or 3 of this article.

6. By agreement between the multimodal transport operator and the consignor, limits of liability exceeding those provided for in paragraphs 1, 3 and 4 of this article may be fixed in the multimodal transport document.
7. "Unit of account" means the unit of account mentioned in article 31.

### Article 19-Localised damage

When the loss of or damage to the goods occurred during one particular of the multimodal transport, in respect of which an applicable international convention or mandatory national law provides a higher limit of liability than the limit that would follow from application of paragraphs 1 to 3 of article 18, then the limit of the multimodal transport operator's liability for such loss or damage shall be determined by reference to the provisions of such convention or mandatory national law.

### Article 20-Non-contractual liability

1. The defences and limits of liability provided for in this Convention shall apply in any action against the multimodal transport operator in respect of loss resulting from loss of or damage to the goods, as well as from delay in delivery, whether the action be founded in contract, in tort or otherwise.
2. If an action in respect of loss resulting from loss of or damage to the goods or from delay in delivery is brought against the servant or agent of the multimodal transport operator, if such servant or agent proves that he acted within the scope of his employment, or against any other person of whose services he makes use for the performance of the multimodal transport contract, if such other person proves that he acted within the performance of the contract, the servant or agent of such other person shall be entitled to avail himself of the defences and limits of liability which the multimodal transport operator is entitled to invoke under this Convention.
3. Except as provided in article 21, the aggregate of the amounts recoverable from the multimodal transport operator and from a servant or agent or any other person of whose services he makes use for the performance of the multimodal transport contract shall not exceed the limits of liability provided for in this Convention.

### Article 21-Loss of the right to limit liability

1. The multimodal transport operator is not entitled to the benefit of the limitation of liability provided for in this Convention if it is proved that the loss, damage or delay in delivery resulted from an act or omission of the multimodal transport operator done with the intent to cause such loss, damage or delay or recklessly and with knowledge that such loss, damage or delay would probably result.
2. Notwithstanding paragraph 2 of article 20, a servant or agent of the multimodal transport operator or other person of whose services he makes use for the performance of the multimodal transport contract is not entitled to the benefit of the limitation of liability provided for in this Convention if it is proved that the loss, damage or delay

in delivery resulted from an act or omission of such servant, agent or other person, done with the intent to cause such loss, damage or delay or recklessly and with knowledge that such loss, damage or delay would probably result.

## Part IV–Liability of the Consignor

### Article 22-General rule

The consignor shall be liable for loss sustained by the multimodal transport operator if such loss is caused by the fault or neglect of the consignor, or his servants or agents when such servants or agents are acting within the scope of their employment. Any servant or agent of the consignor shall be liable for such loss if the loss is caused by fault or neglect on his part.

### Article 23-Special rules on dangerous goods

1. The consignor shall mark or label in a suitable manner dangerous goods as dangerous.
2. Where the consignor hands over dangerous goods to the multimodal transport operator or any person acting on his behalf, the consignor shall inform him of the dangerous character of the goods and, if necessary, the precautions to be taken. If the consignor fails to do so and the multimodal transport operator does not otherwise have knowledge of their dangerous character:
   (a) The consignor shall be liable to the multimodal transport operator for all loss resulting from the shipment of such goods; and
   (b) The goods may at any time be unloaded, destroyed or rendered innocuous, as the circumstances may require, without payment of compensation.
3. The provisions of paragraph 2 of this article may not be invoked by any person if during the multimodal transport he has taken the goods in his charge with knowledge of their dangerous character.
4. If, in cases where the provisions of paragraph 2 (b) of this article do not apply or may not be invoked, dangerous goods become an actual danger to life or property, they may be unloaded, destroyed or rendered innocuous, as the circumstances may require, without payment of compensation except where there is an obligation to contribute in general average or where the multimodal transport operator is liable in accordance with the provisions of article 16.

## Part V–Claims and Actions

### Article 24-Notice of loss, damage or delay

1. Unless notice of loss or damage, specifying the general nature of such loss or damage, is given in writing by the consignee to the multimodal transport operator not later than the working day after the day when the goods were handed over to the consignee, such handing over is prima facie evidence of the delivery by the multimodal transport

operator of the goods as described in the multimodal transport document.

2. Where the loss or damage is not apparent, the provisions of paragraph 1 of this article apply correspondingly if notice in writing is not given within six consecutive days after the day when the goods were handed over to the consignee.
3. If the state of the goods at the time they were handed over to the consignee has been the subject of a joint survey or inspection by the parties or their authorized representatives at the place of delivery, notice in writing need not be given of loss or damage ascertained during such survey or inspection.
4. In the case of any actual or apprehended loss or damage the multimodal transport operator and the consignee shall give all reasonable facilities to each other for inspecting and tallying the goods.
5. No compensation shall be payable for loss resulting from delay in delivery unless notice has been given in writing to the multimodal transport operator within 60 consecutive days after the day when the goods were delivered by handing over to the consignee or when the consignee has been notified that the goods have been delivered in accordance with paragraph 2 (b) (ii) or (iii) of article 14.
6. Unless notice of loss or damage, specifying the general nature of the loss or damage, is given in writing by the multimodal transport operator to the consignor not later than 90 consecutive days after the occurrence of such loss or damage or after the delivery of the goods in accordance with paragraph 2 (b) of article 14, whichever is later, the failure to give such notice is prima facie evidence that the multimodal transport operator has sustained no loss or damage due to the fault or neglect of the consignor, his servants or agents.
7. If any of the notice periods provided for in paragraphs 2,5 and 6 of this article terminates on a day which is not a working day at the place of delivery, such period shall be extended until the next working day.
8. For the purpose of this article, notice given to a person acting on the multimodal transport operator's behalf, including any person of whose services he makes use at the place of delivery, or to a person acting on the consignor's behalf, shall be deemed to have been given to the multimodal transport operator, or to the consignor, respectively.

### Article 25-Limitation of actions

1. Any action relating to international multimodal transport under this Convention shall be time-barred if judicial or arbitral proceedings have not been instituted within a period of two years. However, if notification in writing, stating the nature and main particulars of the claim, has not been given within six months after the day when the goods were delivered or, where the goods have not been delivered, after the day on which they should have been delivered, the action shall be time-barred at the expiry of this period.
2. The limitation period commences on the day after the day on which the multimodal transport operator has delivered the goods or part thereof or, where the goods have not been delivered, on the day after the last day on which the goods should have been delivered.

3. The person against whom a claim is made may at any time during the running of the limitation period extend that period by a declaration in writing to the claimant. This period may be further extended by another declaration or declarations.
4. Provided that the provisions of another applicable international convention are not to the contrary, a recourse action for indemnity by a person held liable under this Convention may be instituted even after the expiration of the limitation period provided for in the preceding paragraphs if instituted within the time allowed by the law of the State where proceedings are instituted; however, the time allowed shall not be less than 90 days commencing from the day when the person instituting such action for indemnity has settled the claim or has been served with process in the action against himself.

## Article 26-Jurisdiction

1. In judicial proceedings relating to international multimodal transport under this Convention, the plaintiff, at his option, may institute an action in a court which, according to the law of the State where the court is situated, is competent and within the jurisdiction of which is situated one of the following places:
   (a) The principal place of business or, in the absence thereof, the habitual residence of the defendant; or
   (b) The place where the multimodal transport contract was made, provided that the defendant has there a place of business, branch or agency through which the contract was made; or
   (c) The place of taking the goods in charge for international multimodal transport or the place of delivery; or
   (d) Any other place designated for that purpose in the multimodal transport contract and evidenced in the multimodal transport document.
2. No judicial proceedings relating to international multimodal transport under this Convention may be instituted in a place not specified in paragraph 1 of this article. The provisions of this article do not constitute an obstacle to the jurisdiction of the Contracting States for provisional or protective measures.
3. Notwithstanding the preceding provisions of this article, an agreement made by the parties after a claim has arisen, which designates the place where the plaintiff may institute an action, shall be effective.
4. (a) Where an action has been instituted in accordance with the provisions of this article or where judgement in such an action has been delivered, no new action shall be instituted between the same parties on the same grounds unless the judgement in the first action is not enforceable in the country in which the new proceedings are instituted;
   (b) For the purposes of this article neither the institution of measures to obtain enforcement of a judgement nor the removal of an action to a different court within the same country shall be considered as the starting of a new action

### Article 27-Arbitration

1. Subject to the provisions of this article, parties may provide by agreement evidenced in writing that any dispute that may arise relating to international multimodal transport under this Convention shall be referred to arbitration.
2. The arbitration proceedings shall, at the option of the claimant, be instituted at one of the following places:
   (a) A place in a State within whose territory is situated:
      ( i ) The principal place of business of the defendant or, in the absence thereof, the habitual residence of the defendant; or
      ( ii ) The place where the multimodal transport contract was made, provided that the defendant has there a place of business, branch or agency through which the contract was made; or (iii) The place of taking the goods in charge for international multimodal transport or the place of delivery; or
   (b) Any other place designated for that purpose in the arbitration clause or agreement.
3. The arbitrator or arbitration tribunal shall apply the provisions of this Convention.
4. The provisions of paragraphs 2 and 3 of this article shall be deemed to be part of every arbitration clause or agreement and any term of such clause or agreement which is inconsistent therewith shall be null and void.
5. Nothing in this article shall affect the validity of an agreement on arbitration made by the parties after the claim relating to the international multimodal transport has arisen.

## Part VI-Supplementary Provisions

### Article 28-Contractual stipulations

1. Any stipulation in a multimodal transport contract or multimodal transport document shall be null and void to the extent that it derogates, directly or indirectly, from the provisions of this Convention. The nullity of such a stipulation shall not affect the validity of other provisions of the contract or document of which it forms a part. A clause assigning benefit of insurance of the goods in favour of the multimodal transport operator or any similar clause shall be null and void.
2. Notwithstanding the provisions of paragraph 1 of this article, the multimodal transport operator may, with the agreement of the consignor, increase his responsibilities and obligations under this Convention.
3. The multimodal transport document shall contain a statement that the international multimodal transport is subject to the provisions of this Convention which nullify any stipulation derogating therefrom to the detriment of the consignor or the consignee.
4. Where the claimant in respect of the goods has incurred loss as a result of a stipulation which is null and void by virtue of the present article, or as a result of the omission of the statement referred to in paragraph 3 of this article, the multimodal transport operator must pay compensation to the extent required in order to give the claimant compensation in accordance with the provisions of this Convention for any loss of or damage to the goods as well as for delay in delivery. The multimodal

transport operator must, in addition, pay compensation for costs incurred by the claimant for the purpose of exercising his right, provided that costs incurred in the action where the foregoing provision is invoked are to be determined in accordance with the law of the State where proceedings are instituted.

### Article 29-General average

1. Nothing in this Convention shall prevent the application of provisions in the multimodal transport contract or national law regarding the adjustment of general average, if and to the extent applicable.
2. With the exception of article 25, the provisions of this Convention relating to the liability of the multimodal transport operator for loss of or damage to the goods shall also determine whether the consignee may refuse contribution in general average and the liability of the multimodal transport operator to indemnify the consignee in respect of any such contribution made or any salvage paid.

### Article 30-Other Conventions

1. This Convention does not modify the rights or duties provided for in the Brussels International Convention for the unification of certain rules relating to the limitation of the liability of owners of sea-going vessels of 25 August 1924; in the Brussels International Convention relating to the limitation of the liability of owners of sea-going ships of 10 October 1957; in the London Convention on limitation of liability for maritime claims of 19 November 1976; and in the Geneva Convention relating to the limitation of the liability of owners of inland navigation vessels (CLN) of 1 March 1973, including amendments to these Conventions, or national law relating to the limitation of liability of owners of sea-going ships and inland navigation vessels.
2. The provisions of articles 26 and 27 of this Convention do not prevent the application of the mandatory provisions of any other international convention relating to matters dealt with in the said articles, provided that the dispute arises exclusively between parties having their principal place of business in States parties to such other convention. However, this paragraph does not affect the application of paragraph 3 of article 27 of this Convention.
3. No liability shall arise under the provisions of this Convention for damage caused by nuclear incident if the operator of a nuclear installation is liable for such damage:
   (a) Under either the Paris Convention of 29 July 1960 on Third Party Liability in the Field of Nuclear Energy as amended by the Additional Protocol of 28 January 1964 or the Vienna Convention of 21 May 1963 on Civil Liability for Nuclear Damage, or amendments thereto; or
   (b) By virtue of national law governing the liability for such damage, provided that such law is in all respects as favourable to persons who may suffer damage as either the Paris or Vienna Conventions.
4. Carriage of goods such as carriage of goods in accordance with the Geneva Convention of 19 May 1956 on the Contract for the International Carriage of Goods by Road in

article 2, or the Berne Convention of 7 February 1970 concerning the Carriage of Goods by Rail, article 2, shall not for States Parties to Conventions governing such carriage be considered as international multimodal transport within the meaning of article 1, paragraph 1, of this Convention, in so far as such States are bound to apply the provisions of such Conventions to such carriage of goods.

### Article 31-Unit of account of monetary unit and conversion

1. The unit of account referred to in article 18 of this Convention is the Special Drawing Right as defined by the International Monetary Fund. The amounts referred to in article 18 shall be converted into the national currency of a State according to the value of such currency on the date of the judgement or award or the date agreed upon by the parties. The value of a national currency, in terms of the Special Drawing Right, of a Contracting State which is a member of the International Monetary Fund, shall be calculated in accordance with the method of valuation applied by the International Monetary Fund, in effect on the date in question, for its operations and transactions. The value of a national currency in terms of the Special Drawing right of a Contracting State which is not a member of the International Monetary Fund shall be calculated in a manner determined by that State.
2. Nevertheless, a State which is not a member of the International Monetary Fund and whose law does not permit the application of the provisions of paragraph 1 of this article may, at the time of signature, ratification, acceptance, approval or accession, or at any time thereafter, declare that the limits of liability provided for in this Convention to be applied in its territory shall be fixed as follows: with regard to the limits provided for in paragraph 1 of article 18, to 13,750 monetary units per package or other shipping unit or 41.25 monetary units per kilogram of gross weight of the goods, and with regard to the limit provided for in paragraph 3 of article 18, to 124 monetary units.
3. The monetary unit referred to in paragraph 2 of this article corresponds to sixty-five and a half milligrams of gold of millesimal fineness nine hundred. The conversion of the amount referred to in paragraph 2 of this article into national currency shall be made according to the law of the State concerned.
4. The calculation mentioned in the last sentence of paragraph 1 of this article and the conversion referred to in paragraph 3 of this article shall be made in such a manner as to express in the national currency of the Contracting State as far as possible the same real value for the amounts in article 18 as is expressed there in units of account.
5. Contracting States shall communicate to the depositary the manner of calculation pursuant to the last sentence of paragraph 1 of this article, or the result of the conversion pursuant to paragraph 3 of this article, as the case may be, at the time of signature or when depositing their instruments of ratification, acceptance, approval or accession, or when availing themselves of the option provided for in paragraph 2 of this article and whenever there is a change in the manner of such calculation or in the result of such conversion.

## Part VII–Customs Matters

### Article 32-Customs transit

1. Contracting States shall authorize the use of the procedure of customs transit for international multimodal transport.
2. Subject to provisions of national law or regulations and intergovernmental agreements, the customs transit of goods in international multimodal transport shall be in accordance with the rules and principles contained in articles I to VI of the annex to this Convention.
3. When introducing laws or regulations in respect of customs transit procedures relating to multimodal transport of goods, Contracting States should take into consideration articles I to VI of the annex to this Convention.

## Part VIII–Final Clauses

### Article 33-Depositary

The Secretary-General of the United Nations is hereby designated as the depositary of this Convention.

### Article 34-Signature, ratification, acceptance, approval and accession

1. All States are entitled to become Parties to this Convention by:
   (a) Signature not subject to ratification, acceptance or approval; or
   (b) Signature subject to and followed by ratification, acceptance or approval; or
   (c) Accession.
2. This Convention shall be open for signature as from 1 September 1980 until and including 31 August 1981 at the Headquarters of the United Nations in New York.
3. After 31 August 1981, this Convention shall be open for accession by all States which are not signatory States.
4. Instruments of ratification, acceptance, approval and accession are to be deposited with the depositary.
5. Organizations for regional economic integration, constituted by sovereign States members of UNCTAD, and which have competence to negotiate, conclude and apply international agreements in specific fields covered by this Convention, shall be similarly entitled to become Parties to this Convention in accordance with the provisions of paragraphs 1 to 4 of this article, thereby assuming in relation to other Parties to this Convention the rights and duties under this Convention in the specific fields referred to above.

### Article 35-Reservations

No reservation may be made to this Convention.

### Article 36-Entry into force

1. This Convention shall enter into force 12 months after the Governments of 30 States have either signed it not subject to ratification, acceptance or approval or have deposited instruments of ratification, acceptance, approval or accession with the depositary.
2. For each State which ratifies, accepts, approves or accedes to this Convention after the requirements for entry into force given in paragraph 1 of this article have been met, the Convention shall enter into force 12 months after the deposit by such State of the appropriate instrument.

### Article 37-Date of application

Each Contracting State shall apply the provisions of this Convention to multimodal transport contracts concluded on or after the date of entry into force of this Convention in respect of that State.

### Article 38-Rights and obligations under existing conventions

If, according to articles 26 or 27, judicial or arbitral proceedings are brought in a Contracting State in a case relating to international multimodal transport subject to this Convention which takes place between two States of which only one is a Contracting State, and if both these States are at the time of entry into force of this Convention equally bound by another international convention, the court or arbitral tribunal may, in accordance with the obligations under such convention, give effect to the provisions thereof.

### Article 39-Revision and amendments

1. At the request of not less than one third of the Contracting States, the Secretary-General of the United Nations shall, after the entry into force of this Convention, convene a conference of the Contracting States for revising or amending it. The Secretary-General of the United Nations shall circulate to all Contracting States the texts of any proposals for amendments at least three months before the opening date of the conference.
2. Any decision by the revision conference, including amendments, shall be taken by a two thirds majority of the States present and voting. Amendments adopted by the conference shall be communicated by the depositary to all the contracting States for acceptance and to all the States signatories of the Convention for information.
3. Subject to paragraph 4 below, any amendment adopted by the conference shall enter into force only for those Contracting States which have accepted it, on the first day of the month following one year after its acceptance by two thirds of the Contracting States. For any State accepting an amendment after it has been accepted by two thirds of the Contracting States, the amendment shall enter into force on the first day of the month following one year after its acceptance by that State.
4. Any amendment adopted by the conference altering the amounts specified in article 18

and paragraph 2 of article 31 or substituting either or both the units defined in paragraphs 1 and 3 of article 31 by other units shall enter into force on the first day of the month following one year after its acceptance by two thirds of the Contracting States. Contracting States which have accepted the altered amounts or the substituted units shall apply them in their relationship with all Contracting States.

5. Acceptance of amendments shall be effected by the deposit of a formal instrument to that effect with the depositary.
6. Any instrument of ratification, acceptance, approval or accession deposited after the entry into force of any amendment adopted by the conference shall be deemed to apply to the Convention as amended.

### Article 40-Denunciation

1. Each Contracting State may denounce this Convention at any time after the expiration o a period of two years from the date on which this Convention has entered into force by means of a notification in writing addressed to the depositary.
2. Such denunciation shall take effect on the first day of the month following the expiration of one year after the notification is received by the depositary. Where a longer period is specified in the notification, the denunciation shall take effect upon the expiration of such longer period after the notification is received by the depositary.

In witness whereof the undersigned, being duly authorized thereto, have affixed their signatures hereunder on the dates indicated.

Done at Geneva, this twenty-fourth day of May, one thousand nine hundred and eighty, in one original in the Arabic, Chinese, English, French, Russian and Spanish languages, all texts being equally authentic.

## Annex

Provisions on customs matters relating to international multimodal transport of goods

### Article I

For the purpose of this Convention:

"Customs transit procedure" means the customs procedure under which goods are transported under customs control from one customs office to another. "Customs office of destination" means any customs office at which a customs transit operation is terminated.

"Import/export duties and taxes" means customs duties and all other duties, taxes, fees or other charges which are collected on or in connection with the import/export of goods, but not including fees and charge which are limited in amount to the approximate cost of services rendered.

"Customs transit document" means a form containing the record of data entries and information required for the customs transit operation.

### Article II

1. Subject to the provisions of the law, regulations and international conventions in force in their territories, Contracting States shall grant freedom of transit to goods in international multimodal transport.
2. Provided that the conditions laid down in the customs transit procedure used for the transit operation are fulfilled to the satisfaction of the customs authorities, goods in international multimodal transport:
   (a) Shall not, as a general rule, be subject to customs examination during the journey except to the extent deemed necessary to ensure compliance with rules and regulations which the customs are responsible for enforcing. Flowing from this, the customs authorities shall normally restrict themselves to the control of customs seals and other security measures at points of entry and exit;
   (b) Without prejudice to the application of law and regulations concerning public or national security, public morality or public health, shall not be subject to any customs formalities or requirements additional to those of the customs transit regime used for the transit operation.

### Article III

In order to facilitate the transit of the goods, each Contracting State shall:
   (a) If it is the country of shipment, as far as practicable, take all measures to ensure the completeness and accuracy of the information required for the subsequent transit operations;
   (b) If it is the country of destination;
      ( i ) Take all necessary measures to ensure that goods in customs transit shall be cleared, as a rule, at the customs office of destination of the goods;
      ( ii ) Endeavour to carry out the clearance of goods at a place as near as is possible to the place of final destination of the goods, provided that national law and regulations do not require otherwise.

### Article IV

1. Provided that the conditions laid down in the customs transit procedure are fulfilled to the satisfaction of the customs authorities, the goods in international multimodal transport shall not be subject to the payment of import/export duties and taxes or deposit in lieu thereof in transit countries.
2. The provisions of the preceding paragraph shall not preclude:
   (a) The levy of fees and charges by virtue of national regulations on grounds of public security or public health;
   (b) The levy of fees and charges, which are limited in amount to the approximate cost of services rendered, provided they are imposed under conditions of equality.

### Article V

1. Where a financial guarantee for the customs transit operation is required, it shall be

furnished to the satisfaction of the customs authorities of the transit country concerned in conformity with its national law and regulations and international conventions.

2. With a view to facilitating customs transit, the system of customs guarantee shall be simple, efficient, moderately priced and shall cover import/export duties and taxes chargeable and, in countries where they are covered by guarantees, any penalties due.

### Article VI

1. Without prejudice to any other documents which may be required by virtue of an international convention or national law and regulations, customs authorities of transit countries shall accept the multimodal transport document as a descriptive part of the customs transit document.
2. With a view to facilitating customs transit, customs transit documents shall be aligned, as far as possible, with the layout reproduced below.

# 참고문헌

## ■ 국내문헌


Asiana Cargo, 미세관 AMS 설명회 자료, 2004.7.26.

강원진, 국제상무론, 법문사, 1997.

관세청, "한·미 관세청 간 컨테이너 안전협정(CSI) 체결", 관세청 보도자료, 2003. 1.18.

김영모, "ISPS Code 발효와 우리나라 대응방안", 2003.5.

김준동, 이장영, 이한영, 김용규, 최중희, 허종, 이장원, WTO 서비스협상의 영향분석 및 대응전략, 대외경제정책연구원, 2000. 12.

남풍우, 무역실무, 두남, 2006.

남풍우, 무역영어, 두남, 2005.

방희석, 해상운송론, 박영사, 1996.

복합운송실무, 복합운송주선업협회, 1998.

손주찬, 전자식 선하증권과 해상법, 한국해법학회지 제21권 제2호, 1999. 11.

수출입운송실무, 한국무역협회 한국하주협의회, 1997.

신굴총, 무역취인입문, 일본경제신문사, 1992. 12.

심재현, "9·11사태 이후 미국의 Homeland Security 관련 제도 강화 현황 및 우리에 대한 영향", 관세청, 2003.12.

안병민, 시베리아횡단철도(TRS)의 한반도연결에 따른 파급효과와 향후 전망, 교통개발연구원, KIEP 러시아연구회 발표자료.

안병수, 국제전자상거래시대를 대비한 BOLERO Project와 TradeCard System, 무역상무연구 제13권, 2000. 2.

오원석, 국제운송론, 박영사, 1997.

옥선종·추창엽·김웅진, 국제복합운송론, 1997

이원정·서인태, 전자식 선하증권에 관한 고찰 - 볼레로 시스템을 중심으로-, 해양한국, 1999. 12.

일본무역관계수속간소화협회, 무역수속のEDI화に계る법적문제, JASTPRO 91-19, 1991.

재경상보사, "アジアにおける무역금융EDIに관"する연구회보고서(その2), 금융정보システム, No.190, 1997. 8.

전일수, 국제복합운송시스템, 21세기 한국연구재단, 1997. 12.

주미 관세관, "미국입항 화물에 대한 적하목록사전제출규정 본격 시행", 관세청, 2003.1.31.

최석범, 볼레로 서비스상의 문제점과 해결방안에 관한 연구, 한국해운학회지 제29호, 1999. 12.

한국해양수산개발원, 21세기 글로벌 해운 물류, 두남, 2001.

한진해운, "미국행화물 24시간 신고제와 화주의 대응", 설명회 자료, 2003.1.22.

해양수산부, 국제 선박 및 항만시설 보안규칙(ISPS Code)(http://www.momaf.go.kr/ info/ policy/d_policy _isps.asp)

해운항만청 해운국, WTO 해운서비스 후속협상 대책, 1996. 1.

홍순걸, "9·11테러가 미 관세행정에 미친 영향 연구", 관세청 해외훈련결과보고서, 2003.8.


## ■ 외국문헌


DHS CBP, 19 CFR Parts 4, 103, et al. Required Advance Electronic Presentation of Cargo Information; Final Rule, FR/Vol.68, No.234/2003.12.5.

DHS Organization The DHS Strategic Plan-Securing Our Homeland(http:// www.dhs.gov/dhspublic/theme_home1.jsp)

Federal Register/Vol.67, No.153/August 8, 2002/ Proposed Rules, 51520.

Filling the gap in business-to-business e-commerce, http://www.bolero.net, 2000. 2. 9.

Maritime Transportation Security Act of 2002(Public Law 107-295), 2002.11.25.

Peter Jones, EDI The New Transport Revolution, 1993, p.64.

Stephen E. Flynn, "Beyond Border Control", Foreign Affair, Vol.79, No6, November/ December 2000,(http://www.foreignpolicy2000.org/transcripts/t_flynn.html)

U.S. CBP, "CSI U.S. Customs and Border Protection Response to Terrorism", CSI Powerpoint Presentation(www.customs.gov)

U.S. CBP, "Department of Homeland Security Announces Cargo Security Initiative", 2003.11.20.(http://www.customs.gov)

U.S. CBP, "Enforcement of 24-Hour Rule Begins February 2", 2003.1.30. (http://www.customs.gov)

U.S. CBP, "Summary of Final Trade Act Regulations sent to Congress for Review"(http:// www. customs.gov)

U.S. CBP, "U.S. Customs 24-Hour Rule Begins Today", 2002.12.2. (http://www.customs.gov)

U.S. CBP, Container Security Initiative(http://www. customs.gov)

U.S. CBP, CSI in Brief(www.customs.gov)

U.S. CBP, C-TPAT Fact Sheet and Frequently Asked Questions,(http://www.customs.gov)

U.S. CBP, Performance and Annual Report Fiscal Year 2003.

U.S. CBP, FAQ Inbound Only(All Modes)-Trade Act of 2002 Final Rule, 2004.5.25.

U.S. Customs and Border Protection, "CSI U.S. Customs and Border Protection Response to Terrorism", CSI Powerpoint Presentation(www.customs.gov)

U.S. DHS, "Protecting America's Ports Maritime Transportation Security Act of 2002", 2003.7.1.

U.S. DHS CBP, "CBP EXPANDS ENFORCEMENT OF THE 24-HOUR RULE", 2003. 5.1.(http://www.customs.gov/xp/cgov /import/carriers/24hour_rule/)

U.S. Federal Register/Vol.73, No.1/January 2, 2008/ Proposed Rules.

UNCTAD, Multimodal Transport Workshop Handbook, 1987.

United State General Accounting Office, "Customs Service Drug Interdiction: Internal Control Weaknesses and Other Concerns With Low-Risk Cargo Entry Programs", Letter Report GAO/GGD-98-175, 1999.7.31.

WCO, Kyoto Convention General Annex Guidelines, Chapter 6 customs control, 8.6 Mutual administrative assistance, 1999.6.

WCO, Protocol of amendment to the international convention on the simplification and harmonization of customs procedures, GENERAL ANNEX APPENDIX II, 1999.6.

Yehuda Hayuth, "Inland Container Terminal-Function and Rationale", Maritime Policy and Management, 1980.

# 찾아보기

■ 저자 약력

## 송 선 욱(宋善旭)


- 건국대학교 무역학과 졸업(상학사)
- 건국대학교 대학원 무역학과 수료(경제학석사)
- 건국대학교 대학원 무역학과 수료(경제학박사)
- 경영지도사(중소기업청)
- 국제무역사(한국무역협회)
- 롯데칠성주식회사 해외영업부 근무
- 국립세무대학 근무
- 국세공무원교육원 근무
- 한국관세사회 상임연구위원
- 건국대학교, 강남대학교, 한국방송통신대학교 강사
- 경원전문대학 무역학과 겸임교수
- 관세국경관리연수원 강사
- 물류관리사 출제 및 선정위원
- 관세사 일반전형 및 특별전형 출제위원
- 공무원시험 출제위원
- 관세청 관세사자격심의위원회 위원
- 산업통상자원부 기술표준원 물류보안경영시스템 인정심의위원회 위원

**(현)** 백석대학교 경상학부 교수
한국관세학회 상임이사
한국통상정보학회 부회장



**국제운송론 – 개정4판**

초 판 1쇄 발행 —— 2004년 2월 5일
개 정 1쇄 발행 —— 2007년 8월 25일
개정2판 1쇄 발행 —— 2009년 8월 20일
개정3판 1쇄 발행 —— 2012년 8월 30일
개정4판 1쇄 발행 —— 2014년 8월 5일
개정4판 2쇄 발행 —— 2016년 2월 25일
개정4판 3쇄 발행 —— 2017년 8월 20일
지은이 —— 송 선 욱
펴낸이 —— 전 두 표
펴낸곳 —— 도서출판 **두남**
서울시 강동구 성내로6길 34-16 두남빌딩
신 고 : 제25100-1988-9호
TEL : 02) 478-2065~7, 2311
FAX : 02) 478-2068
E-mail : dunam1@unitel.co.kr
http://www.dunam.co.kr

**정가 32,000원**

ISBN 978-89-6414-471-8 93320